潘懋元肖像油画（魏楚予画）

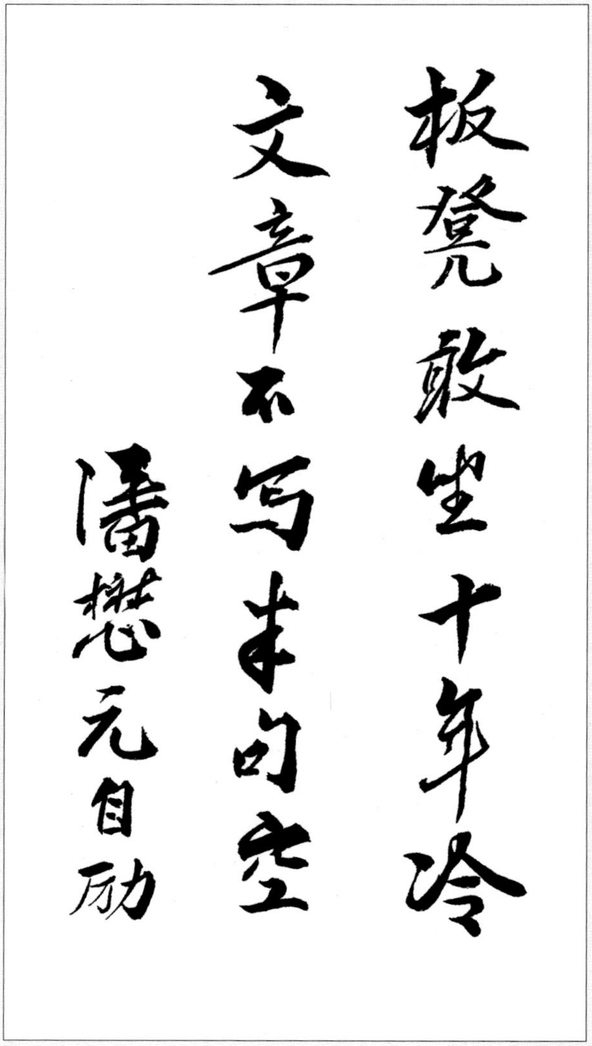

2006 年题铭自励

潘懋元文集

卷三·问题研究（上）

潘懋元◎著

广东高等教育出版社
Guangdong Higher Education Press
·广州·

图书在版编目 (CIP) 数据

潘懋元文集. 卷三，问题研究. 上／潘懋元著. —2 版. —广州：广东高等教育出版社，2020. 6

ISBN 978 - 7 - 5361 - 6758 - 2

Ⅰ. ①潘… Ⅱ. ①潘… Ⅲ. ①潘懋元—文集 ②高等教育—中国—文集 Ⅳ. ① C53 ② G649. 2-53

中国版本图书馆 CIP 数据核字（2020）第 071386 号

PANMAOYUAN WENJI JUANSAN WENTI YANJIU (SHANG)

出版发行	广东高等教育出版社 地址：广州市天河区林和西横路 /510500 营销电话：（020）87554153 http://www.gdgjs.com.cn
印　　刷	佛山市浩文彩色印刷有限公司
开　　本	787 毫米 ×1 092 毫米　1/16
插　　页	2
印　　张	36. 75
字　　数	586 千
版　　次	2010 年 9 月第 1 版　2020 年 6 月第 2 版
印　　次	2020 年 6 月第 2 次印刷
定　　价	148. 00 元（全套定价：1388. 00 元）

《潘懋元文集》编辑委员会

谨以本书庆贺潘懋元先生百岁华诞暨从教八十五周年

编辑说明

潘懋元，1920 年出生于广东汕头，厦门大学文科资深教授。现任厦门大学教育研究院名誉院长，教育部人文社会科学重点研究基地厦门大学高等教育发展研究中心名誉主任；中国高等教育学会顾问、高等教育学专业委员会终身名誉理事长。兼任教育部教育发展研究中心、国家教育行政学院、南京大学、华中科技大学、华南师范大学、华中师范大学、广西大学、深圳大学等十多所研究机构和大学的客座或兼职教授。曾任厦门大学副校长、顾问、教务处处长、高等教育科学研究所所长、海外教育学院院长，国务院学位委员会教育学科评议组召集人，中国高等教育学会副会长，高等教育学专业委员会理事长，等等。

潘懋元先生是中国高等教育学科的奠基者和创始人。作为著名的教育理论家，潘懋元先生教育理论研究硕果累累，为创建我国高等教育学科，丰富和发展我国乃至世界高等教育理论体系做出了重要贡献。作为杰出的教师，他培养了大批高层次教育学人才，桃李满天下，为建设我国高等教育学科骨干教师队伍和研究队伍做出了重要贡献；作为一位优秀的教育活动家，他对我国若干重要教育改革决策提出了许多宝贵的意见和建议，为我国高等教育宏观决策科学化做出了重要贡献。

潘懋元先生从 1935 年 15 岁开始从事教育工作，在 15 岁之前就已经进行创作和发表。涉及范围从最初的文学创作，到后来从事教育史研究、教育学研究，开创高等教育学科以及长期从事高等教育研究等，时间跨度长达 80 多年，内容精彩，成果丰硕，卓有建树，其中尤以高等教育研究成果为最。

这套《潘懋元文集》收录了潘懋元先生的绝大多数成果，约 550 万字。根据潘懋元先生创作及研究成果的特点，我们进行了分类整理，一共有 9 卷 11 册。各卷名如下：

卷一·高等教育学讲座
卷二·理论研究（上、下）
卷三·问题研究（上、下）
卷四·历史与比较研究
卷五·序文
卷六·讲课录
卷七·昔年作品及其他
卷八·潘懋元教授纪事年表
卷九·潘懋元教育口述史

上述9卷基本上反映了潘懋元先生学术人生的全貌。其中，卷一是潘先生作为高等教育学科奠基人的奠基之作，1983年5月在人民教育出版社出版第一版，1985年、1992年分别出版第二版、第三版。2010年广东高等教育出版社出版《潘懋元文集》时，将此书收入作为卷一。本书虽然个别地方的表述与现在说法稍有出入，但为了尊重历史和潘先生奠基性的贡献，力求保持原貌。卷二至卷四集中反映了潘先生对教育特别是高等教育方方面面的研究成果，包括理论研究和问题研究。卷五是潘先生为学者们的教育研究专著所作的序言，话题宽泛。卷六是最新版讲课内容，是潘先生给2019级博士生讲授“高等教育学专题研究”课程内容的实录。卷七包括潘先生早年的学士学位论文和文学作品、散论等，最早的作品作于16岁。卷八包括各个时期个人生活、学术活动等内容的照片和教学、科研及学术活动纪事。卷九以教育口述史的形式，以时间为主线，以思想为专题，生动地反映了潘懋元先生的教育人生。该卷由北京师范大学出版社于2007年出版，这次收入文集时略有修订。

在对书稿进行编辑加工的过程中，我们对一些时间概念、专有名词、数据、注释等做了规范处理。为方便选择和阅读，每卷每册开头都编排了编辑说明、代序，末尾编排了潘先生的百岁感言和编者的后记，特此向读者说明。

编　者
2019年10月28日

代　　序

潘懋元：中国高等教育研究的奠基人①

［加拿大］许美德（Ruth Hayhoe）

潘懋元教授，1920年出生于粤东沿海的汕头市，家境贫寒。在这样的家庭中，能获得基础教育就相当不容易了。但他对教育的热爱却使得他在1941年抗战时期考入当时迁于福建长汀的厦门大学，随后他的教育生涯就与厦门大学的历史结下了不解之缘。厦门大学位于福建省东南沿海的厦门（厦门旧称Amoy，与台湾隔海相望），有着独特的发展历史。

在我涉足中国高等教育之初，了解到潘懋元教授很早就在该领域从事重要的工作。1988年秋，我在南京大学召开的高等教育改革会议上首次聆听他的报告。第二年我移居北京，做加拿大驻中国大使馆的文化参赞。其间，我荣幸地接受了潘懋元教授的邀请访问厦门大学，了解到厦门大学在高等教育研究领域所做的工作。我为这滨海校园之美所打动，它的建筑风格成功地糅合了中西方的特点。

① 许美德．思想肖像：中国知名教育家的故事［M］．周勇，等译．北京：教育科学出版社，2008．许美德教授是国际著名的比较教育专家，多年来她对我国高等教育研究投入了大量的精力，成果丰硕。她对潘懋元教授的地位和贡献给予了高度的评价。本次出版《潘懋元文集》，我们征得许美德教授本人同意，将此文章作为文集的代序（少数地方根据现在的出版或文字规范稍有删改）。

更为重要的是，我获知了很多厦门大学高等教育科学研究所（以下简称“高教所”）的工作，它是潘懋元教授于1978年创办的，源头则要追溯到潘教授自20世纪50年代在厦门大学所做的工作。

1997年11月，我再次有机会访问厦门大学高教所，拜访潘懋元教授，并邀请他讲述自己的人生故事。此前我已定居香港，时任香港教育学院院长。本文的主要资料就来源于那一年的两次长谈。[①]我也有幸看见他每周六晚在自己家里为研究生们举办的学术沙龙，由此领略了他的教学风格。

潘懋元教授住的是一栋两层楼的房子，位于厦门大学校园内的一座小山上。二楼是宽敞的斯巴达式的书房，里面整齐地排放着书架，桌子和沙发点缀其间，还准备了许多客人来访坐的小凳子。当晚来了12名研究生，我能感受到他们对于沙龙的热情和期待。潘教授寥寥数语先起了个头，介绍了晚上所要讨论的主题。当晚的主题是一位研究生的论文涉及的论题，她在此之前曾写过一篇论文，与南京的一位著名学者提出的教育社会观进行商榷。这位研究生认为，南京学者的那篇文章的理论前提完全忽视了高等教育作为独特领域而发挥的功能。南京学者于是又发表了一篇文章与她反商榷，这位研究生正在准备她的再次应答。于是学生们围绕着这个问题给她提供各自的意见，他们分成两派，充当论辩中的不同角色。在热情生动的争论中，几个小时不知不觉过去了，学生们在争论之中探讨了高等教育方方面面的社会功能。潘教授不时插入几句简短的评论，以免出现跑题的现象，但辩论主要由学生自主进行。我入迷地观察着整晚的沙龙，亲眼见识到了潘教授的教学风格和对学生和蔼

① 对潘懋元教授的访谈时间是在1997年12月6日和8日。

可亲的态度，而这是此前在相对正式一点的场合中我所从未见过的他。

本文中我所描绘的潘懋元形象主要基于他的那次自述，还有自己所拜读的他在高等教育领域的部分研究成果。我从厦门大学开始讲起，自1939年直至现在，这是他为生、为师以及成为学校管理者和教授的地方。

1920—1949年在中国东南地区的成长

1920年，潘懋元出生于广东东部沿海毗邻福建厦门的汕头市。由于贫困，家里无法供他上学，所以他的早期教育是不正规和断断续续的，由兄长和父亲在家教他认字。8岁时，他被送到当地的小学插班读三年级。他记得所学课程的主要内容都是传统经典。启蒙教育的内容是《三字经》，接下来是儒家经书和古代历史书籍。虽然1919年爆发了五四运动，新文化运动提倡采用接近口语的白话文，但潘懋元接受的仍然是传统教育，学的是文言文，直到后来才接触现代汉语。

小学毕业后，由于家庭无力支持，少年潘懋元无法继续上学。他的父亲希望他留在家中帮助碾米做一些发糕来卖。非常幸运的是，小学校长杨雪立在阅读毕业试卷时发现了潘懋元的中文写作才能。得知他待在家中，不能继续上学，杨校长帮助其减免一半的学费，使他得以上初中学习。就读的那所中学是一所非常传统的中学，称为时中中学。在那里他主要学习了3年的中文。潘懋元的很多老师参加过封建时期的科举考试，有的甚至考中举人。后来，他感觉到传统经典的学习给他的一生奠定了一个很有价值的基础。他回顾说，最为重要的是他学会了如何做人。

潘懋元15岁时，知道家里不可能再资助他上学了。但他得到一个到小学当教师的机会，他满腔热情地投入到工作中，但很快发现，教小学生并不是想象中那么容易。他每上一堂课要备课数个小时。初次讲课，备好的课讲不到半小时便无话可说，站在讲台上，面对乱哄哄的课堂不知所措。不甘失败的他决定想办法到师范学校学习，学习如何当老师，同时也找一些教育书籍来读。

他首先找到的是浙江大学庄泽宣教授的《教育通论》，这成了他的启蒙书。潘懋元发现这本书理论复杂，学问深入，他读不太懂，这更加坚定了他要找机会去师范学校读书的决心。1936年，终于有机会到海滨中学高中师范科做旁听生，学习了教育心理学、小学教材教法和教育行政等几门课程。当时，他已能通过教夜校和赚稿费维持生活。在海滨中学学习期间，他写过几篇短篇小说和许多散文，有一些已发表。

1937—1939年，潘懋元在农村小学教书。那时正是日本侵华战争时期，战争使得民不聊生。潘懋元热爱教书，但他越来越多地投身于抗日的洪流中，参加抗日宣传活动，组织民众起来抗日。他加入了汕头地下党组织的青年抗敌同志会，揭发敌人的罪恶行径，鼓舞民众的抗日激情。1939年6月，日军侵占了汕头，在其后的几个月里，潘懋元不得不辞去热爱的教学工作，参加抗日军队，全身心地投入到抗日运动中。

出于多种缘故，1940年，潘懋元决定离开家乡。离家的一个原因就是去接受进一步的教育，以便能做一个称职的老师。那一年他19岁，战争的局势日渐恶化。他翻山越岭，艰苦跋涉，一个星期之后，终于来到福建长汀，厦门大学于1937年迁移至此。他参加了厦门大学的入学考试，虽然他的中文很优秀，但由于事先未做充分准备，英语和数学未合格，结果名落孙山。为了读师范，他考入一所中等师资养成所学习了一年。次年，他终于考入厦门大学教育系。

潘懋元回顾说，1941—1945 年在厦门大学的学习生活对他是很大的锻炼。当时在厦门大学担任教授的多是留美学者，其中教育系主任李培囿是杜威的学生，翻译了杜威的一些著作。另一名在教育系工作的知名学者陈景磐教授，于 20 世纪 30 年代在多伦多大学获得博士学位，其博士论文是关于孔子生活的背景和为师之道。[①] 通过这些年的学习，潘懋元成为杜威著作的敬慕者，并对陶行知把杜威的理论运用到中国教育实践特别欣赏。陶行知的教育实验在中国有很大的影响，虽然杜威 1921 年来华时仅在福建有过短暂访问（Keenan，1977），陶行知的实验工作也主要是在南京和上海，但他的思想在福建却备受推崇。[②]

为了糊口，在厦门大学读书期间，潘懋元先在一所小学担任兼职教师，接着又在一所中学做兼职教师。大学四年级时，他还担任了一所县立中学的教务主任，从而可以将自己所学的知识用于实际的教学当中。1945 年大学毕业后，潘懋元在江西省的两所中学任教一段时间。与此同时，厦门大学也迁回厦门市。1946 年，他收到厦门大学校长和教育系主任的邀请，要他担任厦门大学附属小学的校长，并在厦门大学教育系兼做助教。这期间，他发现陶行知的理论对他主持校长工作的帮助很大，虽然他很遗憾没有机会与陶行知会面。在这一点上，潘懋元与李秉德的认识是一致的，后者也认为陶行知的理论最符合中国教育的实际需要。

---

① CHEN J P. Confucius as a teacher: philosophy of Confucius with special reference to its educational implications [M]. Beijing: Foreign Languages Press, 1990.

② 刘海峰，庄明水．福建教育史［M］．福州：福建教育出版社，1996：422－438.

新方向与新事业：社会主义时期

对潘懋元来说，1949年的革命胜利意味着新教育生涯的开始。中华人民共和国成立后，他继续留在厦门大学当讲师。1951年秋季，他被派到中国人民大学进修研究生课程，学习教育。一年后，李秉德也在此学习。潘懋元发现，在众多学友中，一些是和他一样的研究生；另外还有一些年长的教授，他们在此学习马列主义的理论知识，目的是为了更好地胜任未来的教育领导岗位。在潘懋元学习的班上，有好几位学者后来都成了北京师范大学的知名教授，包括教育哲学家黄济、教育学家王策三和王天一、心理学家章志光。1952年初，因为院系调整，这项进修计划从中国人民大学转到了北京师范大学。

潘懋元对在中国人民大学的学习至今记忆犹新，他记得有4位苏联教授给他们上马列主义的课程，还有苏联教育理论，他甚至还记得4位教授的名字，但是，对所学的那点儿俄语则记得甚少。当时的教学是有翻译协助的。学习给他留下了深刻的印象，他当时感受到苏联的课程组织的方式和教学计划的制订都非常严谨，能够达到有效的控制。

在北京学习一年之后，1952年夏，潘懋元便被厦门大学校长王亚南召回，协助厦门大学的教学和课程改革。他被任命为教学改革办公室的负责人，负责指导大学的各专业制订新的教学计划。他曾经非常推崇杜威的教育思想和美国的其他教育理念，感觉富有活力而且极具灵活性，但在控制严格的民国时期（指1912年1月1日至1949年9月30日，下同），实践这些理念是十分困难的。两者相比，他感到苏联的教育计划能够较好地使学生获得系统的知识，打好扎实的基础。特别是在诸如工程和自然科学等领域，这些对于社会主义建设是十分重要的。

潘懋元感到，事实上苏联的高等教育模式根植于欧洲大陆模式，特别是法国模式，与英美模式区别很大。他觉得苏联模式和中国自己的知识传统相对应，强调知识基础厚，存在一种中心化、系统化的知识方法。潘懋元特意提到著名的北京大学校长蔡元培，认为他是民国时期最杰出的大学校长。蔡元培在自己的高等教育思想中融合了德国、法国、中国的理念，他采用德国学问之道，特别是在研究和教学上，这得益于他在柏林大学和莱比锡大学的经历。蔡元培极力效仿法国模式的高等教育体系，因为其管理结构十分理性，并按地理区域均匀分布。在教育哲学方面，蔡元培陶醉于中国传统的自学之路，特别是对书院情有独钟，学生可以自主掌握学习进程。蔡元培极力提倡将学校分为从事理论知识研究的综合性大学和担负为国民经济各部门训练高级人力资源的专门学院。潘懋元认为20世纪50年代早期的改革，出现了大量的专门学院，同时只保留了数量相对较少的综合性大学，是较符合当时国情的，适应了中国发展的需要。①

但对于20世纪50年代初的院系调整，将一些民国时期优秀的综合性大学的系科进行削减，形成像苏联模式那样的综合性大学，潘懋元持保留意见，他觉得这些是完全可以避免的。他对按高等教育区域进行院系调整发表了看法，以自己所从事的教育领域为例，他认为，中心区按地理分布强调更多的是政治因素而非教育因素，这就导致了反常现象的出现。在南部的中心区里，位于广州市的中

① 潘懋元．潘懋元论高等教育［M］．福州：福建教育出版社，2000：521－560.

山大学，其师范学院实力雄厚，1953 年与其他教育系合并组建了华南师范学院。然而，华南师范学院当时只是不受重视的省级院校，经费和师资都受到限制，以致影响教育学科的进一步发展。

总的来说，潘懋元认为受苏联模式影响的院系调整在当时是起了积极作用的，为中国 20 世纪 50 年代国民经济建设培养了一批人才。在 1956 年中国共产党第八次全国代表大会上，周恩来强调了要尊重知识分子。① 如果一直贯彻这一项政策的话，潘懋元相信中国也许能够同日本和东亚其他地区一样经济快速发展。

苏联模式的高等教育有很多薄弱环节，但他感到，完全能够用一种平衡、理性的方法来解决。问题之一是对学生在不同领域能力的认识和实践强调得不够，常常希望学生通过刻苦专注的学习来达到课程所规定的较高的学术标准，而不是将更多的注意力放在教和学过程的研究上。另一个问题是过于迷信翻译过来的苏联资料，其实并不是所有的材料都适合中国国情。

1954 年对潘懋元来说是十分重要的一年。他得知厦门大学教育系被并入福建师范学院，他很想前往，专心于教育史的研究和教学。然而，王亚南校长却舍不得他走，决定把他留在教务处，继续管理厦门大学的教学工作。他决心留下来，此举为一门新学科的诞生创造了条件，也由此改变了他日后的工作和生活的方向。

潘懋元感觉到在教育研究、学校教学和担任学校领导的生涯中，他所学的教育知识与高等教育领域的联系很少。大学层次的学生需要一个全新的教育理论，以及高等教育课程发展和教学制度。

① ZHOU E L. On the question of intellectuals［M］//BOWIE R R，FAIRBANK J K. Communist China 1955—1959：policy documents with analysis. Cambridge，Mass.：Harvard University Press，1962：128－144.

总体来说，高等教育是一个一直被教育理论者所忽视的知识和研究领域。到那时为止，不只是中国，苏联和西方国家也是这样。他曾为捷克一位教授在教育科学会议上所做的讲演所感，这个讲演认为教育理论仅仅关注普通学校，很少关注高等专业院校。潘懋元随后写了一篇题为《高等专业教育问题在教育学上的重要地位》的文章，发表在1957年厦门大学《学术论坛》上。同年，他与几位同事合作写出《高等学校教育学讲义》。这本书随即在中国的综合性大学和师范大学内广泛流传，作为课程改革和教学计划发展的资源。① 尽管这本书从未正式出版，但它却是中国高等教育研究领域内最早的学术书籍。

潘懋元着力将此发展为一个新的研究领域，并兴奋地发现，这能为高等教育系统、课程发展和教学计划的制订提供重要的学术基础。然而，1957年是一系列政治运动的开端，他所希望的研究和发展几乎是不可能的。因出身贫寒，他并未受到1957年“反右”运动的影响，但他悲伤地看到，厦门大学的一些老教授虽然做出了杰出的学术贡献却被打成右派，从学术研究工作中被隔离出来。随后的1958年“大跃进”，同样侵扰着潘懋元。当时大量的教材都是从苏联翻译过来的，他认为这样的教材更加应该中国化。他同时感觉到，建立中国传统中医学院意义重大，因为中国传统医学把人体看成一个整体，发展起了不同于西方医学的中医方法，它是一笔巨大的遗产，不应该丢失。

就总体而言，潘懋元认为1958年的教育革命是个误导。1958年前，他在厦门大学教务处，参与了当时所有的课程变革。他感到

① 忻福良．当代中国高等教育家［M］．上海：上海交通大学出版社，1995：199.

很多想法都未经过细致思考，不过是一种政治运动口号罢了，对教育缺乏真正的理解。在潘懋元看来，让学生代替教师编写教学大纲和教材，这样做显然超过了学生的能力范围，因为他们大多数并没有足够的学科知识来做这些工作。改革强调增加学生参加生产活动实践的机会，然而这大都是出于政治目的，并没有多少教育价值。总之，过多的政治活动以及体力劳动引起很大的混乱。他记得，学生真正听学术课程的时间，一年之中只有70天。潘懋元认为，所谓“开门办学”的思想在某些方面固然有一定的可取之处，但是它无法替代对科学知识的系统教学，而中国的发展又需要这些科学知识来培养各行各业的专门人才。

潘懋元对高等教育作为一个研究领域逐渐有了兴趣，同时对中国高等教育系统在更大范围内发生的变化也给予了密切关注。社会上的学习机会一下子增加了许多，大量的所谓的“红专大学”的开设，给很多个人背景条件稍差的青年人提供了学习机会，但是这些学校根本没有足够的资源用于真正开展高等教育工作，大多数在几年内就关闭了。如江西新建的许多共产主义劳动大学，没有合格的师资，根本无法生存。然而另外有些新成立的院校，比如福州大学，是省内唯一的一所工科院校，被认为对本省经济发展起着至关重要的作用，因此得到省政府支持。

1961 年的“困难时期”过后，20 世纪 50 年代初期的那种学术氛围开始恢复，学术质量受到特别的重视。潘懋元再次希望能有机会发展高等教育这一研究领域。然而，1966 年开始的“文化大革命”又使他的希望落空了。

建立一门新学科

1977 年，邓小平复出。潘懋元准备开始他事业的一个全新阶段，他过去当过厦门大学的教务处处长，现在他致力于建立一门新学科——高等教育学，先是在厦门大学，再推广至全国。我们知道，在 20 世纪 50 年代中期他已经开始此项研究，并于 1957 年发表了一篇题为《高等专业教育问题在教育学上的重要地位》的论文。随后到来的政治运动和混乱年代让他更深刻地体会到研究这一领域理论的重要性，他认为这项研究将使人们对高等教育与社会、经济、政治、文化发展的关系有更深刻的理解。20 世纪 50 年代至 70 年代后期，高等教育发展中最严重的问题是缺少能给高等教育的政策制定提供理论支持的系统理论研究。随着邓小平时代的到来，全国积极响应邓小平提出的“教育要面向现代化，面向世界，面向未来”的号召，潘懋元最终找到了追求自己理想的舞台和时机。

1978 年，潘懋元在厦门大学建立了高等学校教育研究室，很快发展成为一个全国高等教育研究的中心。1983 年，高等教育学被教育部认定为教育学的二级学科，有资格建立硕士点和博士点。厦门大学高等教育科学研究所招收全国第一批高等教育专业的硕士和博士。到 1998 年庆祝高教所成立 20 周年时，已经有 20 个博士生和 75 个硕士生毕业于此[①]，他们已在全国各地的大学工作，为这一领域的进一步发展贡献着力量。高教所承担了高等教育各个领域的主要研究课题，举办了十多次全国和国际学术会议。

虽然北京大学、华中科技大学、华东师范大学等其他大学都有

① 刘海峰．厦门大学高等教育科学研究所建所二十周年工作报告［C］//建所二十周年纪念活动专集．1998：33－35.

高等教育学的研究及相应的研究生培养，但是厦门大学高教所于2000年9月被评为该领域全国唯一一所国家级研究中心，被评为文科重点研究基地，国家提供数量相当的发展基金。这是政府支持人文社会科学研究项目的一部分，其目的是要使一些研究中心能够达到世界同等水平，使其能积极开展国际研究交流活动。厦门大学能排除地理上的相对劣势获得国家的认可，是非比寻常的。当然，这与潘懋元先生用毕生的精力致力于建立高等教育学这门新学科所做的贡献是分不开的。同时也表明，尽管在1949年中华人民共和国成立后的30年，中国政策和社会环境有许多束缚，但一个忠诚的教育家还是能有所作为的。

1978年以后，潘懋元又把工作重心放在学术研究上，他在厦门大学进行教学和研究工作。每周六晚上，他在家里开沙龙，与研究生们聊学习、聊生活，是一个和蔼可亲的长者。然而，他还想推动这门学科在全国范围内发展，希望中国高等教育学作为一门学科能够对国际学术发展做出贡献。1979年，他和上海市高教局及其他7所大学的学者召开了第一次全国高等教育研究会议。1981年，他组织编写了第一部高等教育学著作《高等教育学》，并于1984年出版。[①] 这是1983年教育部确立这门学科后的第一本高等教育学著作。在随后的这些年里，潘懋元仍然是这一领域中富有远见的领导者，他启发新思想、新的研究方法，鼓励其他人做研究，写作和发表论文，他自己也在这一领域中发表了大量文章，出版了大量著作。

潘懋元工作的中心是想通过建立坚实的理论基础、清晰的概

---

① 潘懋元．潘懋元论高等教育［M］．福州：福建教育出版社，2000：96.

念，以及研究方法来确保这门新兴学科的发展。1983 年，中国高等教育学会成立时，潘懋元感到高等教育学被认为只是一个研究领域，而不是一门学科。于是，1992 年，他在厦门大学组织了一次学术会议，提出要把高等教育学作为一门学科来研究。次年，在上海召开的高等教育学会议上，成立了一个新的组织——高等教育学研究会，它把高等教育学作为一门学科来研究，挂靠在中国高等教育学会之下。此后，会议定期召开。潘懋元在一篇回顾该学会前三次会议进程的文章中，列出了这一新学会的目标、工作范围，并鼓励进行理论争鸣与探讨。

高等教育学研究会的主要任务是要为理解中国的高等教育建立一个系统性的理论基础。工作范围主要有以下 5 个领域：理论、历史、高等教育的当代实践、未来发展以及研究方法。① 潘懋元对一些理论的观点和看法，使得这些会议开得活跃而有趣，对中国高等教育给予了深刻的关注和洞察。其中一个关键的理论问题是高等教育的功能问题，对其与社会、经济与政治体制的关系展开讨论。与此相关的是高等教育的目的，国内的研究者普遍认同以下 3 点，即培养人才，发展知识，为社会服务。然而，第三个目的在近年来受到了强烈的质疑，主要是由于许多大学通过各种形式的咨询服务或与企业的直接关系进行着大量的“创收”活动。有人认为，这些活动将会使大学远离学术追求。由此，一些中国学者们建议，高等教育应有以下 6 个目的：教学、继承知识、传播知识、发展知识、社会批判、对社会实施监督。② 这将激起高校对社会的特殊使命；大学将与社会经济和政治力量建立互动关系，而不只是对社会的发展

① 潘懋元．潘懋元论高等教育［M］．福州：福建教育出版社，2000：86.
② 潘懋元．潘懋元论高等教育［M］．福州：福建教育出版社，2000：87.

做消极的应对。

另外一个生动的议题是潘懋元在第二篇论述该学科发展的文章中提到高等教育的个体功能和社会功能问题。一派学者认为，人是教育的主体，教育的基本功能在于促进人的自我发展，达到个性的全面发展；与此相对立的观点是，教育是一种社会活动，按社会发展的需要塑造人，教育的基本功能在于满足社会的需要，促进社会的发展。① 如此公开著文承认个体发展的重要性及对自我价值的追求是十分有意义的，它使我们思考新儒学教育观“为自我而学习”，以及儒家哲学中所说的个人价值发展的重要性。尽管在20世纪50年代初期计划经济体制下，个人选择的自由受到很大的限制，五六十年代的政治运动给很多人造成了巨大的伤痛，但中国传统教育的价值观仍然保留着它的生机和活力。

在对高等教育学作为一门学科做全面综合研究时，潘懋元看到了两个理论挑战：第一，必须界定高等教育与政治、社会、经济、文化系统的关系，探索这些系统与高等教育系统的相互关系；第二，对高等教育内部各系统之间的关系——如学术与职业、通才教育与专才教育、教学与科研的关系等进行研究。

在发展这门学科的过程中，潘懋元感到既具挑战性又令人兴奋的重要原因在于它的开拓性。与学术体系和学习过程有关的教育学理论有着一百多年的历史，而高等教育学不仅在中国而且在全世界都是一门比较新的学科。在中国，基础教育和学校教育的理论建构受到欧美西方思想和苏联的重大影响，这一点潘懋元在早年的教育研究中就已经意识到了。然而，高等教育学作为一门学科就不再如

① 潘懋元．潘懋元论高等教育［M］．福州：福建教育出版社，2000：101.

此。回顾在中国建立这一学科的这些年，潘懋元强烈地感到中国所做的独特贡献，同时又感到很骄傲，因为在中国发展起来的这些思想和观点不是别人的派生产物，而是稳稳地扎根于中国自己的知识社会和文化土壤，近几年才开始对国外高等教育的理论有所引进。

潘懋元鼓励他的同事们为世界高等教育研究的发展做贡献，并指出中国学者在发展这个领域承担重要角色的 4 个原因。其一，中国有着在亚洲历史上颇具影响的古老的学术文化。其二，中国是全世界最大的高等教育体系之一，其规模超过俄罗斯，接近美国。它不仅是一个非常庞大的系统，而且近年来随着社会主义市场经济的成功发展，它经历了快速而且巨大的变化，在这个过程中出现了许多有意义的问题，对高等教育提出了挑战。其三，中国有着一支庞大的高等教育研究队伍，从事这一领域研究的学者可能比其他任何国家都多。其四，中国高等教育发展成为一门学科，靠的是学者个人和地方院校的创造和努力，因此它更具灵活性和自主性。这与中国的其他大部分学科不同，它们多是由自上而下的行政决定建立起来的。中国的高等教育理论可以说是“本土理论”，因为这些理论来自对中国近年来正在进行的高等教育改革中出现的实践问题的研究。[①]

潘懋元非常重视中国的传统文化，他的一篇文章对中国传统文化的特点以及文化对中国现代化进程的贡献进行了比较深入的探讨。潘懋元指出，现代化不能等同于工业化或西方化，它影响社会各个方面发展的过程。不同的文化背景塑造不同的现代化。文化的传承和创新是高等教育的功能，它塑造发生在不同社会中的现代化

① 潘懋元．潘懋元论高等教育［M］．福州：福建教育出版社，2000：107 - 110.

的不同特征。潘懋元否定那种认为西方社会已经进入“后现代时期”并建立了一套后现代的标准。他建议要对现代化概念本身做全面的理解，必须首先考虑中国现代化发展的轨迹。他还认为这一论点同样适用于正在经历现代化进程的其他非西方国家。[①]

潘懋元对现代化进程的定义是把“文化价值”放在核心地位，他认为现代化应该是人类共同追求的一个价值，其终极目标是实现“人”的价值，包括个人、集体和社会价值。这个共同追求会导致产生整个人类共同文化遗产，这是一种吸收了不同文明的多样化的遗产。[②] 中国传统教育的许多因素对中国的快速发展做出过积极的贡献，也应该是这一共同文化遗产的重要组成部分。这些思想使我们联想到联合国致力于文化之间对话的观点：“把重点放在人类文化、精神层面，放在人类的相互依存和人类的多样性上。”

结语：集多种传统之大成

当被问到什么因素对他的教育事业影响最大时，潘懋元开玩笑地回答道：受益最大的是“文化大革命”中批判的三种意识形态“封”“资”“修”。他早年学习中国古典文学，从中获得了受益终身的良好道德基础，一生的教育经验使他感到儒学的确是适应任何时期的一种哲学。他在大学时代学习过美国的教育思想，特别是杜威的理论，他从中得到了对改善学校、获得生动的教学方法以及课程设置的很多有用的思想。20 世纪 50 年代，他曾广泛接触苏联的教育理论和模式，慢慢理解并重视苏联模式中全国统一的学术标准，结构严密的教材和教学工作中精细备课的价值。在思考影响了

① 潘懋元．潘懋元论高等教育［M］．福州：福建教育出版社，2000：229－241.

② 潘懋元．潘懋元论高等教育［M］．福州：福建教育出版社，2000：231.

他思想的两种国外传统时，他感到，基于欧洲理性主义的苏联教材和教育方法，比美国的更加适应中国的环境，因为中国有着集中知识模式的传统，也因为苏联模式更符合当时中国发展的现实需要。

1997 年，我曾两次有幸与潘教授进行深入交谈。当我问到他对中国高等教育未来的看法时，他说他感到当前面临最大的挑战就是要进行教学改革，必须要考虑学生的多样性，最大限度地发掘他们的才能。这反过来又强调了高等教育对优秀师资的迫切需要。总的来说，他对过去15 年研究生教育所取得的进步感到高兴和满意。很多素质高的年轻人进入大学教师队伍，但他强调这些教师应该得到足够的支持。他感到高等教育改革应该把重点放在教学和研究的质量上，而不是放在管理结构的改革上，因为后者牵涉到政治改革的重大问题。

对于中国的高等教育体系，潘懋元觉得它将更适应未来世界发展的趋势，强调知识的广度和适应性，注重毕业生总体的德育和智育质量。他认为，终身学习是一种趋势，因为中国人会慢慢发现，为了跟上社会的快速发展，必须经常更新他们的知识。潘懋元相信，在中国快速走向高等教育大众化的时代，为了满足社会发展的需要，私立高校将会起到越来越重要的作用。

2000 年，在庆祝潘懋元教授八十寿辰时，他的同事和学生们在厦门大学举行了一系列特殊的庆祝活动。其中之一是收集出版了他有关高等教育学的最重要的理论著作。[①] 然而，这并不是一个退休告别会，潘懋元仍然是一个积极的学者、教师，继续活跃在进一步发展高等教育学的工作中。他在 2001 年出版的新著《多学科观点

① 潘懋元．潘懋元论高等教育［M］．福州：福建教育出版社，2000：727.

的高等教育研究》就是企图以新的方法论来推进高等教育学的理论建设。是什么使这位来自贫苦家庭的谦谦君子，保持着发展一门新学科的热忱和忠诚，50 年来从不言悔？潘教授谈到早年所受的中国传统教育时说的一番话也许能给我们答案。他可能从没掌握过一门外语，在数学和自然科学中也并没有很高的造诣，但在他早期所接受的教育中，首先学会了怎样做人，同时也学会了用汉语表达自己的思想，他把对文学的热爱转化成了从事教育工作的关键财富。最后，他学会了把从各处学来的有用知识融入他学生时代形成的知识框架中。

目录
CONTENTS

高等教育与社会发展

十年来教育改革的伟大成就及主要经验 /3

新的技术革命与制定高等教育对策的指导思想 /18

关于新的技术革命与高等教育对策的若干意见 /25

引进市场机制要超前研究对策 /36

高等教育主动适应经济与社会发展的理论思考

——在第二次全国大学教育研讨会上的发言 /39

正确对待商品经济对高等教育的冲击 /45

关于中国高等教育地方化的理论探讨 /56

中国高等教育的地方化与国际化 /66

市场经济的冲击与高等教育的抉择 /74

高等教育改革与社会主义市场经济的关系 /83

市场经济与教学改革问题的反思 /91

从可持续发展的角度探讨高等教育改革问题 /96

可持续发展战略与高等教育改革 /99

发挥大学中心作用　促进知识经济发展 /108

知识经济与高等教育的改革和发展

——在全国高等教育学研究会第五届年会开幕式上的发言 /118

金融危机的挑战　高等教育的应对　农业院校的机遇 /121

高校现代化发展中有待探讨的若干问题 /133

金融危机对高等教育的挑战 /142

高等教育研究的社会责任 /145

高等教育地方化的可行性探讨 /149

立足地方，加强校企合作，促进转型发展
——在衡水学院“校企合作　产教融合”会议上的讲话　/155
关于地方高校内涵式发展的对话　/159

高等教育体制改革

在探索的道路上前进　/171
关于深化高教管理改革及其理论研究的思考
——在1990年全国高等教育管理改革研讨会上的发言　/173
市场经济与高等教育筹资政策　/176
走向社会中心的大学需要建设现代制度　/190
大学城将是高等学校成为经济社会中心的重要基地　/194
教育如何产业运作　/197
公平与效率：高等教育决策的依据　/199
教育主权与教育产权关系辨析　/205
体制创新：宁波高等教育大发展的启示　/213
关于当前研究生教育体制创新的若干问题
——兼论信息与电子学科研究生教育的发展问题　/221
介入资本市场：高等学校融投资体制的一种尝试　/229
高等教育自学考试制度改革的成就与展望　/238
高等教育治理体系与治理能力现代化的解读与思考　/246
论行业特色型院校的回归与发展　/250
高等教育治理的规约机制　/257
高校混合所有制办学形式研究　/273

高等学校招生与就业

引进市场机制之后……
——在福建省大学毕业生分配工作研讨会上的谈话　/287

高校毕业生应成为工作岗位的创造者　/293
我对招生考试的基本看法　/296
高考：从选拔性考试到适应性考试　/298
从高等教育结构看大学生就业问题　/302
从科学发展观看高考改革　/309
教育与考试
——目的与方法　/311
从恢复统一高考三十周年说起　/313
恢复高考40周年回顾与招生制度改革展望　/319

高等教育发展战略

福建省发展高等教育的优势、问题与前景　/325
我国高等教育面临的主要挑战　/344
走向21世纪的中国高等教育　/352
世纪之交中国高等教育办学模式的变化与走向　/357
21世纪初中国高等教育面临的新情况和新问题　/367
中国高等教育发展的战略图景
——《21世纪的中国高等教育》评介　/372
重订教育之城规划的若干意见　/374
新时期中国高等教育的质量战略　/376
中国当前高等教育发展中的若干问题　/387
21世纪国家的核心竞争力
——“教育—人才”的合理结构　/398
规模、速度、质量、特色
——中国当前高等教育发展中的若干问题　/403
高等教育发展趋势座谈录　/417
关于《国家中长期教育改革和发展规划纲要（2010—2020年）》的理解与实践问题　/428

对《教育规划纲要》的理解与研究
——兼谈高等教育研究者的社会责任　/439
当前高等教育改革与发展的若干趋势　/450
2030 年中国高等教育现代化发展前瞻　/459
中国高等教育的转型发展　/464
面向 2030 的高等教育发展：理念与行动　/468
中国高等教育改革发展 70 周年：回顾与前瞻
——潘懋元先生专访　/478

高等教育人才培养

对参加自学考试者的期望　/487
高层次专门人才的培养与研究生制度的改革　/492
引进竞争机制　重视能力培养　/498
选才·培养·指引
——我对博士生培养的一些看法和做法　/500
得天下英才而教育之　/509
研究生教育如何看　/520
敢为天下先
——在广东省博士后工作 20 周年纪念大会上的讲话　/523
应用型人才培养呼唤知行体系教材　/528
从“回归大学的根本”谈起　/533
高等教育质量建设的理论设计　/536
建设一流本科　全面统筹推进　/544
“互联网＋教育”是高校教学改革的必然趋势　/547

百岁感言　/555

编后记　/557

高等教育与社会发展

潘懋元文集

PANMAOYUAN WENJI

在日本广岛（2000年）

十年来教育改革的伟大成就及主要经验[1]

厦门大学十年（1949至1959年）来的教育改革，可以分为三个阶段。第一个阶段（1949至1952年），反映着国民经济恢复时期政治和经济的要求，进行初步改革，主要是把国民党反动统治所遗留的为帝国主义、封建主义、官僚买办服务的旧摊子，改变为为人民服务的新厦门大学；第二个阶段（1952年底至1957年），反映着过渡时期社会主义工业化以及农业、手工业和资本主义工商业的社会主义改造的要求，进行教学改革，主要是调整院系，设置专业，根据党的“学习苏联先进经验，结合中国实际”的方针，对教学制度、内容、方法和组织进行一系列的社会主义改革，建立起社会主义的教育制度；第三个阶段（1958年以后），反映着社会主义工业、文化教育事业的全面大跃进，贯彻党的“教育为无产阶级政治服务、教育与生产劳动相结合”的方针，进行教育革命，主要是加强党的领导，明确培养又红又专的工人阶级知识分子的方向，将生产劳动正式列入教育计划，大搞群众性的科学研究，贯彻以教学为主，教学、生产劳动和科学研究三结合的方针，提高教学质量，初步建立起社会主义的教育体系。

在这十年中，厦门大学的教育改革取得了伟大的成就，也积累了许多宝贵的经验，兹简要介绍如下。

---

① 原载厦门大学《论坛》，1959年第5期。

一、十年来教育改革的伟大成就

十年来厦门大学教育改革和发展所取得的成就，概括起来说，是消灭了国民党反动统治所遗留的封建的、法西斯的、官僚买办的残余，完成了教育上的民主革命；摧毁了资产阶级的教育体系，取得了教育革命的决定性胜利；加强了党的领导，贯彻执行了党的教育方针，初步建立起社会主义的教育体系；同时，十年间为国家培养了大批社会主义建设的专门人才，在科学研究上也做出一定的成绩。

十年回顾，学校规模有了巨大的发展，学校面貌起了深刻的变化。历数不完，下面只叙述几个主要的成就。

（一）贯彻党的教育方针，初步建立起社会主义的教育体系

十年，在历史上是一个很短的时间，而我们却跨过了几个阶段。在初步改革阶段，党对全校师生进行了革命的、爱国的、民主的教育，踏上了社会主义教育改革的阶段。在教学改革阶段，党又领导全体师生，学习苏联先进经验，结合中国实际，建立起整套的社会主义教育制度。同时，贯彻全面发展的教育方针和知识分子政策，使教学改革逐步深入。但是，这时对于资产阶级的教育思想和学术思想，还没有给予根本性的打击，这些思想还混杂在社会主义教育制度中。诸如教材内容存在大量唯心的、非科学的东西。理论脱离实际，厚古薄今，尤其是对于政治的忽视和对于劳动的轻视。这样，就妨碍了社会主义教育的进一步发展。在教学革命阶段，从根本上摧毁了资产阶级的教育体系，建立了社会主义的教育体系。这个体系就其目标来说是培养有社会主义觉悟的有文化的劳动者，是培养工人阶级知识分子的；就其内容来说是以马克思主义为指导思想，以教学为主的教学、生产劳动、科学研究三结合；就其组织原则来说是党领导下的党委、教师、学生三结合。它体现了党的“教育为无产阶级政治服务，教育与生产劳动相结合”的方针，贯彻了理论联系实际、厚今薄古的原则，贯彻了工农阶级路线，使脑力劳动和体力劳动初步结合起来。

这个体系还只是初步建立起来的，必须大力地巩固和发展它。

（二）学生数量迅速增加，学习质量显著提高，为国家培养了大批的社会主义建设专门人才

1949年厦门刚解放时，厦门大学的学生总数是780人。1952年初步改革阶段末期达1 731人，增加了1倍多。1957年教学改革阶段末期达2 502人，增加了2倍多。1958年贯彻党的鼓足干劲、力争上游、多快好省地建设社会主义总路线，学生人数迅速增加，包括工科在内，达3 638人，增加了3倍多。1959年继续跃进，达3 983人，增加了4倍多；另有工农预科学生467人，华侨函授部函授专科学生尚不计在内。历年来学生人数及其与1949年的比例见表1。

表1　1949至1960年历年来学生人数及其与1949年的比例列表

学年	1949至1950	1950至1951	1951至1952	1952至1953	1953至1954	1954至1955	1955至1956	1956至1957	1957至1958	1958至1959	1959至1960
学生数/人	780	1 144	1 731	2 186	1 634	1 748	1 911	2 222	2 502	3 638	3 983
比例/%	100.0	146.7	221.9	280.3	209.5	224.1	245.0	284.9	320.8	466.4	510.6

十年来，厦门大学为国家培养了4 220名社会主义建设的专门人才，这个数字比新中国成立前24年历届毕业生的总和还多90%以上。

这些数字是铁的事实，无法否认。但有的人却从质量上做文章，说数量是增加了，质量却降低了。那么，我们现在就来看看新中国成立十年来厦门大学所培养的人才质量是提高了还是降低了。

质量的标准，应当是全面发展的质量，包括政治觉悟、业务知识、劳动态度和身体健康，而首先是政治觉悟。

新中国成立以后，我们就对学生进行爱祖国、爱人民、爱科学、爱劳动、爱护公共财物的教育，树立为人民服务的态度，学生们对国家的前途、社会主义建设的美景充满着希望和信心。从1952年以来，历届毕业生都能愉快地、坚决地服从国家的分配，走上祖国所需要的岗位，认真努力，参加建设，这是新中国成立前那种为追求个人地位及享乐，把毕业证书作为升官发财的敲门砖的学习态度所能比拟的么？

为了培养工人阶级知识分子，培养具有工人阶级的世界观和共产主义的道德品质，政治思想教育是通过两条道路来进行的：一是开设马克思列宁主义理论课程和通过业务课程贯彻政治思想教育；二是结合着社会政治革命运动、生产劳动实践、党团组织生活和形势任务教育，进行辩证唯物主义观点、阶级观点、劳动观点、群众观点的教育。在系统的马克思列宁主义理论学习方面，教改以来，我校就开设了中国革命史、马列主义基础、政治经济学、辩证唯物主义与历史唯物主义四门课程，这就形成了包括马克思主义三个组成部分的理论系统。现在我们又在教育革命的基础上，开设社会主义、中共党史、政治经济学、辩证唯物主义与历史唯物主义四门课程。在结合社会政治革命方面，历次的政治革命运动，都是对学生进行政治思想教育的时机，通过历次运动，对学生的政治觉悟起了极大的教育作用。尤其是全民整风之后，划清楚了资本主义和社会主义两条不同的道路，使学生明确了必须接受党的领导和走社会主义的道路。我们的学生，就是这样经过系统的教育和历次的锻炼不断提高政治觉悟的。

在旧社会里，大学生是既不能劳动又轻视劳动和劳动人民的。新中国成立以后，我们对学生进行第一课的政治思想教育是“劳动创造世界”，并通过防空、支前、修路、抗旱等进行了一些体力劳动。这对培养学生的劳动观念起了一定作用。但总的说来，劳动实践不经常，劳动教育也不深刻。从去年（1958 年）大搞勤工俭学以来，劳动教育已经成为全面发展教育的有机组成部分，手无缚鸡之力的书生，现在却能挑上一百多斤的重担翻山越岭，他们不怕脏，不怕累，和工农劳动人民生活在一起，知识分子的架子放下了，每个学生都认识到自己首先是一个普通劳动者。

学生的身体健康也得到了增强。除了体育课之外，开展了群众性的体育锻炼，劳卫制、军事体育以及历次运动会，都有了出色的成绩，学生因病休学的逐年有所减少。众所周知，在旧中国里，大学生经常是与“肺病”“文弱”这些名词联系在一起的，而现在出现在运动场上，在劳动战线上，却是一批批黑黝黝、雄赳赳的青年男女。

那么，业务质量是降低了抑或是提高了？比较业务质量，也要用全面的标准，包括基础知识、专业知识、生产实践和独立工作能力。

资产阶级主张“通才”教育，似乎基础知识应当是较广较全了，事实上恰恰相反，所谓“通才”教育，是以“实用主义”为指导思想的，任意选课，知识杂驳而不宽厚。现在我们依专业培养目标所订的为专业服务的基础知识，是加宽加厚的。如理科的数学、物理、化学、生物各系各专业，数、理、化的基础知识都加强了，实验、作业（包括习题课和课外作业）也都增加了。同时，根据基础课程“以讲授系统理论为主，联系与专业有关的实际问题”的原则，使基础课程既保持系统性，又为专业服务。而新中国成立前的基础课程，众所周知，有的是自己管自己一套，脱离专业需要；有的则索性开成“应用课程”。

资产阶级主张“天才”教育，似乎专业知识是很深了，事实上却恰恰相反。所谓“天才”教育只是鼓励少数所谓“天才”学生，专钻一门牛角尖。科学知识是相互联系的，没有宽厚的基础，便不可能有专深的尖端，一鳞半爪的冷门、牛角尖，只能作为炫耀自己、欺骗社会的工具，对于我们培养专门人才是不相关的。现在我们依专业培养目标所订的专业知识的精深，远不是旧教育所能比拟的。这里，删掉了杂驳无用的东西，增加了现代科学最新成就、工农业生产和社会斗争实践最新的经验。诸如：在物理专业，增加了原子核物理、半导体物理等课程；在化学专业，增加了物质结构、放射化学以及仪器分析、催化、电化等课程；在生物学各专业，加强生态、生理的知识，学习了生物物理、放射生物学等知识；在经济学专业，学生不仅掌握资本主义社会的经济本质和规律，而且学习社会主义的经济知识。这难道是降低了专业知识质量吗？

我们贯彻了理论联系实际的教学方针，课程内容和生产实际、社会实践紧密结合起来，又通过生产实习、社会调查、现场教学、毕业论文种种方式来使学生掌握生产实际和社会实践的生动经验，从而培养了学生的独立工作能力。诸如以前生物系的学生，主要的学习精力放在背记分类形态、拉丁名词，对于周围的动植物，可能辨不清楚，不重视这些动植物的生理生态和经济价值，更谈不到养殖与种植技能了。现在的生物系学生，上山下海，接触实际，掌握动植物尤其是经济价值大的动植物的生长规律，能养殖、种植，还能进行科学研究。

当然，我们并不满足于目前的质量水平，不断提高教育质量仍然是学校的主要任务。

（三）贯彻了工农路线，大大地改变了学生成分，为我国劳动人民知识化做出了贡献

贯彻工农路线，是贯彻“教育为无产阶级政治服务”的方针的主要内容之一，也是改变学校性质的根本措施之一。厦门大学历年来工农学生的比例有所增长，1958 年以后更是迅速提高。表 2 是历年来出身工农家庭的学生数及其在学生总数中所占的百分比情况：

表 2　1950 至 1960 年历年来出身工农家庭的学生数及其占学生总数百分比的情况表

学　年	1950至1951	1951至1952	1952至1953	1953至1954	1954至1955	1955至1956	1956至1957	1957至1958	1958至1959	1959至1960
出身工农家庭学生数/人	294	492	582	451	568	656	663	793	1 615	2 090
占学生总数比例/%	25. 70	28. 42	26. 62	27. 60	32. 49	34. 33	29. 84	31. 69	44. 39	52. 47

同时，从 1952 年开始，厦门大学附设了工农速成中学，培养了三届毕业生，他们多数升入高等学校。1958 年以后，改为附设工农预科，分科教学，以便对准大学专业口径，培养工农学生。

在贯彻工农路线上是有斗争的。有的教师为了反对学校为工农开门，曾摆过大量所谓“事实”来证明，高等学校“水平不高”是由于新中国成立后学校里的教师和学生“通货膨胀”的结果。有的骂工农学生“笨”，甚至公开排斥他们；外文系有的教师说工农学生是“土包子”，认为他们连吃西餐的刀叉也没有看过，怎能学好英语！许多工农学生一再被“说服动员”转学转系，也有的教师标榜“一视同仁”“天才教育”，从实际教学活动上来排斥工农学生。

在 1958 年的教育革命运动中，群众用大量事实说明工农学生并不是天生“笨”。他们虽在开头一两年学习较吃力，但只要加以帮助，就能够跟上进度，而且由于他们具有正确的学习目的、踏实刻苦的学习态度和丰富的生产斗争经验，他们能够学得好。许多教师更认识到千方百计教好工农学生是教师们的政治任务。在 1959 年上半年的教学中，绝大多数教师深入班级，了解工农学生的思想、生活和学习情况，根据工农学生的学习特点，采取多种有效的办法进行教学，加强辅导。全校各系共设立了 17 个工农班，和许多特别辅导班一起进行教学或辅导。外文系一年级的工农班，是专为一部分刚开始学习外语有困难的工农学生设立的。在教师的耐心帮助、多方鼓励之下，他们的学习信心很强，在半年多的时间里就赶上了一般已有基础的同学。总之，一种以教好工农学生为光荣的风气已经在厦门大学形成了。

由于正确地、努力地贯彻了工农路线，不但工农学生的比例增长了，而且工农学生的业务学习成绩也迅速提高了。从上学期的成绩来看，工农学生的学习成绩基本上接近或赶上全体学生平均成绩。

（四）进行了知识分子思想改造，大力培养了新生力量，壮大了教师队伍

在加强教师队伍建设，以保证有一定数量和质量的教学力量上，十年来采取了两条并行措施：一方面是对知识分子进行思想改造，另一方面是大力培养新生力量。十年来的成就是巨大的，从教师人数的增长来看：1949 年厦门大学仅有教师 163 人，现时已有教师 594 人，比 1949 年增加了 2. 5 倍以上；职工人数，特别是教学辅助人员的人数，也相应地有了很大的增长。表 3 是历年来全校教职工增长的数字及其与 1949 年的百分比。

更重要的变化是教师通过了一系列的政治思想改造和政治理论学习，通过劳动锻炼和社会实践，政治面貌发生了深刻的变化，政治觉悟有了显著的提高。表现在 1958 年绝大多数教师响应党的号召，贯彻党的教育方针，下乡下厂；也表现在教师的认真备课、深入辅导、对待工农学生的热心负责上。十年回顾，每个人都感到今天的进步是显著的。

表 3　1949 至 1950 年历年来教师与职工人数及其与 1949 年的比例列表

学年		1949至1950	1950至1951	1951至1952	1952至1953	1953至1954	1954至1955	1955至1956	1956至1957	1957至1958	1958至1959	1959至1960
教师	人数/人	163	164	256	263	261	271	284	332	419	522	594
	与1949学年度比较/%	100.0	100.6	157.1	161.3	160.1	166.3	174.2	203.7	257.1	320.2	364.4
职工	人数/人	232	199	279	312	344	350	362	443	467	932	880
	与1949学年度比较/%	100.0	85.8	120.3	134.5	148.3	150.9	156.0	190.9	201.3	401.7	379.3

附注：① 1959 至 1960 学年数字是开学（9 月 1 日）数字。

② 1959 至 1960 学年教师中包括兼职教师 7 人。

③ 1958 至 1959 学年、1959 至 1960 学年职工数字均包括事业编制人员，1958 至 1959 学年为 387 人，1959 至 1960 学年为 254 人。

对于新生力量的培养，主要是通过下列两种方式进行：一种是脱产进修，十年来送往兄弟学校或出国进修的教师达 130 人（只计算现时在校教师曾出去进修的，进修后离校调走的尚不计在内）；另一种是在职培养，通过教学工作、科学研究工作和系统的理论学习进行培养。十年来，许多青年教师已经成长为教学的骨干力量。

人，是世界上最宝贵的财富，而教师是执行党的教育方针任务的干部。学校规模的扩大，必须要有一定数量的教师，而教学质量的高低，直接决定于教师的政治水平和业务水平。因此，教师队伍的壮大，是十年来的重大成就，也为今后取得更伟大的成就准备了条件。

（五）大大地增加了物资设备与改善了教学的物质条件

1949 年厦门大学的房屋建筑是以群贤楼一带为中心的几座旧楼房，使用面积仅有 33 290 平方米。十年来在国家拨款基建和陈嘉庚先生的热心赞助下，新建了以大礼堂为中心的海滨 7 座大楼、演武亭北面的 3 座教室大楼，此外，还有 5 座芙蓉楼，3 座丰庭楼，3 座国光楼，以及正在建设中的科学大楼、教师宿舍等，大小百余座。增加的使用面积超过 10 万平方米，约等于 1949 年的 3 倍。新中国成立前全校能容纳 100 人以上的大教室只有集美楼 105 教室 1 间，现时能容纳 100 人以上的教室达 20 间，其中有 5 间达 200 人以上。

仪器设备 1949 年折合人民币现值约 20 万元，十年来增加了约 200 万元，平均每年增长数为新中国成立前每年增长数的 34 倍。这些仪器设备充实了许多实验室，建立了许多新的、尖端科学的实验室。诸如化学系的仪器分析、电化学、催化、物质结构等实验室，物理系的半导体、无线电等实验室，都拥有现代化最新的仪器设备。

图书杂志从 1949 年的 19 万册增加到约 50 万册；建了一座图书总馆大楼，并在各系设了分馆和阅览室；家具 1949 年仅有 11 000 多件，十年来增加了约 3 万件。

从 1950 年到 1958 年，全部经费支出达 1 624 万元，其中教学科研设备的设置及消耗达 334 万元，基本建设达 204 万元（陈嘉庚先生赞助的基建费除外）。

为了配合教学、科学研究的需要，全校还办了 11 个工厂和 1 个 113 万平方米的农场，为教学、生产劳动、科学研究提供了基地。

这些巨大的物资设备的增加与物质条件的改善，保证了学校规模的扩大和教学质量、科研水平的提高。

必须指出，上述这些成就是在党的正确领导下，在艰难环境中取得的。十年来，党在学校的领导逐步加强，今天的学校牢固地确立了党的领导，这本身就是厦门大学建成社会主义大学的最主要的成就，也是取得上述成就最根本的原因；十年来，坚持了教学科研工作，对全校师生进行了生动的革命教育，本身也是一个重要的成就。为了避免重复，这两个方面内容将在下节叙述。

二、十年来教育改革和发展的主要经验

十年来教育改革的经验是丰富的。下面仅略述几条主要的经验。

（一）党的领导和群众路线，是十年来教育改革取得伟大成就的根本保证

新中国成立以来，加强了党的领导，发动群众进行各种改革工作。诸如：在初步改革阶段，进行了教育上的民主改革；在教学改革阶段，党发动群众学习苏联的社会主义教育制度；在教改深入阶段，又提出“学少一点，学好一点”“培养学生独立思考独立工作能力”等理念，全校师生贯彻全面发展教育方针。十年来一切的改革和成就，都是在党的领导下取得的，因而进一步办好学校，就必须加强党的领导。这本来是简单明确的道理，但在具体贯彻党的方针政策上，往往受到了某些人的阻挠，对党能否领导科学、科学研究，抱着怀疑的态度，这就为厦门大学的改革带来了不利的影响。只有当党领导群众用事实教育了广大群众，确立了党的领导，又发动群众进行了一系列的自觉革命和劳动锻炼后，才掀起了新的教育革命的高潮。又随着党的领导深入到各系和群众组织，对于贯彻党的教育方针，提高教学质量，发展教育事业，就越发顺利。

问题还有更深刻的一面。我们要建设的厦门大学是社会主义的大学，我们所要培养的人才是工人阶级的知识分子，而旧的大学是帝国主义、封建主义、官僚买办的教育，旧的知识分子所受过的教育是资产阶级的思想教育，他们是不能自发走社会主义的道路的。只有作为工人阶级的先锋队的共产党，遵循马克思列宁主义的原则，才能领导群众自觉地为建成社会主义大学而奋斗。

十年来的实践经验也证明了，要实现和加强党的领导，要取得教育改革的成就，必须贯彻群众路线。党的方针政策只要为群众所掌握，就会产生强大的物质力量。回顾十年来历次思想改造运动和教育改革，哪一次不是党领导群众所取得的成就！而教学质量的提高，也是通过广大师生积极努力贯彻党的教育方针所取得的。

群众路线是党办一切事业的根本路线，也是对教学与科学研究的领导原

则，这是不容动摇的。一方面，广大师生积累了很多经验，他们参与教学科研所取得的成果，有很多新的正确的见解；同时也破除了迷信，解放了思想，这是不可估量的收获。另一方面，某些只有学生搞出来的东西，有的比较粗糙，理论水平不高，这也是事实，但这事实不是说明群众路线行不通，而是说明应该更好地组织群众。教师、专家，也是群众的组成部分，在学校中贯彻群众路线，就应当按照党的指示，做到党委、教师、学生三结合，这样，就能够分工合作，发挥所长。有些系采取在党支部领导下教师拟提纲，学生搜集材料、提出意见，教师执笔编写教材讲义，学生开展辩论，然后修改定案。这也是走群众路线，所编写出来的材料讲义就比只有少数教师编写的或只有学生编写的教材讲义，在科学质量与可接受性上都好得多了。

群众路线应当贯彻在一切教学科研工作上，它可以采取经常性的方式，也可以采取群众运动的方式。在经常性的教学科研活动中，必须深入细致地通过三结合方式来不断地提高教学质量与科学研究水平，这符合教学循序渐进、科学研究逐步积累的规律。但是，绝不能因此否定采取广泛参与的作用。正是由于思想改造运动、教学改革运动、教育革命运动和群众性科学研究运动，我们才能有效地解决教学和科学研究中的方向性和关键性问题，从而取得数量与质量上的跃进。

厦门大学采用了党委、教师、学生三结合的方式，提出了师生平等，教学相长，发挥教师主导作用，实行党委领导下的校务委员会负责制。这些都是贯彻党领导下的群众路线的方式。

（二）政治思想教育和思想改造，是教育改革的前提条件和思想基础

教育改革，其实质是两条道路的斗争，是在党领导下发动群众自觉地进行的。因此，对群众进行政治思想教育和思想改造，就是教育改革的前提条件。十年来的经验，充分地证明了这个道理。如果没有初步改革阶段的一系列运动，大搞教育革命也是不可能的。当教学改革末期即 1956 年前后，曾一度产生忽视政治的现象，资产阶级个人主义也有所滋长，这个时期一切的改革都遇到了许多阻碍，因而相对来说，进展也是较为缓慢的。

我们的教育发展既然是朝向社会主义大学的方向，因而对教师们进行马克思列宁主义教育、社会主义教育，便非常重要。十年来，党在加强教师的

政治理论教育方面做了不少工作。诸如：1952 年在教学改革开始时，党委就举办了“共产主义与共产党”的政治讲演会和夜校；1953 年，全校教师系统地学习了唯物辩证法、中国革命史；1954 年学习马列主义基础；1956 年开办马列主义夜大学，分别系统地学习中国革命史、马列主义基础、政治经济学和哲学四门课；1958 年进行“社会主义思想教育”；1959 年上半年掀起全校学哲学的高潮。这些政治思想教育和思想改造，对于教育改革起着深刻的作用。

有人以为新中国成立以来，政治学习已经够多了，因而产生了疲沓厌倦的情绪，这是不对的。我们是不断革命论者，社会主义教育革命还在进行中，建成社会主义大学还有一段距离，而主观意识又往往落后于客观发展，所以，加强政治思想教育，加速思想改造，仍然是摆在我们面前的一项重要任务。

（三）党的教育方针是教育改革唯一正确的方针，必须坚决贯彻党的教育方针

党的“教育为无产阶级政治服务，教育与生产劳动相结合”的教育工作方针，虽然在 1958 年总结了九年教育工作经验才明确提出，但党对于教育工作的领导，向来就是采取这个方针的。方针的精神实质，已贯串在党的历次决议、指示中，只是学校在贯彻这个方针时，不论是方针明确地提出之前或之后，都遇到资产阶级教育思想的阻碍，都展开了激烈的斗争。

贯彻党的教育方针的斗争，集中在“为谁服务”和“教育是否应与劳动结合”上。有人认为教育是“超阶级”“超政治”的，教育的目的就是为了培养“人才”。在这种思想支配之下，学生就只钻业务，不过问政治。他们虽也在口头承认“劳动创造世界”，但总认为体力劳动是下贱的事，知识分子参加体力劳动是“得不偿失”“浪费时间”“浪费人才”。针对上述这两个问题，党领导群众展开了两场大辩论，即 1957 年 12 月至 1958 年 1 月的劳动大辩论和 1958 年 3 月至 4 月间的红专大辩论。通过这两场大辩论，在理论上批判了一些错误的思想。但对大多数师生来说，这种认识还是抽象的，不深刻的。经过 1958 年的自觉革命运动、劳动锻炼、教育革命，师生们才从生产斗争和社会实践中比较深刻地认识到只有使教育与生产劳动正确地结合起来，才能提高教育和教学质量，培养能文能武的人才。这样，拥护党的教育方针的人就越来越多，而且不但人数增加，对方针的认识也加深了，信心也加强了。

1959年上半年，贯彻以教育为主的教育、生产劳动、科学研究三结合的方针，生物、经济等系，都创造了许多宝贵的经验。经验证明了正确的结合，不但可以提高教育质量，而且可以提高业务教学的质量。一个学期来（约20周左右），各系一般完成了一个学期多的教学任务。大搞生产劳动时所缺的课程，基本上已经补足。同时，大部分的课程质量有了显著的提高。根据中文、历史、经济、化学、生物、电机6系75门课程的分析统计，质量提高了的有41门（55%），一般的有27门（36%），较差或降低了的只有7门（9%）。

从各系的具体情况来看，如生物系在贯彻三结合方针之后，已经比较彻底地扭转了理论脱离实际的偏向。他们根据基础课程、专业课程、专门化的课程，提出不同的三结合要求和方法，既提高了理论知识的理解，又使学生学会种植、养殖的实际技能，还促进了科学研究的蓬勃开展。又如数学系贯彻党的方针之后，在基本数学方面，学生对基本概念的理解比过去深入，计算能力较为熟练，教材内容的某些部分如数学分析比过去充实，过去不被重视的计算数学知识也开始被重视了。而该系出发到生产部门“跑任务”，运用数学解决了一些实际问题，打破了数学是“纯粹抽象”的观念，为数学联系生产实际找到了门路，也加强了学生学习数学为社会主义建设的信心。外文系的教学，不但政治思想性有了极大的提高，减少陈旧的不切合实际的教材，删除反动的内容，增加了政论性的有关现代科学的教材，而且在读、听、讲、写、译几方面的能力也大大提高。以二年级为例，以前二年级学生一个学期还读不完一本简写本英文小说，现在用同样时间却能看完3～5本同类型的简写本小说；以前二年级学生看不懂英文报刊，现在连最差的学生也能借助字典看懂《北京周报》；以前二年级学生程度较差的听英语讲课有困难，现在同学们自觉收听北京电台英语广播，英语会话已蔚然成风。

党的教育方针不只从上述这些事实证明了其正确性，从十年来教育工作的成就更能证明其正确性。因此，必须坚决地贯彻党的教育方针，是十年来的重要经验之一。

（四）从中国实际出发，学习苏联先进经验，是十年来教育改革取得成就的必要条件

教学改革以来，厦门大学和其他高等学校一样，根据党所指示的“学习苏联先进经验，结合中国实际”的方针，进行一系列的改革，如调整院系，设置专业，制订和拟订教学计划、大纲，编写教材，改进教学方法，组织教研组等。更重要的是通过反复说理和教师自己的业务钻研，使大多数教师体会了苏联高等教育中社会主义的精神，各门学科中的思想性、系统性，树立起教师学习苏联的信心和决心，掀起了学习苏联的热潮。这样，就能够在较短的时间内以苏联的教育制度、内容、方法、组织来改革旧的一套，建立起社会主义的教育制度。

在学习苏联这个原则问题上，十年来是有斗争的。首先是深受英美思想影响的教师对于苏联的先进科学、教育抱着怀疑甚至于抗拒的态度。这个问题对于大多数人来说，在教学改革阶段已经基本上解决了。其次，在学习先进经验上，我们虽注意到结合中国实际，但总的说来，在教学改革阶段结合中国实际情况不够的缺点仍是存在的。这主要是由于在我们的思想方法中存在教条主义。有人却因此怀疑苏联先进经验是否正确，是否值得继续学习，这显然是因噎废食的。事实证明了苏联的科学成就是先进的，不但自然科学值得我们学习，哲学社会科学的许多理论和经验也值得我们学习。今后，由于我们已经积累了较多的经验，能更好地理解苏联教育的精神实质，能够较灵活地结合我国的实际而避免重犯教条主义的错误。

（五）掌握对敌斗争规律，坚持教学，是前线办学的必要条件

十年来，厦门大学通过一次又一次的对敌斗争，取得了胜利，特别是新中国成立初期在敌机的狂轰滥炸下坚持教学和理工两院疏散到龙岩上课。1955 年的“九三”以后的反空袭斗争和 1958 年“八二三”以后的防空防炮斗争，每一次斗争的结果，我们不但胜利地粉碎敌人的进攻，坚持教学，完成任务，而且提高了师生的革命警惕性和革命干劲。在这些方面，十年来有两条主要的经验：一条是“敌紧我松，敌松我紧”，另一条是“变坏事为好事”。

前线的斗争形势是时紧时松的，学校的全部工作就必须灵活地适应这种时紧时松的斗争形势，而不是单从和平状态或单从紧张情况出发来安排工作。在敌情紧张时，我们加强军事组织训练和政治思想教育，并尽量利用有利时间与安全地点继续教学和科学研究；当形势比较缓和时，就利用有利的条件，加紧教学和科学研究活动。但是，即使在缓和时期，也不放松对敌人的警惕，随时做好准备，以便及时应付突然紧张的形势；在紧张的日子里，仍要坚持一定的教学和科学研究工作。这就必须树立在战略上藐视敌人，在战术上重视敌人的思想。

对敌斗争虽然给学校工作带来了一定的影响，但是，它却给了我们最好的教育。紧张的战斗生活能够鼓舞我们的革命干劲，能够更好地把大家组织起来，扫除自由主义的思想和散漫的生活习气，也能够成为全体师生进行生动、深刻的革命教育和阶级教育的活动。

十年来，教育改革的成就是巨大的，经验是丰富的。厦门大学在党的“鼓足干劲，力争上游，多快好省地建设社会主义”的总路线指引下，在党委领导下，在全校师生员工的共同努力下，教育事业、教育质量都有了很大的发展和提高，这是值得我们欢庆的。但是，我们不应满足于已取得的成就，全校还要鼓足干劲，力争上游，继续前进！

新的技术革命与制定高等教育对策的指导思想[①]

新的技术革命同高等教育的发展与改革，存在着内在的必然联系。高等教育的对策，是为迎接新技术革命而制定的整个对策的重要组成部分，具有深远的战略意义。近来，有许多同志写文章提出高等教育的各种对策，大多数的意见是正确的、有益的。但也有些意见值得商榷。我认为：研究对策，首先必须有个明确的指导思想，才能使我们制定出来的对策既有正确的方向，又切实可行。下面就制定高等教育对策的指导思想，提出一些不成熟的看法，以供参考。

第一，必须以马克思列宁主义、毛泽东思想为指导。

技术革命实质上就是生产力革命。历史唯物主义告诉我们：生产力的革命，必然要引起社会各个方面、各个领域的变革。当然首先是生产关系、生产结构的变革，而上层建筑、社会生活的各个方面，都不可避免地要相应发生一连串的变革。至于怎样变革，变革到什么程度，变革的过程或快或慢，则要受诸种因素所制约。如果承认马克思主义这一基本原理，那么研究对策就不会只见技术，不见社会，只见物，不见人了。当今兴起的新的技术革命不同于历史上的技术革命和生产革命。它的特点是以信息技术为带头学科，它所起的作用是脑力劳动的延伸，以信息技术部分地代替人的脑力劳动，提高脑力劳动的效能。生产结构将由“劳动密集型”“资本密集型”趋向“知

① 原载《福建高教研究》，1984 年第 1 期。

识密集型”“技术密集型”，生产与管理需要更多的知识与智能。因此，“智力开发”，知识与智能的“生产”与“再生产”，专门人才的培养与训练，将成为新的技术革命的关键与基础。如果承认新的技术革命这一客观存在的特点，那么研究对策就不会只考虑物的投资而不重视人的培养，不重视高等教育的发展与提高了。

上面所说的是研究总的对策，要以马克思列宁主义、毛泽东思想为指导。研究高等教育的对策，也要以马克思列宁主义、毛泽东思想为指导。现在一些讨论教育对策或者高等教育对策的文章，往往照搬资产阶级学者所提的对策。例如，学生应当掌握什么新科学技术，应当改“知识型”为“智能型”，应当以个人自学代替班级教学，以“通才”代替“专才”，以“终身教育”代替阶段性教育，以“劳动力市场调节”代替人才培养计划，如此等等。资产阶级学者所提倡的，的确有合理的、值得借鉴的东西。但是，资产阶级学者所提倡的，有许多是从他们的哲学观点和社会制度出发的，我们必须用马克思主义的准则来分析判断，尤其是不应当忘记或忽视社会主义的教育方针和教育目的。社会主义的教育目的是培养有社会主义觉悟的、有文化的劳动者，社会主义的高等教育必须培养全面发展、又红又专的专门人才。无产阶级的思想政治、共产主义的道德品质教育，是全面发展教育的基本组成部分。我们培养人才，不能只管智育，不管德育；不能只注重个人自由，不考虑集体主义教育。例如，有的人很迷信资产阶级学者所设计的未来教育的方案：今后学生都可以在家里用电子计算机、人机对话来自学，以机器代替教师，取消班级教学，甚至取消学校制度。这种方案姑且不论它在资本主义社会是否行得通，至少在我国恐怕不能作为努力的方向。现代化教学手段可以提高教学效率，部分地代替教育的工作，这是无疑的，我们也已经这样做了，只是做得还很不够；我们的成人高等教育，也多采用远距离教育的形式来办学。今后，这种办学形式还应有所发展，以满足青年（主要是在职青年）提高科学技术水平的要求。但是，机器能不能代替教师进行潜移默化的教育，人机对话能不能代替班级集体进行集体主义、组织纪律教育，远距离教育能不能圆满地进行全面发展的教育，都是值得怀疑的。从研究对策来说，是应当认真考虑社会主义的教育方针和教育目的的。

第二，要立足国情，面向世界，走中国自己发展教育的道路。

中国的国情是什么？是社会主义国家，是发展中国家，有自己的历史、文化、资源、人口、生活方式，等等。

中国是社会主义国家。资本主义国家的教育政策、宗旨、制度，也许其中某些有参考之处，但就其整体来说，是不适合中国国情的。这个道理，上面已经说过。还可以再举一个例子：社会主义的经济是计划经济，由于计划经济在执行中存在一些与经济发展不相适应的情况，所以要以市场调节来补充。但不能由此得出应当像资本主义社会那样让生产处于无政府状态，只听市场支配的结论。相应地，我们培养人才也是计划培养的。邓小平同志说："我们的国民经济是有计划按比例发展的，我们培养训练专家和劳动后备军，也应该有与之相适应的周密的计划。我们不但要看到近期的需要，而且必须预见到远期的需要；不但要依据生产建设发展的要求，而且必须充分估计到现代科学技术的发展趋势。"（《在全国教育工作会议上的讲话》）人才计划，不仅是一个总数量的计划，应当是包括数量、结构与规格的计划，力求做得周密，使之与新的技术革命带来的生产的发展、社会的发展、生活的变化的新情况相适应。但由于人才计划也存在一些与社会发展不相适应的情况，所以要做必要的调整、改革。如加宽人才培养的口径，改革现行的毕业生分配制度等。但不能由此得出应当像资本主义社会那样，完全听任劳动力市场的支配，以大量的人才失业、改行去自发地进行调节的结论。

中国是发展中国家。发展中国家，特别是像中国这样的大国，应当面向世界最新的科学技术成就，迎头赶上，不必完全按照西方工业发达国家所走过的历史道路，先发展传统工业，再发展新兴工业。所以，着重培养掌握新科学技术的人才，优先设置与发展新的技术革命所急需的专业，是完全必要的。但是，在发展中国家的发展过程中，传统工业是发展生产的重要组成部分，这方面的人才仍然大量需要。所以对于所谓"传统工业"的学科和专业，还应当重视，有的还应有所发展。当然，必须根据科学技术的发展，进行改造与提高。不要一谈起新的技术革命，大家不看需要与条件，都朝新兴学科一哄而上，而忽视对老专业的改造。我们在这方面是有经验教训的。

还有中国的历史、文化、资源、人口、生活方式等特点。这些关系到课程、教材、教法的改革等问题，就不一一列举了。

总之，要走中国自己发展高等教育的道路。举个例子说：大家都很热心谈论“通才教育”，我也认为西方现在所提倡的通才教育，确有一些新的有益的见解。20 世纪 50 年代我们按苏联当时的模式，强调专才教育，批判通才教育，是有片面性的。但我不赞成走另一个极端，否定专才教育，以通才教育代替专才教育。拿美国的通才教育为例：①适应大学毕业生自谋职业的需要。许多二、三流的高等学校，开设各种各样的职业课程，借以招收学生。这其实应该叫作“杂才教育”。②普通中学的普通文化科学知识，尤其是数理化等课程学得太少，缺乏系统的知识，以致学习比较高深的专业知识基础不够。所以水平较高的大学，要求补习并加深提高基础知识。③在劳动力市场上，专业对口率很低。学得太专了，反而很难适应。大的公司、企业，宁愿招收基础宽厚的大学生，再进行培训。不言而喻，这些情况与我国的情况不尽相同。我国的大学毕业生，确也存在一些学非所用的问题，这主要是由于专业口径太窄，分配制度也存在一些缺点。但总的说来，专业对口率还是较高的，应该从加宽专业的口径，完善分配制度来解决。如果借鉴通才教育的合理之处，把专业口径加宽，把基础适当加宽加厚，并着重发展学生的智能，同时改进分配制度，以致有的可以不包分配，则专业对口率还可以提高。总之，培养基础宽厚、有通科能力的专才，从国家财政负担、学生学习时间来说，还是比培养目标不明确的“通才教育”较为有利。国家可以通过人才预测，按最优化的人才结构来统筹人才培养计划，发挥社会主义按计划有比例培养人才的优越性，以获得最佳的教育效益。20 世纪 50 年代照搬苏联式的专才教育，不完全适合中国国情；今天如果照搬美国式的通才教育，也不一定适合中国国情。对专才教育要改进，对通才教育可借鉴。一句话，立足国情，借鉴外国，走中国自己的道路。

第三，要立足现实，面向未来。

迎接新的技术革命，高等教育必须改革。当前改革的阻力，主要来自保守思想、传统习惯，传统的教育思想、教学计划、课程教材、教学方法等根深蒂固，改革不易。教育对策应有科学的预见、创新的精神，努力摆脱传统的思想、章法、习惯的束缚。教学计划、课程教材，尤其是教学方法，校、系、教研室以及教师本人，还是有较多自主权的。教学计划，除了年限、周数、公共课程之外，上面并没有太多硬性的规定，即使通用专业有统一的教学计划，也不是“法律性”的。系可以拟订、修订，学校可以审查批准；开什么课程，采用什么教材，下面也有相对的自主权。即使有统编教材的，教研室和教师也可以决定是否采用。至于教学方式与方法，教研室和教师的自主权就更多些。可是恰恰就在这一方面，改革很不容易。为什么？一是认识问题，思想上受不合理的条条框框束缚。二是实际困难，自己所熟悉的课程不开了，所惯用的方法不太行了；而开新课，采用新方法，确有实际困难。这就要求我们的校、系、教研室、教师，要面向未来，克服困难，勇于改革，勇于创新。

但是，在讨论改革、探讨对策中，也出现了另一种倾向，就是脱离实际，否定不应否定或当前不能否定的东西，认为现实的都是传统的，传统的都是错误的。例如，认为班级教学、课堂讲授是传统的，应当取消，代之以个人自学。据说这样才符合托夫勒、奈斯比特等所预测的——人类生产、生活、教育将由集中走向分散，从依赖组织到依赖自己的发展趋势。西方资产阶级学者这些预测的科学性是值得怀疑的。即使退一万步说，趋势真是如此，也不是今天的现实。不仅不是中国今天的现实，甚至也不是美国今天的现实。美国提倡以个人自学代替班级教学，以辅导代替讲授，已有八九十年的历史了，但今天仍是班级教学，大班讲授，小班讨论。当然，灵活些，自由些，学生主动得多，个别活动也多。这些做法是很值得我们学习的。我们说传统教育阻碍教学改革，主要是指只传授知识而不发展学生的智能，只讲授而不引导学生讨论和自学，只重视教科书上的知识而不为学生开辟其他获得知识的渠道，只强调教师的主导作用而不重视发挥学生在学习上的主动性、独立性与创造性，如此等等，而不是说凡“传统”的东西都是错误的，都应当予以摒弃。如果说，应当多给学生自学时间，培养自学能力，这是对的；通过函授教育、电视广播教育、自学考试等以自学为主的形式来扩大、补充高等学校教育，也是必要的。但如果由此得到结论，认为今后改革的方向是以个人自学代替班级教学、课堂讲授，当前的学校教学改革就应当以自学为主，教师就应退居于辅助地位，那就脱离现实了。

与此有关的例子，就是所谓以“终身教育”代替阶段性教育的问题。为适应科学技术迅速发展的新形势，教育不能再局限于青少年特定阶段，必须通过不断的教育与再教育。这是必然的趋势。我们也已开始这样有计划地进行了。如发展成人高等教育，实行轮训制度，有的地方还开始举办老人大学。但是，“终身教育”是否能代替青少年时期比较集中的阶段性教育呢？恐怕是不行的。从人的身心发展规律来看，青少年时期毕竟是受教育的最佳年龄阶段；从学习与工作的关系来看，在一定时期，集中地学好基础知识与技能，才能从事一定的工作。“终身教育”，应该作为青少年的阶段性教育的补充与发展，而不是提倡前者，否定后者。

第四，要用系统的观点，全面地研究与解决高等教育发展中数量、结构与质量的关系。

系统工程是对于过程的集合体的研究方法。这一方法，既是研究一切事物的新的、有效的方法，也是研究高等教育、制定高等教育对策的有效的方法。在制定对策中，最重要的是研究高等教育数量、结构与质量的相互联系、相互制约，以及在适应新的技术革命中变化发展的过程。

迎接新的技术革命，高等教育数量要增长，这是不成问题的。但数量的增长，既要受外部条件所制约，如：生产力的发展水平，经济的条件，以及社会的各种因素；还要受内部条件所制约，如师资、设备、校舍等，特别是内部已经形成的结构现状。在一定意义上说，结构的调整比数量的增长更为重要。数量的增长只有按合理的结构有比例地增长，才能收到教育的实效。举例说，在“文化大革命”中，我国中等教育数量的增长可以说是很快的，但中等教育单一的结构不能与社会的需要相适应，不合理的结构不仅不能收到发展教育的利益，反而带来了严重的后果。高等教育内部结构问题更为复杂，经过几年来的调整，成绩是肯定的，但还不是最佳的。所以，在研究对策中，一定要深入研究结构的问题，使数量的增长按合理的结构发展。还要在保证质量的前提下发展。

数量的增长，不一定与质量的提高发生矛盾。但如果越过一定的“临界点”，就会降低质量。这个临界点就是保证质量所允许的界限。有时，为了数量的增长，在短时间内局部地对质量有点影响，是难免的。例如，研究生近年来迅速增加，本科生教学很难说一点不受影响。但如果长时间、大幅度地降低质量，就不可取。

因此，在发展高等教育中，全面地研究它的数量、结构与质量的关系，选择最优化的发展方案，是制定对策的关键问题。不能笼笼统统地说：数量要增加，结构要合理，质量要提高。作为一般要求是可以这样提的，作为具体方案就一定要论证它的可行性。

总之，对策的研究，牵涉许多内部的与外部的关系。首先，要有正确的、明确的指导思想；其次，要解决一系列实际的问题。只有理论工作者和实际工作者共同努力，才能制定理论与实际结合、方向上正确、实际上可行的对策。同时，还要在实践中不断修改完善。

关于新的技术革命与高等教育对策的若干意见[①]

本篇根据潘懋元同志1984年4月所做《新的技术革命与高等教育的对策》的报告整理。报告分为五部分：①新技术革命与高等教育；②研究高等教育对策的指导思想；③宏观的对策；④微观的对策；⑤制定对策，必须开展高等教育科学研究。第二部分已经以《新的技术革命与制定高等教育对策的指导思想》为题，在《福建高教研究》1984年第1期发表。这里发表的是报告的第三与第四部分。

在新的技术革命的浪潮中，要制定全面完整的高等教育对策，还不成熟。只能根据前面讲过的研究对策的指导思想，提出如下若干初步意见。

一、宏观的对策

宏观的对策，是指全国或一个地区的范围的对策，它关系到教育的外部关系，不仅是高等教育的领导部门应着重研究的对策，也是学校领导与教师应关心的对策。

（一）扩大高等教育规模，采取多形式、多层次、多规格的办学方针

新的技术革命要求产业结构进行调整，逐渐减少“劳动密集型”产业的

① 原载《福建高教研究》，1984年第4期。

比例，调节“资金密集型”产业的比例，较快地提高“知识密集型”产业的比例；即使是“资金密集型”产业，也要求增加技术力量；同时，不论什么类型产业，都要求有较多具有较高知识水平的经营管理干部，整个社会的发展也要求有较多的具有较高知识水平的教师、医生、政法工作和意识形态工作的干部。这些说明增加高级专门人才的数量是必然的趋势。但就我国当前专门人才的数量看，不但不能适应新技术革命对于专门人才需要量的新形势，也不能满足维持目前的生产水平与社会生活水平的需要量。自从 1983 年国务院批转《关于加速发展高等教育的报告》之后，1983 年全国普通高等学校招收本、专科生 39 万人，比 1982 年增长 24%；1984 年招生 46 万多人，又比 1983 年增长约 18%。这是一个相当快的增长速度。但全国普通高等学校本、专科在校学生仅达 138 万人，平均每万人口大学生不到 14 人，远比产业发达的国家和一些第三世界国家低。由于全日制普通高等学校学生数量的增长速度，受国家投资、校舍设备、师资力量的限制，不可能发展过快；更由于受数量、结构、质量内在关系的规律所制约，不可能也不应当单靠普通高等教育来满足现代化建设对于专门人才的需要。因此，必须采取多形式、多层次、多规格的办学方针，加速高等教育事业的发展。

从 20 世纪 50 年代末期开始，我国就制定了“两条腿走路”的办学方针，但是在“左”的错误影响下，追求数量，不顾质量，教学质量严重下降，致使另一条腿迈不出去。总结了历史的经验教训，在广开学路的同时，重视质量的要求。近几年来，多种形式办学，不但较好地解决了数量增长的需要，而且缓和了层次结构比例失调的问题。这两年来，成人高等教育的增长很快，1983 年成人高等学校的在校学生数达 112. 8 万人，已接近于普通高等学校学生数，还没算上数以百万计的自学考试的参加者。目前成人高等教育的绝大多数是大专水平的，对于普通高等学校本科生、专科生比例失调（1983 年本科生占在校生总数约 89%，专科生仅占 11% 左右），无疑起了缓和作用。

新的技术革命，要求培养较多的具有较高水平的专门人才，但并不是说都应当是最高层次的专门人才。中专水平、大专水平、大学本科水平、研究生水平这四个层次，应有一个合理的比例。有人认为应当形成“金字塔”形的结构，似乎不可一概而论。有的部门可以是“金字塔”形的，有的部门则需要较多高层次的人才。研究生比例太低，固然不利于高精尖科学技术的发展；专科生比例太低，也同样不利于科学技术的发展。把本科生作为大专生甚至中专生使用，不但是一种人和钱的浪费，而且不同层次有不同层次的培养规格，在技术操作上，本科生并不一定优于大专生或中专生，何况还有由于"大材小用"而不安心，从而降低发挥人才积极性的问题。所以，对各个部门的人才层次应当逐个研究它的合理结构。

一个容易产生歧义的问题是关于多规格培养人才的问题，不同层次有不同的培养规格，这是容易理解的。在同一层次之中，也允许有一定程度的规格差别。重点大学与一般高等学校，普通高等学校与成人高等学校，文化科学发达的地区与边远地区，以及二年制与三年制的专科，四年制与五年制的本科，如此等等，显然规格不可能划一。不但招生入学时就不同，在校时的学习条件也不一。这种多规格是符合客观情况与事物发展规律的。但是，多规格不等于不要规格。在多规格中，属于某一层次，还是应当有一个基本规格的。没有达到一定规格的所谓"大学毕业生"，光有数量，质量不合格，不能适应科学技术发展的需要。毕业文凭，应当力求其能标志人才的一定规格。个人的努力，学校的把关，都应视为对国家应负的责任。在今天大规模发展成人高等教育的时候，如何使得成人高等学校毕业生能够通过实践的检验，获得社会的认可，是一个关系到成人高等教育前途命运的问题，也是一个关系到适应新的技术革命发展的关键问题。

（二）增设新专业，改革老专业

如果说，在迎接新的技术革命的新形势下，合理的形式、层次、规格的结构是重要的，那么，合理的专业结构就更为重要，必须不断地调整专业结构，以适应科学技术迅速发展的需要。十一届三中全会以来，全国高等学校的专业调整，着重做了两件事：一件是加宽某些专业的口径，增强所培养人才的社会适应性，主要在工科院校方面，把一些口径太窄，以一种产品为对象的专业适当合并。另一件是增办一些短线、缺门的专业，并增加短线专业的招生数。如：法学类专业，从 1976 年占全国学生总数的 0.1% 增加到 1983 年占 1.2%；财经类专业从 1.2% 增加到 4.6%。这些调整是必要的，也收到了较好的效果。但从面向未来，适应新科学技术发展需要来看，新的学科特别是带头学科的专业，如计算机软件、生物工程、新材料、新能源等方面的专业还有待于增设；对于综合的、横向的新学科如系统科学、信息科学、环境科学才开始重视，培养现代科学管理人才的专业更是严重不足。为了迎接新的技术革命，有计划地增设这些专业，无疑是必要的。但是，不能不看条件，一哄而上。如果条件不够成熟，可以在基础学科专业或有关的学科专业中，开设若干新科学技术课程，逐步过渡到新设专业，是较为现实的。因为新的科学技术，一般是从基础学科或有关学科延伸、交叉发展起来的。在原来的专业中增开新课程，是符合科学发展规律的，并能初步或部分满足新的技术革命在一定时期的需要，同时，也有利于老专业的改造。

老专业，也就是传统学科的专业，如果是工科类型的专业，则一般指以传统工业为对象而设置的专业。对于老专业，仍然应当十分重视，把它办好，有的还要有所发展。这是因为：首先，在新的技术革命发展过程中，一国之中，必须各种产业并存，特别是发展中国家，不可能只顾发展“技术密集型”产业，“资金密集型”以及“劳动密集型”产业仍然占有较大比重。以工业最发达的上海为例，在全市工业总产值中，“技术密集型”产业的产值当前仅占 11.5% 左右，其余 88.5% 为“资金密集型”与“劳动密集型”产业；即使是新科学技术最发达的国家如美国、日本等国，“技术密集型”产业的产值仍然远低于“资金密集型”产业的产值。有人认为传统工业是“夕阳工业”，已经濒于日落西山了。工业发达的国家是否如此，我很怀疑；发展中国家肯定还需要进一步发展。很难设想不发展钢铁、煤炭、石油、汽车、机械以及轻纺工业，只要把电子元件、集成电路、计算机软件以及其他应用新技术的尖端产品搞上去就行。相应地，为传统工业培养人才的专业仍然要有所发展。其次，正如新兴工业，即所谓“朝阳工业”，是在传统工业的基础上发展起来的，并且还得不同程度地依靠传统工业的基础一样，新兴学科，也是在传统学科的基础上产生并发展起来的，并且不能完全脱离传统学科所提供的基础理论与基本技术。因此，在发展新的专业的同时，传统学科的专业所培养的人才仍然是必需的，这些专业仍然要有适当的发展。问题是必须根据新的技术革命所带来的生产与生活的发展变化进行改造。老专业，尤其是重点大学的老专业，往往是水平较高、实力较强的专业，如果能够改造得好，将能更快更好地发挥在现代化建设中的作用。如果说，迎接新的技术革命，生产方面的对策应当是建立新兴产业与改造传统产业相结合，那么，高等教育的对策，也应当是设置新专业与改造老专业相结合。

老专业的改造，一般来说，在师资、设备、资金上，是比设置新专业较为易行。但从某种意义上说，困难更大。一方面，改造老专业，同样存在补充师资、更新设备、增加资金的问题。另一方面，更大的困难来自思想认识的阻力。要改造，就得打破老专业的既成“模式”，打破传统的教育思想。同时，教师知识的更新以及教学与研究方法的改革也存在一定的实际困难。但是，为了适应新技术革命的新形势，对于国家优势所在的老专业，不下功夫进行改造是不行的。在资本主义社会，竞争激烈，老的科系为了自己的生存与发展，压力很大，改造是较快的；而在“包产包销”的分配制度下，“产销脱节”，改造的迫切感在许多人思想上并不那样强烈。这就必须在管理体制的改革上做文章。所以，管理体制的改革，是高等教育改革的前提条件。

（三）改革管理体制

企业管理体制的改革，措施较为明确，改革的进程较快，收效也较易见；事业管理体制的改革，相对来说，措施不太明确，改革的进程较慢，尤其是教育系统的管理体制，情况更为复杂。这是因为：物的生产，较易于定量管理，管理效果的反馈也较快；事业的管理，较难定量，而科学的管理一般是要通过数量化管理的；教育管理，还有个效果的反馈周期太长的问题。如何使教育质量数量化，如何使管理效果的反馈信息明确，周期缩短，都是一些尚待研究的问题。但是，一些明显的不利于发挥教师与干部的积极性的规章、措施，应当及时改善，这是毋庸置疑的。当前急需解决的问题是某些职权的下放与责任制的建立，使各级干部与教师，职、权、责统一起来。不管什么岗位的干部，什么职称的教师，都应当使之有职有权，有权有责。有职而无权不能发挥主动性、积极性，有权而无责流弊可能更大。同时，权力既要下放，单位所有制也必须打破，否则就不能使人尽其才，物畅其流。人才、设备易于流动，既利于学术交流，改造老专业，又利于发展新学科，增设新专业，还利于建立“教学—科研—生产联合体”。

关于体制改革，千头万绪，具体问题很多，必须通过试验、总结，才能推广。例如，关于毕业生分配制度的改革，就是一个颇为复杂的问题。可以提出种种方案，如试行部分学生“定向招生”，部分专业“委托代培”，部分学校或专业“不包分配”，可能对计划人才起调节作用。还可以设想，长线专业部分不包分配；同社会需要不对口的人才不勉强分配，回炉补习社会需要的知识技能。这样可能促使专业加快调整与改造。当然，这仅仅是一种设想，必须通过试验才行。一切管理体制的改革，也都要通过可行性的论证与实践性的试验。

二、微观的对策

微观的对策是指一所学校、一个专业、一门课程迎接新的技术革命的对策。这是每个干部、教师都应各就其所在岗位研究的对策。宏观对策与微观对策是相对的，也是密切联系的。如专业的改造既是宏观的，也是微观的。改造的任务，归根结底要落实到每一个专业的培养目标、教学计划上。一切宏观的对策，差不多都是如此，要落实到学校、专业、课程上。所以，微观对策，可以说是宏观对策的延伸、发展与具体化。而宏观对策，则是微观对策的依据。

（一）根据现代化专门人才最优化的知识结构与智能结构，改革教学计划、课程教材与教学方法

高等学校的教学内容与方法，总是直接受文化科学发展水平所制约的。在古代，许多学问都包含在哲学之中，所培养的人才是“综合型”的，教学内容不存在分科问题，教学方法着重于思辨与记诵。到了近代，自然科学和社会科学纷纷从哲学中分化出来，所培养的人才是“专门型”的，教学内容也按学科分设科、系、专业，教学方法除讲授外，因不同学科而采用某些不同的方法，如实验、实习、讨论、演算等。现代科学的发展，是高度分化与高度综合相结合，所培养的人才要求既“通”又“专”，在通的基础上有所专，掌握专门学问而又能融会贯通。从而，教学内容与教学方法也要适应这种新的发展而有所改革。

那么，专才教育与通才教育如何结合呢？这就必须根据现代化专门人才

的最优化知识结构与智能结构来改革我们的教学内容与教学方法。

一个现代化高级专门人才的最优化知识结构与智能结构，一般认为在知识结构方面，必须具有如下的要求：第一，比较宽厚的基础知识；第二，一定深度的专门知识；第三，主要学科以及相邻学科的动态、趋势和科学新成就、科研新问题，也就是所谓“前沿”知识；第四，必要的横向学科知识和科学方法论知识；第五，一般的基本的文化知识，或虽与专业无直接联系，但有利于扩大眼界、开拓思路、活跃思想、提高文化素养的某些知识。

上述要求，概括起来，就是“通”与“专”。由于20世纪50年代以来，重“专”而忽视“通”，重传统知识而对于“前沿”知识重视不够；当前有必要强调基础，重视“前沿”，掌握新方法，扩大知识面；但系统的专门知识仍然是培养现代化高级专门人才的重要组成部分。

再就智能结构方面说：智能包括智力与能力。一般评定一个专门人才，观察力、注意力、记忆力、思维力、想象力这几种因素都应有所要求。由于过去在教学上只重视记忆力的训练而很不重视有计划地发展其他智力，特别是对于作为智力核心的思维力与作为智力翅膀的想象力不重视，因此有必要强调思维力与想象力在培养专门人才上的重要意义。在新的技术革命中有所作为的专家，必须具有创新精神、创造能力。所谓创新情神与创造能力，实质上就是发散性思维（求异思维）与想象力的结合及其运用。

智力是内在的，内在的智力要外化为能力。能力指综合地运用知识作用于客观事物，认识客观世界与改造客观世界的本领。一般认为，一个专门人才，尤其是高级专门人才，对于自学能力、口头与文字表达能力、实践能力（包括操作能力）、科研能力、组织管理能力都应有较高的要求。在诸种能力中，自学能力是最基本的。自学能力强，一方面可以随着科学技术的发展而不断增长知识，另一方面可以促进其他能力的发展。自学能力可以说是知识与能力的纽带。

传统教育的缺点，在于只重视传授知识，不重视发展一个人的智能。为使我们所培养的人才充分发挥作用，教学改革必须在培养能力、发展能力方面多下功夫。但是，智能发展必须以相当的知识为基础。有“知”不一定有“能”，但无“知”必定无“能”。有人为了强调智能的重要性而贬低知识的价值，有人认为现代化教育必须变培养“知识型”人才为“智能型”（或称“能力型”）人才。这种把知识和智能割裂开来的说法，容易重蹈历史上形式教育的覆辙。

以上只是分析知识结构与智能结构的组成因素及其相互关系。至于什么样的知识结构和什么样的智能结构才是最优化的，则应按照不同类型的专门人才有所侧重。显然，科学家与实业家、工程师与艺术家、医生与律师，他们所要求的知识结构与智能结构有所不同。这就要求进行具体的人才预测。人才预测，除了预测各种类型人才所需数量之外，还应进一步预测各种类型人才的最优化知识结构与智能结构，才能作为教学改革的具体依据。苏联从1982—1983学年度开始，有计划地根据现代化的需要，将国民经济各部门对高等学校各个专业的学生在知识与技能上的各种要求，制定的基本规定，称为“业务鉴定”。然后根据“业务鉴定”，逐步修订教学计划与教学大纲。他们认为这种做法，不但能够充分顾及专门人才的培养，符合实际需要，而且能够促使高等学校教学过程结构最优化。如果这种“业务鉴定”是现实的、有远见的，则这种做法可能是比较切实可行的。

（二）扩大高等学校的职能

根据科学技术与生产、生活发展的需要，高等学校应当承担培养人才、科学研究与社会服务（技术指导、成果转让、业务咨询、职工培训、社会工作等）的责任，把教学、科研和社会服务结合起来。

大学应当具有培养人才与科学研究两种职能。两种职能，存在相互促进的关系，这是已经有充分的论证和实践经验证明了的，这里不需阐述。在新的技术革命进程中，高等学校社会服务的职能也显得越来越重要了。这是因为：第一，在新的技术革命中，从科研成果到应用，从实验室到生产，这个过程越来越短。在激烈的技术竞争与产品的竞争中，这个过程越短就越占优势。高等学校与生产部门的结合，前者为后者提供新的科研成果，后者为前者将科研成果投入生产过程，有利于缩短从科研成果到生产的周期，使科研更快地转化为生产力，从而加强竞争能力。这是最基本的原因。第二，在新的技术革命中，提出许多新问题，有技术的，有经济管理的，有规划与决策的，有社会生活的，等等。这些问题，往往不是一种专门知识所能完满解决的。必须集合各门学科、各种专门人才，通力合作。关于环境保护就是一个典型的例子。高等学校具有学科齐全、人才集中的优势，生产部门、政府部门、社会各个方面，对高等学校提出了要求，高等学校也有责任承担任务。第三，高等学校必须不断吸取社会实际中技术发展、经济发展、生活发展的各种新的信息。社会服务有利于促进教学和科学研究联系实际，提高教学质量与学术水平。由于上述原因，高等学校的社会服务这一职能，在新的技术革命中，在社会主义现代化建设中就显得越来越重要，并且已经收到很好的效益。

众所周知，国外的突出例子就是美国旧金山南部的硅谷。这里具有强大竞争力的尖端技术与先进产品，就是围绕着斯坦福大学建立和发展起来的。日本的筑波城、英国的苏格兰中部低地（“英国硅谷”），也有类似的情况。人们把这种高等学校与生产部门的结合叫作“科研—生产联合体”或“教学—科研—生产联盟”。

我国20世纪50年代后期，党的八大之后，曾经提出教学、科学研究与生产劳动相结合的原则，但未能很好贯彻，收效也不大。这是因为：①生产的发展遭到了“大跃进”的挫折，缺乏科技发展的经济基础。②在“左”的思想影响下，“向科学进军”的号召实际上被否定了。对科学技术在发展生产上的作用认识不足，科技人员往往被作为技术革新的对立面，按科学规律办事被作为右倾保守来批判。缺乏科技与生产结合的思想基础。③对于“生产劳动”这个概念的理解存在片面性，把生产劳动仅仅理解为体力劳动、不要技术的粗活。从而把教学、科学研究与生产劳动只作为向工农学习、“改造世界观”的手段。党的十一届三中全会以来，为了有效地实现“四化”建设，科技在发展生产、发展经济上的作用逐渐被人们所认识。经济建设必须依靠科学技术，科学技术必须面向经济建设。现代化的生产诚心地向高等学校要求智力的支援，党的知识分子政策逐渐得到落实，高等学校的知识分子更激发了为社会服务的积极性。所以，近年来，特别是近两年来，高等学校为社会服务的职能提到学校的重要议事日程上。社会服务的内容名目繁多，有成果转让、技术指导、业务咨询、科研—生产协作、职工培训以及各种社会工作；社会服务的形式也多样化，合资经营、联合办学、成立科技服务公司、组织“教学—科研—生产联合体”等。一般来说，工科大学比较活跃，其他类型高等学校也不甘落后，不但规模大的重点大学有条件开展社会服务，规模小的地方性高等学校也各有自己的“用武之地”。

扩大高等学校职能，开展社会服务，是高等教育发展的必然趋势之一。它开辟了为“四化”建设服务的更加直接的捷径，收效快，社会欢迎，有利于学校同社会密切联系，从而有利于促进高等学校的科研与教学；同时，有利于增辟学校财源，改善学校设备条件和教职员工生活。但是，不应当以此为主要目标。高等学校的经费和教职员工的工资福利，主要的应当由国家和地方教育经费统筹，如果过分强调自筹资金，势必分散学校的领导和教师力量，影响教学质量和科研水平，甚至导致某些不良的倾向。从长远观点看，是得不偿失的。高等学校培养人才、科学研究和社会服务三个职能，都是必要的，但培养人才始终应当放在第一位，其次是科学研究，最后才是直接的、近期的社会服务。三者要统筹安排。安排合理，可以起相辅相成、相互促进的作用；安排不合理，就会起相反的作用。

（三）改善教师的知识结构与智能结构，提高教师的思想水平与业务水平

由于历史的原因，当前我们的师资队伍还不能很好地承担新的技术革命所提出的任务。不少教师在知识结构与智能结构上存在的问题是：基础知识不够宽厚广博，在提高上发生困难；现代化的科学技术知识不足，对新学科、新技术不甚了解，也不太关心，缺乏横向学科的知识，未能掌握科学的方法和手段，在指导学生的学习和科学研究上发生困难；有的教师在他的成长过程中，受传统教育的思想影响较深，习惯于传统的教育方法，自己的智能未能充分发展与发挥，特别是缺乏创新精神与创造能力，因而很难在学生智能的发展上发挥有效的引导作用；还有的教师受外语水平的限制，难以及时掌握世界上科学发展的动态和趋势。

所有这些，都说明教师为迎接新的技术革命的挑战，迫切需要解决业务上再学习的问题，以改善师资队伍的知识结构与智能结构。如何解决这个问题，要分别对待。一般来说，老教师要扬长避短，中年教师要扬长补短，青年教师要迎头赶上。当然，这只是相对的要求。有些老教师，也孜孜于业务上的再学习，力求补短，但领导上不要在这方面做过多要求，而要在扬长上

多做安排。当前的主要问题是如何为中年教师创造再学习的条件，使他们尽快地补短，这样能够较快较好地收到实效，发挥中年教师在教学和科研上的骨干与带头作用。对青年教师，则应当抓紧在职或脱产的进修提高，要有严格的要求与制度，促使他们尽快扎扎实实地成长，成为大有作为的第三梯队。

党的十一届三中全会以来，在短短的几年间，师资队伍的改善与提高，全国是很有成效的。许多教师，已把“文化大革命”中十年损失追补回来并有了较快的提高，现在我国已有一批掌握新学科、新技术的中年以及青年教师，已有相当一批具有培养硕士研究生和若干具有培养博士研究生能力的高水平教师，在科学研究、技术引进与消化吸收、新产品的试制等方面做出了大量的成绩。许多行之有效的培养与提高教师的经验值得进一步推广，如：在教学、科研和社会服务等实践中学习提高；有计划地在国内、校内脱产进修或派出国外留学、访问；让教师参加国内或国际的学术会议；校际的、学校与科研部门和生产部门的人才交流；等等。只要方向正确，政策落实，为教师的学习提高和生活、工作创造有利条件，我们完全有信心用较短时间，把我们的师资队伍改善得能够承担新技术革命所提出的任务。

引进市场机制要超前研究对策①

教育有两条基本规律。一条是内部关系的规律，指教育过程中德智体的关系，教学过程中教与学的关系，等等。另一条是外部关系的规律，指教育这种活动同社会其他活动的关系，或者说在社会大系统中教育这个子系统同其他子系统的关系。这条规律的表述是：教育必须受社会的经济、政治、文化所制约，并为社会的发展服务，也可以简化为教育必须与社会发展相适应。这条外部关系的基本规律说来很简单，但认识它却很困难，遵循它更困难。因为这条规律既很抽象，又很具体。就毕业生分配来说，如何使我们所培养的人才能够与社会发展相适应，也就是使分配同社会主义初级阶段的经济、政治、文化的发展与改革相适应，是当前分配工作所面临的问题。

解决这个问题可以有两条途径。一条是加强人才的社会需求预测与规划；另一条是引进市场机制，依靠市场调节数量、规格、专业结构、课程结构，使之适应社会需要。

引进市场机制最直接的办法就是不包分配的“分配”，也就是自谋职业。但是如果不包分配，自谋职业，就得开放人才市场。人才市场不开放，或者只开放个小口子，或者是很窄很窄的一条门缝，就很难挤出去也很难挤进来，可能出现的问题也会不少。我想到的有两个。

一是可能产生顺流也可能产生逆流，人才可能流向急需的单位、地区，

① 原载《中国教育报》，1988年6月7日。

也可能流向并不很需要的单位、地区；可能产生农村流向城市、边远地区流向沿海城市、工资福利低的流向工资福利高的单位、艰苦的岗位流向轻松的岗位，等等。首先受其冲击的是文教部门，某些没有实权的政府机关。也就是说，可能出现有的地区、单位有人才奇缺的情况，而有些地区、单位人才积压、浪费或高才低就。

二是人才市场的调节是自发的，甚至一定程度上是盲目的，全局的、长远的发展战略很难对之起制约作用。中小学教师的工作效益是提高全民族的文化素质，至今教育经济学很难算出它的经济效益，教师们又很难自找门路赚钱，中小学就很可能得不到合格人才，从而影响全局与长远的社会效益。就大学来说，教基础学科的，搞基础理论研究的，赚钱的机会就远不如搞技术学科、应用学科的。

市场机制不只是对不包分配、自谋职业起制约作用，也必然要一定程度地对分配制度起影响。过去完全按指令统一分配，基本上没有分配不出去的问题。反正分来一个，就多一个编制名额，就有一份工资。现在才开个小口子，市场机制才稍微起点作用，就出现了分配不出去的问题。如何看这个问题，我的看法如下。

一是今后恐怕总有分配不出去的。既然市场机制在起作用，就有供与求的关系，就有供与求不平衡的问题。过去是以指令性分配掩盖了这种不平衡，当指令性分配部分地改为指导性分配，矛盾就突出来了。可以想见，不包分配、自谋职业，依靠市场调节，矛盾还会更加突出，不过那就不叫作分配不出去，而叫作“待业”了。明白地说，引进市场机制，依靠市场调节，就会有大学毕业生待业问题。对此，要有充分的心理准备，预先研究对策，否则就会导致政策左右摇摆、多变。

二是既是坏事也是好事。谁都希望自己辛辛苦苦培养出来的学生愉快地走上称心如意的工作岗位，施展他们的才能，而现在我们的人事干部为此苦恼，许多教师还要为自己的学生奔波找门路，怎么能是好事呢？若能将部分专业的设置与招生数量不适应社会需要的问题暴露出来，促使学校调整专业方向、课程结构、招生数量，使之适应社会需要，也就是促使学校按照教育规律办事，这当然是好事。

不管是好事或坏事，我们都得面临这个严峻的事实，迎接引进市场机制的挑战，需要超前研究和制定相应的对策，我的观点如下。

一是今后一个相当长的时期，还是要搞人才计划控制与人才市场调节相结合，指令性分配与不包分配相结合。当然，分配制度要改革，如搞一定期限和一定范围的分配。一定期限，就不是终身分配；一定范围，就不是指定具体单位。你是学师范的，在一定期限内，就得当教师，还可能要求你在一定地区当教师；具体单位可以不指派，自己找，在某一个需要教师的地区内，为社会主义现代化培养学生。不搞终身分配，对于毕业生和家长心理上是比较容易承受的，不硬性指定单位，可以留给本人一点主动灵活的余地。

二是可以放开一点、放下一点，多给学校一点自主权，学校多给系主任一点自主权，尤其要给教师一点发言权。门路更多更活些，可能更有利于加强宏观控制。我想，大学是否可以登“人才广告”，公开宣传你有什么样的人才待聘，这些人才能干些什么工作，质量如何。否则企业不知道也不敢进学府大门洽谈“人才交易”，供需见面的市场就很差。

三是今后或多或少总有一些毕业生一时分配不出去，是否应当设置待聘人员补助金。

总之，我是赞成引进市场机制的，但不妨把可能产生的困难设想得多一点，超前研究，超前制定对策，才能更好地迎难而上。

高等教育主动适应经济与社会发展的理论思考[①]

——在第二次全国大学教育研讨会上的发言

两年前在长沙召开的第一次大学教育思想研讨会，所研讨的中心课题是：迎接世界新技术革命挑战，适应中国社会主义现代化建设，如何变革传统教育思想，实现教育思想现代化。在南京召开的这次大学教育思想研讨会，谈得最多的是在社会主义初级阶段，如何正确对待商品经济、竞争机制、市场调节、有偿服务等新问题、新情况及其对高等教育的影响。两次研讨会所谈的，实质上都是探讨高等教育如何适应经济社会发展需要，更好地为社会主义建设服务的问题。而争论的“热点”大不相同，情绪也不相同，两年间“热点”与情绪的变化，反映了我国经济社会的变化，也反映了高等教育的变化。如此巨大的变化，在我们的面前画了两个标点符号：“！”和“？”。单就这两个标点符号，就值得我们深入思考。

一、适应商品经济发展的必然性

在这次研讨会上，大多数同志认为高等教育应该适应商品经济的发展，引进竞争机制，发挥人才市场的调节作用，开展有偿服务，这样可以促进高等教育改革的深化，为经济社会的发展服务。也有的同志持不同的意见，主要的理由是：商品经济与教育，是不同质的事物，不应该按商品经济的规律、

① 原载《教育评论》，1989 年第 1 期。

市场竞争的机制来办教育。还有个别同志认为当前商品经济对高等教育的冲击是“必然的”，适应商品经济发展，不是“应该不应该”的问题，而是如何适应的问题。我赞同个别同志的观点。

为什么当前商品经济对高等教育的冲击是必然的？理由很简单，这是教育与社会关系的客观规律所决定的。教育必定要受一定的社会的经济、政治、文化所制约，并为一定的社会经济社会发展服务。这是一条教育的外部关系的基本规律，而客观规律是不以人们的意志为转移的。当前在社会主义初级阶段，商品经济在发展中，教育不受商品经济的制约，不为商品经济的发展服务是不可能的。尤其是处于教育领域前沿的高等教育，同社会的经济、政治、文化具有直接的联系，所受的冲击就更为迅猛。纵观高等教育发展史，大学往往为保持自身的学术传统，或企图独立于宗教、政治之外，或抗拒工商企业的“侵犯”，徒劳地把“学府”封闭起来。其结果只是延缓了高等教育对社会进步的适应过程，最终还是不得不为自己的生存与发展而向社会开放。原因就是客观规律在起作用。

应当看到，对于高等教育的改革与发展，“冲击”并不是坏事。正是社会的经济、政治的发展和文化观念的变革，给予高等教育的改革与发展以压力、动力和活力。冲击的必然性包含着冲击的合理性。尽管冲击有些不顾教育自身的内在规律，或超越了人们的承受能力，带来了某些混乱的副作用，甚至造成了某种损失。但就其总趋势来说，是有利于高等教育发展的。例如，当前商品经济对高等教育的冲击，使市场竞争机制进入高等学校。在毕业生不包分配、双向选择的人才市场上，竞争机制正在起着调整专业结构的作用。如果进一步正确地引进竞争机制，还有可能对课程教材、培养方法的改革起积极作用。当然，对此必须认真对待，否则也可能起消极的作用。

当前，商品经济的冲击是迅猛的，而人们的适应要有个过程。由于心理定式的作用，当冲击打破了原来的心理平衡时，在思想上、感情上难免感到彷徨、苦恼以至于抵触。这是可以理解的。为此，有必要进行冷静的理论思考，认清客观形势的必然性，转变教育观念，变革高等教育的自身，以适应经济的变革与发展，事情就会好办些，就会变无所作为为有所作为，从而主动地适应商品经济冲击的浪潮，掌好航向，绕过暗礁，比较顺利地向前进。

也就是说，就能避免违背客观规律，而能较好地遵循与运用教育规律办好教育。

二、主动适应与被动适应

商品经济对高等教育的冲击是必然的。那么，如何正确地遵循与运用必然的规律来深化教改，发展教育，避免太多的混乱与副作用呢？这里有一个主动适应与被动适应的问题。

为了说明什么是主动适应，什么是被动适应，让我们回顾一下历史。

新中国成立以来，20 世纪 50 年代初期，高等教育的改革与发展，同当时的革命形势和经济发展基本上是相适应的：为建立人民民主专政，高等教育于 1950 年进行课程改革，1952—1953 年进行教学改革，同时加强思想政治教育。今天看来，某些做法简单生硬，留下了一些不良的后果，但从一定历史时期来说，是适应当时革命需要的：在三年经济恢复和第一个五年计划初期，根据经济恢复与发展的需要和可能，调整了科系专业，逐步增招大学生，虽然高等教育的发展不能完全满足经济社会发展的需要，不得不让高中二年级学生提前考大学，让大学三年级学生提前毕业，但总的说来还是比较适应的。到了 50 年代末以后，经济上的“大跃进”要求高等教育大干快上，政治上的“以阶级斗争为纲”，迫使高等学校一个接一个搞政治运动。从表面上看，高等教育确是“紧跟”当时的经济与政治形势的。不紧跟也不行，不紧跟就是“保守”“右倾”。这种“紧跟”，是被动适应而不是主动适应。在紧跟经济与政治形势中，又以紧跟政治形势为主。本来，教育为一定社会的政治服务，是无可非议的。但是，被动适应的结果，把“为政治服务”变成“教育政治化”，似乎只要“政治挂帅”，一切都灵。一次又一次的政治运动，冲击着高等学校的教学秩序，其灾难性的后果是人所共知的。从历史的教训中，我们可以得出这样的结论：被动适应是一种盲目的适应，并不是按照教育的客观规律办教育；主动适应是一种自觉的适应，只有主动适应，才能遵循与运用教育规律办教育。

那么，什么是主动适应呢？有两个问题必须探讨。

第一，一定社会的经济、政治、文化发展过程中，往往存在积极面与消极面，尤其是在改革的探索过程中，很难避免出现某些偏差。教育主动适应经济社会发展需要，指的是对积极面的适应，不是不加判别被动地去适应一切，包括不利于社会进步的、消极的、落后的、错误的、偏差的东西。所谓“主动”，就有主体判断与选择的作用。当年那种“左”的错误，是不利于社会主义社会健康发展的。虽说在缺乏民主的情况下，高等教育很难不受其消极、错误的影响，但有的跟得很紧，甚至推波助澜，有的则跟得不那么紧，尽可能减轻某些“左”的消极影响。今天，商品经济、市场机制在对高等教育起驱动与调节的积极作用的同时，也存在许多消极面的东西。众所周知，片面追求个人利益，一切向钱看，不顾社会道德以至违法乱纪等，是会对高等教育的改革与发展起消极作用的。对商品经济、竞争机制的主动适应，本来可以促使教师提高教学质量，学生努力学习；而被动适应的结果，却产生厌学、厌教的问题。所以，高等教育应当发挥它的主体判断与选择的作用，趋利避害，力求主动适应而不是被动适应。

第二，教育主动适应经济社会发展，当然，首先是适应经济的发展，但不只是适应经济的发展，还必须与政治的改革、文化的发展相适应。教育的效益，也不只是经济的效益，还有政治的、文化的以及伦理道德的社会效益。如果把教育效益简单化为一个经济效益而不顾其他非经济的社会效益，只要能够“创收”就行，什么社会主义方向、社会道德、文化科学水平都可以不管，那就可能把正确的“教育为经济发展服务”变成“教育商品化”，像“教育政治化”那样不利于高等教育向正确的方向深化改革，健康发展了。

三、外部规律与内部规律

上面所谈的，仅是就教育与社会这一教育的外部关系的规律立论。办教育不仅要遵循教育的外部关系的客观规律，还必须按教育自身的内部规律办事。“就教育谈教育”是片面的，因为忽视了教育外部规律。而许多教育问题，不是教育自身所能解决的。因此，研究教育问题，必须有“大教育观”，教育经济学、教育社会学、教育人类学等学科，主要的就是从“大教育观”

研究教育问题。但是，不顾教育自身的内部规律而谈教育，也是片面的。我们的研究对象是教育，我们所要解决的问题是教育问题。教育不是经济，也不是政治，甚至也不是一般的文化。教育有它自身的价值、特点和规律，不能以经济问题、政治问题的研究来代替教育问题的研究，不能生硬套用经济规律来解释或解决教育问题，不能以商品市场运行机制来作为教育运行机制。从“教育政治化”到“教育商品化”，其偏差有所不同，而其思想根源却是一脉相承的，就是忽视教育的自身价值、特点与教育的内部规律，是形而上学的思想方法，混淆了不同质的事物。

教育的外部关系的规律与教育自身的内部规律，是相互作用于教育活动的。一般来说，教育的内部规律受教育的外部规律所制约，而教育的外部规律必须通过教育的内部规律起作用。适应商品经济，引进市场机制，是遵循教育的外部规律，但要实现它的积极作用，使之有利于教育的改革与发展，还必须遵循教育的内部规律。如果违反了教育的内部规律，则或者是不起作用，或者是对教育的改革与发展起消极、阻碍甚至破坏的作用。“殷鉴不远”，就在“教育政治化”。如果只以经济效益来评价教育效益，必将导致削弱基础学科，放松思想道德教育。削弱基础学科，必将对国家的文化科学发展造成危机；放松思想道德教育，必将贻误年青一代的全面发展，最终将不利于社会（包括经济）的进步与发展。

即使就经济效益来说，高等教育作为培养人才的社会活动，它的经济效益，也不都能直接反馈在人才市场的信息上。例如大学毕业生不包分配，可以通过不被扭曲的、充分开放的人才市场所反馈的信息来调整专业设置、招生数量，以及改革课程教材、培养方法等。无疑，引进市场竞争机制是正确的、必要的。但也只能作为教育决策依据之一，而不能完全让高等教育被动地去适应人才市场。因为人才市场所反馈的信息往往只是短期的，中期与长期的人才需求很难在人才市场上反映出来。而教育的周期是很长的，教育的效益是滞后的。如果仅仅根据人才市场的短期信息来调整高等教育结构，就会由于决策的短浅眼光贻误百年大计的教育。同时，教育的效益又是长效的。如果说，商品的经济效益直接体现在产品上，由于折旧而价值递减，则高等教育所培养出来的人才，由于毕业后还不断地增长知识、经验与才干，他的价值在相当长的时期内是递增的，不是呈现为下降直线而是呈现为抛物线。这些，都不是人才市场所能反映出来的。

同志们在研讨会上所谈到的在适应商品经济，引进市场竞争机制过程中的种种情况与问题，包括有偿服务、不包分配、教学质量、思想道德以及厌学弃学等，都有必要一一进行具体分析研究。但这次研讨会是教育思想研讨会，我的发言只是提出一些供理论思考的观点与思路。概括地说，适应商品经济发展是不以人们意志为转移的必然性规律。但适应有主动与被动之分。主动适应是走出“教育商品化”的困惑的途径，建立主动适应的机制才能使我们的高等教育向着正确的方向深化改革，健康发展。

正确对待商品经济对高等教育的冲击[①]

当前中国高等教育所面临的实际问题是商品经济对高等教育的冲击。如何看待这个冲击？或者说，如何看待商品经济与高等教育的改革、发展的关系？现在大家议论纷纷，主要是两种看法。一种看法是：商品经济对高等教育的作用是积极的，是好的。因为，适应商品经济的发展，就要引进竞争机制，而引进竞争机制可以促进高校深化改革。比如说，大学毕业生不包分配，实行双向选择，那么高校培养的学生就要跟商品经济所需要的人才对口，这就促使高校要调整专业、课程，更新教学内容，改革培养方法，要培养有创造能力的人，等等，这不是很好的吗？另一种看法是：商品经济对高校一冲击，高校就出现了学生厌学，教师厌教，甚至弃教的现象。大学教师忙于搞"有偿服务"，分散教学科研力量；大学生搞"勤工助学"，做生意，影响学习质量，尤其是道德水平的滑坡，问题很严重；大学教师在发愁待遇低，不如一般的工人，更不如个体户；校长、系主任在发愁怎样去创点收，发点奖金；等等。大体上说，认为有利的多半是从理论上推导出来的，是从长远观点考虑的；说不利的是用现实中出现的许多问题做依据的。我们在座搞政治工作的同志感受可能更深刻一些，现在的政治工作难做，政治课难讲，我对政工人员、政治课教师的为难，深表同情。对这么两种截然不同的看法，我们应该怎么看呢？我的看法是：商品经济对高等教育的冲击、影响，不是什

① 原载《高等教育研究》，1989 年第 3 期。

么好不好的问题，而是必然的，是不可避免的，这是由教育的外部关系的规律所决定的。教育不能不受外部关系规律所制约。当前中国社会经济的现实是商品经济，高等教育要独立于商品经济之外，是不可能的。

一、商品经济对高等教育冲击的必然性

一切教育都要受一定的社会经济、政治、文化所制约，并为一定的社会经济、政治、文化服务，尤其是高等教育。因为普通教育跟高等教育还不太相同，中、小学与社会的关系比较间接，培养出来的人只是普通公民；大学与社会的关系是直接的，直接培养参与社会经济、政治、文化活动中的骨干；普通教育，一般来说，只是传递文化，高等教育本身还在创造文化。就是说，高等学校跟社会的政治、经济、文化的关系比普通学校跟社会的政治、经济、文化的关系更为直接，更为密切。因此，高等教育受商品经济的冲击就比普通教育更为厉害，更为尖锐。在这种情况下，有人就提出了，我们能不能抵制冲击呢？

在中外教育史上，有许多教育家都曾主张教育是清高的，教育要独立，要中立。最古老的传统大学，如英国的牛津、剑桥大学，法国的巴黎大学，美国的哈佛大学等，在它们的历史上都曾经表示要抗拒社会的影响，抗拒宗教、政治对它们的干扰，但实际上都不可避免地要受宗教的影响，受政治的影响。到了近代，很多传统大学看不起工商业，要抗拒工商业对它们的干扰、影响。中国过去也如此。但是，事实证明所有排斥工商业干扰的想法，都没有实现。在英国，牛津、剑桥大学看不起工科，一直不让工科进入大学。后来便新办了一些城市大学，这些大学成为当地纺织、钢铁、酿酒等工业的研究中心，但这些新大学不能授学位，于是只好到伦敦大学参加考试。伦敦大学原来并不是一所大学，而是一个学位授予机构，它让那些不能授予学位的学生到那里参加考试，合格者授予学位。至今伦敦大学还有两个任务，一是为没有学位授予权的大学、学院学生授学位，另一个是他们自己也招生。在法国，巴黎大学是可以授学位的，它也不搞工科，搞工科的叫作高等专科学校，或叫“大学校”，这些学校的毕业生很受社会欢迎，但这些学校一般也不

授学位，只发证书。中国也是这样，从前中国的读书人，只读经书、古文、诗赋，各种技艺知识，被看作“奇技淫巧”，不允许进学校，商业知识就更不要说了。这就是说，在历史上，搞基础理论研究是高级的，搞工科是低级的，商科更是低级的。

但是，到商品经济发达时，大学还是不得不一步步地退让，接受工商业的影响。现在的传统大学，包括那些古老的传统大学，也有工程技术、工商管理的课程，而且还不得不吸收许多企业家参与学校管理。我们中国也是这样，过去的大学是关起门来办的，毕业的学生不管社会需要与否，都能分配出去。现在不行了，商品经济一冲击，你培养的人如果跟社会的需要不对口，将来这些毕业生就会失业。这几天，由国家教育委员会直属高等工业学校教育研究协作组召集13所重点工科大学校（院）长、教务长、高教研究所所长在重庆大学开会，特地请了企业家参加，这是一次大学领导跟企业家们坐在一起开的会。这就是说，现在我们的大学也不得不把企业家请到学校里来，听听他们关于培养人的意见。从这里可以看出，商品经济对高等教育的冲击，不是你要不要的问题，而是不可避免的。

1988年10月，我参加了在南京召开的“教育与社会进步”国际研讨会，这个会谈的是教育与社会进步的关系问题。会上有一位美国教育家发言，提出大学必须保持文化传统，不能过多地受工商界的干扰，要保持独立。我提出了一个问题：根据历史的事实，无论是欧洲还是美国，教育家跟企业家在对抗的时候，最终总是以企业家得胜、教育家失败而告终，对此作何评论？结果他没有评论。会上这个发言和我提出的问题在1988年11月16日《光明日报》上刊登了。这里，我倒要评论一下，为什么总是以企业家得胜而告终呢？因为在商品经济社会中，企业家代表着社会的需要，说企业家得胜，实际上是社会的需要得胜。所以，你必须要适应它。这样一来，我们是不是不得已而适应呢？是不是说，商品经济对高等教育的影响是不好的，只是因为办教育没有钱，只好去适应它呢？并不完全如此。

在中国的习惯上，“冲击”似乎是不好。事实上，冲击并不一定是坏事。外部力量的冲击，形成压力，压力如果不超过承受力，就能够成为动力，有了动力，才有活力。也就是说，正因为有商品经济的冲击，我们感到有压力，要来改革，如果没有这个冲击，改不改无所谓。为什么多少年来我们用不着调整专业？因为没有商品经济的冲击。培养出来的学生，国家会用行政手段分配下去。接受单位也无所谓，一个人的工作由两个人去干，好像没有人失业。但实际上是一半人失业，只是这种现象被行政命令掩盖了。现在，商品经济一冲击，事业单位要定编，企业单位要实行成本核算，进人就难了，分配就难了。目前，由于社会承受力还不够，所以还得想办法给予分配。今后不包分配，毕业生失业是必不可免的。这就产生压力了，就得调整了，就得想办法改革了，这样，压力就形成了改革的动力。所以，商品经济冲击的必然性包含着商品经济冲击的合理性。认识到这一点，我们的头脑就能够比较清醒一点，就不会总是看不惯，你只能去适应。但是，商品经济的冲击所产生的压力，如果超越了社会的承受力，超越了人们心理的承受力，那就无法转化为动力，而是把你压垮了。今天就有这个现象，由于商品经济的冲击过分猛烈，加上改革没有配套，在某些方面超过了社会的承受力；冲击过猛，超过了人们心理的承受力，使人们的心理失去了平衡，所以，产生了种种问题。老实说，我的心里就有些承受不了。

现在，有这么个说法：在知识分子中，60 岁以上者“困惑”，50 岁左右者“彷徨”，大学生是“有人高兴有人愁”。为什么这么说呢？60 岁以上的人，有一段时间生活在新中国成立前。新中国成立前是个什么社会呢？是一个商品经济的社会。不过那是半封建半殖民地的商品经济，而我们现在是社会主义商品经济。尽管本质不同，但有许多现象都仿佛是过去接触过的。譬如，毕业生不包分配，新中国成立前的毕业生就是如此。所以 60 岁以上的人有过这么一段经历，现在又重新看到这些东西，“似曾相识燕归来”，这不就“困惑”了吗？50 岁左右的人，叫作“在红旗下长大的”，现在的很多社会现象跟过去所看到的不同了，对还是不对呢？这就“彷徨”了。我给大家推荐一篇小说，题目是《得乎？失乎?》，作者是著名的女作家谌容，描写一个 52 岁的知识分子在新的形势下“说不清楚”的心理状态的生动故事，发表在《收获》1989 年 1 月刊，大家可以看一看。大学生和研究生“有人高兴有人愁”，大家都理解了，就不必多说了。问题是：高兴者不必读书，只要有 60 分，就可以找到一份很好的职业；发愁者是没有心思读书，一天到晚发愁找不到好职业，因此，就出现了厌学的情况。

所以，也不要认为商品经济的冲击都是好的，还要考虑在猛烈的冲击之下社会和人们心理的承受力。因此，有必要对商品经济的冲击进行认真的、理智的思考：第一，认识到它是必然的。第二，认识到在这个必然性之下你如何适应。我们应当做到主动适应，而不只是发发牢骚，无所作为。

二、主动适应和被动适应

报纸上常常说，“教育要主动适应商品经济”，对“主动适应”这个词的词义，不知大家研究过没有？它指的是什么？我理解，一般地，报纸或宣传文章上所说的“主动适应”就是积极响应号召的代名词。我认为这两者是不完全相同的。因为，积极响应号召可能是主动适应，也可能是被动适应。为了说明主动适应，我先从被动适应说起，从新中国成立后的历史谈起。20 世纪 50 年代上半期，我们的教育质量是比较高的，教学秩序是比较稳定的，高等教育基本上是适应当时经济、政治的要求的。1949 年到 1952 年，是三年经济恢复时期，需要大量为经济服务的人才，所以，大学只读 3 年，提前分配，以满足经济建设的需要。另外，大学招生量扩充，高中毕业生不够，高中二年级的学生就可以去考大学。那时，教育虽然跟不上经济发展的速度，但基本上能适应。从政治方面来说，新中国刚成立，人们的思想很混乱，急需把人们的思想统一起来。所以，当时加强了政治学习，学习社会发展史、中国革命史、政治经济学，统一思想，统一步调。现在有些年轻的同志不清楚当时的情况，说中国就是在新中国成立初期强调统一思想，统一坏了，现在我们要求民主。你不要把 20 世纪 80 年代的中国跟 50 年代初期的中国形势混为一谈嘛！我认为，在当时形势之下，加强学习、统一思想是必要的。所以我说，当时的教育与政治也是比较适应的。

1958 年，经济上来了个“大跃进”，要求教育“大跃进”，当时叫“教育大革命”。全国办了许多新的大学。现在大家都知道，经济上的“大跃进”是一个失误，那么，教育上的“大跃进”就造成了灾难，所以不得不在 1962 年前后停办、合并了大批高等学校，把大批学生下放到农村，这是失调，是不适应。当书记、校长的，要搞政治运动。有些书记、校长比较开明，他们虽对上面的错误决策没有办法，却可以在学校里主动地形成一个稍微好一点的小气候，对知识分子没有整得那么凶，教师们的日子就好过一点。当然，也有的书记、校长对上面的错误决策的执行不是这样。就是说，在那个条件下，教育适应政治就有主动和被动两种适应。那么今天，我们的政治条件、民主气氛比当时总要好吧，我们更应当主动地去适应社会的经济、政治、文化的发展形势。

现在，我们再回过头来讲究竟什么叫“主动适应”。经济、政治、文化对高等教育的影响总是有积极的一面，也有消极的一面的，商品经济对教育的影响也是如此。积极影响，我已经讲过了，如果不超过承受能力，是能够起到压力、动力、活力的作用的。消极影响，如一切向钱看、厌学、弃学、读书无用论等。但是，这些都是一定时期的现象，是在商品经济、价值规律、人才市场尚未充分发挥作用的情况下产生的。商品经济对教育主要的消极影响并不是在这些表面现象上，而是在商品经济下必然要产生“商品拜物教”，这是很难避免的消极影响。商品经济，说到底是价值规律在起作用，价值规律为什么能起作用？是与逐利思想联系在一起的。逐利思想如任其膨胀，就形成“商品拜物教”。现在有人在论证逐利思想是正确的，认为至少在商品经济之下，逐利思想无可厚非。但是，如果发展到“商品拜物教”，那就形成了人的本性的异化。人本来是，也应该是一个独立自主的主体，在“商品拜物教”的幻觉中，人变成商品的奴隶，就会产生消极的作用。有人认为，“教育为无产阶级政治服务”的提法是错误的。根据教育外部关系规律，我不完全同意这种意见。我认为，教育要适应社会需要，既要为经济，当然也要为政治服务。问题是，后来把教育为政治服务变成教育政治化，把人变成政治的奴隶，把教育变成政治的附属品，把人都变成阶级斗争的工具，这就错了。今天，我们说教育要为商品经济的发展服务，也没有错，我们要发展商品经济，教育当然应该为商品经济的发展服务。但是如果让商品经济的消极面控制我们的教育，变成教育商品化，我们就会走到邪路上去。现在许多人把教育为商品经济的发展服务跟教育商品化等同起来，是不恰当的。既然商品经济有积极的一面，也有消极的一面，那么主动适应就是指教育者或办学者要主动地去判断、选择商品经济的积极面，努力发挥它的积极作用；而对商品经济的消极面，则尽量消除或者减少它的影响。所以，主动适应的意义应该定义为：发挥主体的判断与选择的作用。

前面谈到了主动适应与积极响应号召是不完全相同的。如果号召正确，我们积极响应，这是主动适应。如果号召不太正确，就须考虑，我究竟适应到如何程度？虽然响应号召似乎不够积极，但发挥了主体的判断与选择的作用。如果不管上面决策是否正确，都积极响应，那叫被动适应。

现在，举一个现实的例子。1988 年 1 月开了一次全国教育工作会议，会前花了半年多时间做准备，进行了大量的调查，写了很多材料，主要是关于高校本科生的教学质量问题的。材料表明，1987 年本科生的教学质量，在某些方面有所加强，如外语水平提高了，科学技术信息增多了，电子计算机的应用水平提高了；在某些方面，而且是重要的方面有所下降，如实践能力下降了，某些专业水平下降了，思想道德水平下降了。我们当时都参加了这次调查、准备工作。可是，会议闭幕后，报刊连篇累牍宣传的、人们议论纷纷的、许多学校积极行动起来的只剩两条：一条是大学毕业生今后不包分配，另一条是高校要千方百计搞创收。会议内容当然不止是这两条，有很多文件，关于教育质量的材料，也作为许多附件中的一份，却引不起人们的注意。有的书记、校长，传达比较全面；而有的学校，经书记、校长传达后，大家的印象中就只有两条：不包分配和创收。有的甚至还说，创收得多的教师可以提高职称，创收得多的学生可以当“三好生”。这就扩大了消极面。传达下来的这两条，1988 年上半年在很多学校中引起了强烈的反应。教师创收，学生经商，热闹得很。当时有位记者找我谈这个问题，我说，学生热闹一阵后，就会反思的，那些得不偿失的活动，自然会减少、消失。我最担心的是教师，教师待遇低，不花精力去创收不成，必然影响教学、科研。情况果然如此。学生这阵风到 1988 年底就弱些了，到 1989 年上半年，这阵风就更小了。但是，大学教师为了生活问题去想办法创收，影响教学、科研的问题，如果不提高教师待遇，就很难解决。

有的学校，情况就比较好。1988 年 10 月我去南京大学、南京航空学院看了一下，觉得他们有些小气候的处理比较好。我在南京航空学院开会期间，参观了他们的一个基础课实验室。他们一年要进行12 000人次的实验，仪器设备都很好，教师的教学都很认真，教师不必为自己的奖金去创收，学校保证基础课教师的奖金不低于全校教职工奖金平均数。这样，他们就在小气候中保证了必须保证的东西，在一定条件下发挥了主动适应的作用。

现在学校跟企业的合作，叫“产校合作”也好，“产学协调”也好，“教学、科研、生产一体化”也好，如果其着眼点只在创收上，就会失去它真正的价值。学校跟企业合作的真正意义是什么？第一，培养出适应于社会发展需要的人才，这些人才既懂理论，又有实践经验，还有工作能力。在美国、加拿大，搞的是“合作教育”，他们培养出的人适应社会的需要。在英国采取“三明治教学”，即上课—工厂—上课。“夹心”，有的甚至夹了好几层，这样培养出来的人才能适应社会的需要。第二，学校的科研成果可以更快地转化为生产力。学校和工厂结合，学校的科研成果，由工厂负责中间试验，投入大批量生产，这就变科研为生产力了。第三，可以增加一点学校资金，改善一点福利。但是，我所知道的，现在许多学校热心于找企业家，无非是想搞点钱，这样的合作，寿命是有限的。

三、正确处理外部规律和内部规律的关系

上面谈了，教育适应商品经济，是教育的外部规律所决定的，因此是不可避免的。现在，常有人批评我们说，你们就教育谈教育是不对的。确实如此，我们研究、处理教育问题，就教育谈教育，就是谈不通。比如说教育经费，就教育谈教育，谈多少年都没有用，你自己不会赚钱啦！但有人提出学校要成为一个经济实体，我是不赞成的。学校成为一个经济实体，学校赚钱养活学校，为什么还要教书呢？别人赚了钱可以去当企业家，教师教了书还得自己去赚钱谋生。这话是讲不通的。国外就有明确规定：学校，包括私立学校，不能作为营利机构，学校经费理应由国家、社会有关方面负责。靠我们自己赚钱能赚多少？据说1988年大、中、小学赚了1年，净收入是14亿，而当年财政预算内的教育经费是324亿，14亿约占4%。当然这也补充了一点教育经费的不足。但是，为了赚这14亿，学校付出了多大的代价！“得乎？

失乎?”还很难说清楚。

总之，教育自身不能解决一切教育问题。教育要受经济、政治、文化等社会因素所制约，就教育谈教育是错误的，我们要有“大教育观”，我们的校长要有“商品意识”。但是，教育的外部规律必须通过内部规律起作用，只讲经济、政治，不讲教育本身的规律，也是错误的。我们要记住，教育有它自身的价值、自身的特点、自身的规律。不能用政治观点代替教育观点，不能用经济规律代替教育规律，不能用市场运行机制代替教育运行机制。所以，校长还必须有“教育意识”，如果一个校长只有商品意识，没有教育意识，其结果是不难想象的。过去的教育政治化，正是以政治代替教育，其后果是众所周知的；今天如果用经济规律代替教育规律，恐怕也要引起教育上的失误。无论是教育政治化还是教育商品化，都忽视了教育自身的价值、特点、规律，都是企图用外部的规律，用社会的其他规律硬套到教育上去的，都是形而上学的、片面的。

那么，教育自身的特点、价值、规律是什么呢?这个问题，一下子很难说清，因为整本《教育学》都在谈这个问题。但是，我想概括说教育的特点是三个字:“培养人”，这是教育唯一的特点。如果教育办成为经济实体，那还要不要培养人呢?工厂是物的生产，学校是人的培养，两者截然不同。

首先，教育的价值是什么?有两个方面:一是社会价值;二是人的自身发展、自身完善的价值。社会价值，包含有经济价值与非经济价值，非经济价值指政治价值、伦理道德价值、文化价值等，经济价值又有着长远经济价值和短期经济价值之分。教育价值是一个复杂的问题，我这里只简单说一说。

教育有社会价值和人的自身发展的价值。过去，我们没有看到人的自身发展的价值，所以把教育定义为“阶级斗争和生产斗争的工具”，在教育思想上叫作“功利主义”，实则是狭义的功利主义。我们不妨设问:阶级斗争、生产斗争的最终目的是什么?最终还是为了人。人，是一切社会问题的出发点和归宿，教育忘记了人，必然会失误。今天，我们一些同志只从经济看教育，从政治看教育，这也是忽视了人的自身发展价值的表现。

现在许多年轻同志对教育方针不感兴趣，因为教育方针只是提到社会价值，没有提到人的价值，而青年人想的是人的价值，所以，两者不合拍，提不起兴趣。关于这个问题，1989 年第 3 期的《教育研究》刊登了一组文章，论述教育在人的发展上的意义，大家可以读一读，独立思考。当然，“人本主义”“理想主义”教育家的教育价值观只是强调个人的发展，我也是不同意的。人的价值不是抽象的，还是要体现在社会上面。因此，社会价值和人的发展价值必须并重，既不能用“人本主义”的观点来看我们的教育价值，也不能用狭隘的功利主义观点来看我们的教育价值。

其次，教育的社会价值除了经济价值之外还有非经济价值，如果只看经济价值，很多事情我们可以不做，如音乐、舞蹈、美术专业都可不办，因为很难体现社会经济价值。人文学科，如哲学、历史也不要办，那有多少经济价值呢？但是要知道，这些方面对整个社会的文化水平、道德水平的提高是重要的。教育的效益不完全体现在经济效益之中，虽然经济效益是最基本的，但不是唯一的。

再次，经济价值有长远价值与短期价值之分，而教育具有超前性、滞后性、长效性的特点，在当前的人才市场上不一定反映得出来。1978—1979 年间，招生时最热门的是物理专业，因为重大的、突破性的科研项目中，物理类的成就最大。为迎接新技术革命，物理类的人才市场看涨。但是，到 1982 年，物理专业的“销路”就不太好了，1983 年就不容易分配了，到 1984 年、1985 年就成为冷门了。从 1984 年、1985 年开始，管理专业又成为热门，是工科里设点最多的专业（比机械专业设点还多），可是到 1988 年，北京的管理专业毕业生就不太好分配了。这就说明，如果只靠短期信息，不顾教育的特点和规律，就会失误。教育周期长，所以要超前，你现在要人，四五年后能培养出来就不错了。但是，市场信息是瞬息万变的，四五年前要的人现在可能不要了。例如，几年前，我们说需要政法专业人才 200 万人，可是今天，法律系的学生不好分配，实际上，这几年政法毕业生还不到 5 万人，为什么不好分配？人才市场情况变了。

最后，教育的效益是长效的。物的生产，产品一出厂是价值的最高期，随着使用年限增加，其价值下降。而人的培养，刚毕业时价值不高，随着知识、能力、经验的增加，价值升高，到达最高点后再逐渐下降，价值曲线呈抛物线。有人说 37 岁价值最高，也有人说 40 多岁价值最高，不管怎么说，大学毕业之后，价值总要上升吧。所以，完全根据人才市场信息，是不好规划、部署和决定教育战略的。

现在有人提出，在商品经济条件之下，应该以人才市场的信息来引导教育的改革与发展，这个话得打折扣。把人才市场的信息作为我们教育决策的参考是可以的，而且是必要的。但是，如果把人才市场的短期信息作为我们调整专业、改革教育的唯一依据，就会引起短期行为。短期行为，对企业来说，会引起企业的破坏；对领导而言，会造成决策的失误；对教育来说，则是贻误百年大计。

总的来说，对待高等教育的改革、发展，我们首先要根据教育外部的规律，必须适应商品经济的发展，同时，也必须根据教育内部的规律，要符合我们教育自身的价值、特点、规律。当前，我们要主动适应商品经济的冲击，就是说，适应商品经济带来的积极作用，尽可能避免商品经济带来的消极作用。在此，我要提醒的是，5 年前我们提出的一个口号："教育要适应新技术革命的需要，要面向 21 世纪。"这个口号似乎被人淡忘了，但这个口号并没有过时。所以我们今天教育改革和发展的总目标，应该是两个适应而不是一个适应。一个是适应社会主义商品经济的发展，另一个是适应世界新技术革命和 21 世纪的需要。这样，我们就能把短、长期目标更好地结合起来，做出全面、正确的决策。

关于中国高等教育地方化的理论探讨①

高等教育地方化（区域化）是世界高等教育体制结构改革的热门话题。自1978年12月联合国教科文组织在巴黎召开关于高等学校对社区发展的实际贡献的座谈会以来，高等教育地方化日益引起各国政府决策部门和教育理论界的重视。1982年，在英国召开的关于高等教育的结构和管理的国际讨论会上，高等教育管理地方化是大会议题之一；1990年9月将在美国由卡内基教学促进基金会主持高等教育改革现代政策专题讨论会，已把高等教育地方化列为重要议题。这些充分说明了这一问题在高等教育改革与发展中的重要性。中国关于高等教育地方化的理论研究与实践经验虽不多，但随着中国经济体制改革和有计划商品经济的发展，高等教育地方化已是必然的趋势。而外国的历史与现实，又为中国高等教育地方化提供了某些可资借鉴的经验。当然，由于各国的历史背景不同，中国高等教育地方化应当走自己的道路。本文试图从世界高等教育地方化的发展，探讨中国高等教育地方化的现实性与可行性，以迎接21世纪对高等教育的挑战。

一、地方化是世界高等教育发展的一种趋势

高等教育地方化包括两层含义：其一是说高等教育要适应地方经济发展，

① 原载《福建高教研究》，1990年第2期。作者：潘懋元，邬大光。

为地方发展服务，使之成为地方的文化科学中心；其二是说高等教育管理权属于地方，并以地方财政拨款作为办学资金的主要来源。第一个含义是高等教育地方化的本义，是高等教育地方化的主要价值所在。第二个含义是高等教育实现地方化的必要条件，只有具备管理与财政地方化的条件，才有可能达到为地方发展服务的实质性目的；只有以为地方发展服务作为价值取向，才能使地方具有对高等教育管理与拨款的积极性。

一般说来，高等教育与财政地方化在经济体制改革的浪潮中比较容易实现，而高等教育真正树立起为地方发展服务的观念并建立起一套切实可行的措施，却需要整个高等教育内部机制进行必要的调整，包括对教育思想、办学方向、培养目标以及专业与课程设置等一系列的调整。

高等教育地方化在世界一些国家都有成功的先例。尤其是西方那些率先实行高等教育地方化的发达国家，从这一有效途径中获得了极大的经济效益与社会效益。

美国高等教育从19世纪的州立大学到20世纪的社区学院走的就是地方化道路。在独立战争之后，美国面临着向西部开拓疆界、建设新国家的任务，迫切需要具有实际本领的建设人才。然而，殖民地时期的高等教育与国家的开发、建设脱节，高等教育与各州经济需求之间的矛盾日益明显。正是在这样的历史背景下，美国高等教育奏响了地方化的“三部曲”。第一步，各州创办州立大学，以满足各州经济建设与发展的需要；同时，由市政当局兴办并控制的市立大学也开始出现。第二步，美国“赠地学院”的发展有力地促进了高等教育地方化。“赠地学院”的主要任务就是根据地方工农业与管理的需要，直接为地方经济发展服务。例如：为了建设铁路和公路，就培养土木工程师；为了开发矿藏，就培养采矿工程师；为了发展农业，就培养农艺师。第三步，创立社区学院，使高等教育地方化成为一个完整的体系。19世纪中叶，英国的“新大学运动”也有较为强烈的地方色彩。这些新大学大都由各城市兴办，这就使新大学与所在城市的经济与科技发展有了密切的联系，和地方工业发展息息相关，注重从本地区的实际出发培养所急需的人才。例如，伯明翰大学的机械制造专业、诺丁汉大学的乳制品专业、谢菲尔德大学的玻璃制造专业、利物浦大学的建筑专业等，都是根据地方的产业结构而设立的。

第二次世界大战以后，发达国家在进行高等教育改革、发展教育事业时十分注意地方化的问题，强调与区域经济相适应的教育。以联邦德国为例，在第二次世界大战以后，最初进行的是以统一学制为中心的教育改革，地区差异尚不明显。经济的恢复和高速发展，使各区域经济的发展水平出现了很大的差异。为了充分发挥地方优势，促进区域教育的发展，从20世纪60年代初开始，联邦政府就采取了相应的改革措施。高等学校并不规定统一的专业与课程设置，完全靠区域经济的调节；教育经费以州一级政府的拨款为主，联邦政府在教育总经费中只提供约10%，州政府承担了70%，州以下地方政府承担20%。因此，各州教育事业依赖于各州的经济发展水平，教育与州和地方的经济发展实现了较为紧密的结合。日本高等教育地方化，也是在第二次世界大战之后，仿效美国的社区学院而显得更加突出的。起初，政府只是把短期大学作为"暂时措施"，国会曾几次试图将其取消。但由于短期大学根植于地方经济发展的需要，培养出了大批适应地方经济发展的人才，因而深受地方与企业的垂青，学校数量很快超过了普通大学，国会不得不于修订《学校教育法》时，正式承认短期大学制度是"恒久化"制度。

一般说来，较早重视高等教育地方化的国家大都是地方分权制的国家。但是，在第二次世界大战之后，一些中央集权制的国家也开始重视高等教育的地方化问题。以法国为例，法国是高等教育管理高度集权的国家，这一传统一直持续到20世纪60年代。但在1968年的学生运动之后，法国议会于当年11月通过《高等教育法》，规定大学要积极参与国家与地方的经济和文化活动，大学向社区开放等措施。从此，几乎所有的大学都设立了跨学科的、与本地区周围环境与经济发展有关的教学或研究机构。如：濒临地中海的马赛大学，有地中海及北非研究中心；地处"葡萄王国"的波尔多第二大学，虽然是一所文科大学，却设立了跨学科性质的葡萄和酒的研究机构。

不仅西方发达国家在高等教育改革中出现了高等教育地方化这一发展趋势，许多发展中国家也在这一轨道上进行尝试。非洲国家的高等教育，在历史上，几乎毫无例外地都是按照宗主国传统大学的模式发展起来的，重视纯理论研究，并同国家与社会保持一定的距离。但是，从20世纪70年代以来，一些非洲国家也提出了高等教育为地方经济发展服务的问题。如苏丹政府采取了高等教育地方化的政策，建立了古齐拉和朱巴两所大学作为试点，并鼓励所有大学成员以一种综合性、多种性的方式按照本地区和整个国家的需要，对社区发展做出直接贡献。苏丹国家高等教育委员会明确提出：“高等教育地区化的主要动机是：‘使创业的高等教育机构有较好的设备以处理社会问题并满足其需要。我们希望新的大学发展高度解决问题的能力。这就需要设计革新的课程计划，取消各学科间的人为分界，并具有与当地社区最密切的联系。’”① 在20世纪60年代，泰国政府感到高等学校集中在首都曼谷，不利于各地区经济和社会发展，为了改变这种状况，于1964—1967年间在西北、东北、南方分别创办了清迈、孔敬和宋卡王子三所地方性大学。这些大学对推动当地经济、科技和教育的发展，特别是保存和发展当地的传统文化起到了决定性的作用。

由此看出，高等教育地方化已经成为高等教育发展的一种趋势。不同生产力发展水平、不同政治与经济制度、不同管理模式与文化传统的国家之所以走高等教育地方化的道路，其主要原因就是有助于实现高等教育与经济发展的紧密结合。

然而，从高等教育地方化的第一层含义来看中国的高等教育，不难发现高等教育地方化在中国尚未引起高度重视。高等院校既缺乏一种为地方服务的热情与积极性，更缺少为地方经济发展服务的有效措施。中国的高等教育名义上是三级办学（中央、省市、中心城市）和四级管理体制（国家教委直属、各业务部门所属、省市所属、中心城市所属），实际基本上是中央集中管理。在产品经济体制中，较少考虑地方与区域经济的不同需要。如果说产品经济决定了高等教育不重视也不必要考虑地方经济发展的不同需要，那么，如上所述，中国经济体制的改革就要求高等教育调整自己的体制。因为经济体制的转轨，迟早要反映到高等教育体制上来。

① 《外国教育丛书》编辑组. 高等教育与社会发展［M］. 北京：人民教育出版社，1980：122.

二、中国高等教育地方化的必要性与可行性分析

长期以来，中国高等教育是为产品经济服务的。如果把高等学校的国家办、地方办和民办称作高等教育三种办学体制，那么，在统一的计划经济条件下，中国高等教育办学体制基本上只有一种，其他两种或者根本不复存在（民办高等教育）或者功能不全（地方办高等教育）。20 世纪 80 年代中国高等教育所遇到的诸种困难和存在的问题不能不说是在一定程度上与这种单一的体制有关。如教育经费紧缺、长线专业与短线专业的矛盾、大学生毕业分配难与隐性失业，等等。究其原因，主要就是由于高等教育办学体制不能适应当前中国的经济体制改革和社会发展这一基本事实。因此，中国高等教育必须要对自己的办学体制进行重新思考与选择。应该承认，中国高等教育的国家化对于中国经济的发展曾经起过一定的积极作用，今后仍将是中国高等教育的主要办学体制。但是，当前中国的生产力发展水平和商品经济的现实，要求高等教育把地方化作为改革的一项主要内容。

首先，生产力发展水平是制约高等教育发展的决定性因素，而中国各地区的生产力发展水平是不平衡的。其次，经济体制改革必然要制约高等教育的改革。在社会主义初级阶段，中国经济体制改革的主旋律是从产品经济向以公有制为基础的有计划的商品经济过渡。从经济发展趋势来看，中国经济将要走的是发展区域经济与地方经济的道路，如珠江三角洲、长江三角洲、闽南三角区、辽东半岛、胶东半岛以及经济特区等。是否可以这样说，在加强国家宏观调控下，经济的发展日趋区域化或地方化，生产力的运动日益呈现出区域特征。如果说，区域经济的发展与教育发展有着密切的关系，那么对于具有明显经济功能的高等教育来说，加强两者之间的联系就更为重要。

区域经济作为一个相对完整的有机系统，其内部诸要素之间的联系十分密切，表现为区域内的经济、科技、文化的有机组合。各种不同的区域经济在发展并形成自身经济特色时，需要高等教育与之配合，为之服务，应该存在着一个与区域经济发展相适应的高等教育系统。经济发展的关键是科技，基础是教育，区域经济的发展同样要求区域教育同步发展。教育系统与经济

系统的并行发展与配合，将使区域经济获得最佳发展的必要条件。

区域经济以及地方经济的发展势必影响到原来的高等教育办学体制，旧的办学体制与新的经济体制势必将产生某种冲突。高等教育作为经济发展的潜在因素，应该改变或调整自己的体制，以适应区域经济和地方经济发展的需要。中国经济发展的新体制是高等教育地方化的现实要求与动力。

中国经济发展的不平衡也要求高等教育必须改变单一的办学体制，以地方化作为国家化的补充。任何一个发达国家或发展中国家，可以说都存在着一定程度的地区经济发展不平衡的现象，这种不平衡在中国这样的大国表现得更为明显。中国有沿海开放地区，有内陆地区，有边远地区，这些地区在生产力发展水平、人口密度、教育水平等方面都有明显的差异。即使是从未来的角度来看，中国地方经济发展的不平衡也将长期存在。在地方经济发展不平衡的背后必然存在着人才比例的不平衡与人才专业结构的不平衡，这些不平衡需要国家发挥宏观调控作用，但又不能只靠国家做具体的统一部署。也就是说，很难依靠国家化的高等教育办学体制顺利解决。因为地方经济发展的不平衡对高等教育培养人才的数量、结构、质量等方面的具体的需求不但各不相同，而且经常处于变动之中。如：发达地区需要更多的高、精、尖技术人才，不发达地区则需要更多中级和初级技术人才；具有不同经济特色的地区对专业人才需求的种类更是千差万别，这就要求高等教育为这些不平衡及时提供更为现实和直接的服务。在一定意义上说，中国过去的高等教育并没有为解决发达地区与不发达地区之间的不平衡提供充分的智力资源，甚至在某种程度上加剧了这种不平衡。高等教育地方化可以为适应地方经济发展不平衡提供一条有效的途径。

总之，由于中国经济的不平衡发展，更由于中国经济改革的政策之一是发展区域与地方经济，高等教育地方化就更有其必然性。在中国经济体制改革的大潮中，高等教育地方化作为改革的一项措施，具有现实的意义。

首先，它有利于经济体制改革与有计划的商品经济的发展。中国的经济体制正在由产品经济向有计划的商品经济转轨，高度集中的指令性经济开始让位于有计划的商品经济，竞争机制在经济领域开始发挥作用，国家逐步简政放权。对宏观经济的调控由直接的、单纯的行政手段转为间接监督指导，经济活力正日益地呈现出来，这将使地方政府及产业部门逐渐重视高等教育（虽然目前还不够重视）。高等教育地方化对地方经济的发展能够做出较为敏感的反应，正可以部分满足地方经济的需求与有计划商品经济的发展。

其次，有利于集资办学。我国高等教育经费多年来主要依靠国家财政拨款，约占70%。这种高等教育投资结构使高等教育的发展受到很大限制。中国高等教育面临的困难之一就是教育经费短缺，尤其是实行财政包干等一系列改革措施之后，高等教育经费越来越成为国家难以独立承载的重负。在高等院校数量较少时期，国家财政能够保证高等院校的生存与发展，面对高等院校数量的激增，而国家财政所占国民经济总收入的比例和中央财政所占全国财政的比例又都相对下降，即使国家财政收入比例增加一些，中央财政又多挤一点给教育经费，也难以保证高等教育与经济同步发展。这种单一的国家教育拨款制度和统一管理体制已不适应有计划的商品经济的发展。相反，在财政体制几经改革之后，地方财政日趋雄厚。例如，据1988年统计，“中央财政收入只占全国财政收入的47.2%，地方财政收入则达52.8%左右，中央财政收入比例大大低于20世纪50年代70%左右、60年代60%左右的水平”①。此外，地方还有预算外和减利、征收教育税等收入。这就是说，地方已经具备发展高等教育的经济实力。但是，由于国家统得过多，影响了地方办高等教育的责任心与积极性，地方依赖国家，不愿对高等教育增加投资，多种渠道集资办高等学校在某种程度上就缺少了一个重要的环节。实现高等教育地方化，给地方更多的管理高等教育的自主权，地方办高等教育的积极性就会大大增加，使地方成为发展高等教育的坚强支柱。

再次，有利于深化高等教育内部改革。在国家统一管理的办学体制之下，高等教育很难与各地方的经济发展保持最密切的联系，高等院校缺乏强烈的参与意识与竞争意识，只能是一种被动适应。由于缺少外部的压力，高等教育内部改革就缺乏强有力的动力机制。目前出现的长线专业毕业生分配难、短线专业毕业生供不应求等情况，实际上就是高等教育与经济发展之间缺少一种更为直接的调节机制，导致了我国高等教育一方面在总体上供不应求，

① 当前财政有四个主要问题［N］. 人民日报，1989-09-02（2）.

另一方面部分专业又供过于求，形成人才的浪费。高等教育内部目前存在的诸多问题，如教材内容陈旧，专业与课程设置不合理，教学方法落后，等等，如果只依靠高等教育自身的力量，由于因循守旧的习惯势力太大，在短期内改革很难奏效，只能在外部与内部合力的作用之下推动高等教育内部改革。例如，近年来许多新学科与新专业的设置基本都是适应社会需求的产物，是在外部力量的作用下完成的。

中国高等教育有着为地方服务的巨大潜力，高等院校有能力承担更多为地方服务的工作。例如，高等院校的规模普遍较小，师生比偏低，高等院校内部的隐形浪费比较严重，图书馆、实验室的利用率很低。如果能脚踏实地地从中国的基本国情及地方的经济现实出发，缩小高等教育与地方经济发展之间的距离，可使高等院校的潜力充分地发挥出来，更好地促进社会进步。

三、实现中国高等教育地方化的思考与对策

实现高等教育地方化的基本思路是要完善中国高等教育的办学体制，以便更好地适应中国的经济社会发展，实现高等教育国家化、地方化、社会化三者的统一。在以国家办高等教育为主体的前提下，以地方办、民办作为补充，实现多种形式地为经济建设服务。

中国正在逐步走向高等教育地方化的进程中，首要问题就是要真正树立为地方发展服务的教育观念。联合国教科文组织在1978年召开的关于高等教育对社区发展实际贡献的座谈会上，明确提出高等教育的新任务是养成有利于社区发展的态度；要根据对人力需求的预测和各种不同资格的要求来培养专业的发展人才；要利用科学理论上的研究和应用科学的实际探讨为社会服务，对有关社区发展的特殊问题，为决策者或一定集团的利益做出专家和顾问的建议，从事永久性的服务工作①。中国高等教育地方化也是为了更好地为地方经济社会发展服务。近年来，我国的高等教育在地方化方面进行了一定的尝试，除了

① 《外国教育丛书》编辑组．高等教育与社会发展［M］．北京：人民教育出版社，1980：3.

对于省市、中心城市所属高等院校有所放权之外，新建了一些地方性专科以及本科院校，特别是建立了一百多所职业大学，迈出了高等教育地方化的第一步。但是，这些地方性大学，从上述高等教育地方化的第一层含义上看，它的效果和作用并不十分明显。原因何在？其根源就是没有理解高等教育地方化的本义，只是着眼于高等教育地方化的第二层含义，忽视了高等教育地方化的主要价值就是为地方经济发展服务。如某些地方性大学盲目攀比，专科学校向四年制本科大学看齐，本科大学向重点大学看齐，职业大学有意拿掉“职业”二字，以及更改校名、提高办学层次，等等。如此种种，说明我国高等教育地方化在指导思想上还不够明确，偏离了地方化的本义轨道。

但是，需要指出的是，高等教育地方化，对一国的高等教育的发展，也可能产生某些消极的影响。因此，为使高等教育地方化顺利发展，不仅要认识它的积极面，还必须对它可能产生的消极面有所认识。西方国家高等教育地方化的发展过程充分证明了这一点。这是中国高等教育在实现地方化的进程中必须正视的问题，这样才能避免或减少地方化可能给高等教育发展带来的不利影响。

一般以为，高等教育地方化可能产生下列消极影响。首先，高等教育的发展方向和人才培养不能从国家的整体利益考虑，不顾国家整体利益。原来部门办学的一些缺点、问题，如“大而全”或“小而全”，专业设置重复、互不沟通，形成人力财力的浪费，等等，也可能在地方办学中重现。其次，地方化对于基础理论学科，全国各地需要量较少的学科以及投资量大的高、精、尖的学科可能产生不利的冲击，使教学和科学研究方向与类型只服从纯地方利益，导致教育上的急功近利、短期行为。最后，地方政府管理权扩大了，而地方的管理水平一般不如中央管理水平高，地方的干涉可能要比国家的干涉更多、更具体，从而更不利于高等学校按教育规律办学。如此种种，说明高等教育地方化也并不是十分完美的。只有认识到了这一点，才能努力去克服其消极影响。因此，中国在实现高等教育地方化的改革中，必须采取有效的对策。

（一）从国家利益和科学发展的需要统筹高等教育的整体优化

例如，哪些高等院校由国家管理，哪些高等院校由地方管理必须从全国的整体出发。可以把那些以应用科学和技术为主的工、农、医、师和职业技术院校归地方政府管理，国家只管一部分综合大学或重点大学，尤其是从事基础研究、具有多学科的综合大学，以及以设置高、精、尖学科为主的重点大学。对于归属地方管理的高等院校中的全国性重点学科和基础理论研究，国家同样应该予以照顾和扶持，以确保国家科学发展的需要。

（二）国家要加强宏观指导

高等教育地方化只是为地方经济发展提供更为直接的服务，并不是不要国家管理。因此，国家始终有宏观指导的责任，及时调节国家与地方的关系，调节高等院校与地方经济发展之间的关系。在教育方针、教育目的、培养规格、课程教材、教育基本设施方面要加强国家的监督作用。

（三）国家给予扶持、帮助

国家对地方高等教育的扶持、帮助是多方面的，不仅仅是资金，还有师资、设备。由于地方办高等教育的经验可能不足，或容易受短期利益所左右，国家经常性的检查、指导也是一种帮助。对于新建立的地方大学，国家的及时帮助更为必要。

诚如本文前面所提到的，高等教育地方化的本义在于为地方经济发展服务。但是，高等教育地方化的具体实施必然要涉及高等教育的管理权问题，这也是许多国家在实施地方化过程中普遍遇到的至今仍争论不休的问题。那些较早实行高等教育管理地方化的国家，如美国和瑞士等，国家对高等教育的管理权呈逐渐增强趋势，国家的宏观调控作用日趋明显；而原来实行高等教育全部由国家统一管理的国家，如法国和南斯拉夫等，却热衷于高等教育的管理权下放。可以看出，前者大都属于地方分权制国家，后者大都属于中央集权制国家。从这两种相反的发展趋势中，我们可以得出一个结论，即高等院校或者全部由地方管理或者全部由国家管理都不利于高等教育事业的发展。但是，哪些权力可以下放，在何种程度上分配国家与地方的管理权，至今尚无一致的结论。因此，中国高等教育在解决管理权的归属时，必须根据中国国情，认真研究。

可以相信，随着中国区域经济的发展和经济体制的改革，中国进行高等教育地方化的尝试有着积极意义。这是改革中国高等教育体制的有效措施，也是中国经济社会发展的客观要求。

中国高等教育的地方化与国际化①

我国发展区域经济和对外开放，给高等教育的改革与发展带来了一片生机，也提出了一个新的课题：中国高等教育的地方化与国际化（下面简称“两化”）。本文试图从教育与经济的关系和教育与国际交流的关系两个方面来分析高等教育地方化与国际化概念，回顾二战后世界高等教育“两化”的发展以及新中国成立后我国高等教育“两化”的发展及存在的问题，最后，结合我国国情，探讨实现“两化”的对策。

一、高等教育“两化”的概念

高等教育“两化”，是两个地域性的发展趋势，是一国高等教育空间发展的两端。高等教育地方化包括两层含义：其一，在管理上，高等教育属于地方管理，并以地方财政拨款或集资作为办学资金的主要来源；其二，在目标上，高等教育要适应地方经济发展和文化建设需要，为地方发展服务。前一含义是它的基础，后一含义才是它的本质。高等教育国际化的基本含义是高等教育要对外开放，参与国际学术交流，增加国际的了解与合作，促进世界的和平与发展。剖析上述高等教育“两化”的含义，我们可以看出，高等教育的地方化和国际化，不仅存在空间上的浅层次关系，而且存在实质性的深

① 原载《高教探索》，1992 年第 3 期。作者：李盛兵，潘懋元。

层次关系。它们在为本国社会发展包括为地方发展服务这一点上，目标是一致的，都是由高等教育的总体目标即促进社会的发展所决定的，都是从高等教育的基本性质逻辑地产生和发展起来的。

高等教育“两化”作为高等教育现代化的两个趋势，有其深刻的历史原因。西方的传统大学在教会的控制下，脱离世俗社会的生产和生活，不能满足资本主义社会经济发展对科学技术人才的需求，社会现实呼唤着代表功利主义价值观的，以培养实用人才为目标的新型高等教育的出现。英国的新大学运动，美国的州立大学和市立大学，都是响应这种呼唤而出现的，以发展地方工农业生产为宗旨建立起来的新型高等学校。不过英国由于传统大学的势力强大，新大学为了提高自身的学术地位以取得学位授予权，而被传统大学所“同化”，逐渐失去其为地方服务的初衷；美国则没有这种包袱，畅通无阻地向高等教育地方化发展。高等教育国际化也并不是现代大学才有的特征。历史上最古老的大学就是一种国际性机构。大学里大多数教授和学生是外国人，不属于任何现存的城市组织。大学是各国人的混合团体。中世纪的波隆亚大学曾有相当长的一段时间排除地方的名流学者。但古代大学国际化是由于要学习那些无法在一国国内学到的东西、对某些名牌大学声望的仰望，以及当时通行的拉丁语所提供的方便。而现代大学国际化则是基于科学与经济的世界性以及全球的互相依赖和竞争。

当前我国正在加大改革与开放的步伐，实现高等教育“两化”就显得特别重要，意义深远。高等教育地方化使高等教育与地方经济发展的联系加强，高等教育通过培养人才和提供技术咨询与服务促进地方经济的发展，使高校成为当地科学文化的中心，并辐射到周围地区，成为该地区精神文明建设的“总站”。高等教育国际化使我国高等教育面向世界，参与国际学术交流，学习发达国家的先进科技，缩短与发达国家科技水平的差距，增进各国人民的了解与合作。同时，高等教育“两化”又是高等教育自身改革与发展的动力，促使高等教育成为一个全面开放的系统：既面向地方，走出“象牙之塔”，在参与经济改革和文化建设中改革，也面向世界，在参与国际竞争与合作中发展。

二、二战后世界高等教育“两化”的发展

二战后，在政治、军事上，世界进入两极格局和冷战时期；在经济上，各国迫切需要恢复和发展；在科技上，以核子、电子为标志的第三次科技革命浪潮席卷世界。在这一时代背景下，人们确信，一个国家国力的竞争是经济的竞争，经济的竞争又是科技的竞争，科技的竞争归根结底是教育的竞争，尤其是高等教育的竞争。经济与教育的相关性研究和高等教育机会均等的口号，更推动了各国包括发展中国家对高等教育大量投资。因此，“二战”后世界高等教育进入了大发展时期，20 世纪五六十年代被称为高等教育发展的“黄金时代”。

地方化和国际化也就是在高等教育大发展时期迅速发展起来的。一方面，无论经济的恢复和发展，或者是高等教育自身的大发展，都要求高等教育面向地方，从地方开辟生源，为地方培养人才；另一方面，无论是二战给全世界带来的灾难，或者是为迎接科技革命的浪潮，都使各国有识之士感到国际之间的了解与合作无比重要。因此，高等教育地方化和国际化成为各国高等教育发展的重要政策。

新的科技革命和苏联人造卫星的成功发射震惊了西方世界，从而推动了 20 世纪 50 年代末和 60 年代的高等教育改革运动。美国在能力主义思想的影响下，加强基础理论，拓宽课程，注重天才教育。但最值得注意的是，美国称霸世界，无论是为了介入各国政治经济事务，或是向第三世界进行文化渗透，都要加强高等教育的国际化。他们不但大量吸收了外国科学家和留学生，而且派出了相当数量的出国留学生、教授或和平队。这些国际性活动，对各国都有率先倡导的影响。例如，日本为了建立它的“经济大国”，提高它在国际政治上的地位，也提倡培养世界性人才。至于高等教育的地方性，二战之后发展最快的也是美国，原先并不受到重视的社区学院，二战后也以其灵活多样地为社区服务而受到人们的关注。据统计，社区学院的发展速度超过了四年制本科的增长速度，从 1950 年到 1970 年，四年制本科生增加了 1.5 倍，

社区学院学生则增长了9倍。① 据最新信息：美国大学中，就读于两年制学院的已达47%。②

德国高等学校继承洪堡传统，虽然重视科研，在德国的科学发展上起了积极作用，但面临战后经济复兴与科技革命，已不能完全适应社会发展形势。20世纪60年代末发生了一场以“教学、科研和生产或服务相结合”为目标的高等教育改革运动。改革的重点是扩大高等教育规模，使高等教育结构多样化。一种新型的类似于美国社区学院和日本短期大学的三年制高等专科学校于60年代末产生，并迅速发展。到1985年，这类学校总数增至122所。高等专科学校的培养目标是能够把基础理论转化为应用技术的“桥梁式人才”，即工程师、管理人员等。课程设置偏重于应用技术，与工业界建立了工学交流中心，为地方工业发展服务，促进了德国高等教育地方化。至于国际化方面，在历史的反思中和振兴经济的号召下，德国高等教育又开始面向世界，积极加入欧共体的“伊拉斯姆斯计划”，鼓励大学生留学欧洲共同体诸国以及美国、澳大利亚等。1987年，联邦德国大学的毕业生中，4.8%的学生出国学习部分课程。同时，广泛接收外国留学生，目前在德国大学学习的外国学生大约有8.5万人。近几年德国与法国、西班牙、葡萄牙以及英国签订了科研合作计划。

至于发展中国家，以印度为例。印度独立后，把发展高等教育作为经济和社会发展通向“现代化”的门径。印度政府采取了高等教育地方化和国际化的政策，各邦建立了农业学院和地区性工程学院以及其他专业学校，提供技术教育和多层次的课程，以满足本地区经济发展需要，促进社区发展。同时，为了摆脱宗主国殖民政策和传统的影响，走上独立的、符合本国国情的高等教育道路，印度政府聘请各国专家，申请外国基金会帮助发展高等教育，如1964年成立的科塔里教育委员会就包括几名外国专家。此外，还派遣大量的学生留学国外，以求改变以往高等教育只依赖英国的局面。

总之，二战后，无论是发达国家还是发展中国家，都把教育，尤其是高

---

① 符娟明，等．比较高等教育［M］．北京：北京师范大学出版社，1987：25.

② 两年制学院抢走大学生［N］．参考消息，1992-06-03.

等教育与国家的经济发展联系起来，把发展高等教育视作该国发展经济的关键性因素和工具，把教育投资看作最富效益的投资。高等教育与经济社会的密切联系和相互依存，使高等教育在方向选择上走上了地方化和国际化的道路，这是战后许多国家高等教育改革与发展的共同趋势。

三、新中国成立后中国高等教育“两化”的发展及其存在的问题

当世界高等教育走向地方化和国际化时，我国高等教育发展趋势又是如何呢？40 多年来，我国高等教育发展道路曲折、坎坷，经历了发展、破坏、恢复和再发展的多变端的历程。但是总的来说，发展还是很迅速的，全国高校由 1949 年的 204 所增至 1988 年的 1 074 所，增长了 4 倍多。鉴于我国 40 多年来高等教育发展的复杂性，我们把它分为两个阶段来分析。

第一阶段：包括“文化大革命”前和“文化大革命”两个时期。按照“两化”含义来分析，这一时期高等教育地方化和国际化都没有能够充分发展。原因在于：高等教育领导体制名义上是中央、地方两级管理，实际上却是中央统一管理；高等教育社会服务功能不明确，高等教育表现出明显的政治化，与地方社会、经济、文化发展缺乏内在联系；高等教育国际化也只是不全面地体现于 20 世纪 50 年代一个短时期，我国聘请苏联专家学者，并向苏联和东欧派遣留学生。国际化只是向一些社会主义国家开放，其后由于国际政治形势的变化，这种不全面的开放也停止了。

第二阶段：“文化大革命”之后，改革和开放的新形势给高等教育的改革和发展带来了生机和活力，促进了高等教育迅速发展，也顺应了世界潮流，开始了高等教育“两化”的进程。“文化大革命”后，高等教育改革有两个重点：一是管理体制改革。随着计划经济体制向有计划的商品经济转变，地区经济发展很快，这就要求扩大地方办学自主权，使其能根据地区经济、文化发展需要办学。二是高等教育系统由封闭型向开放型改革。它包括两个方面：①高等教育向社会开放。“文化大革命”后，“教学与科研”两个中心的讨论，高校第三职能的兴起，改变了“文化大革命”前高等教育只有培养人才的单一职能，使我国高等教育职能由“一维”向“三维”转变。向社会开

放，为社会服务被认为是高等教育改革的动力。②高等教育向世界开放。随着改革开放政策的贯彻执行，高校对外交流迅速扩大，形式灵活多样，主要包括国际合作、智力引进、出国留学和接受外国留学生。

总之，“文化大革命”后我国高等教育“两化”的发展都很快。在国际化方面，据不完全统计，全国已有210所高等学校与世界上34个国家和地区的约600所高校、研究所、公司、交流协会等建立了各种合作关系；全国共聘请了外国专家12万多人，其中外国文教专家2万多人；从1978年到1990年我国已向世界76个国家和地区派遣了10多万名留学生，接受外国留学生2万多名。由此可见，我国高等教育国际化已初具规模，这是“文化大革命”后我国改革开放带来的国际经济、文化交流以及外交上友好往来的结果。在地方化方面，高校的社会服务职能在全国已蓬勃发展，蔚为热潮。科技咨询、产品开发、人员培训、建立“教学、科研、生产联合体”等，成为高等学校经常性的主要工作，也收到一定的效果。

通过对新中国成立后我国高等教育“两化”发展的回顾，我们认为我国高等教育“两化”已迈出了第一步，并且发展迅速。但是，问题也很多，有的问题还是比较严重的。例如，扩大了社会服务职能，使高校与地方联系较为密切，但是，往往偏离了社会服务的方向。高校普遍忙于有偿服务，搞创收，结果使社会服务商品化，内涵单一，忽略了为社会、文化诸方面的服务。又如，在出国热潮中，人才外流过多，影响了高等学校的教学与科研。

四、中国高等教育“两化”的前瞻与思考

如上分析，高等教育“两化”是世界高等教育发展趋势，它是在发展经济，迎接新科技革命挑战，增进国际和平与发展的强大推动下各国高等教育所呈现的共同趋势。我国高等教育“两化”的发展前景如何？需要哪些条件？我们的对策又怎样？这是应当认真思考的。“文化大革命”后，我国高等教育在改革开放和“一个中心，两个基本点”的路线指引下，进入了迟到的大发展时期。高等教育由为政治服务转变成着重为经济服务，由封闭系统逐步转变成开放系统，既向社会开放，又向世界开放，呈现出我国高等教育“两化”

发展的蓬勃生机。历史与现实证明，我国高等教育必将继续朝着“两化”发展，也必须向前发展。我们的根据是：①“文化大革命”后十余年高等教育的发展为“两化”做好了充分的条件准备和打下了良好的基础，包括扩大地方与学校的办学自主权，社会服务职能的确立，以及国际交往的扩大。②在急剧变化的国际形势下，西方的和平演变咄咄逼人，我们唯一的选择就是发展经济，摆脱落后。高等教育唯一的选择也只能是走出“象牙之塔”，走与社会经济、文化发展相结合的道路。③邓小平同志1992年初的南方谈话，提出要加快改革开放的步伐，也为高等教育“两化”的发展提供了契机。因此，我国高等教育“两化”的发展前景是乐观的、可行的、必然的。

“文化大革命”后，我国高等教育发展为今后高等教育“两化”的发展提供了现实基础，但也出现了如上分析的诸种问题。那么，我们应当采取什么对策呢？发展我国高等教育的基本原则是立足国情，借鉴外国经验，洋为中用，取长补短，以实现我国经济腾飞与世界和平与发展为宗旨，逐步实现我国高等教育地方化与国际化。

为了更好地实现我国高等教育“两化”，需要采取有力而恰当的措施。这些措施包括：①在思想认识或社会舆论上，要树立社会主义建设依赖高等教育，高等教育要为社会主义建设服务的思想，而高等教育“两化”是实现这一思想的重要途径。②在中央宏观指导下，各省、市、自治区要真正行使中央下放的权力，实现本地区的高等教育发展与社会经济、文化建设一体化。③高等学校为本地区服务的形式要多样化。它包括培养应用型人才，增设实用课程，设立函授部、技术培训部、智力资源推广部，教学、科研与本地区企业和农业生产相结合，等等。④大力发展专科教育和确立专科教育的地位。二战后，世界高等教育地方化实际上是以专科教育为主力军的，例如美国的社区学院、德国的高等专科学校等。我国专科教育地位不明确，影响了专科在经济和社会发展中的积极作用。为此，必须确定专科教育地位，明确专科教育是高等教育地方化的主要力量。⑤要采取更有效的措施鼓励和促进高等教育国际化，包括资助“德才兼备”的公费留学生，鼓励自费留学生，提倡短期访学、合作培养，并把它纳入国内教学计划，以及资助教师、学者参加国际性会议和重大科研项目的合作等。

此外，在我国高等教育“两化”发展过程中，也要考虑到可能出现的偏差。高等教育地方化往往会走向极端，忽略中央政府宏观调控，使地方和全国的利益相冲突；高等学校社会服务可能导致当前中国出现的“创收热”，乃至教育商品化，破坏高等学校教学、科研和社会服务的统一；高等教育国际化最大的问题是可能造成人才流失；等等。因此，实现高等教育“两化”的过程，也是一个不断克服和解决矛盾的过程。在这一发展过程中，我们必须处理好以下几对关系：第一，中央宏观指导与地方自主办学的关系。中央从国家利益和科学发展的需要出发，加强对高等教育的宏观指导；地方在教育方针、教育目的、培养规格诸方面接受国家的监督，调整国家与地方的关系，使高等学校为地方服务与为国家服务并重。第二，高等学校的社会服务与教学、科研的关系。纵观高等教育发展史，教学、科研和服务作为高等学校的职能是按顺序产生与发展的，并且它们的地位也与它们产生的时间顺序相同。许多西方教育家把社会服务定义为“教学和科研的延伸”。社会服务是把教学与科研成果，即人才、知识、技术输入社会，服务社会，搞社会服务的前提必须保证高等学校教学和科研活动的有序进行。第三，高校对外开放与人才流失的矛盾。在当前加大改革开放步伐的形势下，我国高等教育也要加大对外开放，放宽出国留学的限制性政策。同时，需采取措施吸引留学生回国，防止人才流失。如提高知识分子生活待遇和社会地位，改善国内高等学校管理水平和教学、科研条件等。

概言之，二战后世界各国把发展高等教育作为经济腾飞的主要因素之一，高等教育地方化与国际化是各国高等教育共同发展趋势，也是高等教育自身发展逻辑的必然。我国高等教育“两化”已迈出可喜的第一步，虽然存在着如上所述的诸多困难和问题，但在“两化”过程中，是能够逐渐克服与解决的。广东，尤其是珠江三角洲，已经率先在“两化”中做出了很好的成绩，积累了丰富的经验，在广州召开的“高等教育为地方发展服务”中美学者研讨会，将对中国高等教育“两化”起积极的推动作用。

市场经济的冲击与高等教育的抉择①

20 世纪 70 年代末期以来，我国高等教育面临来自两个方面的挑战：一是世界科技革命的浪潮，二是市场经济的崛起。80 年代中期以前，挑战主要来自世界科技革命。当时我国开始进行四个现代化建设，在“四化”建设中，科技是关键，教育是基础。而我国的科技与教育本来就不够发达，加上遭受“文化大革命”的破坏，远远落后于发达国家，甚至落后于一些发展中国家，科技人才严重不足，并且面临即将断层的危机。培养大批科技人才与从事科技研究、开发的重任，落在高等学校身上，出人才，出成果，成为当时的紧迫任务。在党和政府的号召下与政策的倾斜中，高等教育在数量上很快增长，质量也有所提高。广大教师，目标明确，意气风发，专心致志于教学与科研；学生以振兴中华为己任，刻苦学习蔚然成风。经过一段不长时间的奋斗，我国科技水平有了一定提高，尤其在一些高科技领域，从引进、消化到开发、发明，大大缩小了我国与发达国家的差距；中青年人才成长很快，缓解了科技人才不足和断层的危机。80 年代中期以后，冲击主要来自计划经济向市场经济的转轨，如何适应经济体制的改革与经济的发展，成为高等教育界的热门话题。尤其是 1992 年以来，经济体制改革步伐加快，市场经济发展迅速，对高等教育的冲击更为猛烈。高等教育理论界纷纷开会写文章，努力论证市场经济对高等教育改革与发展的积极作用，而在实际上却出现了许多令人困

① 原载《求是》，1993 年第 10 期。

惑不安的问题。

为什么前一个浪潮来临时，人们的认识比较一致，进程也较顺利？这是因为科技发展与高等教育发展的一致性很容易为人们理解，在实践上，除了一些人力、物力、时间的具体安排之外，不涉及重大的体制改革问题。为什么在后一个浪潮冲击时，却众说纷纭？这是因为高等教育与市场经济的关系，要比与科技发展的关系复杂得多，高等教育体制尤其是管理体制受到了触动。因此，自1992年以来，各级教育领导管理部门，各级各类高等学校以及高校中的系、所、室、处、科、办，都在为如何适应市场经济体制改革与发展研究对策。有的对策是令人鼓舞的，它有利于社会主义高等教育事业沿着正确的方向健康发展；有的对策缺乏理论根据，它的正确性令人怀疑，充其量只能说是权宜之计。任何对策的制定，都必须有两个方面的依据：一是理论依据，二是现实依据。前者所要解决的是对策的科学性问题，后者所要解决的是对策的可行性问题。正确的对策必须是两者相结合的。因此，正确认识并处理好高等教育与社会主义市场经济的关系，做出明智的抉择，是当前亟须解决的一个理论与实践问题。

一、市场经济冲击高等教育的必然性

市场，不言而喻，是属于经济范畴的概念。它的产生与基础是物的商品按照价值规律进行交换。现代市场经济是商品经济的发展，不但包括物的商品市场，而且把一切涉及经济关系的行为都推向了市场，从而有了科技市场、信息市场、劳务市场等。这些市场的形成，对于非经济领域也产生了广泛的、强烈的影响。教育是培养人的社会活动，就其本质来说，不属于经济领域的活动。学校不是营利组织，但它具有经济功能，能够带来巨大的社会经济效益，尤其是职业技术教育与高等教育的大部分科类所培养的学生要输送到人才劳务市场去，参加市场竞争，它的办学规模、效益、质量、管理方式就必然要受到市场的无情检验，它的经费、师资、设备等办学资源的配置，也必然要受市场经济资源配置方式的影响而做出相应的改革。

如何看待市场经济对高等教育的冲击，在纷纭的议论中，有两种相反的观点：一些同志对于市场经济的冲击是抱积极乐观的态度的，认为冲击给高等教育的改革与发展注入了活力，因此主张要把高等教育推向市场，由市场引导人才培养，高等教育要商品化、市场化，等等。另外一些同志认为市场经济对高等教育的冲击是很糟的事。因为市场经济一冲击，高等学校就出现了动荡不安的局面，校长忙于搞创收，教师忙于找第二职业，势必分散教学科研力量；而跳槽下海，人才外流，更令人为高等教育事业的前途担忧；大学生为毕业后自找职业忧心忡忡，有的在求学期间，就忙于打工赚钱，占用学习时间，影响学习成绩。市场经济还会影响人们的价值观，拜金主义泛滥，导致思想道德水平下降，出现弃教、厌学现象。同时，高校经费困难，教师待遇偏低，仪器设备无力更新，办学困难重重，长此以往，不但教学质量、学术水平将下降，而且任其泛滥，必与社会主义的教育目的背道而驰。这两种观点，都有一定的理论或事实根据，但都不够全面，对事物的分析有点简单化。

应当如何看待这个问题？我认为，市场经济对高等教育的冲击，不是主观上认为好不好、要不要，应当欢迎或抑制的问题，而是具有客观必然性，是由教育的外部关系规律所决定的。这条规律是：教育要受社会制约，并为一定社会的经济、政治、文化发展服务。高等教育是专业性教育，所培养的是到经济领域以及上层建筑各个部门就业的高级专门人才，它本身的性质与特点，决定了它与经济、政治、文化以及科技的关系比基础教育更为直接，更为密切。因此，高等教育受市场经济的冲击就更为尖锐，更为深刻。当市场经济成为当前中国社会主义初级阶段经济改革的主要取向和经济发展的必由之路时，高等教育要想独立于市场经济之外是绝不可能的。如不与之适应，不但无法发展，也将难以生存。

在中外教育史上，有许多教育家主张教育独立，许多传统大学在其历史上也曾力图抑制来自经济、政治、宗教等方面的冲击，将大学自我封闭起来，独立于社会生活之外。就经济方面来说，当商品经济还处于较低发展水平时，这种传统势力还能在一定程度上顶住冲击，使大学成为“象牙之塔”，但其结果，则是延缓了高等教育的发展。当商品经济进入发达的市场经济之后，高等教育再也无法顶住它的冲击了。许多国家为适应市场经济，建立了各种职业性、技术性的高等学校，这些高校开始时虽受传统大学歧视，却受社会欢迎。为了自身的生存和发展，传统大学纷纷向社会开放以适应市场经济。如今，世界上许多国家的高等学校都十分重视吸收社会人士，尤其是企业家参与高校的决策与管理，广泛征求各界人士对高校工作的意见，共同商讨高等教育改革与发展的对策。这正是教育外部关系规律起作用的结果。

二、市场经济对高等教育冲击作用的两重性

既然高等教育受市场经济的冲击是必然的，符合客观规律的，那么，我们对这种冲击作用的性质就应当有个正确的、清醒的认识。

应当看到，对于高等教育的改革和发展，“冲击”并不是坏事。正是社会的经济、政治、文化以及科技的发展与变革，给高等教育带来了一定的压力，有压力才有动力，有动力才有活力，冲击的必然性包含着冲击的合理性。尽管冲击有时不顾教育自身的规律，或超过人们的承受力，带来了某些消极作用，甚至造成了某些损失，但就其总趋势来说，是有利于高等教育事业发展的。这是一个基本的认识。

但是，市场经济对高等教育的冲击作用，并不总是积极的，更不是把高等教育推向市场，让市场引导人才培养，高等教育就会兴旺发达起来。市场经济对高等教育的冲击作用，具有积极与消极的两重性。

市场经济冲击的积极作用主要体现在能够促使高等教育领域引进竞争机制和效益原则，能够激励高等教育不断地自我发展、自我完善。具体说，它有利于促进高等教育在人才培养上根据人才劳务市场的信息调整专业与课程，改革教学内容与方法，使我们培养出来的专门人才“适销对路”；有利于激励学生学习的自觉性和调动教师教学科研的积极性，使教学质量得到提高；有利于促使高等学校所培养的人才和所创造的科研成果，尽快地转化为社会生产力，实现社会价值，收到社会效益；有利于各级教育领导管理部门和高校自身转变管理机制，提高办学效率。当然，在当前还会促使高校努力去开拓财源，加强办学的物质基础，提高教师、干部待遇。但是，从当前情况来看，这些预期的作用，大多（不是所有）见效甚微或未实现，相反却出现了如前

所述的种种问题，给办学增加了许多困难，理论上的期望与实际情况为什么会出现如此反差？这是因为：

第一，市场经济体制远未完善，尤其是与之配套的人事制度、劳动制度、工资制度的改革，才刚刚起步或尚在拟议之中。即使有的改革措施、方案机制发挥作用，但各种旧的制度、法规限制了市场机制发挥作用。即使有的改革措施、方案已经出台，但要付诸实现，还须经过一个艰苦努力的过程。从计划经济到市场经济，它的实质是资源配置方式的转变，与之相适应的管理体制的转变，牵涉到权力与利益的重新分配，阻力不会是很小的。例如，下放办学自主权，就必须转变教育管理部门的职能，少干预，多服务，而学校则必须负起按法规自主办学的职责，这对于习惯于以行政命令进行管理的上级和习惯于按上级指示办学的学校，都不是容易做到的。而学校缺乏办学自主权，就很难实现预期的活力。

第二，从计划经济到市场经济转变，人们需要有个适应的过程。由于心理定式的作用，当冲击打破原来的心理平衡时，看不惯，想不通，就会在思想上、感情上感到困惑、彷徨、苦恼以至于不满、抵触，这也是许多同志对市场经济冲击抱消极态度的原因之一。

随着市场经济体制的逐步完善，人们心理承受力的逐渐增强，市场经济的积极面将会越来越显露，经济发达地区高等教育事业的发展已经证实了这一点。由于市场经济的价值观与高等学校的价值观教育、市场经济的运行机制与高等教育的运行机制这两个方面所存在的反差而对高等教育发展产生的消极影响，则可能长期存在，不容避讳。

在价值观方面：市场经济所遵循的是价值规律，而其驱动力则是逐利思想。商品进入市场交换，就是为了营利，所获利润高低成为评价市场行为成功与否的主要指标。只要不违法，不违背职业道德，逐利思想在市场行为中应该说是合理的、积极的。但如果任其膨胀，扩大到非经济领域，成为社会的一般价值取向，就不可能不对大学生的思想教育起消极作用。因为这种价值取向与社会主义高等学校的人生观、价值观教育不一致。大学里对大学生所进行的人生观、价值观的教育是人生的意义在于奉献，要树立为人民服务的思想，要把国家和集体的利益置于个人利益之上，要树立为国家、为人类贡献自己的聪明才智的远大理想，等等。但最近一项对大学生人生价值观的调查研究表明，20世纪80年代大学生价值观的变化趋势是以自我为中心、以个人为本位的“价值主体自我化，价值取向功利化，价值目标短期化”。从所谓“老三到”（到基层去，到边疆去，到祖国最需要的地方去）转变为所谓“新三到”（到国外去，到外资企业去，到挣钱最多的地方去）。更令人注目的是在申请入党的学生中，竟有42.1%的人把谋取个人利益和自我实现作为入党动机。① 社会环境的价值取向同高等学校人生观、价值观教育的目标与内容的反差，抵消了学校思想道德教育的作用。有人认为“存在决定意识”，应当以市场经济的价值取向来修改学校思想道德教育的准则，否则脱离实际，劳而无功，对此我不敢苟同。高等教育的目标是培养为社会主义现代化建设服务的全面发展的专门人才，这同市场经济的价值取向是不同的。在思想道德教育中，可以而且应当充分尊重个人价值，但要坚定不移地坚持教育的社会主义方向，贯彻党的教育方针，引导大学生正确认识自我价值同社会价值的关系。为此，必须认真对待市场经济的价值取向与社会主义教育目标的反差，采取有效的方法，包括与社会舆论、家庭教育形成合力，引导青年人向正确方向实现人生价值。

在运行机制方面：市场经济是按价值规律和供求变化来进行市场调节的，这种调节在一定程度上是自发的、盲目的。同时，市场信息瞬息万变，市场行为往往具有短期性、速效性、波动性。这种运行机制对于商品生产来说，可以起到及时调节的作用，掌握得好，有利于发展生产，减少积压浪费。但教育的运行过程不但周期长、要求有一定的稳定性，而且具有长效性、滞后性等特点。当某些专业在人才劳务市场“看好”时，如果急功近利，一哄而上，也许人才尚未培养出来，市场已转变了风向，原来的热门专业一下子成了滞销专业，反而会使大学生产生“本领强不如机遇好”的思想，并且也会造成教育资源的极大浪费。一个国家所需要的人才是多种多样的，既要有物质文明建设方面的人才，也要有精神文明建设方面的人才；既要有职业技术、

① 王殿卿. 对80年代大学生价值观念变化的分析［J］. 高等教育研究，1992（3）：42－46.

经营管理人才，又要有能为国防建设、文化教育、基础学科和高精尖科技研究及边远地区、艰苦行业服务的人才，多方面的人才需求，不一定都能在人才劳务市场上反映出来，也不一定都能通过人才劳务市场进行调节。这就是为什么“市场引导企业”是正确的，而套用到高等教育来的“市场引导人才培养”的正确性就值得怀疑，至少是不全面的。

总之，市场经济对高等教育的冲击，既有积极面，又有消极面。在迎接市场经济的冲击时，我们要把它的积极作用估计足，以树立信心；也要清醒地看到它的消极作用，预为之谋，使我们的决策减少失误。

三、高等教育必须主动适应市场经济

什么是主动适应？人们往往把主动适应理解为就是紧跟形势。形势中有积极的东西也有消极的东西。闻风而动可能是主动适应也可能是被动适应，而归根结底是被动适应，因为没有发挥主体的鉴别、选择作用。教育主动适应经济社会的发展，指的是对积极面的适应，抓住积极因素，充分发挥它的积极作用，而不是不加判别地去适应一切，尤其是那些不利于教育事业发展的消极的、落后的、有偏差的、错误的东西。现在市场经济在对高等教育的改革与发展起驱动作用的同时，也在散发一些消极的东西。对此，办学者就应当发挥主体的自觉能动性，尽可能趋利避害，兴利除弊，力求主动适应而不要陷于被动适应。

高等教育如何发挥主体的判断、选择与决策的作用，也就是说，面临市场经济的冲击，高等教育如何抉择呢？第一，每做出一个决策、采取一项措施，都要全面地考虑它是否适应制约教育的各种社会因素；第二，要根据教育自身的规律进行鉴别，做出抉择。

先说抉择的第一个依据。社会作为一个系统，包括经济、政治、文化等子系统；制约教育的因素有生产力科技发展水平、社会制度、文化传统，以及人口、资源、地理、生态、民族等，这些子系统与各因素之间，又是密切联系、互相制约的。如果办学只强调与某一系统、某一因素相适应而不顾其他，就可能导致失误。例如，新中国成立初期，我们一方面强调了高等教育的政治功能，另一方面在专业设置上充分考虑到国民经济建设计划对于专门人才的需求。尽管在学习苏联、进行院系调整中，由于对文化传统、地理条件等国情考虑不周，产生了一些消极影响，但总的来说，同我国当时的政治与经济、形势与任务是较为适应的，因而高等教育的发展也就比较顺利。后来发展到忽视高等教育也要为国民经济建设服务、为生产力与科技发展服务，这就违反了教育外部关系的规律，不但不利于经济建设、文化建设，也不利于巩固无产阶级专政。“文化大革命”之后，强调教育要为经济建设服务，这是同改革开放的形势与任务相适应的，是社会主义现代化建设所需要的。但如果只片面地强调教育要适应市场经济，把教育商品化了、市场化了，把人际关系简单地理解为就是市场关系，把教育效益理解为就是经济效益，办教育只要有商品意识、市场观念就行，忽视了教育也要与政治、文化、科技、道德相适应，就会导致思想混乱、道德水平下降的失误。从以往的经验教训中可以清楚地看到，教育与社会发展相适应是指全面的适应，任何只强调与某一方面相适应而不顾其他方面是否适应的片面“适应”，都可能走向全面的不适应。当然，在某一特定时期，在政策上有针对性地强调某一方面的重要性，无可厚非。如党的十一届三中全会之后，为把工作的重点转移到社会主义现代化建设上来，针对前一个时期高等教育与经济发展不相适应的问题，强调高等教育要为经济建设这个中心服务，是必要的。问题在于由于一些同志对政策的形而上学的理解与执行政策的片面性，以致在一段时期内，高校党的建设和学生思想政治工作有所放松，从而导致了一部分青年学生思想滑坡。所以，对于教育的外部关系规律的认识与运用必须有全面观点，在政策执行上，要避免只抓一面，不顾其他的片面性。教育的失误，要经过很长时间才能纠正过来，不但不利于教育事业的发展，最终必将危及经济的发展与社会的进步。

再说抉择的第二个依据。教育的改革与发展不仅要遵循外部关系的规律，还必须遵循其自身规律，教育的外部关系规律是通过自身规律来实现的。高等教育是通过培养专门人才来为社会发展服务的，而人才的培养就必须遵循教育自身的规律来进行德智体诸方面教育。不顾外部关系的规律，“就教育谈教育”，许多教育问题固然无法解决，不遵循教育自身的规律而按照商品生产规律来办教育，为社会发展服务的人才也培养不出来。因此，如何发挥教育主体的判断、选择、决策的另一个依据就是要根据教育自身规律来进行鉴别、抉择。凡符合教育自身规律，有利于提高教育质量，有利于促进教育事业的发展与改革的，一般说是积极的、正确的，反之，可能是消极的、错误的。即使在特殊情况下很难避免或制止，但办学者应当心中有数，要尽可能减少其消极影响，并努力创造条件逐步消除它的消极影响。例如，在当前高等教育经费困难、教师待遇低的情况下，许多教师为了生活不得不找第二职业，分散了教学科研精力，严重影响了教学质量。对此，办学者所要做的是尽可能由学校多辟集资渠道，提高教师待遇，而不是坐视“教授卖馅饼”。

为使高等教育能更好地主动适应市场经济，一个重要的前提，就是高等学校要有办学自主权。而“自主权”这个概念，应当包括权力与责任两个方面。只有权与责统一了，高等学校才能在主动适应市场经济的过程中，不断地自我完善、自我约束、自我发展。

最后，有必要回到本文开头所说的我国所面临的是来自两个方面的挑战。当前市场经济的大潮冲击高等教育，十分猛烈，必须很好地研究主动适应的对策，然而科技革命的浪潮并未消逝，也不会消逝。两个浪潮接踵而来，相互重叠，具有内在的必然联系。这就是，只有成功地迎接世界科技革命的挑战，才能主动适应市场经济的冲击，两个浪潮的挑战，最终将统一在使高等教育更好地为社会主义现代化建设做出贡献的目标上。因此，不要由于忙于适应市场经济而忘记高等教育也应积极回应世界科技革命的挑战。从长远观点看，世界科技革命的挑战对于我国的现代化建设及高等教育的发展具有更为深远的意义。

高等教育改革与社会主义市场经济的关系①

我国经济体制改革的取向，是建立和完善社会主义市场经济体制。20 世纪 80 年代市场经济刚起步时，对社会的各个领域，包括教育领域，尤其是高等教育领域，就产生了不同程度的冲击。如今，经济体制改革加快步伐，市场经济更快发展，对高等教育的冲击尤为激烈。各级教育领导管理部门，各级各类高等学校以及学校中的系、科、所、室、处、办，都为迎接经济体制改革与市场经济加快发展的高潮研究对策。任何对策的制定，都必须有两个方面的依据：一是理论依据，二是现实条件。前者解决的是科学性问题，后者解决的是可行性问题。正确的对策必须是两者相结合。因此，正确认识与处理高等教育改革与社会主义市场经济的关系，就具有重要的理论意义与现实价值。本文试图根据教育的外部关系规律，探讨这一问题，提出一些初步的见解。

一、商品经济冲击高等教育是符合教育规律的

市场经济是商品经济的发展，它不但包括商品的市场交换，而且包括一切经济关系的市场化，对于非经济的社会关系也有很强的影响。但它的基础仍然是商品经济。因此，分析市场经济对高等教育的冲击，可以从商品经济

① 原载《中国高等教育》，1992 年第 11 期。

对高等教育的冲击说起。

如何认识商品经济对高等教育的冲击，20世纪80年代后期以来，高等教育界对此就曾经有过许多议论，其中较为突出的有两种相反的观点：一种是认为商品经济对高等教育的冲击是积极的，应当持欢迎的态度。因为商品经济的发展，必然要把竞争机制引进高等教育领域，从而促进高等教育的改革与发展。持这种观点的人，对于商品经济的冲击是乐观的，认为冲击给高等学校注入了活力，激励师生奋发图强，将会造就大批具有竞争能力、推动社会经济和科技发展的人才。另一种相反的观点认为，商品经济对高等教育的冲击是消极的，应当极力抵制。因为商品经济一冲击，高等学校就出现了动荡不安的现象。大学教师忙于搞创收，以增加经济收益，势必分散教学与科研力量；大学生为毕业后找个好职业，忧心忡忡，有的在求学期间就忙于经商、打工，影响学习成绩。商品经济还会影响人们的价值观，"一切向钱看"，导致弃教、厌学，道德水平下降。持这种观点的人，对于商品经济的冲击是悲观的，认为听任冲击必与社会主义教育目的背道而驰，将使高等教育迷失方向。这两种观点，针锋相对，都有一定的理由。而如果两种相反的观点都有一定的理由，说明两者都不够全面，对事物的分析都有点简单化。

商品经济好比一把"双刃剑"，它对高等教育的冲击一开始就具有积极和消极的二重性。从长远看，商品经济的冲击确实将给高等教育的改革和发展带来活力；从当前的实际情况看，它又出现了许多问题，给办学带来了一些新的困难，因为与之相适应的市场机制与社会机制还没有完善。

我认为，商品经济对高等教育的冲击，不是主观认为好不好、要不要的问题，而是客观必然的，是由教育外部关系规律所决定的。任何教育都要受一定社会的经济、政治、文化所制约，并为一定社会的经济、政治、文化的发展服务。高等教育本身的性质特点，决定了它与社会经济、政治、文化的关系比普通教育更为直接、更为密切。因此，高等教育受商品经济的冲击就比普通教育更为尖锐，更为深刻。当商品经济、市场经济成为当前中国社会主义初级阶段经济的现实时，高等教育要想独立于商品经济、市场经济之外，是绝不可能的。

在中外教育史上，有许多教育家都主张教育独立。许多传统大学，在其历史上也曾试图抗拒社会影响，企图独立于社会生活之外，抵制来自经济、政治、宗教等方面的冲击，将大学自我封闭起来。当商品经济还处于比较低级的发展水平时，这种传统势力还能在一定程度上抵制住商品经济的冲击，使大学成为“象牙之塔”。但当商品经济的发展进入发达的市场经济之后，大学再也无法抗拒这种冲击。为了自身的生存和发展，不仅传统大学开始向社会开放，而且还新建了大批高等学校，以适应经济和社会发展的需要。如今，世界上许多国家都十分注意吸收社会人士和企业家参与学校管理，广泛征求各界人士对高校工作的意见，共同商讨高等教育改革对策。这正是教育外部关系规律起作用的结果。我国“文化大革命”之前，高等学校除了生产实习之外，很少同经济部门打交道。而市场经济起步以来，许多高校纷纷设法同生产部门、企业单位联系，提出建立“教学、科研、生产联合体”，推广产学“合作教育”，近来又提出“产学研”联合，把“产”提到第一位。这也是教育外部关系规律起作用的现象。

二、高等教育必须主动适应商品经济的冲击

既然高等教育受商品经济的冲击是必然的，是符合教育外部关系规律的，那么对这种冲击的性质就应当有一个正确的认识。

首先，应当看到，对于高等教育的改革和发展，“冲击”并不是坏事。正是社会经济、政治的发展和文化观念的变革，给高校改革带来了一定的压力，有压力才有动力，有动力才有活力。冲击的必然性包含着冲击的合理性。尽管冲击有时不顾教育自身的内在规律，或超过了人们的承受力，带来了某些教学秩序混乱的副作用，增加了办学的困难，甚至造成了某种损失，但就其总趋势来说，是有利于高等教育发展的。例如，当前商品经济对高等教育的冲击，使竞争机制进入高等学校。在毕业生与用人单位供需见面双向选择的劳动力市场上，竞争机制正在起着调整专业结构的作用。如果进一步正确地引导竞争机制，还有可能对课程、教材、培养方法的改革起积极作用。

当然，在商品经济的冲击面前，一方面由于市场机制与社会机制不完善，会产生许多消极作用。另一方面人们需要一个适应过程。由于心理定式的作

用，当冲击打破了原来的心理平衡时，在思想感情上，难免感到彷徨、苦恼以至抵触。为此，需要进行冷静的理论思考，认清客观形势的必然性，转变教育价值观，采取积极措施以主动地适应商品经济、市场经济的发展。

其次，要正确地遵循与运用必然规律来深化教育改革，发挥冲击的积极作用，避免或减轻冲击所产生的消极作用。这里就有一个主动适应与被动适应的问题。

一定的社会经济、政治、文化在其发展过程中，往往同时存在积极面与消极面，因此，对教育的影响，也有积极作用与消极作用。尤其是在改革探索的过程中，很难不出现某些偏差。教育主动适应经济社会的发展，是指对积极面的适应，而不是不加判别地去适应一切，包括不利于社会进步的消极的、落后的、错误的东西。所谓主动，就有个主体自觉地判断与选择的作用。当年那种“左”的错误，是不利于社会主义社会健康发展的。虽说在一定情况下，高等教育很难不受其消极的、错误的影响，但有的跟得很紧，甚至推波助澜；有的则不是跟得那么紧，尽可能减轻其消极的影响，千方百计抓教育质量。现在，商品经济、市场机制，在对高等教育的改革与发展起驱动与调节作用的同时，也在散发许多消极的东西。众所周知，片面追求个人利益，甚至不顾社会道德、违法乱纪，这种消极面无疑是会对高等教育起消极作用的。对商品经济、市场机制的主动适应，可以促进教育，提高教学质量，使学生努力掌握真实本领；而被动适应的结果，却出现了许多不良现象。所以，教育应当发挥他的主体判断与选择的作用，办学者应当发挥他的自觉能动性，趋利避害，力求主动适应而不要被动适应。

教育如何发挥主体的判断与选择作用？第一，要考虑它是否全面适应制约教育的多种社会因素；第二，要根据教育自身发展规律进行鉴别。

先说第一个问题。社会作为一个系统，包括经济、政治、文化等子系统，制约教育的社会因素有生产力与科技发展水平、社会制度、文化传统及人口、资源、地理、生态、民族、宗教等。这些子系统与因素之间，又是密切联系，相互制约的。如果教育只强调与某一子系统、某一因素相适应而忽视其他方面的适应问题，就可能导致片面性的失误。例如，新中国成立初期，强调教育要为无产阶级政治服务，这是与我国当时社会主义政治形势相适应的。但是，后来发展至忽视教育要为国民经济建设、为科学技术发展服务，这就违反了教育也要与经济、文化发展相适应的规律，以致教育质量严重下降，不但不能很好地培养出社会主义现代化建设所需要的人才，也不利于巩固无产阶级专政。“文化大革命”以后，强调教育要为经济服务，这是与我国以经济建设为中心，进行改革开放的形势相适应，是发展国民经济所需要的。但是如果只片面强调教育要适应商品经济、市场机制，把教育商品化了，市场化了，把人际关系简单地理解为就是商品关系，把教育效益简单地理解为就是经济效益，办教育只要有商品意识、市场观念就行，忽视了教育还必须与政治、文化相适应，办教育还必须抓精神文明建设，就会导致思想混乱、道德水平下降的失误。从以往的经验教训中，可以很清楚地看到，教育与社会发展相适应是全面的适应，任何只强调与某一方面相适应而不顾其他方面是否适应，这种片面性的所谓“适应”，必将走向全面的不适应。当然，在某个特定时期，在政策上有针对性地强调某一方面的重要性，无可厚非。如党的十一届三中全会之后，为把工作的着重点转移到社会主义现代化建设上来，针对前一个时期教育与经济发展不相适应的问题，强调教育要为经济建设服务，是必要的。问题在于对政策的形而上学的理解与执行的片面性，以致在相当长的一个时期，对待两个文明建设，一手硬，一手软，不但影响了精神文明建设，也不利于物质文明建设。所以，任何时候，对于教育外部关系规律的认识与运用，都必须有全面观点，在执行政策上尽可能使教育与社会发展全面适应，否则就会左右摇摆，导致失误。而教育上的失误，不但直接影响了教育事业，最终必将危及经济的发展与社会的进步。

再说第二个问题。教育不仅要受社会多种因素所制约，办教育还必须遵循教育自身的内部关系规律。教育适应经济社会发展需要，只有通过教育的自身规律才能实现。“就教育谈教育”，许多教育问题是无法解决的，如教育经费问题、毕业生就业问题，都不是单靠教育界自身所能解决的。但是，不顾教育自身规律而侈谈教育，也是片面的。教育有其自身的特点及运行机制，不能简单地以经济的、政治的规律来解释与解决教育问题，以市场机制作为教育运行机制，以经济效益代替教育的综合效益。因此，如何发挥主体判断与选择作用的另一个要点，就是要根据教育自身发展规律来进行鉴别。凡符合教育自身规律，有利于促进教育自身发展的，一般说是积极作用；否则，可能是消极、有害的东西。

三、适应社会主义市场经济的若干体制改革的思考

在主动适应社会主义商品经济的发展上，我国高等教育界在进行理论探索的同时，先后已采取了一系列的改革措施，从招生到毕业生就业，从教育体制到专业调整，都进行过若干改革尝试，有的已收到一定成效。但总的看来，由于近年来经济的改革与发展处于整顿巩固的时期，高等教育的改革与发展也着重于巩固提高，因而步伐较慢。随着经济改革开放步伐的加快，高等教育改革发展的步伐应当如何加快，这是当前的热门话题。下面只就体制改革方面，谈谈若干值得思考的问题。

高等教育管理体制的改革。当经济体制是集中的计划经济时，高等教育的管理方式相应地采取自上而下的行政管理手段，并且着重于过程的管理，政府直接干预高等学校的运行过程，学校则事无巨细，都须向教育领导部门及其办事机构请示遵行。近来，为了增强高校适应市场机制的能力，国家教委连续提出了扩大直属高校办学自主权和内部管理体制改革的意见。这是及时的。但就这些文件的性质来说，基本上是在行政性的管理范围内适当下放一些自主权。为了更好地适应经济体制的改革，是不是可以转变管理观念，从以行政管理为主转变为以法规管理为主，在法规基础上，灵活应用行政管理手段与经济管理手段？当然，采取单纯的经济管理而完全排斥行政管理是不行的，保留一定限度的行政管理仍是必要的，尤其是在以经济手段进行管理的条件还不成熟时，只能逐步寻找行政管理与经济管理的最佳结合点。行政管理要减少干预，着重法规，着重调查研究，加强评估。为了适应市场机制，高等教育管理似有必要向社会开放，吸收社会人士、企业家参与高校以及地方教育的咨询与决策。这些，都是可以商榷的问题。

学历教育与继续教育、岗位培训并举。在培养高级专门人才上，学历教育无疑是基本的、主要的。但学历教育在反映劳动力市场变化和新技术开发上，往往不很及时。必须扩大继续教育与岗位培训这些教育形式。同时，学

历教育的规模，要受师资队伍、教育经费、仪器设备等教育资源和就业指标的限制，而继续教育、岗位培训这些教育形式所受的限制相对较少，扩大这些形式的教育，有利于高等教育数量的增长和培养人才的多样化。今后人事劳动制度的改革，用人标准可能将淡化学历文凭而强化资格证书，高等教育，主要是成人高校和高等教育自学考试，要把重点转移到继续教育与岗位培训上来，两条腿走路，发展中国的高等教育事业。

高等教育地方化。所谓地方化，包含着两层含义：一是高等学校地方管理、地方投资（不排除国家必要的补助）；二是高等教育为地方服务。我国经济体制改革以来，一方面，地区经济发展较快，需要较多的地方适用人才，也有可能投资办高校，如珠江三角洲近年来就出现了许多县办或联办大学；另一方面，地区经济发展不平衡，所需人才的种类、规格、数量不同，中央很难统一计划。所以，经济体制的改革与经济的发展，必然促使地区性高等教育的发展。高等教育地方化，既可以减轻中央财政负担，使中央财政更好地集中于面向全国的大学，提高“国家队”的水平；又可发挥地方办学的积极性，改善办学条件。近年来，对于高等学校为地方服务的理论研究不少，但从体制上研究高等教育地方化问题的较少。今后有必要加强这方面的研究，提供决策依据。

建立民办高等教育体制。世界各国，绝大多数有公立、私立两种高等教育体系，不少国家私立大学的比重高于公立大学，在高等教育事业的发展上起重要的作用。新中国成立后，由于所有制经济结构基本上只有全民所有制和集体所有制，而集体所有制一般处于生产力水平很低的农村经济，没有办高等学校的财力，也没有自办高等教育的要求，私立高等教育不复存在。20世纪80年代实施改革开放政策以来，经济结构上多种所有制并存，“三资”企业、乡镇企业、个体经济都有了很快的发展，民办高校的出现与发展就有其必然性。事实上，民办高校也已经大量出现了。不过一般多属于非学历教育的成人高校或培训班。但在教育体制上，至今尚无民办高等教育的地位。

民办学校，不同于公办学校的主要点有二：①它是由私人或私法人设立的，由设立者根据法规组织董事会，由董事会聘请校长（必要时也可由教育领导部门委派）负责学校行政工作。②由设立者筹集办学资金，也可按法规收取一定学费，而不是由政府财政拨款（不排除政府必要的补助）。一所学校的社会性质，并不决定于管理方法和经费来源，而是决定于办学方针、教育宗旨，以及体现办学方针、教育宗旨的教育内容。民办学校，同公办学校一样，必须按照国家的方针政策办学，遵守国家的教育法规制度，不存在姓社姓资的问题。

发展民办高校，有利于多渠道集资办学，减轻财政负担；有利于机动灵活地适应人才市场的需求，发展高等教育事业。因此，发展民办高校应当是高等教育适应经济体制改革的一项重要措施。

关于民办高等教育问题，厦门大学高等教育科学研究所等已进行了多年研究，对民办高校的性质、作用、管理、立法等方面，都有所涉及。希望在当前加快高等教育体制改革中，能把这个问题摆上议事日程，适时立法，把民办高等教育纳入国家教育体制之中，确定其社会性质，明确其社会地位，加强法规管理，引导其向正确的方向健康发展。

市场经济与教学改革问题的反思[①]

一、本文关于教育改革与教学改革概念的界定

“教育改革”，即使不是作为一个永恒的概念，也是一个绵延不断的过程。世界各国的教育，近代以来，经常处于改革过程中；中国近现代教育史，也是一部教育改革史（有时称为“教育革命”）。不过，不同历史时期、不同国家，教育改革的背景、方向、动力、任务以及深度与广度均有所不同。当代世界高等教育改革的共同背景是面临新的科技革命的挑战，除此之外，中国当前还面临由计划经济向市场经济转轨的经济体制改革的挑战，以建设适应市场经济的、有中国特色的社会主义现代化高等教育体系为目标。因此，在广度上，它涉及高等教育从宏观到微观的各个方面；在深度上，它触及传统教育观念的变革，是一场波澜壮阔并将有深远影响的改革。

高等教育改革的主要课题，大体可以分为密切相关的两大部分：一是教育体制的改革，包括教育制度（学制）、教育结构、管理体制等；二是教学改革，包括教学组织、教学内容、教学方法与手段等。

教育体制改革与教学改革的关系体现在当前的一个提法上：“体制改革是关键，教学改革是核心。”教育体制改革是教学改革的前提与保证，体制不改

① 原载《高教探索》，1995 年第 1 期。作者：潘懋元，王伟廉。

革，教学改革很难展开；但高等教育的改革，最终必须落实到培养适应经济社会发展的人才上，而人才的培养，是通过多种教学活动（课内的与课外的，有组织形式的与隐形的）来进行的。所以，教学改革才是教育改革的核心。一切体制改革工作，必须围绕这个核心，使之有利于教学改革的进行而不是有害于教学改革的开展。如果偏离这个核心，体制改革就可能失去目标，迷失方向，尽管五彩缤纷，往往是开花而不结果或所结的不是教育之果，甚至导致教学质量下降，与教育改革的目标背道而驰。

二、中国的高等教育改革现况

20 世纪 80 年代以来，中国高等教育改革，在体制改革方面，取得了较大的进展。

在教育制度上，形成了普通高等教育与成人高等教育、本专科教育与研究生教育、学历教育与非学历教育、职前教育与继续教育并举且比较协调的格局，多形式、多层次、多规格培养专门人才，以适应人才市场多方面的需求。

在教育结构上，根据人才需求预测与人才市场信息，不断调整高等教育的层次结构、科类结构、形式结构的比例关系。例如，层次结构中专科教育有了较大的发展，研究生教育也由微不足道到数量相当；科类结构中财经、政法、管理、应用文科、轻工都有较大的发展，使之比较符合市场经济结构。

在管理体制上，开始改变中央集权过多的状况，下放某些管理权限，以适应地区性经济发展的需要；根据举办权、管理权与办学权分开的原则，开始改变高等学校限于公办、公办高校只是行政机关隶属机构的体制，正在向高等学校面向社会自主办学的法人实体的方向改革；对于与市场经济密切相关的招生、就业制度，以及校办产业、学生收费等，也正在探索中进行某些改革。

相对于教育体制改革来说，教学改革则进展缓慢或停滞不前。其中教学制度的改革，从西方引进了一些制度，如学分制、双学位制、主辅修制等，采取了一些措施，如拓宽专业口径，建设核心课程，应用科学考试方法，建立题库等，在若干高校进行试验；而教学内容、方法与手段的改革则停滞不前，除普遍开设计算机课程、加强外语教学之外，就只有少数高校或教师个人在进行探索。从总体上说，变化不大。而提倡多年的加强实践环节，加强能力训练，提高人才素质，很少能贯彻在教学过程之中，以致人们惊叹："教学质量下降，道德水平滑坡。"

三、教学改革落后的原因

为什么高等教育的教学改革，落后于体制改革？原因是复杂的。大体可以概括为以下三个方面。

（一）认识上的原因

体制改革是教育改革的关键、前提、保证，因而，不论教育管理部门或高等学校领导，顺理成章地认为应先抓好体制改革，体制"完善"了，再抓教学改革。这种体制改革先行的想法，有一定的道理，但却是不全面的。上面已经指出，体制改革要围绕教学改革这个核心来进行，只有有利于教学改革，有利于提高人才培养的体制改革才有积极的意义，偏离教学改革这个核心的体制改革就失去依据。当前体制改革总的方向是正确的，但许多体制改革的具体措施，并未考虑是否有利于教学改革，是否有利于人才培养，甚至由于分散教学力量而导致教学质量下降。在教育改革中，教学改革向体制改革提出要求，体制改革才据以为教学改革提供条件，两者如鸟之双翼，必须同时展开，相互推动，才能健康发展。如等体制改革"完善"之后，再抓教学改革，势必坐失时机，贻误一代人才的培养。

（二）实际上的困难

体制的改革，尤其是管理体制的改革，关系到教育资源的重新配置，责、权、利的再分配，阻力很大，困难不小。但教学改革的困难就更大。体制改革一般可以自上而下推行，可以通过行政的、立法的、经济的种种手段来实施；而教学改革，只能发动广大的教师自觉地进行。当前教师队伍，在市场经济的负面冲击下，很不安定。没有经商下海的，忙于搞第二职业；没有搞第二职业的，由于心理不平衡，如果没有充分的激励机制，很难调动他们搞教学改革的积极性。最近国家教委准备制订和组织实施“高等教育面向21世纪改革教学内容和课程体系计划”，并且要求落实到新教材的编写与师资培训上，以及组织各个学科的CAI协作组，使CAI广泛应用于教学三个环节上，[①] 可能是解决实际困难的一种有效措施。

（三）理论指导的贫乏

长期以来，高等学校的教师习惯于执行教育管理部门所规定的教学计划、教学大纲与教科书。最多是按自己的意愿或凭自己的经验，做些增删的工作，不必要也不可能进行系统的教学理论研究。20世纪50年代的“教育大革命”、60至70年代中期的“文化大革命”、80年代的教育改革，领导上虽曾一般地号召“教学要改革”，但缺乏理论指导的改革，由于方向不明，道理不清，从而信心不足。有些改革走上歧途，有些改革虽符合教学原则，但很难坚持，多年来许多所谓的“教学改革”，往往是虎头蛇尾，热闹一场，又回到老路上。原因就在于缺乏正确的、可行的理论指导。

四、必须加强教学理论研究

当前高等教育的教学理论，需要进行两个方面的研究：一是高等学校教学论自身的学科建设，二是市场经济条件下教学改革的理论研究。前者属于基础理论研究，后者属于应用研究。这两方面的研究都很薄弱。

（一）高等学校教学论研究之所以薄弱的原因

（1）比普通学校教学论的研究起步晚。作为一门学科进行比较系统的研究，是20世纪60年代以后的事，而中国则是80年代才开始，因而它比普通学校的教学论更不成熟。

（2）比普通学校教学论复杂。一方面，它既要与普通学校的教学理论衔接，又具有专业性、职业性。它所传授的是建立在普通教育基础上的专门知识与技能，它所培养的人才要直接进入经济和社会的各个部门。另一方面，

---

① 周远清，陈祖福．抓住“关键”和“核心”　进一步深化高等教育改革［J］．高等理科教育，1994（1）：8－12.

高等学校专业众多，学科专深，单靠教育理论家，无法进行研究。必须以各门学科的教师、专家为主力，会同教育学、心理学、教学法专家，协作研究。

（二）市场经济与教学改革关系研究之所以薄弱的原因

作为教育改革重要理论依据的社会主义市场经济理论尚不成熟。社会主义市场经济要求高等教育培养什么样的人才？市场经济与教学改革的接口在哪里？高等学校心中无数。同时，高等学校教学活动的制约因素，并不只是市场经济体制，人们往往把一些并非市场经济所要求的措施，都戴上“市场经济”的帽子，造成理论上的混乱。

市场经济对高等教育的制约，在宏观方面，已有初步的探索，可以作为体制改革的依据。但在微观方面，如专业设置、课程结构、教材内容、能力培养上，有哪些要求？如何接口？研究不多。因此，在专业设置上，只能根据人才市场的短期信息，争相设置所谓“热门”专业，很少预测市场经济变化的趋势及其将导致的后果；在课程结构上，只能增开一些与市场经济直接联系的“热门”课程，很少考虑课程结构的整体；在教材内容上只能照搬国外同类科目的教材，很少结合中国的国情；在能力培养上，往往受一些肤浅或错误的见解所左右，很少深入研究社会主义市场经济所要求的人才全面素质。

为此，我们认为当前研究市场经济与教学改革的关系，有必要研究下列问题。

（1）在统观制约教学改革诸多因素的前提下，研究市场经济与教学改革的接口在哪里？

（2）社会主义市场经济对于人才全面素质的要求是什么？在市场经济条件下，社会道德、职业道德教育如何进行？

（3）在市场经济条件下，专业、课程、教材、教法和教学手段如何改革？包括改革的方向和方法。

这些问题的研究，特别是第三个问题的研究，必须发动广大的教师来进行。如果领导重视，并采取有效的激励机制，大多数的教师是愿意为此做出贡献的。

从可持续发展的角度探讨高等教育改革问题[①]

传统的社会发展观，是以工业化的程度衡量社会的发展水平，并以国民生产总值作为主要的指标。这种发展观在促进工业生产、物质文明方面起过积极的作用，但也带来资源浪费、环境污染的负面效应，导致今天地球上的可利用资源日渐枯竭，生态环境日益恶化的危机，威胁到人类的生存与发展。在危机和威胁面前，科学家不断发出警告，理论界在苦苦探索解困的出路，提出了种种发展战略理论，并最终形成可持续发展的战略构思，以之取代单纯工业化的片面追求产值增长的传统的发展战略。

可持续发展是一种新的社会发展观，它的基本含义是保证人类社会具有长远的、持续发展的能力。1987 年第 42 届联合国大会通过的《我们共同的未来》报告中将之表述为："既满足当代人的需要，又不损害后代人满足需要的能力的发展。"这一表述被公认为是对可持续发展这一概念的界定。但它仅仅是一个原生的、基本的界定。随着可持续发展战略的实施，人们对可持续发展概念内涵的认识在逐渐丰富与加深。

首先，人们在可持续发展战略的实施中，发现必须先实现思想的转变，认为世界观、价值观的转变是走向可持续发展社会的关键：必须变人类与自然对立、以征服自然为成功，无穷无尽地向自然索取的世界观为人类与自然平衡协调、爱惜资源、爱护环境的世界观；必须变物质消耗主义、个人享乐

① 原载《高等教育研究》，1997 年第 3 期。

主义的价值观为人与自然、社会和谐发展的人文理性价值观，才能实现人类与自然、个人与群体、今世与后代平衡协调的可持续发展战略。这就是说，可持续发展不仅是一种新的发展观，而且是一种新的价值观；新的发展观的实现必须得到新的价值观的支持。

其次，可持续发展这一新的发展观虽然是从人类与自然的关系这个角度提出来的，但其中也包含着个人与群体、今世与后代的关系。实质上，它也包含着物质文明与精神文明的关系。只有物质文明与精神文明协调发展，才能保证整个社会的可持续发展。因而，可持续发展这一新的观念，不仅被科技界、经济界认为是由工业文明向生态文明的一次历史性的跨越，而且也备受人文学界的关注，以探讨“可持续发展的人文视野”①。

可持续发展这一新观念的内涵十分丰富，尚待人们探讨。就现有的研究资料来看，它可以概括为下列的原则。

发展的持续性。这是可持续发展原生的也是基本的含义，即要把当代的发展与未来的发展结合起来，要以未来发展的可能性作为制定当代发展战略的前提。

发展的整体性。地球是一个整体，资源、人口、生态环境相互制约；社会也是一个整体，物质文明与精神文明相互制约。可持续发展必然是整体的发展，破坏了其中的某一部分，其后果必将波及整体。

发展的协调性。可持续发展应当是人类与自然、发达国家与发展中国家、物质与精神协调与和谐的发展。如果人类对自然资源贪婪地掠夺而不顾及其再生，资源枯竭了，必将危及后代的生存；如果发达国家对发展中国家残酷地剥削而不顾及其生存与发展，发展中国家极度贫困了，也必然影响发达国家的进一步发展。这就是前人所说的不应竭泽而渔。

那么，可持续发展的观念与理论，对于高等教育的改革有什么意义呢？

改革是为了发展。如上所述，以可持续发展的发展观、价值观以及持续、整体、协调诸原则来研究高等教育的改革与发展问题，可以站得更高，看得更为全面、深远。

---

① 高长江. 可持续发展的人文视野［N］. 光明日报，1997－02－21.

从可持续发展的角度研究高等教育的改革与发展，可以从两个方面进行探索：其一是高等教育如何为经济社会的可持续发展服务，其二是高等教育自身的可持续发展的规律。

高等教育为经济社会的可持续发展服务，主要体现在高等教育的发展战略与培养目标、教学内容上。首先，高等教育的发展战略要和经济社会可持续发展战略密切配合。邓小平同志所提出的教育优先发展战略，其实质就是一种可持续的社会发展战略；教育理论工作者所论证的高等教育适度超前发展，也是为了支持整个社会的可持续发展。其次，在培养目标的制定与教学内容的改革上，也要以可持续发展的观念与理论教育青年，提高他们对人类与自然、个体与群体、现世与后代的关系的认识，使新的一代人理解尊重自然规律、节约资源、保护环境是每个人，尤其是每个科技工作者、政策制定者、生产管理者神圣的责任；使我们的青年大学生学会树立正确的世界观、价值观，关心社会，关心地球，关心未来，抵制物质消耗主义、个人享乐主义，敢于与浪费资源、破坏生态环境的不良现象做斗争。

探索高等教育自身可持续发展的规律，主要是指运用可持续发展的观点与原则，探讨高等教育运行中的问题——哪些是符合可持续发展的观念和理论的，哪些是不利于持续发展的。当前高等教育的许多问题，大多可以借助可持续发展的理论与原则求解。例如“创收”问题，如何既满足缓解当前学校经费困难的需要又不致因降低教学与科研的质量而损害学校持续发展的能力。“收费”问题也是如此。又如，科技教育与人文素质教育的关系，学术性与职业性的关系，基础学科与应用技术的关系，以及管理体制上行政权力与学术权威的关系等，都可以运用可持续发展的发展观、价值观以及持续、整体、协调诸原则进行探讨以求得比较合理的结论。

可持续发展的高等教育改革是一个新的命题，至今论者不多。本次论坛的目的在于开拓思路，提出假设。假设可能是正确的，也可能是错误的，更可能既有正确的也有错误的。总之，这是一个研究尚不成熟，还有待进一步探索的问题。

可持续发展战略与高等教育改革①

可持续发展是20世纪80年代在世界范围内开始出现的一种新的发展理念，并在90年代初被中国正式接纳而成为构思跨世纪经济社会发展战略的重要理论依据。但人们一直只是把它作为一个处理工农业生产与人口、资源、环境关系的依据，其意义在于控制人口、合理利用自然资源、保护生态环境，因而受到科技界与经济界的关注，文化界、教育界对它并不特别关心。最近，我和一批青年教育理论工作者试图从可持续发展的角度探讨高等教育的改革和发展问题，发现无论对于宏观的或微观的高等教育改革，从可持续发展的视角进行探讨，都有其理论与现实意义。

一、从物质层面的可持续发展到文化层面的可持续发展

传统的社会发展观，是以生产力的发展水平（具体说，以工业化水平）来衡量社会的发展程度，并以国民生产总值作为主要指标。如以工业化水平划分发达国家与发展中国家，以国民生产总值的增长率作为经济发展速度的主要依据。传统的社会发展观在增进社会物质财富、促进物质文明建设方面起过重要的作用，至今也仍有其现实意义。但是，这种单纯物质层面的社会发展观，也带来了浪费自然资源、污染生态环境的负面效应，导致今天地球

① 原载《教学与教材研究》，1997年第6期。

上可利用的资源日渐枯竭，生态环境日益恶化，威胁到人类的生存与持续发展。在威胁面前，自然科学家不断发出警告，舆论界不断进行谴责，理论界苦苦探索解困的出路，提出种种新的发展战略理论、方案，最终汇集成一种新的社会发展观：人类社会的发展必须是可持续发展。这种新的社会发展观，有别于单纯工业化的片面追求产值增长的传统的社会发展观，为人们构思经济社会发展战略开辟了一条广阔的思路。

可持续发展的基本含义是保证人类社会具有长远的持续发展的能力。1987年联合国环境与发展委员会提出的《我们共同的未来》的报告中，表达为："既满足当代人的需要，又不损害后代人满足需要的能力的发展。"这一表述被公认为可持续发展的定义，但它仅仅是一个原生的、基本的界定。随着可持续发展理论的探讨和各国可持续发展战略的实施，人们对可持续发展内涵的认识逐步扩大、丰富与加深。

在可持续发展战略的实施中，人们越来越感到某些传统的思想观念，不利于可持续发展战略的实施。因为传统的思想观念，是与传统的社会发展观共生的，而实现可持续发展战略，需要与之相适应的某些新的观念。也就是说，需要转变某些传统的思想观念。

自然观的转变。传统的自然观是建立在人类社会与自然界的对立斗争基础上，认为人类社会的发展过程，也就是不断征服自然的过程。人类物质生活要提高，就得不断地向自然索取，索取得越多，物质财富就越丰富，物质文明的程度也就越高。无穷无尽的索取，甚至贪婪的掠夺，不顾自然的承受能力，必然导致可利用资源的枯竭与生态环境的恶化。为使人类社会可持续发展，必须把这种单向的征服、索取、掠夺的自然观改变为人类与自然"和平共处"、平衡协调的自然观，必须认识到地球的资源是有限的，要爱惜资源，爱护环境。对自然的索取应当保持一种理性的节制，对可再生资源的消耗不得超过再生的比率，对不可再生资源要尽可能节约并寻求代替资源。

价值观的转变。由于工业发达，生产能力迅速提高，物质财富激增，形成了某种"供过于求"的虚假现象，使人们，尤其是发达国家的人们滋生了物质消耗主义、个人享乐主义的价值观。这种错误的价值观使人们看不到或不愿看到日渐逼近的危机。实施可持续发展战略，要求人们转变这种错误的价值观为追求人与自然、人与人、个人与社会、今世与后代公平、合理、和谐发展，以人类长远利益为崇高目标的价值观。

道德观的转变。传统的道德观所指向的是人与人的关系、个人与社会的关系，以之维护社会的秩序。而可持续发展要求把道德的指向扩大到人与自然的关系、人与其他生物的关系；要求人们尊重自然，爱护环境，确立生态伦理观。在自然界中，生态系统是一个历经亿万年形成的整体。在这个系统中，所有生命都有一定的位置，都有持续生存的权利，不能任意破坏这个生态系统，要把关心和爱护生态系统纳入新的道德观念中，构成可持续发展的生态伦理学。

思维方式的转变。在解决人与自然关系的问题上，传统的思维方式是纯科学技术的思维方式。人们对地球上资源不足、生态环境恶化的情况，并不是20世纪80年代之后才发现的。但在80年代以前，一般只是作为一种科学技术的问题来处理，按照纯科学技术的思维方式提出种种方案，做一些补救的工作。当然，也能收到一定的效果，但只能治标，不能治本，不能摆脱工业文明带来的危机。“工业文明所造成的恶果，不可能靠工业文明传统的理念去解决。”① 必须站得更高，才能看得更深更远更全面。也就是说，实施可持续发展战略，不能只在物质层面上谋求解决办法，而应在文化层面上开辟新的思路。当然，在具体操作上，离不开科学技术，但必须在人文理性的思维方式引导下合理运作。要把物质层面的科学技术与文化层面的理性思考结合起来，形成新的思维方式，才能从根本上摆脱人与自然关系的危机。

由此可见，可持续发展这一新的社会发展观，不仅是物质层面上的科学技术问题，而且是文化层面上世界观、价值观、道德观、思维方式的问题。前者必须得到后者的支持与引导。由于前者是明显的、具体的，人们比较容易理解；后者是隐性的、抽象的，对它的意义的认识要经历一个理性的思考过程。

因此，理论界在对可持续发展的研究中，逐渐抽象概括为若干反映其内

① 杨移贻，张祥云. 可持续发展的教育与教育的可持续发展［J］. 高等教育研究，1997（4）：16－20.

涵实质的基本原则，从已有资料看来，下列原则是大多数研究者所共识的主要原则。

发展的持续性。这是可持续发展原生的，也是核心的，反映可持续发展的本质属性的原则。它的含义概括说，就是当前的发展要以未来的发展为前提。例如，制定发展战略，不仅要从历史背景、现实条件（优势与困难）、当前的需要出发，而且要以未来的可持续发展为出发点与归宿。

发展的整体性。地球是一个整体，资源、人口、生态环境相互制约，一个地区的生态环境恶化了，也将或早或迟波及其他地区；社会是一个整体，物质文明与精神文明相互制约，一手软，一手硬，最终会导致两手都硬不起来；大学也是一个整体，教学、科研、政治思想、管理、后勤必须兼顾，急功近利的短期行为，不利于学校的持续发展；一个单位也是如此，只顾个人利益，只求“一枝独放”，压制别人，互不团结，必将影响整体发展，最终也不利于自己的发展。这条原则告诉我们，实施可持续发展战略，必须着眼于整体的长远利益，增强“共同体”意识。在人类与自然关系的重大问题上，必须采取全球性的共同联合行动。

发展的公平性或称发展的平等性。可持续发展的原生意义是指代际之间的公平，即当代人应公平地对待后代人，不应损害后代人的生存与发展的权利，应让后代人和当代人同样平等地享有自然资源与良好的生态环境。在几次国际性会议上，第三世界的贫穷国家，尖锐地指责某些发达国家，过多地浪费资源、消耗能源，把大量污染工业和垃圾移向发展中国家，破坏发展中国家的生态环境，掠夺发展中国家的物质财富。要求国与国之间，民族与民族之间，应当公平、平等，否则难于实现全球的可持续发展。同理，一个国家、一个社会，也应当遵循公平、平等原则，国家、社会才能保持持续性的发展。中国是一个发展中的社会主义国家，当前为了发展经济，可以允许一部分人先富起来，但必须走共同富裕的道路，才能可持续发展。

发展的协调性。可持续发展是人与自然、发达国家与发展中国家、物质文明与精神文明的协调和谐发展。如果人类对自然资源无限制地掠夺而不顾其再生，资源枯竭了，必然危及人类的生存与发展；如果发达国家对发展中国家残酷地剥削而不顾及其生存与发展，以致发展中国家极度贫困化，也必然影响发达国家的进一步发展；如果片面追求物质文明而放松精神文明建设，即使进入高科技社会，也将由于高科技与低素质的矛盾导致精神空虚、人情淡漠等而破坏社会秩序，阻碍社会的健康发展。

可持续发展这些重要原则，不仅适用于物质层面以处理人与自然的关系，也适用于文化层面以处理人与人、个人与群体、国家与国家的关系。它既是物质文明建设的原则，也是精神文明建设的原则。

随着人们对可持续发展理念认识的丰富、加深，明确这一理念的内涵包括了新的自然观、价值观、道德观、思维方式，以及持续性、整体性、公平性、协调性等原则，它的意义也就从物质层面扩大到文化层面，进入人文视野。实施可持续发展战略，不能停留在物质层面上，必须提高到文化层面上来认识问题、解决问题。人是文化的主体，可持续发展是以人为本，而人是通过教育培养造就德才的。这就使教育在可持续发展战略中占据极其重要的地位。正如联合国教科文总干事科林·N. 鲍尔在《教育的使命——面向21世纪的教育宣言和行动纲领》一书序言中所说："在将一种强制的关系转变为一种共同意识，教育是可供我们自由支配的为数不多的手段之一。"尤其是对以培养科学家、工程师、高级管理人才、国家和地方的领导决策者为己任的高等教育而言，更为重要。在一定意义上可以说，教育，尤其是高等教育是可持续发展战略成败的关键。在建设有中国特色的社会主义现代化发展战略中，邓小平同志不仅提出了以经济建设为中心，而且提出了教育优先发展战略。我认为，它的深刻含义就在于揭示教育是整个社会可持续发展的基础与关键。

二、从可持续发展的角度探讨高等教育的改革与发展

从可持续发展的发展观、世界观、价值观、道德观、思维方式以及持续性、整体性、公平性、协调性诸原则，来探讨高等教育的改革与发展，可以站得更高，看得更全面与更长远。可以说，高等教育改革与发展的方方面面问题，从发展战略、培养目标、专业设置到教学内容、课程体系、教学方法、教学管理，都可以从可持续发展的理念与原则，得到某些启发，开辟新的思

路，获得新的认识。概括起来，可以从两个方面进行探讨：其一是高等教育如何为经济社会的可持续发展战略服务，其二是高等教育自身如何根据可持续发展的观念与原则进行改革。

（一）高等教育为经济社会的可持续发展战略服务

高等教育是培养高级专门人才的教育，科技工作者、生产管理者、政策制定者主要是从高等学校培养出来的。他们对于经济社会发展战略的实施，负有比一般群众更为重大的责任，起着更为重要的作用。尊重自然规律，节约自然资源，保护生态环境以及维护社会秩序，促进经济社会健康地可持续发展，是他们神圣的责任。因此，高等学校应当教育大学生具有可持续发展的观念、知识和能力，使他们既有实施可持续发展战略的意识和责任感，又有实施可持续发展战略的本领。

改革开放以来，国民经济在社会主义市场经济条件下发展迅速，使人民生活不断改善，国家日益富强，但也带来一定的负面影响。其中最严重的就是产生急功近利的思想。急功近利往往驱使人们从事只顾眼前利益，不顾可持续发展的短期行为。这些思想行为，不但对自己的发展前途产生不利的影响，阻碍他们作为社会主义现代化建设者应当实现的崇高的自我价值，而且对于环境，对于群体，对于社会造成严重的损害。例如，许多严重破坏生态环境的事例，许多破坏社会秩序的事例，应负主要责任者很多是我们高等学校培养出来的专门人才。当我们愤怒地谴责他们的时候，是否也应反躬自问：我们所培养的是现代化的建设者还是破坏者？当然，教育不是万能的，不能把责任都推卸给教育工作者。但是，没有对他们进行可持续发展的观念、知识、能力的教育，不能不说是教育工作的缺陷。当前，大家正在研究如何对大学生进行文化素质教育，研讨文化素质教育包含哪些内容，如何进行。我认为：可持续发展的观念、知识、能力、行为，应该作为文化素质教育的主要组成部分。

如何对大学生进行可持续发展教育，渠道很多。如：开设有关资源与环境、生态伦理学等课程；在经济学、社会学、哲学、德育等课程，以及有关的自然科学、工艺技术课程中，将可持续发展的观念、知识、技能作为教学内容；通过校园文化活动，对大学生进行潜移默化的可持续发展教育以形成良好的行为习惯。

一所高等学校是所在地区的文化中心，应当承担可持续发展理念的普及及宣传工作，并让大学生参加这项活动。这是一种一举数得的活动：一方面，高等学校和大学师生，有责任对社会进行可持续发展理念的普及及宣传工作，使广大群众对可持续发展的理念和战略有所认识并形成群众性的行动和社会风气。例如，在群众中提倡、宣传可持续发展的消费观。正如江泽民同志在第四次全国环境保护会议上所提出的“消费结构要合理，消费方式要有利于环境与资源的保护，决不能搞脱离生产力发展水平、浪费资源的高消费”。现在社会上流传着一种似是而非的“超前消费论”，认为高消费、超前消耗，才能刺激生产；还流传一次性消费方式，筷子一次性、塑料袋和塑料盒一次性，理由是方便与卫生。这种消费论与消费方式，都是假定地球上的物质资源是无穷无尽，可以任意索取，并且可以对环境污染置之不顾的。显然，这是违反可持续发展理念与战略的，应当在社会上反对这种不合理的消费观和消费行为。另一方面，大学生参与这种活动，对他们也是一种最有效的自我教育。通过普及宣传的社会实践，不但可以在观念、知识上有所提高，而且能引起态度、行为上的转变。

此外，还应鼓励高等学校师生，开展可持续发展的科研工作。现在有些大学，已经开展了这一领域的科技研究和理论研究，但还不够普遍。这种科研工作的意义也是两方面的：一方面，对推动和实施可持续发展战略，献计献策；另一方面，对参加研究者自身起自我教育、自我提高的作用。

总之，高等教育为经济和社会可持续发展战略服务，主要体现在培养具有可持续发展观念、知识、能力、行为的专门人才，同时，也在科研与科普上做出贡献。

（二）探索高等教育自身的可持续发展规律

高等教育系统，正如其他社会系统一样，也存在可持续发展的规律；也有必要与可能，根据可持续发展的理念与原则，探讨、评价它的发展战略和改革措施。下面，只是就若干问题，从可持续发展的角度，进行探讨。

高等教育发展速度问题。中国1996年注册的在校大学生总数为583.91万人。按每万人口中平均大学生数仅有47名（1995年）来看，不但远低于发达国家，也比许多发展中国家还低。但如果就绝对数说，则仅次于美国而高于印度和俄罗斯，占世界第二位。究竟是太少呢，还是够多呢？应该加速发展呢，还是应该控制发展呢？这是一个有争议的问题。在高等教育理论界，有加速发展、控制发展、适度超前发展等主张。从可持续发展的角度进行探讨，我赞成适度超前发展的主张。理由是：高等教育的发展速度，应当与经济、科技和社会的发展相适应，保证社会主义现代化对于专门人才的需求。但要受国家财力和毕业生就业机会的制约，并且要与基础教育、职业教育的发展取得平衡，同时，高等教育的发展，还要受自身的师资、设备、校舍等条件的限制。数量增长过快，势必降低质量，超过人才市场需求，就业困难，引起社会动荡；增长过慢或不增长，则不能满足经济社会发展的需求。因此，只能根据种种条件，适度发展。但高等教育的周期较长，不能落在经济社会发展的后面，必须略微超前。所以，适度超前是符合可持续发展规律的。

多渠道筹集高等学校办学经费问题。在计划经济体制下，高等教育的经费，差不多全部依靠政府财政拨款。这种单一投资体制，大大限制了高等教育的发展。近年来，我国国民经济发展很快，高等教育也相应有了较快的发展。而政府拨款增长不多，以致高等学校的经费支出困难重重。改变高等教育的投资体制，多渠道筹集办学经费以增加高等教育投入，提高教师待遇，就成为高等学校办学的紧迫问题。当前，全日制普通高等学校在财政拨款之外的集资渠道，主要有：企业界和国内外热心教育事业人士的捐助，校办企业的收入，成人教育学院所办各种培训班的收费，向学生收取学杂费，科研成果转让，有偿的社会服务，教师和职工从事第二职业，等等。各种渠道和集资方式，哪些是有效可行的，哪些是不利于高等教育可持续发展的，办学者必须心中有数。对于那些有利于提高教学与科研质量的渠道，应当努力开拓；对于那些有碍于教学与科研工作的，应当有所节制，即使不得已而为之，也要力求减轻它的消极影响，以免由于“饥不择食”，急功近利，导致教学秩序混乱，教学质量下降，科研水平下降，校风校誉败坏。总之，要从学校的可持续发展的角度，衡量得失利弊，做出抉择。

专业设置与调整问题。在社会主义市场经济条件下，高等学校必须适应人才市场的需求，设置新专业，调整旧专业。但是，人才市场的变化很快，而人才培养的周期较长。一个新专业的设置，需要若干年才能办得好，设置之后，不能轻易停办。如果没有长远的人才市场预测，捕捉到一个新的人才市场信息就轻易决定增设新专业，调整旧专业，将会陷于被动。1996 年一次高校毕业生就业状况的调查表明，招生时的某些“热门”专业毕业时就业市场并不热，甚至相当冷，如外贸、经济法、管理（尤其是房地产管理）；反之，招生时的某些“冷门”专业毕业时市场并不冷，如农林类的畜牧、兽医、农学、农机，师范类的大多数专业。许多师范院校，大办非师范专业，这些非师范专业就业比师范专业困难。高等学校办学不是开“皮包公司”，看到市场上什么商品热就做什么生意，打一枪就换一个地方。新设专业，一定要以未来发展的可能性作为决策的前提。

以上，只是举几个例子说明从可持续发展的角度探讨高等教育的改革与发展的必要性。在教育教学中的许多问题，例如，知识、能力、素质结构问题，高等教育的学术取向问题，基础学科与应用学科孰重孰轻的问题，科学教育与人文教育的结合问题，通才教育与专才教育的关系问题，教学中学习知识与发展能力的关系问题，学校管理中行政权力与学术权威的协调问题，等等，都可以从可持续发展的理念、原则中得到某些启示，做出比较合理的判断。

发挥大学中心作用　促进知识经济发展①

一、知识经济时代大学走进经济社会中心的必然性

关于知识经济时代的大学地位和作用问题，是人们普遍关心的一个问题。目前有一种观点认为：农业经济时代，大学游离于经济社会之外；工业经济时代，大学处于经济社会边缘；而知识经济时代的到来，大学将被推向经济社会的中心。我们倾向于这一主张。② 在我们看来，这一结论是对大学地位的变化和发展所做的符合历史和逻辑统一的总体概括，有其内在的科学依据。

所谓“游离”“边缘”和“中心”，都是针对大学与人类最基本的活动——经济活动关系而言的。大学在经济社会中处于什么地位，取决于该社会占主导地位的经济形态，取决于这种经济赖以存在和发展的基本资源与生产要素的结构及其特点，取决于知识在其中的地位和作用。

农业经济时代，大学游离于经济社会。这是因为农业经济赖以存在和发展的基本资源和生产要素是土地和劳动力。正如威廉·配第所说：“劳动是财富之父，土地是财富之母。”财富的标志主要是所拥有的土地和劳动力的数

① 原载《华东冶金学院学报（社会科学版）》，1999 年第 1 期。作者：潘懋元，刘振天。

② 潘懋元. 高等教育将走进社会中心［J］. 上海高教研究，1998（8）：1－2.

量，财富的获得也主要靠土地和劳动力的投入，而不是知识。农业经济需要的只是简单的经验，它不必高等学校来传授。因此，那时的大学可以游离于经济和社会而存在，成为专注于探究治世之法和天理人伦之道的“象牙之塔”。

与农业经济相比，工业经济的资源基础和生产要素发生了变化。在工业经济时代，土地虽仍为经济和生产发展必需的资源之一，但已经退居次要位置，资本、劳动力和原材料成为工业经济最基本和最重要的资源。财富的标志是资本的规模，生产财富的手段也从过去的单纯的手工劳动变为机器的运作。而机器是科学技术的产物，机器在生产中的运用所带来的财富增长和生产效率提高，在一定程度上显示出了“知识就是力量”。马克思、恩格斯总结了工业经济时代生产发展的规律，指出，“生产力中也包括科学”，并称“科学为社会一般生产力”，是创造财富的动力。工业经济对科技的要求，相应地对大学教育提出了培养专业人才和发展科技的要求，由此改变了以往大学游离于经济社会之外的状况。大学开始走出象牙塔，逐渐与社会生产和经济生活发生联系，走近经济社会。不过，工业经济仍然是资本密集加劳动密集型经济，生产是建立在资本和劳动力等有形的物质资源基础之上的，科学技术只是作为外部因素起作用，生产并未真正建立在科学及其应用基础上。据统计，19 世纪中叶至 20 世纪 30 年代之前，在各发达的资本主义国家经济增长中，资金的投入和劳动力数量的增加所起的作用占到 70% 的比例，而科技进步因素所占的比例却很低。这说明知识还只是财富增长的辅助性条件，远未成为独立起作用的决定性因素。知识在经济中作用的有限性决定了大学虽然走近了经济社会，但仍处于其边缘。

与以往的经济不同，知识经济是建立在知识基础之上的，以知识的传播、生产、应用和消费为核心的经济。知识是经济的最基本的资源和生产的最核心要素。一句话，知识经济是知识驱动经济，知识创造财富。知识经济时代，社会经济沿两大方面展开：一方面是经济的知识化趋势，另一方面是知识的经济化趋势。就前者而言，经济的知识化，是工业化经济的继续和提升。当代科学技术加快向传统产业渗透，使传统产业知识含量不断提高，促进了传统产业的升级换代，出现经济知识化的趋势，即出现了资本和劳动密集型的工农业向知识密集型的工农业转变。随着经济中知识成分的不断增长，经济最终出现质的变化，其财富的生产和增长不再依赖单纯的物质资源的投入，而主要靠知识的投入。据统计，目前，经济合作与发展组织（OECD）成员国的经济增长中，科技知识的贡献率已经达到了80%，与20世纪初形成了鲜明的对比。这说明，知识成为推动和牵引经济发展的先导力量和决定性因素，以至于改变了传统经济的资源基础和生产要素结构，知识被纳入生产函数之内，作为生产力提高和经济增长的内生动力。就后者而言，知识的经济化是有别于传统经济的新型经济形态，知识经济化的结果是产生独立化的知识产业部门，即信息产业和高科技产业。这种趋势在发达国家已初见端倪，并呈强劲的发展态势，其发展方向是知识经济化成为国民经济主导形态的经济。由此人类社会将从过去的物质资源型经济过渡到未来的知识资源型经济。知识的占有和配置，知识的传播、生产、分配和消费将成为新经济时代的基本活动。作为独立的新型经济形态，知识经济实质上是智力劳动者以知识生产新知识的经济。在这里，知识既是生产对象，又是生产工具，同时还是生产产品，一切都是围绕知识、为了知识来进行的。知识是生产的核心要素。这样，无论是经济的知识化，还是知识的经济化，都极大地、空前地显示了知识在未来经济和社会发展中的决定性作用。新经济发展理论的代表保罗·罗默甚至直接提出了新经济增长的四要素理论，即人力资本（以劳动者受教育年限来衡量）、新思想（用专利来衡量）、资本和非技术劳动。其中心思想是突出知识在经济增长和资源配置中的核心作用，强调优先投资知识。认为知识投入是收益递增的，如果忽视知识的投资，即使物质和劳动力资源投入再多，规模再大，收益也不会保持长期增长。甚至有可能是投入越多，发展越缓慢。

由上可见，知识经济实际上是一场知识价值革命，主要表现就是知识对社会经济、生产和生活的作用极度扩张和力量的极大增强，从而改变了经济的性质和生产要素的结构。知识在知识经济中核心地位的确立，势必使得与知识直接相关的大学也进入经济运行过程之中，直接参与经济活动。由此实现了大学革命性的变革：从工业经济时代处于经济社会的边缘到知识经济时代走进经济社会的中心。

知识经济时代大学从经济社会边缘走进经济社会中心，体现了知识经济的本质特点，也体现了知识经济与大学之间内在的关联性和一致性。按照OECD为知识经济所下的权威性定义，建立在知识基础上的知识经济，是一个完整的系统和统一的经济活动过程。它既包括知识的生产，又包括知识的传播、分配和使用。这说明，知识经济拓展了传统的经济和生产的概念，必然把与知识的传播、生产与应用等有直接关系的活动纳入经济和生产活动范畴。大学的一个最基本的职能就是传播知识，大学的科研也可以说是直接的知识生产。大学为社会服务，其实质是知识的应用，即应用知识服务社会以创造价值。由此可见，知识经济时代，在某种意义上说，大学所从事的活动，也可以说是一种经济行为。以知识为中心的经济和以知识为中心的大学教育，发生了许多重合。两者统一于知识这个共同的基础之中。过去我们曾说教育是生产力，大学是生产部门，总令人难以理解甚至造成误解，其根本原因在于人们是在传统的经济及其观念形态下提出问题和理解问题的。而今知识经济概念一经出现，上述观点不仅顺理成章、迎刃而解，而且体会更深了。美国经济学家马克卢普认为，在社会进入后工业时代条件下，知识产业成为最重要的产业部门，作为传播知识、生产知识和开发知识的大学，必将成为社会和知识产业的“核心部分”，这不是哪一个人的愿望，而是历史发展的必然。

二、21世纪中国发展知识经济必须依靠大学的力量

知识经济时代，大学走进经济社会的中心，是农业经济和工业经济向知识经济转变的逻辑结果，也是知识经济发展的必然要求。没有知识经济这一基础和背景，大学走进经济社会中心就只能是教育家的美好愿望。同样，在当代条件下，离开大学谈论知识经济的发展也是不可想象的。发展知识经济，必须依靠大学力量。促进21世纪中国知识经济的发展，必须发挥大学的作用。这也是大学走进经济社会中心的目的和任务所在。

（一）大学自身具有的优势，决定了它是知识经济发展的强大基础和动力

首先，大学是知识经济发展的“人才库”。知识经济的发展离不开知识的

传播，知识传播是知识经济存在和发展的基本前提与基础。知识在经济和社会中不论多么重要，威力如何强大，都是由人创造出来的，是人的本质力量的外化。没有人，就谈不上知识。知识经济所凸现出来的，表层上是知识、科学和技术，而其背后则是人的精神力量。所以，知识经济是以人的素质为中心的经济，是精神转化为物质的经济。如果说传统的工业经济时代，物质生产决定社会发展的话，那么，知识经济时代，决定社会发展的根本力量则为精神生产，即知识生产。人，既是知识的载体，又是知识的创造者。高素质的人才是决定知识经济的根本命脉。知识经济的发展靠人才，人才培养靠教育。没有人才，即使有再好的知识，再尖端的科技，也只是一堆废料，无法发挥作用。当然，没有人才，也就根本谈不上什么知识和技术。美国经济学家珀金说得好："以知识为基础的社会既依赖于知识的进步，也依赖于知识分子的再生产，正如工业社会依赖于资本的不断投入和有技术的管理人员和工人的再生产。"① 传播知识，造就人才是大学促进知识经济发展的最根本的、最本质的价值表现形式。知识经济时代，不管大学的职能、作用发生什么变化，传播知识和培养人才的职能都不会改变，这是大学的本质规定的。

其次，大学是知识经济的"知识库"和"思想库"。如果说，知识的传播是知识经济活动得以进行的前提，那么，知识生产则是知识经济的核心。知识经济，归根结底是一种经济，创造财富是知识经济的目的，只有创造出了财富，方能体现出知识的经济价值。所以，利用知识开发出来的新知识产品，提供新的知识服务，或者把知识产品再转化为物化形态的商品，供人们消费和使用，从而实现知识增值，是知识经济活动的追求。知识产品质量高低，知识生产率大小，取决于知识的创新情况。创新性越强，新知识数量越多，质量越高，知识的经济价值也就越高，由此带来的财富也就越多。所以，在知识经济时代，一个国家、一个企业要创造更多的财富，必须能够不断地推出新知识、新技术、新工艺、新思路、新创意、新管理方式，等等。一句话，在根本上提高知识的生产率和创新力。大学在生产新知识方面，有其学

① 克拉克. 高等教育新论［M］. 王承绪，等译. 杭州：浙江教育出版社，1988：43.

科优势、人才优势、信息优势、学术环境优势。事实证明，许多新学科、新理论产生于大学，大学是新知识新理论的土壤和温床。过去的20年，在全世界基础科学领域的重大发现中，有近70%是由大学取得的。在我国，同一时期，国家自然科学奖中也有将近半数是由高等学校完成的。而在新技术知识生产方面，大学的作用也越来越突出。现代大学不仅是巨大的人才库，也是巨大的知识库和思想库，大学是新知识、新思想的源泉，大学以其知识的生产和创新为知识经济提供动力，日益显示出强大的力量。

再次，大学是知识经济时代产业的孵化器。知识化企业是知识经济时代产业的支柱。发展知识产业，开发新产品，是发展知识经济的重要方面。知识经济时代，衡量一个国家经济实力和发展水平，主要是看知识产业，即高科技产业和信息产业的发展状况。美国和OECD的其他国家，知识产业所创造的产值已占其GDP的40%以上，并且仍在继续增长。知识产业是知识密集型产业，与大学有直接的关系。大学不只是科学研究和技术开发的基地，也是塑造新型知识产业的孵化器。大学有条件依靠其知识和人才密集优势发展知识产业。这在历史上，在国内外都是有先例的。20世纪初期，一些发达国家的大学就提出了要为社区经济与社会发展服务的思想，从而打破了大学办学的封闭性，其后，又探索出一种教学、科研与生产一体化的新的办学模式。一体化的实体形态，即“产学研联合体”，其中有不少发展成为新型的知识企业。这在提高大学人才培养质量，发展科学技术和促进科研成果转化为生产力方面发挥了重大的作用。现代发达国家的大学广泛地参与知识产业发展，围绕大学形成了高新科技产业园区，如美国的硅谷、128号公路，英国剑桥科技园，等等。大学参与或独立创办知识密集型企业，是探讨知识经济时代产业发展的一条道路，在知识经济发展中具有示范作用。

最后，大学还能为知识经济发展提供价值导向。科学技术是知识经济发展的强大动力，这是无可置疑的。但是，科技绝不是万能的。知识经济导向何方，不取决于科技本身，而取决于应用科技的人的价值理性。在这方面，只能依赖人文文化。大学所具有的人文资源和文化环境，具有不可替代的作用，它是养成社会活动主体所必需的人文价值最根本的途径。若没有大学的人文教育和人文研究的正确引导，知识经济就可能迷失方向，这时，知识越多，动力越大，其消极影响也就越大。从这个意义上讲，大学是知识经济社会发展和进步的灯塔。因此，发挥大学的人文资源优势是实现知识经济生态化和可持续发展的保证。

（二）从我国经济社会发展看，发挥大学在知识经济中的中心作用，具有战略意义

当前，整个世界经济处于新旧范式转换、产业结构重组的阶段，知识经济已露端倪。展望世界，走向知识经济是大势所趋，也是21世纪中国经济的必然选择和必由之路。知识经济的来临，对我国来说，既是严峻的挑战，又是一次难得的机遇。一方面，知识经济的挑战，恐怕要比以往历史上任何一次社会变革都更加猛烈。知识经济时代，各国竞争更加激烈，发达国家与落后国家历史上形成的差距有进一步拉大的危险。发达国家凭借其占据世界90%的科学和技术实力在竞争中处于优势，这可能会使发展中国家经济社会发展处于不利境地。作为发展中国家，我国所面临的形势更不容乐观。我国科技总体上还相当落后，科技竞争力在世界上处于劣势，智力资源和人才资源严重不足。另一方面，知识经济时代的到来又使我们面临发展的转机。20年来，我国所进行的改革开放和现代化建设，其目标和方向与知识经济发展是一致的。我国经济、科技、文化和教育上取得的成就在一定程度上为知识经济发展创造了必要的条件。如果我们抓住世界知识经济发展这一机遇，加快产业结构调整，加大科技进步和教育事业的改革与发展力度，就有可能缩小我国与发达国家之间的差距，迎来中华民族经济文化复兴的伟大时代。但是，如果我们错过这次发展时机，国家的生存和发展就会受到严重的威胁，甚至面临被淘汰的厄运。把大学推向经济社会的中心，是我们迎接知识经济挑战，抓住机遇、后来居上的必然选择和根本对策。走进经济社会中心，积极投身于知识经济时代行列，以知识、人才和智力资源优势推动我国知识经济发展，更是大学责无旁贷的使命。

三、积极创造条件，确保大学中心作用的充分发挥

知识经济时代，大学走进经济社会中心，具有必然性；从大学的功能和

我国发展知识经济的要求来看，发挥大学的中心作用，又具有迫切性。但是，大学能否发挥出中心作用，能否把大学中心作用的可能性变为现实性，取决于多方面的因素。既有大学外部的，也有大学内部的。为此，必须积极创造条件，保证大学中心地位的落实及其作用的发挥。

就外部因素来说，重要的是全社会都应该转变观念，树立“科技是第一生产力”的思想，采取得力措施，坚定不移地落实“科技兴国”战略。

科技是第一生产力，是邓小平同志在全面把握当代科学技术革命条件下经济社会发展的特点后所总结概括出来的科学结论；是马克思主义在当代的新发展，具有高度预见性和前瞻性；是指导我国知识经济时代经济和社会发展的总的指导思想。“科技兴国”就是根据“科技是第一生产力”思想所制定的基本策略。现在指导思想有了，战略方针有了，关键是使这一思想和战略成为全党全国，尤其是各级领导真正的共识，并切实贯彻执行。为此，各方面都应该尽最大的努力。国家和各级政府要通过制定法律、法规、计划，加大对科技和高等教育的投入，为大学发挥作用提供强大的物质的、政策的、技术的保障与支持，尽快实现大学教育现代化。社会也应给予鼎力支持，不仅要努力形成一个全社会尊重知识、尊重人才的良好的社会风气，而且应营造一个人人向往知识、向往成才的学习型社会。企业界也要改变传统的经营思想和方式，要认识到知识和人才是企业最重要的、最宝贵的资源，是企业生存和发展的决定性因素。企业发展应当主动依托大学力量，依靠大学的知识、技术、人才和成果，加强与大学的合作，把对大学的投入作为企业知识和人才资源开发的一项重要策略，以便能为企业的发展不断注入新的活力。

就内部的条件说，适应知识经济时代要求，大学自身也必须改革。

面临知识经济时代的挑战，大学任重而道远。所谓任重，21 世纪，国家和民族的命运和希望系于科技和教育。可以说，大学应该支撑起知识经济发展的半边天。大学必须从知识经济时代国家和民族生存与发展的高度来认识自己的地位和角色，深知自己肩上的担子，自觉地为国家和民族大业贡献力量。所谓道远，我国大学面临知识经济的严峻挑战，能否肩负起这一神圣而艰巨的历史使命，是对大学的考验。事实上，受各种因素的影响，我国大学在教育思想、教育体制、人才培养模式、教学内容、课程体系以及教学方法等方面，存在着很多问题，与知识经济时代的要求很不适应。大学要发挥出其中心作用，推动我国知识经济发展，必须进行全面的调适和根本性改革。

第一，要改变传统落后的教育观念，树立适应知识经济时代的现代教育思想和教育观念。教育思想和观念的转变是一切教育改革的先导，不从根本上改变陈旧落后的教育思想和观念，其他的一切改革都只能是流于形式。正如英格尔斯所指出的，如果没有观念的现代化，再完善的现代制度和管理方式，再先进的技术工艺，也会在一群传统人的手中变成废纸一堆。应该改变哪些旧观念，树立哪些新观念？我们认为，要转变的观念很多。在教育价值观上，应该改变过去只把教育作为消费性事业的观念，树立教育生产性和产业化观念。认识到教育投资，实际是人才和知识资源的投资，是最重要的资源投入；与此相应，在发展观上，改变以往过分限制高等教育发展的策略，通过多种形式和途径扩展高等教育规模，早日实现大众化，为迎接知识经济时代储备足够的高素质的人才；进而在人才观上，改变传统的重知识轻能力、重专业轻全面素质、重继承轻创新的观念，把培养具有创新精神和实践能力的高级专门人才作为首要任务。

第二，要改革大学教育体制和人才培养模式，把一个充满活力的现代大学带入21世纪，带向知识经济时代。大学教育体制改革的核心，在于理顺政府与大学的关系，扩大大学的办学自主权，为大学创造一个自由、宽松的学术环境和氛围，为人才的成长创造有利的条件。要进行大学教育结构、人才培养模式改革，特别是专业、教学内容和课程体系等方面要重新组合，以素质教育思想为指导，构建基础宽厚、多样灵活的，能适应并促进知识经济时代国家、社会及个人发展需要的现代化的教学内容和课程体系。

第三，知识经济时代，大学要走进社会中心并发挥中心的作用，必须走出自我封闭的办学方式，走“产学研一体化”办学之路。大学不只是知识的传播和生产的机构，也应是知识产业的创业者。通过创办知识产业，把大学的科研成果及时转化为知识产品，创造出直接的价值。过去我们在产学研相结合上进行了许多有益的尝试，取得了一定成绩。但问题是结合的形式比较单一，范围比较狭窄，内容比较贫乏。一般只是停留于外部松散的合作而未能形成真正融合的统一体。知识经济即将到来的时代，应该探索产学研一体化办学的新模式。在加强大学与科研院（所）及工厂企业合作这一传统意义上三结合的办学形式基础上，大学、科研院（所）和工厂企业还要各自实现产学研一体化。企业要把生产、产品研究与开发和职员培训结合起来；科研院（所）应把研究、开发、人才培养与创办高科技产业结合起来；而大学，则应该将培养人才、科学研究与知识产品开发结合起来。大学有三个职能，即培养人才、发展科学和直接为社会提供服务。知识经济时代，三大职能恐怕都要纳入一体化框架之中，特别是应与创办知识产业联系起来考虑和规划，才能发挥出大学的中心作用。事实上，发达国家的大学自20世纪60年代起就开始从事知识产业活动，我国近年来不少大学也有这方面成功的例子。我国大学的校办产业，经过了从无到有，从小到大，从简单的生产和服务到以高科技为龙头的知识产业的出现这一发展道路。北京大学的方正、清华大学的清科、东北大学的阿尔派等，是大学创办高科技产业的代表，可以看作是我国以大学为中心的知识经济的萌芽。应该提倡、鼓励、支持并引导大学创办知识型企业，发挥其人才、知识和智力密集的优势，为我国知识经济发展提供示范并培植经济新增长点。

第四，大学要重视和加强素质教育，实现科学教育与人文教育的整合。知识经济中的知识，主体是高科技知识。因此，发展知识经济，必须重视科技教育。我国科技整体水平还相当落后，科学研究和科技人才培养不能放松。另一方面也要看到，我国大学生整体素质还不高，创新精神和创造能力还不强，在精神生活领域也存在比较多的心理和社会问题。究其原因，与片面地强调科技知识教育忽视科技素质教育，过分地重视专业教育轻视文化教育，特别是人文素质教育有直接关系。因此，要改变狭隘的功利主义教育观念，把科学教育与人文教育融合起来，使21世纪发展知识经济的中国，不仅建成一个高度发达的物质文明社会，更建成一个高度发达的精神文明社会。

知识经济与高等教育的改革和发展[①]

——在全国高等教育学研究会第五届年会开幕式上的发言

本届年会是一次特殊的年会。它既是高等教育学研究会的第五届年会，又是联合国教科文组织 1998 年 10 月在巴黎召开的首届世界高等教育大会的后续活动之一。

作为第五届年会，有必要对前几届的年会做一个简略的回顾。高等教育学研究会从第一届到第三届年会，都是围绕着高等教育学学科建设这一主题展开的。经过三届年会的讨论，对于高等教育学学科建设的若干重要问题，如学科的性质、研究的对象、学科体系及其逻辑起点等，以及高等教育的若干基本概念与基本规律，如高等教育的本质、特点、功能，高等教育与市场经济的关系、高等教育与文化的关系，都展开了广泛的探讨，取得了一些共识，也提出了一些未能解决的问题，对高等教育理论研究的深化是有意义的。但大家也感到，如果继续在元教育学的层面上，就学科建设谈学科建设，不但思路不宽，一些理论问题难于突破，而且会导致脱离当前高等教育改革的实际，脱离从事实际工作的群众。因此，必须把学科建设问题暂时放一放，及时转换到如何使高等教育理论转化为高等教育实践的研究上。据此，第四届年会的主题是高等教育理论研究与高等教育改革和发展的关系，并着重研究从高等教育理论到高等教育实践的转换机制。在转换机制的研究中，大家发现转换必须通过一定的中介环节，但对于中介环节来不及充分讨论。因此，

---

① 原载《高等教育研究》，1999 年第 5 期。

第四届年会之后，又在兰州大学召开了一个小规模的研讨会，专门讨论中介环节问题。大家从理论与实践两个方面，对什么是中介环节以及它的运行机制，进行了多角度的探讨，提出了许多有价值的意见。关于中介环节的研究，不但为高等教育的理论与实践架设了一道桥梁，而且在认识论上也有创新的价值，值得进一步研究。

第五届年会的主题是“知识经济与高等教育改革和发展的关系”。这既是当前高等教育进入21世纪所要研究的热点问题，也是高等教育理论与实践关系讨论的延伸——以知识经济的理论探讨中国高等教育的改革和发展的实践问题。

在东京参加一个高等教育国际会议时，我同联合国教科文组织亚太地区办事处高等教育组高级专员王一兵教授谈及这个会议的主题，他很感兴趣，认为这正是联合国教科文组织所要研究的问题，建议将它纳入教科文组织的研究课题。在他和中国教科文组织的支持、帮助下，我们这届年会，也就作为首届世界高等教育大会的后续活动，获得联合国教科文组织的资助，王一兵教授亲临指导并将在会上做报告。

首届世界高等教育大会是在人类即将进入21世纪之际召开的。正如教科文组织总干事费德里科·马约尔所号召的：“高等教育在进入21世纪之际所面临的各种复杂的挑战，要求各方面力量的参与并需要多种多样的观点与方法。”“我呼吁所有有关方面加强合作以实现我们的共同目标——进一步发展作为人类持久发展的重要手段的高等教育。”大会宣言提出高等教育的基本使命是“促进整个社会的可持续发展和进步”。大会特别强调促进知识的进步是高等教育的基本功能，要把培养创业精神与创业能力作为高等教育的重要目标，“使大学毕业生不再仅仅是求职者，而首先将成为工作岗位的创造者”。教科文组织向大会提出的报告，更要求以新的眼光来回应高等教育所面临的挑战，并提出了三个指导性的原则：针对性、质量和国际化。所谓“针对性”，指的是培养人才的社会针对性。现代经济要求毕业生必须不断更新知识，掌握新的技能，从而在不断变化的劳务市场中不仅能找到工作，还能创造新的工作岗位。这一“针对性”，对中国高等教育的改革和发展，具有更强的针对性，为中国高等教育大众化，提供了一条解决毕业生就业难的新思路。

世界高等教育大会的“宣言”和“行动框架”，还提出了许多新的观点与建议，对我们探讨“知识经济与高等教育的改革和发展的关系”，具有前瞻性、指导性的意义。而我们这次会议，结合中国的现实，探讨高等教育的改革和发展的理论与实践问题，并准备将会议综述汇报联合国教科文组织和中国教科文组织，也就成为世界高等教育大会的后续活动之一。

关于“知识经济与高等教育改革和发展的关系”这一研讨会的主题，可以从不同的视角，探讨不同层面的具体问题。不必强求集中于某个问题开展讨论。下面只是就当前讨论的热点，参考会前有些同志提交的论文，提出若干问题，以供讨论时参考。

（1）21 世纪迎接知识经济的挑战，高等教育有什么新的使命？高等教育的功能将有什么变化？大学除三个社会职能（培养人才、发展科学、直接为社会服务）外，是否还有其他新的职能？能否从新的角度来重新审视大学的职能，如知识的创新、分配、传播、运用的职能？

（2）在知识经济时代，大学是否将从经济社会的边缘走向经济社会的中心？为取得经济社会中心的地位，除了已为大家所熟知的通过产学研一体化建立高科技园区之外，是否还有其他能体现高等教育特点的途径，例如通过高等教育产业化的运行机制，使大学直接参与市场经济活动，创造它的经济价值而取得经济社会的中心地位？

（3）如果高等教育的运行机制是产业化，是不是背离了教育是公益性事业的性质？或者是产业化与公益性可以兼容而且相得益彰，更能促使高等教育健康发展？

（4）知识经济的知识，一般是指能产生经济价值的科技知识，尤其是高科技知识。那么，社会科学，尤其是人文学科知识，是否同知识经济无关，将被排斥于知识经济之外，备受冷落而逐渐萎缩？知识经济主要的标志是高科技进入生产过程，所重视的是具有创新精神与创新能力的高科技人才，而高等教育大众化的主要方向是“重心向下”，发展职业技术教育。那么，高等教育大众化与迎接知识经济挑战有什么关系？

（5）知识经济的动力来自知识创新，高等教育如何培养创新人才？教育体制、教学内容、教学方法与手段，应当如何改革？

金融危机的挑战　高等教育的应对　农业院校的机遇①

2009年是华南农业大学百年校庆，恰逢百年一遇的金融危机。在祝贺华南农业大学百年校庆的同时，谈谈高等教育如何应对金融危机，尤其是农业院校应如何抓住这一机遇，开拓创新，我想，比泛泛的贺词更有意义。

一、金融危机背景下高等教育改革的理论依据

研究任何问题都要有理论依据，研究金融危机与高等教育，也同样要有理论依据。这一依据就是教育的外部关系规律，也就是说，教育的发展要受经济、政治、文化、科学的制约，同时教育的发展也会对社会的经济、政治、文化和科学产生影响。

这次世界性金融危机已经波及中国社会的各个方面，必然也影响到中国高等教育的各个方面。目前在经济危机对中国经济的影响方面，大家探讨得比较多，而在金融危机对高等教育的影响方面，学术探讨比较少，即使有大多也只是探讨金融危机对大学生就业问题影响之类的浅层次问题。

金融危机对高等教育的影响是深远的，但截至目前探讨金融危机对高等教育深层次影响的研究还不多。教育理论工作者有责任有义务关注金融危机对高等教育的影响，并在此基础上做出适当的预警，如果对重大的可能导致

① 原载《高教探索》，2009年第4期。本文系陈然根据潘懋元先生2009年3月13日在华南农业大学“教育思想与本科人才培养模式研讨会”上的报告录音整理，并经作者审阅。

严重后果的问题没有做出预警，无所作为，这是理论工作者的失职。决策是政府的职责，预警是理论工作者的职责。如果理论工作者提供预警和建议后政府无所作为，应该向政府提出问责；如果理论工作没有提供适当的预警供决策者参考，应该向理论工作者问责。

基于这种责任感，金融危机自波及中国后，我已经在我的学术沙龙中组织厦门大学教育研究院的博士研究生进行了多次讨论，探讨金融危机对高等教育，特别是对我国高等教育的影响，各抒己见，相互启发。大家先后写了10多篇文章，其中7篇在《中国教育报》整版刊出，2篇在《高等教育研究》上发表，还有几篇即将在《教育研究》上刊出。今天我把这些研究和探讨的结果向大家汇报，请华南农业大学的教师们指教。

金融危机对高等教育的影响，有的已经发生或正在发生，有的只是微露端倪或尚未露出苗头。一提到危机，大家都觉得是负面的不好的影响，但是必须指出，危机并非都是负面影响，在危机中往往蕴涵着机遇。比如20世纪末亚洲金融危机，尽管是较小范围的危机，对中国经济发展也有一定影响，但是借这个机遇我国高校大范围扩招，在短短的几年里，在数量上进入大众化阶段，成为世界高等教育第一大国。所以说危机并非全是负面影响，要善于发现、把握和利用机遇。

二、金融危机对高等教育的影响以及高等教育的应对

（一）浅层次的影响

浅层次的影响是能够看到的影响，主要有两个，一个是教育经费，一个是毕业生就业。这次的金融危机对中国来说，前者的影响目前还不大，后者的影响却很大。

1. 对教育经费的影响

西方发达国家（特别是美国）这方面的表现十分明显。首先，政府公共事业开支缩减，教育拨款下降，比如加州教育拨款少了几亿美元。其次，银行贷款数额下降，贷款利率剧增。由于国外高等学校中有部分是通过贷款来筹集资金，有消息报道国外有高校过去贷款利率是1.7%，危机之后利率提高

到7.75%，每年的利息都要多支出3.5倍多。再次，国外一些大学设有基金会，把基金存在银行或投资金融行业等，金融危机导致有的银行破产，基金损失或被冻结。如牛津、剑桥两所大学存在冰岛国家银行的基金就分别损失3 000万英镑和1 300万英镑；还有一些基金收益缩水，哈佛大学基金缩水就很厉害。最后，私人与企业捐资下降。国外很多大学靠私人或企业捐资，经济危机后由于个人收入减少，或企业破产，因而捐资减少。

不过金融危机对中国高等教育经费的影响不是十分明显。中国应对经济危机采取的对策不同于资本主义国家，美国是救市，救资本家，而中国是社会主义国家，以民为本，救的是农村和农民，因此中国的教育经费预算不减反增。刚刚公布的2009年政府预算中，国家对教育的投入为1 580亿元，比去年投入增加23.9%。虽然这些经费与高等教育基本无缘，增加的经费主要用于农村义务教育，其次是用于困难学生补助，再有就是用于提高农村义务教育教师的工资。对高校教师而言，可能会改善青年教师的生活，但目前还没有确切信息。中国不像外国，基金运作模式在中国很少见，民办学校基金办学很少，捐资办学数量更是微乎其微。广东相对多些，但华南农业大学不多，像五邑大学和顺德、东莞的某些高校可能多些，总体而言对公办高校来说影响不大。

因此金融危机对中国高等教育的经费投入影响不大，在相当一个时期，高等教育投入不会减少，但也不要寄希望增加太多。2000年以前，政府在教育的中长期规划中曾提出，到20世纪末，对教育经费的投入要占GDP的4%，但到目前为止还是3%左右，在金融危机这一形势下就更难实现这一目标，但政府对大学的办学经费投入不会有太大变化，所以说金融危机对我国高校的经费投入影响暂时不大。

2. 对毕业生就业的影响

金融危机对西方和中国高等学校的毕业生就业都产生了巨大影响，对中国的影响特别大。由于近年来毕业生增量过快，在20世纪初不到10年的时间里高校扩招4倍多。毕业生就业压力本来已经很大，现在再加上金融危机的影响，雪上加霜。不过对高等学校来说，也不必过分担忧。中国政府和社会都把大学生就业问题作为重大的社会问题来看待，正在大力采取各种政策措施，即使不能得到完全解决，但至少可以得到缓解。

金融危机使中国大学毕业生就业受到冲击，但恰恰在这个问题上，可能存在某些积极作用。

首先，通过这次危机，可以转变大学生的就业观念。以往大学生就业往往期望值过高，希望到大城市就业，拿高薪，做人上人。目前就业困难，学生的就业思想可能会逐步发生转变，踏踏实实从小事做起，到艰苦的地区、行业就业。

其次，开辟西部、农村、基层的就业通道。政府和学校一直提倡毕业生到西部去、到农村去、到基层去，虽然提倡了多年，但收效不大。这次借金融危机可能会有所改观，关键是政府要有得力的鼓励措施。以前去新疆就业的学生，工资是内地的三倍，不少青年人是先到西部拿高工资，几年后再回内地，但也有些人就从此留在了新疆，他们都为新疆的建设做出了巨大贡献。而现在除了西藏地区的工资较高外，其他西部地区的工资并不高，对毕业生的吸引力不足。到农村就业，除教师和医生外其他很多工作没有工资保障，所以就业通道是不畅通的。此外到农村就业还有其他一些问题，如农村教育环境不够好，毕业生到农村工作后，由于教育环境无法和城市相比，他的后代可能就只能留在农村，这也让毕业生不愿意在农村工作。所以政府应解决毕业生到西部、农村和基层工作的后顾之忧，下决心提供足够的保障。例如有的国家的政策是，毕业生去农村工作，工资增加20%。

此外，毕业生就业问题还可以促进高校调整专业结构，培养适应就业市场的应用型人才。这两条在后边展开论述，这里就不再多说。

（二）中层次的影响

中层次的影响是已经出现的影响，但作用或压力不是很大，这包括对招生和师资队伍这两方面的影响。

1．对招生的影响

西方由于金融危机，失业人数增加，高校招生出现两种情况：一方面，有的适龄青年因经济困难放弃入学机会、推迟上学时间或中途辍学；另一方面，失业率增加也会促使高校生源增加。因为就业形势好的时候，学生容易找到工作，往往选择直接就业工作，导致高校生源减少；就业形势不好的时候，学生不容易找到工作，就选择暂缓就业，并继续“充电”，为将来就业做好准备，高校生源反而增加。比如我在日本上课的时候，发现有个学生突然不来上课了，问了之后才知道，他找到了工作，所以就不来上学了。在金融危机形势下，有的青年以高校为“避风港”，并借此学习新技能，慢慢找工作，所以形成了经济与教育错位发展的奇怪现象：经济发展的时候，高等学校的学生减少，经济受阻的时候，高校学生增加。中国20世纪80年代也有这种情况，例如财经专业学生一毕业大家抢着要，很多高校就不容易招到财经类的研究生。

中国台湾地区的高校也存在生源缺乏的问题，主要问题是适龄生源减少，再加上金融危机，所以台湾一直在努力争取大陆生源。据预测，如果招不到大陆学生，可能有10所以上的高等学校要关门。

但在中国大陆不存在生源的问题，目前的适龄青年毛入学率只有23%，高中升入大学的比例也是60%左右，所以生源不存在问题。鉴于大学毕业生就业形势严峻，国家也不可能像1999年那样再次采取大扩招的政策。显性扩招不会产生，即使扩大招生也只是2%~4%的幅度，不会大幅度增加。但必须注意的是高校的隐性扩招，这可能对某些高校产生一定的压力，必须加以考虑。所谓隐性扩招，就是政府不会增加高校的计划招生人数指标，但可能要求高校招收双学位学生。学生攻读双学位不会增加就业压力，但增加了大学的压力，因为必须为这些学生提供必要的教育资源，包括师资、宿舍、教室、实验室等。华南农业大学由于占地面积大，房子多，恐怕压力小一点；其他一些高校由于扩招，在硬件条件方面已经很紧张，这种隐性扩招带来的压力就会很大。此外，国家也有可能推出储才计划，就是人才储备计划，把人才先储备在高校当中，比如开设各种培训班等，这也是一种隐性扩招。因为这不像储存货物，只要提供场地就可以了，除了场地之外，还要高校提供师资、设备、食宿等。

金融危机对中国高校的招生问题的影响，应该说对显性扩招的影响不大，因为毕业生就业的压力摆在那里；但是对隐性扩招的影响比较大，很多高校的学生存在隐性增量，必须加以重视，预先谋划。

2. 对师资队伍的影响

金融危机对国外高校的影响比较大，西方有些大学已出现解聘、减薪现象，虽然不是很厉害，但已经出现了这种现象。中国高校不存在这个问题，因为中国高校的现状是师资不足，而且大多数高校都是公办高校，不致减薪，至于退休养老金改革是另外一个问题，这里不多谈。这次金融危机中国家提出要提高农村教师、小学教师的待遇，高校教师虽不在此列，但青年教师还是有可能改善生活。

金融危机对中国高校的师资影响最大的是可借此机会加强和改善师资队伍建设，因为将会有很多国内外“海归”充实到教学队伍中来。国外的“海归”，大家都比较重视。国内的“海归”，就是以前下海现在上岸回归的教师，他们有知识，有经验，有实践，对教学是很有利的。目前大学最缺的是有实践经验的教师。高校引进这样的国内外“海归”，可以弥补原有教师实践经验不足的缺陷，尤其有利于应用型本科高校和职业高校的“双师型”教师队伍建设。不过对国内的“海归”，目前大家重视得还不够，这需要有远见的高校领导和人事部门干部的努力挖掘。

（三）深层次的影响

深层次的影响是尚未出现或只露苗头的影响，但将来必然会出现，而且这种影响是长久而深远的，包括对专业结构、课程改革和素质教育的影响等。

1. 对专业结构的影响

金融危机将在一定程度上改变国家培养专门人才的结构，原本热门的专业可能变得不太热门或受到冷落，而原来的冷门专业可能会变成热门。国家对过去金融管理这些热门专业人才的需求可能会减少，而过去受到轻视或忽视的技术人才、工业人才、三农人才（为三农现代化建设服务的人才），可能将来的需求会大量增加。如果国家的人才结构发生变化，必然影响高校培养专门人才的专业结构。

西方有的大学已经形成或正在酝酿调整院、系，增设某些院、系，停办某些院、系。厦门大学教育研究院正在国外做访问学者的一位教师来信说，他所在的学校最近开会，新增6个专业，减少了6个专业，增设的主要是工科专业，培养专门技术人才，还有1个是高等教育学专业，减少的主要是财政金融系的专业。也有报道说，香港一些大学，今年商学院学生报名很少。这说明，西方一些大学，但不是所有大学，已经或正在酝酿市场反应。

中国高校对市场反应比较缓慢，原因是：第一，国内高校的自主权太少，自主权多才能对市场做出快速反应，自主权少自然市场反应较慢，不会立即调整专业结构。第二，中国的生源目前还不存在问题，当然专业结构调整就更迟缓。但近年来拥挤的热门专业可能会变成冷门，某些面向第一、二产业培养高科技人才和面向西部、农村、基层培养人才的专业可能成为热门。培养第一产业的高科技人才的基地在农业大学，华南农业大学就是这样一所大学，许多面向三农培养人才的专业说实在在过去受到了冷落，但现在有可能变为培养适销对路人才的专业，这些专业会变成热门专业。尤其是要培养应用型人才，因为就业机会比较好，专业结构可能会向应用型专业转变。不知道大家是否注意到这样的信息，2008 年全国一半的省份高职毕业生就业率高于本科毕业生就业率，而全国高职毕业生的平均就业率则略高于本科毕业生就业率。这是一个重要信号，说明社会需要大量应用型人才。因此高校要培养应用型人才，专业结构、教材、课程都要发生改变。我们看到了市场对人才需求的变化，所以我现在带领我的博士研究生正在做两个国家级课题，一个研究应用型专业该怎么办，一个研究地方应用型本科院校该怎么办。

2. 对课程改革的影响

可能有以下几个方面的变化。

第一，关系到财经课程，尤其是财政金融方面的理论课程的变化。这些年来我们的财经课程鼓吹新自由主义，这次新自由主义的经济政策在金融危机中遭受失败，连格林斯潘也不得不公开道歉说他错了。财经、金融以及其他风行一时的经济理论受到质疑，倒过来这些年来不受重视的马克思主义基本理论重新受到重视。当然马克思主义经济原理已是一百多年前的历史，现在不可能全部照抄，但是它的最基本的原理还是有其作用的。《参考消息》上有篇文章说澳大利亚总理大批新自由主义，认为新自由主义是这次金融危机的罪魁祸首，应该重新研究社会民主党的理论，这一理论是马克思主义理论的一个流派。反正，首先是要考虑某些课程的理论内容，不是说全盘否定新自由主义理论，这一理论当中也可能有好的地方，但至少需要重新研究，重新考虑。

第二，由于产业结构为应对金融危机加快优化升级，例如报纸上说产业要从劳动密集型向提高技术水平、优化产业结构转变，那么高等学校的专业，特别是理工科专业的课程内容需要更新，配合产业结构优化升级的需要。

第三，为了就业市场的需求，除了重视应用型专业的开设，还要注重应用型课程的开发。应用型的大学开设应用型的专业，这需要应用型的课程、应用型的教材、应用型的教学方法与之配套，如果还是沿用传统的课程、教材和教学方法，不可能培养出应用型的人才。所以我们在课题研究应用型高等教育中重点研究应用型课程该怎么上，应用型的教材该怎么编，应用型的教学方法该采取什么方法。

3. 对大学生素质教育的反思

这一方面就更少有人注意到。

金融危机归根结底是一些错误的经济理论、经济政策和一连串不道德行为所造成的，从而暴露了高等教育某些错误和缺失。这些损人利己、唯利是图、害人的、造成金融危机的不道德的人，不是没有念过大学的，肯定都是大学培养出来的，甚至是精英大学的学生，包括哈佛大学、耶鲁大学等。中国也不例外，三鹿奶粉集团董事长和几个被判刑的集团董事长都是大学培养出来的，还有人曾拿过名牌大学的EMBA。当年中国环境污染十分厉害，淮河污染十分严重，以至于河北、山东、江苏北面一带无水可喝，大家都很憎恨这些乱排放污染的人。后来我到天津某大学做报告时，曾问过他们有没有培养过这样的科技人才，因为建造纸厂、化工厂排放污染物不可能是普通工人，肯定有，当然不好追究。

所以我们要考虑，大学应培养学生具有一定的人文素质，做到既懂科学，又懂人文，也就是西方所提倡的科学教育人文化，或者说人文教育与科学教育相结合。次贷危机暴露出来的精英人才的不道德行为，高等学校有一定的责任，在我们的教育过程中，对道德教育、思想教育，尤其是职业道德教育不重视，对职业道德教育中最核心的诚信教育不重视。这次金融危机的根源，一个是经济理论，一个是不道德的人的不道德的行为。这促使高等学校反思，总结经验教训，加强人文素质教育与职业道德教育。这不是一句话、两句话就能解决的问题，需要长期的坚持。

中国现在面临着经济的转型，传统的道德观念已经解构，市场经济的道德观念尚未树立，市场的负面影响泛滥。市场对高等教育而言是一把双刃剑，既有促进作用，也有负面影响。这些年来在经济转型过程中，高等学校的思想道德教育有所放松。金融危机将促使高等教育界反思如何加强大学生的素质教育、职业道德教育，尤其是诚信教育。

总之，金融危机对经济、对社会都是一场破坏性的冲击。坏事可能变成好事。冲击波所具有的破坏力，也可能把它引导为动力。问题在于高等教育怎么应对，怎么消除、缓解其负面影响，利用机遇转变为改革发展的动力。这种转变对农业院校可能特别有利，下面我来谈谈农业院校的机遇。

三、农业院校的机遇

金融危机对高等教育的影响，同样存在于农业院校中。但在应对金融危机中，农业院校具有特殊的机遇。对农业院校的发展而言，是挑战与机遇并存。

中国农业经济，一向比较受到国家重视，无论是传统上的以农立国，还是毛泽东在反对苏联“重（重工业）轻（轻工业）农（农业）”发展顺序的基础上，提出了优先发展农业的“农轻重”的发展国策。虽然一些违反自然规律与经济规律的做法实际上起了破坏农业的作用，但至少在观念上都是重视农业的。因此，农业教育在中国是比较发达的。在我国高等农业院校中，重点学科、重点实验室的分布比例高于其他科类院校，这是国家重视的一个表现。但现在的农业高等院校地位较低，与其所拥有重点学科、重点实验室、著名教授的比例和水平很不相称。

在一个时期内，我国受西方发达国家经济理论的影响，对于三农的现代化建设有所放松，使农业院校的发展也受到一定的影响，尤其在经费投入与生源水平上，农业院校处于不利地位，是弱势群体。20 世纪 80 年代后期中国对农业现代化投入不足、重视不足，以为农业不成问题，中国经济的发展要靠金融业，而不是农业、工业，把更多的精力放在金融业和服务业，工业曾一度被忽视，农业的地位降低。

美国的第三产业占 GDP 的比例超过 70%，工业是夕阳工业，农业产值最低。照搬美国产业结构，导致我国对农业不够重视，这是客观事实。因此农业院校发展受到影响。农业院校尽管有最好的学科和最好的设备，却成为各种科类院校中的弱势群体，尤其在经费投入上和生源水平上，农业院校处于不利地位。华南农业大学也存在这种情况，优势学科还是传统的农业和涉农学科，当然非农学科现在的发展也很好，可总体而言最好的学科还是在农学类学科，但每年招生时农业和涉农专业学生的成绩偏低。很多学生不愿意读农，第一志愿率很低，许多农业、涉农专业招收的学生是从别的专业调剂过来的。

21 世纪以来高等教育进入大众化阶段，高等教育扩招。农业大学为了生存和发展，也大规模扩招。华南农业大学现在在校生是 41 000 名，以前只有 6 000 名，扩招近 6 倍。扩招不能只靠农学类专业来扩招，因为本来报考人数就少，所以必然多设非农专业。全国的农业院校普遍如此，而华南农业大学这一比例尤其高，在 80 多个专业当中，3/4 以上的专业为非农专业。这不是说非农专业不好，而是说为了多招学生，必然要多设专业，而且要多设非农专业。显然，学生数、专业数猛增，而教育资源不能同步增长，尤其是师资、经费不能集中在农业和涉农专业上，必然影响教学，尤其是影响传统优势学科和优势专业的发展，因为本来这些专业招生时的分数就偏低。

这次国家应对金融危机的对策是发展农村、发展农业、提高农民生活水平，在教育方面大力投资农村教育。在“国十条”及其后陆续补充的政策中可以看出，国家的政策是增加农村的投入，促进三农的发展，加快三农的现代化。对于农业大学而言，发展本已具有优势的农业与涉农专业，这是一个难得的机遇。

中国东部受金融危机的冲击较大，广东是受影响最大的省份之一，大学生就业困难也较大，这促使大学毕业生更多地往西部、往农村去就业和创业，找出路，求发展。在此情况下，农业院校具有这个责任，为三农现代化培养人才。借此机会农业院校可能从弱势群体变成强势群体，当然这是我们的期望。

农业院校为了更好地培养优质的三农现代化人才，就要在专业结构调整、课程与教学方法改革、素质教育强化上下功夫，培养出服务三农的学生。为此，农业院校要根据客观形势，结合自身特点，确定发展战略目标，制订发展规划，加快改革与发展步伐。可以概括成这样一个公式，危机为农业院校带来了压力，压力就是动力，而动力就是发展的机遇。

对华南农业大学而言，我作为旁观者提出一些发展建议。

华南农业大学在全国农业院校中，具有五大特色与优势。第一是地缘优势，有两个方面：一是地处广东改革开放前沿，思想解放；二是跨热带、亚热带地区，热带和亚热带作物丰富。第二是历史优势，作为百年老校，具有深厚的文化积淀，尤其是在服务三农的社会实践方面有良好的基础，继承了首任院长丁颖教授“学农、爱农、务农”的办学传统。第三是学科优势，就是农业学科的优势和生命科学的特色。第四是地位优势，华南农业大学是省部共建的“211”大学，在全国的700多所高校中还是有较高地位的。第五是国际优势，联合国开发计划署、棉农组织与世界粮食理事会等单位都在和华南农大合作培养人才，走进来与走出去的留学生多，国际交往访问关系密切。当然还有其他的一些优势，这些只是我的粗浅看法。

华南农业大学要发扬优势，借助机遇，加快发展，培养适应性人才。以下是我的一些设想，不一定正确，还请大家指正。

第一，适当调整专业结构，加强优势学科建设。优势学科主要是传统的、积累深厚的农业和涉农专业，包括为农服务的工科专业、管理专业等，这些学科和专业要继续发扬优势；非农专业要围绕三农现代化建设，办出自己的特色，不要各搞各的，要朝向三农现代化做适当调整。三农现代化不仅需要会种植和养殖的人才，还需要懂加工的工科人才，也需要管理人才，现代化的人才是多方面的。所以，所有专业要一致往三农现代化的方向努力，在三农方面做出特色。

第二，发展应用型专业与应用型课程。要在农科专业基础课教学改革实践的基础上，继续探索培养应用型人才的新模式。我们有应用型人才培养的观念，但缺乏应用型人才培养的课程、教材、教学方法、师资等，可以在这一方面做一些探索和实践。

第三，加强素质教育，转变学生就业、创业观念。加强培养学生“学农、爱农、务农”的精神，事实上三农现代化的前途是很广阔的，风光无限。

第四，建议国家在着重农村硬件投资的同时，也应适当加强农村的软件投资。这次应对金融危机，国家的投资政策当中对农村的硬件建设比较重视，但对软件方面的投资还没有很好地摆到日程上来。我们应该共同呼吁，拉动内需也好，发展经济也好，解决金融危机也好，硬件投资是必要的，但软件投资也是必要的，它不能立竿见影，但对前途发展来说更重要。

以上就是我对金融危机背景下高等教育的应对和农业院校的机遇做出的分析与判断。最后预祝我们的百年老校——华南农业大学在面对金融危机的时刻，重新焕发青春，走向三农现代化的无限风光的前景！

高校现代化发展中有待探讨的若干问题[①]

一、高校的定位与特色

定位与特色是高校“扩招”以来最突出的问题。“扩招”后新建了许多高校，但不管是老学校还是新学校，大家都定位为研究性、综合型大学，以清华、北大为自己的奋斗目标，多数学校没有形成特色。近几年来，经过努力出现了一个可喜的现象，大学，尤其是地方大学将发展定位向多科性、应用型、职业型、技能型转变。当然，这种转变是否真正从思想上转变还很难说，但是，至少可以肯定的是，有许多高校认识到定位办成中国的清华、北大，甚至是世界上的哈佛大学，不利于高等教育实事求是地发展。

教育是一种社会活动，它有一条外部关系规律和一条内部关系规律。外部关系规律就是教育的社会关系规律。也就是说，教育必然要与社会发展相适应，不能离开社会的发展定出自己的发展方向，因为高等教育的结构必须主动与现代经济、社会的人才结构相适应。

我们知道，经济、社会对人才的需求是多层次的。在精英高等教育时代，传统大学是单一化的，大家瞄准清华、北大这样的类型来培养研究高深学问的人才。现在到了高等教育大众化的时代，大学生不是几十万名，也不是两三百万名，而是两千多万，两千多万名大学生如果都像过去一样培养成精英

① 原载《江苏科技大学学报（社会科学版）》，2008 年第 8 期。

人才，这跟经济、社会的发展是不相适应的。因此，除了少数培养精英人才的学校仍需存在，并且还应有所发展之外，大量的高校，尤其是新办的本科院校和高职、高专，应该面向人才市场，培养社会所需的应用型、技术型人才。现代化建设需要一批创新拔尖人才，需要数以千万计的高级专门人才和数以亿计的劳动者。举一个不太确切的例子，如果社会经济建设和生产发展需要一个科学家，就需要十个工程师；需要一个工程师，就需要十个技术员；需要一个技术员，就需要十个技术工人。如果所有的高校都来培养科学家，所有的学校都传授、研究高深学问，又有谁来当工程师，又有谁来当技工呢？社会需要的人才是多层次、多方面的，因此，每一所高校都应在高等教育的分类中找准自己的位置，明确自己的发展方向和发展战略，突出自己的特色。

过去，中国只有几百所高校，现在，在全日制普通高等学校中，2008 年具有招生资格的就有本科院校 742 所，专科院校 1 109 所，合计共 1 851 所。如果加上 317 所独立学院、118 所分校，就有 2 286 所，这还未计算 400 多所成人高校和近千所未获得学历证书授予权的民办高校。参考联合国教科文组织的国际教育分类，结合中国教育的实际，我认为中国全日制普通高等学校应分为三大类：第一类是综合性研究型大学，以传授、研究基础学科和应用学科的基本理论为主，也就是“大学者，研究高深学问之所也”；第二类是多科性或单科性专业型大学，以传授各行各业的专门知识技术为主，培养应用型高级专门人才，也就是说培养的是工程师、技术人员而并非科学家；第三类是多科性或单科性的职业技术学院。

每一类型都可以有一批重点高校。在第一类型重点大学里，有“211 工程”大学、“985 工程”大学。在第二类型大学里，“本科质量工程”就是专门针对这一类应用型大学，它是对本科质量搞得好的第二类型大学给出的一个肯定。在第三类型高校里，重点学校就是“示范性高职”。现在很多高职院校不甘心办高职教育，天天想“升本”，所以国家就出台一个政策，评“示范性高职”，这相当于高职中的“211 工程”院校，要评出 100 所。所以，许多高职学校就在犹豫了，是要坚守高职成为示范性高职，还是把高职丢掉去“升本”成为本科大学？

每一类型高校都可以成为国内知名、国际有影响的高校，问题在于能不能办出特色。新中国成立前没有什么重点大学，也没有什么“211 工程”院校“985 工程”院校，但是人们心中自然有一杆秤。像当时的北京大学、清华大学、中央大学、中山大学等都是人们心中的重点大学，当时有名的大学并不只限于这些大学，还有些大学，甚至有些专科学校，同样是全国知名和在世界上有影响的，譬如，杭州艺专、上海商专、东亚体专。另外还有一所特别的私立学校，同样是全国知名，在世界上有影响，那就是立信会计专科学校。当时中国的高级会计人才差不多都是这所立信会计专科学校培养出来的。当然，有人说这是新中国成立前，新中国成立后情况不是如此，现在一提大学都是清华大学、北京大学为首的那些重点学校，或者复旦大学、南京大学、西安交通大学、上海交通大学等。这些学校当然很出色，但是也有以特色而知名的大学。我举一个例子，在湖南的西部，也就是湘西土家族苗族自治州，这个自治州很穷。有一次我到湖南大学，接待我的同志问我要不要到湘西去看看，我说湘西是个好地方啊，去拜访一下沈从文的老家也很好。去了以后就被介绍到吉首大学。吉首是湘西自治州的首府，现在恐怕知道的人还不多。去了以后学校安排人接待我，给我介绍学校的情况，然后就跟我说：“你不要看不起我们这所学校，前总理朱镕基到我们学校来看过之后说：‘吉首大学是湖南的骄傲！’”我听了暗自不以为然：湖南的骄傲怎么轮到你吉首大学，照理说湖南的骄傲应该是湖南大学、中南大学、国防科技大学，比你强的大学多的是。当然，朱镕基总理的话我相信是不会随便讲的，到底朱镕基总理讲这话是什么意思？后来我到湘西基层去转了一圈儿，基本懂得朱镕基总理为什么这样说了。我就讲一个原因，湘西自治州原来文化水平很低，自从办了吉首大学之后，湘西自治州文化水平提高得很快。现在湘西自治州的干部百分之五十以上是吉首大学的毕业生，县里的地方干部百分之六七十、中小学教师百分之七八十是吉首大学的学生，地方医生大多数也是吉首大学毕业的，民间艺人基本上也是如此，当地各行各业的骨干都是吉首大学的学生。我接触了一些人，主要是知识分子，他们都不把吉首大学叫吉首大学，而叫“我们的大学”。一所大学如果被老百姓称为“我们的大学”，可见它已经跟地方打成一片了，跟老百姓打成一片了。这所学校很有特色，那就是少数民族语言、艺术、体育等。你想要了解少数民族，到吉首大学去；想要了解民族语言，到吉首大学去；想要了解民族音乐、美术、体育，也要到吉首大学去。

我再举例，深圳有两所学校，深圳大学和深圳职业技术学院。深圳大学在20世纪80年代初刚成立的时候，当时的中央领导人差不多都去看过、视察过。前几年深圳大学在研究发展战略的时候，也请我去参加，我就跟他们说："你们是不是应该思考一个问题，近十年来好像中央领导很少到你们大学去了。以前大家都到深圳大学来。从水平来看你们现在比80年代刚成立时要高得多，但是领导不来。"而深圳职业技术学院，发展得相当好，毕业生很受欢迎。国家级的优秀教学成果奖，过去高职院校是拿不到的，但深圳职业技术学院居然连续两届拿到优秀教学成果一等奖。在即将评估"示范性高职"的时候，有人说这所学校不用评，直接排在第一，最后"示范性高职院校"的第一名果然就是它。国家领导人到深圳去，直接到深圳职业技术学院给师生做了一个报告。这说明什么——特色！当深圳大学有特色的时候，就"有影响"；到后来没有明显特色，影响就小。而深圳职业技术学院有特色，它现在已经是全国高职的龙头了。

所以，能否成为知名大学，就看有没有特色。我到过南京审计学院，这所学院原来属于审计总署，下放到江苏省后，想把它改为财经学院。校长说："我觉得还是应该叫审计学院。"问我的意见，我稍微顿了一下说："我支持你！要是你们学校改为财经学院的话，你再过10年跟南京财经学院比，你还是比人家差一大截。10年、20年人家又往上跑了，你追也追不上去。但是你如果继续叫审计学院的话，那么你是全国第一所审计学院。现在全国审计专业不少，审计已经成为热门，但是人家是审计专业，你是审计学院，你是走在前面的；而且你审计方面的人才比较多。你如果改成财经学院的话，现在的人才就会散去，学校的特色也没了。"后来他们再讨论，决定不改名，所以现在的南京审计学院还是审计学院。虽然现在还是一个小小的审计学院，但是上面有审计署的支持，审计署给它课题，给它资助，它现在培养出来的人才不怕没地方用。

江苏科技大学原来是华东船舶工业学院，有一次该校的校长到我家里对我说："我是江苏科技大学的。"我当时就想了好一会儿，闹不清楚江苏科技大学是什么样的高校，后来他跟我说原来是华东船舶工业学院。我说原来是华船啊，那是知名学院嘛！虽然我不懂船舶，但是船舶学院在全国没有几所呀！当然我丝毫没有反对你们改为江苏科技大学的意思，你们改名后还是坚持了特色，特色是改名改不掉的。贵校现在有4个学院是直接与船舶密切相关的，有3个学院虽然不是直接但也是围绕船舶行业的。评估专家组给你们评估的第一个肯定就是定位明确、特色明确，这是正确的。要坚持办好这个特色！

二、学科与专业建设

定位与特色要体现在学科专业的建设上，学科与专业是两个不同的概念。在高等教育里面，这两个概念有着很密切的关系，但是是不同的概念。学科是科学的分类，属于学术的范畴；专业是社会分工，属于生产、生活的范畴。在培养人才上，学科是专业的基础，专业是学科的外壳。学科要建设，必须体现在专业的建设上面，学科跟专业并不是对应的关系，一个学科可能分在好几个专业里，数学学科好多专业都要学，物理学科好多专业也要学。而一个专业也牵涉到好多学科，两者不是对应关系。在高等教育的建设上，学科、专业的构建是密切相关的：要构建学科，就必须构建专业；要构建专业，就必须构建学科。所以，在培养人才方面，我们高等教育学给了它一个统称，叫作学科专业。

当前学科专业存在着一些问题。一是盲目跟风，发展无序。有些学科专业奇缺，有些学科专业太多，形成浪费。如20世纪80年代主要是发展财经专业，90年代主要是发展外语专业，到现在主要发展的是计算机及生物、生理科学专业，法律专业。与此同时，有些专业人才又奇缺，主要是第二产业的工科人才奇缺，高级工程师奇缺，技术人才包括技工也奇缺。

原因不在于我们，而在于决策者全面规划的问题。有些经济学家老在那边嘀咕，说经济要发展就要发展第三产业，许多年轻人都到第三产业去了；再加上20世纪90年代很多工厂工人下岗，尔后技术员也下岗，这样很多学校就想，既然那些老的都下岗了，我们还培养什么？因此，90年代以来，疏忽了对第二产业的人才培养，形成现在第二产业人才不足的现象。实际上，第二产业在中国还在大幅上涨，在 2002—2003 年的一个统计材料里，第一产业减少百分之十几，但减少的百分比增加在第三产业上的很少，主要增加在第二产业。所以，中国变成了世界制造业大国。现在中国经济情况好，主要靠这个产业，不是靠第三产业。所以，90 年代造成的失误使第二产业的教育没有很好发展，以至于这些产业人才奇缺。现在，矿山老是发生问题，问题的原因是多种多样的，但是其中一个重要因素是我们的矿山技术人才奇缺，一些不懂矿山技术的人在开矿，所以老是出问题。前一段时间，我有个学生到内地去当一个新建本科院校的院长，这个学院矿业方面的专业有相当好的基础，我劝他千万不要因为生源困难而停办矿业专业，一定要办好这个专业，因为现在全国的矿业人才奇缺。现在全国本科大学有 50% 以上都有法律、会计、财政、金融这几个专业，再搞又有什么意思。现在，在全国高校中，设置 50 个专业以上的高校占高校的 40%，50 个专业以下的高校有 60% 或不到，学校没有发展到 50 个专业好像就没有达标。还有就是新设专业，每年都设新专业，一下子上 4 个是少的，每年上 6 个，甚至一年上十几二十个新专业。新专业那么多，结果怎么样呢？你有那么多力量吗？所设专业缺乏特色，培养目标差不多，教学内容差不多，教学方法差不多，水平也差不多。

三、产学研相结合

前两年对用人单位、毕业生做调查，排在前面的不满意问题有这么几个：第一，专业设置跟社会各部门缺乏联系沟通，社会有关部门需要的人才没怎么培养，培养出来的人又不太适用；第二，对市场的前沿信息了解很少，看不清市场前沿发展得怎么样；第三，基础设施太陈旧；第四，教师本身缺乏实际经验，只懂得书本知识。因此，要使专业设置和教学不脱离实际，对应用型大学就更应该强调产、学、研相结合。

产、学、研是不同的知识运行形式，产也好，学也好，研也好，中心都是围绕知识。“学”是传授知识，“研”是创新知识，“产”是应用知识。在现代化建设中，知识经济时代是围绕知识运行的时代，产、学、研三者是相互依存的。“产”，需要掌握知识的人才；“研”，需要科技开发人才；“产”，要靠“研”和“学”，这样才能不断提高生产力、更新产品。研究也要有专门的问题来研究，必须是生产实践提出问题让你研究。至于“学”，要传承科学技术新成就，这样才能够培养有实际知识、实践能力的人才。所以，这三者存在着本质联系。

但是，也应承认产、学、研三者是不同的社会活动，各有各的目标，各有各的任务，每种活动都遵守着各自的运动规律。因此，不同的社会活动连在一起必定会产生矛盾。事物会产生矛盾，只有面向矛盾才能化解矛盾。教学任务跟生产任务是有矛盾的，教学任务是培养人才，生产任务是生产物质产品，虽然我们说教学也是生产，但教学过程跟生产过程还是有矛盾的，教学过程是由浅入深逐步前进，生产过程虽然也要不断更新，但是在一定时间内是重复的。因此，不能把一个人的培养固定在一个生产流程上。“文化大革命”时，认为一个学生进船舶学校，造一艘船就可毕业，一个学生怎么能造一艘船毕业？造一艘船首先要设计，设计就涉及多个学科，并且是船舶工程中最难的部分。大学生刚进大学，怎能先搞设计再学施工呢？

产、学、研结合意义重大，但是真的搞好很困难，只能提出若干化解矛盾的原则。第一，互利原则。也就是相互关心对方利益，尽可能使对方利益最大化，使对方损失最小化。长期合作一定要互利，有时候要换位思考，要站在生产部门的角度思考。第二，协调性原则。也就是找到合作的共同最佳结合点——目标统一，任务明确，责、权、利分明，各方受益。如果不能同等受益，一方应主动为另一方提供补偿。第三，教育性原则。也就是不论采取何种方式，在校外或校内实训基地参加生产劳动，都要坚持既能通过生产实践使理论与实际相结合，学会生产知识技能；又能提高学生的思想道德（职业道德），培养德才兼备的人才。

四、素质教育问题

学生不仅要学习知识，掌握技能，同样重要的是还要提高素质，特别要培养学生爱岗敬业的职业道德。现在培养出来的大学生，往往存在缺乏职业道德的问题，不敬业，对职业没有兴趣，常常不守信。知识水平较低、生产技能不熟练可以逐步提高、熟练，“勤能补拙”。但如果人文素质过低，职业道德缺失，可能为单位、为个人都带来难以弥补的损失。现在某些用人单位宁要中专生不要大学生，宁要高职生不要本科生，宁要一般大学生不要名牌大学生。为什么？因为有些名牌大学生架子太大了，接受不起，而一般学校毕业的大学生比较认真。所以，我们培养人才时一定要注意素质培养。学校现在开了一些素质教育课或通识教育课，实际收效不大。开“两课”课程，但很多学生对这种课不感兴趣。所以，开课不是唯一的方法，开课只能给学生增加一些人文知识。给学生人文理论知识固然有好处，但是素质教育的本质是把这些知识转化为人的道德修养，成为他相对稳定的习惯行为。对大学生的素质教育，更重要的是要融化在课程教育里面，尤其要在校园文化里面形成素质教育的教育网络。

五、师资队伍建设

一所高等院校的定位和特色是靠教师来实现的，一所高校的质量最终取决于教师的水平。这个水平指的是知识水平、能力水平、道德水平。因此，师资队伍建设是一所高校发展提高的关键所在，也是高校建设的重中之重。在大学师资队伍建设上，高校采取了许多措施：以优惠的待遇从国外引进人才或从兄弟院校招聘教师；制订教师培训计划，组织教师进修；加强教师管理，改革教师评聘制度；等等。这些措施是必要的，都产生了一定效果，但是，从根本上、长远上来说，更重要的是要重视大学教师的自我发展。大学教师发展是一个新的概念，着重从教师主体性出发，重视教师的自主性、个性化，自我要求达到某种目标。学校引领教师变被动为主动，自主学习，自我提高。

大学教师发展的内涵包含以下三个方面：一是学科专业水平；二是教师职业知识和教学能力；三是师德。

首先要发展学术专业水平。大学教师处于学术前沿，要充分掌握学术的新动向，不但要传递科学知识，而且要能够创新科学知识，尤其是应用型院校的教师，不光要涉及基础理论知识，还要在实践技能上有更高的要求。在国外，最重视这一点的是德国，德国的大学教师除了少数研究抽象理论之外，一般的大学教师，尤其是应用型大学的教师，如果没有在工厂生产的经验或企业管理的经验，不得走进大学任教。

其次是大学教师的职业知识和教学能力。大学教师不只是一位学者、专家，而且是一位教师；不只是研究学问，不只是掌握知识和技术，而是要使其拥有的知识转化为学生所能掌握的知识、技术。如果你不懂教育理论，不具有教学能力，你就转化不过去，这就需要懂得教育知识和掌握教学技能。大学教师同样需要教育理论，需要懂得学生的心理。

最后一个是师德。师德就是职业道德。大学教师是一种学术职业，教师自己应当受过良好的人文素质教育，具有良好的学术道德修养、高尚的师德。全国本科和高职高专的大学教师是 108 万人，1998 年只有 40 万人，108 万人中的大多数是 21 世纪才当教师的。如果我们把最近三年当教师的作为新教师的话，也有将近一半的大学教师是新教师。这些新教师优点是：第一，他的知识新颖。第二，他的学历不是博士就是硕士。但是他们也存在两大问题：一是不懂怎样教学生，他不知道如何教会学生去学。二是缺少教师职业道德，缺乏敬业精神。大学教师的职业道德要讲三个东西：第一是服务精神，第二是自律精神，第三是创新精神。要以自己的创新精神和创造能力引领大学生成为创新型人才，从而使大学引领社会发展，甚至引领全国文化和地方文化不断创新。

金融危机对高等教育的挑战[①]

20 世纪 90 年代的亚洲金融危机曾给我国高等教育创造了一个很好的发展机会，时至今日，我国高校在校生数增长了 5 倍。但历史也许不会重演。2008 年 9 月开始的全球性金融危机，对我国高等教育又形成了巨大挑战。与 10 年前相比，我国社会已经发生了很大变化。那时我国高等教育入学率很低，这为高校扩招提供了很好的机遇，国家政策也支持银行大量贷款给高校建新校舍，以适应迅速膨胀的办学需求。现在，我国正面对高等教育发展过快、毕业生就业比较困难的现状。这是第一重挑战。

第二重挑战涉及经费问题。因为金融危机，经济下滑，教育经费肯定会受影响，但也可能是一个机会，尤其对民办高等学校来说，现在银行贷款放松，在一定程度上可以缓解办学资金不足的问题，也可以利用这一机会创造性地解决一些难题。

第三重挑战涉及招生问题。招生与经费问题是联系在一起的。受金融危机的影响，许多人就业困难，很多家庭收入减少，这必然要影响到他们的日常生活，也可能影响到孩子的学业。如果孩子就读民办高校，特别是就读收费较高的独立学院，家长也许无力支付孩子的学费。不过实际情况也不全是这样，比如研究生招生和专科生升本。今年报考研究生的人数就比往年多，一些本科毕业生因找不到合适的工作岗位就去报考硕士研究生，一些专科毕业生因找不到工作就去升本。还有一些学生本科毕业后回大学念“双学士”。

① 原载《教育发展研究》，2009 年第 7 期。

因此，需要辩证看待金融危机对招生的影响。

上述三方面的问题都是浅层次的问题。而有关高校师资队伍建设问题，应该说是一个较深层次的问题。我国高校现今最缺的是应用能力强、实践经验丰富的教师，即应用型教师。在经济危机背景下，有些高校已考虑到国外招聘那些有实践经验的人，还试图从“海归”中选拔一些人才。过去要找“海归”人才难度较大，因为所能付给的工资水平不如国外，人家不愿意来，现在相对来说容易多了。此外，也可以从原来“下海”的人员中挑选一些作为师资后备人选。所以说，金融危机对师资队伍建设来说或许是个机遇。

另一个较深层次的问题是专业调整和课程内容改革问题。这些年来，我国本科院校和许多高职院校几乎都设置了一些热门专业，如财政金融、会计、外语专业等。在金融危机中，首先受到冲击的就是金融人才，下岗最多的恐怕也是金融人才。对此，我们需要重新考虑专业结构的调整。从当前情况看，两类专业的毕业生就业比较困难，一种是原来面向第三产业的会计、金融方面的专业人才，另一种是面向中小型企业的工科方面的专业人才。金融人才就业困难，可能会延续一段时间；而工科人才就业困难，可能只是短期性的。香港大学、香港中文大学，还有香港另外几所大学的商学院，已经在考虑商学专业招不招生、少招，以及如何发展其他专业的问题。而美国有些学校也出现专业调整问题，停办了好多商科专业，增设了原来并不太受重视、面向第二产业的专业。他们的转换和反应都比我们快。还有，我们的教学内容——课程设置、课程内容、教材内容等是不是也要进行相应的调整？尤其是财政、金融教材中被证明是错误的东西，是不是应该修正？工科教材、理科教材是不是要更加重视应用方面的发展？这些都值得深入研究。

还有一个更深层次的问题，即素质教育问题。世界范围内开始提出人文教育是在 20 世纪 70 年代，当时主要针对唯科学主义的教育培养出来的人才只顾科学技术而缺乏人文素养造成的不良的社会后果，如社会道德危机的产生、生态环境被破坏等。一些有识之士在提出可持续发展理念的同时，还提出人才培养要人文精神和科学教育相结合，以人文精神来改造科学教育，或者叫科学教育人文化。这一理念传到我国是在 90 年代，当时我们正在提倡素质教育，所以有学校就提出了人文素质教育，后来教育部将其改为文化素质教育。在金融危机下，我们需要深入思考金融危机产生的根源，以及它与人自身素质的关系。这次由美国次贷危机引起的全球性金融危机是人为的，说到底是那些缺乏人文素质、唯利是图、不顾他人的人所为，其中也不乏所谓的高级专门人才。而这些高级专门人才又是谁培养出来的？这就像环境污染问题一样，工科大学也是负有一定责任的。这个问题也值得我们深刻反思。

高等教育研究的社会责任[①]

厦门大学教育研究院高等教育科学研究所有一种教学与科研相结合、师生情理交融的学术活动形式“学术沙龙”。在沙龙上讨论新问题时，一般由问题的提出者先简介研究思路，包括为什么要提出这个问题，对问题的初步看法，存在哪些困惑，等等。

一、为什么要探讨高等教育研究的社会责任

有两个原因促使我提出这个问题。

其一，关于金融危机与高等教育的关系。

对于2007年开始席卷全球的这场新的金融风暴，经济理论界的议论热烈，而教育理论界却似乎事不关己。2008年有的西方国家高等教育界才开始关心这个问题，但所讨论的基本是教育资金困难这类浅层次问题；中国高等教育界因为公办高校的资金不太受影响，只对媒体上已经炒得很厉害的大学生就业问题有所反应，还偶有文章谈及趁机引进“海归”人才。这些，也都是属于显而易见的浅层次问题。

2008年开学后，我们的学术沙龙活动，组织了几次有关金融危机对高等教育影响的讨论，十分热烈。开始涉及一些较深层次的问题，如专业结构的

① 为2010年10月10日在厦门大学举办的“高等教育研究的社会责任”学术研讨会而作。

调整、课程教学的改革、某些教材内容的更新（如对于新自由主义经济理论的重新评价、马克思主义政治经济理论的重新学习），以及金融危机对各种类型高等教育不同的影响，等等，写了十几篇论文，除在《中国教育报》编了一个专栏之外，散见于几本高等教育刊物，但反应一般。如今，高等教育界似乎对金融危机已经淡忘了。而欧盟则正在制定走出后危机时代的“欧盟2020战略”，把教育和培训作为走出后危机时代的主要战略手段。①

这就引起我们思考，高等教育研究者对于经济社会的改革与发展，是否应当负起预测、预警、评论、咨询的社会责任。

其二，关于高等教育问责制的讨论。

问责制原来是西方民主国家的一种行政制度，用以制约官员的行政权力，称为行政问责制；一般也用于制约企业的高管人员的经营管理权力，称为企业问责制；其后，又延伸至非政府组织的NGO（Non-Governmental Organization）问责制，高等教育问责制也在一些国家流行。中国近年来有些省市和部门，开始制定了有关领导干部问责的规定。2009年中共中央办公厅和国务院办公厅正式颁发了《关于实行党政领导干部问责的暂行规定》，正式建立行政问责制。至于社会问责如高等教育问责制，也开始有人写文章介绍、讨论。

问责是与权力相对应的。问责的责，是在行使权力中应当负起的责任或具有某种权力应当承担的责任，包括有某种权力而不作为的责任。理论研究工作者既无行政权力，也无经营权力，因此，不在问责制的范围之中。但是，理论研究工作者面向社会，是否也应负有一定的社会责任。这种社会责任的性质不同于问责制的责任，是一种道德理性的责任。这里所说的，是问责制的提出促使我们思考高等教育研究的社会责任，而不是要将问责制套在教育研究上。如果一定要“问责”的话，应该重在自我问责。

二、高等教育研究应负什么社会责任

可以从社会和研究者两个方面，提出多种社会责任。这里我只从社会科

① 江洋．教育：欧盟后危机时代的战略选择［N］．中国教育报，2010－06－03（7）．

学研究与社会发展的关系上，提出对高等教育研究应负的社会责任。

（一）从研究与政策的关系说

我认为对政府制定政策和宣传（解读）政策提供服务，是高等教育研究的重要作用之一，但必须摆正理论与政策的关系。首先是政策来源于在社会实践中所形成的理论，而不是理论来源于政策。其次才是政策为规范社会实践而需要研究者的解读。解读包含宣传与评论。这也是“从群众中来，到群众中去”的原意。现在政策制定者往往只要求研究者为政策“到群众中去”服务，忘记或不要求研究者对政策“从群众中来”发挥作用。而对于“到群众中去”，也只要求研究者宣传政策而不要求评论。值得高兴的是，经过近两年的酝酿、修改的《国家中长期教育改革和发展规划纲要（2010—2020年）》在一定程度上吸纳了群众意见，包括研究者的意见，较好地体现了“从群众中来”，因而能较好地“到群众中去”，使研究者能较好地负起社会责任。

（二）从研究与实践的关系说

在中国，宏观的教育理论研究成果一般要通过政策作为中介才能较好地转化为实践，但微观的教育理论研究成果大多不需要通过政策而能直接转化为师生的实践。从数量上说，后者多于前者，但往往进不了教育领导管理部门的视野，也很难得到教育研究规划的立项与资助。据我所知，只有20世纪90年代教育部高等教育司所制订的《高等教育面向21世纪教学内容和课程体系改革计划》的立项，其研究成果大多可以不必通过政策而直接转化为群众性实践。但由于缺乏资金支持，第二批立项有的不了了之。

作为高等教育研究者，研究工作为教育政策服务或直接为教育实践服务，都是我们的社会责任。最好是能够将两者结合起来。例如，承担《国家中长期教育改革和发展规划纲要（2010—2020年）》的重大项目和参与改革试点，既提供政策延续的理论指导，又或多或少可以直接转化为教育实践。

（三）从研究与应用的关系说

理论的探索是研究工作者的社会责任，理论的应用也是研究工作者的社会责任，可能是一种更为现实与更为重要的社会责任。在教育理论探索上有所创新并被确认为具有一定的普适性与可行性不容易，而运用教育理论解释教育现象、解决教育问题，并具有一定的预见性也不容易。关于金融危机对高等教育的影响预见不足，从而不能预为之谋就是我们研究工作者所应当自我“问责”的。总之，高等教育研究的社会责任，不仅在于探索与创新理论，更在于应用理论，分析现状，发现问题，提出意见，总结过去，预测未来，及时提出预测、预警。

最后，用几句话来说明这个研讨会的意义：

如果说，在半个世纪之前，“人们常常指责大学对一切都进行研究而就是不研究它们自己”①，那么，这种指责现在已经不存在了。因为近半个世纪以来，世界许多大学都有了“研究自己”的机构和队伍。单就中国说，设在高等学校里的就有 700～800 个高等教育研究机构在“研究自己”，有 17 个博士点、83 个硕士点在培养“研究自己”的专门人才。现在要“指责”的是高等教育研究者对什么高等教育问题都进行研究而就是不研究自己。那就让我们反躬自问，从研究自己的社会责任开始吧！

---

① 帕金．高等教育的革新：英国 U. K. H. J 的新大学［M］．经济合作与发展组织，1969.

高等教育地方化的可行性探讨[①]

当前，我国正处在高等教育发展的重要时期，实现高等教育区域发展意义重大。高等教育的区域发展，主要是指高等教育的地方化。高等教育地方化可以促使高等教育加强与地方经济发展的联系，高等教育通过培养人才和提供技术咨询与服务来促进地方经济的发展，使高等学校成为当地科学文化的中心，并辐射到周围地区，成为该地区精神文明建设的“总站”。在高等教育大众化进程中，地方化是一个主要特征，我国地方高等教育体系已经基本形成，并得到较快发展，成为国家高等教育的重要组成部分。

一、区域高等教育发展的必然性

随着经济体制的转型，区域经济的发展，高等教育区域发展是必然的，并被世界高等教育和30多年来中国高等教育发展的事实所证明。

（一）理论依据

根据教育外部关系规律，教育的发展必然要与经济的发展相适应。随着中国经济体制改革（发展区域经济）和有计划商品经济的发展，高等教育地方化（区域化）已是必然的趋势。高等教育地方化包括两层含义：一是高等教育要适应地方经济发展，为地方发展服务，使之成为地方的文化科学中心；二是高等教育管理权属于地方，并以地方财政拨款作为办学资金的主要来源。

① 原载《高等理科教育》，2010年第5期。

第一个含义是本义，是主要价值所在；第二个含义是必要条件，只有具备管理与财政地方化的条件，才有可能达到为地方服务的实质性目的；只有以地方发展服务作为价值取向，才能使地方具有高等教育管理与拨款的积极性。①

（二）事实依据

地方化是在高等教育大发展时期迅速发展起来的。一方面，无论是经济的恢复和发展，或者是高等教育自身的大发展，都要求高等教育面向地方，从地方开辟生源，为地方培养人才；另一方面，无论是二战给全世界带来的灾难，或者是为迎接科技革命的浪潮，都使各国有识之士感到国际之间的了解与合作无比重要。因此，高等教育地方化成为各国高等教育发展的重要政策。就世界高等教育体系而言，地方大学都是高等教育的重要力量。高等教育地方化，二战之后发展最快的是美国，原先并不受到重视的社区学院，二战后因其灵活多样地为社区服务而受到人们的关注。

美国的社区学院。美国社区学院创建于1896年，办学宗旨是为其所在的地区提供教育计划和服务。社区学院在美国的教育体系中占据了非常重要的地位。美国的社区学院有公立和私立之分，每所社区学院都带有它所服务地区的文化及地理特性，同时它们又具有许多共同点。大多数社区学院提供三种类型的课程：学士转学课程、生计教育（即职业技术教育）及社区服务。后者包括成人继续教育和工商业的培训与再培训。美国公立的社区学院是被美国各州认可的高等教育机构，社区学院颁发的最高级学位是学士学位。除了二年制文科副学士、理科副学士和应用科学副学士学位以外，还颁发一年制生计教育证书。社区学院的财政支持主要来自于公共税收，学院主要招收走读学生。由于实行开放式入学，社区为许多在其他学校无法继续学业的学生提供了受教育的机会。有63%的学生实行半工半读。大学中少数民族学生有47%就读于社区学院，并且高等教育中残疾学生的一半以上在公立社区学院里学习。

英国的新大学运动。在12世纪到19世纪的漫长时间里，牛津大学和剑

① 潘懋元．教育基本规律及其在高等教育研究与实践中的运用［J］．上海高教研究，1997（2）：1－7.

桥大学一直支撑和统治着英国的高等教育系统。随着资产阶级革命和工业革命在英国的爆发和推进，社会发展对科学技术的依赖程度越来越大，社会对专业技术人员的需求增加，教育民主化浪潮兴起，传统的牛津、剑桥模式受到挑战和冲击。自19世纪30年代起，伦敦大学及曼彻斯特大学等一批城市大学纷纷建立，英国高等教育逐渐扩展成为由牛津、剑桥为代表的传统大学和新兴大学组成的多样化体系。在英国高等教育史上，新大学的产生既是对传统高等教育的挑战，又不可避免地影响到近现代高等教育的思想、目标、职能和实践。

日本的短期大学。日本短期大学自1950年成立以来，学校数量和学生数量均获得了迅速的发展。这种发展是与短期大学的地位变化和不断改革相伴随的。在短期大学尤其是私立短期大学协会所辖的短期大学的强烈要求下，文部省放弃将其纳入专科学院框架下的打算，于1962年建立了5年制的技术学院来回应工业界对工业技术人员的要求；并于1964年在修订的《学校教育法》中正式使短期大学成为大学范畴的永久性机构。这意味着短期大学和其他大学一样在内部管理上也享有高度的自治权，能自己任命学术人员和行政人员，能自行决定如何开展教学和科研。不过，该法关于短期大学和其他大学的宗旨所做的表述有些不同。经过这种定位后，以工程科为主的短期大学中有的改为技术学院，有的发展为具有完全资格的四年制大学，有的成为四年制大学中的工程学院。确定永久性学术机构的短期大学在定位后发展速度更快。1965—1989年间，短期大学在校生人数增长3.1倍，而大学学生人数同期只增长2.2倍。

泰国地方大学的代表——清迈大学。清迈大学位于泰国第二大旅游城市清迈，创立于1964年1月，是泰国北部的第一个高等教育机构，也是泰国的第一个地方性大学。它的建立不仅能够提供职业教育和学科教育，还起到了提高学术水平、保护民族文化的作用。其校训是四项并重：教育，研究，文化修养和为社区服务——优先关注泰国北部的需求。在清迈大学，学生将具有更大的优势继续他们在独特而迷人的泰文化方面的理论学习和研究。现在，清迈大学提供了一些人文学科和社会科学、保健学和科技方面的学士、硕士和博士学位国际课程。这些课程既允许泰国人修习，也允许国际学生申请，他们可一起学习、一起合作并分享经验，从而建立起学术和专业方面的联系。

中国地方高校在20世纪80年代发展迅速。这一时期地区高等教育的理论研究十分活跃，一些省份纷纷制定地方高等教育发展规划。如：郝克明、余立、陶爱珠等的研究；上海、苏南、珠三角、厦漳泉的高等教育规划。20世纪90年代，由于中央实行政企分开，100多所中央部委所办的高校分别转制为所在地的地方大学。21世纪初，高等教育规模大扩张，增办的高等学校一般属地方大学。

表1　上述各省份高等学校数量的增长情况

省份	年份		
	1980年/所	1990年/所	2009年/所
辽宁	36	62	87
江苏	42	70	122
福建	16	36	75
湖南	22	47	100
河南	25	47	89
河北	27	50	91

二、地方高校发展中需要解决的若干问题

地方高校对区域经济与社会发展做出了重大贡献。可以说，没有地方高校为地方培养出大批专门人才，承担地方的科研任务，多方面为地方服务，中国的经济不可能取得如此辉煌的成就。

许多地方高校在其创办与发展过程中，也为高等教育的体制改革、教学改革提供了许多创新性的措施与经验，但在从数量增长到质量提高的过程中，面临许多需要解决的问题。下面仅举若干问题提出不成熟的意见。

（一）定位不明，同质化的倾向严重

由于受传统观念的影响，地方高校在定位和办学思路上模仿研究型大学，同质化倾向严重。要分类指导，分类发展。绝大多数地方高校应定位于应用型、职业型，为地方经济发展培养适用人才。

（二）发展方向不明，为地方服务的意识不强，力度不够

不少地方高校朝着研究型、培养学术型人才方向发展，不能适应地方经济的需求。必须改革现有的评估制度，建立分类评估的体系；根据《国家中长期教育改革和发展规划纲要（2010—2020年）》，建立产学研结合的理事会与董事会。

（三）行业特色的淡化与消失

原部委所属高校转制之后，与行业的关系渐渐疏远，行业特色淡化，甚至消失。行业特色高校应主动与相关行业紧密联系起来，为行业发展服务，走与行业发展良性互动的办学道路。

（四）地区经济发展不平衡，带来了地区高校发展不平衡

有些地方高校经费十分困难，难以持续发展。各级政府应重视对教育经费的投入，对确实困难的地区，中央财政要加强转移支付。

（五）优质教育资源不足

师资队伍水平偏低，结构不合理，“学术型”较多而“技术型”较少，是提高教育质量的瓶颈。要重视加强师资队伍的建设，改进教师评聘制度。重视“双师型”人才的培养与引进，提高教师水平，形成结构合理的师资队伍。在实践上，必须将科学定位和发展方向落实到办校的各项措施——教学、科学研究、社会服务、管理工作等方面。学校的中心工作是教学，培养应用型人才的核心是应用型课程建设，要将传统的学术型课程转变为应用型课程。

三、高等教育地方化的可行性分析

我国经济体制改革的重要趋向之一是发展区域性经济。区域经济近年来发展迅速，尤其是沿海地区。区域经济的发展，必然带动地区高等教育的发展。在政治体制的改革、区域文化的发展的推动下，高等教育地方化是必然的趋势。

为了更好地实现我国高等教育地方化，需要采取有力而恰当的措施。这些措施包括：（1）在思想认识上，要树立社会主义建设依赖高等教育、高等教育要为社会主义建设服务的思想，而高等教育地方化是实现这一思想的重

要途径。（2）在中央宏观指导下，各省、市、自治区要真正行使中央下放的权力，实现本地区的高等教育发展与社会经济、文化建设一体化。（3）高等学校为本地区服务的形式要多样化。它包括培养应用型人才，增设实用课程，设立函授部、技术培训部、智力资源推广部，教学、科研与本地区企业和农业生产相结合等。（4）大力发展专科教育和确立专科教育的地位。二战后世界高等教育地方化实际上是以专科教育为主力军的，例如美国的社区学院、德国的高等专科学校等。我国专科教育地位不明确，影响了专科在经济和社会发展中的积极作用。为此，必须确定专科教育地位，明确专科教育是高等教育地方化的主要力量之一。（5）要采取更有效的措施鼓励和促进高等教育地方化，通过重大科研项目的合作研究为地方服务。①

此外，在我国高等教育地方化发展过程中，也要考虑到可能出现的偏差。高等教育地方化往往会走向极端，忽略中央政府宏观调控，使地方和全国的利益相冲突；要避免“创收热”，防止高等教育商品化。

因此，实现高等教育地方化的过程中，必须处理好以下几对关系：第一，中央宏观指导与地方自主办学的关系。中央从国家利益和科学发展的需要出发，加强对高等教育的宏观指导；地方在教育方针、教育目的、培养规格诸方面接受国家的监督，调整国家与地方的关系，使高等学校为地方服务与为国家服务并重。第二，要搞好高等学校的社会服务与教学、科研的关系。纵观高等教育发展史，教学、科研和服务作为高等学校的职能是按顺序产生与发展的，并且它们的地位也是与它们产生的时间顺序相同。许多西方教育家把社会服务定义为“教学和科研的延伸”。社会服务是把教学与科研成果即人才、知识、技术输入社会，服务社会，搞社会服务的前提是必须保证高等学校教学和科研活动的有序进行。

（本文根据作者于2010年6月26日在北京教育科学研究院举办的“高等教育区域发展论坛”上的发言整理而成。）

---

① 李盛兵，潘懋元. 中国高等教育的地方化与国际化［J］. 高教探索，1992（3）：11－16.

立足地方，加强校企合作，促进转型发展①

——在衡水学院“校企合作　产教融合”会议上的讲话

今天这个会议叫作校企合作，我来衡水之前，大体上知道一些衡水学院的状况，这所学校从材料看来定位已经很明确了。定位明确以后，应该怎么做，定位明确之后这所学校很注意与地方进行校企合作，就我所听到的，我的感觉是应该这样做的。衡水学院是一所有特色的地方大学，它有许多做法和想做的事情，是所有地方大学共同要努力的，比如跟地方的产业怎样合作，还有根据地方的各种情况来进行研究等，但是它应是立足于衡水进行的，应紧密地配合衡水。当然，定位明确，有特色，但是如何做，困难还是有许多。比如，校企合作是很好的，但揣摩着中央最近的一些论述，好像还有一些更深层的要求，中央、国务院最近专门针对这个问题，主要是针对职业教育，要求职业教育是搞混合型的职业教育。什么叫作混合型的职业教育？就是学校跟企业合作，企业要进入学校这个领域，不光是文化人来办教育，教育家来办教育，而且要求企业家来办教育。那么实际上这也是中央一贯的意思，企业家办科研、办教育。办科研能够使得企业与科研的成果密切结合，企业发展的需要实际上也是生产力发展的需要，（企业）来进行科学研究，然后很快转化为生产力。我们科学研究人员表示，很难结合当前转型发展所需要的进行科学研究，很多企业家是到国外去买现成的技术，花很多钱，没有想到在国内与科学家合作。人才也是如此，很多企业热心于到留学生里面引进人

① 原载《衡水学院学报》，2018 年第 1 期。

才，没有想过如何与大学合作培养所需要的人才。所以现在我们看看国务院的文件信息，告诉我们不光是他在外面、我们在里面来合作，而是要把他拉进来。如果是搞董事会，你也是董事，我也是董事，拉进来以后有共同点，有分歧，肯定会有矛盾，因为企业的最终目的是盈利。当然，盈利也需要提高生产力，学校最终的目的是培养人，培养人也能够对社会发挥作用，那么在这样的情况下如何混合起来搞，这是很深刻的东西。因此，我们已经有这么好的基础，这个问题要考虑！那么，面对立足地方，面向地方做得很好的，据我所知有几所学校，比如北京联合大学。我举个例子，就是为北京市服务，学校培养的人才也好，搞的科学研究也好，为北京市服务是服务不完的。比如说当今的交通问题，北京市的交通有多少问题需要研究，多少人才需要提供。我有一年还专门带了几个学生到应用文理学院，这个学院最基本的东西还是应用，它就专搞应用，原来的教师都是北京大学、中国人民大学一些讲师，当时北京市一度扩招，另外成立一个北京联合大学，他们在考虑啊，如果我按照北京大学、中国人民大学那个思路来办文理学院，再怎么办也办不过，我就面向北京市，面向什么呢？它的历史系是专门培养博物馆的人才，北京市各种各样的陈列馆、博物馆、王府，太多了，所以北京市博物馆的人才都是它培养的，这样面向当地培养所需人才。从刚才我听到的内容来看，我们衡水学院起了很大的作用，我希望衡水这个城市越发展越好，其中越来越需要靠衡水学院，我讲的可能都是一些题外话，但是这个路也是很不容易走，其中最重要的东西，（也许）是我刚才没有听到，是师资培养问题，教师如何把衡水当作要服务的地方，而且是真正服务地方的“双师型”教师。现在是应用科技大学，应用科技大学所需要的教师是“双师型”的，而且是比这个教育还要更高级的“双师型”教师，培养这些教师那是最根本的。

2017 年 11 月的“面向 2030 年的高等教育发展：理念与行动”国际学术研讨会表明 2030 是一个国际共识，这个国际共识，我们在 2015 年做了一些研究，也在《中国高等教育》发表了一批文章，2030 世界的教育有四个理念：第一个理念是包容。现在发展成南北教育、民族教育、不同的教育思想等的包容，也就是跟我们中国的教育求同存异，作为一个人也要能够包容，做一件事也要能够包容，所以 2030 的教育，包括高度教育如何以包容作为我们的指导意义。第二个理念是公平。教育公平是社会公平的基础，但是现在我们的教育公平了没有？我们高等教育公平了没有？我们可不可以讲公平？当然现在说精英教育，这是不公平的，到大众教育就公平些了，马上就可以进入普及教育阶段，人人都可以上大学就公平？中国的考试制度是中国所有制度里最公平的制度，人人在考试，面上是公平的。真公平吗？不公平。因为我们的高等教育城乡差别太厉害，东中西部的差距太厉害。第三个理念是有质量的教育。要进行的教育是有质量的教育。这个文章就多了，什么叫有质量的教育？拿高等教育来说，就是清华北大有自己的质量，衡水学院有衡水学院的质量，高职高专有高职高专的质量。多样化的质量，（是）不同的培养目标，不同的质量。要承认别人的质量，不要看不起别人的质量。所以有质量的教育这个理念非常重要。也就是我们要好好地立足地方，好好地为地方服务，而不是追求和人家精英学校去比，我有我的水平！最后一个是终身教育的理念。要使得大家最后都在进行终身教育，中国是把终身教育作为我们今后教育发展的指导方针，但是你再去问哪个大学校长说，你这个学校有没有终身教育？我们去问过国外有些大学的校长，我们也在中国台湾调查过有没有终身教育。我们把终身教育当作很重要的东西，我培养学生，是培养他学习，我很重视培养他的继续学习的能力，并不是毕业以后没有老师指导，没有课程的压力学习就结束了。培养终身教育的理念和终身学习的方法在大学非常重要，诸如此类，中国的高等教育应该怎么样跟这些理念来发展，使得我们的高等教育能够更好地突破现在时间的需要。世界也好，尤其在中国，现在都在面临转型发展，如果我们不能很好地培养年轻人来推动转型发展，那么我们中国要陷入中等收入陷阱。20 世纪七八十年代，拉丁美洲有许多国家的经济发展水平比我们高得多，他们的人均收入也比我们高得多，但是这些国家一直停留在那个水平。那个时候中国的人均收入很低，吃饭都吃不饱，按照美元计算，我们过去的人均生产力只有一两千美元，现在我们国家的人均生产力达到了八千九百美元，中等收入的标准是从三四千美元到一万两千、一万三千美元。拉丁美洲那些以前比我们好得多的国家不注重培养转型发展的人才，不注重经济转型发展，就只能停留在这一段（收入水平）。我们现在马上就到一万多一点的阶段，要面临再上一个台阶上不来的困境，现在只有那些已经发达的国家搞上来了。所以要用新的理念，要靠高等教育推动，一个国家的发展最终决定于有竞争力的人才。我随便说这些。谢谢！

（魏彦红根据录音整理。）

关于地方高校内涵式发展的对话①

2018 年 10 月 22 日，笔者专程到厦门大学拜访我国著名教育家、高等教育学科的奠基人、厦门大学资深教授、博士生导师潘懋元先生，并就地方高校“双一流”建设、加强本科教育、地方高校内涵式发展、转型发展、协调发展、人工智能等相关高等教育热点问题进行了讨论和对话。

一、地方高校“双一流”建设问题

贺祖斌：党的十九大报告强调要加快一流大学和一流学科建设。在“双一流”建设当中，各个高校都在努力，地方高校的学校数量和学生数量均占全国的 90% 以上，这些高校该如何开展“双一流”建设？您怎么看？

潘懋元：我认为各类高校无论是研究型、应用型、职业型，还是国家的、地方的，都应该有各自的一流，不应只是排行榜上的那个一流。现在很多人对“双一流”的理解就是大学“排行榜”，即大学排行榜和一级学科排行榜。一流大学和一级学科的排名都是按照研究型大学来排的。如果我们都只按研究型大学的要求来办大学和设置学科，那是不能适应社会发展要求的。“双一流”刚提出来的时候，我在《人民日报》上发表了一篇文章②，就是希望把这种争一流的精神传递到各式各类的高校，各种类型的高校，包括地方高校，

① 原载《高等教育研究》，2019 年第 2 期。作者：潘懋元，贺祖斌。

② 潘懋元.“双一流”为高等教育强国建设注入强大动力［N］. 人民日报，2017－11－19（5）.

有特色的大学。

贺祖斌：是的，“双一流”中的“一流”，我认为强调的是“争创一流”的发展理念，这既是一种水平，又是一种精神和品质追求。

潘懋元：是的，所以我们的“双一流”建设，应坚持统筹兼顾、多元发展。现在社会的转型需要科学家，也需要更多的高级工程师、高级管理人才、高水平的有创新性创造力的应用型人才。当前，我国已进入高等教育大众化阶段，即将进入普及化阶段，高校的“双一流”建设，就不能仅限于排名榜上的几所研究型大学和这些大学中的一级学科。毕竟，冠以“双一流”建设的高校只是少数。现在，全国共有 2 800 多所普通高等学校和成人高等学校、数以万计的学科点，不能只关注几十所院校、几百个学科点。不同的“一流”大学要有不同的评价标准。一流大学既可以是具有卓越科研实力的研究型大学，也可以是特色鲜明的行业型院校；既可以是学科齐全的综合性大学，也可以是“小而精”的学院；既可以是历史悠久、底蕴深厚的老牌大学，也可以是锐意变革、勇于创新的后起之秀。其实，不同类型的高校各有所长，都有争创一流的潜质。传统学术性研究型大学可以办成世界一流大学，在某些领域具有特色的应用型大学同样有望办成世界一流大学。例如，法国高师就是世界知名的师范大学。

贺祖斌：您认为地方高校在“双一流”建设中应该如何确立自己的办学定位和建设方向？

潘懋元：地方高校尤其是有实力的地方院校应该根据自身特色和区位优势设定差异化战略目标，国家也要激发地方政府、行业参与“双一流”建设的积极性，实现大学、政府与社会的动态联合，促进高等教育形成多元发展的态势。竞争是提升高校实力的基础。“双一流”建设应打破身份固化的“标签化”思维。一流的身份并非终身享有，而是可进可退、动态调整的。“双一流”建设应辐射全国不同类型、不同层次的高校，所有有实力、有特色的高校和学科，不论出身，都应有机会跻身“双一流”。只有这样，才能通过“双一流”建设促进我国高等教育质量普遍提升，为我国高等教育强国建设注入强大动力。

当前来说，已经列入“双一流”建设计划的高校要发挥示范引领作用，把“双一流”建设效应辐射到全国。其他学校包括地方高校也要有“双一流”建设的心态，以此作为动力，真正立足当前、办出特色，扎根中国大地办大学、建设自己的“一流”。因此，一流大学的精髓在于拥有一流的办学理念，而一流大学的个性则体现在使命担当、战略选择和发展目标的差异上。

二、“以本为本”，立足本科教育问题

贺祖斌：2018 年 6 月，教育部在四川大学召开了新时代全国高校本科教育工作大会，提出“坚持以本为本，推进四个回归”，在全国引发了很大的反响。您对当前我国高校的本科教育现状怎么看？

潘懋元：目前我国高校出现重科研轻教学、重研究生教育轻本科生教育的评价导向偏差，教育部抓本科教育是对的，但是要更注重方式方法。教育部曾经出台过教授给本科生上课、连续多年评选本科的教学名师和精品课程、教学评估、专业认证、年度教育质量监测等多种举措来抓本科教育，这都是为了确保本科教育质量。但是，许多大学在评价导向上以科学研究、学科建设为主，对教师的业绩评价以发表论文、科研产出成果为主，这样就造成了事实上的高等教育界重科研轻教学，重视获得硕士点、博士点而不重视本科教育的现状。美国也没有很好地解决这个问题，美国排名在前面的几所精英大学的本科教育不如一些文理学院。文理学院是全心全意搞教学、抓本科教育的，所以它们的本科教育质量较高。常春藤大学中有的也想抓本科教学，但是好的教授往往重科研工作而对本科教学敷衍了事。我们现在的高等教育评价，不管对学校也好，对教师也好，都太过重视科研了，而对教学只要求有一定的工作量。

贺祖斌：所以这次大会的主题和您讲的一样，如果不抓本科教育的话，就是一票否决。大会还提出，“不抓本科教育的高校不是合格的高校，不重视本科教育的校长不是合格的校长，不参与本科教学的教授不是合格的教授”，很有现实意义。

潘懋元：是呀，大学跟科研单位不同。科研单位是出成果、出人才，在出成果之中出人才；大学是出人才、出成果，第一位的工作是出人才，不然

的话，就变成科学研究机构了。大学首要的任务应该是出人才，有了人才再出成果，但是现在我们的许多做法是倒过来了，所以一定要从整个学校的评价机制开始扭转。其次是对教师的评价，不能只看你发了多少篇论文，发表在什么层次的期刊上。我们要扭转这种“唯科研、唯论文”的现象，真正发扬学校的第一职能，也就是人才培养的职能。首要任务就是要抓好本科人才的培养，办好本科教育。我建议，在这方面教育部要用好手中的评估、评价权力，对高校的评价首先是评估本科教学，本科教学不合格，一票否决，从而真真正正地把本科教育抓实。

三、地方高校内涵式发展问题

贺祖斌：“实现高等教育内涵式发展”是党的十九大报告中提出的，也是高校非常关注的话题，前段时间您在媒体上发表的一些观点，谈到地方高校的内涵式发展，我刚好也是在地方高校工作，对于这方面应该如何做？您认为地方高校内涵式发展需要注意哪些问题？

潘懋元：与内涵式发展相对的是外延式发展。最早提出内涵式发展，是针对高等教育大发展时期的规模扩张和新办大学而言的。高等教育大众化初期，不少高职高专有强烈的升格成本科院校的冲动，不少新建地方本科高校也想走研究型大学的发展道路，还有很多高校想复制、模仿清华和北大的发展目标与路径。在我看来，党的十九大报告提出的高等教育要实现内涵式发展，主要是要改变学校一味依赖扩大规模、依赖办学升格、依赖外延式发展模式的现象，侧重提高质量，尤其是提高教育教学质量。

贺祖斌：我也注意到，党的十八大首次将“内涵式发展”写入报告，并指出要“推动高等教育内涵式发展”，党的十九大更加明确地提出要“实现高等教育内涵式发展”，从“推动”到“实现”，不仅仅是表述上的转变，更需要理念和实践上的突破。对此，您如何看？

潘懋元：实现高等教育内涵式发展的本质是提高大学的办学质量，而教学的改革、创新、提高则是质量建设的核心，大学教师的发展是质量建设的基础。也就是说，大学教学文化是质量建设的核心，而大学教师发展是质量建设的基础。一个核心，一个基础，二者在质量建设上密切地联系在一起：优质的教学文化生态系统为大学教师所营造，而优质的教学文化生态环境激发了大学教师的发展。因此，在我看来，内涵式发展要求高等教育研究更加重视微观教学方面的研究。这是相对于宏观的政策制度方面而言的。教育管理部门所关心的主要是宏观的政策制度，但是真正提高教育质量要落实到微观方面。宏观的研究指明方向，微观如果缺乏宏观的指导，方向就会不明；但宏观需要通过微观来落实，不然只是空话。这些年来，教育管理部门主要解决的是宏观问题，当然也考虑了微观的东西，比如这些年来搞精品课程、建设教师发展中心等，就是微观的指导。但精品教材对大众化的应用型高校往往不太实用，其学术水平高而应用技术不足，不切合应用型高校。还有教学活动、学生指导等，都是具体的、微观的。宏观的政策制度可以通过文件下达而实现，微观则必须由高校和教师具体落实。现在有个很好的时机，就是各个高校成立教师发展中心。如何编写应用型课程教材，如何改进产学研结合教学，如何改进课堂教学，如何运用网络教学，这些研究要跟上。因此，地方高校的内涵式发展是多方面的。我认为，要考虑学校的学科专业建设、人才队伍建设，以提高人才培养质量为主，也要开展科学研究，主要是为地方经济社会发展服务等的科研工作。

四、地方高校转型发展问题

贺祖斌：从您的论述中，我感受得到您对应用型高校及应用型人才培养的关注，在我看来，地方高校向应用型转型也是实现内涵式发展的一个重要途径。关于地方高校的转型发展，我想再听听您的看法。

潘懋元：高等教育的转型发展是经济社会转型发展的动力和保证，这是一条漫长的道路，需要我们在研究上、政策上、实践上共同努力推进。

贺祖斌：您觉得现在高校转型发展面临的问题有哪些？

潘懋元：2016 年你在玉林师范学院工作的时候，主持推进了“广西应用型本科高校联盟”的成立，并同时召开了“广西应用型高校建设与转型发展高峰论坛”。当年你邀请我去参加大会，我也在大会上做了报告[①]，谈到了这个话题。与其说是问题，不如说是阻力，我认为转型发展所遇到的阻力主要集中在三个方面：一是思想认识落后和僵化，使得“重学术轻应用”成为办学者的主导思想，“求统一、排斥多样化”成为影响教育政策的思想；二是由于某些政策导向，以往办学重知识而轻能力，脱离了形势需求，落后于现实发展的需要；三是我们对高等教育转型发展的理论创新不够、经验积累不够、宣传推介不够，使得大家不明所以，难免感到焦虑、无所适从。转型发展虽是当下高等教育发展的共识，但仍存在觉得“不必转型”的倾向。比如，一些地方性的工、农、医、经、管性质的学校认为，自己本来就是培养应用型人才的，不存在转型问题；低水平的要转型，高水平的应当向学术型方向发展；工、农、医、经、管性质的学校可以转，文理类学校只能培养学术型人才；等等。转型发展涉及高校多达数百所，类型、层次不同，所以我们强调的是不同类型、不同层次、不同速度的转型发展。

贺祖斌：现在地方高校还有这样的困惑：一方面，要建设一流学科，学科排名上上下下都很重视，这代表着学校的声誉和影响力；另一方面，强调为地方经济社会发展服务。二者之间如何平衡和协调？如何破除阻力，真正把转型发展落实下去？

潘懋元：为地方服务，那才是最重要的。从国家层面来说，要转变体制机制，借鉴德国建立应用型科技大学的案例。需要从投资体制、招生体制，职称、奖励、话语平台等机制的转变上下功夫，并要保证所有大学公平地拥有改革发展权，每所大学都具有转型发展的话语权。从地方高校自身来说，要切实做到三个转变。一是理念上的转变，不要好高骛远，而是立足于服务地方。实现学校专业群与区域经济社会发展的产业链的紧密对接，有序推进转型发展，通过转型发展来做出贡献，以贡献求得地方的支持，实现学校发展与地方经济社会发展的良性互动。二是课程与教学的转变，应用型创新人

① 潘懋元．中国高等教育的转型发展［J］．玉林师范学院学报，2017，38（1）：48－50．

才通过应用型专业培养，应用型专业由专业课程体系构成，课程体系中的专业链要与产业链对应。课程、教材是转型发展的核心，传统的学术型精品课程、统一教材要转变为应用型课程和教材；传统的“以教为主”的传授方法，要转变为“以学为主”、课堂教学与实训并重，将教学、科研融为一体，以创新推动产学研的深度融合。三是专业教师队伍建设的转变，要有计划性、针对性地培养和发展“双师型”专业课程教师队伍。首先，教师要和学生一起参加实训基地的学习与劳动；其次，教师要多到对口的企事业单位挂职，并承担实际责任，锻炼才干；最后，学校应外聘对口企事业的工程师、技术员等到校任教并给予必要的帮助。

广西现在拥有非常好的转型发展条件，各所高校也没有好高骛远，而是立足于服务广西。比如，一些应用型高校在保持原有办学优势和特色的同时，通过学科专业调整优化，逐步实现专业群与区域经济社会发展及产业链的紧密对接，有序推进转型发展，积极而又稳妥。这类地方高校容易放下身段，克服“理念抵触”的弊端，积极通过转型发展来赢得在服务地方经济社会发展中的“有为”和“有位”。

五、地方师范大学协调发展问题

贺祖斌：自1999年我国高校扩大招生规模以来，地方高校经历了从规模扩张到内涵发展，从单科性办学到综合性办学等多重身份的转变。对于地方师范大学来说，您认为应如何处理其原有的教师教育优势和新发展中“顶天与立地”的关系？

潘懋元：这个问题我倒想请教您，现在很多省属师范大学都向综合性发展，听说除了军事专业之外，其他学科门类都有，所以我不知道现在的师范大学究竟是姓师范还是姓综合。您所在的广西师范大学是广西最好的大学之一，历史悠久，很有影响，现在的师范专业办得如何？

贺祖斌：作为地方师范大学，教师教育是我们的优势，师范专业和师范生还是比较多一点，跟其他的学校相比，我们还有一个职业技术师范学院。我们的师范专业还是依托在各相关二级学院，比如说化学专业就是师范专业，它依托在化学与药学学院；生物科学专业是培养中学生物老师的，办在生命科学学院；汉语言文学专业设在文学院；等等。整个专业设置的框架没有太大的调整，我校目前有本科专业79个，其中师范（含职业技术师范）专业38个，非师范专业41个。不管如何发展，师范是学校办学的底色。

潘懋元：那我明白吧。“师范”是个古老的名称，是培养学生作为模范，在清末《奏定学堂章程》《钦定学堂章程》中都有师范院校的重要位置。我们师范院校的办学者和教师们，首先要转变思想，要以办师范教育、当师范教师为荣，而不是总想把“师范”二字拿掉，大量办非师范专业。师范院校的优秀传统不能丢，并且要在传统的基础上不断创新，紧跟时代需求，培养出适应新世纪发展的教师。

贺祖斌：是的，我们学校的办学特色概括成几句话就是：教师教育的“领头羊”、人文强桂的“主力军”、科技兴桂的“生力军”和国际交流的“排头兵”。这既是学校办学特色，也是学校发展的核心竞争力。教师教育仍然是我们的办学底色和优势。

潘懋元：我以为师范教育是一种专业、职业教育，师范院校应该有“双师型”教师，他们一方面具有扎实的理论基础，另一方面具有丰富的教学实践能力和经验。学校要采取保障教师职业发展的措施，为教师提供理论和实践两方面的平台以供其学习和锻炼，从而提高其专业水平和职业技能。最重要的是教师应有荣誉感和幸福感。

新时代形势下，地方师范大学应向“多样化”发展。在教师教育领域强调多样性，就是强调多种形式办学，使得教师来源多元化；强调以多种模式培养师资，使得教师的素质结构各有不同；强调教师教育培养对象的多样化，使得包括各级各类教育教师在内的教师整体队伍能够实现专业化。只有切实把握并实践“多样化”的思路，才能真正应对处在不断变化中的教师角色、标准及相应的教师教育，才能及时跟上社会和时代的发展步伐，培养出高质量、专业化的师资队伍。许多“非师”专业，可以培养中等或高等职业教育的师资，使“非师”专业成为职业教育的师范专业。

关于师范大学的科学研究、学科建设与服务地方，也就是“顶天”与“立地”的关系，应该是在“立地”的过程中实现“顶天”，即学科如何结合地方经济社会发展的需要，为地方服务，这才是最重要的，这样二者都能获得好的发展。

六、高等教育既要培养自然人，也要培养“机器人”

贺祖斌：近年来，人工智能等科技产品越来越多地融入了我们的生活，并已成为经济增长的新驱动力。我也了解到您一直以来非常关注这一领域，您认为在人工智能时代背景下，高等教育在人才培养方面会是什么样的趋势？

潘懋元：您提的这个问题，正是我想要谈的。高等教育的任务是培养专门人才，现在我们已经面临着新难题、新任务。我认为，今后的社会，将由自然人和机器人（或称智能人）共同组成。因此，高等教育既要培养自然人，还要培养机器人，使之成为专门人才。培养机器人，事实上已经在进行中，主要是给它灌输知识，灌输数据，但是现在也已经开始培养机器人动脑筋。

贺祖斌：您这个观点非常新颖。您指的是智能化？

潘懋元：对，往智能方面发展。现在饭店送餐，机器人完全可以送。另外，无人驾驶汽车，厦门已经有了，但是现在还不敢在马路上行驶，对于今后的无人驾驶，你只要手机一按，汽车就开过来了。坐上去之后，你要到哪里去，按一下地名，就可以自动导航，可以开到你要去的地方。你下车之后，车就自己回到库房里去了。你再要用的时候，按一下手机，它就又来了。这样的智能汽车已经在测试中。今后，自然人做不到的，机器人能够做，同样，自然人干不了的坏事，它也能够干。试想，机器人往智力方面发展而又没有伦理来制约的话，会出现什么后果？这样会紊乱的。所以在机器人的培养上，要用法律控制，要有伦理的制约。机器人同自然人共同生存于新的社会中，如何和谐共处，还必须具有新的社会伦理道德以及生活能力，这需要前瞻社会进步趋势，通过设计者对机器人进行道德教育、情感教育、美育等，使之与自然人和谐共处，共同推动未来社会的发展。培养机器人，现在主要倚重脑科学知识与信息技术。随着脑科学的发展，将自然人的大脑及其活动技能复制到机器人身上，不是不可能的。如何教育好机器人，将是多学科专家在未来时代的新任务，如何把机器人培养为专门人才，将是高等教育所面临的艰巨任务，但也开辟了广阔发展空间，需要众多专家通力合作。这是一个全新领域，也是一个新问题。

贺祖斌：感谢潘先生，耽误您这么多时间来讨论我们共同关心的问题。

（感谢黄令、蒲智勇为本次访谈进行录音整理。）

高等教育体制改革

访问尼泊尔（1979年）

在探索的道路上前进[①]

在高等教育领域中，许多问题有待于探索。有的是世界性的问题，如：在新的技术革命浪潮中，高等教育如何适应经济社会发展的需要；如何发展学生的智能，培养有创造才能的人才。有的是中国特殊的问题，如：适应社会主义商品经济发展，教育体制如何改革；如何转变传统教育思想，推进教育改革和教学改革；如何坚持“三个面向”“四项原则”，加强高等学校思想政治工作；以及如何实现校长负责制、教师聘任制、办学自主权；等等。这些问题的解决，无疑地既要借鉴国外先进经验，又要符合中国国情。

广东地处中国南大门，得风气之先，在国际交流、开放搞活方面，一向走在前头。《高教探索》创刊两年来，在这方面做了不少有益的工作，特别是在传播国外和我国港台地区新的高等教育信息，探索高等教育改革与发展战略上，不但为广东省高等教育事业服务，也为全国提供了值得思考的观点与新鲜的经验。在全国众多高等教育研究刊物中，有自己的特色，做出了贡献。

当然，作为“探索”，一般来说，还是处于“假设”阶段。有些观点与经验，还有待于理论的论证与实践的检验。在理论论证上，既要重视科学性，又要注意可行性。科学性是指符合高等教育发展的规律，缺乏科学性的设想即使一时可行，从长远观点看未必可取；可行性是指符合中国国情，缺乏可行性的方案，即使在科学性上无可非议，实际做起来也难行得通。而一切理论的论证，终归还要通过实践的检验。

---

① 原载《高教探索》，1987 年第 1 期。

探索精神是可贵的，要敢于设想，敢于创新；论证与检验的过程是艰苦的，要有周密的思考与顽强的意志。祝愿《高教探索》在探索的道路上不断前进，取得更多的成绩。

关于深化高教管理改革及其理论研究的思考①

——在1990年全国高等教育管理改革研讨会上的发言

全国高等教育管理研究会本届年会在辽宁丹东举行，是有特殊意义的。新中国第一部高等教育管理专著是在辽宁出版的，近十年来，辽宁的高等教育管理研究活动也特别活跃，研究成果十分丰富，对全国有很大影响。在这里举行大会，无疑可以让我们有机会亲自向辽宁的同志学习。

就全国来说，高等教育管理理论，在高等教育科学各个分支学科中，也是研究活动最为活跃、研究成果最为丰富的领域。近十年来，广义的高等教育管理，包括高等教育体制与结构、高等教育发展战略、高等教育规划、高等教育评估等的研究，有计划有组织地进行了多次大规模的、系统的调查研究，出版了许多专著，发表了大量论文；狭义的高等教育管理，从高等教育领导与管理的原理原则、高等教育的运行机制，到宏观高等教育管理体制、高等学校内部管理的各个系统，如教学管理、科研管理、人事管理、信息管理、财务管理、总务管理，都分别进行了专门的研究，写了专论，出版了专书，成立了研究会，尤其是总务管理系统，诸如宿舍管理、伙食管理、物资管理等，也有不少论文甚至专著。并且不少研究成果已经转化为有关领导部门的决策与高校的办学实践。如此盛况，不但在中国是前所未有，在国外似也未闻。

为什么高等教育管理在高等教育科学各个分支学科中是最为活跃的研究

① 原载《辽宁高等教育研究》，1991年第1期。

领域呢？因为领导重视，群众欢迎。为什么领导会重视，群众很欢迎呢？正如陶增骄同志在其高等教育管理改革十年回顾中所说的，因为高等教育发展需要管理改革，管理改革需要理论指导。别的分支学科也是高等教育发展与改革所需的，为什么高等教育管理一枝独秀，开得最欢呢？由于这一学科的理论与实际的关系最为紧密、直接，应用性最强，能够更快更易地转化为高等教育发展与改革的决策与办学实践；也由于在当前高等教育改革中，管理的问题很多，不解决这些问题，整个高等教育改革就很难顺利进行。高等教育要改革，首先要求管理科学化。而我们的高等教育管理研究，的确也在管理科学化上迈出了可喜的步子。

但在高等教育研究中，关于坚持社会主义办学方向和坚持理论联系实际上，也还有一些值得商榷的问题。关于前一个问题，我这里所指的不是说我们高等教育管理研究有鼓吹资产阶级自由化的言论，至少我所看过的文章没有这种言论。我所指的是近年来有些管理研究，生搬国外的管理理论、模式、方法，而轻视或忽视我国办社会主义高等教育许多成功的、有效的管理经验，只顾短期的经济效益而不顾长期的教育效益。在当前和具体条件下，办学不能不顾短期的经济效益，但不应由此而影响长期的教育效益。例如把主要力量放在为本单位（学校、处、科）的创收上而忽视为教学、科研、群众生活服务，更谈不到管理还有育人的任务，就是方向不太对。关于后一个问题，我所指的如何把管理研究的正确的、有效的成果转化为办学实践。有些研究文章，只是纸上谈兵，不考虑是否可行，如何实行。科研成果与实践应用中间还有一个过程，或称中间环节。这个中间环节我们过去很少研究，也不太重视。但如果缺乏这个环节，研究成果就很难在办学实践上起作用，勉强用行政手段推行，效果不好。

举一个例子说。最近我读了一篇高等教育管理的“科研报告”——“关于高校领导决策过程的科学化”。文章论点是决策过程的反馈系统应当与执行系统分开。文章先谈依靠执行系统反馈信息存在的缺点问题，然后谈非执行系统反馈信息的优点，最后结论是必须建立独立的反馈系统。文章洋洋洒洒，引洋论中，但无新意。因为这个道理，在一般管理学教科书都是这样说，当校长的一般也都懂得这个道理。问题在于为什么独立的反馈系统很难建立，即使形式上建立了而不起作用或不太起作用。这才是实际上所要解决的问题。如果只是重复再论证独立的反馈系统的必要性、优点等，充其量也只能是一种可能性，而不是现实性。从可能性到现实性中间的条件、困难、问题等，如果不研究解决，再充分的论证也只是脱离实际的空谈。

决策的优化，不在于获得十全十美的决策方案，一般来说，这种十全十美的方案是不存在的，都只是寻求相对比较优化的方案。相对优化的方案，有种种优点，但也可能存在某些缺点、问题，它的实施可能产生某些负效应。只有不讳言缺点、问题、可能的负效应并预为之谋，防止或减轻它的消极影响，才能做到心中有数，知难而进。就拿上述的例子来说，独立的反馈系统，在实施中，不但有困难，有问题，而且在某种条件下还可能产生负效应。如果对优点“充满信心”，而对困难、问题以及可能的负效应心中无数，等到实行时缺点、问题出来了，就只好停止、改变。这可能就是政策多变的原因之一。

我偶然读到一篇文章，举作例子，无非是说，管理研究，一定要联系实际，要深入到从理论到实际的中间环节。既要看到一个决策方案的优点，还要尽可能研究理论转化为实践的困难、问题与可能产生的负效应。这样，我们的高等教育管理研究成果就不但有科学性，而且有可行性了。

市场经济与高等教育筹资政策[①]

一、问题的提出

中国的高等教育在过去15年中发展较快，普通高等学校和成人高等学校在校生已达到376万人，初步形成了多层次、多形式、学科门类基本齐全的体系。然而，从总体上看还比较落后，还不能适应加快改革开放和现代化建设的需要。突出的问题是投入不足，教师待遇偏低，办学条件差。如何解决这个问题，以往在计划经济体制下，主要思路是：稳定高等教育规模，等待经济发展为国家增加财政收入。也许在计划经济体制下，这一突出的问题尚不至于酿成学校办不下去的严重后果。而在市场经济条件下，却明确要求高等教育必须积极探索新路子，多渠道筹集资金，才能使规模有较大的发展，结构更加合理，质量和效益明显提高。尤其是当前，价格放开使得高等学校各项费用骤增，人才市场活跃更使得教师队伍不稳。许多学校的领导人以及教育主管部门均感到压力沉重、形势逼人。

中共中央、国务院印发的《中国教育改革和发展纲要》强调指出，必须坚持教育的改革开放，努力改革教育体制、教育结构、教学内容和方法，大胆吸收和借鉴人类社会的一切文明成果，勇于创新，敢于试验，不断发展和完善社会主义教育制度；必须充分发挥各级政府、社会各方面和人民群众的

① 原载《中国高教研究》，1993年第6期。作者：魏贻通，潘懋元。

办学积极性，坚持以财政拨款为主，多渠道筹措教育经费；必须从我国国情出发，根据统一性和多样性相结合的原则，实行多种形式办学，培养多种规格人才，走出符合我国和各地区实际的发展教育的路子。上述原则无疑是十分正确的，但却有个如何理解的问题。对当前我国高等学校各种各样的“创收”活动的评价，人们的看法就颇不一致。诚然，就眼前效应来说，各种各样的“创收”路子均有助于缓解学校经费的困难，改善办学的物质条件，提高教师的生活水平，稳定教职工队伍。但是也有不少学校虽通过创收多少增加了一点教职工的实际收入，却严重地冲击了正常的教学秩序，明显地使一部分教师做好本职工作的责任心与注意力涣散。这使得许多为创收而疲惫不堪或力不从心的校长甚感不安与困惑不解。

这种情况也早已经引起教育理论界的密切关注，形成研究的热点，出现了各种各样的见解。其中有两种针锋相对的观点，一种是认为建立社会主义市场经济体制后，绝不能设想还可以像在计划经济年代那样依赖财政拨款办学。因而极力主张高等教育应当产业化，要尽快把高等学校推向市场，让教育服务商品化，按市场规律对其考验与调节。如四川、上海等地均有院校宁愿不要国家拨给经费，而要自主办学，以学养学。另一种观点则强烈要求明确教育改革的根本目的，高度重视高等教育的地位、作用、特点及其合理需求，增加财政拨款，从根本上解决高等教育投入严重不足的痼疾，否则在社会主义市场经济条件下，低投入的高等教育将不可能像在计划经济年代那样好歹总可以勉强支撑下去。一些难搞“创收”的师范院校和综合大学的基础学科，人心不安，后继乏人即为明证。

两种观点，都很难令人信服：第一种观点既不曾说明高等学校创收的能力有多大，也不好否认高等教育毕竟有其不同于市场规律的特殊规律；第二种观点也并没有说明财政拨款的能力与责任有没有限制，国家财政能否承担得了。

研究我们国家今后一个时期内的高等教育筹资政策，至少必须弄清楚如下三个问题。第一，在市场经济条件下，高等教育经费来源有哪些，各种渠道可能占有多大的比例。第二，我国目前高等学校种种创收活动中哪些是有利于发挥高等教育功能因而值得大力提倡的；哪些是有利有弊应当加以引导，设法去弊存利的；哪些是弊大于利或有弊无利必须加以防止的。第三，如何才能沟通各种筹资渠道，并充分发挥财政拨款的主导作用。

他山之石，可以攻玉。下面先让我们就有关问题，进行一番比较研究。

二、国外的经验

建立社会主义市场经济体制是我国经济体制改革的既定目标，它已深入人心，成为亿万人民的共识。实践证明，市场取向的改革，是社会主义发展经济的必由之路。改革的基本方向就是在社会主义制度下，引进市场机制，更多地发挥市场的作用，有效地把有限的可以掌握、支配、利用的人力、物力、财力和土地等资源配置到社会需要的众多领域部门、产品和劳务的生产上去，以产生最佳的效益，最大限度地满足社会的需求。就资源配置方式而言，市场经济与计划经济是相对应的概念。我们既要从后者转变为前者，就要注意学习和借鉴市场经济发达国家、新兴工业化国家以及某些发展中国家的经验。

然而，我们不能不惊奇地看到，同样的市场经济的国家，高等教育领域内的资源配置模式却是五花八门、千姿百态的。

以生源的配置来说，法国的安托万·勒韦匈就曾经指出一个反差十分强烈的事实：法国高中生抗议升学选拔，并终于获胜；日本高中生却不得不忍受高考炼狱之苦楚①。与此同时，人们还会看到法国、德国的学生几乎都享受免费的高等教育，而日本、美国的大学生却大多要缴纳昂贵的学费。然而不管怎么样，所有工业国的学校体制最终都会相应地为社会培养出领导者、管理干部、技术员、工人等。由此可见，市场力量的作用对于高等教育领域内的资源配置模式的影响是有限的，还有政治制度、社会文化与高等教育自身的传统等各种因素的制约作用。这种情况在资金配置方面显得尤为深刻。

福建师范大学的许明同志对国外高等教育经费模式进行比较研究，得出

① 勒韦匈．国外上大学的方法［J］．云蔚，译．江西教育科研，1987（5）：73－76.

了几点结论，比较符合实际情况。①

兹转录如下。

第一，各国的高等教育经费模式是与所在国的政治、经济、科技、教育、文化传统和高等教育管理体制等多种因素相联系的，不是只受其中任何一种因素的完全支配。例如，在相同的模式中可以有不同社会制度的国家（苏联和法国），相同的社会制度的国家又可分属不同的模式（英国和美国），同是发展中国家又可属于几种不同的模式（阿尔及利亚、巴基斯坦、智利和印度），同一模式又往往包括了发达国家和发展中国家（日本和菲律宾）。由此可见，一个国家高等教育经费政策的选择和发展，应从本国的具体国情出发，根据自身的政治、经济、科技和教育等因素的特点、需要和可能来制定合理的高等教育经费政策。

第二，不论高等教育经费是属于哪种模式，各国均把保证高等教育投资看作是国家政府的一项基本职责。在这一前提下，有的国家政府对高等教育经费负担的比例要大些，有的略小些，但共同点均是要保证本国高等教育事业的继续发展和扩大。这说明高等教育在当代社会生活各个方面所起的巨大作用已为各国政府所重视，并且转化为具体的政策措施。

第三，高等教育经费来源渠道多样化模式是一种比较合理的选择。在西方发达国家中，大多出现了从二战后至20世纪六七十年代大幅度增加高等教育经费，到70年代末至80年代相继削减这方面的经费的现象。这种高等教育经费政策的调整不能说明这些国家的政府对高等教育重视程度的减弱，而是说明了以财政拨款来解决高等教育的经费已变得越来越困难，甚至影响到高等教育的进一步扩充和发展。正是处在这样一种形势下，近年来西方国家纷纷鼓励高等教育面向市场与工商企业，在科研和办学方面进行服务与合作，以拓宽教育经费来源。

从我国的情况来看，长期以来的实践证明，单一靠国家办高等教育的格局影响了我国高等教育事业的进一步发展。所以，对于现阶段的我国高等教育事业来说，应在肯定国家承担高等教育经费这一基本职责的前提下，制定

① 许明．国外高等教育经费模式的比较［J］．外国教育研究，1990（4）：46－50.

必要的政策，鼓励多渠道、多形式的办学方式，不断拓宽教育经费渠道，以利于我国高等教育事业更快地向前发展。

这里有必要对许明同志的第一点结论做一点补充。即虽然苏联与法国均可以采取国家政府单渠道直接分配教育经费的模式，但苏联并不能，而法国却可以转变为经费来源渠道多样化的模式，归根结底，这还是由计划经济与市场经济这两种不同的体制所决定的。

当然，以上得出的还只是一种定性的结论。究竟各国政府的主观愿望及其政策在多大程度上已经或有可能变成现实，可以用一些实际数据来证实。

在市场经济发达国家中，尽管高等教育的经费来源是多渠道的，但大头还是政府拨款。就公立高等学校来说，所占比例均高达 70%~80%（美国的数字中包括校产收入部分）。而学杂费在公立高等学校收入中所占的比例，美国为三分之一强一点，日本为三分之二弱一点。由于美国私立高等学校多为文理学院与名牌大学，所以学杂费十分昂贵，已非一般家庭所能负担得起。日本多为短期大学与专修学校，这些学校所收学杂费不高。联邦德国的学杂费在高等学校收入中所占的比例是最微不足道的。英国虽占 10% 左右，但因为有 90% 的大学新生享受“地方教育行政当局”的助学金，故实际上仍为公款支出。这里可顺便提一下法国的情况，法国高等学校的收入几乎全部来自政府拨款，除此之外，法国还有 18%~20% 的高校学生领取政府发给的助学金，总额约占整个高等教育经费的 10%。法国的学区还负责安排学生的吃住。学生食堂收费很低，只相当于社会上价格的 20% 左右。其余由国家补贴。至于高等学校的其他服务收入，除了美国较高，为 14% 外，其他各国均只有 5% 左右，可见高等学校创收之艰难。

从理论上说，在市场经济条件下，企业家必将越来越重视科学研究对提高企业效益与劳动生产率、更新产品与技术、增强企业活力与竞争能力的促进作用，因而愿意与高校合作，利用高校的师资条件进行开发研究与技术改造。为此，他们舍得拿出钱来资助高等学校。可是有关资料表明，在发达国家中高等学校的研究与开发经费主要来源还是由政府提供的，美国占 89%，英国占 78%，法国占 98%。联邦德国科学研究协会支配的科研基金约 90% 是资助于大学搞科研。① 这是否从另一个角度说明了大学的科研虽然应当有面向市场为企业服务的一面，但社会赋予它的更重要的职能还在于必须进行高水平的尖端技术与基础性的研究，以及与教学相统一的研究，从而为社会提供影响更为深远的“一般的社会生产力”和更富于创造力的高级专门人才。

上述资料说明市场经济发达国家高等教育经费中政府拨款的比重很大。但必须注意的是这一比重并非从来如此，亦非从此不变的。此外，这里反映的只是总体的、一般的情况，对于不同类型的高等学校来说，差别很大，各种经费来源渠道的意义也大不相同。举例如下：

英国在很长的时期里，学杂费在高等学校收入中占据较大的比重。20 世纪初才开始发生变化。1920 年，政府的资助与学费各占 1/3 左右。半个世纪后，政府部门提供的经费增至 80% 以上，而学费则降至 10% 以下。后来又出现提高学费，减少政府助学金的打算，却受到来自高校、学生和家长的强烈反对。

在美国，尼克松曾许诺“不使任何一个有能力的学生因财源贫困而被排斥在高等教育之外”，但里根政府却大力削减联邦政府提供给学生的补助金和贷款。里根政府的管理与预算办公室顾问斯岛克曼的主张是“如果人们要进入大学，那么就得尽量出资”。1985 年美国教育理事会政策研究与分析协会也预言“让山姆大叔承担大部分负担的时代已去矣，而开展多渠道投资，提供合作投资的新时代已到来”。不过，卡内基教学促进委员会却警告说：高等教育与企业界之间的协作也必将“有损于高等学校自身的利益，在科研方面偏重于商业和工业的优先地位，可能意味着……高等教育的职能（例如争取教育的平等权利、财政责任、主持社会公正等）将化为乌有”。面对近年来出现的学费上涨，教师工资下降，攻读高级学位的学生减少，进入教师队伍的人更少等严重情况，美国联邦教育部已呼吁各州立法部门通过一定法规提高大学教师的工资。

然而，美国企业界毕竟给美国的高等学校特别是一些名牌大学以有力的支持。资助的形式主要有以下三种：第一，直接拨款或提供合同研究经费；

① 刘昌明. 国外高校科研经费的来源［J］. 情报科研学报，1989（3）：6－7.

第二，捐赠设备或以优惠价格出售企业产品；第三，设立各种奖励基金。有些大学，如加州大学伯克利分校，从企业界和私人渠道得到的资助甚至超过了政府的财政拨款。与企业界有选择地资助名牌高等学校的做法一样，美国联邦政府科研经费也是集中使用的。据统计，美国高校科研资金的90%为几百所能够授予博士学位的大学所有，85%为排名在前100位的大学所有，50%为排名在前25位的大学所有。①

一些新兴工业化国家与发展中国家的高等教育经费构成情况也与上述市场经济发达国家相类似，甚至还有过之。例如新加坡政府拨款占90%，学杂费仅占3%（医学专业）到17.6%（财会和商业管理专业）。泰国政府拨款占85%~95%。学费、国内外捐助及学校资产收入等所占比例都很小。然而就具体的大学而言，情况却大不相同。拿朱拉隆功大学来说，1979年政府拨款仅占49%。红十字基金会存款利息为23%，资产赢利为22%，学费为3%，奖学金亦为3%，总共收入为3 000多万美元，比我国任何一所大学都多。巴西政府使用的集资办法有：①建立全国教育基金会。其构成不仅有政府的预算拨款，还有企业和事业单位的赠予、金融机构的贷款和国际组织的资助。②建立"教育工资"制度。政府从各单位按工资总额的1/12征收教育经费。③筹集社会资金。如从联邦彩票、体育彩票、法人所得税、欠税罚款等款项中提取一定份额用作教育资金。韩国则大胆利用外国贷款来促进教育的现代化，从1985年到1996年，投向高等教育的外国贷款已达3.18亿美元。

上述国外的经验尤其值得我们引以为鉴的有以下几点。

（1）不论义务教育或非义务教育，提高人民的文化素质与培养专门人才，都是综合国力的基本组成部分，都是国家的职责。为了加快国家现代化建设进程，发展高等教育事业已经成为各国政府的一项重要行政职能，而提供高等教育经费之最主要的来源渠道也已经成为各国教育财政的一项基本职责。政府拨款一般占公立高等院校经费收入的80%以上，这是世界各国的普遍经验。我国当前财政困难，鼓励各校多方筹集资金，以减轻政府重担，教育界是能理解的。但认为"非义务"教育就非国家的"义务"（职责），要由受教

① 刘昌明. 国外高校科研经费的来源［J］. 情报科研学报，1989（3）：6－7.

育者负担，在理论上缺乏根据，在实际上行不通。

（2）在市场经济条件下，民间办学的潜力比较大，大力发展私立高等教育事业是多渠道筹集高等教育经费的最有效办法。如印度尼西亚、菲律宾等国高等教育的发展很快，主要是私立院校，而有的私立院校的学杂费收入可高达经费收入的60%以上，甚至更高。

（3）在市场经济条件下，为减轻纳税者的负担，对公立高等学校的学生可酌收学费，但最高也只达到经费收入的13%左右。大多数国家都只有5%左右或者更低，而且政府还得相应地为来自贫寒家庭的学生提供助学金或贷款。

（4）在市场经济条件下，企业界对于高等学校的资助是高等教育经费来源的一条重要途径。资助总数量虽然不多，一般不会超过高校经费收入的10%，但往往集中于少数名牌高等学校，对维持与提高这些学校的水平具有重大意义。而来自政府的科研基金依然占高校科研经费的80%~90%，也集中投向少数名牌高等学校，以期收到重大的使用效益。

（5）在市场经济条件下，人力资本的投入受到人们的普遍重视。高等学校应该而且可以让出一部分人、财、物力提供有偿服务，如为企业培训员工、给成年人以再教育等，以获得一定的服务收入。从个别学校来说，可能超过学费收入。但是要避免学校日益成为商业世界的一部分，致使其社会职能被扭曲。

（6）私人、校友会或社会团体的捐献、馈赠也是大学的一个重要经费来源。在市场经济条件下仍然不可忽视，以美国来说，这方面的资金就占了高等学校经费收入的7%左右。

（7）为了发展高等教育事业而尽可能增加税收，争取世界银行贷款，不惜举借数亿美元的外债资助高等学校，在许多发展中国家，实践证明不失为明智之举。

总之，在市场经济条件下，一个国家筹措高等教育经费的渠道很多，可能性很大。重要的是能否制定出符合教育内、外部关系规律的合理而妥当的政策。

三、对于当前一些创收活动与主张的评析

长期以来，我国高等教育体制在高度集中的计划经济体制下，高等学校

完全缺乏自主能力，躺在国家财政身上“等、靠、要”的弊病十分严重。曾几何时，随着市场取向的改革不断深入，国家处于新旧体制转换的困难时期，高等学校逐渐发现指望靠政府增加财政拨款来根本改善办学条件和提高教职工的生活水平，在近期内显然是不大现实的。随着高等学校办学自主权的逐步扩大，高等学校参与各种经济活动的合理性为社会所认可。于是乎，创收成了高等学校最令人关心和最热门的话题，甚至以创收的多少为衡量学校工作的首要评价标准。创收多的学校受称赞，抓创收有成效的校长被拥护，能创收的系、教研室和教职工评先进、提职称。真可谓“金钱面前人人平等”。殊不知学校并不等同于企业。企业以经济效益为首要目的，高等学校则以培养人才、发展科学和促进社会文明进步为神圣使命。这使命能够直接反映为经济效益的实属少数。虽说人才是有价值的，但人才毕竟不是商品。人才既不属于培养人才的生产者所有，也不可能拿到市场上去实现等价交换。虽说科学技术是第一生产力，但高等学校的科研成果更多地属于一般的社会的生产力。能立即见效而得到企业界报酬的未必比长期起作用而得不到任何报酬的更有价值。虽说促进社会文明进步应该收取应有的服务收入，但有时这种作用恰恰是针对社会的陈规陋习做斗争，因而往往并不为社会所理解。可见高等学校的办学效益如何，应有其特殊的评价标准，绝不应该简单地以眼前的经济效益来衡量，否则攻其一点，不计其余，足以扭曲学校的性质。

总之，对当前高等学校的创收热是可以理解的，但对创收活动的评价却不能简单化、片面化。

事实上，当前有些高等学校的创收活动，虽然为教职工改善了一些生活待遇，但却严重分散了教职工的精力，甚至由于分配不公而挫伤了相当一部分教师的积极性，影响了学校的风气和学校群体的凝聚力。例如，由于各部门占有的条件不同，创收所得不尽合理，肥瘦丰歉反差相当大。似此如何不导致一些教师的心理失衡？

学校的创收与分配虽属于学校自主权范围内的事，却还得靠有关的政策与立法来加以规范。

我们认为应该得到政策鼓励与扶植的创收活动有以下几个。

（1）建立高科技产业。它可以发挥高校智力资源的优势，创收效果明显，可缓解高校的经费困难。当然这只有科研条件先进的技术性高校才能办到。扶植它们充分发挥自己的优势，实际上也就对国家做出了巨大的贡献。如能在其周围建立起高科技工业园区则其影响更为深远。

（2）组织科技人员，面向经济建设，大力开展技术开发、推广应用和咨询服务，推进科学技术在生产领域的应用，加快企业的技术改造，直至与企业联合开拓“新的产业、新的技术领域、新的产品和新的市场”。但要处理好校内校外的关系，避免冲击教学与科研，也要避免有的教师长期脱离教学科研岗位，把自己混同于企业的技术人员。

（3）适应经济建设的需要，满足社会的要求，积极挖掘潜力扩大办学规模，在保证高等教育结构更加合理，质量和效益明显提高的前提下，尽可能地多招收各种类型的自费生、代培生和应用类在职研究生。但多招生能否创收，这里面有个边际效益问题；同时，收费要合理，不能超过一般家庭的承受力，这些都要经过认真论证，精心安排，不可盲目扩大招生，以致降低学校的整体水平。

（4）充分利用学校的师资力量与办学条件，积极开展成人高等教育、自学辅导以及与企业合作为企业培训职工，但必须避免对学校正常教学秩序的冲击，严防出售文凭等现象发生。

（5）建立各种附属机构，如附属医院、设计院、会计师事务所、律师事务所等。但要加强管理，科学安排，避免与教学科研产生冲突。

（6）有组织地开展各种社会服务，部分教师与科研人员经过学校批准可在校外兼任教学科研及其他专业技术工作。但其分量不能过重，按照一些国家的有关规定，其兼职工作收入不可超过学校发给工资之一半，以免本末倒置。至于个人擅自外出兼职则应严格制止。

以上均是与高等学校本职工作有关的创收活动。开展得好其意义就不仅在于增加收入，而且能够为社会做出应有的贡献，并与正常的教学科研工作互相促进。此外，海内外热心教育事业人士的捐赠，建立基金、奖学金、奖教金等，更应大力表彰。

我们认为政策可以允许，但要加强引导与规范的创收活动有以下 2 个。

（1）学校后勤部门的创收。必须明确后勤部门是为教学科研服务的机构，只能在满足教学科研需要的前提下进行合理的创收活动。尤其要坚持服务育人，切不可以师生为“创收”对象，加重师生的经济负担，误导师生的消费倾向，以及影响校容校风与教学生活秩序。

（2）房地产开发。在许多国家房地产收入均是高等学校经费收入的一个重要来源。所谓无商不富，不搞房地产生意则成不了大富。然而学校毕竟是学校，其所拥有的房地产多为国家无偿拨给或由私人及各种社会团体捐赠，用以发展高等教育事业的。因此学校的房地产开发，要有一定的限制，并严格管理，避免违法乱纪与滋生腐败。

以上均是与学校本身有着密切联系的创收活动，开展起来得失利弊皆有。如何兴利除弊值得学校高层领导密切关注，科学决策。

我们认为当前存在于某些学校而必须坚决加以制止或劝阻的创收活动有以下4个。

（1）挪用教学科研经费搞证券交易，组织教师炒股票等。

（2）与私人企业挂钩，出借学校招牌，开办名义上的校办企业，从中获益，而使私人企业得以偷漏税收或得到其他各种好处。

（3）利用职务，巧立名目，关关设卡，收取“手续费”“代办费”等名目繁多的费用，加重师生负担。

（4）各部门利用学校房屋、设备，私自出租，以及其他种种“化公为私”的行为。教职工摆摊设点做小买卖或利用职务之便捞外快。

以上均是有弊无利或弊多利少的创收活动。有的创收活动不利于教师的生活、工作与形象，有的甚至还触犯了国家法律，切不可听之任之。

当前，关于高等学校如何创收的问题，有些同志提出了实行“有偿分配”“完全自费”与“建立贷款制度”等建议。对此，我们的看法如下。

（1）关于“有偿分配”。所谓“有偿分配”，它的理论前提一是大学毕业生分配制度，二是人身单位所有制。前者正是我国为适应市场经济当前正在改革的重要环节，从分配制度改为“双向选择”“自主择业”的就业制度已是必然的趋势；后者与市场经济的原则背道而驰。在人才劳务市场上的交换，是劳动力与工资的交换而不是人身所有权与货币的交换。再说，大学毕业生所具有的知识与才能，并不只是靠大学阶段培养的，有偿分配的所得在大、中、小学间应当如何分配呢？主张者认为我们的大学生是公费培养的，分配到公有制企业，无可非议。现在许多大学生进入“三资企业”、私营企业，不能让它们白白占有了培养费。其实，培养大学生的“公费”本来就来自于财政拨款，而政府财政收入的主要部分是税收，各种企业（包括公有制和私有制）都得纳税。所以世界上许多国家不管是公费培养还是自费读书的大学生均没有“有偿分配”一说。同时，实行“有偿分配”，往往阻碍了人才的合理流动，从而不利于高等教育与人才市场的接轨，不利于引进竞争机制以改革高等教育。至于用人部门或企业，为了帮助高等学校办学而自愿捐资助学，则另当别论，但也不应规定价码，强行索取。

（2）关于“完全自费”。所谓“完全自费”的含义很不明确：可以理解为取消公费，一律自费；也可以理解为高等学校的办学经费全部由学生负担；还可以理解为一律按自费生（当前一般为每年收学费 3 000 元左右）收费。无论哪种理解，都应结合中国国情，慎重考虑。当前我国高校的经常费，各类高校虽有所不同，但一般生均在 4 000 元至 6 000 元，如此巨额，显然超出农村、山区以及大多数依靠工资收入的家庭的经济承受力。而且世界各国，如上所述，除少数私立高等学校外，也没有让学生负担全部办学经费的。美国的私立名牌大学，不少收费超过 1 万美元，其学费收入也仅占大学经常费的 37% 左右。我国即使一律按当前的 3 000 元左右收费，学费收入占经常费的 1/2 至 2/3，也远超过大多数国家的收费比例。青年上大学，既是自身发展的需要，也是国家发展的需要。学习是一种艰苦的智力劳动，在一定意义上说，是为国家奉献青春年华并准备做出更大的贡献，不能认为只是个人受益。因此，想以“完全自费”来一劳永逸地解决高等教育办学经费问题，既非世界市场经济国家的通例，也不符合中国的国情，还可能导致高等学校招生变“择优录取”为“择富录取”。

（3）关于“建立贷款制度”。有的同志认为“建立贷款制度”后，就可以解决“完全自费”造成的入学机遇不平等的问题，还可以减轻政府的财政负担。这有一定的道理，也是许多国家所采取的办法之一。但是，从一些国家的经验来看，不宜寄以太多的希望。1963—1964 年度印度就开始了国家贷学金计划。可是偿还率始终只有 10% 左右。而且追回的贷款有时比索款的花费还少，偿贷也就变得没有意义了。[①] 在英国，银行也不愿卷入大学生贷款事务。美国的情况也一样。美国于1972年开始建立学生贷款制度，到1988年1月，33位大学校长及权威人士组成的“美国迎接挑战委员会”，在《致美国第41届总统的建议书》中，呼吁要继续设法减少毕业生之不偿还贷款的现象。然而低收入毕业生的增加也使得让学生偿还贷款的理由难以立足。只有给予更充足的拨款才能真正缓解对贷款的过分依赖。

以上可见，当前我国高校的种种创收活动还有待于清理整顿，使之早日走上健康发展的轨道。而关于开辟新的创收渠道的种种设想，有的是不可行的，有的则理由不充分或者并不像主张者所说的那么乐观。总之，各种“创收”途径，要充分论证，评断得失利弊，避免一哄而上，不顾后果。要缓解我国高等学校的经费危机，主要的途径还在于增加财政拨款。

四、关于筹资政策的几点建议

（1）增加政府的财政拨款。国家财政尤其是中央财政的困难很大。然而，“两个增长”的允诺与4%的指标必须千方百计实现，以免失信于民。在中央财政困难的情况下，是否可以先用地方财政来解决一些问题。例如，广东省委、省政府决定，大幅度增加对高等教育的投入，除省财政正常拨款的高等教育经常费和基建费随经济的增长而增长外，从1993年起，每年拨出相当于上年全省第二、第三产业财政收入的1%用于教育事业。其中用于高等教育的部分，可相当于正常财政拨款的2倍。每年拨出专款用于高校重点学科的建设，支持中央部门所属高校的学科建设和发展，中央部门所属高校教职工的生活补贴亦由省财政负担。北京市政府也决定增收各大宾馆、旅社的“床板费”，用以解决高等学校的经费不足问题。广东与北京的例子也启发我们思考：征收附加税，应当分别对待。有的税收已经较重，多征附加税，势必影响国计民生，而高消费商品与高消费服务，如洋烟、洋酒、高档化妆品、高

① 迪拉克. 印度的大学生货款［J］. 邓耀彩，译. 外国高等教育资料，1993（2）：9－14.

档服装、高档筵席、高档舞厅等，征点附加税，不过九牛一毛。对于以高消费为“殊荣”者，还可以显得更加“潇洒”。

（2）目前全国房地产开发公司已骤增至4 000家，房地产经营公司已近5 000家。共出让国有土地2 000幅，总面积逾5 000万平方米，出让总金额50多亿元。联想到美国的“赠地法案”，是否可以规定承租土地者需向高等学校赞助若干资金。每家房地产开发公司与经营公司亦需向高等学校赞助若干资金。显然，房地产的增值部分有相当比例应归功于国家投入的基本建设和人力资本，是应该回收一些给培养人才的高校的。

（3）有资料表明1991年上半年，全国44个重点城市社会集团消费猛增24.9%，总额达160.5亿元，全国全年增加的总额有400亿~500亿元，对增加的部分征收10%的税，亦有40亿~50亿元，岂不可观。

（4）据称全国每年偷税、漏税、逃税的税款已经超过2 000亿元。如中央能做出规定，各地以上年的基数为准，多征的部分统统归地方所有，但需拿出20%拨充高等学校经费。则如仅追回一半的税收也就有1 000亿元，其中的20%亦有200亿元。

（5）当前，让各校扩大招收自费生的办法，容易导致各高校生源总体质量的普遍下降。尤其是一些重点院校新生入学成绩相差几十分、上百分，不利于组织教学，严重影响培养人才的质量，急需尽快加以纠正。为了保证重点，是否可以考虑采取保住重点，放开一片的办法，即扩大一些重点院校的计划招生名额，一律由国家拨给培养费。这样，这些重点院校既扩大规模，挖掘办学潜力，又可不必降格以求招收低分数的自费生。对另一些高等学校则更放开一些，减少计划招生名额，让其多招自费生。

（6）实行差别收费制度。目前，我国地区间的贫富差别已经十分明显，不同地区的学生交纳一样的费用，甚不合理。因此，国家可统一规定不同地区生源的缴费比例。来自富裕地区但有一定困难的学生可向当地政府申请补助。

以上浅见，仅供参考。

走向社会中心的大学需要建设现代制度①

一、大学走进社会的中心是历史的必然

农业经济时代，高等教育的地位游离于经济社会之外，因为农业和手工业生产主要靠个体经济而不需要高深知识，士大夫既不懂得也看不起生产知识。工业经济时代，高等教育逐步走向经济社会，为工业生产提供服务，知识在经济发展上的重要性也逐渐为人们所认识。但高等教育始终停留在经济社会的边缘，因为知识（主要是科技和管理知识）只是作为“间接的生产力”或“潜在的生产力”而不是直接的生产要素。虽然20世纪以来，许多教育家和大学教授，主张大学应走进社会中心，甚至宣称已经成为社会中心，但只是一种良好的愿望。只有在知识经济微露端倪之际，人们才看到，良好的愿望有成为事实的可能——不但是可能，在知识经济时代，大学走进经济社会的中心将是历史的必然。因为知识经济是以知识为基础的经济，知识成为生产力的内在基本要素，发现、传播和利用知识的人才成为推动经济和社会发展的主要力量。这种经济形态的出现是生产力发展的必然结果，大学成为经济社会的中心也是高科技发展的必然结果。

建立在知识基础上的知识经济是一个完整的系统和统一的经济活动过程。知识的发现、传播、分配和使用直接纳入了经济和生产活动的范畴。也就是

① 原载《现代大学教育》，2001年第1期。

说，大学的三大基本职能活动都成为经济活动的一部分，而且是基础性、战略性的部分。美国经济学家马克卢普认为，在社会进入后工业时代的条件下，知识产业成为最重要的生产部门。作为传播知识、生产知识和开发知识的大学，必将成为社会和知识产业的核心部分。这不是一个人的愿望，而是历史发展的必然。

二、进入社会中心的大学肩负着重要的历史使命

首先，大学应成为社会经济发展的人才库。知识是人发现的，也要靠人来开发利用。知识经济所凸显出来的，表层上是科学和技术，背后实则是人的精神力量。可以说，知识经济是以人才为中心的经济。我国的现代化发展战略需要大学成为人才库。一方面大学本身要拥有一个德才兼备的高水平的人才群体；既有一批高科技人才，又有自然科学、技术科学、社会科学、经济科学、管理科学、思维科学等各个学科、各种类型的人才与之配套，形成合理的人才结构；既能胜任应用研究和技术开发，又能胜任基础研究、前沿研究以及战略研究，并且能对整个经济的发展、社会的进步起主导作用。另一方面，在知识经济时代，最核心的竞争力是创新能力。产品与生产方式要不断创新，相应地，经济体制的运行机制，以至思想观念、思维方式，都要不断创新。因此，高水平的人才应当具有很强的创新意识和创新能力，同时，具有坚实的理论基础。高尚的道德修养、理想信念、意志情感等方面的高素质都是创新能力的基础。大学要成为高水平人才的摇篮，需要在全面素质的基础上，着重发展大学教师和学生的创新精神和创新能力。

其次，大学应成为社会经济发展的知识库。在人们震惊于科技知识的进步对经济社会的发展的巨大贡献而展望知识经济时代时，已经有人担心知识本身会成为发展的瓶颈。一旦知识的传播与开发、利用能力不足，整个社会、经济发展都有可能陷入停滞。在市场竞争中，能够源源不断地获得新知识，并将其转化为新思路、新技术、新工艺、新产品、新管理方式等的国家和企业将处于有利地位。因此，不论全人类，还是一个国家、一个企业，都需要知识库作为稳定可靠的新知识来源。这归根结底是一个知识生产能力问题。

大学作为主要的知识生产机构，要作为知识库，担负起源源不断地提供新知识的使命。

再次，大学要成为知识产业的孵化器。把知识当作一种战略资源，新知识（包括基础科学知识）本身就有经济价值。国外许多大型高科技企业不惜斥巨资资助和直接从事应用研究以至基础研究，原因正在于此。但即使在知识经济时代，新知识（特别是基础科学知识）能够直接实现的经济价值都是十分有限的。知识的经济价值的充分实现，还有赖于进一步形成新的思路，开发新的技术、工艺、管理方式，形成新的产品和服务，并大规模地推向市场。知识生产包含一个多级开发链。在我国，针对市场需求的知识产品与服务的开发和经营还是一个薄弱环节，并极大地制约了大学知识资源的经济价值的实现。硅谷、128 号公路带、剑桥科技园、中关村等的实践表明，大学应该也能够成为培育知识产业的孵化器。

最后，大学应成为经济社会发展的思想库。在知识经济时代，科技将显示出比以往任何时候都更强大的威力。它在为更多的人带来更好的物质生活条件的同时，迅速而剧烈地改变着人们已经习惯了的生存环境，也给个人已经形成的行为模式带来巨大的冲击。使人们在利用科技的同时，有一种被科技所反制的危机感，其负面影响至今尚未得到充分评估，但已经受到关注。人们希望发扬人文精神，以形成强有力的思想引导，防止人类的发展单纯被科技所左右而失去方向。这样的思想只能是在借助于人类已有的全部思想精华，以避免当前的种种问题的产生。大学具有人文资源和文化环境的优势，并致力于整理和保存人类优秀的思想遗产。从这种意义上讲，大学已经是一个思想库。但我们需要的绝不只是死的思想资料库，而是一个充满生机的，不断孕育新思想的活的思想库。没有任何其他机构比大学更能胜任提供新思想，批判旧传统和引导社会发展的重任。

三、建立现代大学制度是大学完成其使命的需要

可以说大学还远没有为完成这些使命做好准备，就大学制度来说，还存在种种不能胜任新使命的缺陷。大学制度包括组织机构、决策机制、激励机

制、资源配置机制、工作机制（包括科研、教学和社会服务活动的运作模式）和制度创新机制。

在组织机构方面，院校合并形成的巨型大学中组织机构重复设置、运转不灵的混乱状况还比较严重。即使只是院校内涵的急剧扩张也会强烈要求进行机构调整。但如何设置机构才能使大学胜任日益多样和复杂的使命，提高知识生产效率？是增加管理层次，强化科层管理，还是减少管理层次，增强基层活力？

在决策机制方面，教学、科研、社会服务等基本职能活动的决策，尚缺乏有效的沟通与协调。现在的大学制度还不能克服院系和职能管理部门决策的狭隘性，往往是各行其是，不能保障大学决策的科学性和协调性。为了适应知识价值的多级开发的需要，大学应该建立怎样的决策机制？

在激励机制方面，学校的产权（所有权、经营权、利益分配权）结构还不能激励社会投资办学，不能激励大学校长成为高等教育事业家，不能激励教师积极开展教学改革和合作研究，这都是大学提高知识生产能力的障碍。

在资源配置机制方面，人事管理制度还不利于人才的合理流动，知识资源的系统管理还没有提上议事日程。跨院系、跨学校乃至跨国配置和利用教育资源和研究资源还有许多障碍。这些都不能适应知识生产的基本要求。

在工作机制方面，我国大学的课程生成系统还有待科学化，教学模式还基本上是传统的，既未充分利用现代信息技术，也不能适应培养创造型人才的需要。

在制度创新方面，中央集权的管理模式只鼓励大学执行上级决策，不鼓励大学自主创新，创新活力受到抑制。大学制度改革的理论研究还相当薄弱，束缚着大学的制度创新能力。怎样的权力结构才有利于提高大学的制度创新能力？还有待于理论研究与实践探索。

大学要完成其使命，还有许多制度方面的问题需要解决，而且没有现成的解决方案。开展现代大学制度研究，促进大学制度现代化，是我国大学完成其使命的需要。

大学城将是高等学校成为经济社会中心的重要基地[①]

对事物的认识，有一个逐渐加深的过程，对大学城的构建也如此。

一所大学，在某一个地方建立，除了师生之外，许多与大学有关的生活、服务以及大学延伸的科研机构，逐渐兴起，构成一个社区或一个城镇，这是国外的模式。一块空地，许多大学的高楼大厦在短时间中拔地而起，有计划地引进生活、服务行业，既热闹，又幽静，令人惊叹，这是中国当前许多大学城的模式。

除日本筑波大学城外，国外的大学城是自然形成的，包括牛津、剑桥、哈佛等大学所在地，以及麻省理工学院所在地波士顿市坎布里奇镇等地的大学城都是如此。国内的大学城多是有目的、有计划地构建的。构建大学城的原因主要有二：①为了解决高等教育大众化问题，如东方大学城，就明确提出是为了解决28万大学生的就读问题。②为了促进地区的高科技发展。如深圳的大学城，就是为了引进国内外重点大学进行研究生培养与开发高科技项目，目的性也很明确。至于其他的大学城，如上海松江大学城、沈阳南北两个大学城，以及许多正在构建的大学城，有的目的很明确，有的则两者兼而顾之，有的只是把许多老大学搬到一起，希望能资源共享。构建大学城大体上有四种类型：第一种是大众化的，第二种是为高科技化的，第三种是力图从大众化到高科技兼而有之的，第四种是现有的大学摆在一起力求资源共享的。从这一初步的理性认识，有条件建立大学城的，只要不是一哄而起，对

① 原载《高等教育研究》，2002年第2期。

于发展高等教育事业，总是好事。它的好处可能比合并更快；它的困难可能比合并较少，因为它的体制是松散的“独联体”，而不是集中统一的实质性合并。

如果只以第一步的理性认识来制定大学城的发展战略，可能把新大学建起来，把老大学搬进来，就是大学城的建设任务了。大学城的建设是否还有更深层的意义呢？而且这种深层次的意义，在制定大学城规划之初，就要有所考虑。

21 世纪将是知识经济的时代。知识经济时代的特征是以知识为经济发展的基础，以高科技（广义的）为经济发展的核心，以知识创新（科技创新）为知识经济的灵魂。拥有知识，拥有科技，拥有高科技人才，而且能不断创新知识和科技的大学，在知识经济时代，将可能从经济社会的边缘，走进经济社会的中心。

在工业经济时代，工业需要知识，需要科技，需要科技人才，也需要科技的发明、创新，但必须将知识转化为科技人才，将科技物化为生产工具，知识才能参加到生产中，创造物质财富。拥有知识、科技、创新、创造发明能力的大学，只能够将自己的科技成果转让给企业；而科技人才只有离开大学之后才能成为生产力要素。因此，大学始终只能在经济运作过程的边缘。而知识经济时代，知识、科技是生产性的资本（物的资本仍是需要的）。那么，大学所拥有的知识资本、人力资本，可以直接转为生产力要素，直接进入生产过程，直接成为经济运作过程。也就是说，大学将从经济社会的边缘走进经济社会的中心。

如何进入经济社会的中心呢？产、学、研相结合，应是一条途径。我们过去的理解是学校科研机构找企业来合作，把科研成果转让给企业，培养出来的人才，毕业后到企业工作；或反过来，企业向科技机构提出研究课题，向大学要适用人才。这仍然是在边缘。应当是产、学、研一体化，不仅是合作，而且是一体化。大学城、高教园区、高科技园区打成一片，你中有我，我中有你。大学城是一种好的组织形式。

大学城这一种组织形式，展现了新的高等教育图景：企业出资办大学城，企业家投资办大学、企业家当董事长，学校办科研，科研机构也培养人才。

把企业、学校、科研机构统一为一个整体，大学也就直接参与到经济运转过程之中。这个一体化的大学城、高教园区、高科技园区，将是高等学校成为经济社会中心的基地，也可能就是实现科教兴国战略、实现后工业社会的现代化建设的最重要的组织形式之一。因此，制定大学城发展战略时要考虑如下问题。

（1）大学城应当作为知识经济的产业来办。进入大学城的大学，不论新建或老校，都要具有适应产业化的经营管理体制，建立自主经营的机制。不论以大众化为出发点，或以高科技精英教育为出发点，都要建立适应市场经济和高等教育产业发展规律的新体制。

（2）尽可能吸引国内外企业投资兴办大学城，不能完全依靠政府投资。不只是为了减轻负担，更重要的是为了有利于产业运作。全靠政府投资，只能办成一个巨型的大学，很难进入产业运作的过程。政府应该投入，但最终要放手，让社会、企业来投入。在开始阶段，政府多投资一点给公共设施是必要的，但在其后的发展中不能都依靠政府，而要进入市场。

（3）要把政府、企业、学校的力量结合起来，给学校、企业以高度的自主性，政府主要是起指导协调的作用而不能直接管理。即使有也是服务性的管理，一般可设立管理委员会。管理委员会不是一级政府组织，而是相当于物业的管理、服务组织，大学城中的大学，不论是公立或民办，与管理委员会之间的关系都不是上下级关系。

大学城应是以“大学是主体，企业是主要投资者，政府起支持、指导、协调作用，采取市场运作、产业化经营、社会化服务的新模式”。

教育如何产业运作[①]

20 世纪 70 年代末，人们热烈讨论的问题是教育是否具有生产力属性；80 年代中至 90 年代初，人们讨论的焦点是教育应否适应商品经济、市场经济；如今，人们更加关注的是教育是否应当作为一种特殊的产业来运作以及如何运作。这些，都是教育，尤其是处在教育领域前沿的高等教育在一定发展阶段需要解决的关键性问题。而问题出现的顺序，既体现了中国高等教育改革与发展的规律，也反映了人们对于高等教育性质、功能认识的逐步深化。

高等教育应否产业化、能否产业化，是高等教育进一步发展，尤其是实现高等教育大众化和发展民办高等教育必须解决的问题。虽然高等教育的许多领域已经自觉不自觉地按产业运作，甚至有的已按企业经营。但其是非得失，仍应在理论上有个说法，否则制定政策缺乏理论支持，也不利于高等教育改革和发展。

高等教育产业化的理论基础是什么？人力资本理论、产业经济理论、知识经济理论，是否可以导出高等教育产业化的命题？

高等教育产业化的时代背景与社会条件是什么？为什么这个问题在民办高等教育发展时期、在加入 WTO 后特别凸显？它的外延应当包含全部高等教育或者只是部分高等学校（如民办高校、中外合办的高等学校）？

在高等教育产业化的进程中，可能出现哪些理论的、实际的问题？产业化是否与教育的公益性不能并存？是否违反教育自身的规律？是否违反教育

① 原载《光明日报》，2002 年 12 月 5 日。

公平原则？

西方发达国家的“教育产业”理论有哪些可以借鉴的？反对教育产业化的理由中有哪些合理的成分值得充分重视？

上述问题以及其他有关问题，大多在史秋衡博士的《高等教育产业的特殊性研究》一书中，或直接或间接地有所涉及。

作者认为，教育产业理念首先出自高等教育领域，与20世纪人力资本理论的发展有着比较直接的关系，高等教育产业化有其特殊性和必然性。从理论基础看，人力资本理论与产业经济学构成基本理论体系。从社会基础看，通过教育产业规划进行适当行政干预，缓和高校的财政危机，调整高等教育市场供求关系，政府、高校及市场在运行机制重构中做出了不同反应。从内在要求看，高校在产权、运行效率及市场机制的不足，使大学制度改革成为必然。政府适当干预、市场热心投资、高校明晰产权，将成为高等教育产业化的三大趋势，它使得人们对高等教育的本质和功能进行深刻反思，形成了高等教育运行机制改革新理论和新实践的基础。作者从理论基础、社会基础和内在要求三个方面进行研究，对高等教育产业属性进行了理论思考，分析了实现高等教育产业化的条件、途径及策略，指出了我国高等教育走产业化之路的客观性，进而构建了高等教育产业政策的基本框架。这些研究成果，可为有关方面制定相应政策提供参考。

作者的研究还显示，高等教育产业化存在过三种主要的实践方式：第一，计划经济体制下的高等教育产业。它作为国家产业结构的附属部分，以提高从业人员的素质和从业能力为出发点。第二，在市场经济体制下的教育产业规划。在其中，教育成为国家产业结构的组成部分，它是以提高高等教育的生产力和效能为目标的。第三，市场主导与行政干预相结合的教育产业运行机制。此时，高等学校引入了许多市场机制和企业管理方式。以上三种样式，都促使高等教育理念及高等学校运行机制，包括大学理念、教育管理方式、教育投资体制、学校产权意识、市场介入教育的途径等，发生巨大的变革，尤其是第三种方式弥补了前两种方式的明显不足。作者认为，产业化必然推动高等教育走向多样化，并日益融入学习社会之中。这从另外一个角度，勾画出了高等教育发展的未来走向。

公平与效率：高等教育决策的依据 ①

一、公平与效率的永恒性与现实性

公平（equity）与效率（efficiency），就其抽象性说，是人类社会永恒的理念。即使在远古年代，公平与效率还没有成为人类自觉的理念时，相当于公平与否、效率高低的某些意念，就往往被人们作为思考问题与采取行动的理性依据。公平、公正、正义、大同等概念经中外先哲提出之后，就成为社会的崇高理念和人类不断的价值追求。而近代工业社会以来，人们在追求公平、正义的同时，更加关注效率在提高社会生产力和促进社会物质文明进步中的意义。

抽象的公平与效率虽然是永恒的，但在特定的时代环境，对特定的事物来说，则是适时的、具体的行动准则。人们需要以公平与效率为依据，对具体事物进行理性的审视、理论的思考，做出尽可能准确的价值判断与价值选择，作为决策的依据。

教育公平与效率，是社会公平与效率的重要组成部分，一切教育的重大变革，几乎无不同公平与效率有关。以高等教育为例，当前许多重大的改革与发展问题，都可以而且应当根据公平与效率权衡利弊得失，做出判断与选择，作为教育决策的依据。例如，面向市场自主办学、高等教育资源配置、

① 原载《北京大学教育评论》，2003 年第 1 期。

高等教育大众化、大学生收费、招生与高考制度改革、高等教育结构调整、民办高校发展、重点大学与重点学科设置，以及女子教育、少数民族教育、弱势群体教育等不同层面的热点问题，都与教育公平、教育效率存在或明或隐的相关，都需要做出正确的价值判断与价值选择。基于正确判断与选择的决策，有利于高等教育的可持续的健康发展；反之，则可能导致资源浪费、效率下降、公平失衡，甚至影响教育秩序与社会安定。

高等教育理论工作者虽非决策者，但有责任根据公平与效率原则及其相互关系的规律，辨明利弊，权衡得失，为教育决策提供理论依据。

二、教育公平与教育效率的关系

公平是伦理学上的概念，效率是源于经济学上的概念，两者不属于同一范畴体系。从逻辑上说，公平与效率不是一对矛盾概念。但在社会现实中，它们是两个密切相关的概念。在一定情况、一定条件下，两者往往产生矛盾。因而从现实出发，人们往往把它们视为一对矛盾统一的概念，以便正确处理它们之间的现实矛盾。例如，在国家有限的资源条件下，是先发展东部，然后凭借东部的力量发展西部，还是东西部同时并进，把有限资源平均分配给东西部？同样，在教育资源有限的条件下，是优先发展重点大学、重点学科，加快高等学校学术水平的提高，在科学上赶上世界先进水平，培养一批高科技高质量专门人才，然后带动全国高等教育水平的提高，还是把有限的教育资源，平均分配给全国高校，或者着重薄弱高校的投入，缩小高校之间的差距？也就是说，在资源有限的条件下，公平与效率的矛盾是现实存在的。对现实存在的矛盾的认识与处理，并非所谓“认识的混淆、失误”①。

现实中的这对概念，既有矛盾的一面，也有统一的一面。应当更加重视其统一方面，力求缓和矛盾，加强统一。例如，高等学校面向市场自主办学，引进竞争机制，有利于提高办学效率。但是，可能是通过提高教育质量和管

---

① 高兆明．从价值论看效率与公平：再论效率与公平［J］．哲学研究，1996（10）：33－38．

理水平，进行公平竞争，也可能是采取不正当手段，导致不公平竞争。应当采取措施，防止、避免不公平竞争而鼓励公平竞争。又如，高等教育大众化，如果充分利用社会教育资源，调动各方积极性，为更多的青年提供上学机会，既实现了教育公平，又提高了教育效率。但是，如果重点大学大办成人高等教育、二级学院，就会导致教育资源分散、质量下降，以大众化冲击精英教育，使公平与效率处于矛盾冲突中。由此可见，教育公平与教育效率这一对矛盾统一的概念，协调得当，相得益彰，可以双赢；处理失当，矛盾激化，可能两败。

如何协调？教育理论工作者、政策研究者的任务，就是要在公平与效率之间，寻求它的“平衡点”，找出公平与效率的“最佳区域”，也就是“适度”。以学生收费问题为例。适度的收费，有利于增加教育资金，提高办学效率，也有利于多招学生，在更大的范围实现教育公平。但是收取学费必须了解一般家庭的承受力，否则不利于公平，也不利于高等教育生源的优化。1999—2001 年三年扩招期间，普通高等学校经费增加了 1.1 倍，其中学校自筹收入增加 1.7 倍，而学生学杂费增加达 3.1 倍，学杂费已达总经费的 25.6%，占自筹经费的 54%。① 高等学校收费一般达年生均 4 000 ~ 8 000 元，远远高于农村居民人均纯收入，相当于城镇居民的人均可支配收入，而且还有继续上涨趋势。城乡贫困家庭的优秀青年，因交不起学杂费而上不了高等学校的为数不少。一般来说，学生交费的“度”，应定于 75% 以上的家庭能够自行承担，对于 25% 以下家庭有不同程度的困难，以奖助和贷款的方式帮助解决；如果太多的家庭不能承担（例如 50%），奖助、贷款解决不了，势必导致公平与效率失衡。又如，高等教育发展的规模速度，也应当“适度”。如何掌握“适度”，是个很复杂的问题。因为“度”的内含因素，有经济、文化、历史等。但经济是基础，经济增长速度对高等教育发展速度的影响最为重要。因此，可比照经济增长的速度以调节高等教育发展的规模速度。又因为高等教育培养人才有一个相当长的周期，所以应当有一个超前量。这就

① 胡瑞文，等．中国高校扩招三年大盘点［C］//公平与效率：21 世纪高等教育国际学术研讨会论文集．厦门大学高等教育发展研究中心，2002：190.

是“适度超前”的原则。假如以GDP为经济增长的计量标准，则GDP年增长率为7%~8%时，高等教育的发展速度可考虑为8%~9%。[①] 如果据此考察近年来中国高等教育发展的规模速度，则1997年以前发展太慢，而1999年以来的三年扩招太快。无论太慢或太快，都不利于教育公平与教育效率的实现。

三、公平优先与效率优先

当公平与效率发生矛盾时，为实现公平而置效率于不顾，或为追求效率而置公平于不顾，都不足取。面临一时无法协调化解的两难问题，决策者的选择只能是公平优先、兼顾效率，或效率优先、兼顾公平。这种选择，要根据实际情况及其进程，权衡利弊而定。在经济社会转型时期，对改革与发展问题，一般采取的是效率优先、兼顾公平的原则，以加快改革与发展的步伐。例如，在经济政策上，先向发达地区的东部倾斜，让一部分人先富起来；在高等教育政策上，设置重点大学、重点学科，启动“211工程”，以便在国际科技竞争中迎头赶上。当然，所谓“优先”，也应当“适度”：首先，要“兼顾”而不是不顾，效率优先要兼顾公平而不是制造不公平。其次，要根据进程及时调整政策。政策的调整，不仅是为了避免矛盾激化，更是为了寻求更高层次上的公平。

这是因为，公平与效率不是同一层面的概念，也不是同一层次的价值。从人类社会发展的终极目标来说，公平的价值高于效率的价值。公平，体现平等、公正、人权等基本理念，是人类社会最高的理想与信念；效率则是体现现实的利益、效果，是人类社会生存与发展的必要条件。社会主义现代化建设最终的价值追求是公平，通过效率的不断提高以实现更高层次的公平。例如，在经济政策上，当向东部倾斜时，就要兼顾老少边穷地区的扶贫；当东部发展到一定水平，能够更好地帮助西部开发时，就要倒过来向西部倾斜，从而在公平的原则下，提高国家整体的经济水平，全面奔向小康。一部分人

① 高兆明．从价值论看效率与公平：再论效率与公平［J］．哲学研究，1996（10）：33－38．

先富起来之后，就要采取某些政策，如提高累进税率，加强扶贫解困力度，等等，最终达到走共同富裕的道路。在高等教育政策上，重点大学、重点学科的设置与建设，首先是为了尽快地提高国家的科技水平，最终是为了以点带面，提高全国高等教育的质量和学术水平。

人类社会的终极目标是追求公平，但必须不断提高效率。如果不提高效率，所谓公平，只能是低层次的公平。原始社会的分配是公平的，但没有人愿意回到原始社会生活去；历代农民起义的口号之一是“均田地”，但均田地并不能使社会的文明进步得以持续发展。一碗饭，两人吃，饿不死也吃不饱。“不患寡而患不均”，作为革命口号有其鼓动作用，作为建设思想则是错误的。20 世纪 50 年代末的“大跃进”和“教育大革命”，对要在 15 年间普及大学教育，遍地开花办高等学校，造成了极大的浪费和破坏。即使到了今天，高等教育大众化发展速度如果太快，教育资源严重不足，也会降低教育质量。低水平的公平是平均主义思想，不断提高效率的公平才是社会主义建设的价值追求。

四、公平与效率的主观认识与客观标准

公平与效率①，都是相对性的概念，对它的认识与判断，往往受社会群体或个人的价值观及切身利益所制约。因此，对同一事物，不同地区、不同阶层、不同群体与个人可能有很不相同的认识和判断；从不同的角度看同一事物，也可能有不同的认识和判断。例如：全国统一高考，从“分数面前人人平等”角度看是公平的，但表面的公平往往掩盖了实质上的不公平，对于来自农村基础教育水平低、家庭经济条件差的考生来说，入学机会是不公平的；不同地区，按不同的分数线录取，在高中发达地区降低分数线是不公平的，在高中不发达地区适当降低分数线则是公平的。大学生按一定标准收费是公平的，但对于家庭贫困的学生则是不公平的；如果像过去一样，大学生一律

① 这里所指的效率，不只是指经费上的投入—产出的效率，而且是指泛化了的社会效率。

免费入学，对于所有能进高校的学生来说是公平的，但由一部分人享有全体纳税人所提供的教育资金，从社会的角度看，则是不公平的。高等教育大众化，使更多的青年能够上学，从而不断提高社会整体教育水平和增强综合国力，是既公平又提高效率的；但如果发展过快，教育资源的供应跟不上，或重点大学大量扩招，冲击精英教育，只顾数量，不顾质量，则是降低效率，对于精英教育来说，也不公平。再如，公立高校大办二级学院，同民办高校争夺生源，分散公立高校教育资源，是公平还是不公平？是提高教育效率还是降低教育效率？高校大规模合并，巨型大学林立，是提高办学效率还是降低办学效率？这些都有不同的说法。

那么，公平与否，效率高低，有没有客观标准？绝对的标准恐怕是没有的，而相对的标准可能是有的。公平的相对标准是对大多数人的公平，效率的相对标准是对国家、对社会、对个人的长远效益。公平与效率的共同相对标准，则是发展。“发展是硬道理”，发展才能获得效率，提高效率；发展才能达到高层次的公平。公平与效率，在发展中得到统一。在高等教育领域，也是如此。

公平是人类社会崇高的理念，探求真理的学者最关心的是这一崇高理念的实现；效率是现实的效益，务实的领导管理干部更为关切的是效率的高低。从不同的角度，探讨公平与效率问题，有助于开拓思路、集思广益。但不论学者、管理者，都应当既关心公平，又关心效率，这样就有更多的共同语言来探求两者之间的平衡点，解决公平与效率的矛盾。

2002 年 9 月底厦门大学高等教育发展研究中心举办的“公平与效率：21 世纪高等教育国际学术研讨会”，参加的都是高等教育理论工作者。从所收到的中外学者 58 篇论文看，讨论教育公平问题的 29 篇，讨论公平与效率关系的 21 篇，讨论效率问题的仅 2 篇，其他 6 篇。讨论公平问题的多于讨论效率问题，强调教育公平的重要性的多于强调效率的重要性，这是符合学者的思想实际的。但在面对现实问题讨论时，还有必要强调效率在高等教育改革与发展中的重要性。

教育主权与教育产权关系辨析[①]

加入世贸组织（WTO）以后，我国的教育开放度更大了，不仅要面向国内社会主义市场，而且要面向经济全球化市场。中外合作办学事业也将更加蓬勃发展。但在新形势下，在中外合作办学中，维护国家教育主权是一个严肃而艰巨的任务。教育主权是国家主权的组成部分，是每一个主权国家都必须坚决维护的基本权力。为了在中外合作办学中更好地维护教育主权，而又能促进合作办学事业的健康发展，必须准确地弄清楚教育主权这一概念的内涵与外延。其中一个关键问题，就是弄清教育主权与教育产权的关系与区别，对教育主权重新审视并加以界定。只有从理论上分清了教育主权和教育产权，我们才能更好地运用像 WTO 这些世界组织的规则、规范和运作方式，以及各参与方在这个组织内的权利和义务，并以此制定本国相应的法规和制度，在合作办学中既维护国家教育主权，又明确教育产权，这样才会有利于合作办学的发展。

一

我国已经加入 WTO，并对教育服务贸易做出了部分承诺。承诺的具体内容如下：除军事、警察、政治、党校等特殊领域的教育和义务教育之外，我

① 原载《中国高等教育》，2003 年第 6 期。本文系作者在一次研讨会上的发言，由黄建如副教授协助收集资料和整理成文。

方在初等、中等、高等、成人及其他教育服务等5个项目上做了承诺，允许外方为我提供教育服务。在教育服务提供方式上，按《服务贸易总协定》（GATS）的规定，主要有四种提供方式，即跨境交付、境外消费、商业存在和自然人流动。对这四种方式，中国有的承诺，有的不承诺，有的承诺而有所限制，具体说：对跨境交付的教育服务（主要指网络课程付费）未做承诺，也就是不准任何方式的准入；对境外消费的教育（主要是出国留学）承诺而不做限制，让我国的学生将有更多的机会赴国外留学，也将会有更多的国外学生来我国学习，这不但可以加强国际人才的交流与合作，而且可以为我国培养更多的国际型人才，这也是向国外传播我国优秀文化的重要途径；对商业存在（指外国在中国办学），只承诺中外合作办学，而不一定给予国民（同等）待遇；对自然人流动，只承诺具有一定资格的外国人应中国学校聘用或邀请，可以来中国提供服务。

在四种服务提供方式中，最为复杂的是商业存在中的中外合作办学的问题。1995年，中国政府根据形势发展的需要，颁布了《中外合作办学暂行条例》，这对推动中外合作办学的发展和规范合作办学事业起了积极的作用。但是，在中国加入WTO后，显然有些规定已不适应新的形势需要。而合作办学在加入WTO之前已大量涌现，加入WTO之后发展更快。截至2002年12月24日，我国已有中外合作办学机构657个，其中经国务院和教育部批准的、可以授予学位的合作项目有95个。我国有26所大学被国外大学授权开办工商管理硕士（MBA），我国还与欧洲在上海合办管理学院等。合作办学对我国高等教育的发展所带来的益处是很明显的。

首先，中外合作办学不但可以使我国的高等教育投资主体多元化，更重要的是我国可以成建制、成系统地引进国外先进的名校、名学科、名专业，让我国的学生不跨出国门就可以得到留学的某些受益，为我国培养熟知国际经贸活动规则和文化教育交流惯例的国际型人才，使我国高等教育能更好地培养国际竞争人才。其次，国外高校在课程设置的国际化、教学管理人员的招聘国际化及其在开拓国际市场方面有着丰富的经验，这些经验将通过中外合作办学机构引入我国，成为我国高校在改革管理体制和教学的方式、方法等方面的一个强大的推动力，会促使我国的高校改革内部管理体制，在专业、课程的设置、新型人事制度的形成以及科研资助等方面与国际较好衔接。最后，由于中外合作办学的存在，将有越来越多具有专业知识的高级人才进入合作办学机构就业，他们有更多参与国际交流的机会，这将为我国培养出更多的国际化人才。

但是就目前的情况而言，加入WTO以后，西方高校凭借其资金、人才以及良好的国际声誉纷纷抢滩我国教育市场，在中国设立合作办学机构。他们将会抢占一部分国内教育市场，造成一部分高校的优秀生源和其他方面资源的流失。而在目前条件下我国高校要开拓国外教育市场还有相当难度，也不可能大规模地在国外设立分支机构。因此在合作办学这一方式上，我国高校明显处于劣势地位，而且，随着教育市场的进一步开放，西方的价值观和不符合我国国情的文化观念也容易渗透进来，使教育领域维护教育主权、维护中华优秀文化传统以及反对西化、分化的任务将更加艰巨。

因此，非常有必要根据新的形势制定新的条例。(可喜的是2003年2月19日，《中华人民共和国中外合作办学条例》已经由国务院审议通过,即将公布实施。)根据我国加入WTO后，对教育服务承诺的具体情况和GATS的有关规定和规则，处理好教育主权与教育产权的界定，分清教育主权和教育产权的区别和联系。这样，我们才能在合作办学中，既维护国家的主权，又明确产权归属，使之有利于合作办学的发展。具体说要处理好几个关系：①处理好维护国家教育主权与提高我国教育国际化水平的关系；②处理好坚持教育的社会主义方向与防止敌对势力利用教育交流进行政治、宗教、文化等意识形态领域的渗透；③处理好促进我国教育事业发展与适应世贸组织游戏规则的关系。这里存在许多具体的政策问题。例如，中外合作办学，已承诺外国可以拥有51%以上的股权，教育不同于企业，外国人控股是否会产生侵犯中国教育主权的问题，抑或外国人的控股只是教育产权而不是教育主权问题?又如，合作办学的营利问题、税收问题、投资收益的外汇问题这些将经常发生的具体问题，如此等等。而这些理论的或实际的问题，都直接或间接与教育主权与教育产权的界定有关。

二

主权是一定历史时期的产物，是以民族国家的存在为客观基础，并随历史发展而发展。1576 年，法国的近代资产阶级政治学者让·布丹针对当时欧洲各国正经历着由封建君主制国家向近代国家的转变，面对着来自封建领主以及教会的权力争夺，在其《国家六论》中首次明确提出主权的概念，并将其定义为“国家支配其公众和臣民的不受法律约束的最高权力”。欧洲 17 世纪中叶的《威斯特伐利亚和约》，以国际法的形式正式承认了国家主权原则，从而诞生了一系列近代意义上的主权国家，并形成了近代国家体系。[①] 随着欧洲面向全球的经济、军事扩张，促使国际社会进一步整合为相互依存的全球性的国际体系，主权概念也发生了变化。在国际体系中，只有获得来自国家外部的认可，该国所声称拥有的国家主权才是完整的、有意义的，由此延伸出主权的对外含义，即国家的独立自主。概括而言，国家主权是任何一个民族国家所拥有的对内最高的统治权和对外独立自主的处理国际事务的最高权力。

当代，出现了许多区域共同体和世界性组织，如联合国、欧盟、非统、东盟、WTO 等，它们均具有某种程度的监督权或控制权，他们制定的文件或规则，对该组织内的所有成员国均具有约束力。这些非主权主体所具有的权力，是以加入这些组织机构的主权主体（独立的主权国家）在平等基础上，本着互利互让、相互尊重主权、协商谈判共谋发展的原则做出的自主选择，也是主权国家为了适应国际社会的要求所做出的一种自主限制。因此，有学者把非主权主体所具有的权力称之为“共同主权”，这种共同主权的存在，标志着主权内涵的一次转变。共同主权将主权的有效范围由个别国家拓展到整个地区性国家集团，甚至包括世界上大多数国家。同时，主权概念也随着科学技术和经济的发展，国际一体化和经济全球化进程的加快，人们关注的焦点逐渐从政治、外交和领土安全扩展到了其他领域，如经济主权、文化主权

① 王逸舟．当代国际政治析论［M］．上海：上海人民出版社，1995：47．

和教育主权等。由此可见，主权、国家主权是一个历史的概念，它在社会历史的发展过程中不断地丰富和发展。

同样，我们关于教育主权的认识和界定也不应是一成不变的，也应当随时代的发展不断地调整和充实。目前，国内学术界对教育主权的界定有以下几种：①教育主权仅是指涉及教育根本事项的立法、行政、司法的最高权力，它与学校组织、课程标准等方面的权限或权能有所不同；②教育主权是一国自主地处理本国教育事务以及独立地处理与别国发展教育合作的事务的权力，具体地说可以分为教育立法权、教育投资权（教育规划）、学校审批权以及教育监察权等四种权力；③教育主权是一个主权国家具有的处理其国内教育事务和在国际上保持教育独立自主的最高权力，是一国处理教育方面国际事务的最高原则，但它也要求不违背国际法的基本原则，即相互尊重主权和主权平等的原则；④教育主权是国家主权在教育上的具体体现，是包容于国家主权之内的涉及教育事务的最终决定权，它不应泛指一般的国家教育权，罗列一般职权或权限很难完整地概括其内涵。

上述四种对教育主权概念的界定虽各有所侧重，但都肯定了教育主权是国家主权的一部分，是一国处理与该国教育有关的事务的最高权力，对内表现为一国处理其国内教育事务的最高权力，对外表现为其处理教育事务时的独立自主权。

教育独立是民族自立的重要标志，是国家主权的重要体现，因此，各国在处理有关教育事务时，都非常强调教育的独立性，在开放教育市场和对外合作过程中都持非常谨慎的态度，慎之又慎。《中华人民共和国教育法》第67条规定："教育对外交流与合作坚持独立自主、平等互利、相互尊重的原则，不得违反中国法律，不得损害国家主权、安全和社会公共利益。"

与教育主权密切相关的另一个概念是教育产权。

一般说来，产权是财产权利的简称，可理解为资源稀缺条件下人们占有和使用资源的权利，是人们（主体）围绕或通过财产（客体）而形成的经济权利关系。产权包括财产的所有权和由所有权派生的占有权、支配权、使用权、收益权等，广义的产权还可包括为实现上述权利所必须具备的各种权能和规则。教育理论工作者把经济学中的产权概念引入教育，用以分析教育领域中的产权关系。教育产权有广义和狭义之分，就狭义而言，教育产权即学校产权。

首先，学校产权是在一定国家教育权指导下，学校为履行教育职能而形成的一种财产权利。它经由一定的国家法律所认可，具有法律的权威性和强制性，是依法确立并受法律保护的权利。其次，学校产权是包括对教育财产的所有权、占有权、支配权、使用权及收益权等一系列权利在内的整体权利，但这些权利之间是可分割的，各项权利可分别归属于不同的产权主体。再次，学校产权既保证产权主体的产权利益和效用得到实现和满足，又要求产权主体必须通过尽责和努力才能实现上述利益和效用，是责任与权利的统一。最后，学校产权保证了产权主体具备使用教育资源的充分自由，但同时又要求其在行使自由时必须遵循一定的社会约束规则，不得侵犯其他产权主体的利益，是自由和限制的统一。

上述学校产权的种种性质、特点与国家教育主权的权威性、利益性、独立性等特征有某些相似之处，但是，教育产权和教育主权是属于不同范畴的概念，有必要对两者加以区分。

三

由于历史和观点的不同，人们对国家主权、教育主权的认识也不一样。就当前的中国来说，加入 WTO 后应如何处理好维护教育主权与促进教育的开放发展的关系，认识也是不一致的。概括起来有如下几种不同的观点。

（1）国家主权是完整的整体，神圣不可侵犯，不能分割，不能让渡。这是我们一贯的信念，也是一种纯朴的、凝聚国家意志的观点。教育主权是国家主权的组成部分，同样是不容许侵犯，不能分割、不能转让的。

（2）主权理论必须随着历史的发展而发展。在经济全球化、国际关系日益密切、共同利益与共同危害日益增加的趋势下，国际上出现了越来越多的世界性或地区性组织，如联合国、WTO、欧盟、东盟、非统……这些非主权主体的组织却拥有超于主权主体的监控权、控制权。它们所拥有的权力是主权国家为了更大的利益、长远的利益而自愿将一部分主权让渡给这些高于国家的国际组织的。因为，部分主权的让渡是国家自愿、自主地、经过协商谈判，本着互惠互利的原则互让的，并不影响国家的主权独立与主权的尊严。

（3）与此有关的另一种理论，认为主权具有层次性。主权的本质和核心是国家对内的最高统治权和对外的独立权、自主权。这一层的主权是国家一切权力的本源。这种核心的主权权力是绝对的，抽象的，排他的，不可分割、不能放弃、不能让渡的。而具体的主权权力，如教育主权、文化主权、经济主权是核心主权所授予的下属主权，是核心主权所派生的权力或核心主权在某一领域的具体表现。它是相对的、具体的、非排他的，可以自主限制、分割、自主让渡的。因而，在核心主权平等的条件下，国家独立自主做出的教育主权部分让渡、限制并不影响核心主权的独立自主。

（4）与第一种观点相同样，认为国家主权是完整的整体。所谓具体的主权（如教育主权）是国家主权的组成部分，同核心主权是不可分割的整体。因而同样是神圣的，不可侵犯的，不能分割，不能转让的。但过去对教育主权的界定，由于时代条件不同，可能较宽、较多。有些并非主权的含义（或因素），也被包含在内。在过去可能不明显，而在新的时代条件下，矛盾就突现出来了。例如，在原来的教育主权概念中，有的内涵可能是产权而不是主权，如控股权（51%以上的控股权）是产权，而不是主权。掌握51%的控股权，可以使用董事会的权力决定学校如何办，更有利于学校的发展，提高办学的效益。但合作办学的学校，必须遵守国家的宪法、教育法规和其他有关法规，遵照国家的教育方针办学，而且要接受教育行政部门的管理与监督，等等，所以并不涉及或影响国家的教育主权。至于与学校财产有关的问题，如营利问题、税收问题，都属于按国家有关规定的产权问题。也就是说，把教育主权和教育产权分别界定清楚，许多问题，就不涉及主权问题，并非放弃主权或危害主权。

我倾向于赞同第四种意见。陈至立部长在中国加入WTO之后所发表的《我国加入WTO对教育的影响及其对策研究》一文中，第一条就指出："维护教育主权的任务十分艰巨。教育主权涉及国家基本的政治文化经济利益，是每一个主权国家都必须坚决维护的基本权益。"因此，应重新审视"教育主权”的概念及其理论，分清主权与非主权权利，特别是分清主权与产权的区别是基本理论研究的任务。至于具体政策上还有一些可行性问题，则有待进一步的政策研究。

体制创新：宁波高等教育大发展的启示①

近几年，宁波高等教育，尤其是高等职业教育与民办高等教育获得了较大发展，并在全国产生了广泛影响。原因在于，宁波高等教育的这种发展不仅体现为数量的增加与质量的提高，更主要的是一种制度的创新，是一种高等教育在制度层面的重大发展。为了加强对实际情况的了解，2002 年 4 月 15—21 日，厦门大学高等教育科学研究所 2002 级博士生在导师潘懋元教授的带领下，在宁波进行了为期一周的学习考察。

一

由于种种原因，历史上宁波高等教育规模一直偏小，与当地经济的发达程度不相称。尤其是 20 世纪 90 年代以来，随着全国高等教育大发展的开始启动，像宁波这样经济较为发达的地区，高等教育供需之间的矛盾就更加突出。具体而言：

其一，产业结构的升级对劳动者素质提出了更高的要求，迫切需要高等教育提供充分的智力支持和人才支持。改革开放至今，宁波市已基本实现了由农业经济为主向工业化、由计划经济向社会主义市场经济的跨越，成为初具规模的新兴港口城市。1999 年，全市国内生产总值达到了 1 070 亿元，但

① 原载潘懋元主编的《中国高等教育发展的宁波模式：博士论文篇》，浙江人民出版社 2004 年版。作者：潘懋元，王建华。

是，高新技术产业产值对国内生产总值的贡献较低，只占7.3%。因此，调整产业结构，加速传统产业的技术升级，发展高新技术产业，提升产业层次，成为宁波经济的发展战略。

其二，富裕起来的宁波人民对子女接受更高教育的强烈渴望呼唤高等教育的大发展。近年来，随着经济的发展，宁波人民物质文化水平也有了较大提高。1999年，城镇居民人均可支配收入9 492元，农民人均纯收入4 798元。与此同时，人民群众对子女，特别是独生子女，接受高等教育的需求日益迫切。但由于原有高等教育发展相对落后，导致供需矛盾相当突出，全市高等教育毛入学率1998年只有8.8%，1999年虽有较大增长，但也只有10.5%，与全国平均水平基本持平，落后于同类城市。

其三，长期以来，宁波教育与全国许多地方一样，存在着较为严重的教育资源不足与教育资源浪费并存的情况。学校建设规模小、档次低，教育资源重复设置，办学效益低下。尽管经过努力，近年来学校规模已有扩大，但资源浪费现象仍比较严重。在此背景下，建设高教园区，可以通过校际资源的互通有无、师资之间的相互交流、学校学分的相互承认等，充分提高教育资源的利用效率，推进高校办学模式的进一步改革。

基于以上背景，“九五”以来，特别是第三次全国教育工作会议以来，宁波高等教育开始以超常规的方式迅猛发展，高等学校的数量发展到14所，即宁波大学、浙江大学宁波理工学院、宁波高等专科学校、浙江万里学院、公安海警高等专科学校、宁波广播电视大学、宁波教育学院、宁波职业技术学院、浙江工商职业技术学院、宁波服装职业技术学院、浙江医药高等专科学校、浙江纺织职业技术学院、宁波大红鹰职业技术学院和宁波城市职业技术学院。高校全日制在校生达到6.3万余人，各类成人高等教育的学生达到6万余人。高等教育的毛入学率由1995年的5%左右，上升到2000年的14.3%，超过了当年全国11%的毛入学率和全省13%的毛入学率，2002年为27.5%。

尤其要指出的是，近些年，宁波市高等教育按照“创新体制，激活机制”的要求，深化改革，走出了一条具有宁波地方特色的发展高等教育的新路子。万里教育集团率先进入高等教育领域，在原浙江农村技术师范专科学校的基础上建立“国有民办”的浙江万里学院，成为全省乃至全国的高等教育体制创新的排头兵，被誉为“全新的模式、独特的体制”。“万里模式”受到党和国家领导人的充分肯定和赞誉。宁波大学紧紧抓住高校扩招的机遇，吸纳海外“宁波帮”和民间资金，探索学校发展的新机制，成为全省第一个举办民办二级学院的普通本科院校。与此同时，为了快速实现高等教育与经济发展的协调发展，宁波市政府还投入了大笔资金建设高教园区，并已获得初步成效。

二

随着宁波高等教育，尤其是高等职业教育与民办高等教育的成功，“宁波模式”一词不胫而走。宁波在发展高等职业教育与民办高等教育方面的成功经验，被总结为“宁波模式”，开始不断被各种媒体以及学术杂志所关注。通过一周的考察，结合对前人已有研究成果的总结，概括而言，对宁波发展高等职业教育与民办高等教育的宁波模式可以归结为三点，即大手笔、新体制、有特色。

（一）大手笔

在雄厚经济实力的基础上，宁波市政府为了加速高等教育的发展，加大了财政投入，以大学城建设为契机，努力把宁波建设成为浙江省高等教育副中心。目前，宁波（鄞州）高教园区（南区）占地 6 500 余亩（1 亩约等于 1/15 公顷），总投资约 38 亿元，是宁波有史以来规模最大的教育投资项目。高教园区按照主体开放性、资源共享性、功能多重性，后勤社会化、信息网络化、管理法制化的“三性三化”的特点建设。到目前为止，已有浙江万里学院、浙江大学宁波理工学院、宁波服装职业技术学院、浙江医药高等专科学校、宁波大学卫生职业技术学院、鄞州四中心学校、宁波中学等 7 所院校落户。园区以高起点规划、高标准建设、高效能运作为原则，全面开展了大规模的基础建设，现已成为宁波市政府“一号工程”的形象与代表、宁波教育的品牌和亮点，是宁波市高等教育发展史上的一个里程碑。

在全国率先启动建设的高教园区（南区）已基本建成并投入使用。与此同时，高教园区（北区）建设也已全面启动，园区除宁波大学、宁波纺织职业技术学院外，将建立宁波研究生园，吸引国内外著名高校在此培养博士、硕士研究生；将宁波高等专科学校迁入并改建成一所万人本科院校。到2007年，全日制高校和成人高校在校生将达到14万人，高等教育毛入学率将达到35%；将形成一批在国内有影响、省内领先的重点学科和专业，实现博士点零的突破，建成25个左右硕士点，届时研究生规模将超过1 200人，建成市级重点学科25个、重点专业25个，省级重点实验室8个；创建一支素质高、创新型高校师资队伍，实施高校“甬江学者计划”，加大高层次人才培养引进力度，预计5年后在甬高校教授、副教授分别达到600人、2 000人。在甬高校将形成研究生教育、本科教育和高职高专教育结构合理、学科门类齐全、专业特色鲜明、具有相当规模的高等教育体系。具体来看，“十五”期间，宁波市将建成3所万人大学；建成宁波（鄞州）高教园区，推进环宁波大学高教园区建设；全日制在校生超过70 000人，初步实现高等教育大众化；形成浙江省高等教育的副中心。力争在2010年实现高等教育毛入学率40%的现代化目标。

（二）新体制

宁波高等教育在这么短时间里，取得如此大的成绩，政府投入的加大是一个方面，体制的创新更是一个不容忽视的因素。在传统的计划经济体制下，发展高等教育主要是政府的责任。但现代高等教育的一个显著特征就是巨大的资金需求量，宁波市财政虽然力量比较雄厚，也不可能同时投资举办那么多的高等学校。即使有能力，也没有必要这么做。在高等教育的发展中应逐步引入市场机制，为民办高等教育留有充分的发展空间，使公办高等教育与民办高等教育各自发挥优势，共同发展。

在把握了全国高等教育改革与发展基本趋势的同时，宁波市政府立足中国的实际，锐意进取，不断创新，为整个中国高等教育改革提供了一个又一个新模式。从宁波大学科技学院的创建到浙江万里学院的成立，从公立大学举办二级学院到第三部门办学的万里模式，这些活生生的实践无不是实践创新的成果。不过，若拨开纷繁的表面，从本质来看，宁波模式的根本还是在于制度创新上。这种制度创新用一个流行的词来概括，可以称为“国有民营”。

国有民营，简单地讲，就是在公有制的基础上，引入市场机制，使整个学校按照民营的机制运作。具体来看，国有民营大致可以分为两种情况：其一，原有的公立高校，政府通过一定的政策，将其进行“转制”。转制后的公立学校，实行校（院）长负责制，政府不再下拨经费，但人事方面保持原来不动，仍以公立学校对待。除此之外，学校将面向市场，自筹资金，独立运作。在这方面，宁波大学科技学院、宁波职业技术学院都是成功的案例。其二，新办一所公立高校，但政府只负责其前期的基础设施部分的投入，政府将学校（硬件）部分建成后，交由校（院）长去经营。学校财产所有权属于国有，举办者是政府，属于公立高校。但正常招生以后，政府不再投入经费，高校主要依靠学费和其他渠道筹集经费，通过市场运作来谋求发展，即以学养学。在这方面，浙江大学宁波理工学院是比较成功的例子。

从目前的情况来看，“国有民营”机制在宁波高等教育实践中相当成功。按这种机制运作的几所学校，经营状况都比较好。原因在于，在这种体制下，一方面，学校（校长）的自主权较大，办学定位比较明确，学校能较好地适应社会需求；另一方面，这些学校仍称公立学校，当前在学校的师资引进、招生、就业等工作中具有有利地位。

（三）有特色

特色是学校生存与发展的根本，对于高等职业教育与民办高等教育而言尤其如此。目前我国高等教育发展过程中一个重要问题就是缺乏特色，在办学过程中容易趋同。就目前来说，我国许多高等院校往往定位趋同、职能错位。具体表现为，职业性的往学术性上靠，专科的升本科，教学型的趋向研究型，招了硕士生的一定还要招博士生。纵观全国高校，似乎所有的学校都在争创世界一流，都在往综合性、学术性这条“路”上挤。其结果，我国虽拥有为数众多的高等学校，但由于办学定位过于单一，所培养人才与社会需求之间脱节，难以满足经济社会发展的需要。不能说宁波的高校完全不受这种影响，而是说相对不明显。例如，宁波大学、万里学院，虽都属本科院校，但体制、模式、校风、管理制度，截然不同。许多职业技术院校，也各具特色：宁波职业技术学院，立足职业技术教育，走与企业合作办学之路，定位明确、特色鲜明，从而成为教育部职业技术教育示范院校；宁波服装职业技术学院定位于为宁波的服装企业服务；宁波大红鹰职业技术学院定位于为办公室培养计算机与信息技术人才。总之，各院校之间，定位明确，紧密结合当地经济发展的实际情况，有分工有合作，尽量减少重复建设与资源浪费。一市之中各校能办出各自特色的原因，一方面在于宁波高等教育利用国有民营的机制较好地解决了市场调节问题；另一方面在于政府通过宏观规划，将高等教育发展的重心放在为地方经济发展服务的职业教育与民办教育。与此同时，宁波高等职业教育与民办高等教育在发展中涌现出的一批优秀校（院）长，在学校合理定位、办出特色方面也起到了举足轻重的作用。

三

宁波在发展高等职业教育与民办高等教育方面的成功经验的普遍意义如何呢？宁波高等教育要想获得进一步的发展，还有哪些问题需要解决呢？作为学习的总结，这里提出几个有待探讨的问题。

（一）宁波模式的普遍性与特殊性

通过对相关材料的研读和一周的实地考察，我们对宁波模式的感触很深，对宁波模式的创新性有着很高的认同，自然而然也会想到宁波模式是不是可以在其他地方推广。我们认为，宁波模式有其普遍意义也有着特殊性。宁波大力发展高等教育的经验，有些可以在其他地方加以推广，有些则不行。具体来看，宁波高等职业教育的成功一方面源于学校办学定位明确，另一方面还在于学校周边有许多企业可以依托或合作，以及大量中小企业的存在，为毕业生的就业提供了大量岗位。因此，在某种意义上，可以说宁波高等职业教育的成功源于市场的导向，即市场对职业教育人才的需求，确保了职业教育院校可以安心从事职业教育、办好职业教育。与之相应，职业院校毕业生很好的就业前景，进一步加强院校领导办好职业教育的信心，使职业院校感到职业教育大有可为。在这一点，可以说，宁波发展高职教育得天独厚。有些地方就缺乏这样的条件，周边没有企业、工厂可以依托、合作，学生毕业难以找到对口的工作。另外，宁波市经济的发达程度也是宁波模式的特殊性所在。作为全国计划单列市，宁波市的财政收入是可观的，这一点为其在发展高等教育上的大手笔打下了良好的基础，也为其实行国有民营的新体制提供了资金保障。宁波模式成功经验中另一个不可忽视的因素是，宁波市高等职业教育与民办高等教育院校领导的市场意识与创业精神。作为高等教育发展中的重要因素——人的素质是非常之重要的。没有一批高素质的高校领导者，要想发展好高等教育是很难的。

列举了宁波模式的特殊性，并不是说宁波经验就无可能推广。从根本上讲，宁波模式的成功在于政府和学校领导的观念更新，在于广大高等教育工作者在实践中的制度创新。这也就意味着在发展高等教育的过程中，其他地方政府和学校领导也应不断更新办学思想，而广大实践工作者则应在高等教育实践中不断地探索新的办学模式。可以相信，只要我们的观念更新了，只要我们的制度创新了，我们的高等教育也就发展好了。

（二）进一步发展宁波高等教育的几点思考

这几年，宁波高等教育发展中取得的成绩是有目共睹的，为了在“十五”期间进一步发展好宁波高等教育，结合学习与考察的体会，我们有几点想法。

其一，在发展中进一步完善国有民营的办学体制。国有民营是一项特殊制度，作为一种“创新”，国有民营在我国当前公私立高等教育制度尚未形成公平竞争格局的情况下，有待进一步完善。我们知道，当前国有民营的制度优势在于，这类学校可以在两套制度规则之间进行运作，既有国有的声誉又有民营的机制。而且进可攻，退可守。但机遇与风险并存，这种制度的优势所在，也正是其制度弱点所隐藏的地方。国有民营，一个最大的风险是产权问题不明晰。不言而喻，在国有的范畴内，学校的产权属于公有产权，但是，现在国有民营的学校大都是靠银行贷款与学生学费在进行运作。学校作为独立法人，在运作过程中，财产所有权与管理使用权如何处理得当？是否应当吸收社会资金，又将如何处理？现在许多国有民营学校董事会也不是很完善，没有形成有效的法人治理机制，学校领导的权力难以得到有效制约，而政府的干预往往又会影响正常的办学。而且由于国有民营的局限，学校在治理结构上也没有纯民办那样高效。基于此，我们认为，宁波市国有民营类的高等院校在以后的发展中应进一步完善法人治理结构，运行机制上进一步民营化。当前可参照《中华人民共和国民办教育促进法》和教育部《关于规范并加强普通高校以新的机制和模式试办独立学院管理的若干意见》进行规范。

其二，进一步优化政府在高等教育发展中的规划作用。我们知道，现代高等教育发展中一个明显的趋势就是政府控制力在减弱，学校自主权在增加；与此同时，行政的控制在减少，市场的介入在增加。但是就目前而言，政府在高等教育发展中的作用仍是不可替代的。就宁波而言，在高等教育进一步发展的过程中，市政府的作用仍然应集中于优化宏观管理与规划功能。具体来看，未来时期，宁波服装职业技术学院与浙江轻纺职业技术学院的合并问题，宁波大学、宁波高等专科学校、浙江大学宁波理工学院的发展定位问题，宁波高等教育与宁波发展高新技术企业的关系问题等，都是政府优化宏观规划功能亟须解决的问题。

其三，充分利用地方资金，举办社区学院，为地方经济发展服务。目前宁波高等教育发展中一个突出的特点是高等院校多集中于宁波市区。宁波所属各区、市的民营经济很发达，民营企业更是遍布各区市，因此，我们认为，宁波市政府可以制定政策，鼓励下属各区市利用地方资金，自主举办高等职业院校与民办高等学校一起面向当地，为地方经济的发展培养所需人才。

关于当前研究生教育体制创新的若干问题①

——兼论信息与电子学科研究生教育的发展问题

近几年来，随着高等教育本专科扩招，研究生也同步扩招。全日制研究生年招生人数由 1978 年恢复研究生教育时的 1 万人增加到 2002 年的 20.3 万人，在学研究生总人数由 1980 年的 2.1 万人增加到 2002 年的 50.1 万人。与本科扩招的速度相比，研究生扩招的速度更快：扩招前的 1998 年，全国全日制普通高校本科在校生与研究生在学生的比例为 11.24 : 1（2 234 647 : 198 885）；三年扩招之后的 2001 年，这一比例降为 10.79 : 1（4 243 744 : 393 259）。也就是说，三年扩招中，研究生的增长率（97.8%）高于本科生的增长率（89.9%）。从 2002 年起，本科生招生数量的增长速度已有所控制，而研究生于 2002 年、2003 年仍继续大幅度增招。

在我国研究生教育规模超常规发展的情况下，如何确保研究生质量已经成为社会关注的焦点。研究生教育目前的主要问题是，教育资源跟不上规模扩大的速度，教学和科研条件得不到有力保障，尤其是师资力量不足；高校研究生培养体制、培养模式和教育内容与当今经济社会发展的需求不完全适应；研究生创新意识和创新能力不够强，高水平的研究成果特别是原创性成果少；等等。在研究生规模迅速扩大，以及社会对高层次人才提出多样化需求的背景下，要确保质量，除了充实教育资源之外，还应改革与社会发展以及高等教育自身发展不相适应的旧的结构、体制，探索新的研究生培养体制

---

① 原载《煤炭高等教育》，2004 年第 1 期。作者：潘懋元，吴玫。

和培养模式，这是保证当前以及今后研究生质量的重要举措，也是研究生教育创新工程的必要内容。

一、从研究生教育结构来看培养体制改革

研究生教育结构分为纵向结构和横向结构。纵向结构指层次结构，一般以不同级别的学位来表示，我国1980年颁布的《中华人民共和国学位条例》（简称《学位条例》）将学位分成三级，即学士、硕士和博士，攻读硕士、博士学位属于研究生教育；横向结构包括类型结构、科类结构等，从类型结构来看，我国一向侧重的是学术型高层次人才。《学位条例》第一条明确指出了制定该条例的目的在于“促进我国科学专门人才的成长，促进各门学科学术水平的提高和教育、科学事业的发展，以适应社会主义现代化建设的需要”。因此长期以来，我国研究生教育培养的是从事科学研究工作或专门技术工作的高校教师和科研人员。

1980年颁布的《学位条例》还对三级学位授予条件见表1。

表1　我国学士、硕士、博士学位授予的条件比较表

学位名称	理论、知识方面	工作能力方面	创造性方面
学士	较好地掌握本门学科的基础理论、专门知识和基本技能	具有从事科学研究工作或担负专门技术工作的初步能力	
硕士	在本门学科上掌握坚实的基础理论和系统的专门知识	具有从事科学研究工作或独立担负专门技术工作的能力	
博士	在本门学科上掌握坚实宽广的基础理论和系统深入的专门知识	具有独立从事科学研究工作的能力	在科学或专门技术上做出创造性成果

资料来源：《中华人民共和国学位条例》（1980）。

这些规定和条件，是与当时研究生教育规模较小、社会对高层次专业人才需求不多的时代特点相适应的。然而沿袭至今，问题逐渐暴露出来，主要表现在旧有的研究生教育结构已不能适应经济社会发展和高等教育自身发展

的新情况，并成为影响当前研究生教育质量的主要的原因之一。这些体制结构上的问题，不论在纵向的层次上还是横向的类型上，都主要集中于硕士生教育。

在纵向上，硕士与博士两个级别之间，没有严格的区分。我国的硕士生教育，从产生时起就被作为一个独立完整的研究生教育层次对待。对硕士生教育，要求既要学习比本科生课程较为专深的知识，又很重视学位论文，使学生掌握科学研究的基本方法，具有从事科学研究工作的能力。《学位条例》虽然规定授予硕士学位的条件，除了“具有从事科学研究工作”，还要有“独立担负专门技术工作的能力”。但长期以来，由于社会和经济发展的水平对专业人才需求的程度尚未达到硕士层次，因此，硕士生教育主要是为高等教育机构和科学研究机构自身培养人才，以学术性为主，这就导致硕士生教育与博士生教育在学术界限上的划分不很明确。从上面的学位授予的条件比较表中可以看到，在“理论、知识方面”的条件上，对博士的要求只比硕士多了“宽广”和“深入”两个泛泛之词。

从国际比较的角度来看，有的国家如德国、法国，只有博士一级是研究生教育，硕士不属于研究生教育的范围。在美国，虽然“研究生”（graduate student）是硕士生和博士生的统称，但通常硕士生只修课程不写学位论文。在研究型大学的一些系科中，如经济系，研究生教育通常不设硕士项目，只设博士项目，其颁发的硕士学位只是通向博士学位的“过程学位”，或者被用来安慰那些不够攻读博士学位条件的学生。在联合国教科文组织1997年新修订的《国际教育标准分类法》中将第三级教育（高等教育）分为两个阶段。其中专科、本科和硕士生教育被列在第一阶段中（序数5）；博士生教育被列为第二阶段（序数6）。这就将硕士生教育与博士生教育分开，而与本科连在一起。

我国硕士生教育与博士生教育层次区别不明，学术界限模糊，在研究生数量较少，规模不大的情况下，问题不是很突出，甚至在一定时期还有好处，如在当年科研力量断层，急需科研人员时可以快出人才。但在当前研究生尤其是硕士生人数急剧扩大的背景下，就变得不容忽视了。这个看似纵向的层次问题，涉及硕士阶段的培养目标、课程设置、学习年限等各方面的问题。

中国目前是否应将硕士学位定位为一个过渡性学位，尚需深入探讨，但可以肯定的是，一个能很好适应社会需求的研究生教育结构必定是一个层次分明的结构。

与纵向问题紧密相关的是，在横向类型结构上，单一的学术性取向已不适应社会发展对高层次人才的需求。从本质上来说，这是一个涉及“学”与“术”的培养目标的问题。长期以来，我国研究生教育的目标主要是面向高校和科研单位，培养学术型人才，学术水平的高低是衡量研究生教育质量的主要甚至唯一标准，但这一标准已难以适应当前科技与生产力发展的实际。

首先，由于社会和经济的发展，以及经济增长方式的转变，现代社会对人才层次需求的重心上移，高校和科研机构之外的社会各行各业都对高层次人才提出了需求。社会对研究生的需求不再只是高校教师、科研人员，更需要大量高级管理人才和高级工程技术人员等各个行业的高级专门人才，对应用型人才的需求呈现出不断增长且日益多样化的趋势。

其次，中国高等教育大众化进程的加快，使得高等教育内部发生了重大变化。一是学生数量的激增，二是学生来源的多样化。本科教育规模的扩大，促使研究生教育正在成为新的增长点。这种发展趋势，正如美国一位研究高等教育的学者所言，本科教育大众化之后，大众化研究生教育跟着就来。① 除了数量上的冲击，对本科生入学时学术性要求的降低，以及在学期间“超载的大众化教学方式”，也从质量上给其后的硕士研究生的教学内容、培养方法以至培养目标带来较大的影响。

在社会需求和高等教育自身变化的内外驱使下，研究生教育，尤其是硕士研究生教育已经不再单纯是一个探索高深学问和专注科学研究的场所，而与专业性和职业性紧密相连。鉴于此，研究生的培养问题，不能再仅仅从纯科学探索和学科自身发展的角度来考虑，还应同经济社会结构、职业结构、人才需求结构的发展结合起来考虑。面对社会对高层次人才多样化的需求，研究生培养应以从目标、课程到培养方式的多样化来应对。

---

① 克拉克．探究的场所：现代大学的科研和研究生教育［M］．王承绪，译．杭州：浙江教育出版社，2000：280.

首先，多样化体现为积极发展各种类型的专业学位，培养经济建设和社会发展所需要的高层次应用型专业人才。我国从1991年开始，由国务院学位委员会先后批准设置了工商管理硕士、工程硕士、教育硕士等11种专业学位，还有10个专业学位在进行试点。尽管如此，我国目前攻读专业学位的在学研究生数量还不多，仅占在学研究生总数的25%左右，与社会需求还有很大差距。除数量外，我国专业学位存在的另一个问题是，培养方式没有真正体现出应用的目标。不少专业学位的课程和教学方式与学术性学位的相差不多，只是时间有所压缩，难度适当降低，专业性、应用性的特点不明显。另外，专业学位规定只能招在职生，也是一个值得商榷的问题。

其次，研究生教育的院校分化也是多样化发展的一个途径。目前，在中国高等教育系统之中，可以看到的较为普遍的情形是：层次、类型各不相同的高校都在积极争取硕士点、博士点。对这种情况，除了在政策上正确引导，使之量力而行，合理定位之外，对已取得授予权的高校还应建议它们根据学校特点来承担不同类型的研究生教育。以英国为例，英国目前有四种类型的大学开展研究生教育：古典大学、城市大学、技术大学和多科技术大学。由于不同类型的大学设立的时间和宗旨不同，发展的道路各异，学科专业的设置有别，因而在研究生培养模式方面呈现出各自的特点。大体上可以归纳为三种类型——研究型培养模式、复合型培养模式和应用型培养模式，即不同类型的大学，研究生培养目标也各不相同。①

最后，还应在变化之中充分考虑到课程的衔接问题，即本科生与硕士生的课程衔接，硕士生与博士生的课程衔接。例如，对毕业后准备就业和毕业后准备继续深造的硕士生可以设置不同的课程体系。就我们所知，美国新闻学硕士生的培养就有两种目标及模式：准备进一步攻读博士学位，将来从事教学和研究工作的硕士生，必须撰写学术论文；毕业后准备从事新闻实务的学生，可以选择做一个实用性强的项目，也可以选择修课程硕士。

是否满足社会需求是衡量研究生教育质量的重要尺度。旧有的研究生教

① 陈学飞，等. 西方怎样培养博士：法、英、德、美的模式与经验［M］. 北京：教育科学出版社，2002.

育结构因为不能与经济社会发展和高等教育发展相协调，正在逐渐偏离满足社会需求这个轨道。从纵向和横向两个结构出发，寻找问题，厘清思路，探索并促成一个层次分明、类型多样、有效衔接的新的研究生教育结构和培养体制，将有助于今后研究生教育培养出社会发展所需的高质量、多样化的高层次人才。

二、培养模式的改革

在质量问题中，最为严重的是高素质的研究生导师的数量不足。本科扩招期间，全国生师比平均为 20：1 左右，最高的达到了 30：1至 40：1，而 OECD 的标准是 14：1。目前，研究生导师与研究生的具体比例是多少，由于研究生导师一般还要为本科生开课，并承担较多的科研任务，很难准确估算，但从可观察到的现象来看，在一些热门专业，一个导师带十几、二十几个研究生的现象是相当普遍的。如果我们以当量计算，一个研究生相当于两个本科生，那么较合理的师生比应是 7：1。我们超过了 1～2 倍，甚至更多。研究生每年扩招 30%，但高素质的导师数量不可能每年相应地快速增长，这已成为影响研究生质量的主要问题。

从世界范围内来看，研究生教育主要有三种模式——学徒式、专业式和协作式。这三种模式依历史顺序产生：学徒式产生于德国，从产生时起就把培养纯理论研究者作为目标，这种价值取向反映了 18 至 19 世纪的理性主义精神和当时的科学发展水平。专业式盛行于美国，反映了实用主义教育思想和科技迅速发展的需要，强调为社会提供智力服务，促进整个社会、经济的发展，强调教学与科研两个因素在研究生培养过程中的相互作用，以至将硕士层次独立出来，以课程教学为主，成批培养。协作式产生于第三次新科技革命的变革时代，是在科学、技术与生产一体化的背景下产生的，其价值目标取向是培养应用型或开发型的研究人才。在协作式研究生教育中，大学和企业各指派一名教师作为学生的导师，在实施培养计划过程中，双方各派一定数量的教师讲授课程。协作式在研究生培养过程中实现了教学、科研与生产的统一，既注重系统科学知识的学习，更强调研究生的科研要结合生产实际中的问题进行；协作式在组织管理上要求大学与企业间的合作管理，共同负责研究生的招生、培养、学位授予等事宜。①

我国的研究生培养模式，源于欧洲大陆学徒式，近年来更倾向于美国专业式。在现实上是两种模式的糅合：一方面，以学术性的理论研究为主，师生之间多呈现为一对一的师徒指导模式；另一方面，强调课程和教学在研究生培养中的作用，必须修习的课程学分越来越多。学徒式的指导模式已很难适应目前规模扩张、师资不足、类型多样的研究生教育，因此，应从观念和形式上都做出调整和改变。研究生教育的三种模式，各具优点与特点，为兼采所长，应从单一的指导模式向包含学徒式、专业式以及协作式在内的多种培养模式转变，在不同的层次、类型，以及培养的不同时间、阶段上，依据现实条件和学生特点分别选择不同的模式，或以一种模式为主，辅之以其他模式的方式来培养。这就要求研究生教育管理部门，给学校、系和导师以较多的选择培养模式的自主权。

此外，研究生培养还应在具体的教与学的过程中，充分运用现代信息技术。一方面促使位于人类学习最高层次的研究生教育实现教学现代化；另一方面，也可借此弥补因师资不足而造成的师生之间日益减少的沟通和交流。此外，由于现代信息通信技术促成了全球知识网络的形成，借助这个工具，研究生的学习和研究就可以在最大限度内跟踪本学科学术发展的动态及前沿，才有可能在这个基础上产生出原创性成果。

三、信息与电子学科研究生教育的模式与发展方向

20 世纪末期，电子信息科学技术成为高新科技的带头学科。21 世纪上半叶，根据科学界的预测，电子信息科技仍将是推动经济发展和社会进步的主流科学技术之一。党的十六大对“经济建设和经济体制改革”所提出的任务是“基本实现工业化，大力推进信息化”，“坚持以信息带动工业化，以工业

① 李盛兵. 世界三种主要研究生教育模式之比较研究［J］. 教育研究，1996（2）：12－17.

化促进信息化”。现在，电子信息技术已经渗透进入经济社会的所有领域，引发了对电子信息科技人才的大量需求。不但电信、银行、交通、军事等部门，而且医疗、农业、教育、科研各部门、各行业都离不开电子信息技术人才。这些现象表明，信息与电子学科研究生教育仍将大有作为，在科研和应用两个方面都应当大力培养高层次人才。一方面，要引导研究生，尤其是博士生从事对学科发展有重要影响的原创性理论研究与具有应用前景的重大工程或技术开发创新研究；另一方面，要培养社会各部门、各行业急需的高素质应用型人才。前者的作用主要是不断提高学科的学术水平，保持和加强学科的带头地位，并且将信息科学作为方法论渗透到更多学术领域，即不但在自然科学领域起作用，而且在哲学、人文、社会科学等领域起作用，推动科学事业的繁荣发展。后者的作用是着重于为现实的经济建设、新型的工业化服务。培养应用型高层次人才是本学科的重点，是大多数信息与电子学科研究生教育的发展方向。同时，也应培养一定数量的信息科学研究的拔尖人才。

信息科学与电子科学，本来不是同一科类的学科。前者属于综合科学而后者属于自然科学。信息科学产生之初，由于缺乏技术支持，功能的发挥并不显著，发展并不很快。其后与快速发展的电子科学技术结合，借助微电子技术、光电子技术等的支持，才如虎添翼，迅速进入各个部门，覆盖各种行业，占据重要地位，但远未覆盖各个学术领域，还大有发展空间。因此，在信息科学研究人才的培养上，应当更加重视文理交叉、掌握知识的广博性与融通性，以便信息科学能够更好地渗透各个学术领域。

在教育科学领域，尤其是高等教育研究领域，亟盼电子信息科学技术人才加盟。不只是作为信息传输的现代远距离教育需要电子信息技术，而且网络课件的制作、应用，都要信息科学的参与、指导；还有更深层次的意义：如何将信息科学作为方法论引进教育研究，以改造提高我们的教育教学理论，促进教育科学的发展。因此，我们所希望加盟的人才，不只是技术人才，而且是科学人才，掌握信息科学并理解教育理论，能够将信息科学、电子技术、教育理论结合起来，从事教育实践与教育理论的研究。

介入资本市场：高等学校融投资体制的一种尝试①

中国高等教育的改革与发展，是在20世纪80年代中国社会全面实施改革开放的大潮下启动的。在改革初期，高等教育发展的速度相对缓慢，高等教育的改革大都局限在管理体制领域。随着中国市场经济体制的确立，我国对高等教育的改革与发展也提出了进一步的要求。与这一现实的要求相呼应，人们对高等教育领域里一系列理论问题也有了突破性的认识，特别是对高等教育属性的经济学认识，从而促使高等教育的制度改革与政策走向都紧紧围绕着高等教育的办学体制和投资体制稳步发展。例如，高等教育成本分担政策，就得益于对高等教育产业属性的认识。如果说成本分担是高等教育从精英走向大众，是发展中国家高等教育财政政策必然的选择，那么，在中国高等教育进入大众化阶段之后，教育财政政策在理论和方法上将面临新的理解和选择。到目前为止，中国高等教育的融资渠道不畅仍然是高等教育大众化可持续发展的瓶颈。对如何合理利用社会闲散资金发展高等教育，政府和高等教育自身都关注较少。然而，从国际情况看，近些年来，西方一些发达国家的高等教育采取合理的募资手段，已逐步从财政危机的阴影中走了出来。其突出特征是西方高等教育从为企业提供资金的资本市场，探索到了合理的结合点，特别是西方私立高等学校对资本市场的介入，已取得了较成功的经验。但这一筹资的途径是否适用于我国，人们对它的认识还模糊不清，褒贬不一。我们愿就通过资本市场开辟我国高等教育新的融资渠道，谈一谈我们的看法。

---

① 原载《江汉大学学报（人文科学版）》，2005年第4期。作者：潘懋元，邬大光。

一、扩充我国高等教育融资渠道的必要性和现实性

我国高等教育发展到今天，教育投资体制改革的进展不大，仍然停留在20世纪90年代所形成的思路，并没有更深入地关注投资体制的改革。目前，高等教育的正常融资渠道主要仍是政府财政拨款和收取学杂费，这两条途径基本上构成了各个高校财政收入的资金流。但是，这两条资金流目前已经到了边际，很难进一步扩充来满足高等教育发展的需要。经费紧缺已经成为高等教育进一步发展的瓶颈。

（一）政府财力已经有限，甚至无法实现原定4%的目标

教育的公益性虽然使政府有责任承担发展教育的财政投入，我国政府在历史上也曾经包揽过教育发展的全部投入，但无疑这种做法已经无法满足目前形势下教育发展的需要。事实上，政府投入教育的财政能力是极其有限的，比如，《中国教育改革和发展纲要》提出，到2000年底教育财政性经费达到4%的国内生产总值的目标，但直至2002年底达到最高也只有3.41%，距4%的目标尚有一段距离，而且这一数字还低于国际平均水平。

我国教育财政投入这些年来虽经努力，基本上还是没有达到国际平均水平。当然，我国高等教育的大众化进程，政府应当加大投入，但政府财力显然无法对教育投资统包统揽，也不必统包统揽。如果政府把教育作为纯公益性事业或是纯公共产品统包统揽，不但投入资金有限，而且会显示出排他性。而私人和社会资金以一定的方式进入教育领域，共同发展教育，有利于教育领域竞争的形成和效率的提高。

（二）私人分担教育成本的额度已逼近边际

由于传统的教育投资模式无法满足高等教育所需的发展资金，高等教育就在投资渠道的理论和实践上不断地寻求新的思路，其中高等教育大众化过程中的成本分担政策便是重要的结果之一。但是，成本分担是有边际的，过度的分担（超过居民承受能力）不仅在实践上是不可能的，而且也会对高等教育自身的发展乃至社会的发展造成极为有害的影响。事实上，自我国推行学费制度以来，“学杂费收入已成为仅次于国家拨款的第二大经

费渠道。2001 年，学费收入占教育总投入的比例为 16.08%，比 1995 年上升 5.36 个百分点。其中，高等教育学费收入所占比例为 25.04%，比 1995 年增加 12 个百分点，超过美国公立高校 1995—1996 年 19% 的学费收入水平。在中国二元经济社会中，学杂费提升的速度使一些农村和城镇低收入家庭超出了有限的承载能力”①。因此，成本分担政策已经逼近边际，很难进一步再放大。

另一方面，政府努力发展教育的决心，受到了财力的挑战。为了摆脱资金不足可能形成的教育发展危机，政府试图在办学体制改革上有所突破，高校转制便是一例。但是，由于在转制过程中存在过大的教育费用以及转制以后可能存在的不确定性，高校转制后节省的政府资金也是有限的。

如何进一步扩大教育特别是高等教育融资渠道？从目前已有的统计资料看，2001 年，我国非财政性教育投入占经费的比例仅为 34.1%，比韩国 1998 年水平低 8 个百分点。其中社会团体和公民个人办学经费仅占 2.76%，社会捐集资占 2.43%。至于高等教育的非政府收入可占经费比例差距更大，见表 1。

表 1　中、美、日、韩高等教育非政府投入占教育经费比例

比　例	国　别			
	中国（2001）	美国（1998）	日本（1998）	韩国（1998）
高等教育非政府投入占教育经费/%	46.6	53.2	58.3	83.3

资料来源：OECD：Education at a Glance，OECD Indicators 2001。

上表数据说明，由于缺乏吸纳各种教育投资的鼓励性政策，社会各类教育资源缺乏应有的联系机制和合理配置，我国教育吸引社会资金的渠道还很有限，不能满足教育事业发展的需要。

因此，高等教育在社会资源的资本市场上找到合理的结合点，是高等教

① 胡瑞文，傅禄建，张珏. 教育与人力资源开发的问题与挑战［J］. 教育发展研究，2003（Z1）：18－28.

育发展摆脱财政困境的有效途径。中国高等教育发展的筹资渠道面临理论和方法上的制度创新。

二、我国教育介入资本市场的可行性和现状

众所周知，资本市场是个外延很大的概念。根据经济学的定义，“资本市场”又叫长期资金市场，是相对于货币市场（短期资金市场）而言的一种金融市场，通常是指一年以上的金融工具交易的场所，包括股票市场、债券市场和长期信贷市场。筹资者和投资者是资本市场的主要参与者，加上中介机构和管理机构，他们互为职业、相互依存，构成了资本市场的完整内涵。[①] 我们这里所说的资本市场主要指的是证券市场。

（一）我国教育介入资本市场的可行性

高等学校通过资本市场融资存在的问题在于，资本市场是一个竞争性的逐利场所，它要求筹资方必须具备一定赢利或偿还能力，这样才能保证在资本市场上成功地筹集到资金。因此，是否具备赢利或偿还能力成为高校能否介入资本市场的前提条件，同时也决定了高等学校可能以何种形式和高等学校的哪个方面介入资本市场。

近些年来，在政府财政投入有限的情况下，国家采取了鼓励银行向学校贷款的方式来弥补政府财政投入的不足。这种方法表面上看是一种通过市场融通资金的方式，但由于贷款银行的国有性质，实质上是一种变相的财政支付形式，并且隐藏着巨大的金融风险。因为在高校不能按期收回成本、归还贷款的情况下，银行将遭受巨大损失，而这种损失最终可能要由国家财政弥补，这对整个社会经济将带来难以预料的严重后果。此外，这种贷款方式类似于财政资金投入，特别是部分公立高校对资金的使用缺乏有效的监督约束机制，资金的使用效率也难以得到有效的保证。因此，银校合作实际上不应再提倡。

目前我国高校的赢利途径有三条：一是学费，二是科研成果转化收益，

① 李剑阁．资本市场纵横谈［M］．北京：中国财政经济出版社，2002：11.

三是社会服务收入。民办高校由社会投资兴办，运行机制和核算方法都类似于企业，只有当产出大于投入时，学校才能生存。因此，在民办高校有赢利能力和存在赢利的现实情况下，应该允许民办高校介入资本市场，以利于民办高校的规模扩大和质量提高。

公立高校虽然不能以学费收入为赢利点介入资本市场，但公立高校有民办高校尚不具备的科研实力，许多科研成果具有实际应用价值，如果将其转化为产品形式投向市场，将带来可观的利益。因此，公立高校可以以科研成果为赢利点，以创造性的智力活动作为投入，介入资本市场。

高校社会服务包括的范围和内容都较为广泛，高等学校在提供社会化服务过程中，可以以较低的成本创造出较高的价值。因此，高等学校可以以此为切入点介入资本市场。

资本市场具有强大的融资功能，它作为直接融资的手段，非常有效地集中资金，直接转化为投资。1978 年以前，我国实行的是计划经济，资本市场作为计划经济的对立物而被排斥。改革开放以来，我国资本市场从萌芽到逐步发展，规模日益扩大，运作也日趋规范。在我国市场经济建设的过程中发挥着资源配置的功能，同时也承担起经济改革和体制创新的作用。

（二）我国高等教育介入资本市场的现状

随着我国教育融投资体制的改革，许多学校在利用资本市场方面进行了积极的探索。目前，我国教育与资本市场的结合类型主要有以下几种。

一是“教育储备金”办学模式。这种模式是教育产业开发经营的典型范例，以广东的“英豪学校”为代表，它把青少年受教育的需要转化为一种特殊的学位需求，并以此去吸引社会的投资，然后以这些资金的大部分投入学校的基本建设，其他剩余部分则作为教育基金，通过企业经营运作获取利润，以回投学校维持和发展教育。但由于受我国现实状况的制约，特别是金融市场利率风险的存在，这种模式目前在广东、湖北等省已宣布取消。

二是银校合作模式。银行业主要是依靠存贷业务的收益来维持其收入和发展的，从 20 世纪 90 年代中期始，银行就将触角伸到了教育领域，开辟了教育储蓄、教育助学贷款、教育保险制度等。近年来，银行的贷款还用于高校的项目投资上。但从我国目前的政策法规看，如《中华人民共和国担保法》，其中明确规定：学校、幼儿园、医院等以公益为目的的事业单位、社会团体不能得为保证人。下列财产不得抵押：学校、幼儿园、医院等公益为目的的事业单位、社会团体的教育设施等。这也就是说学校自身不能担保，学校的财产也不能抵押。因此，在这样的限制下，就造成大部分高校在间接融资方面受到很大的限制。许多高校通过变通的方式从银行获得了贷款。如：以信誉担保来贷款，这些大学主要是“211 工程”重点大学，一般高校较难获得信用贷款，尤其是新办高校。

三是利用科技期货市场。期货是资本交易市场发展到一定程度的产物，它本身没有一级市场，也不发行任何有价债券，是一种权益交易。期货投资是高回报、高风险同时并存的。1998 年 2 月，上海新黄埔集团向复旦大学投资 1 亿元人民币，合作开发人类基因研究，随后双方又首创用高科技成果的“期货”置换房产的“现货”的校企合作模式，这一做法既解决了高校教师住房紧张的问题，又使企业所建的闲置的房产盘活，也使高校在先进的企业模式约束下，加速了高科技成果的创新。

四是风险投资模式。目前我国高校引入风险资金的成功案例很多，如：上海创业投资有限公司出资 1 亿元人民币创立了“上海交大创业基金”“复旦创业基金”，西安高新技术产业风险投资有限公司投资的西安交大捷普网络科技有限公司，四川省投资集团公司投资的西南交大合作开发的远程铁路电气化控制项目，世纪方舟投资有限公司投资的浙大中控等。但由于我国目前风险投资市场退出渠道不畅，以及教育政策方面的一些限制，使风险投资缺乏清晰的法律支撑，限制了风险投资者的投资热情，使风险投资投入高等教育的规模过小。

五是上市公司投资教育产业模式。这种模式的最终目的是上市公司获得相对较高的投资收益。但《中华人民共和国教育法》等规定，“教育不得以营利为目的”，也就意味投资回报方面将存在问题。因此，上市公司就通过一种变通方式获取利润，它的表现形式是资本市场“反哺”高等教育。[①] 目前两

① 邬大光. 民办高等教育与资本市场的联姻：国际经验与我国的道路选择［J］. 教育研究，2003（12）：3－8.

者的结合主要体现在高科技产业板块、教育服务产品板块、教育软件板块、以学校教育为主体的板块。据粗略统计，高校与上市公司合作投资或成为上市公司主要股东的上市公司已超过60家，其中高校控股的上市公司有30多家。这些在股票市场上市的高校，其经营主要体现在前三种类型上。其中不乏许多成功的案例，如北大方正、复华实业、同济科技、南洋实业、东大阿尔派、清华同方、天大天财等公司，都成为经济效益和社会效益突出的科技企业。但从严格的意义上讲，以上三种类型并不是真正意义上的教育投资。

以学校教育为主体的板块主要投资于院校、培训机构等，它是真正意义上的资本市场投资办高等教育。其操作模式与西方的营利性高校比较相似，但其表现方式与西方国家不同。在这一层面的资本市场与高等学校的联姻目前已出现很多。据统计，上市公司创办的具有颁发学历资格的民办高校已有15所以上，拥有上市公司的集团投资创办的民办高校有2所，我国香港澳门地区和国外上市公司创办的民办高校有5所，借壳上市的企业创办的民办高校有2所，但目前在国内还没有任何一个案例是作为公众公司到股票市场公开募股筹资的。即便如此，目前在我国这种高等教育介入资本市场的模式采取的是一种“非法”的路径，是一种自发的产物，相关的政策、法规、监管机制还未出台，倒是有关条例规定“不得向社会公开募集资金举办民办学校”（《中华人民共和国民办教育促进法实施条例》第八条）。在这些新介入的教育产业上市公司中，大多对直接办学采取了回避的态度。但也有一些地方在这方面做了探索，如：把教学分为两块，教学设施等不可以营利，生活设施可以营利。

但在看待这一模式时，我们也要清楚认识到资本市场风险性的存在。一些前期投资教育产业的上市公司目前已面临困境，也足以让人三思而后行的。如：作为两市唯一以教育为主业的英豪科教，一年多来，利润连续出现下降；陕西金叶中期业绩也有明显下滑。

综观我国高等教育与资本市场的联姻，尽管在其运行的过程中成功与失败相伴而行，但我们毕竟已在高等学校投融资渠道上开辟了一条新的道路，并跨出了勇敢的一步。

三、资本市场的制度完善与高等教育介入资本市场的政策选择

反思走过的路，必须承认我们走的是一条漫长的路，在这条路上，由于我国资本市场目前发育的不完善，风险的客观存在，以及我国教育政策的约束，使得投资者对高等教育介入资本市场，特别是股票市场始终持慎重态度。

从各个国家的实践经验来看，资本市场都出现过风险，原因是整个经济本身是波动的，是有风险的，不可能永远繁荣。问题的关键是如何防范风险，使得风险降到最低限度，用防微杜渐的方式来解决。因此，要使我国的高等教育在资本市场上健康发展，首先就要建立一个规范的资本市场。我们欣喜地看到，在近期，我国政策面对资本市场的鞭策是相当强烈的。不久前发布的“国九条”规划了我国资本市场发展的大纲，它不但对恢复市场的信心起到了重要作用，而且，也将有更多的改革措施出台。这也为资本市场的改革与发展做了较充分的资源准备、理论准备。

资本市场对高等教育，特别是民办教育发展的作用是不言而喻的，虽然一些民办高校通过间接的方式在进行着操作，但相关政策却关闭了教育与资本市场的闸门，使民营教育公司裂变式的规模成长难上加难，[①] 致使少数民办高校在政策的模糊地带逃税，造成国家税收流失。要解决高校发展过程中在资本市场的资金筹集问题，除必须具备良好的资本市场环境外，还必须有相关的政策、法规的指导和规范。

众所周知，目前国内的教育还是以《中华人民共和国教育法》《中华人民共和国高等教育法》《中华人民共和国民办教育促进法》为主要的政策依据。在上述法律中都规定了“任何单位举办的教育机构不得以营利为目的”。在《中华人民共和国公司法》中，对上市公司的界定是“开业三年、连续赢利”，执行企业单位的财务会计制度。对教育来讲，由于我国目前没有营利性与非营利性高校之分，教育是“不以营利为目的的公益事业”，高校是作为事业单位出现的，

① 教育部发展规划司，上海市教育科学研究院. 2002 年中国民办教育绿皮书［M］. 上海：上海教育出版社，2003.

事业单位执行的是事业单位的财务会计制度，在学校的财务报表中是没有实收资本这一概念的，而在企业的财务会计制度中是必须体现的，这是一对客观存在的矛盾，造成了教育产业的投资在整个产业运作主体中产生了矛盾。[①] 因此，教育管理部门有必要对各种类型的学校进行明确的界定。在《中华人民共和国民办教育促进法》正式实施半年后，备受关注的《中华人民共和国民办教育促进法实施条例》于近期公布，在合理回报的问题上有了明确的规定。条例巧妙地通过财务制度公开和资金使用顺序对合理回报进行了规定。在立法者看来，合理回报应该是在《中华人民共和国教育法》框架下考虑对投资者的一种鼓励措施，与企业经营取得的利润有着本质的区别。然而，在资本市场，投资运作的主体是以营利为目的的，所追求的是利润的最大化，而不是作为“合理投资的回报”方式出现的。这里就引发了产业运作中，高校营利模式合法性存在一定程度的法律不足。这也是高等教育介入资本市场的一大障碍，也是必须要解决的问题。

在资本市场中，明晰的产权制度是企业的根本的特征，从这一点来看，在资本市场上市的教育公司也必须是拥有产权的。然而，在《中华人民共和国民办教育促进法实施条例》中，对产权问题的认识和回应明显滞后。实施条例对产权的问题进行了回避，这大概是源于中国立法的习惯，对尚未清晰的问题不急于做出结论，同时也提出了一个关于可以获得合理回报的非营利机构的产权制度的设计问题。然而，产权的问题又是一个不能回避的问题，对这个问题的回避只能影响投资者对投资教育领域的决心和信心，也使民办高校在资本市场的合法存在性受到质疑。

此外，作为上市公司抢滩教育产业，教育主管部门、证券交易管理部门要出台政策加以引导和规范，使投资者认识到教育产业虽然商机无限，但并非每个人都能淘到金，一定要审时度势，量力而行。这样就能在准入时将风险降到最低。

总之，目前我国高等教育与资本市场的结合还处于探索阶段，如何实现两者结合的良性循环，使之在拓宽高校的融投资渠道上发挥积极的作用，还需教育领域、经济理论的理论与实践工作者密切配合，进行创新性的研究。

---

① 马萍. 建造教育产业资本运营平台，促进民办教育发展［C］. 民办高等教育与资本市场高级论坛，2004.

高等教育自学考试制度改革的成就与展望①

1978 年，经过酝酿与讨论，我国颁布了《关于业余高等教育的考核办法》，初次提出了“建立定期的考核制度，自学的人们可以到国家指定的高等学校或其他单位参加考核，证明已经达到国家规定的大学毕业水平的，由高等学校发给证书，各单位使用时应按同等毕业生对待，用其所学”。在此基础上，1979 年出台的《自学考核办法》提出了自学考试制度的概念与实施办法，意味着高等教育自学考试的萌芽。1983 年 5 月，国务院批准成立全国高等教育自学考试指导委员会，标志着高等教育自学考试制度的正式建立。25 年来，高等教育自学考试制度作为具有中国特色的教育制度之一，与普通高等教育、成人高等教育鼎足三立，在推进我国高等教育的大众化上做出了重要贡献。但进入大众化阶段以来，高等教育自学考试制度的前途命运成为社会关注的问题：高等教育自学考试制度是继续存在发展，或者将淡出历史舞台？因此，有必要对这些问题加以探讨与厘清。

一、自学考试制度改革的简要回顾

高等教育自学考试制度创建以来 25 年间，大致可以分为两个阶段：第一阶段从 1983 年到 1998 年的规模扩张期。这一阶段，经过试点、改进与推广，高等教育自学考试建立了适合自身特点的规章制度、拓展了适应社会需要的

① 原载《教育与考试》，2008 年第 6 期。作者：潘懋元，覃红霞。

专业、课程与模式。1988 年，国务院正式颁发《高等教育自学考试暂行条例》，标志着高等教育自学考试正式成为我国基本教育制度之一。总的来看，这一时期，高等教育自学考试制度的规模扩张明显，至 1998 年，报考人次高达 1 180. 81 万，是 1983 年开始推广的报考人次 32. 8 万的 36 倍，充分显示了自学考试制度的生命力。与此同时，其专业设置也逐渐摆脱了以文科为主的模式，大量增设理工类专业。1998 年教育部发布的《高等教育自学考试专业目录》，专业数已达 224 种，其中专科专业 141 种，专本衔接本科专业 22 种，独立本科段专业 61 种，基本涵盖了普通高等教育所有的学科门类；其专业层次也逐渐从专科层次为主转向本、专科层次并重。此外，这一时期高等教育自学考试制度还本着灵活与积极的原则，与各行业部门、军队、民办高校、电大以及国外著名考试机构合作，开辟了委托开考、“高等教育学历文凭考试”、“非学历教育证书考试”等形式，并从城市向农村开拓，巩固与发展高等教育自学考试制度的地位与功能。这一时期的自考制度的发展是以数量增长与规模扩张为主要特征的，并强调自考制度是对自学者进行以学历考试为主的高等教育国家考试。这一过于强调学历的“准普通高等教育”的定位，也成为后来对自学考试制度前途命运质疑的主要依据。

第二阶段，从 1999 年至今，也就是后 10 年，可以称之为转型期。这一阶段专业、课程与模式更加多样，特色教材开发稳步实施，本科考生保持平稳并有所增加，题库建设取得重要进展，信息化管理得到推广，但自学考试制度却面临着改革与转型的争论。第一，在相当一个时期内，专升本成为一条维持生源的捷径，因此专科人数递减，而本科人数大增。以学历考试为主的自学考试制度是否应该继续坚持这一基本特色，其发展前景如何，自学考试制度未来发展的模式应该如何设计与规划引发了众多争议。第二，学历考试一枝独秀的局面逐渐打破，非学历考试逐渐成为自学考试制度的重要组成部分，但如何界定非学历考试在自学考试制度的法律地位，如何规划学历考试与非学历考试之间的发展战略仍是一个值得思考的问题。第三，围绕着“数量”与“质量”的争论与改革仍在继续，2002 年电大“注册视听生”停止招生、2005 年教育部停止了国家文凭考试的试点，而某些地区的集体舞弊事件也成为社会关注的焦点。第四，20 世纪 90 年代初全国考委就明确提出了

“自学考试要面向农村”，近10年里，自学考试面向农村问题更是得到了广泛的关注，并取得了试点的成功。但如何实现自学考试真正面向农村仍是一个需要不断试验与改革的重点问题。第五，自学考试制度回归“自学、助学、考试”的基本思想成为必然，但如何统筹职业教育、成人教育、继续教育等模式的合作平台仍有待于政策与理论的进一步支持。总的来看，这一阶段以“追求质量与保持数量”为基本特色，但转型与变革却成为这一阶段的主旋律。

二、自学考试制度改革的基本成就

自考制度是一定历史阶段的产物，当初创建的目的就是为未能上大学的青年提供接受高等教育的机会，作为普通高等教育的补偿教育而产生的，因此必然以普通高校的课程与水平作为模本。自考制度在发展过程中，以其机会均等、选择自由、宽进严出、教考分离、机动灵活、收费低廉等特点成就了“第一大考”的美誉，为千百万社会青年以及在岗人员提供了自学成才、接受高等教育的宽阔道路。这一制度的创立丰富和完善了高等教育结构与体系，成为我国高等教育制度创新的壮举。在20世纪70年代末80年代初能够自主创立与发展这一制度，本身就是思想解放的产物，是实事求是地从我国教育制度特点和社会需求出发，寻求改革与创新的产物。

在其发展过程中，高等教育自学考试制度不断改革与推进，为我国经济、社会的现代化建设提供了巨大的人才与智力支持。根据全国考办的统计，截至2007年底，参加自学考试学历教育累计有近5 049万人（不计重复）、1.87亿人次，累计报考科次约4.38亿，累计培养本、专科毕业生799.7万人；参加非学历教育累计3 524万人次，约1 200万人获得各类证书。全国共开考796个专业，其中专科层次专业347个，本科层次专业499个。全国共有540所高等学校担任主考学校，与26个部委、行业合作开考42个专业，为缓解高中毕业生千军万马过独木桥的局面起到了重要作用。25年来，许多未能上普通高校的青年，通过自学考试，掌握了知识，在各自岗位上发挥了重要作用，并为许多青年进一步深造提供了平台。可以说，自学考试开放、灵活的特点，为众多的求学者提供了在岗进修、学习新专业知识或提高自身素质、调整知识结构的有效途径。

25年来，自学考试制度已经成为我国高等教育的重要组成部分。1999年，我国的高等教育毛入学率为10.5%，自学考试占到了其中的2.3%。一些高等教育大众化进程较快的省市，自学考试制度对高等教育毛入学率的贡献率更高。例如：2000年，北京市高等教育毛入学率为40%，其中自学考试和学历文凭考试贡献了8%；2005年，自学考试制度为天津市高等教育毛入学率的增长贡献了约8%。有学者认为，那些主要参加助学者中有相当部分是民办高校学生或普通高校举办的全日制自学考试辅导班学生，实际上相当于成人高校在校生，不必计算折扣。而其余46%的考生，则可按3∶1的比例折算成校生。如此计算，自学考试制度便可将1998年的高等教育毛入学率提高4.2个百分点，整体达11.8%。[①] 如果按这种口径统计，自学考试制度对我国高等教育毛入学率的贡献还要高。可以说，自学考试制度已经成为我国高等教育的重要组成部分，为我国高等教育从精英走向大众提供了重要支持，也必将为我国高等教育走向普及发挥重要作用。

25年来，自学考试制度秉承改革发展的基本理念，提倡为社会服务、为农村服务，以人为本，不断总结与发展了新的模式与机制，为我国教育改革与创新做出了重要贡献。为了培养农村发展所需要的人才，福建举办“乡村管理”大专班，由福建农村致富技术函授大学、福建农林大学联合举办，以农村基层干部为主要培养对象，为农村培养一大批留得住、用得上的乡土型高素质人才；浙江将自学考试办到农民的家门口；苏州自考不断开拓考试范围和功能，渗透到岗位进修、学前教育、老年补偿教育、提高自我、完善自我、提高生活质量等各种教育中，重点向社区教育推进，成为继续教育、终身教育的有效阵地，为建设学习型城市服务。同时，自学考试制度积极扩展考试内容，发展助学新模式，有效实现了自身的制度创新。在考试上，重视非学历考试，加强项目开发，丰富开考项目的内容，积极与国家发展和改革

① 刘海峰，郑若玲．自学考试是中国高等教育大众化的重要途径［J］．高等教育研究，1999（5）：72－75.

委员会中小企业对外合作协调中心等部门行业合作，重点开发了全国中小企业职业经理人证书考试、计算机职业英语、全国音乐等级考试、舞蹈水平测试等项目。中国书画等级考试、中英合作采购与供应管理职业资格证书考试2007年首次开考。NCRE考试等多个项目开展评价工作，为考生提供成绩评价报告。在助学模式上，自学考试制度也积极探索新模式，沟通普通高校、成人高校、民办高校、培训机构的合作，推进与普通教育、成人教育、职业教育、继续教育的融合。目前，全国注册登记并经教育行政管理部门批准的社会助学组织共有1 451个。全国共有161.3万人在登记注册的社会助学组织参加自学考试的助学，其中，参加全日制助学的考生为68.7万人，参加业余学习的考生92.6万人。

三、关于自学考试制度的发展战略

通过对高等教育自学考试制度改革25年的反思，我们对这一制度的发展战略，提出如下建议：

第一，坚持自学考试制度的基本思想，坚持质量意识是自学考试制度发展的核心。

自1999年普通高校扩招以来，高等教育自学考试的发展遭遇到了数量上的“严冬期”。从2001年起，自学考试连续两年每年的报考人次都以100万左右的速度递减。一时间，高等教育自学考试制度的前途命运引起广泛关注。2003年，《中国青年报》刊登《高校扩招了，社会还需要自学考试吗》一文，直接提出了“社会发展了，高校扩招了，自考不需要了”① 的观点，认为随着高校连续扩招，网络教育和民办高校的崛起、电大教育的开放化，参加自学考试的人数在全国范围内将逐年下降，自学考试作为特殊历史条件下为解决学历问题而采取的一种补偿性质的教育，必然走向萎缩乃至消亡。我们认为数量的下降并非危机的根源，坚持自学考试制度的特色才是发展的基础。

① 高校扩招了，社会还需要自学考试吗［EB/OL］.［2008-09-25］http：//www.zikao.com/news/2006-06/1149092013d1317.html.

毫无疑问，规模的扩张总有一定的限度。当数量的增长达到一定限度时，追求内涵式的发展将成为必然的选择。

那么，自学考试制度得以发展的基础究竟是什么呢？不是规模，也不是学历文凭，而是个人自学、社会助学与国家考试的基本思想：首先，个人自学强调了个人学习的需求与主动性。随着终身学习理念的发展与完善，教育必然伴随着人的一生。无论个人是因为竞争压力而学或者为满足兴趣爱好而学，为获得学历还是为取得资格证书，都为自考制度提供了源源不断的生源。近年来，许多普通高校的学生也加入自考的队伍之中，充分反映了只要我们保证自考制度的信誉与质量，积极发展社会所需要的考试专业与类型，其生源也不会枯竭。其次，社会助学强调的是自考制度与其他教育组织的结合。自考制度的历史发展离不开灵活的机制，离不开与社会各行各业以及其他教育组织的合作与沟通。在经济社会发展中，新的行业不断出现，如何为这些新的行业提供人才和选拔人才是自学考试生存与发展的广阔天地。这就需要我们摆脱以学术和专业为基础的发展模式，重视技术与能力的培训与考核，与产业部门、行业组织、职业教育、民办教育、成人教育合作，整合各种资源，构建一个更加灵活、更加符合社会与行业发展的自学考试制度。再次，国家考试强调的是权威性、公平性与质量保障。足以自豪的是，据不完全统计，从2001年到2003年，承认我国自考学历的国家和地区达20~26个。许多外国高校，承认高等教育自考委员会和主考院校颁发的学历证书，允许持有学历证书或单科合格证书的自考生进入本校学习，或攻读学位，或免修、减修部分课程。[①] 但是，文凭考试的考试权实行“三三制”以来，也引起了人们对自考文凭含金量的质疑，许多用人单位拒绝自考生也证明了质量是自学考试制度的生命线。有研究者认为，有些成人高校100%的毕业率虽然是吸引报考者的诱饵，但却以牺牲质量和信誉为代价，相比较而言，自学考试的合格率总体上只占报考人数的25%，实考人数的50%左右，毕业率仅为报考人数的5%，实考人数的10%左右。[②] 这种现象可能影响了自学考试的报考

---

① 20多个国家承认我国自考学历［J］. 职业教育研究，2004（3）：72.

② 中国自考人数呈下降趋势　江苏谋划自考六大转向［J/OL］.（2005-10-14）［2008-09-27］. http://www.51xue.cn/zixue/zknews/2005-10-14/20051014803155562.shtml.

率。但我们认为，除去考试技术的原因，自学考试制度追求质量、公平与诚信是值得充分肯定的。即使在非学历考试中，也需要制定质量标准严格把关，为社会所需要的专门人才、技术人才提供相应的资格审定机制。相信这种量身定做的考试将越来越具有竞争力与吸引力。

第二，确立非学历考试的价值、功能与地位，坚持服务意识，成为自学考试制度的必然选择。

近年来，非学历证书考试成为高等教育自学考试制度新的增长点，虽然其报考人次暂时还稍少于学历考试，但发展迅速，增长明显。2007 年，学历与非学历教育报考总规模达 1 867 万人次。其中，学历教育报考 956 万余人次，非学历教育报考 911 万人次，已相差不远。全国计算机等级考试（NCRE）报考人数近 389. 9 万，获证人数超过 167. 7 万，同比 2006 年分别增长 10% 和 14%；全国英语等级考试（PETS）报考 98. 5 万人，比 2006 年增长 0. 3%；刚承办的物流职业经理资格证书考试报考人数就达到 15. 7 万，比 2006 年增长 102%。[①] 各项目的发展显示，自学考试的非学历考试有很强的社会需求，只要自学考试的信度、效度进一步提高，相信随着自学考试制度与社会发展密切合作，新的非学历证书类型将不断增加，报考人数也将最终超越学历证书考试的报考人次。也就是说，学历考试的吸引力与竞争力虽有所降低，而非学历考试方兴未艾。高等教育自学考试制度的重心将由学历考试逐步转移到非学历考试。因此，适应社会发展的需要，对《高等教育自学考试暂行条例》进行适当的修改，重新界定与规划高等教育自学考试的概念、范围与功能，对各类考试进行有针对性的规范，将推进高等教育自学考试制度顺利转型。

第三，重视理论研究与实证研究，应成为自学考试制度改革与实践的基础。

开展对自学考试制度中的重大问题的理论研究与实证研究，对于自学考试制度的进一步发展具有重要的意义。以自学考试通向农村为例：高等教育

① 2007 年自学考试工作情况［EB/OL］.（2008－06－21）［2008－09－27］. http://www.cqzk.net/UploadFiles/20086215353313.doc.

通向农村是高等教育现代化的必由途径。但期望当前通过在农村建立普通高校来发展高等教育并不可行。比较而言，通过延伸高等教育自学考试制度有其优越性。浙江省率先进行试验获得成功，并积累了值得重视的经验。2000年全国考委五届一次会议和2002年全国考委五届二次会议把自学考试面向农村作为今后的一项工作重点，明确要求开考的专业不仅要面向农业，也要考虑农村的乡镇企业和城镇化发展以及农民进城务工经商的各种需要。但自2000年以来，农村自学考试进展缓慢，集中表现为“三低一高”：即实考率低、通过率低、毕业率低、流失率高①。如何发展农村的自学考试，关键是解决农村的特殊性与可行性问题。从自考通向农村承载的功能来看，自学考试制度不仅要适应农村现代化对各类专门人才的需要，也要满足农村个人的高等教育需求，并为农村劳动力转移和城镇化提供知识与能力支持；从对象来看，不仅包括农村与城镇的管理人员、干部、教师，还包括准备留在农村发展的以及准备出去打工的农民；从自考的类型来看，不仅要有学历文凭考试，更应有包括多样化的非学历考试，特别是适应三农需要的职业资格与技能考试。但如何在专业设置、培养目标、培养规格、课程组合、学习方式等方面更加贴近农民的需要；如何根据各地经济发展不平衡的实际情况，因地制宜，分类指导；如何利用远距离教育和农村成人教育的资源，多种途径解决助学辅导、实践技能培训，都是需要实证研究的问题。实事求是地说，当前关于高等教育自学考试的相关理论与政策研究还刚刚起步，如何通过科学的研究，确定自学考试制度在改革实践中的基本方向与目标，并对实施自考制度以来的进程、特点进行全面的考察和分析，总结经验，吸取教训，为制定政策与推广实践提供良好的基础，仍是需要深入研究的课题。

最后，还应指出：中国正在建设全民学习、终身学习的学习型社会。自学考试教育制度的诸多特点，如社会普适性、自主选择性、开放性、灵活性等，都是学习型社会最佳的选择。把自学考试教育制度融入终身教育体系中，前景无限光明。

---

① 张灯．创建适应农村新情况的新机制是农村自学考试走出困境走向发展的根本途径［J］．中国考试，2007（6）：11－14.

高等教育治理体系与治理能力现代化的解读与思考[①]

今天能够在这里跟老朋友、老同学、新朋友见面，我非常高兴。广东高教学会是中国高教学会最活跃的一个。当年有几次比较重要的学术报告，我就是在广东高教学会每年举行的学术会议上做的。我记得最清楚的一次就是把可持续发展的理念、原则引进高等教育，使之成为可持续发展的高等教育；还有迎接知识经济时代，我专门来做过报告，题目是“知识经济时代的高等教育”，还有其他。全国高等教育学专业委员会是我首先倡议发起的，而且在全国起到比较大的影响，当时叫作高等教育学研究会，后来按照民政部规定叫作全国高等教育学专业委员会。在广东这里成立的广东高等教育学专业委员会，是省级高教学会下设高等教育学专业委员会的创新性实践，走在全国的前面。

这次学术研讨会的主题“高等教育治理体系和治理能力的现代化”选得很好。习近平同志在十八届三中全会提出：推进国家治理体系和治理能力现代化。这当然包括高等教育，而且高等教育是国家最重要的核心竞争力的组成部分。因此，理所当然的，我们应该研究高等教育的体制机制，思考如何使之成为国家治理体制和治理能力现代化的先行者。今天我按照个人的理解来解读这个主题，同时也提出我一些尚不理解的问题。

中国过去习惯谈“管理”，如管理体制、管理机制，从政府管理体制机制的改革，到高等教育管理体制机制的改革。现在提出治理这个概念，不是无

① 原载《现代教育论丛》，2015 年第 6 期。

意间说的。虽然治理这两个字自古以来就有，但今天不讲管理机制、体制，而是讲治理体系、治理能力，后面还加上“现代化”。两者是有重要差别的：管理的基础是权力，是自上而下。使用权力来管基层、管群众，政府管学校，学校行政管院系、管师生员工。现在不叫管理叫治理，治理是什么？治理不是自上而下的管理，治理是多个方面的、多种利益相关者的权利，相互协调、相互制约。一个是权力，自上而下；一个是权利，是大家的，是各个方面所拥有的权利。

就高等教育来说，最重要的利益相关者是什么？第一是政府，第二是社会，第三是学校。政府、社会（现在也叫市场）跟学校形成三角关系，三个方面的权利交叉、互动。如果从一个学校的治理来说，则是校长和部处管理者、学院的教师、学院的学生。这三个方面各自有各自的利益诉求。每个利益相关者都有他的权利，也有他的责任。也就是说，治理的意义不是我来治你，而是相互之间共同治理，共同发挥作用。所以，这一字之差，标志着国家高等教育向现代化跨上的一个新境界。

现在我们总在讲高等教育应该现代化，尤其是高等教育制度的现代化。2010 年公布的《国家中长期教育改革和发展规划纲要（2010—2020 年）》（以下简称《规划纲要》）最重要的一章就是建设现代学校制度。教育制度现代化，最重要的就是它的体制机制从管理变为治理。不过说实在的，经过 5 年的发展过程，从管理到治理好像变化不是太大。从 2010 年公布《规划纲要》到现在，许多方面都按照《规划纲要》在做，逐步有所进展，在体制的现代化方面，也有一些进展。不过要实现从管理到治理，难！比如说，过去大学没有章程，现在大学都要有章程，过去大学很多权力都集中在上面，现在有些权力已经逐步下放，学校里面也建立了许多民主的、有关学术权力的组织。但是，高等教育制度现代化有个最关键的东西，就是《规划纲要》提出“要完善中国特色现代大学制度”，关键是“克服行政化倾向”，“取消行政化管理制度”，简单说就是“去行政化”。五年了，去了多少？大家心里有数。

因此，今天来参加这个会议，我非常感兴趣的就是向大家了解如何实现治理，如何实现高等教育的治理，如何实现高等教育的治理体系和高等教育的治理能力现代化。看到这样的题目我很高兴，而且有许多的分课题是要把治理落实到各个方面。在这里，我有两个在思考的问题向大家请教。

会议主题中有个题目是高等学校的章程。现代大学都要有章程，必然需要有章程。那么章程是什么东西？章程是治理的规章。我们知道过去高校管理的渠道大多数是用红头文件；而治理的渠道、治理的根据主要是法律、规章。章程就属于规章。所以，国家提出每个学校都要有章程，意思也就是说要从管理走向治理。那么，章程就应该是一所学校的基本法。国外大学的基本法是由立法机构所通过的，它具有法律效力。当然，中国还没有做到这样子，中国现在的章程还是由上级执行机构批准的。所以，这里面还是存在很大问题。这是我都不知道该怎么处理的一个问题。现在高等学校要按照章程来治理的话，应该按照章程来解决各方面的矛盾。治理的各种利益相关者在一起，肯定会产生各种矛盾。这个矛盾是根据法律来规范和限定的，章程起这个作用。在座的学校的校长、院长也好，教师和学生也好，都不能违反章程。但是，假如来了一个红头文件跟学校的章程不符，究竟是按章程办事还是按红头文件办事？我不知道该怎么处理，所以我今天来听听大家的意见。

我还注意到另一个题目，校长专业化，这很重要。我们在 21 世纪初开始就提倡校长的职业化，现在叫作专业化。21 世纪初，就有一个清华校长职业化研修中心，出版了一部《校长职业化培训教程》，后来没有再搞下去。现在提倡校长必须专业化。我们许多校长很重视，他们上任的时候就宣布说，“我当了校长就不再去搞科研，不再去搞教学，专心搞校长的专业”。现在有许多高校，申请课题时，校长都排第一。所以，有些校长提出一心一意搞治理。这样的表态，我说其志可嘉，但实际上，合适不合适，大家可以考虑和研究。中国教育报的记者曾经咨询过我的意见，我说：其志可嘉，但是，作为一个校长，如果长期不搞教学，不搞科研，他就会逐渐地、更多地成为行政权力的代表，很难体会学术利益。现在我们搞科研的时候，最头痛的是什么？业绩考核的时候，你的科研论文有几篇，你的论文发表在什么地方，国内还是国外？如果是国内，是一级核心、二级核心，还是其他？你如果评教授，你没有两篇一级核心，对不起，甭想！还有，课题经费迟迟不下来，刚下来不久就要报销；业绩考核要填表、申请课题要填表、经费报销要填表，中间还有许多核查表格、资料，都是“十万火急”的。最近我看到一篇报道，是关于大学教师职业倦怠的调查——麦可思的调查。有许多大学教师产生倦怠情绪。倦怠情绪产生的根源就是业绩考核那些烦琐的东西。校长如果长期离开教师，离开教学与科研，就很难体会教师的思想和感情。只有自己也在搞科研，自己也去搞报销，自己也要被考核，也要去填业绩考核表，才能体会到当大学教师的酸甜苦辣。否则，就会更多地被“行政化”了。

我刚才讲的治理应该怎样怎样，那是完全从抽象的理论上谈的，落实到实际中应该怎么做，还需要深入研究。我准备今天在会议上多听听大家的意见，看看能够学习多少。首先向今天到这里做主题汇报的各位老师表示感谢！谢谢大家！

论行业特色型院校的回归与发展①

一、行业特色型院校的历史贡献

从广义上讲，行业特色型院校（实业学堂）在中国的出现早于普通大学。清末时期，为振兴中国工业，清政府兴办了许多具有实业性质的学堂，包括当时最早成立的福州船政学堂、电报学堂以及蚕桑学堂等。这些都是针对某个行业而设立的学堂，已具备行业特色型院校的雏形。

当然，我们今天所指的行业特色型院校并非指这类院校。早在民国时期，就有许多按行业设置的本科学院，如纺织学院、工程学院、农林学院等，还有各行各业的专门学校或专科学校。中华人民共和国成立后，学习苏联学制，我国成立了不少单科性或多科性独立学院。这些学院，除师范学院之外，大多属于行业特色型院校。其中，第一类是规模最大、最负盛名的，当属国家部委所属的学院，如当时位于北京市的八大学院②。这八大学院基本上属于行业特色型院校。这些由各部委所属的学院也成为高水平行业特色型院校的代表。第二类是地方政府或地方厅（局）所属的学院，主要涉及工、农、医等专业。第三类是特殊行业学院，如景德镇陶瓷学院，它不属于景德镇市，而

① 原载《重庆高教研究》，2016 年第 1 期。作者：潘懋元，陈斌。本文根据第一作者在桂林电子科技大学的报告录音整理，并经第二作者补充完善。

② 当时的北京市“八大学院”指的是北京医学院、北京钢铁学院、北京石油学院、北京农业机械化学院、北京航空学院、北京地质学院、北京矿业学院和北京林学院。

是面向全国，培养陶瓷行业的专门人才。

1950年召开的“全国高等教育会议”提出了原则性的指导意见：“高等学校必须在系统理论知识的基础之上，实行适当的专门化，密切地配合各种建设的需要，应该与政府各业务部门及其所属的企业和机关，建立密切的联系。”据此建立起的行业特色型院校指的是以行业为依托、围绕行业需求、针对行业特色培养专门人才的大学或学院①，即所谓“条条办学”。当时，这类院校并不叫作行业特色型院校，而是称为“单科学院”或“专门学院”。2007年，时任教育部副部长赵沁平在一次报告中提出要重新建立行业特色型大学，北京邮电大学邀请一些过去由中央部委所属的大学一起组织成立“行业特色型大学联盟”。由于这些大学原本就是重点大学，故称之为“高水平行业特色型大学联盟”。迄今为止，该联盟前后已召开7次会议。

这些高水平行业特色型院校的前身都是部委所属重点学院（大学），对新中国的生产建设和社会发展做出了重大贡献。例如第一个五年计划156项重点建设项目能如期完成，靠的就是第一批行业特色型院校所培养的人才；“两弹一星”的实现，除了得力于留学归国专家之外，大部分专门人才是由行业特色型大学培养的；20世纪60年代的三线建设，绝大部分人才毕业于行业特色型院校。

其后，随着中国国力的增强，社会生产能力、人民生活水平的提高，行业特色型院校所培养的人才都起到了重要作用，足见其历史贡献之大。

当年，行业特色型院校一般由国家行业主管部委或地方有关厅（局）办学（“条条办学”），高校与行业主管部门往往存在互惠互促的双边关系和制度保障：高校为行业培养对口的专门人才，为行业提供科研成果、产品开发、技术革新等智力支持；行业主管部门为高校提供资金、设备、信息、实践基地以及学生就业的制度保障。然而，自20世纪末以来，行业特色型院校面临特色淡化、优势丧失的危机，原因何在？

---

① 潘懋元，车如山．特色型大学在高等教育中的地位与作用［J］．大学教育科学，2008（2）：11－14.

二、行业特色型院校面临特色淡化、优势丧失危机的原因

（一）认识问题

受苏联办学模式影响，我国在新中国成立初期重视为行业培养专门人才。改革开放之后，中国开始向美国学习，而美国强调通才教育，旨在培养宽口径的专门人才。因此，从学习苏联到效法美国，人们开始醉心于美国式的通才教育，而逐渐淡化，甚至批判培养行业对口人才。20 世纪 90 年代，不少人开始批判“条条办学”，如著名美籍华裔学者、时任美国加州大学校长的田长霖教授曾在报告中指责“条条办学”，认为应该“块块办学”。在当时的情境下，人们普遍认为“条条办学”所培养出来的人才过于窄化，不符合通才教育目标。

（二）体制问题

20 世纪 90 年代初，政府对高等教育制度改革提出“合作、合并、调整、共建”8 字方针，同时教育部门提倡要改“条条办学”为“块块办学”。但大多数高校和行业主管部门由于利益相关，对调整（划转）、“块块办学”有不同意见，这项“改革”收效不大，直到 1997 年，部委所属高校转制为地方院校的仅有 9 所。

此后，基于中国政企分开的行政制度改革政策，部委不办企业，企业脱离部委，部委难以承担高校办学的经费。1998 年，中央部委所属高校转制数量达 93 所。其中，12 所由教育部统办，81 所转由地方政府办理。与此同时，地方厅（局）所属高校也或快或缓转给省、市政府办理。

（三）扩招问题

“条条办学”转为“块块办学”之后，适逢中国世纪之交的高校大扩招，在此历史境遇下，不论是主观上的“求大求全”，还是被动地完成被分配的扩招名额，都使高校不愿或很难保持行业特色，大多数行业特色型高校相继主动或被动变成多科性普通高校。如今，能够完全保持行业特色的高校已不多见。作为曾经率先提倡研究高水平行业特色型大学的北京邮电大学也存在同样的问题。过去，北京邮电大学的专业设置主要集中于电信和邮政等少数领

域，现已涵盖理、工、文、法、经、管、军、哲、教育、艺术等10个大科类，22个一级学科；南京农业大学由一个以农为主的院校发展为涵盖农、工、法、管、经、理、文、史、哲、教育、艺术11个大科类，99个专业的多科院校；桂林电子科技大学也发展成为涵盖工、理、管、经、文、法、艺术7个大科类，60个专业的多科院校。

三、行业特色型院校面临特色淡化、优势丧失的危机对高校和行业的影响

正值行业特色型院校调整之际，教育部、国家计委、财政部发布《关于调整国务院部门（单位）所属学校管理体制和布局结构的实施意见》（以下简称《意见》）。《意见》指出："各有关主管部门（单位）对原所属普通高等学校在专业人才培养、科学研究、信息沟通、与企业联系、扶持特色专业政策等方面继续给予指导、关心和支持。"然而，由于缺乏制度保障，《意见》中的要求难以落实，尽管政府与高校协同并进，不断推动"共建"，终究效果甚微，行业特色型大学亦难回归。可见，行业特色淡化之后，优势丧失，对行业特色型院校的影响颇深。

（一）表层影响

传统的行业特色型院校在办学过程中的显著特点就是注重对学生实践能力的培养，强调理论教学与实践教学紧密结合，把实践教学过程当作消化理论、强化理论、拓展理论、锤炼技能的过程[①]。当行业特色型院校脱离原有中央部委后，一方面难以得到资金、信息等支持，另一方面学生实习、就业过去可以依托行业部门解决，归属地方政府之后，高校凭借一己之力难以保障。

（二）深层影响

行业特色型院校以往多依托行业部门，着眼科学定位，实施特色办学，在独特的专业范围和人才培养领域追求卓越，努力实现行业一流。归属地方

① 潘懋元，车如山．特色型大学在高等教育中的地位与作用［J］．大学教育科学，2008（2）：11－14．

后，不少行业特色型院校置身于贪大求全的现实境遇，行业特色式微，办学力量分散，教育资源稀释。从高等教育结构上看，不同类型院校在相同专业设置上重复建设，不少是低层次重复建设，加剧了高校同质化倾向。

为此，许多行业特色型院校希望回归特色。然而，已经很难回去了！何以至此？

高等教育进入大众化阶段，国家政策强调“内涵式”发展。当时考虑到“外延式”发展增建新校成本高，在原有高校中“内涵式”发展省事省钱，于是巨型大学、超巨型大学纷纷涌现。“美丽的××城坐落在××大学校园中”，虽属戏言，却不失实。行业特色型院校原来的特色专业无法接纳扩招后的大量学生，不得不增设更多的专业。如华南农业大学从最初不多的涉农专业增加为今天的99个专业，其中涉农专业的学生不及全部学生的40%。

通常而言，专业设置必须具备充足的师资和设备。但在扩招情况下，增设专业并不难。例如，现今大多数高校都开设有外语专业，因为高校都有公共基础课的外语教师，公共外语教师分工合作，开设若干门专业课就可新增为外语专业。又如，会计专业办学成本低、易招生，所以全国许多高校均开设这一专业。从近年就业市场来看，这两类专业均出现不同程度的饱和，专业发展遭遇瓶颈，学生就业问题凸显。然而，专业设置“上马容易下马难”，开设一个专业相对容易，而撤销一个专业却很难。

四、行业特色型院校如何与时俱进，在发展中回归特色

发展是硬道理。行业特色型院校不可能回到原来狭窄的老路上，应当与时俱进，在发展中回归特色。

一个行业在发展的同时其外延也在拓宽，行业特色型大学的专业设置也可以围绕行业外延而拓宽。以广西职业技术学院为例，该校原属农业特色型院校。近年来，该校立足农业特色，依托行业企业，建设涵盖农产品种植、加工、流通和营销等一体化的涉农专业群，实现行业产业链与高校专业链的有效对接（见图1）。传统上，农业主要以种植栽培为主。现代农业不仅需要种植类的人才，还需要农业机械化人才，对应需要农机专业；农产品加工，

需要食品加工及其他轻工专业；农产品营销，需要设置农业经济、农业管理专业。此外，现代化的农业需要预知气象，了解环境和市场，农业情报信息技术也是必不可少的专业。基于此，广西职业技术学院依托产业设置专业，形成了颇具特色的涉农专业群。

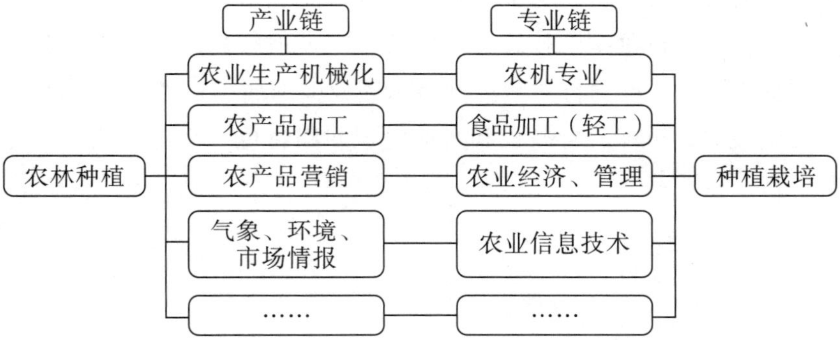

图 1　广西职业技术学院涉农专业群建设

又如南京审计学院，20 世纪末南京审计学院面临从国家审计署改为归属江苏省的问题。当时，江苏省亟须大量财经类人才，是否放弃传统审计优势发展财经类专业是该校迫切需要解决的问题。后来，该校经过反复研究，认为过去的审计就是在会计专业基础上增设几门课程，而今天的审计已今非昔比。审计固然要懂会计，但当今的审计更需要关注的是建设规划审批项目是否科学，是否合法，审计人员必须懂得经济与管理，必须懂得法律。故此，该校将会计、经济、法律等专业重新组合，协同培养现代审计专门人才。此外，如西北农林科技大学开设的专业都需与农林紧密结合，社会学院培养农业与农村社会发展硕士生，法学院培养资源与环境保护法硕士生；桂林电子科技大学组成一所以工学为主，电子信息科学和国防军工特色鲜明的大学；西安翻译学院实行“翻译 + 专业”教学计划，为不同专业培养不同行业的翻译人才。

当然，对于缺乏特色、师资力量薄弱、地方重复设置、生源不足、就业率低的专业，该停办的还应当坚决停办。

五、结语

中国经济正在转型升级之中，正是行业特色型院校发挥作用的好时机，这需要培养懂得高科技的高层次应用型人才，而应用型人才都是不同行业的特色型人才。行业特色型院校，一方面要寻求发展特色，另一方面要主动为行业部门提供服务，推动行业转型升级。因此，部属“高水平行业特色型大学联盟”的成立，正标示着高校和行业对于回归特色、坚持特色、发展特色的期盼。

高等教育治理的规约机制①

从控制走向协调，以治理代替管理，是国际趋势。在过去的几十年中，高等教育治理已经成为热门，并被国际公认为21世纪的关键政策问题。2014年11月，在武汉举行的高等教育国际论坛以“政府·大学·社会：高等教育现代化”为主题，表达了国际社会和中国社会各阶层对推进高等教育治理体系和治理能力现代化问题的共同关切。中国高等教育学会会长瞿振元提出，加快推进高等教育治理现代化，需要目标导航、需要价值引领、需要强化制度建设。

高等教育是一项高度复杂的社会事业，高等教育治理是一个十分复杂的概念。我国学者普遍认为，高等教育治理包括两个层面：微观治理和宏观治理。微观治理即大学内部治理，一般是指大学内外利益相关者参与大学重大事务决策的结构和过程。宏观治理则是指大学外部治理，主要涉及高等教育系统和大学的组织方式、权力是如何分配和使用的，以及大学与政府、社会、市场之间的关系。现代大学是一类具有多重利益格局的社会组织，高度分化又高度聚合，具有特殊的治理结构。高等教育的规约机制是在大学治理结构基础上建立的一种实施机制，主要指大学内外各权力主客体所形成的规范约束方式及其运行机制，具有预先设定性和即时调整性。高等教育治理的规约机制又是一种科学发展视域下的制度安排，既包括有权迫使人们服从的正式制度和规则，也包括各种人们同意或认为符合其利益的非正式的制度安排，

① 原载《吉首大学学报（社会科学版）》，2016年第3期。作者：潘懋元，左崇良。

其主旨在于使大学内外各利害关系人在权利、责任和利益上实现相互制衡，达成效率和公平的和谐统一。

根据现代大学的组织运行特征和高等教育的内外部关系规律，可将高等教育治理的规约机制分为四种类型：规范机制、动力机制、保障体制和协调机制。

一、高等教育治理的规范机制

从学术自治的黄金时期发展到今，高等教育的学术参与程度趋于下降，大学外部的检查和控制越来越多，世界各主要发达国家越来越重视管理制度的作用，越来越重视规范的作用。针对学者行会的种种不足和现代大学的复杂性，克拉克・克尔有一提议：设立新的规则和机制，用更加明确的契约和更加公正的内部的学术法律制度取代旧时学者行会的规范和实践①。推进高等教育治理现代化是要建设高等教育治理体系，其核心是推进高等教育治理法治化。我国高等教育的制度建设，首先需要建构一个科学合理的规范机制，使得大学的运行有据可依，有章可循，借此建立良好的学术秩序。

高等教育治理的规范机制是关于大学组织与运行的规则体系及其机理，是以大学的学术性本质为其依据而制定的高等教育法律法规和大学组织内部的规章制度，以及各利害相关者的权责划分及治理结构和过程。

（一）高等教育立法

高等教育立法是一项重要的规范性活动，是在某一指导思想下，国家依照一定的立法原则，通过法定程序以制定相应的高等教育法律。高等教育立法是高等教育规范有序和健康发展的基础和前提，也是现代大学有效实现其功能的制度保障。高等教育治理，从法律的意义上讲，首先必须明确大学与政府、社会、市场、教师、学生的法律关系，廓清各自所享有的权力和权利的边界，明确大学的法律地位，合理配置不同主体的权利，通过法律确定大

① 克尔．高等教育不能回避历史：21 世纪的问题［M］．王承绪，译．杭州：浙江教育出版社，2001.

学内部成员在法律上的权利与义务。

高等教育的法律关系十分复杂，各种权力和利益内外交错，构成一个彼此关联的网络系统。鉴于高等教育的多样性，本研究以统一度较高的欧洲国家为例来加以说明。欧洲各国关于高等教育机构的立法，主要包括以下内容：高等教育机构的法律地位及其设置；校务委员会的法律地位；高等教育机构中的校长及其资格条件和权利义务。

1．高等教育机构的法律地位

在欧洲，几乎所有国家的法律都对高等教育机构的地位性质和决策权力做出了明确的规定，大学可在法律确立的基本框架中享有一定的自主权，比如，法律规定了大学决策团体的组成和代表的比例，在此基础上，大学进一步决定参与决策的具体人数。法国、意大利等国立法就有明文规定：高等教育机构（高等学校、大学）是“自治法人实体”，“自治社会团体”，“有法人资格”，“是法人团体”。英国的大学则更为荣耀，拥有皇室授予的大学特许状，享有合法的自主权，它们能够自由地追逐自己的议程。1992 年英国《高等教育法》确立了英国高等教育的新框架，该法允许多科技术学院有权授予学位，立法还产生了英格兰、苏格兰、威尔士等三个大学基金委员会，并责令它们为各自的高等教育提供资金和负责教学质量的评估，立法产生的高等教育质量委员会，是作为全国性的高等教育质量保证机构。

2．大学学术和行政管理结构的法律规定

大学的内部管理结构，包括学术管理结构和行政管理结构。事实上，欧洲各国的大学管理权限存在一些差异，约有 2/3 的成员国的大学可以自由地决定其内部学术结构，其余约 1/3 的国家的大学在决定学术结构过程中则会面临不同程度的限制。1992 年荷兰《高等教育与研究法》对大学的内部结构做出了详细的规定，将大学的学术权力由教授下移到院系。法国的大学在设立学术机构时，必须遵循相应的法律性指导纲要，当然，指导纲要并不具体规定学术机构的数量和命名。在行政管理方面，少数欧洲国家的大学在决定其内部行政结构的权力方面受到限制，例如，丹麦的《大学行政管理法》规定了院校行政管理的组织方式和实施程序；而克罗地亚的大学之学院管理机构独立于大学官方，学院享有高度自治权。瑞士等多数欧洲国家的大学行政结构则介于上述两种模式之间[①]。由此可知，欧洲多数国家的法律都规定了决策团体结构及其内部团体代表和成员遴选的框架，而把遴选办法等具体操作交由大学自己决定。

3. 校务委员会的法律地位及职权

法国、波兰、匈牙利、荷兰等国在高校立法中有明文规定：校务委员会（荷兰和匈牙利称之为理事会）是学校的领导机构，校务委员会的决议对校长、学校的其他机构及校内所有成员皆具有约束力。各国立法中，校务委员会的职权稍有不同，校务委员会大致可享有以下权力：制定学校章程，规定学校工作总方针，批准教学计划和教学大纲，推荐学校领导人的人选、选举产生校长或提出任命建议，对预算进行表决和通过决算，确定岗位设置的方案，批准校长代表学校签署的各项协议书，以及由校规授予的其他职权。校务委员会的会议交由校长主持。

4. 校长的选举程序、资格条件和权利义务

在欧洲多数国家，大学校长的资格条件和选举程序通常是由国家法律规定的，有时也授权各大学自己制定规章来对此加以规定。必须说明的是，大学校长的任职资格存在较大差异，一般的立法规定是，校长必须是大学（本校或外校）的正教授，但在英国、挪威、丹麦等少数国家，大学校长也可来自非学术界。大学校长的任期一般由国家法律来规定，通常的任期为 4 年，但多数国家的大学校长都可以连任一届。意大利的博洛尼亚大学遵照国家法律规定，大学校长享有代表大学的权利，并承担指导、规范和协调大学科学研究和教学活动的职能，及根据质量标准和效果、效率、透明、任人唯贤等原则以追求大学目标实现的职责；享有制定大学的三年发展规划及大学章程未能明确地赋予大学其他机构的职权。

（二）自治与大学章程

自治是欧洲大学的传统与惯例，也是现代大学的信仰和追求。按照伯达

① Harry De Boer and Jon File Center for Higher Education Policy Studies. Higher education governance reforms across Europe ［R］. Brussels：European Centre for Strategic Management of Universities，2009.

尔（1990）的界定，大学自治分为实质性的自治和程序性的自治①。实质性的自治是大学以法人的形式决定自己的目标和教育计划的权利。程序性的自治是指大学以法人的形式决定通过什么手段来实现目标和实施教育计划。1985 年荷兰政府发布了《高等教育：自治与质量》白皮书，这一政策以及随后的法律，将更多的决策自由留给了大学，大学被指望变得更加适应环境。依法享有自治权的大学，学者可以广泛控制学术活动。2009 年，欧盟发布《布拉格宣言：大学应对经济危机与欧洲高等教育长期发展路线图纲要建议》(Prague Declaration)，提议“只有加强现代大学自治，才能使大学更加灵活地提升教学、科研和知识转移等方面的卓越水平和创新能力，才能更好地适应不确定时代的社会剧变。”② 欧洲大学协会（EUA）认为，增加学术机构的自主权，使大学灵活地应对新的需求，这是一个关键因素。事实上，多数欧洲国家的高等教育立法都有规定，大学是“自治法人实体”，“在法律上高等学校有自治权”。目前的立法趋势是，强化高等教育机构在行政、教学、科研、经费筹措和使用等各方面享有法定的高度自主权。2010 年之后，大学的自治在欧洲各国得到了更大程度的法律支持。

大学章程是大学的校法，是大学实现自治的保障，是大学成为法人组织的必备条件，是大学依法治校的基础。牛津大学章程第一章规定，“牛津大学是根据普通法建立的一个民事团体”，这表明牛津大学在法律上是高度自治的民事团体，不受政府权力的直接干预。1650 年，哈佛大学章程就明确提出，哈佛的建校宗旨是“为了促进一切良好的文学、艺术和科学”；德国波鸿鲁尔大学在校法中规定，学校成员和所属人员共同努力，科学地进行研究、教学和学习，以此履行科学领域中的创造性和批判性的使命，等等。如此看来，一部制定科学、合理的章程，可有效保证大学的学术自治，并实现良好的治理。

---

① BERDAHL R. Academic freedom, futonomy and accountability in British universities [J]. Studies in higher education, 1990, 15 (2): 169 - 180.

② European University Association. EUA Prague Declaration 2009: universities outline proposals to combat economic crisis and long-term road map for higher education in Europe [R]. European University Association, 2009: 38.

大学自治，究其实质，是大学使其内部组织机构能够实现相对独立性，使其师生权利在内部能得以获得一定程度的保护。所以，大学章程的效力仅限于特定大学的组成者和相关主体，并不具有普遍的约束力，那些违反章程的行为，如果没有同时违反国家的宪法和其他相关法律，可由大学自行解决。学校教职工包括教师、专业技术人员、管理人员和工勤人员，他们是学校组织中的重要主体，其权利与义务应成为大学章程的主要内容。明确教师在学校发展中的重要地位，保障教师的合法权益，有利于调动教师在人才培养和科学研究方面的积极性和创造性。

大学章程是对高等教育立法内容的细化与延伸，其核心内容是对大学相关各种权力的限制与权益的保障。大学章程的主要任务是明确大学的治理结构，对校内的权力配置做出明确的规定。第一，对大学内部管理体制的规定。内部管理体制一般为董事会（或叫评议会、理事会等）领导下的校长负责制。董事会为学校的最高决策机构，其行使的职权具有决定性和指导性。譬如，耶鲁大学章程规定：校长是学校的首席执行官，是法人代表。第二，对大学与外部关系的规定。正确处理大学与外部关系是学校正常运行和体现自治的关键。大学章程对此一般都有较为明确的规定。耶鲁大学章程规定，法人机构成员中有 3 名为当然委员，他们是耶鲁大学的校长、州长和副州长。第三，教职工的权利与义务。明确教师参与学校管理的权利，获得公平评价与发展机会的权利，对学校改革、建设及关涉自身利益重大事项的知情权，就职务、福利待遇、评优评奖、纪律处分等事项表达异议和提出申诉的权利等。此外，章程的这一部分还需规定教职员工的任职制度及晋升、奖励、处分等。第四，对学生权益及相关事务的规定。密歇根州立大学章程特地专设一章，规定了校董事会与学生的关系，其中有一个很有意思的规定：校董事会为来自密歇根州和其他州或者国家的有资格的学生提供平等受教育的机会，校董事会授权校长听取并解决学生投诉的重要事项。

二、高等教育治理的动力机制

高等教育治理的动力机制是为有效实现高等教育的目标而构建的驱动与

发展机制，是表示系统各构成要素之间相互促进和相互作用的关系及其功能。主要包括：决策机制和激励机制。

（一）决策机制

高等教育治理的决策机制是在大学享有独立的法人资格条件下，内外各主体对大学的教学、科研和社会服务等活动做出抉择的机制。这种机制包括决策主体的确立、决策权划分、决策组织和决策方式等方面，并表现为法权结构、责权利关系和组织保证体系①。

高等教育是一个复杂的系统，大学和整个系统的关系，明显影响到高等教育质量、结构和多样性等问题。根据不同国家的高等教育政策原则、结构特征、工作模式及权力结构的特征，可将高等教育系统分为两种极端的类型："自下而上"的类型和"自上而下"的类型，然后两者连成一条直线，组成一个法权（兼容权力和权利）连续体，任何国家的高等教育都会处在直线上的某一位置。在"自下而上"的这一端，系科、学部和院校层次发动每一次变革，政府只是跟随，而不是领导。意大利比较接近这一端，其高教结构的权力主要集中在底部，教授们采用社团式权威与专制式权威相结合的行会式方法控制着大学和学部，并进而将其影响扩展到重要的政治部门，他们在内阁和立法机构的教育委员会中任职并发挥举足轻重的作用。在一个"自上而下"的由中央提供资金的国家高等教育系统，政府将是一个非常重要的行动者，大学仅仅是响应政府号召，而很少追求自己的目标和利益。法国的高等教育结构具有很强的集权性，比较接近这一端。法国高等教育的多数决策，无论巨细，都是由位于巴黎的教育部甚至内阁做出的。

一个国家的高等教育系统在法权连续体上的位置，能够反映出政府领导高等教育的两个主要传统：国家控制的模式和国家监督的模式。在国家控制的模式中，比如苏联，政府几乎控制高等教育系统的一切方面，如入学机会、课程学位要求、考试制度、教学人员的任用和薪酬等。相反，国家监督的模式中，比如美国，国家的影响则较为微弱，有关课程、学位、人员的聘用和财政的基本决策都是大学的职权。但是，所有国家的政府并不打算放弃其驾

① 左崇良. 现代大学治理的法权结构［J］. 复旦教育论坛，2015，13（6）：44－49.

驭高等教育的责任和规划的特权。当前，国际上有个共同趋势是朝向远距离驾驭，政府只是为高等教育的发展提出宽阔的参数，而把规划过程的比较具体的方面转移到各院校。美国就是通过不那么直接的鉴定方式来提供质量控制方面的保证，并由此产生了两种类型的鉴定机构：院校鉴定机构；计划或专业鉴定机构。总体上，美国的这种鉴定程序取得的效果良好，联邦政府通过认可各种鉴定机构的方式而对高等教育保持一种间接的影响，授权教育工作者去开展极为重要的同行评价方式，既维护了保持质量标准这一公共利益，同时又符合大学自治和学术自由的利益表达，并鼓励大学在一种缺乏危机感的环境中反思和改进。

一个国家的高等教育系统在法权连续体上的位置，还有助于确定个人和群体的相对权力，并能说明变革的动力和方向。自中世纪博洛尼亚大学建校以来的近900年间，大学是整个社会中最具有内聚力和有弹性的机构，大学组织显示出非凡的稳定性。但是，在近期的许多国家，高等教育机构与政府的关系开始出现许多变革的迹象。有例为证，英国《高等教育法》特地针对1992年以后新建立的大学的决策结构做了规定，而对于1992年以前的大学，决策结构还是由大学章程规定。在意大利的大学，初级教学人员和被激怒的校外群体，正在施加越来越大的影响，他们积极倡导改革，反对传统的讲座教授拥有根深蒂固的权力。而法国高等教育集权制的特点妨碍了法国大学功能的发挥，政府因此制定《高等教育方向法》，力图促进三个方面的改革：促进跨学科的合作；扩大参与；分权化或加强大学的自治权。在大学治理结构改革方面，有一个根本性的论点是：教学和科研在成为完全自治的活动或受到严厉监督的时候，它们都将受到损害。在高等教育治理现代化进程中，如果政府在明确的指导方针以内给予大学以制定自己的使命和目标的责任，大学将会更富革新精神和更具适切性。

（二）激励机制

高等教育治理的激励机制是一个纵横交错的动态组织系统，具备多种功能的组合。从横向看，大学治理层面的激励机制包括教师激励系统、学生激励系统和管理激励系统，形成“教”“学”“管”三维坐标的激励机制网络；从纵向看，激励机制包括政策制度激励系统、思想工作激励系统、人文环境激励系统、民主管理激励系统和质量评价激励系统等五个方面。无论是横向还是纵向，各要素既相互独立又相辅相成，形成一个统一体。因此，我国大学治理的激励机制要以建立现代大学制度为目标，以“教”“学”“管”为核心，以岗位责任和业绩挂钩为原则，并扩大院系办学自主权，人事激励制度、科研激励制度、教学激励制度、学生激励制度以及年终考评制度等多种制度做到里应外合，形成科学、合理、操作性强的激励网络。大学的激励网络中，应突出教学的中心地位，适当向教师倾斜，特别加大对拔尖人才和重大科研成果的奖励力度，注重物质激励与精神激励的结合，探索股权激励方式和知识、管理等要素参与分配的机制，全面提高教职工的积极性和创造性，使不同层次的教职工都能有所作为，最终实现大学改革与发展的战略目标，提高大学的核心竞争力。

高等教育治理的激励机制之一是加强治理文化建设。在激励方面，美国特定的制度环境决定了大学法人地位所蕴含的独特权力能够成为大学管理层最大的激励来源。法人地位之所以能有效地激励相关群体去创造性地开展工作，主要是这一制度安排的实质是财产所有权的转化，即出资人完全地让渡资产的所有权，治理委员会作为法人天然地拥有大学范围内一切物质资本的全部产权。这种产权的全权授予对于那些想在大学开拓进取的人而言是一种巨大的激励。与之相配套的是，治理委员会赋予校长的全权运营大学的权力，这是对校长的一种激励。这种激励带来的功效远非金钱和其他方式所能相比。在我国当前的大学管理过程中，形成的主流文化是行政文化，单纯的物质激励和硬性制度约束是形成行政文化的主要原因。因此，我国的大学治理文化建设，可以借鉴发达国家经验，倡导平等共享、谈判协商和共同责任等治理观念，营造尊重学术、敬重学者、爱护学生的办学氛围。

三、高等教育治理的保障机制

高等教育治理的保障机制是为有效实现高等教育的目标而提供物质和精神条件的机制。高等教育目标的实现必须注重从政策措施、实施机制等方面提供切实的保障，因此，高等教育治理的保障体制，主要包括投入机制和质量与责任制。

（一）投入机制

高等教育是一项巨大的公共事业，需要大量的资金投入。在高等教育投入方面，政府的责任不容推卸。提供资金，进行教育投入，是政府驾驭和掌控大学及高等教育系统的最有力手段。在美国，有近 4 000 所大学和学院，其中公立大学约 1 600 多所。根据美国宪法，联邦政府不对大学进行直接管理，而是通过资金资助等方式与大学保持密切联系进而影响大学的行为。当前，“分类拨款”正成为欧洲大学公共拨款的主要形式，绩效指标和目标导向是大多数国家“分类拨款”的主要依据。在英国，近 30 多年来，政府为大学提供经费的方式发生了很大的变化。基金委员会在考虑各校提出的预算时，引进竞争的因素，主要指标之一是学生的需求和质量。在多数国家，科研的拨款被认为是国家优先考虑的事项，往往在总拨款中分配给大学的科研经费被单独分开。而在法国，1984 年方向法采用“有条件合同”的方法，1989 年将合同的原则推广到院校的所有活动。今天的法国大学通过发展更加长远目标的合同和通过协商这些目标并保证它们的实现而得到激励。

在公共管理领域，提供资金是政策的金科玉律，谁出资谁有发言权。在很多国家，高等教育的结构和资金投入制度正经历着巨大的变革，政府保留着制定广泛的政策的权力，而将预算的更多控制权移交给大学。此种背景下，大学现在必须比过去更懂得如何安排自己的预算，并努力筹措资金。而且，大学还会主动寻找非政府的资金来源，并从事各种创业创收活动。例如，澳大利亚的高等教育从非教育部资金来源获取其总收入的 30%，在瑞典，私人对大学的公共学术研究的捐赠相当多。在这样一个越来越多元化的筹措资金的制度下，“收支平衡”是院校领导最为关心的一个问题。在有些国家，政府将财政的责任和控制从中央转移到地方层次的同时，院校行政也把预算责任进一步转移到院和系，甚至引进内部市场，彼此买卖服务。这种权力和责任的转移映射出一个基本原理：在大学以及其他公共机构，如果主要负责支出的人同时也是负责分配的人，那么管理就会真正有力和有效。

（二）质量与责任制

世界高等教育的发展史表明，大学通过自身的努力获得一定程度的自治权，并肩负与此相应的责任。大学自治虽然开辟了改善和竞争的领域，它仍将被限制。院校自主权的增加，这种不受直接的外部控制的管理权力，事实上伴随着强调高等教育责任制即对政府和其他外部的赞助者负责的要求。与大学自治相伴生的是质量与责任制，更高程度的自治意味着更多的责任，大学必须努力保证其质量不会因此受到损伤。当前，质量问题迅速成为各国高等教育政治日程的一个优先考虑的问题，大学的目标使命与质量优先的要求相一致。所以，许多国家都在推动高等教育政策及影响，不断加大干预的外部质量保证。然而，在追求高等教育质量的过程中，大学深陷困境。首先，质量被认为是一个相对的概念，它是多维的解释的而且是为背景所决定的。因此，高等教育的质量只能联系一系列目标才能予以解释，质量是一所大学完成它的目标的程度，而大学的目标是多样化的，而且是变化的。同样，任何一国的高教系统，目标不可能完全相同。尽管如此，对一所大学达到它所规定的使命和目标的程度进行评估还是可能的，而且也是很有价值的。关键的工作是，大学的目标必须事先加以确定并经过详细说明，使它们可以提供评估，无论如何，高等教育质量必须得到保障。

在大学与国家的关系上，如前文所述，高等教育管理存在两种主要模式：国家控制和国家监督的模式。在目前比较受到推崇的国家监督模式中，政府的任务是提出宽阔的参数，在参数中确立相对宏大的目标，而具体的细节和大学的使命留给大学自身。按照此种方法，质量控制应从院校自我评估开始，学科专家最能做出有关自己专门知识领域的起始判断。自我评估是建立在知识生产和传播基础上的高等教育的基本特征。同行审查是学术过程的一个基本方面，自我评估可以利用某一学科领域的外部同行，但是，内部专家必须最后判断这些知识的质量并对质量负责。在美国，质量评估已形成一个较为悠久的传统，而在另外一些国家，质量评估机制还刚刚开始。在英国，质量评估机制早已制度化，地位非常牢固。英国大学采用的是与系科评级与科研拨款相配套的绩效指标，承担监控大学的学术审计机构已经设计出质量保证程序，并开发出一套复杂的质量评估方法。

四、高等教育治理的协调机制

高等教育治理的协调机制是高等教育系统或大学组织运行过程中所形成的各种相互制衡、相互协调的关系及其工作原理。协调机制的根本作用在于对系统内各种权力进行平衡和对个人与组织行为进行激励与约束。高等教育协调机制的核心是协调举办者与办学者之间的利益关系，降低两者利益上的不一致，从而实现社会整体效益的最大化。

（一）平衡机制

高等教育治理，从法律层面来讲，就是权力的分配与制衡。权力的分配和制衡，必须考虑以下三个基本维度：一是权力类型，即哪些权属于中央控制，哪些权属于地方掌握；二是使用权限的程度，即中央和地方在多大程度上使用这种权力；三是大学自身应拥有的独立自主权。显然，高等教育治理的基础和前提就是明确大学与政府、社会、教师、学生的法律关系，政府与大学形成彼此负有责任的章程，国家宏观调控与大学面向社会自主办学相结合，形成相互制约相互促进的平衡机制。沙托克（Michael Shattock）在《重新平衡大学治理的现代理念》提出一个对策：通过共同治理（shared governance）来均衡两者的发展①。高等教育系统权力的配置，主要表现为政府对大学的授权，以及学校对院系及教师的权力委托。前者要求政府能够尊重学校的办学权，把一部分专业性强、政府无力行使的教育权力通过授权或委托的方式授予大学，但政府对其保留着监督的权力。后者要求权力重心的适度下移，通过科学的制度设计，把学科和课程的调整和设置权、科研项目管理权、教师聘用权等学术和行政相结合的权力委托给院系一级，使院系组织拥有较高程度的自主权。美国高等教育系统形成了权力分配的新模式，并呈现出以下趋势：在美国的高等教育，教授们的专业权威在学院等基层机构得到加强，行政人员的官僚权威在大学等中层机构得到加强，董事和其他校

① SHATTOCK M. Re-balancing modern concepts of university governance [J]. Higher education quarterly, 2002, 56 (3): 235-244.

外人士的公众权威在州和国家一级也得到加强。我国的现代大学制度建设，一个关键机制是如何在党委领导下实现行政权力和学术权力的协调。大学运行过程中各项工作的决策和执行并不仅限于行政的权力，而要使行政组织和学术组织两种不同的组织控制力和影响力达到平衡。为此，高等教育的决策者和管理者要努力改变大学行政权力泛化、学术权力弱化的现状，真正扩大学术权力；坚持责权利相统一的原则，赋予学院更多的自主权；赋予学术人员更多的学术权力，形成多元参与、适度联合的内部治理结构。

在现代社会中，大学是具有联邦性质的组织，同时存在着分散和整合两种力量的较量，最能体现“有组织的社会复杂性”。一所机构复杂的大学，尤其是巨型大学，它的运行实际上可能不像一个等级性而更像一个联邦的制度体系。因此，高等教育决策者具有两个方面的重要职责，一是在政府和院校之间的平衡，确保大学作为一个学术机构的学术自由。二是确保校内学术权力与行政权力之间的平衡，实行“校长治校，教授治学”，校务公开，民主管理，确保师生在学校管理中的作用。在世界各国中，英国和美国的高等教育是成功的典范。例如，英国的自治大学，很大程度上依赖于大学与政府双方的代表基于他们对公众利益的共同认识和对实际政策的共同协商。在大学的内部，教师们享有极大的学术自由。英国大学的董事会，通常由大学校长、副校长、教师代表、财物总监、教务长、学生代表和外界社会名流等组成，主席通常是外界人士。比如，诺丁汉大学的董事会 36 人中有 12 人来自校外，利物浦大学 23 名董事会成员中只有 4 名是本校成员①。而在美国，大学的外部——联邦政府、基金会和富豪以资金的流量和流向等方式制约着大学的行为，州政府以主要出资人的身份干预州立大学的董事会和校长任免，专业认证协会引导着大学评价的方向从而对大学法人产生压力，校友会则身兼资助者和提名者双重身份并以此影响着治理委员会的构成和决策。

（二）约束机制

高等教育的约束机制，重点体现在微观治理即大学治理层面。现代大学制度建设，首先要建章立制，以大学章程的建立和健全来推动完善大学内部

① 马怀德. 欧洲大学校长选拔制度与治理结构［J］. 教育研究，2011（2）：104－109.

治理结构，为实施有效的约束机制确立规范的框架。其次，改革大学基层学术组织形式及其运行机制，以形成学术权力对行政权力的有效制约；同时逐步改变学科建设绩效评估方式，完善以质量和创新为导向的学术评价机制，构建学术不端行为监督查处机制，形成行政权力对学术权力的对等制约。在国家政策允许的情况下，可以考虑实行大学校长年薪制，同时赋予校党委和校长在制度框架下的充分自主权，鼓励他们创新性地开展工作，真正将办学自主权落到实处。在筛选机制方面，可以进一步借鉴美国经验，推行规范的校长遴选制度。中国已有一个校长遴选制度的典型范例，南方科技大学经过全球选聘的方式，最终选定了中国科技大学退休校长朱清时教授为校长，这是中国大学治理实践领域的新探索。

现代大学治理，注重的是决策的多主体参与，追求的是大学的公共价值。为此，大学需要建立问责制，加强横向约束和协调，增强管理透明度，畅通信息渠道，打破行政人员与学术人员的隔阂，解决好彼此互不认同的问题，在行政人员与学术人员之间建立良好的合作关系，使他们共同致力于大学公共价值的实现。美国大学的董事制度鲜明地体现出这种决策的优越性，这是一种多主体参与的约束机制，被视为一种分散的公众控制形式，是美国体制的一个特点。美国大学的董事制度把各院校的前途与公民参与、公众利益联系起来，使得美国高等教育体制的中层机构有更多权力，并能够获取足够的经费。在美国大学的内部，一方面通过逐级分权的层级制，实现了所有者对于管理者和教师违约风险的治理；另一方面通过评议会实现教师对管理者和所有者的反制，从而形成了一个首尾相接、环环相扣的监督约束链条。

（三）缓冲机制

在西方高等教育的历史进程中，早已形成一种学术自由的文化和大学自治的传统，政府与大学之间是指导与被指导、服务与被服务的关系。国家和政府对大学的管理主要体现在经费的支持和质量的监控，而较少直接干涉大学事务。这样，政府与大学之间通常会出现各种形式的缓冲组织。英国的高等教育史能很好地说明这一点，英国政府联系大学的中间机构主要有大学拨款委员会和质量保证局以及商务、创新和技能部。政府的主要职责是根据大学的学生人数和科研水平进行评估，以及按照一定标准拨付教学科研经费。

另外，根据国家的科研战略和重点方向采取竞争方式拨付科研经费。英国每五年要进行一次科研评估（RAE），大学科研人员的研究成果都要接受评估，大学要按照要求提供评估报告。英国高等教育质量保证机构（QAA）组织专家定期检查大学的教学质量，通过设立多种机构帮助学校提高学生的创新意识和能力。政府通过发布白皮书、绿皮书等政策文件，指引大学的发展方向。大学自发组织的各种团体，如研究生委员会、大学联合会（UUK）等机构也会积极游说议会和政府，使其制定有利于大学发展的法律和政策。美国也有众多负责咨询的教育组织，总体上可分为两类：一类负责政策制定和执行；另一类聚焦于大学内部实践的改善。这些独立的社会组织充当了政府和高校之间的缓冲器，缓冲了政府对大学直接的控制和干预①。

在大学科研资助方面，欧洲大多数国家都成立了中介资助机构，采取竞争机制向大学分配科研经费。比如，1992 年英国通过了《继续和高等教育法》，建立了半官方的英格兰高等教育拨款委员会（HEFCE）等机构。英格兰高等教育拨款委员会是商务、创新和技能部设立的非政府组织。拨款委员会由部长任命的 15 名成员组成董事会（有 3 位大学校长）。首席执行官由董事会任命，董事会由高等教育、商业、实业界的人士构成，三年一届，最多任两届。全英共有 4 个拨款委员会，其掌握的资金中的 93% 是按照科学合理的方式拨款，委员会通过公平透明的方式分配资金，从不干涉大学通过社会服务获得收入，不干预大学的自治性管理。拨款委员会并非是政府的教育管理机构，而是第三方组织，政府通过 QAA 监控高等教育质量。

为了保障大学的利益，大学可以联合起来，建立联合协调组织。这类组织代表了大学与社会进行沟通互动，它们可以就大学的发展状况、存在的问题和相关的政策建议进行系统研究，并向立法机关和政府相关部门提出立法与政策建议。1918 年，英国大学联合会（UUK）成立，它的使命是要成为在英国所有的大学的权威声音，为其成员提供高质量的领导和支持，以促进成功和多样化的高等教育。大学联合会能够代表大学与政府联系，影响教育政

① 余雅风. 美国高校问责制：内涵、演进与启示［M］//劳凯声，余雅风. 中国教育法制评论：第 13 辑. 北京：教育科学出版社，2015：194－206.

策，已成为促进英国大学在国内和国际成功的一支重要力量。大学联合会拥有134个成员和办事处，分布在英格兰、苏格兰和威尔士，校长作为学校代表参加。董事会是由英国大学成员选举产生的24名成员组成，其中包括主席、司库、3名副主席和政策网络的主席。董事会是英国大学联合会的主要决策机构，每年召开5次会议。大学联合会拥有7个政策网络主席，通过选举产生的主席直接向董事会汇报。网络如下：学生，质量和参与；研究；资金；国际；就业；商业和工业；健康教育与研究；长期战略①。政策网络较为灵活地引导英国大学的发展政策和协同工作，及其与外部的联系，维护大学利益和更广泛的利益，其主要职责是建立战略联盟，加强大学与政府机构、专业团体、行业和商业、教育管理部门和国际观众的联系，并增强高等教育的适切性。

---

① Universities UK. Organisational structure [EB/OL]. [2016-03-05]. https://www.universitiesuk.ac.uk/about/organisational-structure/people/Pages/people.aspx.

高校混合所有制办学形式研究①

自2014年《国务院关于加快发展现代职业教育的决定》提出要发展混合所有制职业院校以来，关于高校混合所有制办学问题就迅速成为理论研究和实践探索的热点。实际上对于我国高等教育而言，混合所有制并非新事物，其实践早在20世纪80年代推进办学体制改革时就已开始。“民办公助”“公办民助”“独立学院”“中外合作办学”等大量具有混合所有制特征的高校纷纷出现，就是很好的例证。但是受国家政策导向的影响，目前相关研究主要着力于高职院校和独立学院的混合所有制办学形式方面，在大学公私界限逐渐模糊、传统公私二元高校分类逐渐转为以营利性和非营利性进行分类的背景下，高校混合所有制办学形式值得关注和研究。基于此，本文就高校混合所有制办学形式的内涵、分类及具体样态三个方面的问题进行研究，以深化对高等教育领域混合所有制办学的理论认知，助力实践探索。

一、高校混合所有制办学形式的内涵

（一）教育领域混合所有制的内涵

学界对教育领域混合所有制内涵的界定目前主要有两种：一种认为其主要是指包括国有资本、集体资本、非公有资本等不同所有制在内的两个及两

① 原载《高等教育研究》，2018年第5期。作者：罗先锋，潘懋元。

个以上多元办学（投资）主体共同出资合作办学的形式。[①] 另一种则认为是至少有一个公有（国有）资本的投资主体并与其他不同所有制的投资主体共同投资（出资）办学的形式。[②] 这两种界定的主要区别就在于混合所有制的主体范围是否必须同时兼具公有资本（国有资本、集体资本）和非公有资本的所有者两类。再回到混合所有制概念本身来看，目前学界对此已有一定共识，即混合所有制“最基本的特征在于出现‘公’的与‘私’的所有权在一个主体内的混合”[③]，“从宪法的角度，混合所有制只能是公有制和其他所有制形式的混合”[④]。因此，从这个共识出发，教育领域混合所有制应该是指上述界定中的后一种。

同时，需要进一步确认教育领域中办学主体的公私范畴及具体指向。教育领域中的办学主体指学校举办者，根据《教育法》第36条第1项和第2项规定，这些举办者包括国家、企事业组织、社会团体、其他社会组织和公民个人。因此，所有制属性分属“公”和“私”的举办者即是教育领域混合所有制中属性异质的办学者，其具体指向如表1所示。从中可以看出，教育领域中混合所有制办学的具体形式远比经济领域中混合所有制企业的具体形式要复杂和多样。

---

① 阙明坤. 独立学院混合所有制办学模式研究［J］. 高等教育研究，2017，38（3）：65－71.

② 董圣足. 教育领域探索“混合所有制”：内涵、样态及策略［J］. 教育发展研究，2016（3）：52－56.

③ 苏京春. 驳与立：六问六思“混合所有制”［J］. 经济研究参考，2015（56）：76－89.

④ 蒋大兴. 合宪视角下混合所有制的法律途径［J］. 法学，2015（5）：39－51.

表 1　教育领域不同所有制属性的举办者

举办者		国家	事业组织	企业组织	社会团体	其他社会组织①	公民个人
不同所有制属性举办者的具体形式	公	国家教育行政主管部门；省市地方政府②	学校；教育投资机构③	国有企业；集体企业	公办社会团体	基金会	
	私			民营企业；外商投资企业	民办社会团体	民办非企业；基金会；国际性社团；外国学校；港澳台学校	公民个人

（二）高校混合所有制办学形式的界定

办学形式作为我国办学体制的重要组成部分，是指教育机构被举办和管理的方式和途径④，其主要关注教育机构由“谁来办”以及“怎么办”两方面的内容。对于教育领域混合所有制中“谁来办”的问题，前文已通过对举

① 根据我国民政部社会组织登记管理信息系统对社会组织的类型划分，主要有国际性社团、社会团体、基金会、民办非企业法人四种类型，本表中的其他社会组织主要是指除社会团体外的其他三种类型。除采纳民政部对社会组织的划分类型外，本文将无法归属国家、企事业组织、社会团体和公民个人的其他组织都归入此类。

② 我国部分公立高校在章程中会对举办者做如下表述：学校由国家举办，国务院教育行政部门主管，国务院教育行政部门、某省人民政府和某市人民政府共建。参见《厦门大学章程》：http://www.moe.gov.cn/srcsite/A02/zfs_gdxxzc/201410/t20141020_182085.html。

③ 如 2001 年成立的江苏省教育投资发展中心系江苏省教育厅直属的事业单位，其职责之一就是受权承办教育投资、融资项目管理工作，受权经营和管理有关学校的国有资产等。参见江苏省教育投资发展中心简介：http://jyfz.jsjyt.edu.cn/art/2012/5/20/art_6281_74774.html。

④ 胡卫，何金辉，朱利霞. 办学体制改革：多元化的教育诉求 [M]. 北京：教育科学出版社，2010：29.

办者的分类进行了说明。对于“怎么办”的问题，《国务院关于加快发展现代职业教育的决定》指出，“积极支持各类办学主体通过独资、合资、合作等多种形式举办民办职业教育；探索发展股份制、混合所有制职业院校，允许以资本、知识、技术、管理等要素参与办学并享有相应权利”①。综上，本文将高校混合所有制办学形式界定为由代表公有资本和非公有资本两种不同所有制的办学主体，以资本、知识、技术、管理等要素共同参与办学并享有相应权利的方式和途径。

二、高校混合所有制办学形式分类

（一）现有分类及其问题

目前对高校混合所有制办学形式的分类有多种方式。有的按是否涉及产权来划分，如分为涉及实质性产权的“真”混合、半产权性质的“准”混合和不涉及产权的“泛”混合。② 有的按不同的公私办学主体组合方式来划分，如分为“公办高校＋地方政府＋民营企业”“公办高校＋民营企业”等五种方式。③ 还有的按公私资本进入方式分为公办高校引入私有资本、民办高校引入公有资本、公私资本合作举办三种方式。④ 此外，相关研究还探讨了混合所有制高校的属性：一是按“公”和“私”划分的所有制属性；二是按“营利”和“非营利”划分的法人属性。对此，有学者认为，为保障教育的公益性目标，要坚持混合所有制院校中公有（国有）资本的主导地位，但这不能

① 国务院．国务院关于加快发展现代职业教育的决定［EB/OL］．（2014－05－02）［2018－03－15］．http://old.moe.gov.cn/publicfiles/business/htmlfiles/moe/moe_1778/201406/170691.html.

② 董圣足．教育领域探索“混合所有制”：内涵、样态及策略［J］．教育发展研究，2016（3）：52－56.

③ 阙明坤．独立学院混合所有制办学模式研究［J］．高等教育研究，2017，38（3）：65－71.

④ 童卫军，任占营．发展混合所有制职业院校的问题对策与实现形式［J］．高等工程教育研究，2016（5）：183－188.

解决混合所有制院校的非营利性问题①，因为“教育领域公私合作的本质是一种典型的非营利性行为”②。但有的学者则认为，从法理角度出发，独立学院应为企业法人（营利法人）。③ 因此，有必要直面我国高校组织的这两种属性，对高校混合所有制办学形式进行新的分类探究，以更好地认识其本质和内在联系。

（二）兼顾所有制属性和法人属性的分类

当前在我国，无论是从观念、制度、管理实践还是高校组织的身份认同来说，混合所有制高校都面临在公私所有制属性和法人属性这两大分类框架中定位的现实问题。从学理上讲，混合所有制高校在两类属性的分类框架中有如下三种类型（见图 1）。其中，类型 1 是所有制属性为公的非营利性混合所有制高校，类型 2 是所有制属性为私的非营利性混合所有制高校，类型 3 是所有制属性为私的营利性混合所有制高校。鉴于《教育法》第三章第 26 条规定：以财政性经费、捐赠资产举办或者参与举办的学校及其他教育机构不得设立为营利性组织，故不存在所有制属性为公的营利性混合所有制高校。

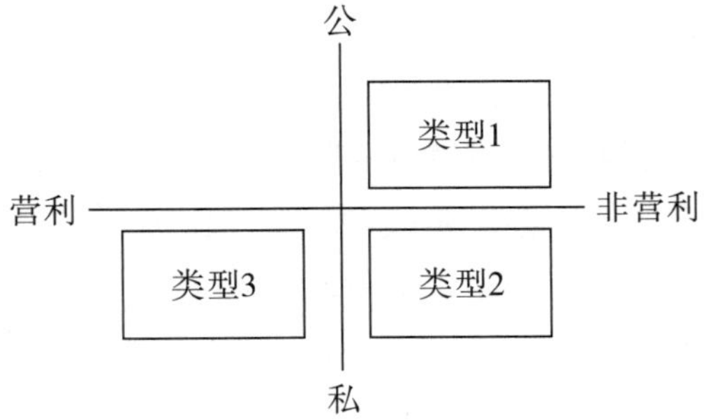

图 1　教育领域混合所有制高校分类

① 劳赐铭. 发展混合所有制职业院校的利益、冲突和问题［J］. 中国高教研究，2016（8）：101－105.

② 陈涛，邬大光. 高等教育公私并举与分类管理走势分析：基于中、法、德三国经验的视角［J］. 教育研究，2017（7）：79－91.

③ 万卫. 混合所有制职业院校发展研究：基于独立学院产权的视角［M］. 桂林：广西师范大学出版社，2016：71.

对于高校公私属性的划分标准，目前国际上普遍采用所有权归属、高校控制权以及经费来源这三个维度，我国也是如此。[①] 对于营利与非营利法人属性的认定，目前新修订的《民法总则》和《民办教育促进法》已予以明确。其中《民法总则》第76条规定：“以取得利润并分配给股东等出资人为目的成立的法人，为营利法人。营利法人包括有限责任公司、股份有限公司和其他企业法人等。”第87条规定：“为公益目的或者其他非营利目的成立，不向出资人、设立人或者会员分配所取得利润的法人，为非营利法人。非营利法人包括事业单位、社会团体、基金会、社会服务机构等。”与此相应，《民办教育促进法》以民办学校的举办者是否可以取得办学收益作为区分学校法人属性的主要依据。尽管有研究表明，在高等教育领域，公私界限已日趋模糊，且营利法人与非营利法人在具体行为中也互有交叠，但仍然不能改变现实中混合所有制高校在两种属性框架下被规制的现状，故有必要对这一现状下混合所有制高校办学形式已有和可能有的具体样态做进一步探究。

三、高校混合所有制办学形式的具体样态

（一）所有制属性为公的非营利性混合所有制办学形式

在高等教育混合所有制办学实践中，坚持教育的非营利性办学理念，保持高校的公有属性，吸引社会资本入校办学，是比较理想的一种形式。这种形式由于并不涉及学校法人财产权中的所有权分享，只涉及学校法人财产权中的经营管理权共治，或是公私资本合作的项目层面权益共享，所以其实施的阻力和成本较小，并较易获得合法性认同。目前有以下四种具体的办学样态可归属到这一类型中。

1. 政府与基金会合作办学

在高等教育公私合作领域，基金会属于优质的合作伙伴。作为公益性和非营利性属性鲜明的一种社会组织，基金会组织与高校在坚持教育的公益性

① 《民办教育促进法》明确规定，“国家机构以外的社会组织或者个人，利用非国家财政性经费，面向社会举办学校及其他教育机构的活动，适用本法”。

理念方面能达成高度共识，在为高校提供丰厚财源的同时能帮助其更好地实现公共性。比如，李嘉诚基金会捐资创办的汕头大学得益于国家教育主管部门、地方政府和李嘉诚先生的密切合作，充分发挥了公私双方的体制、机制及资源优势，在高等教育领域诸多方面进行了大胆改革和创新，被誉为是“中国高校改革的试验田”，也被联合国教科文组织的相关报告列为高等教育领域公私合作的典范。① 发展迄今，李嘉诚基金会已为学校捐资超过 100 亿港元，而汕头大学也于 2012 年成为教育部、广东省和李嘉诚基金会三方共建的大学。② 实际上，不只是李嘉诚基金会，伴随着国内社会财富的增长，规模迅速增长的非公募基金会越来越成为支持我国高等教育发展的一支活跃力量，如何引导和支持更多的非公募基金会成为公立高校的合作办学者，是值得探讨和关注的一个新问题。

2. 公办高校委托管理办学

混合所有制研究视角下的公办高校委托管理办学是指地方政府通过订立契约，将公办高校托管给具有资质和能力的民营社会组织或个人进行管理，政府停止或部分停止对学校办学经费的划拨，学校自筹经费进行运营的办学形式。出于提升所托管学校可持续发展能力和最终实现托管权益的长远考虑，受托方通常会通过投入巨额建设经费、输入先进办学理念、优质管理团队和丰富实践经验等方式实现对所托管学校的全面管理，作为委托方的政府则通过制定政策标准、安排管理人员、实施绩效评估等方式履行其对受托高校的公共责任。以 2016 年深圳国泰安教育技术股份有限公司接受鹰潭市政府委托管理的鹰潭职业技术学院为例，公司已投入近 3 亿元，并在学校的办学理念、专业设置、人才培养方案、教学模式、课程建设、师资团队、实训软件建设、信息化建设、文化建设等方面进行了探索，但诸如责任主体明确、企业权益

① UNESCO. 2009 world conference on higher education: the new dynamics of higher education and research for societal change and development [EB/OL]. (2009 - 07 - 08) [2018 - 01 - 30]. http://unesdoc.unesco.org/images/0018/001831/183174e.pdf.

② 汕头大学简介 [EB/OL]. [2018 - 01 - 30]. https://www.stu.edu.cn/index.php?optio = com _content&view = article&id = 17.

实现、政府考核评价等问题仍值得关注。[①]

3．公办高校二级学院混合所有制办学

公办高校二级学院混合所有制办学，是指在公办高校的主体内部，通过与民营企业及其他组织合作建设产权清晰、权责明确、权益风险共享的混合所有制二级学院的办学形式。这种办学形式因涉及面小、面临的制度瓶颈较少，被视为混合所有制办学探索中更为务实的做法。[②] 我国公办高校中已经举办的非独立法人的中外合作高等教育机构、产业学院等可划归到这一类。这类机构或学院一般由公私不同主体举办，在价值取向上坚持非营利性办学理念，如南阳师范学院在产业学院成立之初就明确以培养人才为宗旨，不向合作企业分配利润。[③] 在决策权划分上多坚持以高校为主体地位，如广东轻工职业技术学院要求在产业学院的理事会席位中学校人数的占比达到51%以上。[④] 同时其资产投入形式及产权归属也很明确，并能积极回应不同办学主体的利益诉求，最终能较好实现多方协同育人和校企深度融合的目标。但其也面临着制度保障不足、校企观念冲突、办学风险管控等一系列问题，需要在发展中加以探索和解决。

4．所有权为公的PPP项目

当私营部门越来越多地成为高等教育的重要供给者时，公私合营（Public-Private Partnerships，简称PPP）模式逐渐成为很多国家高等教育改革中的一项重要议程。[⑤] 在我国，PPP模式因其融资、机制创新、管理创新功能也被迅速应用到混合所有制教育改革中。据财政部政府和社会资本合作中心项目库的

---

① 现代大学公私混合所有制研究课题组．国泰安教育技术股份有限公司访谈调研［Z］．深圳，2017．

② 张艳芳．关于高职混合所有制产业学院的思考［J］．职业教育研究，2017（10）：15－19．

③ 李玉峰．地方大学产业学院的组织特征及运作模式［J］．科技展望，2016（34）：334．

④ 卢坤建，周红莉，李作为．产业学院推进产教深度融合的实践探索：以广东轻工职业技术学院为例［J］．职业技术教育，2017（23）：14－17．

⑤ UNESCO. 2009 world conference on higher education: the new dynamics of higher education and research for societal change and development［EB/OL］.（2009－07－08）［2018－01－30］. http://unesdoc.unesco.org/images/0018/001831/183174e.pdf.

数据统计，截至2018年1月20日，已有13个高等教育领域的PPP项目被列入国家示范项目和省级示范项目之列，项目总金额达1 073亿元。[①] 按照项目所涉及的服务性质和风险转移情况，这些项目主要属于以提供膳宿为基础的、所有权为公的PPP项目[②]，即项目由私（民）营部门投资进行公共基础设施的建设—运营—转让，有时也辅以提供清洁、餐饮、维护等长期服务，并以使用者付费及必要的政府付费等方式为回报机制，同时接受政府监管，并在合同期结束后将设施所有权转移给政府。可以预见，伴随着我国高等教育规模的扩大，这类PPP项目会成为混合所有制教育中一种有效的实现形式，其成效值得期待。

（二）所有制属性为私的非营利性混合所有制办学

所有制属性为私的非营利性混合所有制办学包括公私不同主体共同举办非营利性民办高校、具有独立法人资格的中外合作大学以及由公共财政经费支持的非营利性民办高校的办学形式。由于我国高等教育分类管理改革正在推进过程中，为避免争议，本文将不以营利为目的、由不享有所有权和利润分配权的公私举办者出资举办的民办高校界定为非营利性民办高校。该类高校中属性为公的举办者主要包括地方政府、公办高校以及代表地方政府的教育投资公司等，属性为私的举办者则包括非公有资金设立的基金会、民办社会团体、国际性非营利组织、个人捐赠者以及不要求回报的国外高校等。

1. 公私共同举办的非营利性民办高校

改革开放以来，由不少民主党派、社会团体和知名人士举办或牵头举办并受到政府财政、土地及建设等扶持的“民办公助”类高校可归属为公私共同举办的非营利性民办高校。如1980年以浙江民革主办的杭州业余学校为基础建立的浙江长征职业技术学院，2002年后引入中国嘉宏控股集团公司后，

① 财政部政府和社会资本合作中心. 项目储备清单［EB/OL］.［2018－02－04］. http://www.cpppc.org:8086/pppcentral/map/toPPPPotentialList.do.

② 耶斯考比从PPP合同中所涉及的服务的性质以及风险的转移支付将PPP划分为以实际使用为基础的PPP和可供使用为基础的PPP，并进一步把后者划分为提供食宿、设备、系统或网络以及加工厂。参见耶斯考比著《公共部门与私营企业合作模式：政策与融资原则》，杨欣欣译，中国社会科学出版社2012年版，第15－16页。

成为一所由民革浙江省委员会与嘉宏控股集团公司联合举办的具有混合所有制特征的民办高职院校。[①] 此外，苏州职业技术学院、广西理工职业技术学院[②]等高校和大量的独立学院也都采取了公私共同举办的办学形式。尽管有些学校在办学中表明是不以营利为目的的，但鉴于“几乎所有的独立学院都存在着举办者（包括公办高校）以各种方式取得回报的事实”[③]，已有的公私混合所有制高校如何向非营利性高校转变将是一个现实问题。

2. 具有独立法人资格的中外合作高校

具有独立法人资格的中外合作高校是指由中外双方教育机构共同出资，形成独立法人财产，具备法定办学条件，能够独立承担办学责任，并获得国家教育行政部门批准的高校。截至2017年10月，我国已有12所具有独立法人资格的中外合作高校。[④] 这类高校无论在办学主体、办学资源还是内部治理方面都实现了混合，属于典型的混合所有制办学形式。借助中外不同教育机构管理优势的融合，这些高校在现代大学制度建设、招生考试、人才培养、质量评价等多个方面都进行了诸多有益的探索，为我国高等教育改革提供了宝贵经验。但其也面临着学校公私属性不清、投入性体制障碍以及因高收费引致对教育公平的质疑等问题。[⑤] 本文将该类高校的所有制属性归属为私，因为在法律层面上，规范其发展的上位法有《民办教育促进法》[⑥]，同时国际惯例如此。相比其他类型的混合所有制办学形式，中外合作高校起点高，竞争力强，拥有的办学自主权较大，被认为是具备“能够冲击公办高等教育体系、

① 盛振文，王桂云，帅相志. 民办高校投融资国际比较与对策研究［M］. 济南：山东人民出版社，2012：123.

② 徐桂庭. 混合所有制办学：政策分析与实践探索：对广西理工职业技术学院混合所有制办学模式的调研与思考［J］. 中国职业技术教育，2015（13）：34－41.

③ 冯向东. 处在“十字路口”的独立学院［J］. 高等教育研究，2011，32（6）：36－41.

④ 林金辉. 新时代中外合作办学的新特点、新问题、新趋势［J］. 中国高教研究，2017（12）：35－37，55.

⑤ 林金辉. 中外合作办学发展报告（2010—2015）［M］. 厦门：厦门大学出版社，2016：51－93.

⑥《中外合作办学条例》第一条指出，该条例是根据《教育法》《职业教育法》和《民办教育促进法》制定的。

并成为高校示范潜力”① 的新教育形式，其办学实践可为我国混合所有制办学改革提供启示和借鉴。

3. 公共财政经费支持的非营利性民办高校

由公共财政支持非营利性私立高校发展是世界很多国家的普遍做法，有些国家私立高校的经费几乎有2/3来自公共资金，由此引发的一个问题就是“私立大学公有化”现象的广泛存在。② 在这样的背景下，非营利性私立（民办）高校将越来越具有“公私混合”的特征，成为另一种形式上“混合所有”的高校。在我国，伴随着民办教育分类管理的推进，越来越多的非营利性民办高校将逐步获得财政性经费的扶持而在法人财产构成上呈现“公私混合”的特征。这固然对提升非营利性民办高校的办学能力大有裨益，但也需警惕由此带来的政府干预增加使得非营利性民办高校独立性优势渐失的不利影响。

（三）所有制属性为私的营利性混合所有制办学

自2016年我国在法律层面放开非义务教育阶段的营利性学校办学后，营利性民办高校的出现将只是一个时间问题。目前尽管从法理上来说还没有营利性民办高校出现，但已有不少高校成为国内A股上市公司以及赴港上市教育集团公司的重要营利性资产，鉴于“企业上市对利益的追求与学校的非营利性属性会产生根本的矛盾”③，未来这样的高校应会登记为营利性高校。在资本市场广泛进行教育类投资的背景下，出现营利性混合所有制高校也会成为可能。限于财政性经费不能够用于营利性教育组织设立的规定，营利性混合所有制学校的公有资本应主要来自于国有企业这类主体，其办学形式也会以股份制为主。届时该类学校会与其他的混合所有制企业组织类同，成为公私不同资本交叉持股的混合所有制教育公司。

---

① 栗晓红．高等教育制度变迁视野中的中外合作办学研究［J］．教育研究，2011（10）：54－58.

② 陈涛．大学公私界限日益模糊：全球现象及动态特征［J］．复旦教育论坛，2015，13（4）：9－15.

③ 黄聪．“高等职业院校第一股”上市，破除高校盈利性争议［EB/OL］．（2017－02－22）［2018－02－04］．http://finance.china.com.cn/stock/xsb/gs/20170222/4108841.shtml.

综上，以所有制属性和法人属性为分类框架，将各类高校混合所有制办学形式进行明晰，有助于我们更加全面和客观把握混合所有制改革在高等教育领域的具体实践形态，并为进一步开展分类研究奠定基础。在我国办学体制改革不断深化的背景下，类型多样、内容丰富的高校混合所有制办学形式，充分反映了混合所有制改革在高等教育领域的巨大发展空间。如何更好地鼓励和规范各类高校混合所有制办学形式健康发展，吸引和汇聚更多的社会资源进入高等教育领域，发挥市场机制配置非公共教育资源的作用，是今后高等教育领域混合所有制办学值得关注的问题。

高等学校招生与就业

在孙中山故居（1997年）

引进市场机制之后……[①]

——在福建省大学毕业生分配工作研讨会上的谈话

人才分配问题，是经济学或者人才学应当研究的问题而不是教育学的研究范围。具体说，是计划经济的问题或者人才管理的问题。但教育要受经济制约，办学要受大学毕业生分配这根指挥棒指挥，因此搞教育学的也要懂得一点这方面的道理。承蒙会议的主持同志让我有机会列席这个大学毕业生分配工作的理论性会议，向同志们学习。昨天听了省人事局陈局长针对实际问题所做的有经验、有理论的报告，受益匪浅。现在轮到我来谈，我从教育的基本规律谈起。教育有两条基本规律：一条是内部关系的基本规律，指的是教育过程中智育、德育、体育、美育……的关系，教学过程中教与学的关系，等等。一条是外部关系的规律，指的是教育这种活动同社会其他活动的关系，或者说，在社会大系统中教育这个子系统同其他子系统的关系。这条规律的表述是：教育必须受社会的经济、政治、文化所制约，并为社会的发展服务，也可以简化为教育必须与社会发展相适应。这条外部关系的基本规律说来很简单，但认识它却很困难，遵循它更困难。为什么认识它很困难？因为过去的教育学只研究普通学校教育，这条规律对普通学校教育所起的作用比较不那么明显，违反这条规律的矛盾不那么尖锐，许多教育家竟以为培养人可以离开社会而自我完善。直到以高等教育为研究对象的高等教育学建立之后，人们在研究高等教育问题中，对于这条规律所起的作用才有比较清楚的认识，

① 原载《福建高教研究》，1988 年第 1 期。

因为这条规律对高等教育所起的作用是比较直接、比较明显的。尤其是有过几次违反规律办学受到规律的惩罚之后，才有比较清醒的认识。虽然有所认识了，但自觉地遵循这条规律办事还是很困难的。现在我们还老是出现违反这条规律办事的问题。因为这条规律，既很抽象，又很具体，具体到对教育目的、教育制度、教育内容、教育方法，专业、课程、教材、管理、招生、毕业生分配等，像“幽灵”般无处不在，无处不起作用。哪里违反它，哪里就要出问题。拿毕业生分配工作来说，如何使我们所培养的人才能够与社会发展相适应，也就是使分配同社会主义初级阶段的经济、政治、文化的发展与改革相适应，是当前我们分配工作所面临的问题。

解决这个问题，无非是两条途径。一条途径是加强人才的社会需求预测与规划，现在各地都在搞这种预测与规划工作，就我所知，福建省也在搞，不过声势不是那么大，也比较分散。预测与规划是必要的，但预测存在“测不准”的问题，规划总有不周之处，而且预测、规划转化为实际行动中间还存在许多难以解决的问题。你今天预测中国需要 100 万名政法人才，高等学校、中等专业学校，不是明天就可以如数培养出来；培养出来了，也不是可以按规划就分配出去。这个要照顾地区关系，那个要照顾父母、爱人关系，还有知识结构、能力结构、身体素质……所以，预测、规划，只能是“模糊的”，不可能是精确的。另一条途径是引进市场机制，依靠市场调节。数量、规格、专业结构、课程结构，依靠市场信息来调节，使之适应社会需要。

引进市场机制，最直接的办法就是不包分配的“分配”，也就是自谋职业。但如不包分配，自谋职业，就得开放人才市场，国外叫作劳动力市场。如果人才市场没有开放，或者只开放个小口子而没有充分开放，就会出现纽约《美洲华侨日报》社论所担心的问题。这里我把该报社论念一段：

……当相关的制度尤其是用人制度不改革之时，资历高的人才都不能吸收运用，如何为大学毕业生安排工作，恐怕更是问题丛生，分配工作尤如此。教委会建议由大学毕业生自己求职，这些毕业生将遭遇的困难和将造成的问题恐怕更严重。自找工作的原则，只当公家和民间工作有了开放竞争的职业市场，才能产生合乎现实需求的结果。

开放职业市场牵涉到现行制度许多问题，如果在出现开放的职业市场之

前能让大学毕业生自行求职，结果恐怕是让一些没有门路的毕业生走向自生自灭之途……①

该报可能说得太严重些，有点“危言耸听”，但听听旁观者的意见也是好的。这里又牵涉到另一个问题，即开放人才市场的问题。福建省人事局和科技干部局的一个课题组，给我寄来德尔菲法第一轮征询问题。其中问题之一是：“您认为建立人才市场是否可行？实行的结果可能出现什么问题？”我的回答是：“势在必行！”我们现在事实上已经开了个小口子，不过是很窄很窄的一条门缝，很难挤出去也很难挤进来。可能出现的问题恐怕不少。现在我所能想到的有两个。

（1）可能产生顺流也可能产生逆流，人才可能流向急需的单位、地区（应当说，这是主流），也可能流向并不很需要的单位、地区。可能产生农村流向城市、边远地区流向沿海城市、工资福利低的流向工资福利高的单位、艰苦的岗位流向轻松的单位……首先受其冲击的是清水衙门的文教部门、某些没有实权的政府机关。也就是说，可能出现有的地区、单位的有用之才奇缺，而有些地区、单位人才积压、浪费或高才低就。美国是一个人才市场充分开放的国家，有一个调查报告发出“警告的信号”：“入学新生中想要任大学教授的比例，从 1966 年的 1.8% 降到 1982 年的 0.2%。这种 89% 的下降，对高等教育的前景是一种不祥之兆。”② 为什么只有 0.2% 的大学新生以当教授为志愿？原因可能很多，如教授工作辛苦，学术水平要求高，等等。而教授待遇相对偏低，近年来教师工资增长率赶不上物价的上涨，可能是一个重要原因。美国大学助理教授的平均年工资约 2 万美元，外加其他收入约 24%；而一个工商管理硕士被公司聘为经理，年薪就高达 6 万美元，其他收入更算不清楚。中国目前有多少大学生将来愿当教授，没有调查材料。总比美国比例高得多，因为人才市场还未开放，传统的“清高”价值观念还起着一定的

---

① 纽约《美洲华侨日报》社论：中国高教改革宜慎重从事［N］. 参考消息，1988-01-14.

② 美国高质量高等教育研究小组. 投身学习：发挥美国高等教育的潜力［M］//教育发展与政策研究中心. 发达国家教育改革的动向和趋势：美国、苏联、日本、法国、英国 1981—1986 年期间教育改革文件和报告选编. 北京：人民教育出版社，1986：38.

作用。如果人才市场开放了，工资待遇还是“倒挂”，那就很难说了。

（2）人才市场的调节是自发的，甚至一定程度是盲目的。全局的、长远的发展战略很难对之起制约作用。这在资本主义国家也是一个苦恼的问题。中小学教师的工作效益，是提高全民族的文化素质，至今教育经济学很难算出它的经济效益，教师们又很难自找门路赚钱，中小学很可能就得不到合格人才，从而影响全局与长远的社会效益。就说大学吧，教基础学科的，搞基础理论研究的，赚钱的机会就远不如搞技术学科、应用学科的。美国上述那个调查报告的“警告的信号”就指出：“大量学生已放弃某些传统的文理学科。仅1977年以来（至1984年），愿意主修物理科学的入学新生的比例下降了13%；人文学科下降17%；社会科学下降19%；生物科学下降了足足21%”①。

对于上面所说的和未说的可能出现的问题，是要预先研究对策的。

市场机制，不只是对不包分配、自谋职业起制约作用，也必然要一定程度地对分配制度起影响。过去完全按指令统一分配，基本上没有分配不出去的问题。反正分来一个大学毕业生，就多一个编制名额，就有一份工资。不需要么？摆在旁边吃闲饭算了。现在才开个小口子，市场机制才稍微起点作用，就出现了分配不出去的问题。不多，一个省就是那么几十名、两三百名。比起资本主义国家的大学生失业率，简直不算一回事，可我们的人事干部也就为此够苦恼了。

如何看待分配不出去的问题？我的看法：①今后恐怕总有分配不出去的；②是坏事也是好事。

先说第一点看法：既然市场机制在起作用，就有供与求的关系，就有供与求不平衡的问题。过去是以指令性分配掩盖了这种不平衡，当指令性分配部分地改为指导性分配，矛盾就突出来了。可以想见，不包分配，自谋职业，依靠市场调节，矛盾还会更加突出，不过那就不叫作分配不出去，而叫作“待业”了，明白说，引进市场机制，依靠市场调节，就会有大学毕业生待业

---

① 美国高质量高等教育研究小组. 投身学习：发挥美国高等教育的潜力［M］//教育发展与政策研究中心. 发达国家教育改革的动向和趋势：美国、苏联、日本、法国、英国1981—1986年期间教育改革文件和报告选编. 北京：人民教育出版社，1986：38.

问题。在资本主义国家，这是正常的现象，政府只能设法减少失业人数，而不可能消灭失业现象，甚至是不愿意消灭失业现象，有失业才有劳动准备军。我们是社会主义国家，我们不愿意依靠劳动准备军来调节劳动力市场，而是要在计划下引进市场机制。但是，如上所述，预测不可能精确，规划不可能周密，以及其他种种原因，资本主义社会所存在的结构性失业、地区性失业、选择性失业等现象，不是不可能出现的。对此，要有充分的心理准备，预先研究对策，否则就会导致政策左右摇摆、多变。

再说第二点看法：为什么说分配不出去是坏事也是好事呢？是坏事，用不着论证。如果不是坏事，我们的人事局长、处长们就不必为此苦恼了。不但人事干部为此苦恼，系主任、班主任、教师也都为此苦恼。谁都高兴看到自己辛辛苦苦培养出来的学生愉快地走上称心如意的工作岗位，施展他们的才能；而现在我们许多教师还要为自己的学生奔波找门路。为什么是好事呢？试根据陈局长昨天所报告的，分配不出去的六个原因和一个不列原因的“原因”进行分析：其中第一、二、四、五个原因我看都是好事，只有第三个原因不是好事，第六个原因好坏参半，不列原因的“原因”是大坏事。也就是说，好事过半。拿第五个原因来说吧：“部分专业的设置与招生数量，不适应社会的需要。”分配不出去，把这一不适应的问题暴露出来，促使学校不得不调整专业方向、课程结构、招生数量，使之适应社会需要。也就是促使学校按照教育规律办事。这不是好事么？

不管坏事或好事，我们都得面临这个严峻的事实，迎接引进市场机制的挑战，超前研究和制定我们的对策。陈局长昨天的报告已经提出许多重要的对策，如改变就业观点、面向乡镇企业、延缓自然减员、给予预备编制、调整专业、培养应用型人才等。我不懂人事制度，不敢妄言。只是谈一些外行人的想法。

（1）今后一个相当长的时期，恐怕还是要搞人才计划控制与人才市场调节相结合，指令性分配与不包分配相结合。其实，资本主义国家也不是一刀切不包分配的，如军事院校的毕业生就要服从分配。新中国成立前我国师范学院的毕业生也有一定的分配制度。分配制度本身当然也要改革，如搞一定期限和一定范围的分配。一定期限，就不是终身分配；一定范围，就不是指定具体单位。国家给了你四年的教育费，你就得按分配工作四年（当然这是一个假定数）。四年之后，去留任便；你是学师范的，在一定期限内，就得当教师，还可能要求你在一定地区当教师。具体单位，可以不指派，自己找，反正总是在中国土地上，在某一个需要教师的地区内，为社会主义现代化培养学生。不搞终身分配，对于毕业生和家长，心理上是比较容易承受的；不硬性指定单位，可以留给本人一点主动灵活的余地。

（2）现在人事干部，为大学生毕业分配，的确思想负担和工作负担都很重，既操心又操劳。可不可以放开一点、放下一点。多给学校一点自主权，学校多给系主任一点自主权，尤其要给教师一点发言权。门路可能更多更活些，人事干部的思想负担与工作负担可能较轻些，也可能更有利于加强宏观控制。这叫作“不为而无不为”。你管得太多太死，一个脑袋两只手，忙于应付。说现在要面向乡镇企业，我不理解为什么乡镇企业接受大学毕业生，还得经过企业的行政领导机关批准，是不是他们没有用人权，也可能是我听错了。我想：要面向乡镇企业，广开就业门路，大学是否可能登“人才广告”，公开宣传你有什么样的人才待聘，这些人才能干些什么工作，质量如何，欢迎招聘，可到某处洽谈，等等。否则乡镇企业不知道也不敢贸然闯进学府大门来洽谈“人才交易”，供需见面的市场就很差。

（3）如果今后或多或少总有一些大学毕业生一时分配不出去，是否应当设置待聘人员补助金。大学毕业生，总应当“特殊”点，“养士”嘛。

总之，我是赞成引进市场机制的，但不妨把可能产生的困难设想得多一点，超前研究，超前制定对策，才能更好地迎着困难上。

高校毕业生应成为工作岗位的创造者[①]

首届世界高等教育大会通过的《世界宣言》和《行动框架》强调："毕业生将愈来愈不再仅仅是求职者，而首先将成为工作岗位的创造者"[②]，要"使他们不仅成为求职者，而且逐渐成为工作岗位的创造者"[③]。这一新的理念，对正在为"大众化"之后大量毕业生的就业问题而困惑的中国高等教育，启发了一条新的思路。

高等教育大众化，是20世纪中叶以来世界高等教育发展的大趋势，也是21世纪中国高等教育发展的必由之路。为了增强国家的综合国力和现代化建设，也为了满足人民日益增长的提高科学文化水平的需要，在知识经济来临之际，中国不能不加快高等教育大众化的进程。

实现高等教育大众化，困难很多，最大的困难是资金投入不足和毕业生就业困难。对于前一个困难，通过多渠道筹集经费，发展成本较低的多种形式的高等学校，相对来说，较易解决；而就业问题，较难解决。这正是多年来我国对是否走大众化之路踌躇不前的主要原因。

现在，第三次全国教育工作会议，已经做出积极发展高等教育的决策，并且采取实际行动。单就全日制普通高校今年招生就增加了48万人，比1998年增长了44%以上而言，如果沿着传统的思路，人们有理由担心两三年后毕业生就业问题的严峻性。世界高等教育会议所提出的新思路，是总结了许多

---

① 原载《教育发展研究》，1999年第9期。

②③ 源自深圳大学高等教育研究所刊物《高教信息》，1999年第15、16期。

国家的经验而提出的，启发我们用新的思维方式来思考这一难题。

高校毕业生的就业岗位不是常数，而是变数。一方面，随着经济社会的发展，生产、管理、服务各种职业的科技与文化含量不断提高，需要具有高等教育水平的职业岗位必然随之增加。过去，高中文化水平，甚至初中、小学水平的从业者就能胜任的工作，逐渐需要受过高等教育的毕业生来担任。例如，20 年前，只要粗通文字，会打算盘会记账，就能当公社级的主管会计，如今，乡镇的主管会计，必须懂得市场经济的运行机制，熟悉经济法规，能够操作计算机，如此等等，没有受过高等专业教育者，很难胜任；又如，过去小学教师，受过中等师范教育的，就是佼佼者，如今，发达地区的中等师范已陆续停办，小学教师也要受专科以上的教育。另一方面，一个毕业生进入社会求职，当然要占据一个职业岗位，但如果能推动经济发展、社会进步，就能创造更多的就业机会。可以设想，如果一个毕业生到农村当乡镇长（这在发达地区已经不是设想而是现实），就会引进更多的毕业生来推动当地的现代化建设；如果一个毕业生自己创办企业，开辟职业新领域，意味着他不但为自己创造岗位，而且为更多的毕业生创造就业机会。

如何使高校的毕业生，不仅是求职者，而且是工作岗位的创造者？在世界高等教育会议的《世界宣言》《行动框架》中提出了种种设想与建议。概括说有两方面的意见：一是“高等院校，必须将创业技能和创业精神作为高等教育的基本目标”，“培养创业技能与精神应成为高等教育主要关心的问题”，大学教师“不应仅仅传授知识，而且必须把重点放在教学生如何学习，如何发挥主动精神上”。这正符合我国《高等教育法》第五条所规定的：“高等教育的任务是培养具有创新精神和实践能力的高级专门人才。”但是创新精神与实践能力，或创业精神与创业技能，恰恰是我国高等教育的薄弱环节。因此，高等教育的改革，应在课程设置、教学方法，包括考试内容与方法方面下功夫。二是“实行开放政策，以便培养更多不同类别的人”。这里所指的就是打破单一的培养目标与办学模式，发展多层次、多类型、多形式的高等教育，以培养不同适应面的人才。传统的高等教育只是单一的学术型精英教育，为培养高科技、高素质的高级专门人才，精英教育仍应受到重视，学术型的所谓一流大学或重点大学仍应作为高等教育的重要组成部分。但是，社会需要量更大的是应用型、技术型、职业型人才。这些人才也应具有创新精神与实践能力，“在多元文化环境中能独立思考和协同工作”，能将“传统或当地的知识和技能与先进的科学技术结合以产生创造力”。单一类型高校毕业生的工作岗位是有限的，多种多样的高校毕业生才能创造更多就业机会。如果专科学校办得好就要“升”本科，高等职业技术学院办得好就要向综合大学看齐，路子会越走越挤。只有办出特色，走自己的路，才能创造更多的就业机会。

在中国，还有一条宽阔的毕业生就业大道，就是高等教育通向农村。未来的农村是就业的广阔天地。农村人口占全国人口70%以上，中国的社会主义现代化建设，不能忘记农村的现代化建设；“科教兴国”战略，不能不包括“科教兴农”。中国高等教育大众化，既不能只靠城市生源，更不能仅在城市就业。农村的经济与社会发展了，也需要并能容纳更多的高校毕业生就业。具有创业精神与创业技能的高校毕业生，到农村求职，更有可能成为新的工作岗位的创造者。

我对招生考试的基本看法[①]

考试是指挥棒，这是客观存在的事实。因此，我对考试的基本看法，不是消极地批判、抵制或者削弱它的作用，而是积极地、恰当地运用这根指挥棒，推动、引导教学改革，以提高教育质量。

考试这根指挥棒，如果运用得当，在教学过程中，具有不可替代的积极作用：它不仅可以检查学生的学习成绩，而且可以检查学生的学习方法和教师教学工作的优缺点，及时发现问题，总结经验，作为指导学生学习和改进教师教学的依据。考试，不仅是考学生，也是考教师。一位认真负责的教师，既可以通过考试来了解学生的学习情况，又可以通过考试来激励学生认真学习，还可以通过考试获得改进教学工作、提高教学质量的信息。这就是教学过程中考试指挥棒的积极作用。

考试这根指挥棒，如果运用得当，在招生（高招）中，也具有不可替代的积极作用。它不仅在精英教育阶段，起选拔优秀大学生的作用，在大众化教育阶段，起为高中毕业生选择适合其个性与能力的高校与专业的作用，而且对中学教育的改革与提高起导向的作用。这就是招生（高招）中考试指挥棒的积极作用。

所谓“运用得当”，包括考试内容和考试方法两方面。考试内容，既要考知识，更要考能力，包括记忆力、判断力、想象力、思维能力、应用知识能力以及创新能力，等等；还要测试学生的性向，作为学生选择和招生部门分

① 原载《湖北招生考试》，2002 年第 2 期。

配高校与专业的依据。考试方法，要改变一份考卷考各个层次、各种科类学生的做法。在大众化教育阶段，办学形式是多样化的，既有学术型的精英教育，又有大量的应用型、职业型的大众化教育。各级各类高等教育的培养目标与培养规格不同，考试内容与方法也应多样化。传统的考试，用一份考卷按分数高低制定分数线，人为地贬低应用型、职业型的教育地位，不利于高等教育大众化发展。因此，要使这根指挥棒运用得当，起推动、引导高等教育改革与发展的积极作用，作为指挥棒的招生（高招）考试自身应当首先进行改革。

在一定意义上，招生考试的改革甚至比中学教学内容与方法的改革更为重要。如果考试改革不先行，必将阻碍中学教学内容与方法的改革，使教学改革事倍功半甚至劳而无功。20 世纪 80 年代以来，教学改革进展迟滞，恐怕与考试指挥棒的指挥不合拍有关；素质教育之所以很难落实，恐怕也是与“应试教育”不相适应有关。

我们反对过“应试教育”，也反对过“片面追求升学率”，但收效甚微。不应一味埋怨学校与教育行政部门，应当进行深入的反思；升学是学生和家长的愿望，提高升学率是社会的要求，而要提高升学率，就必须听从考试这根指挥棒。追求升学率与应试教育，有其客观的必然性，不是主观地“反对”所能奏效的。与其做无效的“反对”，不如在如何运用考试指挥棒上下功夫，也就是把招生考试的改革作为教学改革先导与关键来抓，变消极为积极，变被动为主动。这就是我对招生考试的基本看法。

但是，招生考试的改革不是轻而易举的事。其中有理论问题、政策问题、方法措施问题，而最重要的是转变传统的考试观问题。传统的考试观认为考试就是检查学生能够记忆多少知识；而现代的考试观应当是为全面发展学生的个性而考试，为培养社会有用之才而考试。在正确的考试观指导之下，进行理论的探索、政策的制定、方法措施的实践检验，使招生（高招）考试能够更好地起推动、引导教学改革，提高教育质量，全面推进素质教育的积极作用。

高考：从选拔性考试到适应性考试[①]

在精英教育阶段，高考是一种选拔性考试。国家教委所发布的《普通高等学校招生暂行条例》第一条就指明：为"选拔适合高等学校培养要求的优秀新生"而"制定本条例"。也就是说，高等学校只选拔优秀的高中毕业生准入。这种传统的高考功能观，在高等教育体制单一化的精英教育阶段，无疑是符合客观实际的。30多年前刚恢复高考时，高考录取率只有4.8%（1977—1978年），只能通过高考选拔顶尖的高中毕业生入学；即使到了扩招之前的1998年，录取率达34%，"择优录取"的原则还适用。但扩招之后，每年普通高校的高考录取率已达60%~70%，有的地方甚至达到80%以上，高考是否仍为"优秀新生"的选拔性考试就受到了质疑。如果继续大规模扩招，高考录取率可能达到90%以上甚至100%。人们不禁要问：高校准入，是否还要通过高考？是否还要进行选拔性考试？我们的回答是：即使高考录取率达到100%，在中国，高校招生仍需要通过入学考试，但就高考的总体结构而言，选拔性考试功能将转变为适应性考试功能。准确地说，选拔性考试功能将融入适应性功能而成为其中的一个组成部分。考试功能的转变，将引起高考制度——考试目标与要求、考试内容与考试方式方法一系列的变革。

传统的高考之所以是一种选拔性考试，反映了精英教育阶段，教育资源相对短缺与教育需求过旺的矛盾。招生名额有限而要求上大学的高中毕业生众多，供不应求。因此，必须通过统一高考，公平竞争，按成绩高低，择优

① 原载《湖北招生考试》，2003年第12期。作者：潘懋元，覃红霞。

录取。进入大众化阶段，扩招名额逐年增加，供求总量渐趋平衡，绝大多数高中毕业生，都有机会接受高等教育，上大学已不是少数优秀高中毕业生的特权。从总体上来说，就不存在选拔“优秀新生”的问题，而是选择哪些新生比较适合于某种类型高校或专业的问题。当然，同类型的高校与专业，质量有高有低，条件有好有差，对于质量高、条件好的高校与专业，仍有选优的问题；同时，学生也有选择进什么高校与专业的问题。但是，那是另一种选择，即适应性选择问题。

高等教育大众化的前提是多样化。单一的高等教育体制，不能实现大众化。这是因为社会对专门人才的需求是多层次、多类型的。传统大学从理论学习、研究为主的单一化的本科教育（老大专多数也是压缩型的本科教育），不能适应人才市场多样化的需求，势必导致大量毕业生结构性失业，从而影响大众化甚至中止其进程。所以，发达国家进入大众化阶段时，高等教育都发生分化，大量增办职业性、技术型的高等职业技术学校，如社区学院、短期大学、多科性技术学院、开放大学以及各种各样的培训机构，以培养人才市场上需要量大的“适销对路”的生产、管理、服务的实用型人才。高等教育多样化，意味着培养目标与规格、教学内容与教学方法以及就业渠道多样化。同时，也意味着生源选择的多样化。例如，研究型大学录取新生重视的是理论基础、思维能力、创新能力以及从事科学研究的潜力；专业型高校重视的是运用知识解决实际问题的能力和组织管理的潜力；职业型高校重视的是较强的实际操作动手的能力。当然，上述举例是相对的。同时，各种类型专业所重视的知识、能力，更为具体而各不相同。

各种知识、能力，并无高低优劣之分，但与所进高校、所学专业有适应与否之别。那种认为知识积累多、理论水平高是优秀人才，而能工巧匠是低等人才的观念，是传统偏见。这就对单一的以精英教育为基础的高考制度提出了怀疑。一份以考核理论知识为标准的考卷，从研究型大学考到高职高专，很难考核出适应各类高校、各种专业的改革，而其负面作用则是加强、助长传统的偏见。

从考生的角度来说，他们也有根据自己的兴趣、爱好、特长、性向来权衡选择适合自己的学校和专业的权利。在大众化阶段，高等学校的增加，就意味着考生选择机会的增加。不同类型、不同层次的高校并不代表培养质量的高低，反映的是培养方向的差别。如：高职人才培养目标和类型是面向基层，面向生产、服务和管理第一线的实用型、技能型、管理型人才。专业型高校人才培养目标是面向各行各业，培养各种专业人才，如工程师、律师、临床医师、教师和行政干部。而研究型大学培养目标着重培养从事科研工作的学术型理论人才。即使同一类型、同一层次的高校，专业不同或者培养方式不同往往也决定了学生个人将来的发展。因此，近年来屡屡出现大学生拿到大学通知书不报到或报到后要求转系的事，这反映了他们对个人未来设计的关注和个性的张扬。但当前的高考，对每一个考生而言，取得好的成绩却并非表示自己就适合进入研究型大学，从事理论研究；同样的道理，成绩不理想也不表示自己就适合进入高职从事实际操作培训。这也就对高考提出了新的要求：必须为考生提供全方位的反映其自身生理心理素质、知识能力结构差异的考试，从而为高校选择合适的新生，也为考生选择合适的高校与专业提供依据。

高等教育由精英教育阶段向大众化阶段发展，必然引发我国高等学校招生考试制度的整体变革。现在议论最多的是考试内容、考试方式以及考试管理方法的改革。这些具体的政策、措施办法的改革是必要的，而最重要的还是转变传统的高考功能观问题。如果认为高考的考试功能还只是选拔“优秀新生”，那就只能沿着传统的思路，因袭传统的模式，进行一些小修小改。那么，中国的高考制度必将脱离高等教育大众化的实际，落后于时代的步伐。因此，在新的形势下，我们对高考的认识应该积极调整思路，从精英教育阶段的选拔性考试向大众化阶段的适应性考试转变。这里的适应性主要包含了两层意思：一是适应多样化的高等教育选择合适的新生；二是适应考生的需求，为考生提供准确而详尽的，能鉴别个人在知识、能力、素质上的个别差异的手段和方法，使考生能够更好地选择合适的高校与专业。学校乃至社会的发展最终还是要落实在人的发展上。大众化阶段的高考改革，说到底是为考生的发展服务的手段和方法。随着高等教育入学机会的增加，高考的功能从选拔性考试走向适应性考试，高考就不再是高校单向选择新生，而是高校与考生之间双向互动的选择。高校根据自己的标准选择合适的考生，而考生也根据自己的兴趣、爱好、特长、性向等因素选择高校和专业。

针对高等教育多样化，可以采取两种办法：一是分类型考试。高等教育达到大众化或普及化后，所有合格的高中毕业生理论上都有接受高等教育的资格，问题是进什么高校、学何种专业。现在的高等教育有研究型、专业型和职业型三种基本类型，因此，至少可以按这几种类型分别进行考试。二是统考加单考。大规模考试有局限性，实行单独考试比较理想，但存在很多实际困难，如学生奔波、人情困扰以及组织经费等问题。因此将统考与各校单考结合起来，能在发挥统一考试规模效益的同时，兼顾到各校各专业的办学特色，从而实现扩大高校招生自主权，真正调动高校参与高考改革的积极性。

针对适应性考试的需要，也可以引进学习性向测试，但不一定要照搬美国的 SAT 考试。我们知道 SAT 考试多采用标准化考试，这种考试有它的方便之处，也有它的局限性。标准化考试名为科学考试，评分精确而又省事省力，实际上却不太科学，不能全面地反映出考生的知识、能力与素质、性向。一般只能考评学生对知识的记忆力和判断力，很难考评考生的想象力与思维能力。我们认为今后高考的改革要从适应性功能出发，提高命题的科学性。考试内容，既要考知识，更要考能力，包括记忆力、判断力、想象力、思维能力、应用知识能力以及创新能力等，还要测素质，测性向，积极推进高考内容从知识、能力立意向素质立意转变，将考试内容与测试学生的性向结合起来，作为高校与考生双向选择的依据。

最后，应当指出的是，适应性考试功能观的确立，并不意味着对高考选拔性功能的否定与抛弃。从理论上讲，考生入学的机会增加，竞争的压力应该相应变小，但事实上却并不尽然。虽然有更多的学生可以进入高校学习，但竞争仍然存在，并且很激烈，从竞争入学机会变成上好大学、好专业的竞争。竞争并非坏事，有竞争才能使人奋发有为。国外有的研究型大学，入学要求十分严格（如美国），有的专业型高校，社会地位高，毕业出路好（如法国），竞争都很激烈，入学标准也很高。但这时候的选拔性功能已经不是高考的唯一功能，也不是高校的总体功能，而是作为高校的局部功能，融入高考适应性功能而成为其中的组成部分了。

从高等教育结构看大学生就业问题[①]

一

高等教育大众化任务应由什么类型的高校来承担？有两种不同的意见。一种主张扩大传统大学，接受所有大学生，理由是教育质量、学术水平有保证；另一种则认为，必须另建与传统型大学不同性质的、以大众高等教育为办学方向的高等教育机构。在美国，承担起大众化任务的是社区学院；在日本，数量扩大的主要承担者是短期大学；在英国，则是多科技术学院。从发达国家的改革来看，基本上都采取了在传统大学之外成立新型的非大学高等教育机构来完成大众化的任务，这些非传统大学机构以职业教育为主，培养应用型、技术型人才。因此在高等教育大众化的过程中往往伴随着高等教育的多样化，无论是高等教育人才培养的规格，还是高等院校的类型都不再是一种了。

中国在大众化发展的初期，吸取国外的经验，着重大力发展专科层次的高等职业技术教育。因为社会经济的发展对应用型人才的需求在不断增加，高职与社会经济的联系密切，培养的是生产第一线的应用型人才。但在现实中却走了一条“内涵式”发展的道路，即新建院校很少，数量的增加大部分由原来的传统大学承担。在扩招过程中，传统大学大都举办了高职二级学院、

① 原载《中国大学生就业》，2004 年第 3 期。作者：潘懋元，吴玫。

网络教育学院，并扩大了原有的成人教育学院和自学考试助学班的规模，使得传统大学在校生数在1999—2002年的四年间增长了近两倍，全国传统大学校均生数达1 100多人。“内涵式”发展的结果使得大众化高等教育冲击了精英高等教育的质量，也造成职业技术人才因为缺乏真正的高等职业技术的教育和训练而同样质量不保。

传统大学教育质量下降的情况虽已是现实，但由于其毕业生的学历层次高，学校品牌也高，社会人才需求存在看重学历甚于能力的“符号效应”。因此，精英教育机构的毕业生就业问题在当前并不突出。然而对高职院校而言，毕业生就业的情况就很不乐观了。许多独立设置的高职院校在社会“重学术，轻职业”的观念氛围之中，在政府评价和资源配置手段的操控之下，以及在考试、招生等方面受到不公平对待的境遇之中，不安于自身的办学目标和使命，专注于升格和转型，办学与人才市场的需求脱节，培养目标不明确，忽视对学生职业技能的培养，再加上专科的低学历层次，不少高职学生在毕业后找不到合适的岗位。从2003年的情况看，全国的总体一次性就业率是70%，本科生的就业率在80%以上，而高职毕业生就业率是55%。高职毕业生就业已成为当前大学生就业问题的重点和难点所在。

高职发展总体欠佳及质量不保的原因很多，有来自政策导向、传统观念、办学体制、教学模式等主客观方面的原因。这些原因混杂在一起，阻碍了高职发展成为真正的职业技术教育，影响了高职院校的准确定位，使得高等职业技术教育没有能发挥出它应有的生命力。然而即便如此，我们仍可以从若干办学成功的高职院校中，从那些深受社会欢迎的高职毕业生就业中看到这类院校和人才在大众化高等教育发展中的生命力和适切性，因为培养大批高质量的职业性实用型人才是中国社会和经济发展迫切与长期的需要。

发达国家的历史经验告诉我们，在高等教育大众化的发展阶段，高等教育数量快速增长的同时，其结构也必然发生相应的变化，从而才能较好地实现高等教育大众化的功能和效益。高等教育结构的调整需要直面扩大入学人数和保证教育质量的双重压力，需要同时考虑学生大量涌进的“入口”和大学生就业的“出口”。在一定程度上，高等教育功能的实现是由就业市场来决定的，检验大学毕业生和职业需求之间的适应关系，可以视为高等教育功能实现的标准之一。目前，社会、政府都把毕业生就业率作为衡量高校办学质量和办学水平的重要指标之一。2003 年 5 月，教育部所属 74 所高校 2002 年毕业生就业率首次正式向社会公布。后来，教育部又拟订有关意见，推动高职高专教育以就业为导向，就业率将作为检验高职院校办学水平的核心指标。相对于精英院校而言，高职院校以就业率作为评价指标之一，有其合理性，因为高职院校的培养目标是适销对路的实用性技术型人才，毕业生的就业率就是衡量高职院校质量高低的重要尺度。

根据上述分析，可见高职毕业生就业难是一种暂时的现象。如果高职院校定位准确，办成真正的高等职业技术教育，培养人才市场所需要的高质量的职业技术人才，困难是能逐渐缓解的。因此，我们认为扩招的任务，主要仍由大众化的高职高专来承担。如果因为高职毕业生暂时性的就业困难，将扩招任务都转移给传统大学本科，从长远说，困难将会更大。规模的扩大不但会使传统大学教学质量遭受更大的冲击，而且将引发愈加严重的教育过度状况。

二

除了因高校功能重叠、定位不清、盲目扩大规模而造成的教育质量下降的问题，高等教育结构不合理造成的现象还表现在高校钟情于培养学术性理论型人才而社会上高级职业技术人员严重短缺的矛盾上。这一矛盾现象所导致的后果就是结构性教育过度现象的产生。

对当前中国是否存在教育过度的现象，争论很大。支持者的主要理由是：中国的高等教育已在某种程度上超出了社会实际需要，大学毕业生就业越来越困难；就业市场出现了“人才高消费”及“高能低就”的教育过度现象。反对者认为，虽然从表面上看，近几年出现的大学生就业困难是因为我国的大学毕业生已经太多了。然而，从国际性比较来看，我国每万人口的大学生比例实际上还远低于世界平均水平。目前我国人口受教育的平均年限只有 7 年，而中等收入国家的平均水平是 12 年，高收入国家是 15 年。所以说我国正面临教育过度，这种观点难以令人信服。那么究竟什么是教育过度呢？

1985 年，教育经济学家莱文（H. Levin）提出了教育过度的三种具体表现：①相对于历史上的较高受教育水平者，现在受相同教育水平的人经济地位下降了；②受过教育者未能实现其对事业之期望；③工人拥有比其工作要求更高的教育技能。从这三个表现来看，我国目前的确存在着一定的教育过度现象。

如何看待我国的教育过度现象，有学者分析认为，我国经济总量虽然增长很快，并具有相当规模，但是经济总量的人均占有量不高；同时，毛入学率虽然不高，但是由于人口基数太大，每年的毕业生总量并不低。事实也的确如此，我国目前 17% 的高等教育毛入学率虽与美国的 70% 相差甚远，但我们的大学生数总量已经超过美国，从绝对数上说是世界高等教育第一大国了。这样的数量与我国经济发展所能提供的就业岗位数量相比，的确有些过度了。

在很多发展中国家，情况也是如此。高等教育规模与水平同发达国家相比，差距不小，但由于经济发展的水平所限，高等教育发展一旦超出了经济社会发展的需要，哪怕高等教育自身发展规模并不大，也会走向过度化，甚至过度化的程度比高等教育规模庞大的发达国家还更为严重。

但还应意识到，在我国，教育过度的问题更多的不是体现在高等教育的总量上，而在高等教育培养人才的结构上。我们的教育过度是结构性相对教育过度而非绝对教育过度。也就是说高校培养出的人才在某些专业、科类和层次上有供大于求的情况，一些学科和专业毕业生就业需求量很少，就业率较低，但与之同时存在的是，社会大量需要的高水平的技术人才却很稀缺。而这种状况的产生正是因为高等教育结构没有很好地与经济发展和产业结构相协调。

目前我国劳动力市场上存在的供大于求的局面，一方面是因为职业岗位增长速度赶不上求职人数的增长，但更为重要的原因是劳动力市场职业供求不匹配的问题。劳动和社会保障部劳动科学研究所刘军的计算结果表明，2003 年一季度进入劳动力市场的每 100 个劳动者中，有 14 个是因为用人需求不足的原因而不能就业，另有 15 个是因为供求匹配上的原因而不能就业。可以说匹配因素与岗位不足对劳动力就业的影响是同等的。

中国经济近几年来保持了快速发展的势头，经济的持续发展离不开人才的支持。据2000年全国第五次人口普查的数据显示，中国10万人口中拥有大专以上学历的为3 611人，占总人口的3.6%左右。而美国这一比例为60%，日本、韩国为30%，印度也达到16%。显然，这样的人才总量对处在全球经济一体化背景和发展压力下的中国而言是非常短缺的。但从中国现实的国情和社会经济发展需要考察，高等教育为社会输送人才的重点不在数量上，而在于是否适销对路。

人才需求与供求匹配是同等重要的就业指标，依中国的现状，后者更为重要，因为如果匹配不佳，销路不畅，那么即使经济社会的发展提出对人才的需求，也无法转化为毕业生现实的就业岗位。

对高等教育来说，由于全社会的现实就业容量是受一定时期的经济规模和产业结构以及劳动力供给等短期内相对恒定的因素所制约的，因而无法左右这一现状。高等教育所能做的是尽快调整自身的结构，在科类、专业、人才类型、层次上做出与经济发展和产业结构协调的改变，为社会输送供求匹配的人才。

劳动力市场职业供求信息表明，各技术等级的要求倍率（要求倍率=用人需求/求职人数）均大于1，其中职业资格一级高级技师和职业资格二级技师的求人倍率分别为1.92和1.65，表明技术技能人才特别是较高级的技术技能人才供不应求。有专家指出，至少20年内，制造业仍然是我国国民经济增长的主要源泉。然而恰恰在这些部门和层次上的人才培养是高等教育的薄弱环节。

高等教育结构的调整应与上述人才需求结构匹配，只有与经济发展和产业结构协调的高等教育结构，才能够保证培养出经济社会发展所需要的人才，高等教育规模数量的扩张才有一个畅通的出口可以保障其存在的必要性和可能性。

三

长期以来，由于我国实行的是计划经济体制下国家包办的高等教育，大学生由国家包分配，加之高等教育无论在发展的规模还是速度上都处在比较低的水平上，因此，大学生就业问题不大。随着我国高等教育进入规模急剧扩大的大众化发展阶段，以及大学毕业生就业开始走向双向选择的市场化之路，就业问题就显得严峻了。

大学毕业生就业不同于社会上其他人员就业问题，它除了是一个社会问题，也是一个教育问题。社会的问题，教育无法左右，但教育的问题，我们可以尽力解决。通过上述分析，可以看出高等学校毕业生就业问题的出现，从教育角度上看，主要是由结构问题所致。一方面，结构的混乱导致各高校功能重叠，职业院校向上的“学术漂移”和精英大学向下的“职业漂移”现象的共存，严重影响到包含精英教育和大众化教育在内的整体高等教育质量的下降，从而引发就业问题，这主要体现在高职毕业生就业上。另一方面，我国目前的高等教育结构缺乏和经济发展及产业结构的有效匹配，导致高校培养出的人才出现“高能低就”的人才高消费的不合理状况，这主要体现在传统大学的毕业生就业上。

因此，尽快调整现有的不合理的高等教育结构是缓解大学生就业问题的有效途径。高等教育结构的调整包含院校的调整和专业的调整。院校调整的目的在于形成一个分工合理、定位明确、各安其位、各司其职的金字塔形的高等教育结构体系。这样的结构体系可以保障各类型各层次高校的良性健康发展，从而培养出各自领域中为社会所欢迎的高质量人才。专业的调整则要求高校根据经济和社会发展的需求来相应地调整各自的专业设置，这对我国高校而言，有一定的困难。因为长期处在计划经济的办学体制之下，高校对于专业设置既无主动权，也无积极性，缺乏必要的敏感性和前瞻眼光，这需要逐渐地培育。

传统大学虽说不应是职业训练所，但考虑专业设置与就业如何配合，如何使大学生毕业后能利用其专长来为社会服务，仍值得学校深思。在传统大学中，专业的设置除了基础性学科外，应着重应用性高级科技、管理、服务人才的培养。要使高等教育与就业市场有比较合理的对应关系，从而减少人才的浪费，提高教育投资的效应。对高职院校而言，直接面向市场办学，甚至采用与企业密切合作的“订单”式的培养模式则是高职办学的题中应有之意。

总的来说，高等教育结构的调整，应努力实现人才培养类型和层次的多样化，同时应加大职业技术人才的培养，从而有效减少劳动力市场职业供求不匹配现象。一方面为社会输送有用之才，另一方面解决毕业生就业问题，避免因结构不合理而造成就业困难和教育过度并存的现象。

从科学发展观看高考改革①

科学发展观是与时俱进的发展观。中国的大规模统一考试，在一定历史时期内曾起过积极的、进步的作用。隋唐开端的科举考试，在1 300年前，比“九品中正”的荐举制度是开明的、公正的，因而在当时对政治、文化曾起过积极的作用；在半个世纪前的20世纪50年代，实施全国统一高考，曾起过选拔优秀高中生以培养精英人才的作用；70年代末恢复高考，对比“文化大革命”期间的“推荐上学”，是拨乱反正，让优秀人才能脱颖而出，对社会主义现代化建设，发挥了积极的作用。然而在近代，当维新运动开始引进新学以推动中国的政治革命和社会革新时，科举制的禁锢、空疏就成为阻碍文明进步的礁石，不得不予以废止；今天，当知识经济时代来临，高等教育从精英阶段进入大众化阶段，当社会需要受过高等教育的多样化人才时，统一的、单一的高考制度，已不能起合理配置人才资源的作用，相反，成为阻碍基础教育实施素质教育、高等教育多样化发展的难以逾越的障碍。高考变革，势在必行。

中国的统一高考制度，已形成一套相当完整而牢固的体制和运行机制，况且还积累了许多有益的经验。变革不能像100年前废止科举制那样，遽尔取消高考。当今中国的高考改革，只能采取渐进方式，朝着既定目标，对高考的体制、机制与管理，全方位地、经过试点后逐步推进。因此，确定体制、机制、管理改革的目标十分重要。

① 原载《光明日报》，2006年5月31日。

经过几年来的讨论，有些比较明确的目标，可以进一步讨论，以取得理论界与实践者大多数人的共识。例如，体制上的改革，从统一、单一的高考制度转变为多样化的招生制度。除通过考试录取招生外，还可以扩大或开辟其他招生渠道，如保送、免试、申请注册、按订单招生等。在运行机制上，从统一高考转变为统一测试与学校、考生自主选择相结合，由政府部门办考转变为中介机构统一测试，提供学校作为录取的参考，学校对不同的专业，还可以加试有关的科目；考生也可以从多种科目“套餐”中选择自己认为较有把握的科目“套餐”应试。特别是在管理方面，政府部门应从主办、包办转变为服务、协调与监督；政府部门下达指标，学校自主招生；取消统一的分级画线，如此等等。

所有体制、机制、管理的改革，都必须以转变思想为先导。即在科学发展观统领下，按照“和而不同”的社会观、以人为本的全面素质教育观、多样化的现代人才观，以及适应性的考试功能观来指导高等学校招生考试制度的变革。特别是要转变对高考制度改革起制约作用的高考功能观，要从选拔性功能转变为适应性功能。从精英教育阶段进入大众化教育阶段，高考的功能已经不再只是选拔优秀人才，而是高校与学生，通过考试及其他方式，进行双向互动选择。高校根据所设专业的层次、类型选择合适的学生，学生根据自己的水平、能力、性向，以及兴趣、爱好选择合适的高校与专业。为国育才与主体价值是可以也应当结合的，社会的发展与人的发展在社会主义社会中是一致的。

最后，重复说一句：在这么大的国家中，面向数百万考生的高考改革，一定要通过理论论证和实践试点，行之有效，逐步推进，逐渐完善。2002 年广西所提出的统一与选择相结合、分类型高考的尝试，2005 年上海三所民办高校（后来增为六所）联合提前独立招考和复旦大学、上海交通大学部分自主招生，都是值得重视的尝试。

教育与考试

——目的与方法①

欣悉《福建自学考试》即将改版为《教育与考试》。据称是为了扩大发表文章的园地，增加读者对象：其一，从自学考试到包括当前社会所关心的高考问题在内的一切校内外考试；其二，从只研究考试问题到研究包括考试在内的一切教育问题；其三，从面向福建一省到面向全国。有此雄心壮志，只要条件具备，无疑是值得嘉许与祝贺的。除了扩大园地与读者之外，此次改版，是否还应有深一层次的意义：刊名将考试与教育联结在一起，表明两者的内在关系——培养人的教育是目的，考试是方法。

教育是培养人的社会活动，学校教育是根据社会发展需要和受教育者成长需要，有目的、有计划、有组织地培养人的活动。教育目的主要通过教学来实现，教学过程是由课程和教学方式方法所构成。教学方式方法多种多样，有传授知识的方式方法、启发思维的自我生成的方式方法、科学实验与社会实践的方式方法……还有反馈、评估的方式方法。考试是反馈、评估的方式方法之一。《教育大辞典》对考试所下的定义就是：“检查、评定学业成绩和教学效果的一种方法。”一切教学方式方法，都是为了达到培养人的教育目的而组织，围绕教育目的而展开的。因此，考试不是一种孤立的、自足的活动，而是从属于教育活动，为达到教育目的所采取的方式方法之一。在这个意义上说，教育是目的，考试是方法。

作为反馈、评估的考试，它的功能，根据上述定义：其一，是检查、评

① 原载《教育与考试》，2007 年第 1 期。

定学业成绩。检查学生的学习情况：掌握了哪些知识和技能，达到了什么水平，存在哪些不足。将检查结果给予评定，用分数做概括性、抽象性的评定，或用评语做分析性、具体性的评定。根据检查、评定的结果，决定一门课程是否及格以及学业成绩高低，或者决定一名学生能否升级、毕业。至于高考，则是一种特殊的考试，是检查、评定一名学生能否升学，以及适合于上哪一所高校哪一类专业。其二，还有一个同样重要的功能，就是检查、评定教学效果。学生固然可以从学业成绩的反馈了解自己的学习效果，教师更应从个别学生和学生群体的学业成绩的反馈了解自己的教学效果，改进、完善教学工作。总之，无论是什么教育性的考试（非教育性的社会考试暂置勿论），都是为了给人们以一种反馈信息，评估学生的学习效果和教师的教学效果，以便提高教育质量。考试只是一种方法，教育才是目的。

但是，长期以来，人们往往把目的与方法倒置了。应试教育就是这种目的与方法倒置的典型。读什么书，如何读书，都是为了应试。把考试作为学校教育与教学的目的，而忘记了教育的真正目的——培养人。

作为方法的考试，考什么、如何考，必须符合教育目的。现在许多应试的做法，例如猜测考题、强记答案，做不完的备考作业，一次又一次的预测评分……都不足取，更不用说那些弄虚作假、考试作弊的行为了。我们说应试教育冲击素质教育，就是指这些做法和行为有损于全面发展的教育目的。高考如此，平时的校内考试也是如此，都不应当把考试方法误作目的。

人的行为，都是有目的的，为了达到目的，都要采取某些方法，但必须明确方法是为目的服务的。目的不明，方法就失去意义。明确了教育与考试，是目的与方法的关系，许多具体问题，就较容易判断其是非。例如：高考是单一的一次性考试好呢，还是高校与考生自主选择的多样化测试更能符合教育目的？学期或常年考试不及格不给补考好呢，还是以补考促使学生改进、提高学业水平更能符合教育目的？以人为本，培养人是教育的目的，也是学校的中心任务，学校的一切活动和工作，都应围绕培养学生这一目的展开，也应以培养学生这一目的来判断其是非，决定其取舍。

这份刊物，本来是专门研究自学考试的。改版之后，为保持其特色与一贯性，自学考试仍是刊物的研究重点，希望有更多的文章，从教育目的出发，研究考试和自学考试问题。

从恢复统一高考三十周年说起①

一、恢复高考的历史功绩不可没，统一高考的非人性化必须改

2007年是中国恢复统一高考的30周年。30年前恢复统一高考，它的历史意义，不仅是针对“文化大革命”期间“推荐上学”的弊害所采取的“拨乱反正”，恢复正常的教学秩序的措施，而且使“文化大革命”期间失学的67万余名优秀青年获得重上大学的机会。② 他们有一定的社会生活体验，珍惜梦寐以求的读书机会，发愤图强，后来大多数成为各条战线的骨干力量或领军人才，构成了中国高等教育史上一道靓丽的彩虹，并且形成了有待社会学家和教育学家进一步研究的“77—78级现象”。

对于30年前恢复统一高考的历史意义，无论怎样肯定也不为过；对于30年来，全国继续保持统一高考制度，起到社会安定的作用，也是应当肯定的。但是，时代在前进，中国现代化建设的战略思想在发展，适应新时代与新战略的“以生为本”的教育理念已经出现，这就不得不令人质疑是否应当改变这种单一的、统一的非人性化的高考制度。

其一，应试教育愈演愈烈，素质教育只能停留在理论上、口头上；中学的“课改”也举步维艰。尽管在理论上可以抽象地论证应试教育与素质教育

① 原载《大学·研究与评价》，2007年第6期。作者：潘懋元，陈厚丰。

② 准确数字是1977年272 971人，1978年401 521人，合计674 492人。他们中绝大多数是“文化大革命”期间上山下乡或回城、留城的中学生。

并非矛盾概念，但在事实上，从“片面追求升学率”到“扎扎实实推行应试教育”，它的基础就是统一的高考制度。

其二，高等教育进入大众化阶段。大众化的前提是多样化，是培养多样化的人才，以适应社会对专门人才的多样化需求。中国高等教育也出现了这种可喜的变化，特别是职业性、技能型的高等职业技术院校的迅速发展；同时，许多普通本科院校（主要是地方本科院校和新办本科院校）也悄悄地摆脱传统的学术性、研究型的“独木桥”而以专业性、应用型为培养人才的目标。但是统一高考却是从研究型大学到高职高专，都用同一份考卷，单一化的高考阻碍了多样化的招生录取，统一高考已不符合高等教育发展的新趋势。

其三，和谐社会要“以人为本”，人性化是建立和谐社会的核心。单一的统一高考及其公开的规定和潜在的规则限制了考生的自主选择，束缚了个性的自由发展。例如，用统一分数线来限定考生进入某一层次、类型的高校和专业。总分高的未必适合于从事研究工作，总分低的也未必适合于从事技能工作。统一划定分数线作为录取进入某一层次、类型高校的标准，不但人为地提高研究型大学，贬低职业技术院校，造成一连串的不良后果，而且置学生兴趣、爱好、能力、专长于不顾，有违人性化的理念。这是深层次的质疑，也是必须改革的根本原因。

二、高考制度要改革，转变观念是前提

中国的统一高考制度，历史较长，已经形成一套相当完整而牢固的体制和运行机制，也积累了许多指导应试和防止作弊的经验与办法。相应地，形成了许多习以为常、想当然的观念。这些观念，掩盖了统一高考的时代不适应性与人性不合理性。30 年来，对于高考，虽有许多改良措施，如考试科目的“3 + X”，考试内容从重“知识立意”到重“能力立意”。但如果不从思想认识上提出问题，理性地思考问题，就事论事，是很难越出框框讨论高考改革的。

下面试图提出几个人们习以为常、想当然的认识问题，来探讨是否可能越出既定的框框。

其一，考试制度的公平性，只是体现在“人人在分数面前平等”，还是更应体现在“人尽其才”上？

统一高考最受赞扬的就是高度的保密、严格的评分、公开划分数线。按总分高低排序，由高到低，依次录取进入性质、层次、科类不同的高校、专业。我们并不否认统一高考制度在分数面前是比较公平的。但是，人的先天素质以及后天形成的个性特征是不同的，考生在普通阶段所享受的教育资源并不平等，社会和家庭环境、条件更是千差万别。撇开这些不顾，仅凭一次笔试的分数决定每个考生的命运，正是以表面上的“在分数面前人人平等”来代替考生的选择，掩盖了“人尽其才”在真正意义上的公平——让每个大学生都能够受到最合适的教育，充分发挥他们各自的聪明才智，把他们培养成为社会需要、个人乐业的专门人才。

其二，高考是选拔性考试还是适应性考试？

在精英高等教育阶段，只有少数青年能上大学，高考是一种选拔性考试。原国家教委 1987 年所颁布的《普通高等学校招生暂行条例》第一条指明：为“选拔适合高等学校培养要求的优秀新生”而“制定本条例”。也就是说，高等学校只选拔优秀的高中毕业生准入。这种传统的高考功能观在高等教育体制单一的精英教育阶段，无疑是符合客观实际的。但扩招之后，每年高考录取率已达 50%~60%，有的年份，有的省份，更达 80% 以上，高考是否仍为选拔“优秀新生”的选拔性考试就受到了质疑。现在大众化的速度虽有所减缓，但规模仍在扩大。随着高等教育入学机会的增加，高考的功能必然从选拔性考试走向适应性考试。除少数精英型大学仍保持选拔性功能之外，大众化的高等教育，不再是选拔“优秀新生”，而是通过某种考试形式，进行适应性的双向互动选择——高校根据自己的标准选择适合的新生，考生也根据自己的兴趣、爱好、特长、能力和性向等，选择适合的高校和专业。考试功能的转变，必将引起高考制度——考试目标与任务、考试内容与考试方式方法等一系列的改革。

其三，高考应当着重考学生所长，还是着重考学生所短？

天生我才必有用，问题在于用其所长而避其所短，使人尽其才。据此，高考也应着重考查学生所长，使他们获得最能发挥其所长的教育。但是，长期以来，统一高考却长短不分，不重视考查考生的所长，甚至有的故意考查其所短，如出偏题、难题、怪题。考生处于被动地位，只能力求补其所短，很难有展示其所长的机会。在高考改良措施中，“3+1”“3+2”“3+X”，多少让考生有选考其所长的机会，但这种机会是有限的。是否应当给予考生更多扬长避短的选择机会。这也是一个值得探讨的问题。

由于统一高考制度已经形成一套相当完整而牢固的体系和运行机制，历史上又确曾做出贡献，理论界对它的评价很不一致，虽不断有所质疑，甚至强烈地指责，但提不出一套令人信服的可以代替的制度建构。所以，高考制度的变革，不能像100多年前废除科举那样，遽尔取消高考。只能采取渐进的方式，朝着“以生为本”的人性化目标，对高考体制、机制与管理，全方位地探索，经过试点逐步推进，逐渐完善。

三、“素质测试+套餐考试”，一种可供探讨的改革模式

经过几年来的讨论，有些改革的目标是比较明确的。例如，在体制上的改革，要从单一的、统一的高考制度转变为多样化的招生制度，除通过考试招生外，还可以扩大或开辟其他渠道，如保送、免试、申请注册、按订单招生等；在运行机制的改革上，从统一高考转变为统一测试和高校、考生双向自主选择相结合；在管理改革上，由政府部门办考转变为由中介机构统一测试，提供高校作为自主招生录取的依据或供参考。政府部门从主办、包办转变为协调、监督与服务，政府部门下达指标，中介机构办理考务，高等学校自主招生。

针对统一高考存在的问题，根据上述改革目标，借鉴一些国家高等学校招生考试的做法，我们认为，用“素质测试+套餐考试”来代替每年一次大规模单一的、统一的高考，能够较好地体现人性化，适应高校和考生双向选择的需要，可能是现阶段我国高考改革的可行模式。

“素质测试”是一种综合的素质测试，有如心理测验或性向测试，但内涵较丰富，可以包含考生的思想品德、生活知识、心理特征、学术性向、思维能力、操作能力以及身体素质，等等。测试的结果，不是以成绩高低作为选

拔优秀人才的依据，而是作为适应双向选择的依据，为考生判断适合于从事学术性研究还是应用技术训练，以及适合于进入哪种类型学校进行学习提供参考。测试工作可以由经过国家批准的专门测试机构实施，并出具测试结果的证明资料，高校可以自主参考使用。使用与否或选用哪一个测试机构的测试结果并不取决于行政命令，而是取决于测试结果的信度、效度与测试机构的诚信、权威。测试可以像托福考试那样，一年分几次进行，测试结果的有效期，可以规定为招考前的一年、两年或三年。有效期太短，不利于分散进行；时间太长，情况可能发生变化，缺乏参考价值。

"套餐考试"是评价考生专长及其相关基本知识、基本能力的考试。它的特点是提供考生多样化的选择，使高校能更好地了解考生所长的知识、能力和有关的知识、能力。"套餐考试"可以说是"3+1""3+2""3+X"模式的扩充和提升。犹如法国承担高考任务的高中毕业会考，设有12组考试科目和若干选考科目，通过各组的科目考试，就可在相应的高校系科注册上学；或如日本的全国第一次共通高考科目，设5类19科，由学生从5类中自选若干科应试。① 但"套餐考试"较法国的高中会考与日本的共通高考更有利于双向互动，相互适应，形成多样化的"套餐"。考试内容为中学所学知识及普通相关知识，考试科目为与中学对接的高校各专业所需主要基础知识与相关知识的科目。例如，历史专业的套餐，主考科目为历史，相关科目为语文、外语；教育专业的套餐，主考科目为语文，相关科目为外语、生理卫生；建筑学专业的套餐，主考科目为美术，相关科目为计算机、数学；而土木工程专业的套餐，主考科目是物理，相关科目是数学、计算机；等等。这些只是举例。一般来说，主考科目难度较大，权重系数较大；相关科目也有一定难度，但权重系数较小。"套餐"试题，可由中介考试机构根据不同类型高校专业目标和培养规格设计，也可由各高校或高校联合自主设计交由中介考试机构组成套餐或试卷。一门科目，可以有难度与重点不同的考题。如数学科、语文科，可以有难度不同的数学Ⅰ、数学Ⅱ……语文Ⅰ、语文Ⅱ……物理科

① 康乃美，等. 中外考试制度比较研究［M］. 武汉：华中师范大学出版社，2002：220－221.

可以有物理Ⅰ、物理Ⅱ、物理Ⅲ……侧重于力学、电学、电子学。多种套餐，由高校和考生双向互动选择。这种“套餐考试”模式，既能展现考生的能力与专长，减少学生的应试负担，符合“以生为本”的人性化要求，也能体现高校各专业的特点，适应专门人才培养目标的多样化要求。它的缺点是如果引导不当，可能加重中学生的偏科现象。

值得强调的是，推行“素质测试＋套餐考试”的模式，需要高考体制、机制和招生管理制度的配套改革，建立起政府调控、服务，考试机构组织考试，高校自主招生，考生自主选择，社会各界监督、协助的良好机制。而不论采用什么模式、方案，在具体操作上，应采取政策听证、公开讨论等方式，广泛征求各界，特别是高校、中学、专家和政策研究者的意见与建议，并通过试点，积累经验，逐步推广。

恢复高考40周年回顾与招生制度改革展望①

各位领导、各位专家、老师和同学们，大家好！

对于40年前邓小平同志所主持的恢复高考这件国家大事，我没能像刘道玉司长、杨学为主任那样在上面操办，只是在一个基层单位——一所重点大学主持高考和招生，只能就当时亲历所知，回顾当时恢复高考招生的实际情况，反思当年恢复高考的意义。

我总的感觉是邓小平根据当时的新形势，开拓了新思路，做出了新决定：当时的新形势是在百废待兴的情况下要推进四个现代化——农业现代化、工业现代化、国防现代化、科技现代化。在四个现代化中，科技现代化是基本，没有科技现代化也就没有其他的“三化”。而“文化大革命”之后，中国科技的现状是很落后的。记得当时全国重点大学在北京举行了一次科技成果展览会，把当时最新的科技成果陈列出来，但对于展品的说明，不是要求说明成果如何先进，而是要求说明对比发达国家同类成果落后多少年。记得大多数成果所标明的是落后20年以上，也就是说开了一个科技成果落后的展览会，激励人们奋起直追。而要推进科技现代化建设，就需要培养大批高级专门人才。这就是当时摆在大学面前的形势与任务。面对这一新形势，不能等待没有好好读书的中学生来上大学。当时提倡学制要缩短，上完初中就可上大学，大多数中学生只是初中生，而且是在“复课闹革命”中学习的初中生。

---

① 原载《教育与考试》，2017年第4期。本文根据潘懋元教授在“恢复高考40周年暨高考改革学术研讨会”的讲话整理，并经作者审定。

如果按照老思路，至少要 10 年之后才可能有合格的大学毕业生。邓小平恢复高考的新思路是招收上山下乡知青上大学。他们在“文化大革命”初期已是高中毕业生，至少是高中肄业生，经过十几年的上山下乡或招工进城，都有十年左右的生活经验与生产经验，有的在事业上已有所成就。应当为他们开辟上大学的绿色通道。为此，当时在高考招生上做出新决定：第一，不限年龄。大家知道，原来招生报考限在 25 周岁以下，而上山下乡知青大多已 30 岁左右。第二，所在单位不得阻拦他们报考。这批知青，留在农村的不少已当了基层干部，招工进城的各有各的岗位，如果本人要报名参加考试，单位都得放行。考上大学读书，单位还要照发工资。我的儿子考上厦门大学，他所在的单位就工资照发四年。毕业后另行分配，不必回原单位。这就是邓小平基于当时的新形势，提出的新思路，做出的新决定。这些决策，形成了当年恢复高考重大的历史意义是：

第一，解放思想。1977 年，有关部门开了很长时间恢复高考招生的会议，在一些多年形成的框框条条中转不出来，眼看已到年底，还未能拿出恢复高考招生方案。邓小平亲自过问，冲破了“文化大革命”期间的《全国工作会议纪要》，决定当年就恢复高考招生制度，虽然时间稍迟，还是于 1977 年底（11 月份）恢复高考招生，1978 年春入学。第二批于 1978 年秋正常招生入学。

第二，培养了大批优秀人才。也就是中国现代高等教育史上的 77 级、78 级现象。今天在座的朱校长、刘院长都是 77 级、78 级的大学生。还有许多院士、行政领导、科学家、文学家、艺术家等，都是人才荟萃的 77 级、78 级。其后的 79 级、80 级也有许多优秀人才，以后才有一些年轻的中学毕业生逐渐代替年纪大的上山下乡知青。

第三，缓解了专门人才青黄不接的矛盾。“文化大革命”之后，20 世纪 80 年代的专门人才，尤其是高级专门人才，大多是 1964 年以前的大学生和少量留学生、研究生。1965 年之后，运动不断，影响了教学和学习，“文化大革命”中的工农兵学员，“文化大革命”后还得“回炉”。到了 20 世纪 80 年代，1964 年之前的大学毕业生已经 40～50 岁以上，后继乏人。77 级、78 级大学生于 1982 年之后毕业，多少缓解了当时青黄不接的矛盾。

因此，应该说，40 年前恢复高考，不但有中国教育史上的重要意义，而且在中国现代发展史上有重大的意义。

但是，事物的发展并不是一条平坦的道路。事物的发展要在不断的创新改革中发展，才能与时俱进。停止了，就可能不进则退，甚至走向发展的反面。

我有一位大学时代的同学，是一位有点知名度的诗人，出版过诗集，笔名“公丁”。他的诗集中，有一首诗《汽车夫》。其中有两句我一直记得：“人们为你修筑笔直的公路，而你却要学会拐弯”。40 年来，我们一直沿着统一高考的公路笔直地行驶，由于没有学会拐弯，形成了越来越严重的“应试教育”。应试教育制约了高中、初中，甚至小学教育。现在还制约了我们的大学本科，许多本科生的学习为了考研。应试教育不利于儿童、少年、青年的健康成长，不利于素质教育，违反德、智、体、美全面发展的教育方针。它的危害不用我多说。我们现在正处于一方面在批判应试教育，实际却在助长应试教育的漩涡之中。怎么办?

对此，我想提出一个简单而难办的办法。很简单，把高招和高考剥离；很难办，阻力很大。高招和高考剥离，就是刚才瞿会长所说的招生就是招生，招生可以通过考试，但不一定要通过考试，尤其是不一定要跟全国统一高考捆绑在一起。要让高校招收知识、能力、素质适应的学生，让学生选择与自己的兴趣、能力、理想适应的高校和专业升学，这就是高招的目的与任务。考试只是招生的方法之一。多元化的高校要有多样化的生源，要用多元化的标准和多样化的方法来达到招生和升学的目的。在全国统一高考中，我们没有这种经验。但在招收专业博士生（Ed. D）采取的非考试的审查和面谈方法，更能招收到优秀的在职博士生。以前都要通过考试方法，把一些办学实践经验丰富，领导管理能力很强，亟须在理论上提高的在职领导管理干部都挡在门外，现在把考试和招生分开，为招生工作松绑，问题就解决了。当然，在大学本专科的招生上，我们还没有这种经验。但是，很多发达国家的大学招生就是不经考试的。你要去这些国家留学，并不需要先去参加高考，而是将有关资料寄到所申请的高校，高校审查有关资料和外语水平就决定录取与否。前不久，清华大学按国外通行办法，招收外国留学生，不经考试，审查资料之后就决定录取与否，寄发通知。很多人想不通，为什么对外国学生特别“优惠”，不经考试就可以上清华。而中国学生上清华、北大是要通过统一高考，拿到顶尖的高分才能被录取的。但是，报考清华、北大的学生，大约10人能录取一名；而外国来清华留学的学生，是10多名才能录取一名，也就是说，更严格。为什么会产生误解，因为在人们脑袋里，已经把升学、招生和统考分数紧紧地绑在一起。因此，要从统一高考的捆绑中解放高校招生，解放学生身心。

道理很简单，但很难办。难办在于第一，思想难解放；第二，制度难改革。

思想上，存在中国的统一高考是最公平的迷信——人人在分数面前平等。实际上是表面的公平掩盖了实质的不公平，结果公平掩盖了过程的不公平。为什么高考的高分者，大多数是城市中上层家庭的子女，为什么“985工程”院校中来自农村的学生很少，不得不用加分、规定名额等办法照顾来自农村的学生？因为在城市重点中学上学的学生同农村一般中学上学的学生所享有的教育资源是不平等的。如果能在考试之外，采取或参考升学者的中学学习成绩、体育或艺术等特长、参加社会活动尤其是公益活动的表现，国外招生还很重视推荐者的意见。多样化的方法，更能适应多元化高校与专业的要求。

还有一个制度上的难题。全国统考，采用一把尺子，统一分配：一本、二本、三本，然后是高职，还有先公办校、后民办校等规定。学校只能够在所分配的分数段上获得1∶1.2的选择权。学校是培养学生的主体，应当把选择学生的自主权还给培养单位。行政管理部门，应当按“放管服”的原则来管理招生，把招生权放给学校，按《中华人民共和国高等教育法》来管学校招生，而不是用各种烦琐的规定来限制高校，要化消极的限制为积极地为高校招生服务。

总之，要解放招生思想，要改革招生制度。都很难办！但不是不可能办。这是我的意见，请大家批评。

高等教育发展战略

潘懋元文集

PANMAOYUAN WENJI

游湘西凤凰城（2004年）

福建省发展高等教育的优势、问题与前景①

一、福建省高等教育发展概况

福建近代高等教育发轫较早，同治年间，福建船政学堂，闻名海内外；放洋留学，也得风气之先。1901 年清政府命令全国书院分别改为各级学堂，福建省会书院据此改办“全闽大学堂”。辛亥革命后，美国教会在福州开办协和大学、华南女子文理学院。20 世纪 20 年代初，爱国华侨领袖陈嘉庚先生创办厦门大学，并一直维持到 1937 年移交国民政府教育部接办。到新中国成立前，福建先后设立的高等院校有 9 所。它们是：厦门大学、协和大学、华南女子文理学院、福建学院、福建农学院、福建医学院、海疆学校、福建师范专科学校和音乐专科学校。总体来看，文理、政法、农、工、医、师各科俱全，但规模都较小，且不稳定。1947 年最高年份在校生达 4 489 人，1949 年为 3 710 人。

新中国成立后，福建高等教育经过起伏曲折的发展，取得了巨大成绩。其主要是收回了教育主权，建立了社会主义高等教育制度，努力贯彻社会主义教育方针，不仅在教育质量上有显著提高，在数量上也有很大增长。“文化大革命”前，1965 年福建省有高等院校 10 所，在校生 15 194 人，比最高年

① 原载《集美航海学院学报（航海高教研究版）》，1990 年第 2 期。作者：潘懋元，魏贻通。本文的许多数据资料由福建省教委的谭兆鹏、陈祖兴、郑祖宪等同志提供，特此说明并表谢忱。

份的 1947 年增长了 2.3 倍。十年“文化大革命”，福建高等教育遭到严重破坏，1976 年残存高等院校 7 所，在校生仅工农兵学员 11 395 人。1977 年以后，先后恢复了华侨大学、福建中医学院和漳州师院，同时新办了福建体育学院、厦门水产学院、集美航海学院和仰恩学院，还有 11 所专科学校和 11 所职业大学。1988 年福建省 35 所普通高等院校共有在校生 57 059 人，比 1947 年增长了 11.7 倍（此外，新中国成立后福建省还大力发展成人高等教育，1988 年，全省成人高等院校共有在校生 19 951 人，由于成人高等教育的情况比较复杂，本文拟不再涉及，而集中探讨普通高等教育的情况）。

新中国成立 40 年，福建省普通高等院校总共培养了大专以上毕业生 16 万多人，其中前 30 年培养 6 万多人，后 10 年培养 10 万多人。

以上说明福建省高等教育的发展在新中国成立后比新中国成立前要快得多，特别是党的十一届三中全会以后发展得更为迅猛。

二、福建省发展高等教育有哪些优势

客观地说，福建高等教育发展还很不够充分，与兄弟省份比较，总体优势并不明显或者说还比较薄弱，大约与江西省、安徽省属于一个档次。但是具体到某些方面，尤其是就某些有利于高等教育适应改革开放新形势的潜在因素来看，福建省发展高等教育又确有其不可忽视的若干优势。

1. 社会需求迫切

福建正处于改革开放的前沿，经济的超前发展要求教育也必须适度超前发展。到 1995 年整个经济发展水平要进入一个新的阶段，外向型经济粗具雏形，经济实力较大增强，产品结构基本合理，教育、科技比较先进。在此基础上继续前进，到 2000 年，全省国民经济向比较成熟的外向型经济过渡，争取跨入全国先进行列，人民生活达到比较高层次的小康水平，使福建成为一个相对发达、富裕、文明、民主的开放省份。经济要起飞，离不开高等教育与之密切配合。福建省经济发展的总格局突出以发展外向型经济为主，大力发展“三资企业”，引进先进技术，改造现有企业、产品结构与产业结构，形成先进的生产力，无疑这是带动福建整个社会发展的主轴，同样也会为福建高等教育的发展带来强大的生机。事实上，福建企业界已经越来越重视人才的竞争，越来越关心高等教育的发展，越来越积极地参与高等教育的改革。以上应该说是福建高等教育大有作为的最为有利的契机。

2. 战略意识较强

早在1984年福建省委、省政府便确立了“振兴福建、以智取胜”的战略思想，并突出地反映在教育经费投入增长较多较快上面。如1987年福建省大口径教育经费预算内总支出为7.75亿元，比1978年增长2.97倍，高于同一时期国家财政预算教育经费之2.63倍的增长幅度。再从教育经费占财政支出比重来看，福建省1987年达到19.39%，而全国只占11.31%。教育经费投入的增加，使得福建省高等教育事业发展迅猛。1978年至1987年福建省培养本、专科毕业生总数是前30年总和的1.5倍，而全国同一时期培养本、专科毕业生总数只相当于前30年的总和。再从高等院校在校生总数来看，福建省1988年比1978年增加了1.8倍，而全国只增加了1.4倍。在改革开放百业待举的历程中，福建省高等教育发展却能保持这样经久不衰的前冲势头确实是难能可贵的。

3. 人才资源丰富

福建地处祖国的东南沿海，气候条件宜人，又是全国超前改革试验区之一。随着各种特殊、灵活、优惠政策的加快实施，福建对外开放的吸引力、凝聚力和辐射力正不断增强，台商投资区的开辟，使得发展前景更加看好。这就不得不使福建省成为近几年来我国出现的“人才东南飞”现象的热点。更不用说福建固有的历史文化传统孕育了多少高级专门人才。福建省曾经是我国历史上高等教育比较先进的省份之一，万人拥有大学生数曾经名列全国前茅。新中国成立前福建莆田地区的留学生密度是全国最高的，只是由于福建经济长期处于停滞状态，遂使许多闽籍学人滞留国内外各地。现在福建要起飞，他们中不少人思归心切。因此，福建省发展高等教育，在师资方面是有可靠来源的。

4. 生源充足

福建省基础教育质量较高。高考成绩历来为全国许多重点高等院校所瞩目，加以闽籍学生的俭朴、勤奋、好学是有名的。所以，多年来福建省向全国高校输送的大学生数都超过全国的平均数，不少落第生到国外去，甚至可考取竞争较为激烈的一、二流高等院校。这不能不说是福建省发展高等教育的一大优势。

5. 经费来源有潜力可挖

其一，福建是我国著名的侨乡，有华侨和外籍华人700多万人，旅居世界五大洲90多个国家和地区，他们中不少人资本雄厚。闽籍侨胞素有捐资办学的优良传统，如今，泰国籍华人吴庆星先生，印尼侨胞林绍良先生都已经或者正在筹划在家乡独资兴建高等院校。正如陈嘉庚先生倾资创办厦门大学，一举揭开福建高等教育史上的新篇章一样，他们的努力也将为进一步发展高等教育做出贡献。其二，福建与台湾一水之隔，距离最近处只有72海里。台湾居民中有2/3祖籍福建。两省自古以来关系十分密切，近年来台胞来福建寻根问祖，投资经商的不断增多。他们中有许多人是企业家、社会活动家和专家学者，有远见卓识者必然会关心福建高等教育的发展。王永庆先生要在海沧兴建大型企业，对如何培养石化工业等方面的人才就非常重视，不管采取什么形式，人力资本的投入是不可或缺的。其三，改革开放以来，福建人民生活有了显著改善。1989年福建农民人均收入已经排列全国第八位，厦门市居民人均月收入已达206元，人均月生活支出达170多元，均为内地城镇居民的两倍多。多种经济成分的发展使得福建部分居民的生活已经达到小康水平，一些个体户也已经开始重视子女的教育，愿意为子女上学提供较高学费。可见多种形式筹资办学已经成为可能。

6. 高等教育本身已经打下一定基础

福建省现有高等院校35所，占全国3.25%；在校生5.71万人，占全国2.76%，按人口平均，均已超过全国的平均水平。在达到一定数量的基础上，调整结构、提高质量早已引起重视。目前，福建高等教育已经初步形成文、理、工、农、医、师、财经、政法、管理、体育、艺术等科类比较齐全的学科体系，设置专业达210多种（省属高校有181种）。高等院校的分布已由福州、厦门两市逐渐延伸到全省9个地、市，形成福建省高等教育的地区新布局。本、专科院校数比例为1：1，本、专科年毕业生数比例已经达到2：3，从当前看，是比较合理的。经国务院批准，全省有3所高校可授予博士学位，设有23个培养博士的学科专业点，有8所高校可授予硕士学位，设有108个培养硕士的学科专业点。1988年国家教委批准厦门大学的会计、统计、财政、高等教育学、专门史、动物学、物化等7个学科为重点学科点。1986年以来先后在厦门大学设立了若干个博士后流动站和访问学者导师。目前全省高校计有自然科学研究学位近20个，社会科学研究学位30来个。厦门大学的络合催化理论研究在国内外有重要影响；福州大学在一些新兴技术领域取得新进展；福建农学院积极向社会推广科技成果，都产生了较高的经济效益。还有其他一些高校也都在科研方面做出了一定的成绩。所有这些都为福建省高等教育今后的发展奠定了一定的基础。

7. *高等教育改革颇具特色*

党的十一届三中全会以来，福建省高等教育为了适应经济建设与社会发展的要求，深入进行各方面的改革，对高等教育科学研究尤为重视，厦门大学同华东师大、上海高教局等八个单位最早倡议组织中国高等教育学会，并担任筹备联络工作。厦门大学高教所主编的《高等教育学》是全国第一部高等教育学科理论专著，为这一门新兴学科的建立塑造了一个雏形。针对现实情况开展的大学生能力培养和沿海开放城市高等教育对外开放的专题研究，以及在此基础上召开的多次全国性学术讨论会对福建省高等教育体制改革、教学改革等都起到了有力的推动作用。1980年复办的厦门大学海外函授学院是我国唯一专门对外的高等教育函授机构，每年有数以千计的函授生和数以百计的留学生在此学习。华侨大学是全国两所以招收华侨、台、港、澳学生为主的大学之一，近年来发展很快，在办学中重视体现华侨的特色，在海外享有良好声誉。福州大学从接受委托培养发展到同一些部门联合办学或长期协作，无疑是高等学校管理体制上一项重要改革。农、林、医、师这些具有较好基础和较高水平的老大学，都有较强的竞争意识，在改革中有所创新。1981年，厦门市率先办起鹭江职业大学，随着特区的开辟与发展已经蜚声海内外。福建现有职业高校11所，超出全国各省平均数近两倍。福建华南女子职业学院充分发挥公立高等教育难以与之比拟的灵活机制，迅速反映人才市场的需求情况，尽量照顾生源的特点和要求，创办几年已经积累了不少成功的经验。仰恩学院是我国第一所公私联合办的大学，正在积极探索办学体制的新路子。在教学改革方面集美航海学院招收初中毕业生实施“五年制”专科教育及厦门大学试行“三学期制”教学计划，都取得了较好的效果。好好总结和发展上述改革成果，必将进一步开拓福建高等教育的广阔前景。

三、福建省发展高等教育的主要问题

长期以来福建省是我国东南一个贫困的省份，由于诸种原因，福建高等教育曾经遭受过的波折尤大于其他兄弟省份。面临经济起飞的迫切要求，数量增长过快，遂造成高等教育内部与外部各种各样的沉重负担。有目共睹影响福建高等教育进一步发展的问题为数不少，本文仅择其要者剖析于下。从中不难发现这些问题恰恰同上述福建省发展高等教育的优势有着或多或少的联系，换言之，福建省发展高等教育的一些特点既是其优势所在，同时也是其问题所在。这也正符合唯物辩证法关于事物发展两面性的原理。一言以蔽之，福建省发展高等教育的主要问题就在于优势的作用还没有得到充分的发挥。

1. 对商品经济与对外开放的猛烈冲击承受力不足

福建省作为我国改革开放的试点省份，理所当然要首当其冲地遇到商品经济对高等教育提出的严峻挑战，这种挑战如能采取正确的对策，对福建高等教育的发展无疑将起促进作用。但是，市场调节的动力是追求利润，在急功近利的思想影响下，它的消极作用是影响相当一部分人办高等教育与受高等教育的积极性。有些技术密集型企业虽愿意为高等教育提供较充分的条件，但他们更多的是注重作为经济发展手段的人力资本而不是教育的总体社会效益。在商品经济急速膨胀的影响下，福建省高校的一些师生多少受到了“一切向钱看”价值观的浸染，在教育价值观和教育实践上偏离了社会主义建设的基本方针。而一些学校则在要不要坚持培养人才的计划性以及如何开展社会服务等一系列问题上，由困惑而陷入了不同程度的盲目性，尤其不容忽视的是随着外向型商品经济的发展，资本主义政治和思想、文化的渗透对高等教育和教学工作以及对学生思想产生的影响，一些高校的领导与教师一时还缺乏全面、正确、深刻的估量与认识，不能采取正确的、有效的对策。上述说明在特殊的历史条件和社会环境中，福建省高等教育能不能经受住商品经济与对外开放的猛烈冲击，能否健康发展并充分发挥社会主义高等教育的功能，是一个带有根本性的重大问题。

2. 战略指导思想不明确

高等教育在经济社会发展中的战略地位，在理论上无疑已为福建省上上下下所普遍承认和重视了。然而，在战略实施上，见解却很不一致。有的认为党的十一届三中全会以来，福建高等教育经历了三次大发展：第一次是1978—1979年恢复和新办了一批高等院校，第二次是1981—1983年主要发展了各地区的师范专科教育，第三次是1985—1986年上了十来所职业大学。目前的院校数已是1977年的5倍，高等教育事业发展过快，一定程度上超过了现阶段的需要与可能，因此今后的战略指导思想应当是严格控制高等教育的发展规模。有的却认为党的十一届三中全会以来，福建高等教育虽然发展较快，但远未能弥补上历史的欠账。如上所述，1988年福建省普通高等学校在校生比新中国成立前最高年份的1947年增长了11.7倍，但仍远落后于全国平均增长数12.9倍。这同中央把福建省作为沿海改革开放的重点省份之一的整体战略部署是不相符的，同当前福建省所面临的外资涌入、经济起飞的形势也是不相称的。诚然，从全国来说，在若干年内，要控制高等教育事业的发展规模，但不能搞一刀切，控制发展不等于绝不能发展，福建省普通高等教育还是必须超前发展的，否则不能适应福建的经济与社会的形势。两种观点各有所依据，倘若不经过一番科学的论证，轻率地决策，则福建省高等教育在今后的发展势必又有出现忽上忽下左右摇摆之虞。

3. 师资队伍建设困难

由于福建省发展高等教育长期受到人事制度条条框框的束缚，师资队伍结构不尽合理，比之全国水平也不够高，加上工业基础薄弱，缺乏尖端科学技术比较先进的科研机构，所以尽管可以开发、争取的人才资源丰富，但未能形成人才云集的谷地，许多一流水平的专家学者来不了也留不下。1988年全国高级职称教师10万人，福建省仅1 645人，占全国比例仅1.65%，远低于人口数2.54%、学校数3.25%和在校生数2.76%的比例。全省普通高校专任教师9 059人，从学历结构看，本科毕业占78.29%，低于本科的占

10.47%，高于本科的仅占11.24%。而福建省在校研究生数占全国比例仅1.24%，比高级职称教师所占的比例还低。可想而知，要改变上述师资队伍学历结构不合理的状况，尚需时日。再从年龄结构来看，30岁以下的占34.53%，30～40岁的占18.80%，41～50岁的占21.84%，51岁以上的占24.83%，中间年龄呈明显的低谷现象，谷底在34～45岁这一区间，仅占14.66%，预示着今后将严重缺乏具有一定知识能力而又富有教学经验和人生阅历的教师与领导干部。由于脑体倒挂的问题比较严重，尤其是在厦门特区显得更为突出，1989年厦门市居民人均月收入为206元，比主要依靠工资收入的大学教师家庭人均收入高，这不能不引起许多人的思想动荡。因此，高等学校某些专业教师流失量很大，尤其是有所作为的中青年教师，令人忧虑。以上可见福建省高校师资队伍建设困难之一斑。

4．生源流向极不正常

近年来福建考生受社会家庭以及其他方面的影响，专业志向失之偏颇，甚至完全不考虑自己的兴趣、专长以及国家的需要，唯“外”字号专业是趋，盲目性较大。而许多工作条件比较艰苦的专业及“油水”不大的基础学科则无人问津，致使录取标准一降再降。最可忧者，没有多少人愿意读师范当教师，以1987年招生资料为例，福建师大除图书专业外，其他专业自报志愿的专业均不足额，理工类专业新生高考成绩要比厦门大学、福建医学院等校低100分左右，比福建农学院也低70～80分。文史类专业同样要比厦门大学低70～80分，而报厦门大学数学、哲学这些专业的学生，更为凤毛麟角，不得不大量录取“指导志愿”的考生。由于许多院校系科的一些学生专业思想不稳固，遂给教育与教学工作带来十分严重的后遗症，在学厌学，毕业后缺乏事业心，引起社会、家庭及用人单位的强烈不满，更有甚者，一些大学生、研究生主动要求中期分流出去，到“三资”企业去打工，使得一些学校试行所谓中期选拔正符合他们的退学要求，令人哭笑不得。这一切告诉我们再不能漠视在充足的生源中所隐藏的许多思想问题。

5．教育投资渠道不甚畅通

多年来，福建省委、省政府做了很大努力，拨出大量经费投资办高等教育，但由于缺乏有效的政策措施，办学形式与投资渠道仍过于单一，远未实现人民教育人民办的要求。虽然也一直在鼓励社会集团和私人捐资办学，但在捐资办高等教育方面仍有不少障碍。泉州吴庆星先生捐资4 000万元兴建仰恩学院的曲折，令人叹息。其他一些侨胞也有兴办高等院校的强烈愿望，但是，出手却很犹豫。结果是改革开放以来福建省先后兴办了20多所高等院校，却未有一所能及广东汕头大学的气势与规模。事实证明，政策对头，侨捐必多，反之就少。应该说这也是福建发展高等教育必须引起重视的一个特殊问题。

6. 专业结构不尽合理

目前，全国有专业种类870种，福建省仅有210多种，一些基本的或急需的专业还长期空缺。新中国成立初期，福建省工科院校的建设没有受到应有重视，以致厦门大学的机械、电机、建筑、航空工程等工科专业全部并到省外去，这对福建后来的工业建设不无影响。1958年创办我省第一所工科院校——福州大学，1960年又创办了华侨大学，“文化大革命”后，农、林、水产院校设立有关加工专业，厦门大学创办了工程技术学院，工科高等教育虽有所发展，总的看来基础不够，以致步伐不快，至今相当部分的工科专业仍然保持20世纪五六十年代的框架，重重轻轻的现象仍未得到彻底改变。不合理的工科专业结构很难适应福建省重点发展电子、轻纺、食品、石油化工、冶金、机械、建材等产业的要求。农科专业结构亦未能摆脱重种植、轻加工，重生产、轻管理，重产前、轻产后，重学科、轻综合的专业结构模式。有关产品储藏、保鲜、加工综合利用以及农业管理、乡村能源等方面的专业较少，无法满足当前我省城乡经济体制改革和农村经济建设以及乡镇企业发展的需要。医科专业不甚配套，卫生、检验、放射、口腔等专业培养规模偏小，药学、儿科、卫生事业管理等专业迄今仍是缺门。这就必须依靠教育，特别是高等教育充分地发挥其特有的功能，为此历史合乎逻辑地对福建省发展高等教育提出了更高的要求：一方面要为发展外向型经济服务，努力为其培养和造就各种类型的专门人才，并尽可能地提供各种形式的社会服务；另一方面，还应该为发展我国的教育和科技事业发挥“窗口”“桥梁”的“沟通”与“枢纽”作用，为探索和创建具有中国特色的比较完善的社会主义高等教育体系做出积极的贡献。然而拿福建省高等教育的现实情况同时代要求相比，差距甚为悬殊，比较广东省来也要差一大截。国家教委曾经在一次高校整顿工作会议上批评福建、安徽两省高等教育办得较差，全国有85所约占8%的高等学校被点了名，严令限期加以整顿，福建省被点的高校有12所，竟达全省高校总数的34%。以上说明福建省发展高等教育任重而道远。如何解决高等教育内外的各种关系，如何解决高等教育发展中数量与质量的关系，如何实现高等教育的现代化，等等，许多在高等教育改革实践及理论研究中所遇到的问题十分敏感棘手而又不容回避，必须也只能靠广大高等教育理论与实际工作者共同努力研究解决。然而，决策与执行部门，仍习惯于按指示、凭经验办事，尚未建立起有效的咨询、反馈机制。

四、福建省发展高等教育的前景

如果说一个国家、一个地区的高等教育发展现状对于本国本地区社会经济之能否起飞起着重要作用的话，那么更应该看到一个国家、一个地区发展高等教育的前景对于本国本地区社会经济起飞之后，有无后劲、飞得多远、加速度如何，更具有某种决定性的作用。那么，通过以上关于福建省高等教育发展概况的描述，以及对福建省发展高等教育的优势与问题的分析，我们对福建省发展高等教育的前景应当做何展望呢？本文认为首先要有远大的目光、强烈的历史感和大有作为的信心，其次要有正视现实的勇气、勇于探索的精神和实事求是的科学态度。换言之，展望福建省发展高等教育的前景，最重要的是要确立一个明确的奋斗目标，以期能够适应福建省经济起飞与社会发展的客观要求。具体地说，2000年以前福建省高等教育的发展要达到国内比较先进的水平，2000年以后要向相对发达的发展中国家与地区的水准看齐。为此，就必须充分发挥上述几点优势，妥善解决存在的各种问题。下面谈一谈与实现这一前景有关的一些看法。

1. 如何正确制定福建省2000年高等教育发展战略

正确制定福建省2000年高等教育发展战略离不开正确的指导思想。除了必须体现坚持四项基本原则，坚持改革开放的方针，坚持从社会主义初级阶段实际情况出发，坚持按教育规律办事等根本性的要求外，还必须体现“特”

“高”“细”“新”的具体要求。“特”就是要有福建的特色，要反映福建省发展外向型经济以及调整产业结构构成对专门人才特殊类型、规格、素质的要求，要从福建省是由沿海、山区、特区、侨区和少数民族居住区组成的复合体这一客观情况出发，形成有自己特色的高等教育结构。“高”就是要立足福建、胸怀全国、放眼世界，要从福建是全国超前改革试验区之一以及要把厦门岛建成一个具有自由港特征的多功能的经济特区的角度出发，制定出福建高等教育未来发展要先一步、高一层的雄图大略。“细”就是要强调科学性，要在全面了解、科学分析福建省高等教育发展历史、现状以及与之有关的各种省情的基础上，选择恰当的参照系，对福建高等教育的未来发展进行科学的推测与论证，在引用数据资料时要推敲其是否准确，在进行横向比较时要注意剔除那些不可比的因素。“新”就是要以新眼光研究新情况，解决新问题，及时反映国内外政治、经济以及文化科技和教育发展，以及本省经济变化的新趋势。由于高等教育与社会各方面的联系极为密切，又由于福建省改革开放步伐大，许多变化来得异常迅速而激烈，因而要特别注意必须制定出能够承受某些新变化的、能够滚动式向前发展的比较灵活的规划。

下面就是从这样的战略指导思想出发来探讨关于福建省高等教育发展规模的问题。

大家知道，中央已把“规划整个教育事业时，要适度降低重心”定为发展战略的基调。这无疑是正确的，因为这是夯实教育基础的明智之举，也是符合我国当前的经济实力与教育现状的。由于一个时期以来我国高等教育规模的急剧膨胀，目前确有加以整顿的必要，但并不能就此得出结论说，今后福建省的高等教育就不应当有较大的发展了。举例说，厦门海沧工程一上马，3 万人口的小镇就要发展成 50 万人口的新兴工业区，这要增加多少专门人才呢？又有多少专门人才需要接受继续工程教育呢？恐怕少不了为此而专门设置一些院校和专业，增招一些大学生。那么要实现 2000 年福建省经济与社会发展的宏伟目标，今后 10 年福建省高等教育发展规模究竟以多大为宜呢？我们的研究认为可以用台湾 20 世纪 60 年代后期水平为参照系。

根据统计资料，1947—1948 年间，福建省高等学校有 9 所，在校生 4 489 人，台湾只有 5 所，4 172 人。福建省的起点还稍稍高一点，到了 1955 年，福建省的高等学校调整为 4 所，在校生为 4 591 人，台湾则发展到 15 所 17 997 人，不管是学校还是在校生数均为福建省的近 4 倍。这有种种原因：福建方面主要是由于原来的工业基础和经济力量比较薄弱，又处于国民经济恢复时期，要收拾长期战争遗留下来的烂摊子，不得不采取调整的方针，再加上地处海防前线，不得不加以人为的控制。台湾方面则主要是由于一时间从大陆搬去了大量的人、财、物力，加上“美援”的大量流入，也由于国民党退缩台湾后对发展高等教育比较重视，总而言之两者的距离开始大大地拉开了。到 1983 年，福建省高等学校发展到 21 所，在校生 29 310 人，大约只相当于台湾 1958 年的水平（21 所、27 938 人），整整落后 25 年。此后从 1983 年到 1988 年的 5 年间福建省高等学校数发展到 35 所，在校生 57 059 人，大体赶上了台湾从 1958 年到 1963 年 5 年间的发展速度（1963 年台湾有高等学校 35 所，在校生 51 707 人）。从两省承受这一发展速度的经济实力来看也差不多是相当的（1960 年台湾国民生产总值为 712 亿元新台币，按人口平均还不如福建省 1985 年的水平）。然而接下来，从 1963 年到 1973 年的 10 年间，台湾高等学校飞速发展到 99 所（平均每年增加 6 所），在校生为 270 895 人，分别比 10 年前增加了近 2 倍和近 4 倍。经验表明台湾这一时期的高等教育起飞与经济起飞的同步发展是适时的、成功的。以之为鉴，我们怎么能够设想福建省高等教育发展的现有规模已经足够满足福建省后 10 年经济起飞的需求呢？当然，福建省作为一个省区来说，京、沪等地面向全国的重点高等学校所培养的专门人才，也有本省的一份，这一点是与台湾不同的。但根据以往经验，这部分为数不多，且不一定能对口供应。因此，大量的通用专业以及特殊需要的专门人才，基本上要立足于本省培养。何况福建省的某些高等学校，也还有向全国输送人才的任务。毫无疑问，我们必须在现有发展规模的基础上参考台湾 20 世纪六七十年代的发展速度，当然两省的原有底子是有所差别的，不能只考虑需要，还要考虑可能条件，因此，我们或许可以把福建省高等教育今后十年的发展步伐放得比台湾六七十年代慢一些，但如果严格控制，若干年来不再发展，则恐怕同台湾之间的距离要进一步拉大，将不能适应经济起飞的需要，因此，在整顿提高的同时，不能不重视高等教育事业规模仍要较快发展。

2. 如何建立福建省比较完善的高等教育体系

首先，建立福建省比较完善的高等教育体系，其实质就是高等教育地方化的问题，这是世界高等教育体制结构改革的一种共同趋势。它包括两层含义，其一是高等教育要适应地方经济发展并为其服务；其二是多给地方高等教育管理权，并以地方筹资作为办学经费的主要来源。改革开放以前，福建省高等教育与全国一样，实行的是以国家办学为主的单一体制，地方办学的功能不全，民办高等教育则根本不存在。应该说，这种高度集中的有计划发展高等教育的体制是比较适合为产品经济服务的，在历史上对福建省的经济发展起过一定的促进作用。但是，党的十一届三中全会以来，随着经济体制改革的深入，对外开放的扩大和有计划商品经济的发展，福建省逐渐形成了颇有自己特色的地方经济体系，整个经济发展由速度型、粗放型、内向型向效益型、集约型、外向型转化，各地区之间的差距拉大，原来的高等教育体制变得越来越难于适应福建省经济与社会发展的要求，许多为本地区所急需的专门人才无处培养，而送去培养的学生学的又未必是十分切合本地区实际的东西。于是，近年来福建省高等教育在地方化方面进行了一些尝试，建立了一些地方性的专科以及本科院校，特别是建立了十来所职业大学，迈出了高等教育地方化的第一步。但是其效果和作用并不十分明显，原因是忽视了高等教育地方化的本义。其一，某些地方性大学没有牢固树立为地方经济发展服务的思想，而是滥用高等教育的地方管理权盲目攀比，专科学校向本科大学看齐，本科大学向重点大学看齐，职业大学有意摘掉“职业”二字以及要改校名提高办学层次，等等。其二，从全省来看，地方办学的体制仍不健全，办学经费仍然以国家财政拨款为主。导致一方面盲目建校，办学模式单一，经费不足，质量下降，专业结构不合理，毕业生分配困难，不得不加以硬性限制，缩小规模；另一方面又由于现有大学缺乏灵活机动的机制，难以适应各方面的要求而欲控不能，改革无方。以上是建立福建省比较完善的高等教育体系所必须克服的一大障碍。

其次，福建省高等教育要适应经济起飞与社会发展的需要，仅仅有数量上的增长是不够的，还应当追求质量的优胜和结构的优化。当代高等教育发展的一个显著特点是形成一种宝塔形的多级结构，处于塔身与基底的院校群自是一个国家一个地区人力资源的源泉所在，而有没有一定数量具有国内外先进水平的一流大学则是一个国家一个地区能否跻身于全国和世界先进行列的一个重要标志。然而，要创办一所一般的院校并不甚难，而要创办一所一流水平的大学则谈何容易。毫无疑问，我们不大可能依赖国家拨给数以亿计的款项在我省创办一所一流水平的大学。国家有困难，民族要振兴，福建省要超前发达起来，我们又应当努力奋起。然而，“巧妇难为无米之炊”，对于福建省高等教育未来发展研究来说，这已经成为长期困扰人们的一大难题。

面对以上困境，出路何在？我们认为要建立福建省比较完善的高等教育体系，就必须放手发展民办高等教育。关于在有计划商品经济条件下，民办高等教育存在与发展的必要性与可能性早已经在理论上得到论证，兹不赘述。这里要强调的是放手发展民办高等教育必须加强必要的立法管理。民办高等教育与政府办政府管的公办高等教育不同，存在着社会办与政府管两者之间的复杂关系，只有通过立法，才能明确各方面的权利义务，做到既能坚持党的教育方针、社会主义高等教育的正确方向以及国家的教育主权，又能确保捐资办学者的正当权益和意愿。厦门大学高教所受国家教委委托正在进行民办高校立法的前期调研与有关法规条文草案的拟写工作。鉴于福建省作为改革开放重点试验区的特殊地位以及私人捐资办学的有利条件与现实问题，大可在征得国家有关部门同意的情况下，尽快出台福建省发展民办高等教育的有关暂行条例，作为试点，也可以借以处理当前的某些现实问题。

下面是我们关于福建省发展民办高等教育前景的一些设想。

（1）应该偏重日本的私立高等教育模式，主要发展两年制的短期职业大学。如上所述，福建省已有一定数量能够培养本科层次以至更高层次专门人才的公办高等学府，给予政策上、经济上的支持，就可能更好地承担起培养福建省基础学科和高精尖科学技术人才的任务，显然这方面的优势不是一般新生的民办高等学校所能够或有必要与之争雄的，因此福建省发展民办高等教育主要应以拾遗补阙、满足市场急需为导向，发挥民办高校机动灵活的运行机制的优势，缺什么人才，就尽量开设什么专业，它们多半一下子达不到本科以上水准，有的也许还达不到某些大专的规格，对此，只求其能达到短期高等职业技术教育的质量规格。尤其是在发展民办高等教育的初始阶段，更应该侧重于为外向型经济和乡镇企业所急需的职业性半职业性的专业培训。目前可考虑的有机械制造工艺、化学轻工、食品工程、环保工程、冷暖供气、给排水工程、精密机械与仪器维修及使用、土建工程、对外贸易、卫生检查、信息咨询服务、保险居住服务、旅游物资供应等方面熟练技术人员的培训。

（2）应该区别不同情况，重点扶植一部分有关国计民生的民办高等学校或学科、专业点。放手发展民办高等教育，一个重要目的就是充分调动社会力量办学的积极性，从而大量吸收民间资金与国家分担兴学育才之重任。然而，放手发展民办高等教育，政府的作用不仅限于“允许”“承认”，而应该对公、民办高等教育通盘考虑统筹规划，正确引导，为整个高等教育事业更好地适应和满足社会生活与经济发展的要求负责。固然由于办学主体不同，国家对民办高等学校不必像对公办高校那样非给予一定的投资不可，但是许多国家政府都拨出专款根据不同情况，给民办高等学校以或多或少的资助，我们似也不能例外。假如给一所民办高校以20%的资助，则原先办一所公办高等学校的钱，就可以增加五所民办高等学校，这样以五倍的效益来统筹安排高等教育事业的发展，政府便会感到宽裕自如多了，而且政府可以通过经济手段起引导作用，重点扶植一些办学效益好、有关国计民生的民办高等学校或学科、专业点。

（3）解放思想，创办一所一流水平的私立大学。陈嘉庚先生矢志兴学，创办厦门大学，实现“南方之强”的奇迹，诚足以振奋与鼓舞我们的心志，去创办一所一流水平的民办高等学校。这将集中体现我省领导及高等教育界人士的奋斗精神与思想解放的胆略。应当承认福建省无论从交通状况、经济基础、科技实力、高等教育现实条件等各方面来看均不如上海、北京等先进地区，因此，中央一般不会在福建省重点投资创办一流水平的大学。因而福建省要创办一流水平的大学，只能靠放手发展民办高等教育，在这方面我们是有优势的。如上所述，福建省面对台湾，是著名的华侨与海外华人的祖居地，有一定的科技文化教育基础，又是实行对外开放特殊政策的重点实验区，诚足以吸引海外及国内的私人资本和优秀人才，有可能筹集起巨额的办学经费和优化的师资队伍。我们知道我国公办高等学校的生均经费只有2 000多元，远远低于发达国家，同许多发展中国家与地区比也要省得多。只要给予特殊政策、灵活措施，向海外集资并收取较高学费的民办大学，要实现生均经费超过公办大学是很有可能的。

应该看到福建省的许多优势并不是绝对的，创办一流水平民办高等学校的机会很可能稍纵即逝，一旦其他省份抢先一步，先期着手筹划，则不但全国各地的高额学费会滚滚不断地流向那个省份，而且也会吸走福建省的高额学费，到那时候就悔之晚矣。

3. 如何实现福建省高等教育的现代化

在探讨福建省高等教育现代化这一问题时，首先必须区分现代高等教育与高等教育现代化的不同含义。“现代”是一个历史学的概念，它相对于古代、近代而言。由于各个国家、地区发展不平衡，人们心目中往往只把发达国家的高等教育视为现代高等教育的典范。而“现代化”则是一个社会学的概念，指的是“一种人为的、有目标、有计划的社会变迁过程”。高等教育现代化是“带有方向性的变革过程”，要按一定理想设计与实现未来高等教育的蓝图。为此，福建省高等教育在实现社会主义现代化的过程中要有选择地学习发达国家与地区现代高等教育的经验，吸收借鉴那些合乎历史发展规律的、先进的、文明的东西，防止与克服那些阻碍历史发展的、落后的、不文明的东西，还要看到即使是先进文明的东西，由于生产力、科学技术发展水平不同，社会制度、文化传统不同，也不可能全盘照搬。总之，福建高等教育要实现现代化，不能不学习西方先进的东西，但又不能全盘西化，必须坚持社会主义方向，必须走自己的道路。

其实西方各国现代高等教育也是非常复杂而难于笼统概括的，但就其主要倾向以及那些可能会影响高等教育未来发展的理论与现象来看，下列一些特点似乎应当引起我们的关注。

（1）以个人为中心的教育价值观。这种教育价值观，认为教育的本质意义在于促使人的本性自由地、充分地发展。教育不应受社会需要所制约，不应以社会效益作为评估教育价值的标准。这种教育价值观在我国当前大学生中颇有影响，所谓“主观为个人，客观为社会”就是它的一种反映。

（2）通才教育。西方各国的高等教育实际上都并存着培养通才或职业性专才的职能，但教育理论一般倾向于通才教育。这种人才观源远流长，在科学技术迅猛发展的新时代，更有所谓“通才取胜”之说。广博的知识、应变能力，有利于个人在社会中的竞争，与此相适应的是提倡培养“创造型”“开拓型”“应变型”“T字型”等人才。

（3）终身教育。由于生产力与科学技术迅猛发展，社会生活不断变革，人们必须不断掌握新的科学技术，更新价值观念，学会适应新环境，对高等教育来说，大学后的继续教育越来越显得重要了。

（4）扩大高等教育职能。为了把高等学校培养人才、发展科学与为校外提供社会服务的任务这三个职能更好地结合起来，大学纷纷采取各种各样的方式建立学校、科研单位、生产部门的合作关系或联合体。

（5）学术自由。大学，在西方一向被认为是“民主”“自由”的温床，“学术自由”，尤为西方学者津津乐道。然而，这种学术自由充其量也只能是资本主义制度所允许的范围内的自由。

（6）学生生活自由化。有的西方教育家认为德育已经不是以成年人为对象的高等学校的教育任务了。虽然并非所有教育家都赞成这种看法，高等学校很少采取直接、具体的措施干预大学生的生活与行为，但实际上是通过教学灌输资产阶级的思想观点、道德规范。

（7）课程结构多样化，不强调或不太强调学科的系统性、稳定性。课程结构自由度大，教学计划中选修课比例高，提倡文理渗透，理论与应用相结合，出现大量跨学科的新课程和以问题为中心的综合课程。课程改革的趋势是综合化、基础化与方法化，教学内容重视吸收科学技术的新成就，研究社会生活的新问题。

（8）灵活的教学方法，重视在教学过程中发展学生的智能，也重视非智力因素在教学过程中的作用。在教育与社会实践的联系、培养大学生独立工作能力上采取多种多样的方法。教学方法改革总的趋势是发展学生智能，加强教学实践性以及运用现代化手段。

（9）师生关系基本上是买卖关系。由于教师是对金钱负责，而不是对培养人才负责，学生花钱上学，教师拿钱上课，无原则地送学分、送学历的情况也有，但更多的是按学生个人学习知识与发展的需要从事教学活动，为了满足学生的需要，教师要懂得学生的心理，学生的“民意测验”对教师的去留、晋升起重要作用。

（10）学校拥有较大的自由权。政府很少直接干预学校行政，但可以通过拨款、资助等经济手段控制学校。因此，控制与反控制在西方高等教育界是人们经常谈论的问题。

以上只是列举若干特点，不可能概括复杂的、有时是互相矛盾的西方现代化教育的全貌。即使从这些不完全的特点来看，已不难看出，要实现福建省高等教育现代化，是不能回避社会主义高等教育发展与西方现代高等教育现状之间的"认同"与"存异"的慎重抉择的。那么究竟哪些可以认同，哪些应当存异呢？大体可以分出三种不同情况。

（1）一般可以"认同"的。其主要是指那些适应生产力与科学技术发展需要的理论和做法。例如，把终身教育、继续教育作为教育发展的重要组成部分，是社会主义现代化对于培养人才的需要；课程结构、教学方法的多样化、灵活性，有利于更好地传授知识与发展智能；文理渗透、学科交叉、理论与实践结合、学校与社会联系，有利于培养人才与发展科学；教学手段现代化，能够提高教学效率……这些都是当前改革的要务，一般可以"认同"，但在具体措施上也不能一律照搬，而要进行科学的论证、试验与推广。

（2）既可有所"认同"，又需"存异"的。例如，通才教育，在科技迅猛发展中，赋有新的时代意义；学术自由，有利于百家争鸣，繁荣学术；扩大高等学校办学自主权，使高等学校具有主动适应经济社会发展需要的积极性与能力。这些都可以从西方现代教育中吸取某些有益的东西，作为参考，但必须考虑到我国是社会主义国家，不能照搬照套。在培养人才上，必须是通才与专才相结合，在通的基础上有所长，掌握专门知识技能而又能触类旁通；在学术和科学研究上要积极创造良好的气氛与条件，鼓励各种严肃认真的科学探讨，同时又不是放任自流，更不是搞资产阶级自由化；在扩大学校办学自主权方面，积极吸取国外经验，增强学校本身的活力，同时又不能削弱党和政府对学校的领导。

（3）一般不能"认同"的。以个人为中心的教育价值观、学生生活自由化、师生的买卖关系，不符合社会主义社会的教育方针。当然其中有某些合理因素，如向学生征求教学意见，充分研究学生的合理要求；把思想教育渗透于教学过程之中；在满足社会要求及条件许可的情况下，尽量照顾学生的学术趣向，充分发挥其专长等还是有参考价值的。针对各种不能“认同”的东西对当代大学生的不良影响，高等学校必须毫不放松地切实加强思想政治教育，对高于社会一般教育水准的大学生，首先应当帮助他明确树立社会发展需要与个人自身发展需要统一的社会主义教育价值观，明确不是为了个人得失、出人头地、出国留洋而上学，而要把国家、人民的利益与期望作为完善自己教育的动力与准绳，对自己提出更高的要求，在此基础上有的放矢地进行坚持四项基本原则与改革开放的思想教育，引导大学生了解国情，认识社会发展的客观规律，充实时代精神，增强使命感与事业心。其次要加强校风与学风建设，严格必要的规章制度，克服学生的“骄娇”二气以及思想空虚、生活散漫、嬉戏人生的习气与厌学情绪，充分展现与养成社会主义大学生应有的朝气与风貌。加强思想政治教育是社会主义高等教育与资本主义高等教育的根本区别，这一点并不难理解，因此问题主要地并不出在做还是不做上面，而是在于究竟怎么做。随着福建省对外开放的不断深入，多种经济成分与外向型经济的迅疾发展，高等学校思想政治工作的任务将显得更加重要与艰巨，尤需要加强自身的改革以适应已经在福建省许多高等学校中普遍存在的日益明显的学生结构复杂化、生活方式多样化、社会团体网络化、外事活动经常化、教育内容广泛化和教育方式灵活化的要求，要努力探索、创造富有时代气息，适应对外开放的思想政治工作的新形式、新内容、新途径、新方法，目的只有一个，即更好地培养社会主义建设所需要的“四有”人才，更好地把大学生的个人发展引导到与社会发展相一致的道路上，使其健康成长，成为福建省2000年相对发达、富裕、文明、民主的社会的大有作为的主人。当前反对资产阶级自由化、确保稳定是压倒一切的任务，也是与上述目标相一致的，但务必在稳定中努力发扬民主，注意培养大学生正确的民主意识，肯定大学生的思想活跃与对国家民族前途的关心与思考，防止目前在部分大学生中出现的政治淡漠、思想消沉、精神疲软现象的蔓延。

我国高等教育面临的主要挑战①

世界范围内新科技革命的迅猛发展，我国建立社会主义市场经济体制目标的确立，都对我国高等教育的改革与发展提出了严峻的挑战。如果说这两个方面的挑战在20世纪80年代就存在并已被意识到，那么，到了90年代，这两个挑战就显得更为强烈。然而，自经济体制改革与经济发展加快步伐以来，高等教育界的注意力集中于如何迎接市场经济的挑战并采取对策，而对于为世界各国高等教育界所关注的科技革命的挑战，则被前者所湮没，渐渐为人们所淡忘。我们认为，两个挑战都是当前的现实，都很重要，并且交织在一起，共同作用于高等教育。如果不把两者联系起来，或者忽视任何一个方面，不但对高等教育，而且对经济乃至整个社会的发展都是不利的。

一

科技革命是指科学技术的飞跃发展。自20世纪五六十年代以来，科学技术上的伟大发现与发明，对人类社会的各个方面产生着极其普遍而深远的影响，它被称为新的技术革命或第三次科技革命，正广泛地为世界各国所关注。市场经济作为一种经济体制要在我国建立起来，也必将对我国的各个方面产生重大影响。对于我国的高等教育来说，这两种影响都是十分深刻的。所以，人们用冲击或挑战的字眼来形象地表述它们。虽然有人担心它们会对高等教

① 原载《中国高教研究》，1994年第1期。作者：朱国仁，潘懋元。

育的发展造成不良后果，但影响、冲击或挑战并不以人们的意志为转移。它们都要直接或者间接地作用于高等教育，迫使其不得不对此做出反应，这是由教育规律所决定的。教育的外部关系规律告诉我们：教育必然受一定社会的政治、经济和文化的发展所制约。科技革命和市场经济对高等教育的冲击正是这一规律作用的具体表现，高等教育迎接这两个方面的挑战，完全符合于这一规律。

科技革命与高等教育的关系是科学与教育关系的反映。它主要体现在：科技革命的特点和科技发展的水平在一定程度和范围内制约和影响着高等教育的发展；高等教育反过来又能促进科学技术的发展，并增强新的科技革命的力度。

高等教育受科技革命的影响，主要体现在高校专业设置、课程调整、教学内容更新和教学方法改进上，高校的科学研究与科技革命则有着更为直接的联系，所受影响更为突出。同时，科技革命带来的产业革命必定导致产业结构和就业结构的变化，从而改变社会对人才的数量、科类、层次和规格上的要求，这就间接地影响到高等教育的发展规模、结构、专业设置和培养目标等。因此，科技革命对高等教育的影响是十分广泛的。高等教育对科技发展的促进作用，主要表现在：一方面，发展科技是高等学校的重要职能。高等学校学科齐全，专家集中，设备优越，有良好的学术氛围，是科技发展的温床。现代科技的重大发现和发明，相当部分离不开高校的参与。另一方面，培养专门的科技人才，是高等学校的基本职能，高等学校是科技发展后备力量的保证。高等学校以外的科研机构不仅在人力上，而且在研究和开发的内容上都有赖于高等学校，尤其需要高等学校的基础研究成果。因此，高等教育是推动科技发展或科技革命的主要力量。

在历史上，科技发展与高等教育发展的关系经历了一个漫长的演变过程。18 世纪以前，两者的联系不明显，高等学校的唯一职能是教学（或培养人才），科技研究和发展是校外的事情。19 世纪初，柏林大学的建立，把科学研究引入大学中，但直到 19 世纪中期以后，它才在各国一些高等学校得到重视。在此以前的技术革命与高等教育的关系并不密切，如果说有一定的联系，那更多的是间接的、松散的联系。当然，这也与当时科技发展的水平有关。

在此以后，高等学校虽然自觉地参与了某些科技研究，但直到20世纪三四十年代，高校在整个科技发展中的作用和地位还是有限的。第二次世界大战以后，尤其是五六十年代以来，高等教育随着与经济发展的联系不断加强，在科技发展上也逐步占有十分重要的地位，而新的科技革命就发端于这个时期。当今的高等学校，尤其是研究性的大学和专门学院，如果不参与科技发展，或者对科技革命的挑战无动于衷，是不可想象的。现在高等学校的科研职能的内涵大大丰富了，不仅要从事基础研究，而且应用研究和开发研究也越来越受重视。由此可见，现代科技的发展已经与高等教育的发展密不可分地联系在一起了。

市场经济是以市场为运行机制来配置资源的一种经济体制，它与高等教育的关系主要就体现在体制与运行机制上。高等教育的体制和运行机制要受经济体制和运行机制所制约，有什么样的经济体制和运行机制，就需要有与之相适应的高等教育体制和运行机制，也只有当两种体制和运行机制协调一致时，高等教育才能在为经济发展服务中更好地自我发展。

市场经济不像科学技术那样直接深入高等教育肌体并成为高等教育的有机组成部分，更多的是在高等教育的外部，间接地制约着高等教育的方方面面。尽管如此，联系还是十分密切的。具体表现在，人才市场和科技市场上的供求关系在很大程度上制约着高等教育的规模、结构、人才素质和高校的科研等。市场反映社会现实的需要，它所提供的信息是高等教育调整和改革的一个重要依据。高等教育只有不断适应市场供求关系的变化，加强与市场经济的联系才能得到发展；同时，现代市场经济的顺利发展也有赖于人才市场和科技市场的健康发育和供求的平衡，最终要依靠高等教育的改革与发展。

在西方高等教育发展史上，中世纪大学是在资本主义商品经济萌芽时期的社会大环境中诞生的，当时还是一种行会性质的机构，适应当时的社会需要。后来，那些从中世纪发展起来的古典大学因为受传统观念的支配，不能及时随着经济社会的发展而发展，固守旧制，不图革新，逐渐成为远离社会现实，与世隔绝的象牙之塔。随着资本主义制度的确立，工业革命的爆发，生产力得以迅速发展，市场经济也逐渐繁荣起来。新的贴近社会现实需要的各类高等教育机关应运而生并迅速发展起来，严重威胁着古典大学，使它不得不走出象牙之塔，面向社会需要，增设科学课程，开设社会所需专业。至今，虽然西方各国的高等教育的发展模式不尽相同，但在市场经济大环境下形成和发展，无一不受市场供求变化的影响。当然，由于各国政治体制、市场经济的发展模式，以及文化传统不同，市场在高等教育发展中的地位和作用也不一致。根据美国高等教育家伯顿·克拉克的比较研究发现，一个国家高等教育系统的协调机制主要有三种，即国家、市场和学术权威。三者不同的结合方式，就形成不同的高等教育管理模式。他认为，市场机制在高等教育系统内起主要调节作用的国家是美国，其次是加拿大和日本；国家调节占主要作用的是苏联，其次是瑞典和法国；学术权威起主要作用的是意大利，其次是英国。

我国现行的高等教育体制是在 20 世纪 50 年代学习苏联模式并在计划经济条件下建立和发展起来的。在一定历史时期，高等教育的发展基本上（不是一切方面）与当时我国计划经济和社会发展相适应。社会主义市场经济体制目标的确立，势必影响到我国经济基础和上层建筑的许多领域。正如江泽民同志在党的十四大报告中所指出的，“建立社会主义市场经济体制，涉及我国经济基础和上层建筑的许多领域，需要有一系列相应的体制改革和政策调整”。教育体制，尤其是与经济和社会发展联系直接而又密切的高等教育体制必须进行相应的改革。因此，在我国目前进行的高等教育改革中，建立与社会主义市场经济体制相适应的高等教育体制是这场改革的关键。如果说在市场经济国家里，市场成为高等教育发展的必不可少的调节机制是自发形成的，高等教育与市场经济是相互协调、双向启动的关系，市场经济对高等教育的影响已经习以为常，那么，在我国，在经济体制转轨时期，市场经济对高等教育的冲击便是目前我国高等教育发展面临的重大挑战。

总之，科技革命和市场经济与高等教育发展的关系十分密切。它们都在不同方面、不同程度上影响乃至决定着高等教育的改革与发展。同时，高等教育也是推动科技进步和促进市场经济繁荣与发展的必要力量。所以，高等教育迎接来自这两个方面的挑战，既是我国科技、经济和社会发展的客观要求，也符合教育自身发展的逻辑。

二

既然科技革命和市场经济都与高等教育的发展有着密切的关系，都对高等教育的发展产生着重大影响，为什么人们当前只重视市场经济的挑战而忽视了科技革命的挑战呢？原因是多方面的，既有实际上的客观原因，也有认识上的主观原因。

客观原因主要表现在：自20世纪80年代初我国广泛开展迎接新技术革命的挑战大讨论以来，高等教育也曾围绕着如何迎接挑战的问题进行了比较全面深入的探讨，制定了不少有益的对策，实行了一些有效的改革，取得了显著的成绩，使“文化大革命”造成的人才不足、人才断层、科技落后的局面有所缓解。高等教育在我国科技、经济和社会发展中的作用越来越显著。同时，高等教育的规模得到了较快发展，结构较为合理，师资成长较快，条件明显改善，质量有所提高，科研受到重视。在成绩面前人们容易忘记挑战的严峻性和持久性。而随着我国经济体制改革的深化，尤其是党的十四大确立了社会主义市场经济体制目标之后，经济高速发展，高等教育已不能满足需要。在计划经济体制下建立起来的高等教育体制与市场经济体制明显脱节，迫切需要进行调整。同时，十多年来，我国高等教育中存在的诸多问题，如专业设置、社会联系、招生与毕业生就业、高校的权利与责任，尤其是教育经费与教师待遇等，一直得不到妥善解决，而这些问题都与高等教育的体制有关，所以，体制改革也就成了目前高等教育改革的关键。虽然前几年也有一些改革措施，但实质性进展不大，致使上述问题有愈演愈烈之势。在市场经济浪潮的冲击下，人们普遍认为，建立新的高等教育体制和解决上述问题的时机已经到来。因此，把改变我国高等教育的局面寄希望于这次市场经济的挑战，就不言而喻了。目前，我国正处在经济体制改革的关键时期，其他体制的改革也已全面展开，但法制尚不健全，关系还未理顺，因而出现了种种暂时性的问题，高等教育也出现了令人困惑的局面，对此，人们提出了不尽一致的观点，引起了海内外的广泛关注。

主观的原因主要是：科技与高等教育的关系比较简单明确，易为人们所理解，科技革命对高等教育的影响，一般不存在体制改革的问题，关系容易理顺。而市场经济与高等教育的关系比较复杂。人们由于长期生活在计划经济环境中，习惯于墨守成规，由此而形成的观念根深蒂固，当要打破计划经济体制，建立市场经济体制时，势必要涉及观念上的重大转变。迎接市场经济的挑战，高等教育改革的首要任务就是要打破旧的体制，尤其是管理体制的改革，势必触动方方面面的利益，因此，引起人们的高度重视也就在情理之中了。

正是上述的原因，虽然科技革命的浪潮仍在不断高涨，但在市场经济那来势迅猛的大潮冲击下，相对就有些黯然失色了。

三

科技革命和市场经济虽然属两种性质不同的领域，但迎接这两个方面的挑战却具有目的上的统一性。科技是生产力发展水平的重要标志与动力，它直接推动着生产力的发展。现代科技与生产力的发展更是紧密不可分的，所以科学技术又称第一生产力。现代经济的繁荣与发展离不开科技的进步，振兴经济，首先要振兴科技。只有坚定地推进科技进步，才能在激烈的竞争中取得主动。而市场经济作为一种经济体制，属生产关系的范畴，对生产力的发展同样具有很大的影响，市场经济是生产力发展到一定阶段的产物，也是生产力发展的必然要求。我国之所以必须由计划经济向市场经济转轨，建立社会主义市场经济体制，归根结底，也是为了进一步发展生产力。这是我党经过新中国成立后几十年尤其是近十几年来艰苦探索的结果，是我国经济发展的必由之路。它有利于进一步解放和发展生产力，促进我国经济的发展。因此，高等教育迎接新的科技革命的挑战和迎接市场经济的挑战，说到底，都是为了发展生产力，发展经济，为社会主义现代化建设服务。也就是说，科技革命和市场经济的统一性也体现在与高等教育发展的统一性上。离开教育谈科技进步，谈发展生产力，谈现代市场经济的发展都是不可想象的。两个挑战统一的基础和结合点不仅在生产力和经济方面，也体现在教育，尤其是高等教育方面，探讨目前我国高等教育的改革和发展，不能不把两个挑战联系起来考虑。

高等教育迎接科技革命和市场经济的挑战，不仅具有统一性，更值得注意的是两个挑战对高等教育影响的互补性。科技革命对高等教育的挑战是持续不断的，因而其作用是长远的。科技与高等教育的内在的必然联系，决定了科技发展与高等教育发展在目标上和过程中都是一致的。而市场经济对高等教育的挑战，则是现实的。它只是高等教育发展与经济发展的现实需要。当市场经济体制完全建立起来，相应的高等教育体制也已经形成了之后，市场机制就会成为一种在高等教育的运行中经常起调节作用的杠杆。总之，高等教育迎接市场经济的挑战是适应和服务于经济发展的过程。两方面的结合是高等教育健康发展的必要条件。

高等教育只有依赖自身在人才培养和科技发展上的优势，主动迎接科技革命的挑战，根据科技发展的特点和科技革命的要求，不断地提高教育质量和科研水平，才能更好地适应和服务于现代市场经济的发展。但是，科技革命对高等教育的挑战主要体现在高等教育的内部，要靠自身自觉地去迎战，而这种自觉性需要外部力量的推动，也即以社会需要为动力。在计划经济体制下，国家以行政命令管理高等教育，高校习惯于依靠上级指示办学。高等教育的发展主要由政府决定，高校缺乏自主发展的动力。因此，高等教育与社会的联系不那么直接、紧密，高校对改革缺乏迫切感和主动性，最终也阻碍了高等教育的发展。市场经济体制的建立，促使高校引入市场机制，建立与之相适应的体制。面向社会自主办学，这样也就使之有了改革的压力、发展的动力和活力。人才市场与科技市场供求信息，一方面，促使高等教育进行自我调整，以便主动适应社会发展的需要，另一方面，也促使高校所培养的人才和科研成果在市场上作为重要资源得到合理的配置，使高校的社会职能得到更好的发挥。如果高校没有人才和科技的优势，就不能对科技发展做出贡献，也就不可能适应市场经济发展的需要。同样，如果高等教育不能在市场经济条件下生存与发展，迎接科技革命的挑战也是不可能的。所以，对高等教育来说，迎接来自两方面的挑战是相辅相成、相得益彰的。

西方高等教育发展的历史表明：科技革命和市场经济的发展是高等教育发展的动力。高等学校的职能由单一培养人才到培养人才与科研并重，再到直接为社会服务的职能的拓展，都与科技和市场经济的发展有着直接的联系。如果不是科技发展的影响和市场经济发展的需要，古老的中世纪大学只能固守象牙塔，绝不会演变成为现代的大学，多种形式和层次的高等学校也不可能产生，整个高等教育事业就不会有所发展。

在我国，目前，我们不仅要尽快建立起社会主义市场经济体制，完善国内市场，而且还要争取重新进入国际关贸总协定，使国内市场与国际市场接轨，参与世界经济大循环。这样，我国参与国际竞争就更直接、更广泛了。国际的经济竞争依靠的是科技和人才。而科技发展和人才培养主要依靠高等教育。现在，世界各国科技领域的竞争是非常激烈的。“文化大革命”已使我们失去了十年时间，如果在市场经济大潮的冲击下，再次放松了科技的发展，那就更难在国际竞争中取胜。所以，从长远观点看，世界科技革命的挑战对于我国的现代化建设及高等教育的发展具有更为深远的意义。

还应当进一步明确的是，科技革命和市场经济是目前我国高等教育发展中面临的两个主要方面的挑战，但不是所有的挑战。政治、文化、人口、资源和环境等，也是不容忽视的因素。迎接科技革命的挑战，重视科技发展和人才培养的同时，还要重视学生的思想品德、文化素质等方面的培养；迎接市场经济的挑战，引进市场机制，同样需要国家的宏观管理，需要高校的自我约束机制。因此，在拟定对策的时候，必须总揽全局，不能顾此失彼，不能无视两个挑战带来的消极影响，也不能忽视来自其他方面的挑战。

面对目前的形势，我们必须保持清醒的头脑，使高等教育的改革稳步进行，防止大起大落现象的再现，及早进入有序状态，减少不必要的失误。要做到这一点，必须全面考虑高等教育面临的挑战，遵循教育的规律，科学地制定有关的政策。

走向21世纪的中国高等教育①

中国高等教育，在20世纪最后的20年间，面向社会主义市场经济改革和国民经济迅猛发展，教育体制进行了一系列艰巨的改革。改革已初见成效，主要体现于高等教育运行机制较为灵活，多层次、多形式的高等教育结构模式初步形成，高等教育在数量上有了较快的增长。

如何更加主动适应社会主义市场经济，协调市场经济法则与高等教育运行机制的矛盾，仍将是今后一个相当长的时期内高等教育改革的重要任务。对此，教育理论界已经进行了卓有见识的研究，有的已被采纳转化为国家高等教育的战略决策，以之指导改革实践。本文不拟再作论述。除此之外，走向21世纪的中国高等教育，还将面临一系列新的挑战，要解决新的矛盾，任务可能更为艰巨。

一、面临挑战之一：高科技与低素质的矛盾——必须加强素质教育

21世纪将是一个高科技的世纪。发达国家的高科技将要进一步发展，发展中国家也将或早或迟进入高科技社会。中国从20世纪80年代以来，随着国民经济的发展，高科技有了较快的发展，可能在21世纪初叶，某些部门、某些地区，高科技的发展水平，将赶上发达国家。因此，发达国家已经出现

① 原载《高教探索》，1996年第2期。作者：潘懋元，吴岩。

的高科技与低素质的矛盾，如果不预为之谋，也将是中国高等教育所面临的最具实质性的严峻挑战。

众所周知，高科技为生产力的跃进提供了强大的动力，为人类提高生活水平提供了坚实的物质基础。但是，也蕴藏着破坏生态环境、破坏社会秩序、制造灾难、使人堕落的危机。科技与社会发展的逻辑关系表明：高科技与人的高素质必须协调发展，高科技才能为人类带来幸福而不是灾难。20 世纪中叶以来，高科技发展迅速，但忽视了人的素质教育。掌握高科技或生活在高科技社会中的个人，往往由于素质上有缺陷，个性发展上畸形，导致精神空虚、人格堕落、人际关系淡漠冷酷，甚至异化为所谓“经济动物”“科技奴隶”“智能强盗”。高科技与低素质的矛盾，已使某些发达国家陷于困惑之中。这种矛盾还在发展中。因此，西方发达国家高等教育家，大声疾呼要加强人文教育，提倡科技教育与人文教育整合，使科学教育人文化，以培养高素质的高科技人才。借鉴发达国家的教训，走向 21 世纪的中国高等教育，必须加强素质教育。

在中国，素质教育首先是在基础教育阶段针对“应试教育”提出的。一经提出，不但立即成为教育界的共识，而且它的内涵不断丰富。不仅作为“应试教育”的对立物，而且有所发展。素质教育所指的素质，一般包含思想素质（世界观、价值观、人生观等）、道德素质（道德品质与道德行为）、文化素质（高品位的文化修养）、心理素质（意志、感情、性格、自我意识、心理承受力等）、身体素质（健康体魄）。高等学校也要对大学生进行素质教育，大学生的素质教育是针对专业教育而提出的，培养科技专门人才，除专业教育外，对于各种素质，应当有更高的要求。

二、面临挑战之二：信息高速公路进入高等学校与传统教学过程的矛盾——教学模式必须变革

教学的实质是信息的传递。传统的教学过程，是教师与学生以教材为信息载体的双边活动。20 世纪中叶以来，电化教育手段进入学校，已经促使教材组织、教学方式和方法发生某些变革。但就总体说，这些变革只是局部的、

小范围的，例如教材的某些部分用电影或录像代替讲课、观察、参观，用计算机辅助教学，等等。只是在传统教学过程模式中，做些改进以提高教学效率和效果。信息高速公路（GⅡ）一旦进入教学过程，必然要冲破传统的模式，而首当其冲的是高科技设备条件较好的高等学校。传统的课程编制、教材组织、教学方式和方法，以及教学管理体制，由于不能适应新的信息传输的要求，不能不进行根本性的变革。

教学改革最直接的动力是物质技术手段。工业社会使古代的个别教学制度不能不改变为班级授课制度，从而大大地提高了教学效率；而信息社会的到来，借助以光纤技术和多媒体为标志的电子信息网络，将能充分开发人的大脑，极大地提高教学的效率与水平，使教学的个别化、个性化、自主性成为可能。例如，在课程编制上，实现多样化、综合化、积木化、模块式，学生自主选择与自行编制成为轻而易举的事；在教材组织上，一门课程的教材，可能有若干种组织方式，可供学生选择最合适的方式学习；信息传输的瞬时性、国际化，使最新科学成果、教育信息资源，可瞬时扩散各地，使愿意索取者随时共享受益，大学生可以远距离跨地区、跨国家选修课程。但是，在知识的海洋和信息的狂潮中，如何指导大学生学习？在个别化的教学上，如何对大学生进行德育教育，尤其是集体主义的教育？都是一些新的难题。

信息高速公路进入教学过程之后，将导致教学怎样变革，解决哪些难题，我们还很不清楚，但不能不超前研究。

三、面临挑战之三：高等教育大众化与政府教育投入不足、城乡发展不平衡的矛盾——必须发展私立高等教育，促使高等教育通向农村

一国教育是综合国力、社会生活水平的重要组成部分。与经济、科技直接联系的高等教育，尤为重要。一个国家的国力强弱、整个社会的文明进步，很大程度取决于高等教育的数量与质量。同时，国民经济发展了，生活水平提高了，国家也必须满足人民日益增长的受高等教育的要求。因此，高等教育大众化、普及化，将成为21世纪的必然趋势。但是，高等教育大众化、普及化所需要的资金投入，远远高于基础教育阶段的普及义务教育。高等教育

大众化、普及化与政府资金投入不足的矛盾，成为世界性的共同的问题。为了解决这一矛盾，大多数国家都采取发展私立高等教育的对策。例如：在美国四年制的大学或学院中，私立的占72.7%，学生数占32.2%（1994）；[①] 日本的大学，私立的占73.6%，学生数占73.4%（1994）；[②] 泰国的大学（大学部所属的，不包括两所开放大学），私立的占61.5%，学生数占47.5%（1995）；菲律宾的高等学校，私立的占80.2%，学生数占78.4%（1995）；印度尼西亚的高等学校，私立的占86.6%，学生数约占66.7%（1994）；韩国的高等学校，私立的占82.2%，其中初级学院学生私立的占95.9%，大学学生私立的占74.8%（1994）；印度的高等学校，私立的约占73%，学生数约占57%（1988）。[③]

中国自20世纪80年代中叶以来，随着经济体制的改革与国民经济的发展，私立高等教育的发展也很迅速。截至1994年底，全国各种形式的私立（民办）高等学校已达880所，在校生约145万人（含约70万人的函授生），与公立高等学校学生的比例为1∶3.2。[④] 但中国的私立（民办）高等学校，绝大多数只是专科水平，而且只有18所取得了国家承认其学历文凭的资格。

私立高等教育的发展，在许多国家中，都有这样的曲折历程：从政府不赞成、不承认到政府认可，但不鼓励，控制发展，再到政府赞成、扶持并制定法规管理。随着经济体制改革的深化与国民经济进一步发展，21世纪，中国高等教育进入大众化发展阶段，私立（民办）高等教育必将有较快的发展，质量也将有较大的提高。当前所需要解决的问题是：①认识发展私立（民办）高等教育的必然性与重要性；②立法以保障私立（民办）高等教育的健康发展。

实现高等教育大众化的另一个矛盾是由于城乡经济发展不平衡，中国的高等教育集中于大中城市，城市青年上学的机会远远高于农村青年，即使是

① 引自 *The Almanac of Higher Education*（1994）。

② 根据日本《文部省统计要览》（平成七年）。

③ 泰国、菲律宾、印度尼西亚、韩国、印度等国资料根据1995年在厦门大学召开的“亚太地区私立高等教育国际研讨会”上，各国政府代表的报告。

④ 董明传．中国私立高等教育现状、问题与对策［J］．民办教育天地，1995（6）．

农村青年，毕业后也多数在城市就业。高等教育大众化，既不能仅靠城市生源，也不能都在城市就业。因为城市人口仅约占全国人口的21%，约79%的人口在农村。[①] 农村有大量的高中毕业生，生源甚多，农村经济发展了，也需要较多高等学校毕业生。高等教育如何通向农村，使农村青年能够“上得来，下得去，用得上”，也将是实现全国高等教育大众化应当解决的问题。

走向21世纪的中国高等教育，所面临的新的挑战，必不只是上述几项。本文只是就所能预见到的，作为举例，说明在21世纪即将到来之际，为迎接新的挑战，要开展预测性的研究，制定发展战略，以使中国的高等教育在21世纪取得更辉煌的成功。

① 未统计从农村进城市打工的暂住人口。

世纪之交中国高等教育办学模式的变化与走向①

在一定意义上说，高等教育办学模式是指在一定的历史条件下，以一定办学思想为指导，在办学实践中逐步形成的规范化的结构形态和运行机制。它是有关办学体制、投资体制、管理体制与高等学校之间形成的相对稳定的权力结构和关系。高等教育办学模式和一个国家的政治、经济、文化传统有直接的关系，体现着深刻的历史继承性。但由于人们对办学模式的不同理解，其研究的逻辑起点不尽相同，研究的视角大体上是沿着两个维度展开。其一是从宏观的高等教育系统出发，探讨高等教育的办学体制、投资体制和管理体制；其二是从微观的某所高等学校出发，探讨其运行状态。本文则主要以前者为研究的起点。

一

作为通常意义上的模式，大致包含两方面的内容。其一，存在的基础在于特点，与众不同的特点是这一模式区别于其他模式的标志；其二，特点在其发展过程中逐渐走向规范，同时，规范化的特点逐渐产生一种惰性，它总是竭力要保留其与众不同的方面，这就使得特点本身容易形成一种长期不变的习性，并在这些方面不断地强化。这种不断强化的过程一方面使得模式在某些方面走上偏执、极端、僵化的发展道路，另一方面也为模式提供了发生

① 原载《教育研究》，2001 年第 3 期。作者：潘懋元，邬大光。

变化的条件和基础。所以，对于每一种高等教育办学模式来说，曾经是特点的方面有可能随着历史的发展而变为缺陷，并成为历史进程中的障碍。任何一种高等教育办学模式对一国高等教育系统的影响都各有利弊，绝对完美、毫无缺陷的模式是没有的，每一种办学模式都在发展变化中寻找着新的生命力。一个国家的高等教育办学模式是一种经过长期历史沉淀而形成的规范化的形式。

我国高等教育办学模式的特点是比较典型的以国家为主体的办学模式，它是融投资者、办学者、管理者为一体的“集中模式”，国家或各级政府在其中起着决定性的作用。这种融投资者、办学者与管理者为一体的办学模式与计划经济实现了最紧密的结合，深深地印刻着计划经济的烙印。不可否认，这种办学模式在为我国的工业化进程做出了巨大贡献的同时，面对计划经济向市场经济的转轨，其在计划经济条件下的优势正在逐渐形成市场经济条件下的劣势，与市场经济的运行机制之间存在着明显的矛盾冲突，这些冲突从表象来看，与我国的社会转型、高等教育加快发展、国家财政投入不足等有关，在本质上则是市场经济这只“看不见的手”开始向计划经济办学模式的挑战。我国现行的高等教育模式与市场经济的冲突主要表现在以下几个方面。

第一，计划经济下的高等教育是供给型的办学模式，自成体系，封闭办学，它与市场经济的开放性表现出明显的不协调。封闭的高等教育办学模式不能适应开放经济的需求。市场经济要求高等教育的办学模式与开放的经济之间架起一道桥梁，高等教育要走出封闭的“象牙塔”，参与市场经济的有关活动，尽最大可能释放高等教育的知识能量和技术能量，然而，封闭的模式只能是使高等教育的全部活动局限在教育本身和学校内部。

第二，计划经济下的高等教育投资体制，主要是由国家（包括各级政府）直接出资办学，近年来国家投资比例虽有所减少，但基本上仍以财政拨款为主。这种以国家投资为主的体制与市场经济发展的多元经济明显不协调。在社会主义市场经济条件下，公有制虽然仍是基本的和最主要的经济形式，但同时非国有经济成分也迅速增长，历年来其增长率高于国有经济。在此条件下，多元的经济成分将对高等教育提出许多新的要求。首先表现在对高级人才数量上的需求，当高等教育的投资模式和数量不能满足其需求时，私人经济在条件允许的情况下，将对发展高等教育表现出极大的兴趣，并积极投入到高等教育的建设中去。多种经济的发展为私立高等教育的发展创造了良好的条件。因此，适应多元经济的需求，投资体制和办学形式多样化不但有了可能，而且是必然的。因而私立高等教育的发展就具备了良好的前景。同时，私立高等教育的发展对多元经济发展也提供了有利条件。

第三，现行的高等教育模式与市场经济的平等竞争表现出明显的不协调。这不仅体现在高等院校之间竞争的不平等上，也表现在一所高等学校内部竞争机制的不健全上。这种不平等的运行机制极大地限制了高等学校自我发展的积极性。因此，围绕社会主义市场经济的建立，高等教育内外部必须以平等竞争为手段，实行优胜劣汰，把资源配置到教育质量高的高校和学科中去，更好地为社会培养出一流的人才，创造出一流的大学。

第四，现行的高等教育管理体制下，高等学校实际上相应的办学自主权很少，这与市场经济的自主原则明显不符。市场经济的运行，要求高等学校具有相应的或比较完整的自主权，以适应其对于不同劳动力及人才资源的要求。高等教育要想进入市场，真正地参与到市场经济的运行中去，必须使高等学校获得相应的法人资格。这就是说，必须在一定程度上获得作为市场经济微观基础的诸条件，否则，以完全不同的身份、规则和条件介入市场，必然会引起混乱和失调。从表现形式上看，我国高等学校已经是一个独立法人，但实际上，目前在相当大的程度上，并不具备企业在市场经济运行中的各种条件。各种有形或无形的限制仍然在制约着高等学校作为独立法人作用的发挥，高等学校的独立法人资格并没有在实践中得到充分的体现和运用。

第五，现行高等教育办学模式的高度集中与市场经济的效益原则表现出明显的冲突。在市场经济条件下，资源的合理配置与讲究效益是最重要的法则，以最小的投入获得最大的效益，以最少的资源达到最优的配置，是市场经济运行所追求的目标。然而，高等教育办学模式的高度集中，导致了国家和政府对高等教育资源的垄断，从而使教育资源配置不能取得应有的效益，并造成了极大的浪费。就我国高等教育发展的现实而言，高等教育资源尤其是政府经费投入是有限的，而高等教育发展的空间又十分巨大，我国高等教育改革的出路只能是在有限资源的条件下，尽可能通过合理的组合，达到最佳的效益。然而，高度集中的管理体制使得各部门往往只考虑本部门的局部利益，较少从全国一盘棋的角度考虑全国经济发展的态势。具体而言，就是形成了小而全、重复设置专业和学科的格局。

二

如前所述，我国的高等教育办学模式基本上是国家和政府集中办学，其显著特点是办学主体单一，投资渠道单一。尽管20世纪60年代的高等教育改革曾提出过管理权下放的问题，但由于计划经济的思维方式，举办高等教育的权力实际上还是牢牢掌握在中央政府手中。改革开放以来，随着全党工作重点的转移，不仅是中央各部门，各省、自治区、直辖市纷纷制定了发展的蓝图，各级地方政府也都制定了奋斗目标。在此过程中，我国高等教育在办学模式上有两点比较引人注目的举措：一是悄然兴起的民办高等教育机构，二是中心城市举办高等学校。比较而言，中心城市举办高等学校这一改革举措，由于是地方政府大力支持下的产物，背后有各级地方政府作为强大的经济后盾，其发展的规模和速度以及由此产生的社会效益和经济效益都远远超过民办（私立）高等教育。许多城市特别是经济比较发达的中心城市，对各种人才的需求极为迫切。所以70年代末和80年代初，我国出现了中心城市办大学的热潮。

我国民办高等教育起步于20世纪70年代末80年代初，进入90年代，邓小平视察南方谈话发表之后，进入了一个新的发展阶段，迅速形成燎原之势。到1999年，经国家批准的具有颁发学历文凭资格的民办高校有37所，经省、自治区、直辖市一级政府批准的民办高等教育机构千余所。现在，民办高等学校已成为我国高等教育体系的一个有机组成部分，而且涌现出了一批诸如北京海淀走读大学、湖北函授大学、西安翻译学院、三江学院、黑龙江东亚大学、黄河科技学院、福建华南女子职业学院等办学效益好、社会信誉高的民办高等学校。

民办高等教育和中心城市办大学是中国高等教育办学模式走出计划经济模式的第一步，率先向我国长期形成的办学体制、投资体制和管理体制提出了挑战，并昭示着多样化办学模式的形成。多样化办学是第二次世界大战后世界各国高等教育发展的一种重要趋势。构成多样化主题之一的私立高等教育，无论是在发展中国家或发达国家都可以找到成功的先例。在我国高等教育多样化的进程中，中心城市办学作为多样化的主体，其发展势头令人欣喜，但实际上，中心城市办学在本质上还是政府办学，仍具有国家办学的色彩，除了投资渠道从国家转为地方，投资主体发生变化之外，其他运作机制仍然体现着国家办学的基本特征。中心城市办学主要出现在经济发达地区，对于经济发展落后地区而言，既缺少办学的教育资源，又缺少办学的积极性，由此而造成了经济发展与人才需求不足的恶性循环。

1999 年以来，我国开始进行高等教育管理体制上的重大调整，两次把原属国家各行业部门所举办的 200 多所高校或划转为由教育部管理，或划转为由地方政府管理。这在相当大的程度上打破了我国长期形成的部门办学的格局。在一定意义上说，这两次调整是办学模式的一种变化，但办学主体并没有发生根本性的转变，即办学主体仍然是国家或各级地方政府，投资体制和管理体制的变化只是从政府的一个部门划转到另一个部门，在总体上，仍然没有跳出国家（政府）办学的模式。其产生的影响和意义主要体现在人才培养模式上，尤其是改变专业面过窄、学科和课程设置不合理等弊端。

世纪之交，我国高等教育办学模式又开始发生若干重大的变化，尤其是伴随着高等教育的扩招而开始出现卖方市场现象，以及国外高等教育机构进入我国高等教育市场，使我国高等教育办学模式在新的社会因素的影响下，以国家投入为主体和国家管理为主要运行机制的模式悄然地发生了新的变化。除了民办高等教育的崛起以及中心城市办大学之外，以产业方式运作的教育集团、以各种融资方式组建的大学城、以改制为主要特征的二级学院和国有民办等新的办学模式，在一定程度上预示着我国高等教育在 21 世纪将出现新的模式和新的运行机制。当高等教育理论界和教育管理部门对教育产业理论争论不休的时候，我国的高等教育在实践层面上已经进行了许多大胆有益的探索，这些探索将为21世纪我国建立新的大学制度奠定良好的基础。

1．教育集团

在我国，目前已出现了浙江万里教育集团、黑龙江东亚教育集团、北京南洋教育集团等，这些教育集团以教育就是服务为理念，初步实现了从幼儿园到大学的“一条龙”式的办学模式，他们把市场运作机制引入教育集团，逐步实现教育规模的集团化。以东亚教育集团的东亚大学为例，它是在齐齐哈尔第一机床厂职工大学的基础上改制而成的民办大学，当齐齐哈尔第一机床厂作为国有特大型企业步入低谷难以复苏的时候，东亚大学经过近7年的运作，却显示出勃勃生机，与职工大学改制同时，第一机床厂所属的从幼儿园到高中的11所学校全部并入教育集团。目前，齐齐哈尔市政府又建议把3所市属中专也并入东亚教育集团管理，同时启动了东亚大学的“以工龄置换产权”的教育股份制试点。股份制介入高等教育管理系统，从最初的以融资为目的转变成为以明晰产权为目的，预示着办学模式的重大突破。

2．大学城

我国高等教育规模在世纪之交的急剧扩张，促使各级地方政府开始寻求新的发展模式，大学城在各地悄然兴起，例如正在规划及已经启动的杭州大学城、宁波大学城、北京华北大学城、深圳大学城等。以深圳大学城为例，它将是容纳国内外10余所著名大学在内，以不同投资主体和办学形式存在的“大学王国”。2000年9月，清华大学已率先在深圳大学城落户。从目前的发展趋势看，大学城的管理方式及运作方式不尽相同，有的是以政府投入为主，有的是以进入大学城的学校投入为主。政府在大学城中的角色也不十分清晰，有的扮演的是一个管理和融资机构，有的扮演的是办学主体与投资主体的双重身份。从发展趋势上看，大学城的意义显然不在其规模的大小，关键是其运作方式和管理方式。如果仍然是以政府投入为主，并承担起办学与管理的双重角色，它与以往的政府办学并无本质的差异。大学城的发展模式完全可以借助各地经济开发区的模式，政府是以管委会的形式出现，充当的是管理者，而非出资者或办学者，或者进入大学城内的各大学以教育投资股份公司的形式来运作大学城。比较具有创新和启示价值的恐怕是后者。

3. 国有民营二级学院

公立大学内部举办民营二级学院，正在部分省市兴起。浙江、江苏、辽宁、山西、上海、四川等省市，先后创办了民营二级学院多所。从二级学院产生的背景来看，主要是为了缓解扩招的压力和教育经费的不足，作为一种应急的措施。但作为一种新的模式，其发展势头不可阻挡。纵观国内民营二级学院，大致有以下几种类型：①公立大学独立设置型；②公立大学与企业合作设置型；③公立大学与国外教育机构合作设置型；④公立大学与国内私立大学合作设置型。从上述四种办学类型来看，如何界定民营二级学院的性质，目前还存在着较大的争议，因为二级学院既有公立大学的特征，又有民办大学的运行机制。但从总体上看，民办二级学院属于民办高等教育的范畴，因为办学主体和投资主体均不是国家或各级政府。

4. 公立大学转制

国有民营二级学院是作为公立大学内部的一个子系统而存在的，而公立大学的转制（或称之为民营化）则是一种全新的体制和独特的模式。例如浙江万里学院就是公立大学转制的一种尝试。浙江万里学院的前身为浙江农村技术师范专科学校，是一所具有 50 年历史的公立学校，在市场经济的冲击下，面临着许多办学的困难，成为浙江省有名的办学困难高校之一。经教育部原则上同意后，浙江省政府做出决定，将浙江农村技术师范专科学校交由浙江万里教育集团办学，所有权与办学权分离，学院的国有性质不变，但改变了投资主体，适度引进市场或民营机制，实行董事会领导下的院长负责制。改制近 2 年来，规模扩大，水平提高，令人刮目相看。在国家不增加财政投入的条件下，以学养学，创建了一种新的办学模式。公立大学转制或按照民营的机制来运作，在万里学院已进行了成功的尝试。

就世界高等教育改革而言，公立大学民营化正在成为一种趋势。例如，菲律宾政府已明确规定，到 2001 年，国家公立高等教育系统转为私立，政府对转制的大学实行补贴。除此之外，美国、澳大利亚、日本等国家不约而同地提出了公立大学民营化的思想。世界上之所以出现公立大学民营化的思潮，一方面是与世界各国公立高等教育经费不足和办学效率不高有关，另一方面则体现了办学模式多样化的要求。也许在不久的将来，公立大学民营化会成为世界高等教育改革的一种大趋势。

三

高等教育办学模式的改革是一个系统工程，在构成制约高等教育办学模式的三个要素——办学体制、投资体制、管理体制中，关键是办学体制。在一定意义上说，宏观层面的办学模式的改革，就是办学体制的改革。例如，高等教育投资的多元化是高等教育举办主体多元化的必然结果，完善和促进高等教育举办主体多元化是实现投资体制多元化的根本保障。

我国高等教育办学模式改革的关键，是超越各级政府既是管理者又是举办者的观念，形成多元化的办学体制。历史的发展已经证明，单纯的国家办学模式具有先天的缺陷。首先是举办主体之间力量比例失衡，高等教育较难适应社会多方面的需求。其次，由于办学主体单一，高等教育的模式难免显得僵化和缺乏活力。更为严重的是，由于高等学校的活动都要由政府来调控，政府的局部政策偏差极易造成高等教育的整体偏差。

因此，21 世纪我国高等教育办学模式的变革必须着眼于三个现实。

（1）高等教育经费不足的现实。办学经费短缺是世界高等教育今天和未来面临的共同问题。这种短缺一方面是因为许多国家都面临着不同程度的经济危机，另一方面也因为如今的高等教育规模如此之大，需要用越来越多的资金来支持它的运转。

经费短缺给各种高等教育办学模式带来了不同的影响。在那些政府办学占主导地位的国家中，经费的短缺不仅限制了这些国家中高等教育的规模，而且限制了高等教育在教学质量、科学研究水平等方面的发展。在那些并不完全依靠政府办学的国家，政府高等教育经费投入的减少相对来说影响就小一些。尤其是在规模方面，这些国家的政府完全不必担心，因为只要有生源存在，其他办学主体总是会满足这种社会需求的。

面对世界范围内的教育经费不足，许多国家都在采取新的对策，一是发展私立高等教育，二是拓展融资渠道。就拓展融资渠道而言，国外出现了教育福利彩票、大学发展高科技产业、学校与银行合作、学校介入资本市场等形式。融资体系的多元化，折射着办学主体多元化的必然。

（2）我国加入WTO之后的教育现实。我国加入WTO指日可待，教育已作为服务产业列入WTO条款，国外高等教育介入我国教育市场将对我国高校办学模式提出重大挑战。全球一体化及经济一体化的总趋势，势必对教育产生影响。这种影响也许不像经济活动那样直接和迅速，人们对此的反应也不会那样敏感。但是，只要有发展空间存在，只要有经济价值存在，就会有市场这只无形的手介入，就会看到WTO的触角。

加入WTO之后，我国教育市场的这块巨大“蛋糕”，将会引起国外更多跨国公司和教育机构的垂涎。从而，我国的教育尤其是高等教育，不仅要面向国内市场，而且要面向国际市场。面对这一新的挑战，我国教育机构如何迅速做出反应和进行应有的准备，树立应有的市场意识，是摆在教育管理部门和学校面前的紧迫任务。国外各种机构在我国教育市场的“抢滩登陆”，我们如何与其展开竞争，并进而创造自己的优势，主动出击，这个问题将现实地提到教育改革中来。

市场经济是一种开放经济，教育市场的长久封闭既不是理性的也不是现实的。国外教育资源进入我国，对我国教育产生的冲击有何利弊，尚有待于在发展过程中检验。目前的关键是我们应以清醒的认识、灵活的教育机制、完善的教育体制，应对国内对教育的需求与“外侵者”的挑战，全面地把握我国教育市场的大潮。

（3）我国加快启动高等教育大众化进程的现实。世纪之交，我国加快了高等教育大众化的进程，其发展之迅速是令人始料不及的，高校规模的急剧扩张，万人大学的不断出现，人民群众对高等教育消费的不断上涨，都将促使高等教育办学模式做出调整。

面向未来，我国高等教育的办学模式必须加大力度进行调整和改革，正如“世界高等教育宣言”指出的：高等教育系统必须进行“从未要求它进行过的最彻底的变革和革新”，以应对21世纪的挑战。

参考文献

［1］刘莉莉. 中国民办高等教育发展的现状与展望［D］. 武汉：华中理工大学，2000.

［2］谈松华. 变革与创新：走向21世纪的中国高等教育［J］. 高等教育研究，1998（3）：16－22.

［3］张民选. 扩展高等教育规模的理念：半个多世纪的抉择［J］. 高等教育研究，1999（4）：93－97.

［4］上海智力开发研究所. 教育发展形势专题分析［J］. 教育发展研究，1999（4）：5－12.

［5］厦门大学高等教育科学研究所. 两岸大学教育学术研讨会论文集［C］. 厦门：厦门大学出版社，1998.

［6］陈宝瑜. 走向二十一世纪的民办高等教育［M］. 北京：学苑出版社，1998.

21 世纪初中国高等教育面临的新情况和新问题[①]

21 世纪初中国高等教育面临许多新情况和新问题。为了更好地加以说明，首先有必要回顾20 世纪末，中国在改革开放中面临的挑战和形势。

中国从20 世纪70 年代后期开始改革开放。在这个过程中，中国所面临的挑战来自两个方面：一是科技改革的挑战。80 年代初我国就把迎接科技革命作为重大任务。二是计划经济向市场经济的转变。20 年来高等教育的发展与变化归根结底都是迎接这两个挑战。例如，培养目标的转变，各种教学改革、招生制度改革等都是由这两个挑战引起的。

党的十五大报告指出，到2010 年，我国要围绕经济建设完成两个基本转变，即经济体制由计划经济向市场经济的转变和生产方式由粗放型向集约型的转变。而生产方式由粗放型向集约型的转变，说到底就是看产品和生产过程中科技含量是高还是低。21 世纪初，我国的高等教育仍然面临着上述两个挑战。但是，与20 世纪80 年代相比，由于方方面面的情况发生了巨大的变化，所产生的问题也就大为不同了。

一、21 世纪初中国高等教育面临的新情况

首先，我们所面临最大的新形势是我国正在逐步进入知识经济时代。众所周知，知识经济是以高科技为核心、以知识为基础、以创新为灵魂的经济。

① 原载《石油教育》，2002 年第 1 期。

而大学拥有高科技、新知识和人才，这些都是知识经济的基本因素。可以推断，大学将逐步从社会的边缘走向社会的中心（我在深圳讲学的时候也讲到这个推断，当地报纸就发表报道说，潘懋元教授预言大学将成为社会的首富）。这个问题当然要具体分析，看如何来理解，但大学走向社会的中心是必然的。过去由于政治、历史和经济的原因，大学的知识和人才都没有参加到生产过程中，大学走向中心是不可能的，只能在边缘支持工业化。知识经济时代则不同了，知识成为生产力的要素，直接创造财富，而大学不仅拥有知识和创新知识的潜力，而且拥有掌握知识的人才，大学必然要进入经济的中心。

其次，现代信息技术进入高等教育的各个领域，对高校的各个方面尤其是教学过程产生了很大的冲击。其中教学目标、教学模式、教学内容、教学手段都会发生变化，如现代信息手段可作为传统教学手段的补充，也可用来设置独立的网络课程，设置独立的虚拟大学。我们要研究，在高等教育中如何利用现代高新技术手段提高教学水平、教学效率。那么，传统方法还有用、还要用吗?

最后，高等教育大众化加快了发展速度。具体表现在 1999—2001 年，公立高校大规模扩招，社会办学机构和民办高等教育的迅猛发展。还有西部大开发的国策将为高等教育的宏观和微观结构等带来重大变化；中国进入 WTO，以前的市场经济挑战是面向国内社会主义市场经济的挑战，进入 WTO 以后，则要面对国际市场上强大对手的竞争和合作。作为受经济系统制约的教育系统，将迎来更多前所未有的更复杂的挑战和机遇。

二、21 世纪初中国高等教育面临的新问题

从这些新情况出发，我们可以看到 21 世纪初中国高等教育面临许多新问题，我只谈谈其中的几个问题。

第一个问题，高科技与低素质的矛盾问题。二战以后世界科技飞速发展，各国对本国科技水平的提高和科技教育都极为重视，而对非科技方面的素质教育则有所忽略。但是科技如果掌握在人文素质低下的人手里，带来的可能

是灾难。典型的例子就是环保问题。一些人片面追求产值增加，对自然进行掠夺性、毁灭性开发，对环境造成的污染和破坏已到了危及人类自身安全的程度。再如武器的生产和滥用，造成了社会秩序破坏，犯罪率升高。高科技革命带来的后果则更严重。从正面来说，高科技可以为人类带来幸福，使生产力飞速提高，生命质量得到提高。如基因工程从医学价值来说可以为人类治好癌症、艾滋病等绝症。从负面来说，随着人类对高科技的依赖度日益加深，一旦电子信息网络系统遭到破坏，后果将不堪设想。现在已经有一些事例证实了我们的担忧，如转基因工程的滥用导致的道德伦理的问题。连续不断的恐怖主义事件更表明，高科技和低素质的极端冲突将导致灾难性的后果。

因此，科技与社会发展的逻辑表明：科技与素质必须协调发展才能为社会带来幸福而不是灾难。所以大学既要培养专门人才的科技能力，也要提高他们的思想素质、人文素质，这叫作“科学教育人文化”，也就是大学生的人文素质教育。大学素质教育世界各国都在开展，美国叫“通识教育”，日本叫“教养教育”。大学素质教育的特点有四点：其一，它针对的是唯科学主义或狭隘的专业教育；其二，它提倡人文精神，提倡理性主义；其三，它要达到的目的是培养科学技术和人文精神结合的人才；其四，它培养今后能推动社会发展，具有创新精神和创新能力的人才。

第二个问题，电子信息技术进入高等教育领域后对传统教育模式的冲击。电子信息技术进入高等教育领域有两种方式。一是在传统课堂教学模式中引进信息技术来提高课堂教学的效率。如用多媒体手段进行教学，理工科运用电脑和网络进行仿真实验，军事院校和医科院校进行的模拟实习。另外，在教学管理中也广泛运用了电子信息技术。二是运用电子信息手段独立进行教学，如网络课程和虚拟大学。它们的优点是投入少，节约资金。而且网络教学很可能实现以前一直难以实现的一些教育理念，如尊重学生的自主性、因材施教等。但有许多新问题，需要我们不断去思考。如网络课程能否代替传统教学？在传统教学中，即使是表面上似乎单向输信息的讲授法，都存在师生之间的信息交流和情感交流，其实不然。学生在下面是专心致志，还是心猿意马，或者在角落里打瞌睡，都作为信息反馈给教师，教师就要考虑是什么原因，如何改进。学生的态度反映了学生是喜欢还是不喜欢，这也是情感交流的一种。另外还有许多问题需要研究。例如，虚拟大学能否代替实体大学？实体大学的校园文化是公认的教育环境，那么虚拟大学有没有校园文化？德育、群育在虚拟大学怎么搞？教师还要不要起主导作用？既然学生可以选择课程，选择教材内容，选择学习方法，但缺乏了教师的主导，学生是否容易迷失在信息海洋之中？

针对这些新的问题，教师一方面要认识学生的主体性，另一方面要以新的不同的方式来起主导作用。如教师要为学生服务，指导学生如何选课等；教师要学会使用电子信息技术手段来教学；用信息技术进行教学研究。

第三个问题，关于高等教育大众化步伐加快所引起的一连串问题。

高等教育的规模速度问题一直是有争论的。20 世纪 90 年代初我国高等学校在校生数为 400 万～500 万人，可谓世界高等教育大国，但毛入学率仅为 4%，还不到 5%。而当时发达国家平均已达 40% 以上，发展中国家也已达到 14%。所以针对当时“稳步发展”“控制发展”的政策口径，学术界是有争议的。到了 1998 年，《高等教育法》提出“采取多种形式积极发展高等教育”，加快了高等教育大众化的步伐。对此，我的基本看法可以归结为三句话。第一句话是“赞成加快高等教育大众化的步伐”。一方面，时代进步了，现代化水平提高了，社会对人才的要求也提高了。70 年代美国新的职业岗位 80% 需要受过高等教育的人才承担。另一方面，我国“科教兴国”的发展战略必然要求高等教育的大发展。另外，社会主义的基本原则就是最大限度地满足人民群众日益增长的物质文化的需要。广大适龄青年对高等教育的迫切需求，也必然推动高等教育大众化。第二句话是“大众化道路的困难很多”。主要表现在以下几方面：一是投入不足。国务院 1993 年发布的《中国教育改革和发展纲要》中关于逐年提高国家财政性教育经费占国民生产总值的比例，到 20 世纪末要达到 4% 的规定，至今仍相距甚远，从 1994 年以来，比例一直徘徊在 2.5% 左右。另外，《教育法》所规定的“三个增长”目标（各级政府教育财政拨款的增长应高于财政经常性收入的增长，并使按在校学生人数平均教育费用逐步增长，保证教师工资和学生人均公用经费逐步增长），并没有得到切实的保证。二是其他教育资源不足，尤其是师资不足。一个合格的大学教师的成长不是那么简单的，也不是用钱就能马上解决的。三是就业问题。

到现在为止，大学毕业生都还是未扩招以前的，就业的矛盾已经相当突出，高等教育大规模扩招后，就业问题如何解决？我认为最主要的是转变就业观念。大学毕业生应当逐步摆脱“精英意识”，要认识到广大农村、基层和西部都需要大学生。四是高等教育质量的下降（关于高等教育大众化条件下的教育质量问题本人有另文论述，此处不作重复）。第三句话是“困难不是不能克服的”。例如现实状况是投入严重不足，那么就应当争取多渠道的投入。对民办高校的发展为什么要加那么多的限制呢？控制不必那么死嘛。也可以采取大力发展投资少、见效快的办学形式。现在表面上大学毕业生的就业矛盾比较突出，但仔细分析，并不是总体供大于求，而大多为结构性失业、选择性失业，是可以克服的。

由于时间关系，我要讲的最后一个问题“建设一流大学的问题”就不展开，仅提出几个问题供大家思考。

（1）一流大学是排行榜排出来的吗？排行榜大体都是根据国外发达国家经验，建构种种指标进行排名。但是，排名能排出办学理念、办学思想和校风吗？在没有排行榜之前就没有一流大学吗？我认为，具体项目的排行可能有参考价值，而整体的排行榜违反了一个系统论的基本原则，即：总体不等于局部之和。

（2）一流大学一定是巨型大学吗？

（3）一流大学只限于研究型大学吗？

（4）一流大学是自封的吗？

中国高等教育发展的战略图景[①]

——《21 世纪的中国高等教育》评介

21 世纪的世界发展以深刻而广泛的社会转型为特征，即由以工业经济为主导的社会向以知识为主导的社会结构转型；21 世纪的中国发展以更为复杂的社会转型为特征。

以知识经济为主导的是以知识为基础，以高科技（广义的）为核心，以创新为动力的社会。储备、传播、创新知识并拥有一大批高科技人才的高等学校必然成为经济社会的中心。我国政府确立科教兴国战略，也是从战略上将高等教育纳入了经济社会发展的中心，作为社会的中心发挥作用是 21 世纪中国高等教育的历史使命。那么，21 世纪中国的高等教育如何迎接知识经济来临，向市场经济转轨以及面对经济全球化带来的挑战？如何确定它的战略发展目标？如何实现这些目标？这是高等教育所要回答的战略问题。

以周远清同志为组长，由 200 多名高等教育专家、教授和行政负责人组成的“21 世纪的中国高等教育研究课题组”，历时 3 年多，对上述战略问题进行了深入的研究，《21 世纪的中国高等教育》一书，就是该课题研究的总报告和专题研究成果概要。它清晰地勾画出 21 世纪初中国高等教育改革与发展的战略图景。

该书将中国高等教育发展的战略问题置于从历史到现实并延伸向未来的时间维度与中国扩展到全球的空间维度构成的宏大背景之中，加以全方位的

① 原载《光明日报》，2002 年 2 月 7 日 B02 版。作者：潘懋元，高新发。

探索。在总结中国高等教育发展的历史经验，把握中国社会主义现代化进程和全球发展大趋势以及中国高等教育现状的基础之上，深刻分析了供给与需求、数量与质量、统一性与多样性、国际化与中国特色、公平与效率等高等教育发展的思路。既有明确的战略目标又有实现目标的措施以及处理改革与发展中主要问题的原则。

针对我国生产力发展水平低、目标高、梯度明显的社会经济状况，《21世纪的中国高等教育》提出了构建多层次、多样化高等教育的发展战略：一方面加快高等教育大众化进程，构建终身教育体系，另一方面提高办学水平，创建世界一流大学；适应高科技社会对人的素质，特别是人文素质的高要求，适应经济全球化趋势和中国加入 WTO 的需要，《21 世纪的中国高等教育》提出了在高等教育方面要全面推进素质教育和强化国际意识的发展战略；适应我国向市场经济体制转轨的需要，《21 世纪的中国高等教育》提出了在高等教育管理方面加强法制建设的发展战略。

体制是制约高等教育规模扩张和运行机制转变的关键。《21 世纪的中国高等教育》提出了高校办学经济主战场要遵循的规律，民办高等教育是我国高等教育的重要组成部分，高等教育的举办权、管理权与办学权应合理分离等重要思想。这些体制改革的思想将促进高等教育制度的创新，推动高等教育举办主体的多样化，高等学校办学自主权的落实以及市场机制的适当引入，从而较好地解决高等教育发展中的制度问题。

重订教育之城规划的若干意见[①]

十年前，厦门市在全国率先提出建设“教育之城”，制定并公布了教育之城规划。如今十年过去了，有的规划项目已实现或部分实现，有的则需要修改。随着形势的发展，一些当时未考虑或考虑不周的项目，有必要增加或完善。据说现在规划正在修订中，但进展缓慢。借此青少年宫和《商报》征集意见的机会，提出几点意见，供重订教育之城规划参考。

（1）厦门市外来务工人口已近40万，这支庞大的队伍，为厦门的经济发展与城市建设，做出重大的贡献。他们中的多数人，应是教育的对象：有的需要进修提高，有的需要职业培训，更重要的是与他们同行的子女，应是厦门市普及义务教育的对象。据我所知，教育行政部门，已有所考虑并采取若干措施，但力度不够，不能满足他们及其子女的教育需求，而且手续烦琐，额外收费，以致上学困难重重。教育之城，应当把外来务工人员的进修、培训和他们子女的教育，作为规划的重要内容。

（2）全国民办教育，尤其是民办高等教育，发展迅速，已成为中国高等教育大众化的重要组成部分。厦门市相对落后于其他发达城市，现在只有一所有权颁发学历证书和两所可以参加国家学历证书考试的民办高校，规模都很小。应当制定鼓励、扶持民办高等教育的政策。

（3）21世纪是信息社会的世纪。厦门市有必要也有条件加快信息技术进入各级学校的课堂，并且开设网络课程、网络学校。这既是厦门信息港建设

① 原载《老教授论坛》，2003年第5期。

的一项内容，也是教堂改革的重要措施。教育之城应该对此做出规划，增加投入，提供条件。

（4）原订教育之城规划，对职业技术教育颇为重视，但重点在于发展中等职业教育。随着经济社会的发展，高等学校的扩招，青少年及其家长对高学历的追求，职业技术教育的重心逐渐向高职转移。这是一种必然的趋势。要转变职业教育重心向下的思想，不必再固守已经过时的高中与中职的比例，着重发展高等职业技术教育。已有的中职中专，条件好的可根据“三改一补”的原则扶持其办高职，其他的如果生源不足，可开辟对外来务工人员的短期或业余培训。

（5）“人人受教育，终身受教育”，建立终身教育体系，形成学习社会，全国已提到日程上来。厦门应该早走一步，以终身教育、学习社会的理念，构建教育之城的新规划。

新时期中国高等教育的质量战略①

质量战略问题，有两个前提性的概念先要简单地说一说。其一是“质量”，这是教育发展的生命线，保障与提高高等教育质量是办学者永恒的价值追求。其二是“发展”，发展包含两个密切相关的方面，一个是数量的增长，一个是质量的提高。我们把发展等同于数量的增长，这是不全面的。我们常常把经济发展等同于经济增长，我们也常常把教育发展等同于教育数量的增长。理解不全面会误导我们的教育发展战略。这就要求我们在制定高等教育发展战略时，两个指标都要兼顾。现在我们去参观一些高等学校，听到的往往是数量方面的增长指标。比如说，学校在多少年内土地增加了多少亩，校舍增加了多少平方米，教师增加了多少，学生增加了多少，学科增加了多少，等等。这些都是数量方面的，很少听到属于质量提高的描述。所以我们要明确，发展包括数量的增长和质量的提高，两者要均衡发展。

21 世纪一开始，中国高等教育的质量就面临着严峻的挑战。大家普遍认为高等教育质量下降了，而且是严重下降了。对此，我们要认真分析一下，是不是真的严重下降了。如果说中国高等教育质量下降是一个命题的话，经过认真分析，在这个命题中，包含着一个真命题，一个假命题。也就是有真实的下降，也有虚假的下降。不能把真实的下降和虚假的下降混为一谈，应当进行具体的分析。我认为既有真实的下降，也有虚假的下降。也就是说，当前高等教育质量下降这个命题，包含一个真命题和一个假命题。对真命题

① 原载《中国大学教学》，2004 年第 1 期。

要认真对待，对假命题更要认真对待。

一、高等教育质量下降的真命题

关于高等教育质量真实下降的原因，归根结底是数量和质量的矛盾。近年来高等学校不断扩招，数量不断扩大，数量的增加和质量的提高没有均衡地发展，具体体现为学生数量增长和教育资源增长的不平衡。这两个增长不平衡导致教育质量下降。教育资源包括：第一，资金投入，又叫经费。第二，教育场地、图书、仪器这些物的资源。第三，教师，最重要的是人力资源。学生数量增长和教育资源增长不平衡在经费方面的表现是，国家财政的投入按照生均来说，是逐年下降，但有社会办学力量的投入以及其他方面的资金，包括大量的银行贷款等，在经费方面反而没有像我们在20世纪80年代那样紧张，教师和干部的工资比过去还要高一些。所以，经费紧张是一个问题，但不是主要的问题。土地方面问题也不大，各个地方都划拨土地，校园面积都在扩大。现在学校到处都在盖房子，一座比一座漂亮，一个学校一年盖出10万平方米是小事情。用地和校舍，从全国统计数字来看生均数降低不多，同学生增长的速度差不了多少。图书、设备、仪器虽然生均有所减少，但问题也不太严重，要补充设备也是较易做到的。最严重的问题是教师的数量和质量跟不上。办高等教育，教师是最主要的。“所谓大学者，非谓有大楼之谓也，有大师之谓也。”所以，大学的核心是大师，教师的数量和质量同学生数量增长的矛盾，是导致教育质量下降的基本矛盾。我们来看一组数字（见表1）：

表1　全日制普通高校师生增长率

年　份	1998	2002
招生数/%	100	294
在校生数/%	100	266
教师数/%	100	152
生师比	9.73	17.04

以1998年作为一个基数，也就是以扩招之前作为一个基数100%，到2002年，扩招4年之后，招生数增长了194%，在校生增长了166%，教师数

增长了52%，因此生师比从1998年的9.73：1增长到2002年的17.04：1。这是全国的平均数，有的地方、高校的生师比要比这个数字高。许多大学是20：1以上，有的大学甚至超过30：1。这里也要区分不同类型的学校和专业，如文科、财经等，稍高点问题不大，如果是理科特别是工科，尤其是艺术、体育等专业，也是很高的话，就不知道怎么教好了。生师比在一所学校各类专业或一个专业的各类课程，情况也是不同的。专业课尤其是比较高一点的、比较窄一点的专业课的生师比还是比较低的。生师比最高的是基础课、外语课。外语课大班上课的现象不少见，一个班学生数在100人到200人。大班上课不论是教师教还是学生学都存在困难，同时教师批改作业的量也大大增加。在这种情况下，会不会导致教育质量下降？也许可以通过教师的鼓干劲来完成工作量，但是就全国来说，统计数字是客观的，也是无情的，不能完全通过鼓干劲来保证教学质量。

二、质量战略之一：改变某些政策性原则

因此在考虑高等教育质量战略时，要改变两条政策性原则。

第一，在规模速度上，变“稳步发展”与“快速发展”为“适度超前发展”的原则。1998年以前，特别是在1994年到1997年4月，在规模和速度上，都是坚持稳步发展。1998年以后就不同了，1999年实行快速发展，在招生的规模上，曾经一年增长47%，这种速度在世界上是少有的，只是见之于“大跃进”的年代。稳步发展，不能够跟着经济社会发展的要求同步发展，势必拖经济社会发展的后腿；而快速发展，超越了经济社会的承受能力，势必降低教育质量。教育的发展受经济、政治和文化的制约，最主要的是受经济的制约。从经济的承受力来看，首先，经济上负担不起；其次，教育资源跟不上，教育发展太快，教育质量就要下降；再次，从就业来看，经济社会的发展没有达到需要那么多职位的时候，就会出现毕业生失业。因此高等教育不论是增长太慢还是太快，都会产生消极的影响。那么，高等教育应该如何发展呢？应该是“适度超前发展”。在1994年我就提出要适度超前发展的观点。为什么要“超前”，因为培养人才需要时间，有一个人才培养的周期。为

了适应经济社会发展的需求，在人才培养方面就要有一个超前量，否则就落后于经济社会的发展，拖经济社会发展的后腿。但是又不能太超前，否则就会形成“教育浪费”并使经济不堪重负。无论太慢或太快，都是违反教育外部关系规律的，所以要适度。但是，把握“适度”，是一个非常复杂的问题，因为制约教育发展的因素太多，有经济、政治、文化、科学、资源、人口等诸多因素，要经过专门的研究来把握。不仅要研究全国的情况，同时也要研究各省的情况。但在制约教育发展的诸因素中，起决定作用的是经济因素，拿经济来把握教育发展的“度”，比较接近事实。衡量一国经济发展的指标主要是 GDP。GDP 尽管不能全面反映经济发展的状况，还是反映了经济增长的主要指标，因此不妨用 GDP 来考虑教育发展的“度”。这几年，我国的 GDP 增长是百分之七点多，今年预计可以达到百分之八点多。依此，我们的教育增长数就可以定在 8%~9%。当然这只是为了说明“适度超前”所做的假设，假如这个假设成立的话，回过头来看我们这几年高等教育的发展，不是低于就是高于这个“度”；1992 年、1993 年连续两年；增长率是 20% 以上，最快的是山东为 40%。1994 年为负增长，1995—1997 年年增长率在 3%~4%，教育发展速度低于经济增长速度，只有 1998 年增长率达到 8%。到 1999 年，增长率突然变为 47%，2000 年为 30% 多，2001 年为 20% 多。其后曾提出 2002 年要控制增长速度，只能增长 5%，其中本科生为零增长，高职、高专适当地增长一些。但是控制不了，实际增长速度还是达到了 19.5%，与 GDP 相比较，还是超过很多。顺便说一下，如果欠债太多，快速增长一两年还可以，但如果连续五六年快速增长，这个问题就很严重。所以，要从宏观战略上进行改变。

第二，在增长方式上，变“内涵式发展”为“内涵式发展与外延式发展并重，以外延式发展为主”。“走内涵式发展道路”是在 20 世纪 80 年代末提出来的。当时提出这种增长方式是正确的，因为 80 年代末出现了新建学校太快太多的情况，高校数从 80 年代初的 400 多所，扩张到 80 年代末的 1 000 多所，导致教育资源分散。大家认为，正确的方式应该是扩大学校的规模，走内涵式发展道路。但是，正确的东西永远固守不放，就会从正确走向错误。我们一直固守内涵式发展的增长方式，至今，有关部门也没有明确提出现在应该是外延式发展的增长方式。不过，现在情况略有变化，高等学校的数量有所增加（详见表2）。

表2　全日制普通高校数量增减表

年份	1988	1998	1999	2000	2001	2002	2003（上半年）
校数/所	1 075	1 022	1 071	1 041	1 225	1 396	1 472

1988年，高等学校数为1 075所，到1998年，减少为1 022所，扩招的1999年为1 071所，还没有达到1988年的水平。到2000年已经是扩招的第二年，学校数不但没有增加，反而减少为1 041所，虽然有合并的原因，但是，不管怎么样，学校数是减少了。到了2001年，扩招的第三年，才批准一些新的高等学校成立，高校发展到1 225所，到2003年上半年学校数增加到1 472所。高校增加数和学生增加数相比，差距仍很大。因此，校均生数仍偏多。

表3　若干国家高等学校校数、生数比较表

国家	美国（2001）	日本（2000）	印度（1989）	中国（2002）	中国（本科）（2002）
学校数/所	4 200	1 269	4 700	2 003	629
学生数/人	1 400万	316万	384万	1 512万	704万
校均生数/人	3 000多	2 000多	800多	7 000多	11 000多

同其他国家相比较来看，中国高等学校的在校生已多得惊人（见表3）。这样就势必出现上面所说的，师资严重不足，教育质量下降。由师资以及其他教育资源不足引起的教育质量下降的原因是真实的。从这个角度看，当前高等教育质量下降是真命题，要认真对待这个问题。

三、质量战略之二：采取适当对策

解决教育质量真实下降的对策。

第一，扩充教育资源。加大新教师培养力度，引进海外与社会人才，延缓老教师退休，加快教师队伍建设。特别是从社会引进人才，高职、高专学校要从生产和服务部门引进有丰富实践经验的人才，作为“双师型”人才。

至于从其他大学引进人才，我认为，高校之间不宜鼓励大家互相挖教师，这不能解决教师资源短缺的矛盾。男60岁、女55岁退休是根据体力劳动的标准来制定的，脑力劳动和体力劳动不同，脑力劳动到55岁或60岁是否就不能承担，还没有看到这方面的研究报告。相反，教师到60岁尽管存在保守性、创新精神不足的问题，但是学术的积累是深厚的，特别是文科、中医等。老教师是很珍贵的。有一个报告认为，让老的科技人员60岁退休，是人才的极大的浪费。老教师可以从行政职务上退下来，但还是可以继续教书做研究工作的。日本有不少私立大学的学术水平比某些国立大学高，比公立大学更高，就是得力于在国立大学退下来的资深教授作为学术带头人。总之，加快师资队伍建设，扩充教育资源是提高教育质量的根本措施。

第二，政府切实履行财政性经费增长的承诺；采取有效措施，鼓励社会力量教育投资；开放海外“招商引资”。政府对教育的投资要做到三个增长，尤其重要的是，政府承诺到2000年国家的财政性的教育经费的增长要达国民生产总值的4%，这个承诺没有实现，2001年为3.19%，也没有实现，2002年为3.4%，离4%还有一段距离。但只靠政府的教育投资还不够，义务教育、高中普及、大学的扩招任务还很重，教育财政总是会紧张的，还要采取有效的措施鼓励社会对教育的投资。现在政策允许社会资金对教育的投资有合理的回报，是审时度势做出的决策。但是，还很难吸引大量的社会资金投入。因为教育投资的产权还不明晰，对巨额投资还有顾虑。国有企业、民营企业的产权问题影响到我们经济的发展，同样，产权问题也影响到我们教育的发展，尤其是民办教育的发展。另外，关于对海外的招商引资问题，企业可以招商引资，教育为什么不能招商引资呢？让外国人来中国办教育，尽管它要营利，但是它为我们培养了人才。在加入了WTO以后，更要研究教育的开放问题。这里存在的问题是主权问题，我们已经承诺教育作为贸易协定的内容之一，在协议中我们只承诺合作办学，这里有一个教育主权问题。主权问题是需要我们去研究的。我的观点是，要把主权同产权分开，主权是不容侵犯的，有人提出部分主权可以让步，我是不赞成的。我认为，主权是不能让步的，因为主权是神圣的。但是过去我们认为是主权的问题，有许多实际上是产权问题，外国人可以占有产权。把产权和主权混在一起，导致主权概念泛化，就是把自己的手脚绑起来，影响对海外的招商引资。

第三，放宽民办高校审批，促使二级学院或分校成为真正的民营独立院校。在近2 000所民办高校中，只有160多所可以颁发文凭，约500所可以参加国家的文凭考试。在这500所民办高校中，是否还可以增加一些颁发文凭的学校，以利于民办高等教育的发展？关于公办大学所设的民办二级学院，只要民办二级学院办得好，有利于高等教育大众化，就应该赞成。二级学院有一部分是好的，但也有大量的二级学院缺乏办好学院的动机，问题非常多。如果这些问题不解决，不光是国有资产流失，而且会影响社会力量办学的方向，会把许多真正独立的民办高校挤垮。如果把这些民办高校挤垮了，今后高等教育的发展就只能走公办的道路，这样中国高等教育大众化的目标将难以实现。2002年独立民办高校就出现生源不足的情况，2003年这种情况更严重。西安几所声誉较好的巨型民办高校过去不愁没有生源，2003年这些学校在生源上也出现了问题。如果把这些学校挤垮了，而那些二级学院打着公办学校的招牌，又没有办好学校的动机，是承担不起教育大众化的任务的。

四、高等教育质量下降的假命题

关于教育质量下降是虚假的命题的问题。

首先要从转变教育质量观谈起，要把传统的唯知识质量观和西方流行的唯能力质量观转变为包括知识能力在内的素质质量观。其次要把精英教育时期的单一化的教育质量观转变为大众化教育阶段的多样化的教育质量观。

什么是教育质量观？“教育质量是指教育水平高低和效果优劣的程度”，“最终体现在培养对象的质量上”（《教育大辞典》）。

教育质量观同人才观是密切关联的。传统的人才观是知识丰富、学问高深，也就是说，知识多、读书博、学问深的学者就是人们所尊敬的人才。因此，传统的教育质量观是以知识多寡、学问深浅作为教育质量评价的标准——知识质量观。20世纪80年代中期，传统的知识质量观有转变为能力质量观的趋势，但知识质量观仍占主导地位。之所以在80年代出现这种倾向，有两个方面的原因。一方面是受西方能力质量观的影响，认为能力比知识更重要；另一方面，80 年代毕业的大学生，是“文化大革命”后的大学生，用人部门反映，这些大学生理论水平不错，但动手能力差，所以，人们认为应该着重培养大学生的动手能力。为此，我们也召开好几次高等学校学生能力培养的研讨会。但是在这个时期，知识质量观仍然是占主导地位的。

进入 21 世纪，传统的知识质量观面临两个方面的挑战。第一方面：知识经济时代所需要的是高科技与高素质结合、具有创新精神与创新能力的人才；而知识质量观只注重学生的知识培养，对学生的思想道德素质、能力和创新精神的培养是不够重视的。如何才能在知识经济时代成为一个有用的人才，对中国的高等教育提出了新的要求。第二方面：高中教育普及化、高等教育大众化，数量增长，会不会降低教育质量？传统质量观如果仅仅以传授知识作为标准，数量的增长就会降低质量。

五、质量战略之三：转变教育质量观，采取多样化的质量标准

下面把上面提到的两个方面分开来说。

关于第一方面，为培养 21 世纪知识经济时代的专门人才，必须转变传统的知识质量观与一度流行的能力质量观。因为 21 世纪需要的是包括知识、能力在内的，具有人文素养与科学素质、创新精神与实践能力的素质质量观。这种新的质量观，并没有否定知识，因为“知识就是力量”，知识是重要的，是专业人才的基础。但知识必须转化为能力才有力量；能力也是重要的，专门人才是以其能力为现代化建设服务，尤其应当重视创新能力与实践能力的培养。但能力必须与思想道德素质、心理素质、身体素质协调发展，才能成为知识经济时代德智体全面发展的人才。因此，知识经济时代的高级专门人才，不论科学家或管理人才、技术人才，都应具有高科技与高素质，这样才能在各自岗位上有所创新，有所发展，推动经济的发展和社会的进步。

关于第二方面，数量与质量的矛盾，是指在同样条件下，用同一种标准来衡量质量，一般会出现“数量增长，质量下降”的现象。什么是教育质量标准？“衡量（教育质量）的标准是教育目的和各级各类学校的培养目标。前者规定受培养者的一般质量要求，亦是教育的根本质量要求；后者规定受培

养者的具体质量要求，是衡量人才是否合格的质量规格。”（《教育大辞典》）

对这一段释文的解读：教育质量标准可以分为两个层次。

第一个层次，根据教育目标所提出的一般（根本）质量要求，德智体美全面发展。也就是全面素质教育的要求，包括思想道德、文化科学、心理素质和身体素质在内的全面的素质要求。

第二个层次，根据各级各类学校不同的培养目标所提出的具体的质量要求，这一层次的质量标准是多样性的。这里包括纵向的多样标准和横向的多样标准。从纵向的标准来看，培养专科生是一个标准，培养本科生是一个标准，培养硕士生是一个标准，培养博士生是一个标准。其具体的目标、规格要求是不同的。这是大家都理解的。从横向的各种类型来看也是不相同的，培养研究型的人才同培养应用型的人才，其培养目标是不同的。而这个问题常常被人们混淆，也常常使人困惑。联合国教科文组织的世界高等教育会议上提出，高等教育质量是一个多层面的概念，要考虑多样性，避免用一个统一的尺度测量不同的高等教育的质量。在世界高等教育会议上提出这个问题，说明这个问题具有普遍性。这就说明各式各样的高等教育办学条件不同，不能用一个标准来衡量，有投资的多寡、办学条件的好坏、交通是否方便，特别是各种学校的水平程度不同的问题，因此要避免用同一个标准去衡量所有的高等教育。我国的《高等教育法》第六条：“国家根据经济建设和社会发展需要……采取多种形式积极发展高等教育事业。”积极发展高等教育是以多种形式为前提的。多样化的高等教育，各具不同的培养目标，各有具体的质量规格，应当避免用精英教育统一的尺度来衡量目标、规格不同的大众化高等教育。如对当前的高职高专的教育质量的评价，有的人就用精英教育质量标准来衡量。认为大学教育，就是知识面要宽、基础要厚、专业要专精，将来发展才有后劲；还要求外语要过四级，最好能通过六级，如此等等。如果用这些标准来看高职高专，肯定会认为质量太不像话。反过来，如果用高职高专的质量标准，来衡量研究型大学培养出来的人才，这些精英人才未必就能胜任基层第一线的工作。高职高专的毕业生到基层岗位，要求马上就能上岗，而研究型大学培养出来的学生就没有这方面的能力。如果据此就认为高职高专的教育质量高，研究型大学的教育质量低，显然是片面的。所以，对不同层次、不同类型的学校不能用同一标准来衡量，更不能用精英教育的标准来衡量大众教育的教育质量。

如何避免用精英教育统一的尺度来衡量各种各样的大众化高等教育质量？首先要转变教育质量观，变传统的知识质量观为素质质量观，变单一的精英教育质量观为大众教育多样化教育质量观。观念的转变不是一下子说变就能变的，要采取有利于促使人们转变思想观念的措施。遗憾的是我们许多政策措施落后于高等教育大众化的发展。举例说：

例一，用以研究型大学为基础所制定的普通高校教学工作的评估指标体系来评估所有的高等学校，如以发表论文多少篇、著作多少本、多少论文上了 SCI 为评价标准，而且这个标准还是以理工科为标准来制定的，是很不公平的。所以，中国人民大学被排在了 30 多位。因此，不能用同一个标准来评估所有的学校。应当改变为建立不同层次、不同类型高校的评估指标体系，尤其不宜以单一的评估指标体系为依据公布所谓的高等学校排名榜；因为这种排名是不公道的，也是没有反映出学校的实际情况的。现在教育主管部门已经认识到这种问题，对高职高专已经开始搞另外的评估体系，但对本科院校还没有出台新的不同的评价体系。

例二，以本科院校为主要对象的统一高考，一份考卷从清华、北大考到地方院校，考到高职高专、民办高校，一份考卷能体现不同类型高校和不同类型专业对考生的要求吗？能选出适合不同学校的生源吗？应当改变为按不同层次、类型的适应性考试。高考改革是重大的研究项目，首先要转变观念，要转变用选拔性考试来选拔人才的观念。进入大众化阶段，接受高等教育是公民的权利。今后的高考，要从选拔性考试改变为适应性考试，要注重考生是否适应该专业和该学校的学习，要实行考生和学校的双向选择。

评估和考试是“指挥棒”，这个指挥棒是用单一的尺度来制定的，它制约了大众化条件下教育质量的提高。

需要补充说明的是，单一的精英教育质量观，曾经对专科学校、职业大学、成人高等学校产生误导作用，至今这种影响依然存在。这些年来，我们的扩招，主要是高职和高专，但是他们的毕业生的就业率全国统计到 2003 年 9 月份为 55.7%，比本科院校的毕业生的就业率低得多。如何看待这个问题，是否在以后的扩招中，就不需要在高职高专进行扩招，而在本科院校进行扩招？应该说，高职高专就业率低是受到精英教育质量观的影响，为什么这么说呢？过去的专科学校都是按照精英教育质量观来制定其培养目标、教学计划，将自己的人才培养成压缩性的本科生，使学生在理论水平上不如本科生，在动手能力上不如中专生，以致社会至今仍把高职生看成是低水平的本科生。这就要求我们要用不同的质量观来制定质量标准，来培养真正的高职高专生。要树立多样化的大众教育质量观，这样才有利于按照不同的培养目标与规格、实事求是地培养适应人才市场不同需求的专门人才。当然高职高专毕业生就业率低，还有其他方面的原因，这些都需要我们深入研究，因为高等教育的大众化，高职高专和民办高等教育承担着重要的任务。世界上许多发达国家，在实现高等教育大众化的过程中，主要也是发展高职高专这个层次的高等教育，如社区学院、技术学院、短期大学等。但是，在这些国家没有发生由于实现了高等教育的大众化而导致大学毕业生失业率猛增的情况，因为他们是用不同的标准来培养人才的。

在这里需要明确的是，质量标准的多样化不是降低质量，而是各按不同的培养目标与规格，努力提高质量，达到各种不同的高质量。

六、结束语

教育质量真实的下降，是客观的现实，必须通过改变政策性原则和采取政策性措施来解决。

教育质量虚假的“下降”，是主观的认识，必须改变教育质量观，并以新的质量观指导高等教育实践。将传统的知识质量观转变为包含知识、能力在内的素质质量观，并着重创新精神、实践能力的培养。将传统的单一的精英教育质量观转变为包含精英教育在内的多样化的大众化教育质量观。

中国当前高等教育发展中的若干问题[①]

进入21世纪，中国高等教育发展形势大好，具体表现在以下几个方面。

（1）学生数量增长。在校大学生数从1998年扩招前的642.99万人增长到2003年的1 847.27万人，5年间增长了近两倍，先后超过了苏联、印度和美国。我国已经成为世界上大学生数最多的高等教育大国，高等教育毛入学率已达17%，进入了高等教育大众化阶段。

（2）办学形式多样化。我国高等教育出现了大学、学院、高职高专，全日制普通高校与各种形式的成人高校，自学考试与网络学院，以及多种形式的民办高等学校并存的局面，学习型社会正在形成中。

（3）某些方面质量有所提高：大学生外语与计算机技术水平，人文素质与创新、实践能力等方面的水平都有所提高；研究生教育发展迅速，学科建设、精品课程、“211工程”建设取得初步成效；许多示范性高职院校培养了大批适应人才市场需求的职业性技能型人才。

（4）教育经费不断增加。教育经费从1997年的2 532亿元增长到2002年的4 638亿元，5年间增长了83%。由于这几年没有出现通货膨胀，教育经费实现了实质性的大幅度增长。其中，非政府财政投入占教育总经费的36.3%，说明多渠道集资的投资体制改革已取得成效。

高等教育发展的形势大好，但也出现了许多问题，也有很多人为此而担心。其实，这些问题都是与高等教育蓬勃发展相伴随的。下面就高等教育发

① 原载《大学教育科学》，2004年第4期。

展某些方面的问题，谈谈我的看法。

一、高等教育发展的规模速度问题

（一）招生规模的变化

1996—1998 年全国全日制普通高等学校大学生招生总数的年增长率都小于 5%，1999—2003 年招生人数年增长率都在 19% 以上，个别年份高达 47%（参见表 1）。从 2002 年开始，国家努力控制增长速度，增长速度也有所回落，但由于多方面的原因，增长率仍保持在 19% 以上，增长的绝对量仍然很大。研究生招生增长情况也大体相同，2000 年以来全国研究生招生人数的增长率比本专科的增长率还要高。

表 1　历年全国高等学校招生人数增长表

学年	招生总数/万人	增长率/%	研究生/万人	增长率/%	本专科生/万人	增长率/%	成人高教生/万人
1996	197.04		5.94		96.58		94.52
1997	206.77	4.9	6.37	7.2	100.04	3.6	100.36
1998	215.75	4.3	7.25	13.8	108.86	8.8	
1999	284.68	31.9	9.22	27.2	159.68	46.7	
2000	389.61	36.9	12.85	39.4	220.61	38.2	156.15
2001	480.73	23.4	16.52	28.6	268.28	21.6	195.93
2002	563.80	17.3	20.26	22.6	320.50	19.5	
2003	631.38	12.0	26.89	32.7	382.17	19.2	
1998—2003		192.6		270.9		251.1	

（二）在校生人数的变化

由于高等学校招生人数在短期内的迅速增加，全国高等学校的在校生人数也相应地迅速增长。1998—2003 年这 5 年间大学生在校人数由 642.99 万人增长到 1 847.27 万人，增长了 187.29%。其中，研究生在校生人数由 19.89 万人增长到 65.13 万人，增长了 227.45%；全日制本专科人数由 340.88 万人增至 1 108.56 万人，增长了 225.21%（参见表 2）。

表2　历年全国高等学校在校生增长表

学年	在校生总数/万人	增长率/%	研究生/万人	增长率/%	本专科生/万人	增长率/%	成人高教生/万人
1996	583. 91		16. 23		302. 11		265. 57
1997	607. 50	4. 04	17. 64	8. 69	317. 44	5. 07	272. 42
1998	642. 99	5. 84	19. 89	12. 76	340. 88	7. 38	282. 22
1999	742. 27	15. 44	23. 36	17. 45	413. 42	21. 28	305. 49
2000	939. 85	26. 62	30. 12	28. 94	556. 09	34. 51	353. 64
2001	1 214. 47	29. 22	39. 32	30. 54	719. 07	29. 31	
2002	1 512. 52	24. 54	50. 10	27. 42	903. 36	25. 63	
2003	1 847. 27	22. 13	65. 13	30. 00	1 108. 56	22. 72	
1998—2003		187. 29		227. 45		225. 21	

（三）高校数量的变化

在1998年前，我国高等教育的发展更多地倾向于以内涵式增长为主，更多地关注于提高高等教育办学的规模效益。从1988年到1998年，我国的高等学校总数从1 075所减少到1 022所，高校数量呈递减的趋势。尽管高校数量在1999年又恢复到1 071所，但由于我们的发展思路还是以内涵式发展为主、注重提高规模效益，尽管高等教育已经开始迅速扩招，2000年我国高校数量还是有所减少，直到2001年才开始逐年增加少量的高校（参见表3）。

表3　全日制普通高校数量表

年份	1988	1998	1999	2000	2001	2002	2003
校数/所	1 075	1 022	1 071	1 041	1 225	1 396	1 552

总而言之，1997年以前我国高等教育发展很慢，直到1999年我国高等教育发展速度才突然剧增。根据目前的发展情况，我们必须树立科学发展观，在现阶段有必要调整发展战略，改变两条政策性原则：

一是在规模速度上，高等教育的发展要将“稳步发展”与“快速发展”改变为“适度超前发展”。对于高等教育的发展来说，发展太快与太慢都是不科学的，应该适度超前发展，我们要科学地确定高等教育发展的度。如何确立这个度呢？考虑到高等教育要受政治、经济、文化等因素的制约和高等教育人才培养的滞后性，因此高等教育发展的度，简单地说，就是要比经济等方面的发展适当超前一些。

二是在增长方式上，高等教育的发展要把“内涵式发展”改变为“内涵式发展与外延式发展并重，以外延式发展为主”的方式。从我国高等教育发展情况来看，在20世纪80年代中期，许多地方纷纷办大学，几年内使高等学校数量由400多所增加到1 000多所，于是出现了80年代后期制定走“内涵式发展”道路的政策，并开始合并高校。到90年代后期，随着高等教育的迅速发展，高校数量已经不够，高等教育的发展要走“内涵式发展与外延式发展并重，以外延式发展为主”的道路。

二、高等教育的分类定位与发展方向问题

中国社会主义现代化建设，既需要相当数量的高层次专门人才，也需要数以千万计的各级各类、各行各业的生产、管理、服务的职业性、技能型的专门人才。十六大报告指出，要“造就数以亿计的高素质劳动者，数以千万计的专门人才和一大批拔尖创新人才”。因此，进入高等教育大众化阶段后，精英教育与大众化教育是高等教育的两个必然的发展方向。

我们可以把精英教育与社会发展关系简单地概括为：精英教育—培养高科技拔尖创新人才—提高科技水平，提高生产力水平（包括管理水平）—促进经济社会发展。

同样，我们也可以把大众高等教育（主要指地方性高等学校、高职高专）与社会发展的关系简单地表示为：大众化高等教育—培养数以千万计的各级各类专门人才—将高新科技转化为生产力（包括管理能力、服务能力）—促进经济社会的发展。

总而言之，精英高等教育和大众高等教育如鸟之双翼，缺一不可；它们各具功能，不可相互替代。

然而，我国当前高等教育发展中存在着如下一些问题：高等学校存在着定位盲目无序，发展方向单一化，甚至出现混乱、定位不清的情况。例如，

重点大学搞大众化教育、高职高专想挤进精英教育行列。在招生广告中，每个学校都标榜自己是国际化、研究型的大学。在学校的水平定位上，动辄就提“国际”知名或有“国际影响”；在类型定位方面，重学轻术，好像只有研究型大学才地位高，培养应用型人才的大学的地位就低；在层次定位上，层层攀高，大众型高校尤其是高职高专力求专升本，然后所有院校都走争取硕士、博士点、全国一流的路子；在规模定位上，越大越好。国家鼓励上规模，这样硕士博士点多，而流行的大学排行榜也鼓励巨型大学。结果，经过短短的几年时间，万人大学在我国已经是规模偏小了，吉林大学、武汉大学和浙江大学等高校现在的在校生人数已经达到10万人左右了。国外也有巨型大学，但一般为“独联体”，而中国则要求“实质性合并”，一个大学校长要管理几万学生，很难真正管得过来；在学科定位上综合求全，大学都标榜自己学科齐全或标榜自己是多科性大学，无论是理工类还是师范类高校都标榜自己是多科性的。事实上，国际上既有多科性大学，也有不少著名的单科性高校。

在现阶段，经济社会发展对人才的需求是多层次、多类型的，而高等学校对人才的培养是单一化，甚至是盲目无序的。高等教育单一化的发展方向与社会多样化的人才需求的矛盾，是目前我国高等教育发展所面临的一个很难解决的矛盾。一方面，精英教育的发展方向与大众化教育的发展方向混乱不清，其结果必将是：精英教育受大众化教育的冲击，办学力量、教育资源分散，导致教育质量下降。事实上，扩招以来，受冲击最厉害的不是大众化教育而是精英教育，尤其是重点大学。很多重点大学办成人教育、网络教育、职业教育，追求短期的经济利益，导致质量下降。另一方面，大众化高等教育培养目标错位，不符合人才市场需求，导致毕业生大量结构性失业。由于这些学生的理论水平不如重点大学培养的本科生，又缺乏动手能力，结果导致了结构性失业。所以，要使高等学校定位明确，各就各位，各定发展方向，我们应当做好分类指导工作，这是高等教育合理定位的前提；而分类指导的前提是科学的、恰当的分类。但高等教育的分类是一个世界性的难题，包含着很多复杂的工作。我们不妨先看看卡内基高等教育分类。

从表4我们可以看出，卡内基分类以学位高低来划分高等学校层次，它仍然会导致高等学校层层攀高。所以，它可以作为我国高等教育分类的参考，但不可作为分类的主要依据。而联合国教科文组织的国际教育分类标准（见图1）主要以培养人才的职能来划分高等教育的类型，并兼顾修业年限长短与学位高低，比较符合中国的国情。

表4　2000年美国卡内基高等教育机构类别及其分布

机构类别	总数/所	占机构总数百分比/%
总数	3 942	100
博士学位授予机构	261	6.6
博士级研究型大学 Ex	151	3.8
博士级研究型大学 In	110	2.8
硕士级学院及大学	610	15.5
硕士级学院及大学Ⅰ	496	12.6
硕士级学院及大学Ⅱ	114	2.9
学士级学院	550	13.9
学士级学院Ⅰ	226	5.7
学士级学院Ⅱ	324	8.2
副学士级学院	1 726	43.8
专门机构	767	19.5
族群学院及大学	28	0.7

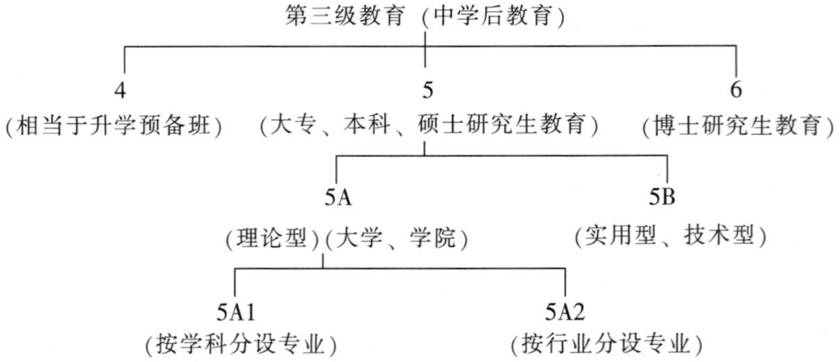

图1　联合国教科文组织第三级教育分类示意图

根据国际的经验和我国的实际情况，我们可以把中国高等学校划分为三种基本类型：①综合性研究型大学，是遵循“本科（学士学位）→硕士（学位）→博士（学位）”的顺序提升其学习层次；②多科性或单科性专业型（应用性）大学或学院，是依循“本科（学士学位或文凭）→专业硕士（学位或文凭）→专业博士（学位或文凭）或进入研究型博士”的学习阶梯；③多科性或单科性职业技术型（或技能型）高校，是走“专科（副学士学位或文凭）→职业本科（学士学位或文凭）→专业硕士”的培养阶梯。因此，每一种类型都有重点高校，都可以办出自己的特色而成为国内（省内）知名、国际（国内）有影响的高校。这样，高等教育的发展就可以避免大家都追随研究型大学的办学路子。

因此，每所高校，在制定发展战略时，都必须实事求是地根据学校所处的客观环境、社会需要状况和自己的特点和优势，在各自的层次和类型中争创一流。除了一流的研究型大学外，事实上，有一些世界一流的大学就是专科学校。例如，在新中国成立前我国的立信会计专科学校等一流高校，也都是专科学校。

三、高等教育质量问题

自 1999 年扩招以来，高等教育质量问题越来越成为人们关注的焦点。许多人认为扩招导致高等教育质量严重下降。我们应当具体情况具体分析。

（一）真实下降的原因与对策

高等教育质量下降首先在于数量与质量的矛盾。尽管有人说数量增加质量未必下降。例如，可以通过采用提高教师积极性等措施来提高教学质量。但是，总体来说，这些措施不可能从根本上解决数量与质量的矛盾问题。扩招以来，大学生数量剧增与教育资源增长不平衡，其中最为突出的是教师的数量与质量不足，1998—2003 年这 5 年间，研究生数和本专科生数的增长率分别为 227. 45% 和 225. 21%，而教师数只增长了 78%。特别是精英教育机构，由于承担过多过重的扩招任务，教师负担过重，管理力量分散，本科生、研究生的教育、教学质量均有所下降。我们从下面一些数据就可以清楚地看出这一点（参见表5）。

表5　全日制普通高校师生增长率

年　份	1998	2003
研究生数/%	100	327
本专科生数/%	100	325
教师数/%	100	178

因此，要解决高等教育质量真实下降的问题，首先必须扩充教育资源，特别是扩充教师资源。我们应该采取的主要措施是加大新教师培养力度，引进海外与社会人才，延缓老教师退休的时间等方式，加快师资队伍建设。现在的老教师退休年限，是历史上对体力劳动者的保护措施，对于今天医疗卫生条件大大改善的脑力劳动者已不适宜。我们不能一方面师资数量、质量不足，另一方面则强制身体健康、水平与经验好的老教师退休。至于高校之间互相挖人虽可以提高人才的市场价值，增强教师行业的荣誉感和吸引力，但不能从全局上解决教育资源不足的问题。

其次，要保证教育发展所需要的经费。政府要切实履行财政性经费增长的承诺，并采取有效措施，鼓励社会力量进行教育投资；允许教育向海外“招商引资”。事实上，我们吸引的社会投资与招商引资不多的一个重要原因就在于教育产权不明。

再次，积极发展民办教育。现在已经有不少办得好的民办高校，我们要进一步放宽民办高校的审批，立足于促进、支持、引导、规范，而不是消极地限制、取消。对于公办大学的民办二级学院或分校，要认真审核，并促使其成为真正的民营独立院校，而不是办假的独立学院。否则不利于民办高等教育的健康发展。

最后，保护精英高等教育。要减免精英教育机构所承担的高等教育大众化的任务，重点大学不能盲目扩招，不能为了短期利益把品牌搞坏。值得欣慰的是，许多重点大学已经开始自我保护了。

（二）虚假下降的原因与对策

虚假的教育质量“下降”的原因主要有：①以精英教育的质量观看待大众化高等教育的质量；②以精英教育单一的质量标准评估大众化高等教育多

样化的质量水平。例如，我们对高职高专的质量水平的评价，还是沿用精英教育的质量标准。从社会需求的角度看，我们的工厂不是全部需要精英大学培养出的白领，而更多地需要动手能力强的蓝领或“灰领”工人。

针对以上原因，应当采取以下对策：①转变教育质量观。我们要转变传统的唯知识质量观、西方流行的唯能力质量观，坚持包括知识、能力在内的素质质量观。②转变精英教育阶段单一化的质量观，坚持大众化阶段多样化的质量观。根据各种类型的高等学校及其学科专业，采取不同的考试命题与考试方式，改变一张考卷从清华、北大考到高职高专的统一高考，为高职高专选择合适的人才，而不是人为地降低他们的地位。③根据社会对各层次、各类型专门人才的需求，采取不同的标准，评价各级各类高等教育的教育与教学质量。大众化教育的质量标准应该是“适销对路”。现在有个说法，用就业率作为高校质量的重要评价标准，这个办法有合理之处，其合理性在于大学应该培养出“适销对路”的人才，但我们也应该看到，就业问题更多的是社会的责任，不能简单地推给高校。

总而言之，教育质量真实的下降，是客观的现实，必须通过改变政策性原则和采取政策性措施来解决；而教育质量虚假的下降，是主观的认识，必须改变教育质量观，并以新的质量观指导高等教育实践。

四、高校毕业生就业问题

在高等教育大众化进程中，高校毕业生逐年大幅度激增，就业问题似乎越来越严峻（参见表6）。预计2004年，普通高校当年进入人才市场的毕业生将是1998年的近3倍，而且随着入学率的不断提高，毕业生还将逐年增加。

表6　全国普通高校本、专科毕业生人数情况

学年	1998	1999	2000	2001	2002	2003	2004
人数/万人	87.69	90.29	100.86	115	145	208	248

就业问题已经成为政府、学校、学生和家长所焦虑的问题。如何面对高等教育大众化的就业问题？一要认真对待，二要转变思路。

毕业生数量逐年激增，是客观事实，必须认真对待，具体而言：首先，高等教育大众化发展的速度要遵循“适度超前发展”的政策原则。事实上，我国2004年的政府工作报告已经把高等教育发展的政策原则修改为“积极稳步发展高等教育”。其次，应用性、多科性高等教育、高等职业技术教育，都要面向人才市场，以就业为导向培养“适销对路”的人才。即使精英教育也要紧扣社会需求来培养人才。再次，采取有效措施，开辟并扩大高校毕业生通向农村、基层、西部的通道。最后，对学生进行“生计教育”，包括生计教育思想与生活能力的教育，培养大学生适应社会职业和创造新的社会职业的意识和能力。

此外，我们也要注意，毕业生就业形势并不像媒体炒作的那样严重。我们不妨举例来说明：2003年9月1日公布的应届高职毕业生就业率为55.7%；[①] 2004年2月29日报道的2003年底高职毕业生就业率达到87.6%，[②] 两者相差31.9%。这31.9个百分点产生于8月至12月的时间差，而这一现象实质上反映了两种不同的就业思想，即计划经济时期的统招统配和市场经济时期的自主择业。其一，计划经济时期，毕业生按计划统一分配，7月份公布，8月份报到，似乎不存在失业问题，隐性失业问题被掩盖了；市场经济时期，自主择业，双向选择，就业时间，参差不齐。其二，计划经济时期，统招统配，政府要对每个毕业生的就业负责；市场经济时期，自主择业，政府有责任为毕业生开拓就业渠道，努力提高毕业生的就业率，但不可能，也没有必要为每个毕业生安排工作。

同时，大学生也要转变就业观念。在精英教育阶段，大学毕业生是稀缺人才，就业的期望值很高；在大众化教育阶段，毕业生是具有某种专业知识能力的人才，就业的期望值应是适应社会不同的需求。事实上，大学毕业生就业观念已经在转变中，尤其是高职和民办高校毕业生转变得较快。

有必要指出的是，毕业生的就业问题是一个与教育有关的社会问题，而不是一个纯粹的教育问题。高校有责任培养适应社会需要的人才，但不可能对每个毕业生的就业直接负责。以就业为人才培养的导向，在一定范围内有

---

① 翟帆，范绪锋．55%的就业率说明了什么？——关于高职毕业生就业问题的思考（一）［N］．中国教育报，2003－09－01．

② 张玉文．我国高职教育新体系初步形成［N］．中国教育报，2004－02－09．

一定的现实意义，但不是培养人才的全部意义。以就业率为高校质量评估指标，在强调以就业为导向上有一定的促进作用，但要注意可能产生的负面影响。有人说，毕业生就业难是好事：第一，促使学生转变就业思想；第二，促使学校培养“适销对路”的人才。但不管怎么说，我们的努力方向应该是：要把难事变为好事！

21 世纪国家的核心竞争力[①]

——“教育—人才”的合理结构

一个国家的综合国力，众所周知，是由诸多因素按照一定的关系所构成的。没有一种因素可以单独形成一个强国。例如：GDP 或人均 GDP 是很重要的，但是富国不一定是强国，有的石油输出国，国富民也富，但不强。其所以不强或不够强，就在于科技（广义的科技，包括社会科学、文化知识、管理能力等）水平不高，而科技水平不高，则是由于教育水平不高，人才不足。

进入 21 世纪知识经济时代，知识是经济的基础，科技是第一生产力，掌握知识、掌握科技的人才是核心力量。人才是通过教育成长的，因此，“教育—人才”形成 21 世纪综合国力的核心竞争力。

在知识经济的时代背景和全球化国际背景下，党的十六大报告提出全面建设小康社会，给予教育的任务是深化教育改革，优化教育结构，全面推进素质教育，造就数以亿计的高素质劳动者，数以千万计的专门人才和一大批拔尖创新人才。因为中国的社会主义现代化建设，既需要相当数量的高层次拔尖创新专门人才，也需要数以千万计的各级各类、各行各业的生产、管理、服务的应用性、实用性、技术型的专门人才，还需要数以亿计的有一定文化水平和生产技能的高素质劳动者。如果说，数以亿计的高素质劳动者，由于所从事的职业岗位不同，在一定历史时期，大多数可以由中等职业技术教育来培养，那么拔尖创新人才和数以千万计的专门人才的造就，就应由不同层

① 原载《中国高教研究》，2005 年第 3 期。

次和类型的高等教育来承担。这就是为什么必须逐步推进高等教育大众化的根本原因。

进入大众化阶段，为优化教育结构，精英教育和大众化教育是两个必然的发展方向：精英教育，培养一大批拔尖创新人才和高层次应用型专门人才，以提高科技水平和生产力水平（包括管理水平、服务水平），促进经济和社会的发展；大众化高等教育，培养数以千万计的各级各类专门人才，将高科技转化为现实生产力（包括管理能力、服务能力），同样为了促进经济社会的发展。

经济社会发展对人才需求是多层次、多类型的。两种教育，各具功能，不可替代，其所培养的人才，各有其社会价值，并无高低贵贱之分。然而当前我国许多高等学校对人才的培养，基本上沿袭传统的精英教育的单一化模式，单一化模式的发展方向必然与多样化的社会需求发生矛盾，致使精英教育的发展方向与大众化的发展方向混乱不清。其结果是：一方面，精英教育受大众化高等教育的冲击，办学力量分散，教育资源配置不合理，导致教育质量下降；另一方面，大众化高等教育的培养目标与培养规格错位，教学内容脱离实际，所培养的人才不符合人才市场的需要，导致毕业生结构性失业。总之，不能发挥“教育—人才”这一核心竞争力应有的作用。

“教育—人才”发挥核心竞争力和作用，不仅要求数量够、质量高，还应当优化结构。为此，就整个高等教育系统而言，必须有科学的分类，以构成与社会人才需求相适应的教育体系；就每所高等学校而言，院校及其所设置的学科、专业，必须在高等教育体系中找准自己的“定位”。科学的分类是前提，准确的定位是关键。针对当前的混乱情况，当务之急，要制定一个科学分类的框架，引导学校定位准确，各就各位，各定自己的发展方向。教育主管部门，则应从全局出发，协调全国、全省高等学校的定位与发展方向。

高等学校，可以从不同的角度分类。例如，从举办者及其资金投入，可以分为公立高校和私立（民办）高校；从公立高等学校的管理，可以分为部委属高校和地方高校。而当前最重要的是从层次与类型的角度进行分类。但这种分类，是一个世界性的难题，许多国家、许多教育研究机构都在进行探索，至今没有一个公认为科学的、合理的分类框架。人们经常引述的是美国卡内基高等教育机构的分类法。

美国卡内基教学促进基金会，从1970年克拉克・克尔出任主席以来，致力于大学和学院的分类，1973年首次公布院校分类标准，后经多次修订，前后共公布五次方案。最后一次是2000年的版本，将全国已注册的3 941所高等学校，分为六大类，其中一至四大类为多科性院校，其中第一大类为授予博士学位的研究型大学，又按每年授予博士学位的多寡分为两小类；第二大类为硕士学位授予院校，也按每年授予硕士学位的多寡分为两小类；第三大类为学士学位授予院校，则按文科学位比例的多寡分为文科与普通学科两小类；第四类为副学士学位授予院校，将其中可授予学士学位达10%以上的与不及10%的分为两小类。各大类之间，有所交错。如博士授予院校有大量的硕士、学士学位，硕士授予院校也可授予少量博士学位和大量学士学位，学士学位授予院校同样可授予少量硕士学位。第五大类为单科性的专门学院，如神学院、医学与医疗院校、工程与技术院校、工商管理院校、艺术院校、法学院、师范院校，等等。第六大类是为原住民设置的族群院校。

卡内基分类是根据美国的高等学校实际情况进行划分的，对美国的分类统计，可能是比较合理可行的。但在一至四大类中（占院校总数的79.8%）是按学位高低多寡分层次的，如果施之中国，仍会导致贪大攀高，发展方向单一化的问题。可以参考，不能照搬。

相对来说，联合国教科文组织的《国际教育标准分类法》，统观世界大多数国家的高等教育实际情况与发展趋势，主要以培养人才的职能分类型，兼顾年限长短和学位高低，虽非尽善尽美，但比较符合中国国情。

下面，根据联合国教科文组织1997年发布的《国际教育标准分类法》（第二次修订稿）中的“第三级教育分类”，对应中国层次结构做一示意图（见图1）。

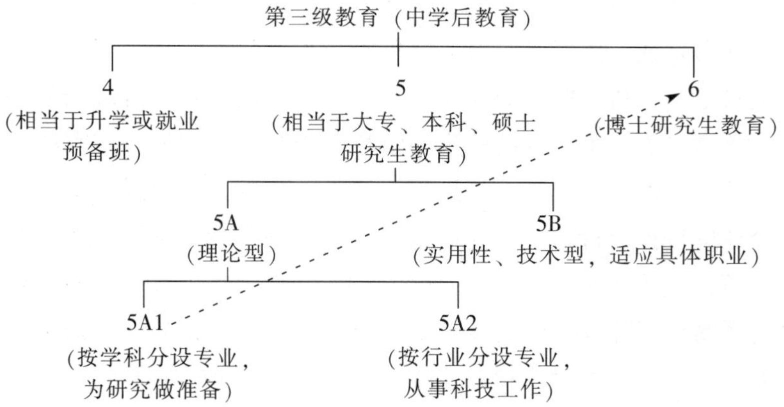

说明：(1) 本示意图所关注的是序数为 5 的分类——相当于专科、本科和硕士研究生。
(2) 5A1 与 5A2，在标准分类法中只有文字表述，是作者根据表述原意而标明的。
(3) 5A1 - -➤ 6 的虚线，表明 5A1 是“为研究做准备的”，有利于进入高级研究学位（博士学位）。

图 1　联合国教科文组织第三级教育分类示意图

作者参照联合国教科文组织国际教育标准分类法关于第三级教育分类，结合中国高等教育机构的实际，试拟一个全日制普通高等学校结构的框架：

（1）综合性研究型大学，以基础学科和应用学科（专业）为主，研究高深学问，培养拔尖创新人才。其层次结构为：本科（学士学位）→硕士研究生（硕士学位）→博士研究生（博士学位）。

（2）多科性或单科性的大学或学院，以各行各业有关的应用学科（专业）为主，学习、研究专门知识，培养应用型高级专门人才，将高新科技转化为生产力（包括管理能力、服务能力）。其中，部委属院校面向全国、全行业或地区培养人才；地方院校主要面向地方培养人才，有些学科专业也可面向全国、全行业或地区培养人才。其层次结构为：本科（学士学位或专业证书）→硕士研究生（专业硕士学位或高级专业证书）→博士研究生（专业博士学位或相应层次的高级专业证书）或研究型的博士研究生。

（3）多科性或单科性的职业技术型院校（高职高专），以各行各业实用性职业技术专业为主，培养生产、管理、服务第一线专门人才。主要面向当地培养人才，个别专业也可适当扩大面向。其层次结构为专科（毕业证书或技术证书）→本科（学士学位或技术证书）→硕士研究生（技术研究学位或高级技术证书）或应用型专业硕士研究生。

以上只是一个基本框架的描述，还不是一个高等教育合理结构的完整模型。每一类型之下，还应有进一步的学科分类与具体规范。这有待于进一步的研究。但应特别指出，每一类型都有其相对应的人才培养任务，有其相对应的社会地位与社会价值，并无高低之分。每一类型都应有重点院校，都可以办出特色，成为国内（省内）知名、国际（国内）有影响的名校。多层次、多类型的高等院校与学科专业，通过市场机制的配置、政府的协调，形成“教育—人才”的合理结构，才能增强综合国力的核心竞争力。

规模、速度、质量、特色[①]

——中国当前高等教育发展中的若干问题

一、进入21世纪，中国高等教育发展形势大好

中国高等教育最大的变化是在世纪之交即刚进入21世纪，中国高等教育发展的形势大好。

（一）数量的增长

数量的增长，也称作扩招，我国的扩招是从1999年开始的，大学生从1998年（即扩招前的一年）的643万人到2005年增长到2 300万人以上。大学生数量7年的时间增长了两倍多。当前中国是世界大学生数最多的高等教育大国，美国大学生数是1 700多万，我们已经远远地把美国甩在了后面，更不要说是印度和俄罗斯了。我国毛入学率已经达到了21%，而毛入学率15%是大众化阶段的数量标志，我们已经超过了15%的毛入学率，进入了大众化阶段，当然数量仍要继续增长，只是速度要放慢。我们每万人大学生数超过150人左右。因为国际上计算大学生数量有两个指标：一个是毛入学率，即按适龄青年进入大学的数量来算；另一个是每万人口有多少。所以我们已经进入大众化阶段并超过世界平均水平（世界平均水平的毛入学率在18%左

① 原载《河北师范大学学报（教育科学版）》，2007年第1期。

右），在相对数量上也超过许多国家。

（二）办学形式多样化

大众化的前提必然是多样化，单一化不可能是大众化，多样化才能大众化。我国高校有多种多样的办学形式，大学、学院、高职高专、全日制普通教育、高等职业教育、地方办高等教育、民办高等教育、中外合作办学、各种非学历证书教育等。其他国家有的，我们基本上都有了，其他国家没有的，我们也有。例如：高等教育自学考试，发展特别快的研究生教育和高职教育；地方办的高等教育也发展很快；民办高等教育从无到有，从数量很少到民办高等教育的快速发展，民办高校学生数达到全国总数的15%。此外还有中外联合办学，这个数量很难统计，而且各地都在办，比如“2+2”，在中国念两年，再到国外念两年，这种形式比较多；还有非学历教育，即培训形式的，这种形式发展，也说明世界将进入终身教育体系，也就是形成了学习型社会。可以说中国的学习型社会正在形成，全中国在读书的人已有3亿多人。

（三）教育质量在某些方面有所提高

现在大学生的外语水平和计算机水平是大大提高了。20世纪大学生能听、说外语的很少，而现在我国的绝大多数研究生能够听说外语。虽然还不是很理想，但总体水平提高了。计算机水平更不用说，是从无到有，大学生应用得很熟练。还有人文素质的提高，国家很重视培养大学生的创新能力和实践能力。全国还有“重点学科建设”“211工程建设”“985工程建设”，还有一般大学的“精品课程”等，这些方面的建设都初见成效。尤其是这几年的高质量项目，虽然总体水平不高，还很不理想，但还有许多高质量的示范学校水平很好。现在教育部准备搞100所示范性高职学校，财政部准备拨20个亿来扶持这100所学校。现在，高职已经培养出大批适应市场需要的高质量的技能型、实用型人才，甚至有些地方有大学毕业生去念高职，还有一些高职学校的就业率比一般本科高校还高。现在，中国人才市场不是已经饱和了，而是现在我们高校的毕业生不能适应人才市场的需要，许多高职学校的毕业生能够适应市场的需要，这也是一个成绩。

（四）高等教育经费快速增加

现在大家都在讲经费不足。不足是一方面，但另一方面应承认在这几年高等教育经费是增长得相当快的。2000 年高等教育经费是 913 亿元，2003 年是 1 754 亿元，4 年增长了 92%，差不多翻了一番。这增长的 92% 中，地方与国家的财政预算内拨款投资增长 60%，仅占高等学校总经费的 46%。非财政预算内的投资，包括学费、社会捐赠资金、社会科研经费、学校经营获得的经费增长了 132%，非财政拨款经费已占总经费的 54%。也就是说过去我们的高等教育经费 95% 以上是靠国家拨款，而 2003 年开始，政府的拨款已经占不到一半，非财政拨款已经高于半数了。有人争论说，在高等教育快速发展的阶段怎么政府投资的比例却减少了？这正是教育投资体制改革的成绩。从 20 世纪 80 年代开始，教育投资体制改革的目标就是要由单纯靠政府投资改变为多渠道集资。只有这样，高等教育才能更好地发展起来。如果都靠国家教育经费的话，那么高等教育的发展就困难了。就世界范围来看，欧洲高等教育发展很不错，但比较缓慢。亚洲高等教育的发展不一定质量很高，但数量上发展很快，这主要是因为亚洲高等教育大多是民间、社会投资，而欧洲高等教育主要是国家、政府投资。有许多国家至今还不收学费，像现在德国不收学费，法国也基本不收，北欧也是，所以发展比较缓慢。从中国来说，这些年来，多渠道集资使我们的高等教育得以发展。如果仍然只靠政府投资，就不可能收这么多学生，建这么多大楼。

二、高等教育发展过程中诸多有待解决和研究的问题

在形势大好的情况下出现了很多有待解决、研究的问题。无论从报纸上或在各种大大小小的会议上都可以听到很多人在谈高等教育问题，好像高等教育问题多如牛毛。有人就说了，问题这么多说明高等教育很糟糕，这样看问题是不对的。问题多正是形势好的反映，高等教育发展就会有问题，不发展一潭死水有什么问题呢？发展得越快，问题就会越多。

那现在有什么问题呢？高等教育速度与规模问题——规模大，速度快；质量与保障问题——质量低，没保障；高校特点与发展问题——特点不突出，发展方向模糊，现在高校定位很混乱。还有，高招高考问题——高考不改革，大学生的素质培养很难解决，但高招高考的改革是难点，谁都不敢动一下，

动一下问题就更多了；毕业生问题——现在毕业生有几百万涌入市场，弄得很紧张，会造成社会问题；民办高等教育应大力发展，但是民办高等教育也存在很多问题——办学不好，社会投资力度不够，民办产权问题未解决；重点大学如何建设——每年国家大量投资重点大学，都想办一流世界大学；还有如何处理政府对大学管理的权限，如何处理学校内部管理等方面也存在问题。问题不少，但问题多却是形势好的反映。这里谈三个问题：

（一）高等教育发展的规模速度问题

由表 1 可知，大学生总数在 1998 年大约是 643 万，到 2005 年增长到 2 300 万以上，从 643 万到 2 300 万增长率为 257%，其中本专科生增长率为 358%，研究生增长率为 392%。到 2005 年，研究生人数是 97 万多，可以肯定的是今年一定超过 100 万。增长较慢的是成人高校，因为很多成人高校改为高职。总的来说，7 年间总数增长了两倍多，速度过快。所以就出现了问题，高等教育资源赶不上扩招的需要。

表 1　历年全国高等学校在校学生增长表

学年	在校学生总数/万人	增长率/%	研究生/万人	增长率/%	本专科生/万人	增长率/%	成人高等教育生/万人	增长率/%
1998	642.99		19.89		340.88		282.22	
1999	742.27	15.44	23.36	17.45	413.42	21.28	305.49	8.25
2000	939.85	26.62	30.12	28.94	556.09	34.51	353.64	
2001	1 214.47	29.22	39.32	30.54	719.07	29.30		
2002	1 512.52	24.54	50.10	27.42	903.36	25.63		
2003	1 847.27	22.13	65.13	30.00	1 108.56	22.72		
2004	2 133.56	15.50	81.99	25.89	1 333.50	20.29		
2005	2 300 以上		97.86	19.36	1 561.78	17.12		
1998—2005				392.01		358.16		

1．经费问题

培养学生需要一定经费、设备，尤其是要有一定的师资。虽然这几年经费有增加，设备有增加，师资有增加，但赶不上扩招的增长，所以导致教育质量全面紧张。2006 年不得不压下来。不管怎么说，还是存在着全面紧张的现象。就经费来说，这几年高等教育总经费增加了，高等教育经费占全国教育总经费逐年都有增加，刚谈到的增加 92%。不仅如此，国家拨款的高等教育经费在全国教育经费的比例也增加了，过去只占 18%~19%，现在高等教育经费可以占到 27%。所以，义务教育、基础教育、中学教育等抱怨都让高等教育把经费给挤去了。但是小学平均到每个学生的生均教育经费年年在增加，中学也是年年在增加，只有大学的生均教育经费在年年下降。从表 2 我们可以看到，高等教育经费虽年年增长，而生均教育经费却年年下降。只有部属的重点高校，基本保持平衡，从表 2 中可以看出还比较稳定。

表 2　全国普通高校生均预算内事业费支出与生均预算内公用经费支出情况

年　份	2000	2001	2002	2003	2004
全国普通高校生均预算内事业费支出/元	7 309. 58	6 816. 23	6 177. 96	5 772. 58	5 552. 50
全国普通高校生均预算内公用经费支出/元	2 921. 23	2 613. 56	2 453. 47	2 352. 36	2 298. 41
合计/元	10 230. 81	9 429. 79	8 671. 43	8 124. 94	7 850. 91
部属高校生均/元		14 727. 92	15 803. 42	15 639. 84	15 458. 58

今后靠财政拨款来增加教育经费，恐怕希望不大。政府财政拨款的教育经费总量还可能逐年增加，但一般高等学校很难希望国家再有更大的投入了。国家明确了今后教育经费的增量不能都用在大学了，要用于农村义务教育和西部地区了，因为过去重视不够，要构建和谐社会，要很好地帮助西部地区和农村教育的发展。

那就只有多收点学费，但现在学费已经达到“天花板”了，再跳上去我们就碰得头破血流。政府也严格控制不许高收费。现在只有二级独立学院可以收费多一点，政府是特殊照顾的。那么，像重点大学“211 工程”院校“985 工程”院校这样的研究型大学的科研经费是不是可能大幅度增加？可能增加，但增加的不会太多。现在，包括像清华大学、北京大学、厦门大学、南京大学和南开大学这些学校的科研经费大体上相当于全校经费的 1/5。即使科研经费相当多，也不能够拿科研经费来补贴教育经费。因此，靠增加国家投资这条路是比较困难的。

2. 师资问题

教育资源的第二个因素是师资，这是教育质量的决定性因素。因为一个高校的教育质量如何关键看师资。先讲量，高等学校师资的量是逐年有所增加的。应当说，这几年高校师资的量增加很快，每年差不多有将近10万名的新大学教师进入大学。我们从表3可以看到，1998年全国高校的专任教师是40多万人，2005年达到96万多人，就是说7年间我们的教师数增长了一倍多！尽管教师的量增长了这么多，还是赶不上学生的增长数。

表3　全国普通高校历年教师增长数

年份	1998	1999	2000	2001	2002	2003	2004	2005
专任教师/万人	40. 73	42. 57	46. 28	53. 19	61. 85	72. 47	85. 84	96. 58
生师比	9. 73：1							17. 14：1

1998年的生师比是9. 73：1，而2005年的生师比是17. 14：1。这是统计数字上的比较，实际上许多高等学校不是17. 14：1，甚至远远超过了这个比例。大体上一个教师教20多个学生。问题还不仅如此，许多大学教师还担任成人高等教育和许多非学历教育工作，实际负担更重。再来讲质，现在新大学教师的“质”有好的方面，好在他们的学历很高，有许多的“博士”“硕士”，还有就是新教师年轻有为，精力充沛，吸收新知识快。但是，新的大学教师缺乏培养人的理念和教学的经验，现在新教师的比例是多少呢？先来界定什么是“新教师”，一般来讲，三年以下的教师是新教师。三年以下的新教师，占到我们全国教师的36%。另外，每年平均要有6%的老教师离任、退休。三年老教师要减少18%，近11万人。因此，实际上新教师占我们现在教师数的47%。应当承认，三年以内的新教师经验比较少，还存在一些其他的问题。

所以现在，新教师的发展是一个新任务，否则难免影响教育质量。至于校舍、仪器设备还没有提。仪器设备问题比较大，但还没有教师问题这么大。相对来说，学校面积和学校建筑问题比较小。但是，现在许多人一说起建学校好像就只要拨多少土地，建多少大楼就够了。其实这是最次要的，重要的是教师和经费。

“十一五”的发展战略要重新思考，要树立科学发展观，改变“十五”期间的快速发展，不能够再像以前那样快速增长，要控制增长。应当考虑适度超前发展。发展是要发展，增长也要有增长，但是只能适度，最重要的是要适应经济的发展速度。经济发展多快，教育的发展也只能多快。我们的GDP 一年增长 7%~8%，但教育年增长 40%多、30%多或 20%多，就大大超过了。那我们的教育发展 1%~2% 可不可以？短时间可以，长时间不行。从长期看，教育的增长应当比经济增长稍微超前一点，不过现在因为超前太多了，这几年低于经济增长可以，但是不能总是低于经济增长。总的来说，就是要教育质量与学生的增量均衡发展，合理配置以优化我们的教育质量。所以，“十一五”期间要着重提高教育质量，而不是着重发展教育数量。

（二）高等教育质量问题

从 1999 年扩招以来，高等教育的质量问题越来越成为人们关注的焦点。许多人认为扩招导致高等教育质量下降。实际上，人们把高等教育质量下降归咎于扩招，就是扩招导致高等教育质量下降。有没有这个因素？有，但不完全是。教育质量是不是下降了，应当说某些方面并没有下降，是提高了。但是，总体上说，像一些研究型和应用型的“老大学”，它们的专业的知识和质量是有所下降。但是，一概说全国的高等教育质量下降了是不准确的。“高等教育质量下降”这个命题，有真命题也有假命题。

1. 高等教育质量“真下降”的原因及对策

因为扩招过快，教育资源的增量远低于学生数量的增长，生均教育资源占有率下降，尤其是教师数量不足，导致教师负担过重，加上管理力量分散，因此，这些学校的本科生、研究生的教育教学质量肯定要有所下降。针对这个问题，我们应该怎么办？

首先，要加大新教师的培养力度，引进海外和社会的人才。这并不是指引进兄弟院校的人才，而是指引进“海归”，引进社会上适合大学教育的其他人力资源、闲散人才。因为同等学校的引进，挖过来挖过去，总量上没有增加，没有好处。延迟老教师的退休，老教师为什么要那么快退呢？男 60 岁，女55岁（厦门大学可以延迟到63岁）。现在我们一方面教师不足，另一方面又让六十出头的教师退休。有人说，提前退休是人才的最大浪费，不无道理。尤其是60岁退休是根据体力劳动确定的，但是现在的许多体力劳动比过去轻一些了，许多的体力劳动机械化、电子化了，所以各个国家对老年什么时候退休的界限都纷纷有所提高，尤其是对脑力劳动者，大学教师并不是60岁之后就不能教书，不能搞研究了！所以要延迟老教师的退休年龄，加快教师队伍的建设。

其次，政府要切实履行财政性经费增长的承诺。财政经费增长的承诺过去承诺过，说到2000年财政投入应该占GDP的4%，但到现在没有兑现过。现在很多发达国家已经到5%~6%了，所以政府要履行承诺，而且要鼓励社会力量，投资于教育，现在我们社会有钱，但不敢投入，投到教育上产权不明晰。投入的钱以后不一定是你的，产权不明晰，没保障，这个问题不解决，投资人就没有投资的积极性。

再有应开放海外“招商引资”。我们的企业是大力招商引资的，有一个时期，外资企业税收比中国自己企业还要优惠，但投入到教育却没有保障。我们应该采取什么态度来吸引海外招商引资呢？现在海外很聪明，搞合作办学，在国内两年，国外两年，这两年提高收费。如果都在你中国办也可以，但你请我们外国人来更要高收费。他们不愿把钱投到这里面来，尤其在基本设备上。为什么呢？因为我们的政策不到位。

再有就是放宽民办高校的审批，还有要使二级学院成为真正独立的独立学院。现在独立学院发展得很快，但这些民营的独立学校，究竟是公办还是民办的，始终身份不明。现在教育部已经明确了，这类学院都算是民办院校。但老实说，许多独立学院并不是民办，而是公办的分支机构。一方面，高收费来养母体，另一方面，母体把无形资产给它，甚至把有形资产也给它。所以经常纠缠不清，影响质量，所以二级学院应该办成真正的民办独立学院，而不是像现在的身份不明。

还应该减少精英教育机构所承担的大众化高等教育，必须保护精英教育。开始的时候，老大学、重点大学也在搞大众化教育，后来发现不对头，所以许多重点大学少招或不招专科、成教、自学考试学生了。但是，这是一条创收的途径，重点大学可以通过科研或其他的途径增加经费，而一般的学校不行，所以专科、成教、自考还是得办，但是要适当。办得太多，会使教师精力分散，大学教师一周上20节课不行。中小学教师上课可以多一些，虽然中小学教材教法都在不断地变，但是相对来说要好一点。大学教师不能只是教书还要搞科研，如果一周20多节课，他还有精力搞科研和更新教学内容吗？应该采取措施来保护和提高精英教育。

2. 高等教育质量“假下降”的原因和对策

还有一种“下降”是虚假现象，原因是用精英教育的质量观，来对待大众化高等教育；用精英教育的尺度来衡量高职高专的程度、水平；用精英教育质量标准来评估大众化高等教育的多样化的质量水平。有人说了：“这些学生，文字水平那么低，理论水平那样差，稍微高深的问题都回答不出来。”但是，这些高职高专的学生只有两三年时间，他们既要学基础和专业知识，又要有一半的时间搞实习、实训。他们的动手能力强，各有所长。不管哪个学校的学生，适应社会的才行，这些学生要到工厂去上岗、顶岗，重点大学的学生不一定顶得了，因为没有具体岗位操作的能力。比如说让综合大学学理论物理的学生去安装电路，安不了就说他们水平低，那是不对的。不同类型的学生各有所长，各有所短，精英教育和大众化教育的教育质量标准是不同的。精英教育的质量观是在学术领域上要追求高深学问的。什么是大学？大学是研究高深学问的场所。大众化的高等教育质量观是面向人才市场，培养“适销对路”的、多样化的人才。所以用高深尺度来衡量搞“适销对路”多样化人才，那得出来的质量太低，是虚假的。如果还追求你那个质量的话，那就糟糕了！所以现在所有学校都走一条路，将来对生产、管理、服务第一线的人才需要是供应不足的。

对策就是转变教育质量观，转变传统的唯知识的教育观念和西方流行的唯能力的质量观，转变为包括知识、能力在内的素质质量观。就是要把精英教育阶段单一化的质量观，转变为大众化阶段多样化的质量观。

再有要根据各种类型的高等学校及其学科专业，采取不同命题的考试方法进行招生。现在我们最不好的是，全国从考清华、北大，到考一般性的地方高职院校都用一套考题。现在虽分散到各省命题，但各省也是用一套考题的。精英教育与大众化教育吸收的学生对象是不同的，研究型大学的招生对象要会读书的，而高职高专需要动手能力强的。当老师的都知道，一个班里有的学生很会读书，名列前茅，但要搞文艺活动、体育活动、社会服务活动，我想老师不会找这些人的，而会找那些平时活跃的学生。所以考试应根据不同的对象进行，我们很主张在统一的测试之下采取多样化的考试。要根据各层次、各种类型的培养目标，采取不同标准，评价各级各类高等教育和教师质量。

现在我们的评估也存在问题，所有学校都用统一的评估标准，而有的评估标准本身是不灵活、脱离实际的。举个例子：如果评估标准要求生均图书50册，当学校只有1 000个学生时，一所学校只有5万册图书是不够的。但如果学校有30 000个学生的时候，是不是非得要有150万册图书才合格？图书是可以流动的，何况现在学生去图书馆的次数少了，他们可以在网上很方便地看书。所以不要那么死板、脱离实际。评估是应该的，但是如果所有的评估都按一个标准，这样的评估就存在问题了。

总之，教育质量真实下降，是客观现实。我们必须通过改变政策性的原则和采取政策性的措施来解决，使它质量不会再下降。但对教育现象虚假的下降，主要是主观认识，必须改变教育质量观，用新的教育质量观来指导高等教育。

（三）高等学校的分类、特点与发展方向

高等教育应该怎么定位，应该怎么分类，是很重要的问题。现在全国所有高等学校都力争想最终成为“清华北大”。尤其高职高专学校都想专升本，升本之后马上想拿硕士点，拿到硕士点又想拿博士点。博士点拿到了就想竞争“211工程”，“211工程”拿到后想竞争“985工程”，“985工程”之后呢？肯定就想做“清华北大”了。千军万马走一条独木桥是不行的，所以我们分类很混乱，定位很不明，是全国高等教育的大问题。

联合国的教育分类是这样的：把高等教育称为“第三级教育”，也叫作中学后教育（见图1）。在分类中，“5”字头的包括大专、本科和硕士研究生，“6”字头专指博士研究生。其中，“5”字头又分为“5A”和“5B”两类。“5A”指着重理论型的大学，“5B”是着重实用型、技术型、适应具体职业教

育的大学。“5A”又分为两类，“5A1”是按学科分类的，学习完后可以进入博士研究生；而“5A2”是主要按行业分类，是从事科技工作，也就是我们所说的“应用型大学”或“应用型学院”。“5A2”数量很大，“5A1”的数量很少。这大体上是适应世界统计的分类标准的。

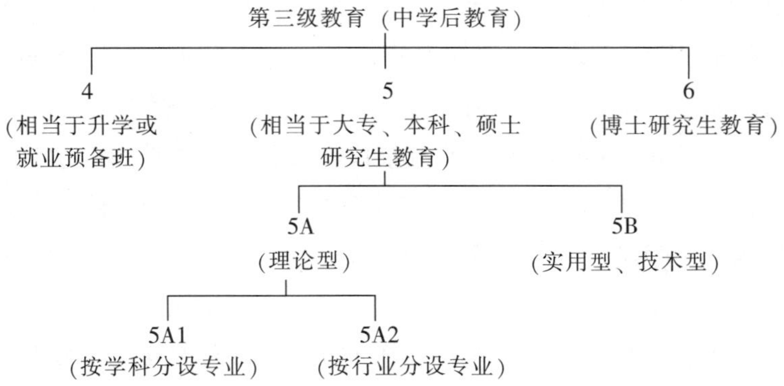

图 1　联合国教科文组织第三级教育分类示意图

那么，我们应当如何认识这个分类，我们应该定位在哪一个位置上？先要解决思想认识问题。每一类型都应该有重点的高等学校，都可以成为国内省内知名的、国际国内有影响的学校。问题在于能不能找准自己的优势、办出自己的特色、确定自己的发展方向、制定具有校本特色的发展战略。现在，大家都在攀比，你可以招硕士生，我也可以；你可以招博士生，我也可以；你是多种学科的，我也是多种学科的。每种类型都可以有自己的重点高等学校，并不是说“211 工程”“985 工程”院校才算重点，因为这些大学都是研究型的。不能说研究型的就高人一等，应用型的就低人一等，职业型的就更低。关键要能够找准自己的优势，办出自己的特色，确定自己的发展方向。

过去没有什么叫作“一流大学”，也没有“重点大学”，但是有著名大学，有国内国际知名的高等学校，这些学校倒不一定都是研究型大学。新中国成立前的大学，像北大、清华当然是一流的大学，世界也有知名度。还有中央大学、中山大学、燕京大学、浙江大学也在国内外有不低的知名度。还有好多知名的高校，像杭州艺专，是专科学校，不但是全国知名，而且是世界知名，许多名画家都出自这里。上海的商专、东亚体专，也是全国知名的。

还有一个非常知名的专科学校，在中国做了很大的贡献，叫作“立信会计专科学校”，这是一个会计专科学校，新中国成立前的会计制度、会计人才和会计方面的领导人才、学术人才，大多是这个学校培养的。它只是一个专科学校，况且还是私立的，但是它全国知名。校长是著名会计学家潘序伦，从没有想把这个知名的专科学校办成本科的。新中国成立后这所私立高校停办了。“文化大革命”后有人说它是很知名的，应该恢复，所以，在20世纪90年代又在上海恢复了“立信会计专科学校”。有人说，不行啊，立信培养了这么多会计人才怎么还是专科学校呢？所以很快就改名叫“立信会计学院”。但今天的立信会计学院，恐怕知名度还未能达到当年的立信会计专科学校。立信有名不是作为一个学院，而是作为一个专科很有名。

再举一个例子，四川有一所学校，这所学校在国内不知名，但在国际上很有名。学校名称是民办标榜学院，曾有18个国家来这所学校开国际会议！这么一个小小的民办学校怎么会有18个国家来开国际会议？因为它有特色！正如上海商专、杭州艺专在商科、艺术上有特色一样，它的特色是做特殊的发型、特殊的服装。它培养了一批有才干的人。全国很多重要的电影电视化妆师就从它那里来，它的规模就不一定要很大。

湖南有一所大学，叫作吉首大学。吉首市是湘西少数民族自治州的首府，吉首大学就在这个地方，这是一个很不起眼的地方大学，这个地方的大学怎么能比得了我们其他一些地方的大学呢？有人特别向我介绍，朱镕基总理来这里看过，朱总理说：“吉首大学是湖南的骄傲！”我听了这句话就很难理解，吉首大学这样一所地方大学的理科、工科、农科、财经科，哪里能说是湖南的骄傲？它比中南大学、湖南大学还差得远呢！但是朱镕基总理很少表扬人，说这句话一定有道理。所以我就带着问题到湘西去走了走。转了一圈回来，我懂了，理解了朱镕基总理讲的这句话了。到湘西去，我接触到了很多教师、艺术人才。整个湘西自治州百分之七八十的中学教师是吉首大学的学生，30%多的高校教师是吉首大学的学生，60%以上的州以下的干部是吉首大学的学生，50%左右的州的干部是吉首大学的学生，在湘西搞民族艺术和民族体育的大都是吉首大学的学生。这些学生和当地的老百姓谈起吉首大学，不说吉首大学，而是说“我们的大学”，恐怕这是最高的荣誉。那么吉首大学骄傲在什么地方呢？就是它的特色。第一，它面对湘西地方，完全根据湘西的需要来培养人才。第二，它有许多特色的专业。它专门研究湘西的民族语言、民族艺术，有专门培养民族体育人才的系科。湘西的少数民族很多，是中国少数民族的重要组成部分，所以你把这个搞好，世界要研究少数民族就必须到吉首大学去。全国的少数民族体育运动，吉首大学有显赫的地位，它就是有特色。在天津开“创新型国家与高等教育”这个国际会议的时候，吉首大学就做了报告，而且是全体报告中最好的一个！最后，大会主席在做总结的时候专门讲了吉首大学给我们的启发：吉首大学的校舍不如你们，水平不如你们，但是人家有特色！生命科学就研究湘西独有的、宝贵的植物，我们就是要找准自己的优势、办出自己的特色，确定自己的发展方向，然后制定校本课程的发展战略。不找好自己的方向，很难办好。因此，每所院校在制定发展战略时必须实事求是，研究客观环境。客观环境包括经济情况如何，文化情况如何，已有的高等教育状况如何。不要总是人家有了，你也跟着去搞，生怕落后。

我们再来看两所很小的民办学院。一所叫北京现代艺术学院，学生不算太多，它搞的是流行音乐，搞的是街舞，是“不入流的东西”。它如果要搞中央音乐学院、中央戏剧学院要搞的东西，无论如何也搞不过人家。还有一所是文秘学院，它专门培养中小型企业、机关的文秘人才，那些高级的文秘人才培养它不搞。它有一个理念是“避开竞争就是最好的竞争”，对弱势群体来说不是与人比长短，而是你干的我不干，你不干的我来干。所以这两所院校都办得很不错，学生也很安心。所以，要看生源问题和当地社会的需要，来决定办哪种类型、哪种层次、哪种专业。比如宁波市搞服装专业就有优势，因为宁波有全国几个大的服装企业，还有 2 000 家中小服装企业，很需要这些方面的人才。那你搞服装，我也搞服装吧？要分清具体地方的情况，根据自己特点和优势，根据自己的文化积淀、师资力量，尤其要根据自己文化积淀。因为成为一所知名的学校，没有相当的文化积淀是不行的，要练好内功，然后再在各自城市、各自领域争创一流，切忌随大流，切忌急功近利。所有学校都应该根据自己的情况来确定自己的定位。地方大学一般应定为“5A2”，也就是应用型大学。一所应用型大学里面的某些专业可以是研究型的，但是不要一所大学的所有专业都去搞“5A1”，我们需要的是大量的应用型大学。我们需要一大批国家创新人才，姑且说是一大批科学家、学者、专家，但是我们也需要数以千万计的各条战线的专门人才。所以，前面说的“一大批”占的比例肯定是很小的，大量需要的是专门人才，还有数以亿计的高素质的劳动者。那么我们定位在哪里？恐怕主要定在培养大量的应用型人才。

高等教育发展趋势座谈录①

主持人：老师们、同学们，晚上好！

今天我们非常荣幸地请到了景仰已久的潘懋元先生来给大家做讲座。潘先生和我们湖南大学的情意将近30年，先生几乎每一至两年都会来长沙一次，每次我们都抓住了机会聆听先生的教诲。先生这次以九十岁的高龄再次光临湖南，让我们以热烈掌声欢迎先生的到来！有请先生指导！

潘先生：

各位老师、各位同学，我和湖南大学特别有缘分，30年前我第一次系统讲高等教育学的地方就是在湖南大学。当时湖南大学属于一机部的重点大学，一机部组织其所属的各高校校长、教务长来学习理论，我当时正开始研究高等教育学，于是将高等教育学的基本理论在这里初步提出来，征求大家的意见。后来，由湖南大学教务处把它整理成一本名为《教育基本规律及其在高等教育中的应用》的小册子，共发行数万册。这本小册子是后来出版的《高等教育学讲座》的基础。我现在只研究高等教育问题。我知道，湖南大学教育科学研究院的师生有研究高等教育的，有研究教育管理的，还有研究其他的，其他方面我不懂，只能讲高等教育问题。所以，我想抛砖引玉地先讲讲高等教育的宏观发展趋势。

20世纪是世界高等教育数量猛增的世纪，21世纪是高等教育质量逐步提

① 原载《大学教育科学》，2010年第1期。本文由李姝辄同学录音整理，经潘懋元教授审定。

高的世纪。以全世界大学生数为例，1950 年是 600 万，1960 年是 1 200 万，翻了一番；1970 年是 2 800 万，翻了一番还多；到了 1980 年达到 5 100 万，又将近翻一番；到 1990 年，因基数太大，没办法再翻一番，但也增长到 6 800 万，增加了 1 700 万；到 1997 年，还不到 10 年，增长到 8 800 万，又增长了 2 000 万。所以，世界的大学生数是 10 年差不多翻一番，是不是猛增长？原因是什么？

第一，生产力的提高、社会的进步、自然科学和社会科学的发展。过去很多工作只要中学程度的人才就够了，但是随着科学的发展，需要大量受过高等教育的人才，这是生产力提高的需要。这是最基本的原理。第二，在 20 世纪后半期，由于生产力的大提高，人们生活水平提高了，义务教育普及率也大大提高，许多国家的高中教育基本普及，因此许多青年人有能力，也有愿望接受更高一级的教育，对高等教育提出了新要求。第三，20 世纪后半期，有两个理论对高等教育发展起了推动作用。一个是高等教育机会均等理论。原来的民主、平等只提到义务教育，每人都要受义务教育。20 世纪后半期提出的高等教育机会均等是每人都可以而且应该接受高等教育。这个理论起了很重要的作用，但更重要的是人力资本理论。过去提到资本就是物的资本，到了 20 世纪中叶，美国、欧洲包括苏联的理论界都论证了人力资本对经济发展、国家富强的重要性不亚于物的资本。人力资本理论使许多国家感觉到投资教育来培养人才、提高人力资本能够大大增强综合国力和核心竞争力，许多国家政府也有兴趣推动高等教育的发展。综合上述因素，20 世纪后半叶成为高等教育数量猛增的时期，也就是说原来的高等教育是少数人的特权，到了 20 世纪后半叶慢慢成了高等教育机会均等，受高等教育成为人民的一种权利而不是特权，所以高等教育发展很快。

中国的高等教育也存在这些原因，但是中国快速发展的起步很晚，到 1999 年才大扩招。也就是说，中国也有快速发展，但比世界的步调慢了几十年。为什么慢了几十年呢？在人家经济大发展的时期，中国的经济也有所发展，但发展得很慢。应该说，20 世纪 50 年代，中国的经济在原来很低的水平上有一定的发展，但接着而来的运动使中国的经济濒临崩溃。一直到“文化大革命”之后，经过几年的拨乱反正，慢慢有一些恢复。直到 1992 年，小平同志南方谈话之后，经济社会各方面才发展起来，像长沙这样的大片高楼、高速公路四通八达，是90年代甚至是90年代后期才开始的。经济发展、人民生活水平的提高，自然要求高等教育大发展。开始，中国不接受外国的高等教育大众化理论，到90年代开始接受了。到1999年，高等教育开始大发展，除受到刚才所说的几个共性原因的作用外，还有亚洲金融危机的因素。为了拉动经济，就要从各个方面刺激消费，比如修公路、盖高楼。还有，旅游也可以拉动经济。大家当时觉得很奇怪，中国的生产力本来就很低，要大力提高，休息一天就差不多了，为何还要休息两天？其实最主要是让大家在这两天可以出去旅游、消费。加快高等教育的发展规模速度，也是拉动经济增长的办法。一个大学生一年的消费可达一万元以上，而且不只是大学生的消费，还拉动了其他的消费，促进就业。所以，为了拉动经济，在1999年，突然之间大扩招。正常情况下，每年扩招大概只能是增加3%、4%、5%，后来增加到8%已经了不起了，1999年的扩招却增加了47%，而且不只是1999年扩招，2000—2003年每年都在增加，每年的增加速度达到20%~30%。到2003年，本要控制在5%，但却没能控制住，直到2007年才基本控制住。2008年大学生数从扩招前1998年的340万人增长至2 020万人。人家是10年翻一番，我们是10年翻了两番半。所以，中国高等教育增长叫作又慢又快，人家几十年前已经开始动了，我们在几十年后才开始动起来；不动则已，一动，人家翻一番，我们翻两番半。

不管世界也好，中国也好，当增长太快时，问题就来了。1998年第一次世界高等教育会议时就提出质量是高等教育的焦点问题；当时联合国教科文组织也提了三大问题，第一是针对性，第二是质量，第三是国际化，要努力解决这些问题，尤其是质量问题。

1998年，中国高等教育质量问题还不大，因为还没有发展。但是到后来，中国比世界更猛、更快地增长，导致问题比世界更严重。党的十七大提出的优先发展教育的战略部署，对各级各类的教育都有战略指示。比如：对义务教育提出来要均衡发展，因为义务教育已经发展得不错了，但是不均衡，西部落后。高中教育要大力发展，因为高中教育始终是我们教育发展中的瓶颈，许多人接受义务教育后不念高中了，高中不念的话，高等教育就上不去。对职业教育，也提出要积极发展；而对高等教育提出的是要提高质量。中国高等教育的问题，比世界的更严重，为什么？中国增长更快，许多方面就跟不上。当增长过快时，教育资源就跟不上，教育质量势必会下降。

这些年来，中国的教育资源的增长应该说也尽力地加快，但是怎么加快也赶不上大学生人数的增长。教育资源是什么？第一，师资；第二，经费；第三，仪器设备；第四，校园校舍。拿师资来说，高等教育的师资，1998 年差不多有 41 万名，现在全国大学教师差不多有 130 万名，发展得很猛。即便如此，也跟不上大学生数量的增长，生师比增加很多。问题还不只是这个，优质教育资源奇缺。10 年来，老教师退休或转专业的约 10 万名，新增加的将近 100 万名的教师基本上是新老师。新教师有新教师的优点，学历高、新知识多，但毕竟经验不足，有的责任感不强。再看教育经费，国家教育经费中，过去分给高等教育（包括留学生教育在内）的是总经费的 18%～20%，大块的是中、小学，各占 30% 左右，职业教育、成人教育还占一部分。大扩招之后，高等教育经费所占比例增加到 30% 左右。如果按照生均教育经费来说，小学、中学的生均教育经费年年有所增长，而大学生的生均教育经费却年年有所减少，一直减少到 2007 年才稍微稳定。现在，湖南大学生均教育经费是 13 000 元左右。很多地方大学的生均教育经费只有几千元。仪器设备呢？仪器设备这十年来也增长了一些，尤其是重点大学增加比较多，但是增加的主要是科学研究仪器设备，教学仪器设备增加的有限，所以，仪器设备方面也是在下降。唯一稍微好一点的，就是校舍跟土地。现在几乎每一所学校都有好大的一块土地。盖校舍也要有钱，没钱怎么办？去银行贷款。现在全国的高校欠银行的债有多少？这个数字很可怕呢，单单利息就还不起。有些地方政府贴息，但有些地方却没有。所以，现在这批债由谁负责呢？由学校负责吗？学校的法人代表是校长，由校长负责吗？当时国家为拉动经济，拨大笔财政经费用来修桥、造路、盖房子等，却让大学自己借款盖校舍。大学能还得起吗？到现在这个问题也没有解决。

因此，21 世纪，世界和中国，都把高等教育发展的重点，从数量的增长改变为质量的提高。现在中国正在制定教育中长期规划纲要，有关高等教育的部分主要就是围绕质量进行高等教育的改革与发展。既然是以质量提高作为核心来开展工作，那么我们研究教育的，尤其是研究高等教育的，必须心中有数：怎样提高？在提高中要解决哪些问题？我认为首先要解决的问题是高等教育质量的价值取向是什么。按照传统的观念，大学是研究高深学问的学府。高等教育质量的提高是不是就是知识积累多一些、理论深度厚一些、学术水平高一些、研究能力强一些呢？2008 年我国高等教育毛入学率为 23.3%，进入大众化的初级阶段。大众化阶段的教育质量，就不能仅仅用高深学问作为标准。传统大学是精英教育，精英教育需要的就是学术水平的提高，或者叫作研究高深学问。如果到大众化阶段，所有的大学生都研究高深学问，那么生产、管理、服务还要不要有专门人才？大众化需要的是大量的应用型人才。大众化阶段包含精英教育在内，也要培养科学家，培养研究人才、国家创新人才，但是毕竟一个国家需要的拔尖创新人才比例不可能太大，“985 工程”“211 工程”大学可以主要培养拔尖创新人才，其他大多数地方本科高校和职业技术学校，应当培养应用型、职业型的专门人才。社会需要大量能够在各部门把理论转化为生产力、转化为实践的人才。这类人才培养的质量取向或者价值取向就不能按传统大学的标准。因此，质量提高对各种高校的要求并不一样。现在的评估体系，只按照传统大学的基本体系制定统一的评估标准是不符合多样化的人才培养价值取向的。还有许多人一提起地方大学尤其是高职院校，就认为他们的水平都很低。如果用高考分数、学术水平高低，甚至文字水平来衡量，确实如此。但是如果用动手能力、用解决实际问题的能力来衡量，许多高职学生并不见得都比“985 工程”“211 工程”大学的学生水平低。

有个数字很值得大家关注。2008 年中国大学毕业生自主创业的平均比例为 1.2% 左右，比很多国家都低。其中高职生为 1.6%，一般本科生为 0.8%，“211 工程”以上高校本科生只有 0.5%。水平越高的大学，自己独立创业的人反倒越少。高职毕业生创业的很多，道理很简单，高职毕业生要求不高，几万块钱就能摆个修理的摊子啊。而北京大学毕业生自主创业难、要求高，因为他们是研究高深学问的。所以，大众化高等教育的质量就是社会需求，以就业为导向，或者用市场的语言来说就是适销对路，就业率高就是适销对路。我们对各级各类学校，不能用同一个标准来要求、来办理、来教学。现在困难的就是这些学校，怎么样能够制定出培养符合社会需要的人才的培养目标、培养规格、课程、教材、教学方法等。尤其是教师，教师都是传统大学培养出来的，理论强而实践弱，教的学生就脱离实际，这是一个很严重的问题，当然还有由之产生的许许多多问题。这就是我们高等教育现在要研究的问题。

我最近带了一些学生到安徽去，去的不是传统大学，我们关心的是地方大学。地方大学现在很苦闷，他们现在要办成应用型的大学，但却缺少相应的课程、教材，使用的教材是湖南大学、厦门大学、北京大学、清华大学这些学校编出来的。这些精品教材能不能用于应用型大学？现在有一千多种比较适合高职的教材，但地方应用型大学还没有合适的教材。我们去的皖西学院，正在组织 13 所新办地方院校编数学教材，并得到了安徽省教育厅的支持。他们之前使用的精品数学教材，不适用于培养应用型人才。他们能够有勇气编应用型的数学教材，了不起，编成功的话，将在全国产生很大的影响。为什么？数学系统性最强，逻辑性最强，不能任意打乱系统性、逻辑性。编应用型教材时只能尽量少搞理论推导，多搞理论应用实际问题。应当让学生掌握基本理论，但理论的来源不一定要做过多推导、论证。一定要教会学生如何把理论用于生产实际。如果在数学教材的编写上取得突破，物理、化学、生物就好办一些了，这些都突破了，社会科学也就更好办一些了。这是我个人的一点看法。

主持人：先生刚刚从世界高等教育的迅速发展、中国高等教育的超速发展的大背景谈到我们高等教育的质量问题，这些问题对我们很有用，值得我们了解和学习。晚上的时间比较宝贵，大家有什么问题要向先生请教的，请自由提问吧。

问题一：请问，在我国高等教育大众化过程中，如何才能处理好效率与公平的问题？谢谢！

答：效率与公平，就其实质上说，是相辅相成的关系，并不是相互矛盾的关系。只有公平，才能保持长效；只有不断提高效率，才能达到高层次的公平。如果只讲效率，不讲公平，不能动员利益相关者共同努力，同心同德，共创新高，效率就不能不断提高；如果只讲公平，不讲效率，那就等于历史上的均田地，只能是低层次的公平，这不是今天我们所追求的全面建设小康社会。但在一定的时间、条件下，它们可能产生矛盾。在这种情况下，是效率优先，兼顾公平呢，还是公平优先，兼顾效率？那就得具体问题具体分析。在改革开放之初，生产效率很低时，提出效率优先，兼顾公平是正确的。只有效率提高以后，公平才能是高层次、高效率的公平。有些人先富起来，走共同富裕的道路；中国东部先发展起来，然后用东部的力量帮助西部发展。并不是说先富起来的，只顾自己，不顾他人；先发展起来的，可以心安理得，不管西部发展了。教育方面，如何处理效率与公平的关系，也应如此。当科技落后、资源严重不足时，设置重点大学、重点学科、重点实验室，增加投资，集中资源，有利于赶超先进，但也要兼顾一般高校。重点大学也有责任帮助、支持困难高校。到了现在这个时期，已经可以转为公平优先，兼顾效率。重点大学、重点学科、重点实验室仍应存在，仍应有较多的投入，但要逐步改变现时对一般高校投入太少的局面。绝对平均是不可能的，但要相对公平一些，逐步走上“共同富裕的道路”。

问题二：当今中国高校有股留学热，大家都认为学好了英语，就有了资本，就拥有了国际视野。但是与此同时，与我们有着密切联系且有着深刻内涵的国学经典，却很少有人问津，造成本土文化的一定断层。请问，怎样才能在拥有国际视野和本土文化之中找到一个较好的平衡点？谢谢！

答：留学热是好事情，因为留学热有利于推进国际化。国际化的意义就不多说了，所以留学热应该鼓励。现在的问题是你刚才所提到的本土化问题，也就是民族化和国际化的关系。我们既要学习国外先进的经验，同时又要保持我们民族优秀的东西，还要通过介绍给外国留学生，将中国的传统文化以及科技进步推向世界。国外吸收中国留学生的同时，我们也可以吸收外国留学生，现在就很重视这一方面工作，而且还要到国外办教育。现在我国在国外开办了 554 所孔子学院和孔子课程，就是想把中国的语言和文化向世界传递。不能因为学习外国而失掉我们自己，但是也不能故步自封，两者都要兼顾，这是国际化与民族化关系的大问题。至于怎样使中国留学生拥有国际视野，又不会淡化本土文化，最好是：①出国留学，年龄应该大一些，已经受过本土化的熏陶。例如，国外的中学教育并不比国内水平高，应该在国内受过高中教育以至大学教育再出国留学。②办出国留学预备班，不但要学好外国语文，还要加强中国传统文化教育。

问题三：刚刚您对留学的问题持肯定的态度，但从中国有留学的历史开始，很大一批留学生，包括早期留学生的代表之一胡适，他在一篇《非留学》的文章中写道：留学是一种救急之计，而非远途也。现代有很多学者也这样认为，很多学校改革的目的就是要结束中国的留学运动。您怎么看待这个观点？

答：这个问题提得很有趣味，你们怎么看？胡适说，从长远考虑，要提高我们自己，这是对的。我们首先要学习人家好的东西，有所借鉴，才能更好地发展我们自己。胡适时代和今天时代还不同，今天是个“地球村”的时代，是个互相理解的时代。胡适时代有他的局限性，同时胡适这个话是从长远来说的。如果不是从长远来说，胡适为何到美国留学，而且还把美国的思想搬到中国？我的理解是这样，不知道对不对。

问题四：高等教育大众化背景下，您觉得是否有必要大力发展民办高等教育、广播电视大学之类的学校？将要如何发展？谢谢！

答：你的问题，一个是民办教育，一个是多种形式的成人教育。关于民办教育是不是应鼓励发展，我从高等教育发展这个方面来说，高等教育的发展必须鼓励民办高等教育的发展。从世界范围来看，欧洲私立大学不太发展，欧洲的大众化速度比美国、加拿大、日本甚至比亚洲的一些国家都慢。当然这里面有个经济问题。在发展中国家，更需要发展民办教育。因为发展中国家没有那么多的钱来办公办教育，而民办教育可以弥补这方面的不足。所以这些年来，公办学校的招生数量发展得比较慢，民办教育发展得比较快，现在民办高等教育的大学生数已经占了全国普通高等学校本专科的22.7%。同时，民办教育自主权比较大，可以更好地发挥群众智慧进行突破性的改革。现在公办学校的制度很难突破，一个学校，等于一个社会，一个学校很多行政部门。而民办学校精兵简政，效率较高。至于你提到的多种形式的成人教育，如电视大学之类，现在面临一个危机，就是独立的成人高校逐年减少，除电大外有萎缩现象。原因有二：一是教育管理部门为了增设高职学校，实行“三改一补”政策。其中一改，就是办得好的成人高校，允许改成全日制的高职院校，有不少成人高校，变为全日制普通高校了。另一个更重要的原因是，改革开放以来，成人高校大量开办的是学历教育，成为普通高校以外的第二条学历教育渠道。大众化以来，学历教育的空间缩小，成人高等教育，包括电大、成人高校，以至自学考试，都应向就业培训方面发展。这既是现实的需要，也符合建设终身教育、学习型社会体系的要求。

问题五：中国科学界和教育界一直没有诺贝尔奖得主，杨振宁、丁肇中、李政道、高坤教授这些华裔科学家，有着纯粹的国外教育背景。请问您怎么看待这一问题？是中国的教育体制在创新活力上不够吗？问题的症结在哪里？

答：大家都把诺贝尔奖作为衡量科学技术甚至文学的最高标准，但现在也有不同的看法。诺贝尔奖有很多种。首先，诺贝尔和平奖肯定是看站在什么立场上来说。奥巴马拿到和平奖，当然奥巴马比布什应该和平一点吧，不过他还是增兵4.5万到阿富汗，但他拿到了和平奖，所以这个奖是有立场的。文学奖呢？中国几千年的传统文学，以及现代、近代的中国文学，没有一个能够得到诺贝尔奖。西方也如此，托尔斯泰拿到文学奖了吗？左拉拿到文学奖了吗？没有啊，都拿不到。有一年诺贝尔经济学奖得主从社会心理学的角度研究经济，我觉得在理论上很有价值、很有意思。今年的经济学奖获得者，是反对新自由主义的。有人认为，新自由主义是金融危机的祸首，这正好印证了他过去提出来的理论，所以他就得奖了。中国的经济这些年来，发展得这么快，没有经济建设理论在其中起作用吗？中国经济软着陆，是不是也是一种经济理论呢？现在中国比较顺利地解决金融危机，是不是也有经济理论在里头啊？还有生理学或医学奖，当然很重要，很好。但是，为什么我们的袁隆平没有拿到一个奖呢？中国的袁隆平没有理论吗？那种杂交没有理论吗？没有理论他有贡献，他有试验呢，解决了地少人多的问题，没有得奖。所以说，可以鼓励大家朝着诺贝尔奖努力，但是不要太过于相信拿到诺贝尔奖，中国的科学技术就怎么怎么样起来了。中国的科学技术是用实际的成果来衡量的，中国的经济，也是用实际成果来衡量的，而不是用获得多少经济学奖、物理学奖来衡量的。我知道很多人对诺贝尔奖非常迷信，我这个观点不能代表大家，这是不同的观点。

问题六：现在一些大学教师认为学生这么大了，不应该再像高中那样管那么严了，结果使一些学习动机不强以及意志力比较弱的学生对学习投入比较少，影响了质量。我想请问潘先生，在高等教育教学方面，如何处理好学生的自主学习和教师严格要求的关系？谢谢！

答：你能够提出这个问题，说明你心中已经有数，请你先谈谈你的观点。

学生：我是主张教师对学生严格要求一点，因为人是有惰性的，如果教师这时不对他严格要求的话，就会使他放任自流。

答：你先谈了你的观点，接下来我说说我的看法。教师在各级教育中，教学形式、教学方法肯定要有所不同。这正是我们在一般以基础教育与研究为对象的教育学之外要建立一门高等教育学的初衷。对于大学生来说，教师只能够导而勿牵，引导他，但是不能牵着走。但对小孩子，又只能牵着走，不牵他就摔倒。二者的共同点就是教师要起主导作用。如果不“导”的话，这个教师就是失职，但是“导”的方式方法不同，这跟对学生的尊重、以生为本并不矛盾。但是如果放弃了“导”，就放弃了教师的责任。所以尽管很多人反对，我还是认为教师主导作用和学生积极性相结合这条原则对大学生仍是适用的。你讲得对，如果没有要求，哪怕就是博士生也都有惰性。比如现在我上的一门课，一个学期要求学生交5篇作业，其中2篇研究报告、1篇论文、2篇读书报告，少一篇，对不起，你就少一篇的成绩。严格要求不等于不民主。

问题七：您开始说到，20世纪时，人力资本理论对高等教育的发展起到了促进作用，您也提到了人力资本理论是建立在把人作为一种生产力的要素看待的，那么，在高等教育大众化背景下，高等教育的最终目的是什么，是为社会发展服务的吗？

答：这永远是个争论不休的话题。教育包括高等教育是为了国家的发展还是为了个人的发展？好像把人力作为国力来看，就是对人的不尊重，那是错误的。人是社会的人，国家的发展需要人的发展，人的发展也需要国家的发展，二者是辩证统一的，把两者截然分开，是不对的。这个问题在1989—1991年争论过，教育的功能是社会功能还是人的本位的功能，结果大家得出的结论是两者不能对立起来，人是社会的人，人发展了，对社会发展有利，社会发展了，对人的发展也有利，不能截然分开，不能偏执一方，否则就会出现问题。

主持人：《国家中长期教育改革和发展规划纲要》中2020年高等教育的毛入学率要提高到40%。针对这个毛入学率，您认为未来十年，高等教育层次、类型结构会有什么变化？高校要继续扩招吗？这个扩招，对于高等教育提高质量这个困境，还会带来什么影响？请您给我们些提示。

答：现在，普通高校的在校生人数有2 020万，如果把自学考试、军队教育等都算起来，我国高等教育学生的总数是2 900多万。现在高等教育毛入学率是23.23%，到2020年，要达到40%，是不是意味着再多招2 000多万？不需要。为什么？适龄青年（我国是18岁到22岁）会减少，有3 500万就可达到40%。扩招过快已经带来了严重的问题，为什么不把扩招停下来，明年就不再增加，或者今年就不再增加？不可以。过去中国采取过这种政策。1983年，小平同志到浙江大学，了解到那边的房子、教师有多，指示说应该多招一点。所以1984、1985年中国高等教育增长得比较快，那两年增长就超过了10%。1992年，小平同志南方谈话，强调发展，包括文化、教育都要加快发展。因此，1992年高等教育招生就增加20%，1993年又增长20%，结果大学承受不了，教室和宿舍不够用。1994年就喊停，就是基本上不增长，有时甚至是负增长。这种做法是决策不成熟的表现。为什么呢？大家知道，经济增长过快时，可以放慢增长，但不能停止增长。原来增长率为11%、10%，可以控制为8%甚至7%也可以，但不能不增长。虽然现在教育增长过快，但是才刚刚进入大众化，离普及化还远得很，所以不能停止，还得一点一点地增长。这说明我们的决策比过去成熟了。由于10年来高等教育规模扩大、大学生数量增长太快，而教育资源的增长跟不上，导致质量下降。所以当前要以增加教育资源为重点，提高教育质量。经过若干年之后，大学生数量与高等教育资源尤其是优质教育资源达到均衡，并且采取一些有效措施，例如学科专业建设、课程建设、教学改革、加强人文素质教育和国际化，尤其是师资队伍建设等，质量将会逐步提高。但质量提高是一个缓慢的渐进过程，不能急功近利。

主持人：谢谢先生！

关于《国家中长期教育改革和发展规划纲要（2010—2020年）》的理解与实践问题①

《国家中长期教育改革和发展规划纲要（2010—2020年）》（以下简称为《规划纲要》）是我国未来10年教育发展的基本方向。在内容上，《规划纲要》提出了一些针对我国教育存在问题的创新亮点。正确分析、解读《规划纲要》的内容，对于执行和实践具有重要意义。

一、献言百万条，一字值千金：不寻常的制定过程，具有不寻常的用意

《规划纲要》的制定是一个不寻常的过程。从启动到完成，历时约有一年零九个月。参与制定的人员范围也较广，不仅有国内机构，而且我国驻外使馆、国际组织如联合国教科文组织、OECD等的有关单位也参与其中，前后参加制定的约有1 500人。《规划纲要》制定完成后分别于2009年1月与2010年3月两次在全国公开征求意见和建议，收集到的意见和建议数以百万计。再加上“两会”期间关于教育的提案、媒体的意见和建议，可以说《规划纲要》的制定是“献言百万条”。从内容上看，整个《规划纲要》大约25 000字，启动时国务院拨款是2 500万元，正好是“一字值千金”，还不计算其他

① 原载《集美大学学报》，2010年第3期。

方面的投资。连《中华人民共和国宪法》的制定也不过如此，更不要说一般法规的制定。而这还不是一部法律，只是一个规划纲要。有人怀疑用这么多的人力、物力和财力资源制定一个《规划纲要》是否值得，我个人认为值得！因为不寻常的制定过程是有不寻常的用意的。

首先，正如媒体所说，主要用意是问计于民，使《规划纲要》更加完善，正如温总理所说，要使人民满意。绝对满意是不可能的，因为人民是由不同的利益群体组成的，无法使每一个人对每一条规划都非常满意。但是，广泛征求意见，尽可能地使其完善一些，可以使人民的满意程度大一些。其次，问计于民可以很好地促进政府与人民之间的相互沟通。过去我们的法规制定是政府定了人民来做，人民不太理解，甚至政府的执行机构也不太清楚，执行过程中会遇到各种各样的问题。现在经过反反复复地征求意见，政府和人民之间能够较好地相互沟通和理解，为《规划纲要》的顺利执行奠定基础。再次，更为重要的意义是，加强政府执行的责任感和人民的监督力度。《规划纲要》的内容公开出来，多次讨论，透明度比较高，政府执行的时候就更加重视了。过去许多规划纲要制定以后，政府的执行人员也不一定很了解，也不一定知道对纲要的执行有多大的责任；而人民对要做什么、怎么做、政府是否做到了，等等，也缺少有力的监督。现在，人民可以根据对《规划纲要》的了解，通过媒体对其执行情况进行批评和监督。所以说，这次《规划纲要》的制定过程是有着不寻常的意义的。

二、《规划纲要》体现了政府的连续性与规划的创新性

《规划纲要》公布以后，有的反映说“没有什么新东西”。是不是这样的?《规划纲要》是不是一定要全是新东西？这里面有一个基本问题，即政策的连续性问题。资本主义国家实行多党制，一党上台执政后，可能会把上届政府的政策、做法都废弃，另搞一套。我们不能这样做，我们要考虑政策的连续性、长效性。所以，没有什么新东西有正确的一面，但是，在改革发展过程中，要有不断的改革创新。也就是说，基本政策是要有连续性的，但是随着时代发展，也必须要有不断的改革和创新。因为形势发展了，情况变化

了，政策必须适应新的形势、新的情况，有所创新。《规划纲要》中的许多基本东西，实在不是什么新的创造。教育政策的最重要方面是教育方针。《规划纲要》中20个字的教育方针——“优先发展，以人为本，改革创新，促进公平，提高质量”，都不是新的。“优先发展”不是新的，小平同志20多年前就提出来了；“以人为本”也提出好几年了；“改革”早在20世纪80年代就提出了，“创新”也是近十年来一再提倡的；“公平”也是小平同志提出来的，当时提出的是“以效率为主，兼顾公平”，现在情况有所变化，提倡“促进公平”；至于“提高质量”，更是永恒的方针。乍看起来，《规划纲要》是没有什么新东西。但事实并非如此。体现改革发展时代性的战略目标——“两基一进入”，是有新内容的。“两基”是指两个基本：第一，“基本实现教育现代化”。以往我们提出来的是现代化建设，要建设现代化的教育，但是并没有明确时限，只是表明应然的或在进行中。现在提出到2020年，要基本实现教育现代化，定出了时限，就有所不同了。第二，“基本形成学习型社会”。学习型社会是党的十七大提出来的，现在提出到2020年我们要把终身教育体系建立起来，要基本形成学习型社会，这也是一个比较明确的指标。“一进入”是指“进入人力资源强国”。我们现在已经进入人力资源大国了，但还不是人力资源强国。现在提出来要进入人力资源强国，也就是人才强国。以上这些还是宏观层面的亮点，还比较抽象，下面对几个有针对性的创新亮点举例说明。

“基本普及学前教育”。普及学前教育以前没有提起过，不但中国没有提过，世界上其他国家似乎也没有提过。义务教育是家长的义务、政府的责任，学前教育并没有这样的规定。我国现在的人均产值还很低，人均消费还很低，怎么一下子提出连一些发达国家都没提的“普及学前教育”呢？这是形势的需要。现在我们数以亿计的农民工从农村到城市务工，农村有大量的留守儿童，被父母带到城市来的随迁儿童也有很多。这些孩子6岁以后可以进小学接受义务教育，但很多6岁以前的孩子无人照顾。因此，6岁以前就要接受学前教育，需要办大量的学前教育，所以提出要“普及学前教育”。这一条是针对我国实际的创新。

提出“推进义务教育均衡发展”。当前，我国的义务教育已基本普及，接下来最主要的事是要巩固普及义务教育的成果。所以《规划纲要》提出要巩固义务教育，提高义务教育的质量，并特别提到推进义务教育的均衡发展。这也是针对当前情况提出的，因为当前义务教育中存在着严重的不均衡问题。如一般学校与重点学校之间、农村与城市之间、欠发达地区与发达地区之间学校的差异很大。因此，要使教育公平，均衡发展便是措施之一。现在许多地方已经制定出促进均衡发展的相关措施，但有的很好，有的措施还有待商榷。如有的地方提出，要使中小学的教师、校长能够流动，这是比较好的。但是有的地方，用行政的方式规定，通过城市与农村教师两三年一次轮流互换方式来实现均衡。这种做法恐怕有负面作用。要正确理解“均衡发展”的意思。第一，天下没有绝对的均衡，均衡都是相对的。第二，促进均衡应该是把低的往上拉，而不是把高的压下来。同时，中学教师，尤其是小学的班主任，频繁更换，不利于学生的成长。这样的做法过于简单，恐怕是不符合教育发展规律的。我们只能着力于把低的拉上来，不能够把高的压下去。要努力培植优质教育资源，而不是稀释、弱化优质教育资源。所以，促进教育均衡发展，还有个如何实践的问题。

促进高中培养的多样化，满足不同潜质学生的发展。由于受到统一高考的限制，我们现在的高中都是一样的，不利于学生个人潜质的多样化发展。因此提出高中要多样化发展。此外，提出了要建立“综合高中”这一个新概念，这将为高中的多样化发展提供较好的政策基础。

“清理并纠正对民办学校的各类歧视政策。”我国的民办学校是受很多政策歧视的，民办学校教师与公办学校教师的待遇是不公平的，甚至民办学校的学生和公办学校的学生的地位也是不同的。如，有些地方规定助学金只能发给公办学校的学生，不发给民办学校的学生。民办学校的教师与公办学校的教师都是国家的公民，教师都是在为国家做贡献，他们应该享有同等待遇，所以有许多歧视政策应该清除。此外，《规划纲要》提出要设立专项资金来资助民办学校。世界各国对民办教育基本上都是有资助的，而我国对民办教育是没有资助的，只是拨一点土地。民办学校的办学者是非政府机构，办学资金是非政府财政，但它同样为社会培养人才。所以，主要资金由经办人拿出来，政府要适当地资助。

建立分类高考、多元录取的高等教育招生制度。我们现在的高考存在的问题是用同一份考卷考不同类型的人才，这是不合理的。分类高考，一年多次考试，而不是一考定终身，就可以给那些由于各种原因导致一次考试失误的学生更多的机会。现在大学的入学几乎仅限于全国统一高考这一条路，自主招生只限定在少数的几所大学，自主招生数额也非常有限，并没有真正给广大考生多元录取的机会，这样不利于人才的选拔。台湾地区的联考也存在许多的问题，现在已经改革了，联考继续举行，但高校还可以通过其他渠道进行招生。现在上海的一些高职学校也有自主招生，招生的情况非常好，但仅限于若干办得比较好的高职学校。这些经验值得借鉴和推广。因此，建立分类高考、多元录取的高等教育招生制度，既有利于学生的发展，也有利于高校更好地录取合适的人才。

扩大学校办学的自主权，逐步取消学校的行政级别和行政化的管理模式，正式提出教授治学理念。教授治校的传统和理念起源于欧洲中世纪大学，对大学的发展起了重要的促进作用。许多理论工作者也一再提出中国也应该实行教授治校。事实上，现在的大学很大、很复杂，如果教授要管学校各个方面的问题会影响到教学和科研。但是学术还是应该由教授治理的，所以“教授治学”的理念更加合理。

《规划纲要》中还有许多其他亮点，如：建立高校董事会或者理事会，使得社会人士特别是企业界广大的关心高等教育的人士参加进来，促进产学研结合，促进高等教育人才更好地适应社会的需要；设立地方高等教育基金；重点扩大应用型人才培养的规模；建立高校的分类体系，引导高校合理定位，克服同质化的倾向；等等。

三、执行《规划纲要》过程中需要注意的问题

就《规划纲要》的内容而言，可以说是基本令人满意的，但是大家对《规划纲要》能否在实践中得到很好的执行还信心不足。因为过去也有许多好的政策，却没有实现。例如，《高等教育法》相当详细地规定了高等学校的权利，比如人事权、招生权、国际交流权、财产权等。这些自主权有的能够实

现，但还有许多权力并没有按着《高等教育法》执行。如《高等教育法》中规定高等学校有权设置专业、有权自主招生等，但现在设置专业还要经过行政部门批准，招生的自主权也没有获得应有的保障。所以，大家对《规划纲要》是否能够很好地实现表示怀疑。因此，要使得《规划纲要》能够在今后10年中全面地实现，还需要在理解和实践上下功夫。这个理解与实践是政府的理解和实践，也是人民的理解和实践，是政府的责任，也是人民应该监督的。下面就若干热点问题谈谈个人的见解。

第一，为什么高等教育只能减缓增量而不能停止扩招？大家都知道，快速扩招导致了高等教育资源不足、质量下降。那么现在为什么不停止扩招，而是“减缓增量”？在1984年、1985年我国高等院校曾经有过较快扩招，但扩招后出现了师资、校舍、设备等教育资源跟不上的情况，所以到了1986年就基本停止了扩招，随后几年高等教育规模增长得也很慢很慢，有些时候甚至停止增长。1992年小平同志在南方谈话中提到经济发展要快一些，教育也应该发展快一些，高等学校培养人才也应该快一些。当年，高等教育就扩招了20%，1993年又继续扩招20%，其中有些省份，像山东达到40%以上。扩招太快又引起教育资源短缺的问题，所以到1994年、1995年、1996年这几年基本停下来，直到1997年、1998年才增加得比较快一些。过去采取的就是这种高等教育规模小了就赶紧扩招，扩招快了就赶紧停下来的方式，导致高等教育的发展大起大落。

2008年招收的学生数与1998年相比，10年间增长了差不多5倍，扩招的速度显然是太快了。是不是立刻停止增长呢？大众化是必然趋势，适当扩大规模是国家和人民的需求。2009年，我国高等教育的毛入学率还只是24.2%，还处于高等教育大众化的初级阶段，离高等教育强国还有较大差距。所以纠正1999年以来的增量过快，只能够采取减缓增量的方式，而不能够采取停止增长或负增长的方式。正如GDP只能逐年有所增长，增长率两位数，太快，经济太热，应当降低增长率，保持一定的增长率，而不能不增长或负增长。我国高等教育现在还没有达到普及化阶段，只能适度增长，不能停止。这也正如“逆水行舟，不进则退”。同时，高中的毛入学率也还在继续增长，现在是79.2%，到2020年将要达到90%，基本普及高中教育。因此，我们要保证高等教育的毛入学率不断增长，到2020年要能够达到40%，以满足人民群众接受高等教育的需求。这也是我们进入人力资源强国的前提条件。现在欧洲许多发达国家的毛入学率也在40%左右，美国、加拿大、日本更高一些，北欧有个别国家已超过50%。我们达到40%，才能进入人力资源强国。因此，现在高等教育不能停止增长。

现在更需要重视的问题倒是由于毕业生的就业困难，新的读书无用论有所抬头。大众化动摇了精英教育观，改变大学生在人们心中的地位。金融危机出现，大学生的就业也更加困难，再加上媒体对就业难的渲染，使得一些家长不想送孩子去读书，致使部分地区弃考、弃学的现象严重。以福建省为例，2010年报名学生比2008年减少了4.5%，2010年比2009年又减少了2%。这对于考生来说是好消息，招生数略有增长，考生数在下降，录取率肯定会提高，上大学的机会就增加了。但这对国家来说却不是好消息，需要认真地对待。

第二，2012年全国财政性教育经费能否达到GDP的4%？在国际上，财政性教育经费一般都是超过GDP的4%，所以我国的理论界、社会各方面一直都在提教育经费也应该达到GDP的4%。在1993年国务院公布的发展规划纲要中提到，到2000年财政性教育经费要达到4%。但是，公布之后的连续好几年不是增长，而是不断地下降，都在3%以下。后来这一目标的实现期限不断地推迟，也一直没有实现。现在看来，20世纪90年代财政性教育经费是没有达到GDP的4%的，现在要达到4%是有可能的、有希望的。为什么呢？20世纪90年代全国财政这块蛋糕只占GDP的12%以下，如果把其中的4%给教育，剩下的7%~8%用于其他国民经济部门、国防军事、医疗卫生等是不够的，人民的福利也无法提高。现在全国财政已达到GDP的21%~22%，这还是计划内财政，还不算其他的收入。如果拿出其中的4%出来，还剩下17%或者更多用于其他部门，是有可能的。但是，有可能不等于一定能实现，还需要财政部门提高对教育优先发展的认识。如果没有财政部门对教育优先发展的认识，也是无法实现的。这还需要社会和教育界共同努力去争取，任务还是艰巨的，不过还是有可能的。这里还有一个各地经济发展不均衡而导致教育经费的差异问题需要注意。有些地方经济发展较为落后，需要中央财政大量转移支付。

第三，高校的“去行政化”的问题。《规划纲要》明确提出要“取消实际存在的行政级别和行政管理模式”。这一条引起的争议较大。首先，如何理解去行政化。去行政化并不是不要行政管理。现在的学校，尤其是高等学校非常复杂，没有行政管理是不行的。健全的科层制对大学的管理来说是必要的，也是大学管理的进步。去行政化显然不是去科层，或者简单地去掉几个部门，而是指去掉以行政权力取代学术权力、以行政运作代替教育规律的倾向。在高校中，实际存在的行政级别，强化了官本位的行政化管理，去行政化实际上也就是去官本位，提高学术权力。学校是一个学术机构，应该有两种权力存在，即行政权力和学术权力。没有行政权力，学校就没办法运转，不能简单地将去行政化理解为去掉行政机构、行政权力；但学校是学术机构，必须用学术权力来指挥学术活动，包括培养人才和科学研究等。另外，《规划纲要》中提出的教授治学也是去行政化的一个方面，进一步明确了大学的科层是为教学、科研服务的，而不是取代或凌驾于学术权力之上的。去行政化首先要从认识上明确这一点。在实践上，还有许许多多事情要做，如成立学术委员会，加强其作用等。学术事务应该由学术委员会而不是由行政机构来做出决定，学术委员会应该成为学术决策的机构，而不是只作为学术的咨询机构，甚至只是行政的附属机构。另外，还要给院、系、所等这些教学科研机构相应的治学的自主权，现在对院、系、所等教学科研单位的管理就存在着过于僵化、自主权太少的问题。

第四，高等教育的发展，从扩大规模到提高质量，关键在于“建设高素质教师队伍”。高等教育质量的提高，归根结底还是要有高素质的教师队伍。《规划纲要》对高素质师资队伍要求很明确，包括“师德高尚”和“业务精湛”两个方面。其中，“师德”包括社会道德和职业道德。正如医生有救死扶伤的职业道德，商人有诚信经营的道德一样，教师职业应有诲人不倦、为人师表的职业道德。缺少了师德，教师的学术水平再高也不能很好地发挥育人作用。“业务精湛”包括学术水平、实践能力和教育教学能力。现在的大学，尤其是研究型大学，对教师的学术水平很重视，而对实践能力、教育教学能力的重视程度不够。因此，研究型大学的教师学术水平可能会比较好，但实践能力和教育教学能力很难说比地方大学教师强。作为教师，不仅要有学术水平，还应该有一定的实践能力，以及把自己的学术水平转化为学生学术水平的教育教学能力。以前我们认为“双师型”专指对职业学校的部分教师而言，事实上，普通高校也需要“双师型”的教师。所以，在大学里既要重视学术带头人的培养，也要重视“双师型”教师的培养。

四、要以《规划纲要》为指导与参照，制定发展规划

现在全国有2 000多所高校，必然要按不同的模式分类发展，具体的发展模式可以分为三类。第一种类型是学术型大学，也就是传统的综合性大学或所谓的“研究型”大学。此类高校相当于“国际教育标准分类法”中的5A1，以学习基础学科和应用学科的基本理论为主，研究高深学问，培养学术人才。其培养层次为：本科（学士学位）→硕士（学位）→博士（学位）。在我国主要是以“985工程”大学和部分“211工程”大学为主体。这类高校数量不宜过多，规模不必太大，不应承担大众化的任务。第二种类型是应用型本科高校，可以是多科性或单科性的院校，多科性可以称作大学，单科性的称作学院（大学与学院并无层次高低之分，只是多科与单科之别，单科而已改称“大学”的也不必强求改回“学院”）。此类高校相当于“国际教育标准分类法”中的5A2，主要以学习各行各业的高科技专门知识为主，将高新科技转化为生产力（包括管理能力、服务能力），培养不同层次的应用型专门人才，如工程师、医师、律师、教师和管理干部等。其培养层次为：本科（学士学位或专业文凭）→专业硕士（学位或专业文凭）→专业博士（学位或专业文凭）。这是一个相当庞大而且复杂的院校群，包括一部分“211工程”大学、一般部委属院校、大部分地方高校，当前民办本科院校以及独立学院也应定位于此种类型。第三种类型是职业技术高校，也可以是多科性或单科性的院校。此类高校相当于“国际教育标准分类法”中的5B，主要以学习各行各业职业技能为主，培养不同层次的生产、建设、管理、服务第一线的技能型人才。其培养层次为：专科（副学士学位或职业技术文凭）→职业技术本科（学士学位或职业技术文凭）→职业技术硕士（学位或职业技术文凭）。

从经济发展与社会需求来看，这一类型的院校，当前应当以培养专科层次的人才为主，但随着生产集约化程度的提高，将逐渐延伸为本科层次以至培养研究生，也可转入应用型本科继续学习，如中国台湾的技职学校一样，成为有别于普通高校的独立系统。第二种类型和第三种类型的高校应该是大众化的主体，承担大众化的任务。

这三种类型的高校应该各自按自己的发展轨道朝着不同的方向发展，从不同的层面服务于国家的建设。现在看来，第一种类型有传统的精英型大学以西方一流大学的模式作为借鉴，不过要在现代化和本土化方面改造和完善。第三种类型在理论上定位也比较明确，即培养生产、建设、管理和服务部门一线的技能型人才，理论够用就行，培养过程着重于实训。国家还有明确规定实训课程必须占40%~50%，“双师型”教师必须达到一定比例等。在实践上，这些院校经过近10年来的发展也积累了一定的经验，编写了数以千计的高职教材，选拔100多所示范性高职院校等。倒是第二种类型院校的情况较为复杂，数量很多，强弱悬殊，高低不一。既有历史悠久的老院校，也有新建的本科院校；有面向全国行业的特色型大学，更多的是地方院校。这些院校长期受到传统大学的影响，重理论轻应用，有的刚从专科升格为本科，旧的模式已不适用，新的模式尚未建立。因此，一定要准确定位，科学制定规划，找准自己的发展道路。否则，在人才市场的竞争中将处于不利地位。现在也已经出现这个苗头了。以前就业率最高的是名牌大学，其次是一般本科，最差的是高职，而这两年来情况已经发生了变化。如2009年的情况是，一般本科院校的就业率比前年下降了5%，高职院校与2008年持平。在金融危机的影响下，高职院校的就业率还能持平，这就说明了社会用人的标准越来越趋于理性，很多单位更加重视人才的应用能力。而一般本科院校的人才培养存在着重理论轻应用的问题，忽视了学生应用能力的发展，毕业生在人才市场的竞争力反而不如具有一些实际工作能力的高职生。因此，第二种类型高校的定位和发展应该是当前高等教育研究的重点。这也是高等教育强国的重点研究课题，因为高等教育强国不是仅仅建设几所一流大学就够，应用型院校是高等教育强国的中坚力量。如果这部分院校没有做好，就还进入不了高等教育强国。所以，一般高校应该定位于专业性高校，以培养应用型人才为主。当然，应用型大学里面的个别专业也可以培养学术型人才，还应当根据各个专业的不同情况而定。这也是符合《规划纲要》的要求的。如《规划纲要》第七章第二十二条中提到："……重点扩大应用型、复合型、技能型人才培养规模……""促进高校办出特色。建立高校分类体系……引导高校合理定位，克服同质化倾向，形成各自的办学理念和风格，在不同层次、不同领域办出特色，争创一流。"这里还要注意如何理解"一流"这个概念，不同层次、不同领域、不同类型的高校都应该有一流，而不是研究型大学所独有。

总之，高等学校如何根据《规划纲要》合理定位，朝着正确的方向发展，还应当在理解与实践上下功夫。

对《教育规划纲要》的理解与研究[①]

——兼谈高等教育研究者的社会责任

对高等教育的使命与研究者的社会责任的探讨，可以说是我们高教研究工作者应当关注的一个永恒主题，但是特定的社会历史背景及高等教育发展的特定阶段赋予其特定的内涵。中国的特殊国情决定了中国教育问题的复杂性和教育改革任务的艰巨性。随着从人力资源大国向人力资源强国的迈进，我国教育新的阶段性特征越发凸显，一系列新情况、新问题亟待分析与解决。教育研究者应更加关注经济社会发展以及教育改革发展中的重大理论与现实问题，在理论研究方面有所突破和进展，并对教育实践产生重要影响。这已经成为业界的一种共识。随着《国家中长期教育改革和发展规划纲要(2010—2020年)》(以下简称《教育规划纲要》)的制定与颁发，中国教育将进入新的发展阶段，高等教育面临着新的机遇和挑战。如何深刻领会《教育规划纲要》的内容和实质，如何完整理解新的历史阶段中国高等教育的使命，以及当下高等教育研究者的社会责任，应该引起每一位高等教育工作者和理论工作者的高度重视。

一、广泛征求民意：不寻常的制定过程，具有不寻常的用意

《教育规划纲要》的出台充分体现了党和国家对教育事业的高度重视，

---

① 原载《国家教育行政学院学报》，2010年第8期。根据报告录音整理，并经过作者本人修改。

《教育规划纲要》在制定的过程中采取了许多不寻常的做法，这些做法有着不寻常的意义。以前制定政策、规划等只是在一定范围内召开一些听证会，现在是面向全社会公开征求意见，这是一种进步。其进步性体现在：一是问计于民，使规划纲要更加完善。正如温总理所说的，要使人民满意。绝对满意是不可能的，因为人民由不同的利益群体组成，无法使每一个人对每一条规划都非常满意。但是，广泛征求意见尽可能地使其完善一些，可以使人民的满意程度大一些。二是政府和人民增进互相理解。与过去政府关起门来制定政策相比，这次在制定《教育规划纲要》的过程中，充分发扬了民主，广泛征求了民意，使人民更加理解政府，也使得政府政策执行部门加深了对《教育规划纲要》的理解，为《教育规划纲要》的顺利执行奠定了基础。三是加强政府的责任感和人民的监督力度。通过公开征求意见，把《教育规划纲要》的内容公开出来，多次讨论，透明度比较高，人民可以根据对《教育规划纲要》的了解，通过媒体对其执行进行批评和监督，政府执行的时候也就更加重视了。所以说，这次《教育规划纲要》的制定是一个不寻常的过程，有着不寻常的意义。

二、《教育规划纲要》体现了政策的连续性与规划的创新性

1. 二十字教育方针体现了《教育规划纲要》的政策连续性

作为国家的政策，应具有连续性，而作为一定时期的规划应该根据时代发展特点，具有创新性。就此而言，《教育规划纲要》既体现了政策的连续性，又反映了因时代发展和教育事业发展而赋予的创新性。《教育规划纲要》中提出的“优先发展，育人为本，改革创新，促进公平，提高质量”的二十字方针，都不是首次提出，与20世纪改革开放以来提出的一系列教育政策一脉相承。比如优先发展教育，是二十多年前邓小平提出；以人为本的提法，也有十多年了；改革创新，都提了二十多年了；促进公平，以前常说效率优先，兼顾公平，21世纪以来的提法就着重于促进公平，党的十七大更提出教育公平是社会公平的基础；至于提高质量，那更是永恒的主题。所以二十字教育方针，体现了连续性，是教育系统今后十年工作应该坚持的指南。

2. 教育战略目标体现了《教育规划纲要》的创新性

《教育规划纲要》中作为今后十年战略目标的“两基一进入”——“到2020年，基本实现教育现代化，基本形成学习型社会，进入人力资源强国行列”则是首次提出，体现了《教育规划纲要》的时代创新性。第一，“基本实现教育现代化”。以往我们提出来的是现代化建设，要建设现代化的教育，但是并没有明确时限，只是表明应然的或在进行中。现在提出到2020年，要基本实现教育现代化，定出了时限，就有所不同了。第二，“基本形成学习型社会”。学习型社会是十七大提出来的，现在提出，到2020年我们要把终身教育体系建立起来，要基本形成学习型社会，这也是一个具有时限的指标。第三，“进入人力资源强国”。我们现在已经进入人力资源大国，但还不是人力资源“强国”。现在提出来经过十年努力，要进入人力资源强国，也就是人才强国行列。这些都体现了《教育规划纲要》政策的创新性。

3. 《教育规划纲要》中体现创新性的具体措施

《教育规划纲要》有许多理念与具体措施呈现的创新亮点，比如“普及学前教育”“推进义务教育均衡发展”“去行政化”“清理并纠正对民办学校的各类歧视政策”等，都是有针对性的亮点。

第一，基本普及学前教育。据我所知世界上好像还没有哪个国家提出过。为什么在中国这个人民生活尚不富裕的国家提出来？有人说未免太快了，我想，这恐怕是根据社会现实的需要提出的。中国的农民工数量庞大，父母长期在外，农村还有很多留守儿童，城市有许多随迁儿童。孩子6岁以后能够去上小学，因为我们普及了义务教育。而6岁以前的孩子怎么办？只能满街走，这样会带来很多问题。要让学前教育来解决，所以根据时代需要，《教育规划纲要》中提出要普及学前教育。这既是符合儿童成长规律，又是结合中国社会现实迫切需要的一项政策创新。

第二，推进义务教育的均衡发展。目前义务教育是普及了，但是发展非常不均衡，这是大家容易理解的。但是，如何使之均衡，却不容易理解。很多地方教育部门对这一条还不很了解时，就开始着手做了一些促进教育均衡发展的工作，有些具体做法有待商榷。如，规定城市教师和农村教师2～3年就要对调一次。原来的重点学校或办得好的中小学，都要把优质资源分散去加强其他学校。这种简单化的措施并未准确理解“均衡”的含义。均衡不等于平均主义，均衡只能把低的扶上来，而不是把高的拉下去。目前很多地方促进均衡的政策是在把好的教育资源稀释掉，这样是违反教育规律的。我们知道小学教育阶段，有一种很好的做法，就是一名教师长期跟班上去，和孩子们长期共处，对孩子的成长非常好。目前一些地方教师流动、校长流动过于频繁。特别是校长流动频繁，导致很多校长搞短期效应，对继任领导者和学校的发展带来不好的影响，这些问题值得我们理论工作者进一步研究。但是不管怎么说，推进义务教育均衡发展是对的，但并不是要用一刀切的行政命令来解决问题，应该逐步帮助弱势群体提上来。

第三，促进高中培养的多样化，满足不同潜质学生的发展。由于受到统一高考的限制，我们现在的高中都是一样的，不利于学生个人潜质的多样化发展。因此提出高中要多样化发展。此外，提出了要建立“综合高中”这一个新概念，这将为高中的多样化发展提供较好的政策依据。

第四，清理并纠正对民办教育的歧视政策。包括税收政策、师生待遇等，民办教育都受到不公平的待遇。民办学校的教师也在为社会主义培养人才，都是在为国家做贡献，当然应享受公平待遇。有些地方规定助学金只能发给公办学校的学生，不发给民办学校的学生。民办学校学生的父母都是纳税人，也应该受到公平对待。所以有许多歧视政策应该清除。此外，《教育规划纲要》提出要设立专项资金来资助民办学校。世界各国政府对民办教育基本上都有资助，而我国对民办教育是没有资助的，只是拨一点土地。民办学校的办学者是非政府机构，办学资金是非政府财政，但它同样为社会培养人才。主要资金由经办人拿出来，政府也有责任适当地资助。

以上是一般的创新点。下面着重谈一下有关高等教育的创新点。

第五，针对统一高考的弊端，《教育规划纲要》提出可以分类考试。统一高考从高分到低分录取，高分的学生流向清华、北大，而高职高专只能招到高考分数最低的学生。造成北大、清华，或者复旦、厦门大学等研究型大学高高在上，而高职院校矮人一等。其实高职院校与研究型大学一样需要优质生源，不过高职高专着重需要动手能力强的学生，而研究型大学需要思维能力强的学生罢了。针对每年一次高考，有人提出可不可以和托福考试、自学考试一样，多次考试，避免一考定终身。提倡多元录取。目前只是指定一流大学有若干自主招生名额，这些学生还是要参加统一高考，所以很多学者提出可以多元录取。台湾地区公立大学联考也存在单一、僵化的问题，现在已经改革了，联考继续举行，但高校还可以通过其他渠道进行招生。现在上海的一些民办高职自主招生，招生的情况非常好，但仅限于若干办得比较好的高职学校。这些经验值得借鉴和推广。因此，建立分类高考、多元录取的高等教育招生制度，既有利于学生的发展，也有利于高校更好地录取合适的人才。

第六，扩大学校办学的自主权，逐步取消学校的行政级别和行政化的管理模式，正式提出教授治学理念。教授治校的理念和传统起源于欧洲中世纪大学，对大学的发展起了重要的促进作用。但是，当前我国大学的行政化倾向已经严重影响了学术的发展。因此，提出取消学校的行政级别，提出“教授治学”的理念，切中了当前高校存在问题的要害。

《教育规划纲要》中还有许多其他亮点，如鼓励地方上建立教育基金会，引进社会资金，考虑社会参与教育；扩大应用型人才培养，建立高校的分类体系，引导高校合理定位，克服同质化的倾向；等等。下面谈几个有争论的问题。

三、贯彻执行《教育规划纲要》应重视的几个问题

《教育规划纲要》的贯彻落实需要教育管理部门、高校领导与行政部门、高校教师的共同努力。在理解和执行过程中，有几个问题值得重视。一是为什么高教只能减缓增量而不能停止扩招；二是高考招生报名数为什么逐年下降；三是到2012年，全国财政性教育经费是否能达到GDP的4%；四是扩大应用型、技能型人才培养；五是如何理解和实现“取消实际存在的行政级别和行政化管理模式”。《教育规划纲要》中的目标实现需要广大教育工作者进行监督，教育工作者需要做的，一是理解，二是要实践。在理解的视角上，有很多问题可以探讨。

1．为什么高教只能减缓增量而不能停止扩招

高等教育今后十年还要扩大规模。2009年高等学校毛入学率为24.2%，

要实现2020年达到40%的目标，还要增长近16%。有人说现在高等教育发展得太快，已经带来了一些问题，为什么不停止扩招呢？因为现在我国生育高峰已经过去，18～22岁适龄青年在2008年达到高峰之后，也在逐年减少。但高中阶段毕业生还在逐年增加。2020年高中要基本普及，将达到90%。一增一减，两者相抵，生源应当还很充足。按照计算数据，2009年包括成人高教等在校生总数2 900多万，到2020年，在校学生3 500万，比目前多出550万人，就可以实现40%入学率。现在的24%高等教育毛入学率只是大众化的门槛，我们刚刚进入大众化的初级阶段。我们要实现科教兴国战略，就必须继续发展高等教育，进一步提高高等教育入学率。这也是我们进入人力资源强国的前提条件。欧洲发达国家的高等教育入学率大都在40%以上，像日本、美国、韩国、加拿大等国家已经基本实现了高等教育的普及化，入学率已经达到70%、80%以上。

以前高等教育发展过快，就赶紧叫停；发展过慢，就加快发展，常常是没有计划性。如1983年邓小平同志视察浙江大学时，浙江大学告诉邓小平同志，我们学校的基础设施很好，可以多招一些学生，但教育部给我们的招生指标太少，而且高中生如此多，考进大学比例又非常低，我们可不可以扩大招生人数。邓小平考察回京后，指示教育部要扩大招生数量。于是，1984年、1985年连续扩招了两三年，新建设了几百所高校。学生的增多，使得校舍紧缺，桌椅板凳、图书馆资料不够。因此，1986年、1987年就停止扩招。1992年邓小平南方谈话，指出经济要发展，教育也必须加快发展，教育部当年开会指示要扩大招生，以适应国家经济发展需要。于是1992、1993两年，全国每年以20%的平均速度扩招，像山东省当年就增长了差不多40%。因此到1994年又造成资源紧缺，就赶快停止扩招。连续几年学校数、招生数增长很少。1997年、1998年才再次少量增加招生数。1999年开始，迎来了高等教育的大扩招。十年之间，在校生数扩招了近6倍。忽高忽低，违反了教育发展的规律，是决策不成熟的表现。现在，虽然快了一些，但不是停止，而是减缓，这说明我们的教育政策开始成熟了。

《教育规划纲要》中规定要继续增加高等教育招生数，保持一定的增长率，这是非常正确的。但是现在我们也存在一些困难，一是高考报名人数的减少，由于金融危机带来的大学生就业困难，使得社会上“读书无用论”又开始传播。一个家庭培养一个孩子读三四年大学，花费很多钱，而毕业后却找不到工作，或待遇很差。毕业生还要和农民工争工作岗位，那何必还要送孩子上学。福建省 2009 年比 2008 年的报考率下降了 4.5%。2010 年又比 2009 年下降了 2%，也就是比 2008 年下降了 6.5%。前几天有消息称北京市今年高考报名人数下降得更多，下降 20%。在这样的情况下，有人建议北京市要增加在外地的招生人数，减少外地学校在北京的招生。北京市采取这样的政策，外地也会效仿，也就是，本省的学生限在本省上学，又尽量去外省招生，出现了生源保护政策。

2. 2012 年全国财政性教育经费能否达到 GDP 的 4%

《教育规划纲要》中规定，到 2012 年教育经费占到国家 GDP 的 4%，这也是大家特别关注的问题。因为以前制定的教育发展规划，多次提出要达到 GDP 的 4%，但都没有实现。1993 年的《中国教育改革和发展纲要》中规定，到 2000 年国家财政性教育支出达到 GDP 的 4%。但事实是，这期间不但没有增加反而下降了。本来有 3%，后来降到了 2.7%、2.8%。之后再次修改，规定到 2005 年达到 4%，而 2005 年也没有达到，才 3% 左右。以后又规划 2010 年达到 GDP 的 4%，虽然实行情况较好，2009 年已达到 3.45%，但今年仍然不可能达到 4%。因此征求意见时，很多人提到我们可能还无法实现，长期做不到会导致政府失信于民，建议最好不要在《教育规划纲要》再提这个指标，但最后还是决定提出到 2012 年达到 GDP 的 4% 的目标。

我认为，在 1993 年提 4% 不可能实现，因为当时国家财政收入只有 GDP 的 12% 左右，教育不可能拿走财政收入的 1/3。现在财政收入达到 26 万多亿，接近 27 万亿，占到 GDP 的 22% 左右，4% 只占 22% 的 1/5 多一点。因此教育财政投入达到 GDP 4% 的目标是可能实现的。当然，我们的教育经费还有个比较麻烦的事情，因为教育经费主要来源于地方政府，教育部直属学校主要是中央财政直接拨款，而地方高等院校，尤其是大量的中小学、职业教育等都需要地方政府来拨款。各个地方的经济情况还不一样，有些地方经济比较贫穷，只够基本的吃饭财政，机构多，人员冗杂。这造成了很多地方财政不够，包括有些发达地方。因此，要实现 4% 的目标，还需要财政部门提高对教育优先发展的认识。如果没有财政部门对教育优先发展的认识，也是无法实现的。同时，还需要全社会和教育界共同努力去争取。

3. 如何扩大应用型、技能型人才培养，促进高等学校特色办学

目前高等学校发展同质化问题严重，北京有一些学校，原先属于行业的特色型大学，后来调整为地方高校，现在有人提出再次回归行业，建成行业特色型大学。地方高校如何发展，是目前高校发展中存在的最重要的问题之一。我国现在有高校 2 200 多所，基本上可以划分为三种基本类型：一类是研究型大学，如“985 工程”“211 工程”院校，另一类是高职院校，这两类院校定位都比较明确。还约有 900 所本科院校是地方性本科院校，这些大学如何办学，既不能办成高职，也不能办成研究型大学。过去高校都向研究型大学看齐，不适应社会对多样化人才的需求。社会大量需要的是应用型人才，所以《教育规划纲要》提出要着重培养应用型人才。但是本科院校又不能办成专科层次的高职教育，高职专科院校培养的是职业技能型人才。所以地方本科院校如何定位，特别是针对专科升本后的本科院校和独立学院如何定位，是值得我们研究的重要问题。

从一些高校的实践经验看，地方本科院校定位于培养适应地方需要的应用型人才，取得了不错的办学成就。现在很多学校感到不能都走清华、北大之路。例如北京联合大学是一所新建的地方本科院校，它明确提出所要培养的是应用型人才。北京联合大学有应用文理学院，是由北大、人大几所研究型大学的分校联合办学的。文理学院最初只培养理论研究人才，后来老师们发现生源的学科水平，无法按清华北大的教学要求来培养。在研究型大学林立的北京，就业困难，必须另辟蹊径。于是学校开始努力转变，面向北京市各行业的需要，培养应用人才，不再好高骛远培养研究高深学问的人才，受到许多部门欢迎。如应用文理学院的历史系针对北京市的文物修缮、布展的任务很重，需要很多专门人才，他们就着重培养修缮、布展的应用型人才；外语专业着重培养北京市地方需要的应用外语人才；法律系也不是培养法学人才、大律师、大法官，而是培养适合北京市需要的书记员。因此北京联合大学应用文理学院生源好、就业也好。他们也搞科研，主要是北京市需要的课题，这类应用型课题也很多。

从人才市场对毕业生的需求看，应用型、技能型人才的需求量很大。我国高等教育原来就业情况是本科学生好于高职，而现在本科就业率逐步下降，高职类学生就业率逐步提高。2008 年就业情况，本科就业率比 2007 年下降三个百分点，高职与 2007 年持平。2009 年本科与高职的就业率相差不多，有些地方高职就业率甚至超过本科，这就给地方本科院校的发展带来了危机。如果地方本科院校再不改变，继续走培养研究型人才的传统老路，那就业率就会持续下降。高职培养技能型人才更能符合社会的需要，它的就业率就会持续上升。当然，目前本科的就业率总体还是稍高于高职，因为我国目前的公务员考试招本科不招高职，国有企业招本科不招高职。但是，三资企业更喜欢招能干活、会干活的高职学生。因此，今后还要大力发展应用型高校，要着重培养大量的应用型、技能型人才。

4. 如何理解高校“去行政化”

去行政化不等于不要行政，也不等于不要行政权力。任何一个单位或组织，只要运作，就必须有行政权力和行政人员，大学从教授治校到后来科层制的建立是管理上的进步。去行政化是要去掉行政权力凌驾于学术权力之上，以行政权力代替学术权力，以行政决定代替教育规律的现象。现在许多学术事务都由行政权力处理。如在大学里新设一个专业，谁说了算？是书记、校长、处长说了算。学术事务都在行政会议上讨论、决定。教授无权参加，甚至系主任、院长也没有参加。学术委员会形同虚设。学校是一个学术机构，应该有两种权力存在，即行政权力和学术权力。没有行政权力学校就没办法运行，不能简单地将去行政化理解为去掉行政机构、行政权力；但学校是学术机构，必须用学术权力来指挥学术活动，包括培养人才和科学研究；等等。另外，《教育规划纲要》中提出的教授治学也是去行政化的一个方面。进一步明确了大学的科层是为教学、科研服务的，而不是取代或凌驾于学术权力之上的。在高校应该是教授治学，校长治校。高校里应该有一个具有学术权力的学术委员会，就是教授治学的一个机构。同时，行政化在中国传统上根深蒂固，利益相关者盘根错节，因此只能逐渐淡化，不可操之过急。

四、高等教育研究者应勇担社会责任，促进《教育规划纲要》顺利实施

《教育规划纲要》颁布之后，还需要正确的解读，以便执行者和公众更好地理解；有些尚未解决的问题还需要做深入的研究，以便提高认识，深入贯彻实施《教育规划纲要》，高等教育研究者应有所作为。《教育规划纲要》所提出的十大建设工程和十大改革试点，都是研究者所应承担或参加的责任。更重要的是教育理论工作者应承担预测、预警、反馈、建议的社会责任。下面从社会科学研究与社会发展的关系上，提出对高等教育研究应负的社会责任。

第一，从研究与政策的关系说，我认为对政府制定政策和宣传（解读）政策提供服务，是高等教育研究的重要作用之一，但必须摆正理论与政策的关系。首先是政策来源于在社会实践中所形成的理论，而不是理论来源于政策；其次才是政策为规范社会实践而需要研究者的解读。解读包含宣传与评论。这也是“从群众中来，到群众中去”的原意。现在制定政策者往往只要求研究者为政策“到群众中去”服务，忘记或不要求研究者对政策“从群众中来”起作用；而对于“到群众中去”，也只是要求研究者宣传政策而不愿听到评论。值得高兴的是，经过近两年的酝酿、沟通、修改的《教育规划纲要》在前所未有的程度上吸纳了群众的意见，包括研究者的意见，较好地体现了“从群众中来”，因而可能较好地“到群众中去”，也使研究者能较好地负起社会责任。

第二，从研究与实践的关系说，在中国，宏观的教育理论研究成果，一般要通过政策作为中介才能较好地转化为实践；但微观的教育理论研究成果，大多不一定需要通过政策而能直接转化为师生的实践。从数量上说，后者多于前者，但往往进不了教育领导管理部门的视野，也很难得到教育研究规划的立项与资助。作为高等教育研究者，研究工作为教育政策服务或直接为教育实践服务，都是我们的社会责任。最好是能够将两者结合起来。例如，承担《教育规划纲要》的重大项目和参与改革试点，既提供政策延续与细化的

理论指导，又或多或少可以直接转化为教育实践。

第三，从研究与应用的关系说，理论的探索是研究工作的社会责任，理论的应用也是研究工作的社会责任，可能是一种更为现实与更为重要的社会责任。在教育理论探索上有所创新并被确认为具有一定的普适性与可行性不容易，而运用教育理论解释教育现象、解决教育问题，并具有一定的预见性也不容易。关于金融危机对高等教育的影响预见不足，从而不能预为之谋就是我们研究工作者所应当自我“问责”的。总之，高等教育研究的社会责任，不仅在于探索与创新理论，更在于应用理论，分析现状，发现问题，提出意见，总结过去，预测未来，及时提出有预见性的研究成果。

当前高等教育改革与发展的若干趋势①

伴随着高等教育的迅猛发展，高等教育质量成为大家关注的焦点。如何围绕提高质量来推进高等教育的改革和发展，首先要解决的是高等教育质量及价值取向问题。高等教育质量的提升，必须通过优化师资、增加经费、更新仪器设备、改善校园校舍等途径来解决教育资源不足的问题。当前，高等教育改革与发展的趋势主要体现在三个方面。

一、从数量增长到质量提高

二战之后，从 1950 年到 1980 年，世界大学生数量，几乎每隔 10 年就翻一番，见表 1。

表 1　1950—1997 年世界大学生数

年份	1950	1960	1970	1980	1990	1997
生数/万人	650	1 210	2 810	5 100	6 860	8 820

数据来源：联合国教科文组织，《世界教育报告（1998）》。

世界高等教育数量迅猛增长的趋势，是由几种因素所促成：首先，是生产力的提高、社会的进步、自然科学和社会科学的发展。二战之后，经济相

① 原载《临沂大学学报》，2011 年第 1 期。

对繁荣、科技快速发展、生产力大大提高，对专业人才的需求增加。过去很多工作只要中学程度的人才就够了，但是随着科学的发展，需要大量受过高等教育的人才，这是生产力提高的需要。这是最基本的原理。第二，在20世纪后半期，由于生产力的大提高，人们生活水平也提高了，义务教育普及率也大大提高，许多国家的高中教育基本普及，因此许多青年人有能力，也有愿望接受更高一级的教育，对高等教育提出了新要求。第三，20世纪后半期，有两个理论对高等教育发展起了推动作用：一个是高等教育机会均等理论。原来的民主、平等只提到义务教育，每人都要受义务教育。20世纪后半期提出的高等教育机会均等是每人都可以而且应该接受高等教育。这个理论起了很重大的作用。二是人力资本理论。过去提到资本就是物的资本，到了20世纪中叶，美国、欧洲包括苏联的理论界都论证了人力资本对经济发展、国家富强的重要性不亚于物的资本。人力资本理论使许多国家感觉到投资教育来培养人才、提高人力资本能够大大增强综合国力和核心竞争力，许多国家的政府也有兴趣推动高等教育的发展。综合上述因素，20世纪后半叶成为高等教育数量猛增的时期，也就是说原来的高等教育是少数人的特权，到了20世纪后半叶慢慢成了高等教育机会均等，接受高等教育成为人民的一种权利而不是特权，所以高等教育发展很快。①

由于新中国成立前高教资源稀缺，中国大学生数很少（最高年份的1947年仅15.5万人），新中国成立后又走过一段曲折的道路，增长不是很快。但到20世纪末至21世纪初，却以史无前例的速度扩大规模，10年间的增长达6倍多（见表2）。

① 潘懋元．高等教育发展趋势座谈录［J］．大学教育科学，2010（1）：3－8.

表 2　我国普通高校本专科大学生数

年份	大学生数/万人	年份	大学生数/万人
1998	340.88	2004	1 333.50
1999	413.42	2005	1 561.78
2000	556.09	2006	1 738.84
2001	719.07	2007	1 884.90
2002	903.36	2008	2 021.02
2003	1 108.56	2009	2 144.66

数据来源：历年教育事业发展统计资料。

注：如按宽口径计算，2009 年度大学生达 2 826.6 万人。

为适应经济和社会发展的需要，提高综合国力，满足人民群众提高文化水平和就业能力的愿望，适度加快数量增长、扩大发展规模，较快地进入大众化阶段，是必要的、正确的。但问题在于准备不足，扩招过快，高等教育资源不能同步增长，违反教育发展规律。教育发展规律即教育的发展受社会所能提供的教育资源所制约。高等教育增量太快，教育资源尤其是优质资源不能同步增长，使教育资源的供求失衡，势必导致教育质量下降。这是世界和中国高等教育增量太快时都面临的教育质量危机。对此，1998 年在联合国教科文组织首届世界高等教育大会颁布的《关于高等教育的变革与发展的政策性文件》中就指出："质量已经成为高等教育中人们所特别关注的问题。"而中国在 2007 年十七大报告中强调指出"优先发展教育，建设人力资源强国"，并以"提高高等教育质量"作为教育发展战略重点。这一点体现在《国家中长期教育改革和发展规划纲要（2010—2020 年）》中，即数量继续稳步增长，结构有所调整，侧重于质量的提高与保障。因此，可以说中国第三个 30 年，至少是 2020 年之前，高等教育发展的各项工作，将围绕质量提高与保障而展开。

二、从单一化价值追求到多元化分类发展

高等教育的发展要以质量的提高与保障作为核心，那么必须认识到的问

题是：质量的指向是什么？也就是高等教育的价值追求是什么？这就是要树立适应时代发展的高等教育质量观！

传统的大学是精英教育。精英教育的质量指向——价值追求是“高深学问”。以理论知识的深浅、学术水平的高低作为评价质量的标准。这种单一化的价值追求，已不适应现代社会多样化专门人才结构的现实。而现代社会对专门人才的需求表现为：其一，量大；其二，多样化。高等教育大众化，满足“量大”的需求，但还必须从单一化到多元化，使人才培养符合现代社会的人才结构。2008 年我国高等教育毛入学率为 23.3%，已届大众化阶段。大众化阶段的教育质量，就不能仅仅用高深学问做标准。

我国已经是名副其实的世界高等教育的第一大国，但还不是世界高等教育的强国。如要实现世界高等教育强国的目标，我们就必须审时度势，根据新的时代要求对我国高等学校进行科学的分类，使不同类型的高等学校培养符合我国现代化建设和创新型国家建设所需要的高素质的多样化人才。但是，由于思想准备不足、理论研究滞后、政策引导不到位，全国高等学校目前出现了分类不清、定位不明、发展方向趋同的现象。导致大多数高校还是一个模式、一种发展路径，按照传统的精英教育模式培养学生，造成了“千校一面”“千军万马争过独木桥”的局面。

传统大学的精英教育模式需要的就是学术水平的提高，或者叫作研究高深学问。如果到大众化阶段，所有的大学生都研究高深学问，那么生产、管理、服务还要不要有专门人才？大众化需要的是大量的应用型人才，即能够在各部门把理论转化为生产力、转化为实践的人才。这类人才培养的质量取向或者价值取向就不能按传统大学的标准。质量提高对各种高校的要求并不一样。现在的评估体系，只按照传统大学的基本体系制定统一的评估标准，这是不符合多样化的人才培养价值取向的，这要求高校必须进行分类定位，分类发展。

在《国家中长期教育改革和发展规划纲要（2010—2020 年）》第七章第二十二条中就曾指出：“……重点扩大应用型、复合型、技能型人才培养规模……”“促进高校办出特色。建立高校分类体系，……引导高校合理定位，克服同质化倾向，形成各自的办学理念和风格，在不同层次、不同领域办出特色，争创一流。”全国两千多所普通高校，数以万计的专业，必然要按不同的模式分类发展。高等学校的分类，按照分类的逻辑来说，可以有不同的分类，但最基本的是按培养人才的目标进行分类，以适应社会专门人才结构。根据现代社会专门人才结构和中国高等教育进入大众化阶段的实际，参照联合国教科文组织《国际教育标准分类》的框架，普通高等学校及其专业，大致可分为三种基本类型。

第一种类型，综合性研究型大学：以基础学科和应用学科的基本理论为主，研究高深学问，培养拔尖创新的学术型人才（包括自然科学、社会科学）。其培养层次为：本科（学士学位）→硕士（学位）→博士（学位）。以学习基础学科和应用学科的基本理论为主，研究高深学问，培养学术人才，也就是前人所谓“大学者，研究高深学问之所也”。这类高校数量不宜过多，规模不必太大，我国主要是以“985 工程”院校和部分“211 工程”院校为主体。

第二种类型，应用型本科高校：可以是多科性或单科性专业型大学或学院，以各行各业的专业知识、技术为主，培养应用型高级专门人才，将新科技转化为生产力（包括管理能力、服务能力）。多科性可以称作大学，单科性的称作学院。在这里，大学与学院并无层次高低之分，只是多科与单科之别，其培养层次均为：本科（学士学位或专业文凭）→专业硕士（学位或专业文凭）→专业博士（学位或专业文凭）。主要以学习各行各业的专门知识为主，将高新科技转化为生产力（包括管理能力、服务能力），培养不同层次的应用型专门人才，如工程师、医师、律师、教师和管理干部等。这是一个相当庞大而且复杂的院校群，包括一部分“211 工程”院校、一般部委属院校、地方高校、民办本科院校以及独立学院。

第三种类型，职业技术高校：也可以是多科性或单科性职业技术型院校，以各行各业、各职业岗位实用性职业技术为主，培养生产、管理、服务第一线专门人才（包括高职专科、高职本科）。其培养层次为：专科（副学士学位或职业技术文凭）→职业技术本科（学士学位或职业技术文凭）→职业技术硕士（学位或职业技术文凭）。主要以学习各行各业职业技能为主，培养不同层次的生产、管理、服务第一线的技能型人才。以工程技术技能人才为例，包括高级技工、技术员以及施工管理工程师。从经济发展与社会需求来看，这一类型的院校，当前应当以培养专科层次的人才为主，但随着生产集约化程度的提高，将逐渐延伸为本科层次以至培养研究生，也可转入应用型本科继续学习，就像中国台湾的技职学校一样，成为有别于普通高校的独立系统。

三种类型的区别，主要在于人才培养目标不同，并无层次高低之分，更无社会地位之别。各种类型之间，可以架设“立交桥”，也就是第三种类型学校的学生，可以补修若干理论课程而考转第二种类型学校以至第一种类型学校；第二种类型学校以至第一种类型学校的学生，也可以补修若干职业技术课程考转第三种类型学校；第一种类型学校与第二种类型学校之间也是如此。为了方便学生根据自己的志向或就业的需求选择专业，应尽可能让学生自主选择而不必强求划一、过多限制。在当前金融危机导致就业困难的情况下，这种“以生为本”的措施可以起一定的缓解作用。

各种类型高等学校要根据自身特点科学定位，追求特色发展。在上述三种类型中，学术型大学有传统的综合性大学模式可依，有所谓世界“一流大学”的成例可借鉴；职业技术高校虽然是20世纪初才开始发展，并且由于一开始国家政策上就有了明确的规范，经过了近十年的理论探讨并在实践中积累了一定的办学经验，如果政策引导到位，以上两种类型的定位，比较容易。应用型本科高校，情况复杂，有历史较长的省属老校，一向按传统的精英教育大学模式办学；也有不久前才“专升本”的新建本科院校，受单一化的评估体系所制约，也沿着传统的路子办学。如何引导这一类型的高校正确定位，培养应用型专门人才，是当前分类指导的重点和值得进一步研究的难点。

应当强调指出，每一类型都应该有重点高校，都可以培养不同层面的拔尖人才、一流人才，都可以成为国内（省内）知名、国际（国内）有一定影响的“一流大学”。现在，第一种类型有“211工程”“985工程”院校，第三种类型有“示范性高职”，其用意在于鼓励不同类型的高校，争创一流。只是这种评判是自上而下的，高校处于被动地位，缺乏自身的动力；社会置之度外，缺乏支持的力度。同时，对于第二种类型高校，虽有“本科质量工程”的设置，但其导向并非“应用”。而且这些鼓励，很难惠及民办高校。实际上，有的民办高校虽然还只是高职高专或新建本科院校，但由于其办学特色鲜明，质量较高，受学生和家长的欢迎，为社会所称贺，已经开始崭露头角，成为国内甚至国际知名的大学了。再如，解放以前的立信会专、湘雅医专、无锡国专、上海商船专、杭州艺专、东亚体专等，虽然都只是专科层次的高校，但在国内外都声名卓著。因此，每一种类型的高校都可以成为知名的有影响的高校，问题在于能不能办出特色。每所高校，在制定发展战略时，都必须实事求是地根据学校所处的客观环境、社会需要状况与自己的特点和优势，确定目标，力争在各自的层次和类型中成为一流高校。

第一种类型所培养的拔尖创新人才，虽然随着科学技术、生产力水平的提高和社会文明程度的提高，数量有所增长，但不必也不宜过多；第二、第三种类型的专门人才，则是“数以千万计”的。第一类型有传统大学精英高教模式为依据，有西方的所谓“一流大学”的模式为借鉴。但须进行现代化、本土化的改造与完善。

第三种类型的定位，理论上较为明确，并有几条较为具体的规范：①培养目标：职业技术人才。②课程设置：理论够用，着重应用知识。③教学要求：加强实训，培养技能，实训时间应达到40%～50%。④师资队伍：“双师型”教师应达到一定比例。实际上，近10年来，已积累了一定的办学经验，编写了数以千计的高职教材，选拔出了100多所示范性高职。

第二种类型，情况复杂，门类繁多、强弱悬殊、高低不一。既有历史悠久的老大学或学院，也有新建的本科院校；既有面向全国的行业特色型大学或学院，更多的是地方院校；有的长期受传统大学的影响，重理论、轻应用；有的刚从专科升格为本科，旧的模式不适用，新的模式未建立。可见，第二种类型是当前高等教育分类定位的研究重点。这一类的高校具有若干共同特点——以培养应用型人才为主，个别学科可以培养学术型人才；以培养本科生为主，某些学科专业可培养研究生；以教学为主，同时开展应用性、开发性研究；以面向地方为主，某些专业可面向地区和全国……因此，第二种类型高等学校，在学校总体上，一般应定位于：应用型本科；立足地方，为地方服务；单科性或有所侧重的多科性；教学型或教学为主的教学研究型。

第二种类型学校根据应用型本科定位进行建设，要着重解决两个问题：一是转变观念。越来越多的第二种类型高校，将原来定位于综合性、研究型

（学术型）大学改变为多科性、应用型高校，但在传统的重理论、轻应用的思想影响下，这一转变要成为全校以及管理部门的共同认识与建设方向，还需做很多有说服力的工作。二是落实行动。有些地方大学，虽也标榜培养应用型人才，为地方服务，但并未落实到具体规划和实际行动上。在专业设置、课程建设、管理机制、业绩考核上，尤其在教师队伍建设上，仍然走传统大学的老路，同质化倾向严重。

三、从求大求全到苦练内功——以教师发展为中心

在高等教育数量猛增时期，求大求全成为促使同质化倾向的洪流。既有办学者"不落人后"的心态，更多的是受外部原因所驱使。这包括：教育经费的拨发或筹措、教育政策（包括地方教育政策）的引导、排行榜的推波助澜等。高等教育的内在发展要求从数量增长到质量提高，这就意味着每所高校要从求大求全到练好内功。内功体现于高校的方方面面，最主要的决定性因素是教师队伍建设。

《国家中长期教育改革和发展规划纲要（2010—2020年）》明确将"加强教师队伍建设"作为教育质量保障体系（"保障措施"）的首要专项，并进一步指出，"教育大计，教师为本"，要"使教师成为受人尊重的职业"。

自1999年扩招以来，各级高等教育主管部门和高等学校，比较重视教育资源中的硬件建设，尤其是校舍建筑，力求华丽。对于师资队伍建设，重视不足，有些措施舍本逐末。教育资源中的校园校舍，大体能按比例增加；高教经费，总量增加，生均经费下降；师资的数量与质量，成为高等教育进一步发展的瓶颈。

因此，当务之急就是以师资队伍建设来保障和提高教育质量。在大学师资队伍建设上，高等学校采取了许多措施。如：以优惠待遇从国外引进人才或从兄弟院校招聘教师；加强教师绩效管理，整顿教师评聘制度；制订教师培训计划，鼓励教师脱产或在职进修；等等。这些措施都有一定效果，但从根本性、长远性考虑，要引领大学教师自我发展。

在大学教师队伍建设上，有必要树立一些新的理念，提出一些新的要求，

采用一些新的模式，例如以下几点。

树立大学教师发展的理念。教师发展（Faculty Development）和一般所说的教师培训，是两个有密切联系的不同概念。教师培训着重从外部的社会、组织的要求出发，要求大学教师接受某种规定的教育、培训；教师发展着重从教师主体性出发，自我要求达到某种目标。教师发展离不开某种形式的教育、培训，但更应重视的是教师的自主性、个性化，促进教师自主学习、自我提高。

重视实践能力的提高。培养应用型专门人才的教师队伍。既要有一定数量标志学术水平的高学位、高职称（学衔）教师，更要有相当数量标志实践能力的专、兼职工程师、技术员、经理等。因此，派出或在职进修教师，不只是为获得博士、硕士学位，更要到有关部门挂职学习（历练）。

希望教育主管部门和高校，改革或出台有利于应用型本科教师发展的规章、条例。如：评聘制度，学术水平与实践能力并重，不以论文篇数论人才；尊重基础课、实习实训课教师的地位，拓宽大学教师发展的空间。

参考文献

潘懋元，董立平．关于高等学校分类、定位、特色发展的探讨［J］．教育研究，2009(2)：33－38.

2030年中国高等教育现代化发展前瞻①

2015年5月，在联合国教科文组织发起举办的韩国仁川世界教育论坛上，来自100多个国家和地区的1 500多名代表共同发表《仁川宣言》，将全球教育2030年的发展愿景概括为“确保全纳、公平、有质量的教育，增进全民终身学习机会”。这一愿景不仅是面向2030年的全球教育发展愿景，也是面向2030年的人类社会可持续发展愿景。2015年9月，193个国家和地区的领导人齐聚联合国发展峰会，一致通过“2030年可持续发展议程”，就人类可持续发展的17项目标达成共识，“全纳、公平、有质量的教育以及全民终身学习机会”作为其中第4项目标。2015年11月，联合国教科文组织第38次大会正式发布《教育2030行动框架》，重申“全纳、公平、有质量和终身学习”的教育发展愿景，并提出了十个方面的具体目标和相关策略。在上述背景下，如何落实《教育2030行动框架》，已成为各国教育改革发展的重要议题。

从《仁川宣言》和《教育2030行动框架》的内容来看，其背后蕴含的教育平等、以人为本、可持续发展、国家主导的多方利益相关者行动以及民主、包容、共享、多元等诸多美好理念，是联合国教科文组织多年来一直倡导的现代教育理念。这些理念在联合国教科文组织的各种教育文件中多次提及，已经得到世界大多数国家的广泛认同，并成为各国教育现代化的基本价值取向。对我国教育界来说，这些理念并不陌生，它们与我国社会主义教育宗旨以及党的十八届五中全会提出的“创新、协调、绿色、开放、共享”的社会

① 原载《中国高等教育》，2016年第17期。作者：潘懋元，李国强。

发展理念，在内涵上具有高度的一致性。2016 年 4 月，我国发布《落实 2030 年可持续发展议程的中方立场文件》，文件中阐述了我国关于落实可持续发展议程的原则和主张，介绍了我国的发展理念、发展政策和已经开展的落实工作。在教育领域，以“深入推进教育现代化”为主题，启动了“教育 2030”行动计划的研究制订工作。

正如《落实 2030 年可持续发展议程的中方立场文件》中提到的，各国应根据自身国情和能力，采取自主自愿和“共同但有区别的责任”原则，为全球落实可持续发展进程做出贡献。目前我们讨论中国教育面向 2030 推进教育现代化，也应该在我国教育与社会改革发展 30 多年的基础上，结合现实国情、教情，探讨如何进一步贯彻现代教育理念、如何深化教育改革、如何完善我国现代教育体系等问题。作为主要从事高等教育研究的理论工作者，我们着重于探讨《仁川宣言》与《教育 2030 行动框架》对未来 15 年中国高等教育现代化的启示。

一、深刻理解现代高等教育的内涵

《仁川宣言》对高等教育的直接描述，着墨不多，但许多重要议题均与高等教育相关。如推进问责制、透明管理、参与式治理、增加教育公共投入以及加强教育国际交流合作等，都是高等教育改革发展的应有之义。《教育 2030 行动框架》对高等教育的描述较多，大致包括以下内容：①扩大高等教育机会，确保高等教育机会公平，消除性别差异与照顾弱势群体。②职业技术教育和普通教育相互沟通，消除公私部门壁垒，建立有效的公私伙伴关系。③重视高等教育质量保障，确保高等教育资格证书的可比性与认可度，实现高等教育机构之间学分转移。④制订优质课程远程教育计划，高等教育网络资源开放共享，并保证质量。⑤制订高等教育研究能力发展计划，鼓励学生尽早接触自然科学技术研究。⑥开展高等教育国际交流合作，推动国际间高等教育资格互认。⑦提供终身学习机会，高等教育机构融入终身学习体系。

针对《教育 2030 行动框架》的内容，结合我国高等教育改革发展的情况来看：①在扩大高等教育机会、保障高等教育机会公平以及努力推进高等教育国际交流合作方面，我国在现有教育资源条件和能力基础上已经尽了很大努力，做出了不少成绩。②高等教育质量保障体系建设、优质课程资源网络共享、鼓励大学生参与科研、试行弹性学制或高等教育逐步融入终身学习体系等工作，正在不断深入推进过程中。③消除职业教育与普通教育之间壁垒、消除公私部门之间壁垒的工作，如学分互认、混合所有制，有的地方和高校正在探索之中。

面向2030推进中国高等教育现代化，可以针对《教育2030行动框架》的内容，继续推进上述工作，但是，中国高等教育现代化的发展任务绝不应拘泥于《教育2030行动框架》中提出的几项具体工作。进一步说，《仁川宣言》和《教育2030行动框架》可以帮人们理解现代高等教育的内涵，但中国高等教育现代化有自身的发展轨迹、独特的问题。

二、准确把握我国高等教育未来15年的核心问题

要明确稳妥地推进高等教育现代化，必须对我国高等教育发展的历史阶段性和特殊性、未来15年的核心问题和即将发生的变化有准确的把握和认识。

我们认为，未来15年，中国高等教育将发生一系列重大变化。最明显的变化是高等教育在数量上将很快进入普及化发展阶段。由于之前十几年的高等教育规模扩张，加之20世纪90年代中后期以来各年度人口出生数量相比之前大幅降低，我国2015年的高等教育毛入学率已达40%，预计2019年将达到50%，进入美国社会学家马丁·特罗所说的高等教育普及化发展阶段。[①] 2030年，高等教育正在普及化的道路上继续前进。[②] 高等教育毛入学率显著提升，既满足了人民群众日益增长的教育文化需求，又适应经济社会提高生产力与生活水平的需要。但是目前的高等教育发展也存在不少隐忧。

---

① 1999年以来，我国高等教育用短短20年的时间实现普及化，发展速度甚至快于西方历史上最快的美国的高等教育毛入学率从1949年15%到1971年50%的增长速度。

② 2016年“二胎”生育全面放开后的出生的人，2030年尚未达到高等教育入学年龄，毛入学率不受影响。

20世纪70年代初，马丁·特罗根据美国高等教育经验，结合对欧洲高等教育的观察，提出了“高等教育发展阶段理论”，得到国际上广泛的认同。他认为，高等教育规模从精英阶段进入大众化阶段以及从大众化阶段进入普及化阶段时，高等教育理念、功能、课程和教学形式、学术标准、入学条件、管理模式和利益相关者的关系等，都有新的变化。而其中最重要的是高等教育理念的变化。如果进入普及化阶段，人们仍然以大众化甚至以精英化的理念来对待普及化，必将阻碍普及化阶段的现代化发展。

21世纪初，具体说，2002年，中国高等教育在数量增长上就进入了大众化阶段。但人们的高等教育理念仍停留在精英化阶段，以精英化的教育价值观、质量观、功能观和精英人才的培养目标、课程教学以及教育机制对待大众化高等教育，制订高等学校的发展战略与规划。以致绝大多数的高等学校，尤其是本科院校，包括新办本科院校，都是以精英化教育为标准的，沿着传统大学单一的道路走，脱离社会所需要和可容纳的实际，导致高校同质化、学生就业难。直到近几年，才提出新办院校要培养应用型人才，走大众化道路。不少高校仍在观望中，其中不少虽然表示要走大众化道路，培养应用型人才，实际仍按照精英化模式办学。也就是说，认识落后于实践，阻碍了事物的变革与发展。如果理念跟不上实践的发展，进入普及化阶段，问题可能更为严重。

三、科学构建普及化阶段高等教育的理念

进入普及化阶段，最重要的是改变高等教育的价值观、质量观、功能观等理念。

《仁川宣言》2030年的愿景，有助于我们建构普及化的高等教育理念：一是“全纳”，这是普及化的基本理念。所有适龄青年，都应当接受高等教育。接受高等教育，已不是精英化阶段少数人的特权或大众化阶段众多人的权利，而是所有适龄公民的义务。未来，所有公民都应具有高等教育的知识技能和身心素质，使教育“公平”成为社会公平坚实的基础。二是“质量”，这是教育永恒的核心。在大众化和普及化阶段，不论正规的学校教育、非正

规的多种形式教育，都应当是“有质量”的教育，但不都是传统的精英化的学术质量，而是多样化的质量，达到个人成长的素质同适应社会的知识能力的统一。高等教育普及化的不断发展，最终将融入终身教育体系中，成为终身教育体系组成部分。高等教育不再是人生学习生活的终点、学制层次的塔尖，而只是像初等教育、中等教育一样，作为终身学习的一个阶段。总之，《仁川宣言》的愿景，有助于我们理解高等教育普及化的理念。

理念的改变，还必须落实到制度的转变和多样化的高等教育实践活动之中。例如：正规的高校教育制度与非正规的多样化高等教育并存；招生方式从考试选拔落实到以入学登记为主；管理制度从自上而下的管理到广泛的利益相关者的治理；从高校办学自主化到法人化制度的确立；尤其是新科技改变课程与教学的运行；等等。这些都是我们的高等教育理论工作者应当研究的问题。

对高等教育改革发展进行预判或预测，会受到内外部各种因素变化的多重影响。高等教育研究工作者的社会责任，促使我们必须根据所掌握的国内外历史经验知识，担负起高等教育发展预判、预测以至预警的任务。在面向2030推进我国高等教育现代化的过程中，本文旨在抛砖引玉，希望引起大家共同关注和探讨。

中国高等教育的转型发展[①]

2015 年，联合国教科文组织在韩国开一个会，发布《仁川宣言》。这个会讨论了 2030 年世界高等教育发展的趋势。高等教育大众化、普及化，是一个国家高等教育的必然趋势，发达国家已经走过了这个历程，发展中国家正在走这个历程。有人认为中国扩招以来，发展太快，应当停下来。为什么不能停下来？一个最根本的道理，就是国家必须不断地发展，高等教育必须引导国家的经济社会、生产科技等，不断地向前发展。邓小平同志说发展是硬道理，为什么是硬道理呢？最根本的道理就是最大限度地满足人民日益增长的物质与文化需要。当前，对于高等教育来说，还有一个更迫切的任务，就是要推动现代经济社会的转型发展，所以不能像过去那样子说因为增长太快就要停下来。

我们必须坚定地走高等教育大众化、普及化道路，而且要坚定地走高等教育国际化道路，因为这是满足人民群众物质与文化增长的需要，也是转型发展的需要。我国需要大批科学家，因此我们需要学术型大学；但是不能把所有学校都办成学术型大学，都去培养科学家，因为单凭科学家不行，科学家只能做排头兵，不能做主力军。主力军是什么人才？是工程师、技术员，是应用型大学培养出来的人才。

高等院校的人才培养包括两部分：一个是本科，另一个是高职。现在全国一半以上的院校是高职，但这几年高职的学生数量减少了，本科生与高职

① 原载《玉林师范学院学报（哲学社会科学）》，2017 年第 1 期。

生的比例是 10∶7。要转型发展，不能只靠高职院校。要转型，就不能像传统制造业那样老是生产来料加工的那个低层次的制造业，是要转到“2025 制造业”的高端来，不是老跟在人家后面的低层次制造业，而是高层次的制造业、高端的制造业。例如，以机器人从事生产，那就不是高职生能够设计、制造、维修的，无人机、无人驾驶汽车的制造生产，恐怕也不是高职生能做的，至少要应用型本科大学培养的本科以上的人才。所以，为什么我们中国大多数本科高校必将不同层次、不同速度地转型发展，转型发展到应用型。我强调的是不同层次、不同速度，不能操之过急，只是要往这个方向走。高等教育大众化、普及化是必然的，而大众化、普及化就包括本科的转型发展，所以转型发展是高等教育现代化的必由之路。

高等教育转型发展是我们必然要走的路，然而碰到的困难很多，大概有以下方面：第一，传统思想的影响。这个传统思想的影响想必大家都知道，中国的传统思想是重学术轻应用。自古以来如此，至今仍然如此，大家都想去考北大清华，走北大清华的道路。第二，某些政策的导向。例如，招生政策，按高考分数分为一本、二本、三本，然后才是高职。现在虽然大多已经取消三本，有的地方也取消二本，但招生就凭一张考试纸，考知识，最重要考记忆力，当然也考应用题，考思维能力，但是招生考试能不能考一考动手能力呢？应用型大学的学生一是要考知识，二是要考动手能力，还要考查学生的素质。我们对高等教育转型发展的理论创新不够、经验积累不够、宣传推介不够，使得大家不明所以，难免感到焦虑、无所适从。

一方面，多年以来，社会总是引导高考生千军万马走独木桥，并以北大清华作为最高目标。这个引导违反了教育发展的规律。高等教育发展必须跟社会的需求相适应，高等教育要培养出能够推动社会发展的人才。但是现在人才市场上高科技的应用型人才难求，许多企业要转型发展，招不到能够带领企业转型发展的高科技人才。另一方面，一般高校每年培养出来的学生就业困难。如果我们还是按照老样子发展下去，不再及时转型，不再及时培养高科技的应用型人才，那么，我们的高等教育就必将会制约了社会的转型发展，从而陷入“中等收入陷阱”。一般本科高等教育必须转型发展，而转型发展需要能推动转型发展的条件，所以我不太赞成说加快转型发展，要看看哪个高校首先转、首先提出来，新建本科院校要动员转型，老本科大学要逐步转型，但是将来，在一定时期，必然要缓慢地、不同层次地转型，当然转型发展也不是只有一个模式，比如工科大学怎么转型？现在提倡要办“新工科”。这就涉及转型发展首先要转变理念，某些政策的阻力也是来自理念，政策的制定者有他的理念，因此，转变理念是制定政策者、管理者、办学者转型发展的前提。

一个可喜的现象是转型发展已成为当下高等教育发展的共识，体现在当前政策已经有所调整。比如说，2014 年就提出新成立的本科院校要转型为应用型科技大学；不少地方出台了一些鼓励转型的措施；许多地方高校已经积累了一些成功经验，各有特色，已经成为当前新闻报道的热点之一。其次，体制机制转型，我们可以借鉴德国建立应用型科技大学的模式。在应用办学模式上，德国有许多值得我们学习的东西，可以作为我们转型发展的借鉴。安徽一些学院近年来一直在借鉴德国的经验，他们在 2016 年专门出版一本刊物《应用型高等教育的研究（季刊）》，办刊宗旨突出，反映出办学者理念很明确，态度很坚决。

形成共识之后，还必须落实到体制机制上，如投资体制、招生体制、管理体制等。最后，要落实到课程与教学的转型发展上。

课程与教学的转变是核心。应用型创新人才通过应用型专业培养，应用型专业所形成课程体系要与产业链对应。也就是专业链要跟产业链对应，这是一个大家都知道的专题。在广西，就有一所高职，从农业高职变成一般的高职。一般高职很多，没有特色了。他们的对策是回到农业高职去。但不是回到原来的农业高职，而是向现代化的三农高职发展，将三农高职的专业链与现代化三农经济的产业链对接。原来的专业链最基本的是种植业，后来发展了农产品加工业、食品加工、轻工业加工。进而需要农产品及轻工产品的营销，也就是农业经济专业。现代化的农业经济需要面向国内甚至国外的大市场。因此，信息专业、计算机专业也成为与产业链对接的专业。

传统的学术型精品课程、统一教材也要转变为应用型课程教材，这是转型发展的核心，也是难点。学术型精品课程很多都是研究型大学教授编出的，学术水平很高，但难于应用。最早触动我的是安徽的一所学校，坐落在很偏远的山区，但是我知道他们要编一本应用型数学教材。为什么我重视这东西？因为我们知道，数学是系统性和逻辑性最强的，能突破转变为应用，就能起带动其他学科的作用。后来我才进一步了解到安徽省教育厅在编辑多种应用教材上已经走在全国的前面。

传统的以教为主的知识传授方法，也要转变为以学为主的课堂教学与实训并重，融合教学、科研为一体。通过科研发展科学，为当地社会经济发展服务。我们的应用型大学应该是培养人才，重视科研。应用型大学是否也具有科研的职能，我的答案是肯定的，因为应用型大学培养的是推动社会发展的创新人才，创新人才必须通过科研培养，不过不是纯理论研究，而是产品开发、技术更新等的应用型研究。

“双师型”的专业教师队伍建设是转型发展的保证。应用型创新人才是由教师培养的，高等教育能否转型发展，主要落在专业课程的教师肩膀上。校长可以起带头作用，但是所有工作最后都落到教师身上。现在高校教师大多数是由学术型大学培养出来的，而且许多是硕士和博士，他们一出校门就从事教师工作，但是对于教师是什么，如何当教师还没有心理准备，还有讲课能力需要锻炼提高。这些研究生往往是理论水平高、思维能力强，但是动手能力不足，所以要有针对性的发展“双师型”专业教师。在这方面，我建议教师同学生一起参加实训基地的学习与劳动，并在对口的企事业挂职。另外，聘请对口企事业的工程师、技术员、经理等来学校任教并给予必要的帮助。

总之，高等教育的转型发展是一条漫长而艰难的通道，要在理论上、政策上、实践上共同努力推进。

面向2030的高等教育发展：理念与行动①

联合国教科文组织于世界教育即将进入21世纪之际，在泰国宗迪恩发起并于2000年在达喀尔会议上强调了“全民教育理念”，提出“全民教育目标”。到2015年，许多国际组织纷纷开会总结15年间全民教育实施的成就，并展望下一个15年即2030年的愿景。其中最重要的有：2015年5月，由联合国教科文组织发起的“2015年世界教育论坛”在韩国仁川举行，论坛以“通过教育改变人生”为主题，发布了指引未来15年全球教育发展的《仁川宣言》。《仁川宣言》将全球教育2030年的发展愿景概括为“确保全纳、公平、有质量的教育，增进全民终身学习机会”。这既是面向2030年的全球教育发展愿景，也是面向2030年的人类可持续发展愿景。

2015年9月，在纪念联合国成立70周年之际，各国领导人聚集纽约联合国总部，讨论并通过了《2030年可持续发展议程》，将可持续发展理念引进全球教育发展战略中，并提出“确保包容、公平的优质教育，促进全民享有终身学习机会”的教育目标。②

在广纳这些研究成果的基础上，2015年11月，联合国教科文组织在第38次会议上正式发布了《教育2030行动框架》，并重申了“全纳、公平、有质量和终身学习”的发展目标。《教育2030行动框架》在《仁川宣言》基础上从多个领域阐述了高等教育发展议题，包括扩大高等教育入学机会、促进

① 原载《中国高等教育评论》，2018年第1期。作者：潘懋元，陈斌。

② 袁振国．2030，世界教育的首要话题［N］．中国教育报，2017-06-28（5）．

普通教育与职业教育合理衔接、提升高等教育质量标准、推进优质网络教育资源共享、加强国际合作与学历资格互认、构建终身教育学习理念等。

一、高等教育发展的背景与现实

展望愿景，必须立足现实。对于高等教育的发展来说，世界大多数国家，尤其是中国，所处的现实是高等教育发展从大众化阶段陆续进入普及化阶段，经济社会处于转型发展中。

（一）高等教育陆续进入普及化阶段

高等教育现代化进程中一个重要的特征就是规模的不断扩大。全球大学生数量已从第二次世界大战后的650 万人增长到20 世纪末的8 820 万人，高等教育规模在半个世纪增长了近13 倍。21 世纪以来，全球高等教育规模仍在持续快速增长，到2030 年，全球大学生总规模预计达到4 亿。据联合国教科文组织数据显示，2010 年全世界高等教育已步入普及化阶段的国家和地区有48 个。其中，美国高等教育毛入学率已超过95%，澳大利亚、新西兰、韩国、斯洛文尼亚等多国也在80% 以上，欧洲地区的多数国家已基本从大众化阶段过渡到普及化阶段，拉丁美洲的许多国家包括智利、墨西哥、巴西、委内瑞拉、阿根廷和乌拉圭等也相继步入普及化阶段，亚洲的新加坡、日本、马来西亚也在韩国之后陆续跨入普及化阶段。①

改革开放以来，尤其是1999 年高校扩招以后，中国高等教育规模呈现快速发展趋势。有学者预计，2030 年中国高等教育毛入学率将达到60%。同时，从每10 万人接受高等教育的比例来看，中国1990 年仅有326 人，1999 年增加到594 人，2010 年已达到2 189 人②。但是，从25 ~64 岁人口接受高等教育的比例来看，中国尚未达到10%，而OECD（经济合作与发展组织）

① UNESCO. Global education digest（2010）[EB/OL].[2018 - 01 - 02]. http://www.uis.unesco.org/Education/Page s/ged - 2012 - press - release.aspx.

② 2011 年全国教育事业发展统计公报 [EB/OL].[2018 - 01 - 02]. http://old.moe.gov.cn/publicfiles/business/htmlfiles/moe/moe_633/201208/141305.html.

国家的平均水平已超过30%①。虽然这是历史形成的，但也说明中国劳动人口接受高等教育的比例还严重落后。而较低的受教育程度和技能水平不仅影响个人的就业和收入，还会影响社会的生产与生活水平的提高。

当前，中国高等教育正处于大众化向普及化过渡的后期，精英化教育仍然存在，而且要有所发展，但大量需要的是大众化教育。因此，在未来十几年，中国高等教育必将出现精英化、大众化与普及化三种发展阶段特征并存的特点。

（二）高等教育要适应并推动经济社会的转型发展

中国经济如何在新常态下实现转型发展，是当前经济部门和社会各界关注的焦点。经济转型的核心在于产业结构转型，“产业结构转型，即经济活动在不同产业间的再配置过程，是多数走上工业化道路国家的普遍特征”。因此，“无论用产出比重还是用就业比重衡量，产业结构转型都会呈现 Kuznets 事实：伴随着经济发展，第一产业经济比重下降、第三产业经济比重上升、第二产业经济比重先上升后缓慢下降”。②

从全球范围看，经济社会正面临诸如工业革命4.0、人工智能等巨大变革。中国目前正面临“中国制造2025”、城市轨道交通、“互联网+”等大变革。凡此种种，无一不是为了适应经济社会的转型发展，也要求高等教育培养推动转型发展的多样化人才。经济社会的转型推动了人才培养模式的转型，人才类型应更加多样化，即从注重单一的学术型人才培养向少量学术型与大量应用型人才并育的结构性转变。

社会的高速发展带来繁荣的经济和优越的环境的同时，也伴随着潜在的利益博弈和价值冲突。人类社会本质上是一个充满了不确定性和非线性、风险性与脆弱性的复杂社会，地区战争持续不断，恐怖主义甚嚣尘上，核安全和网络安全风险并存，现代化发展及社会转型累积的矛盾将频繁地以地区战

---

① Education at a glance 2016：OECD indicators ［EB/OL］. ［2018－01－02］. http://www.keepeek.com/Digital-Asset-Management/oecd/education/education-at-a-glance-2016_eag-2016-en.

② 郭凯明，杭静，颜色. 中国改革开放以来产业结构转型的影响因素［J］. 经济研究，2017（3）：32－46.

争和社会冲突的形式显现。然而，文明是多彩的，人类文明也正是因为多样化才为交流提供了可能。在转型时期，文明和价值观的多样性将愈加凸显，我们需要以一种包容的态度对待每一种文化样式，这是全球实现可持续发展和构建人类命运共同体的必然选择和现实需求。当前，中国倡导和推行的“一带一路”即是基于文化和地区差异的共同合作倡议。

二、迈向2030高等教育发展的理念及其表征

从《仁川宣言》《2030年可持续发展议程》到《教育2030行动框架》，都以“全纳、公平、有质量和终身学习”四个理念作为2030的教育发展的愿景。对这四个理念的深入理解，是我们探讨2030高等教育发展的前提。

（一）全纳——让所有学生都能接受高等教育

通过教育实现全纳目标是使教育变革具有深远意义的基石。全纳教育（inclusive education）最早是指对残疾儿童的教育，其含义于1994年由联合国教科文组织在西班牙萨拉曼卡召开的世界特殊教育大会上确认。此次大会将其意义提升，包含以下三方面的含义：首先，全纳倡导面向所有学生，反对任何歧视和排斥学生的行为；其次，应兼顾不同学生的个性需求，为不同学生提供适合各自身心发展需要的教育；再次，为学生提供未成年和就业所需要的持续教育。[①] 英国作为最早将全纳教育理念付诸实践的国家之一，其早期的全纳教育实践更多是将其视为一种基本的人权。“全纳教育提出，学校要容纳和服务所有学生的思想是完全与人权观相一致的，也确实是人权观的一种体现。”[②]

全纳教育作为一种新的教育理念和教育思想，象征着一种新的教育价值观的兴起。全纳教育理念有助于联合国教科文组织所推行的“全民教育目标”和“千年发展目标”的实现。更关键的是，面向2030，随着各国高等教育陆

---

① 杨梅，袁李兰.“全纳”还是“特殊”：英国关于全纳教育的争议［J］.比较教育研究，2017（3）：82－88.

② 黄志成，王伟.英国全纳教育研究的现状［J］.外国教育研究，2002，29（3）：13－16.

续从大众化向普及化阶段过渡，全纳教育思想将逐步为多数人所接受，也必然成为高等教育普及化阶段的基本理念。届时，所有适龄青年都应接受高等教育。而且，接受高等教育已不再是精英化阶段少数人的特权，或大众化阶段多数人的权利，而是所有适龄青年的义务。

全纳教育理念倡导包容，鼓励多元。包容是增进不同文明样态相互理解的基础，多元是繁荣人类文明财富的保障。每一种教育理念都是积极探索的成果，每一项教育行动都是推动教育发展的重要力量。全纳教育不仅在于让我们更好地理解教育世界，更是致力于有效地塑造教育世界。21 世纪的高等教育应具有可持续的普遍性，既要保障所有适龄青年接受高等教育，又要让更多的非传统学生有机会接受各种形式的高等教育；既要积极推动公立高等教育的发展，又要为民办等其他类型高校的发展提供必要的支持；既要继续支持精英教育模式的发展，更要全面推动多种类型的应用型高校的发展。

（二）公平——教育公平是社会公平的基础

在《教育 2030 行动框架》所勾勒的七大目标中，明确提出了到 2030 年，“确保所有人负担得起优质的职业技术教育和高等教育”，“确保所有学习者获得必要的知识和技能以促进可持续发展”。这些目标旨在努力推进教育，尤其是高等教育领域的公平。高等教育公平在于确保每个适龄青年均享有平等接受高等教育乃至优质高等教育的机会。当中国高等教育由大众化转向普及化阶段时，每个适龄青年以及超龄的成人都可以也应当享有接受高等教育的机会。但是，仍然存在不符合“公平”理念的问题。

当前，中国高等教育的公平问题主要表现在高等教育资源在城乡与区域之间分布不均衡。从城乡差异来看，出身于农村的高中毕业生享有优质高等教育资源的机会远低于出身于城市的学生。从区域差异来看，中国高等教育资源呈现从东到西逐步递减的趋势，并且此种趋势在市场经济的驱动下更加显著。人才流动出现“孔雀东南飞”现象，导致西部高校人才流失严重，其根源就在于不同区域间高等教育资源存在显著差异。从国际上看，中国、印度等许多发展中国家出现持续性的“人才外流”现象也客观上反映了高等教育发展在不同国家间存在显著不平衡。

一个和谐的社会必然是一个人人享有平等受教育权的社会，是一个能有效支持能力发展和社会流动的社会，也是一个教育资源得以合理配置的社会。从国际上看，个人收入分配将越来越受教育与技能水平的影响。这就是说，教育公平是社会公平的基础：每个人的收入分配与所产生的社会影响，将越来越多地受其所受的高等教育与职业教育的制约；每个人对社会发展所做的贡献，更是取决于所掌握的知识与技能。

（三）质量——多样化的有质量教育

无论在精英阶段，还是在大众化或普及化阶段，质量始终是高等教育的生命线，只是在不同阶段其发展定位和培养规格有所不同。当高等教育所面临的外部情境发生变化时，其质量标准理应有所改变。根据《教育大辞典》的解释，教育质量“所指的是教育水平和效果优劣的程度”，“最终体现在培养对象的质量上”；“衡量的标准是教育目的和各级各类学校的培养目标。前者规定受培养者的一般质量要求，亦是教育的根本质量要求；后者规定受培养者的具体质量要求，是衡量人才是否合格的质量规格”。[①] 联合国教科文组织于 1998 年在巴黎召开首届世界高等教育会议，并在通过的《21 世纪高等教育世界宣言：展望与行动》中声明，高等教育的质量标准“应鼓励多样化”。

我们认为，高等教育的质量标准可分为两个层次：一是一般性的基本质量要求，二是具体的人才培养规格。前者所针对的是所有类型的高等教育，也就是全面发展的专门人才；后者则是根据各级各类高等教育的具体培养目标确定的教育目标与规格。古典时代的高等教育倡导以“闲逸好奇”的精神追求高深学问，他们力求理解自己所生活的世界，忠实于永恒的真理，成为那个时代高等教育不证自明的目的和标准。古典时代的高等教育无疑是精英模式的教育，是一种为少数人所特有的权利。然而，当高等教育由精英化向大众化乃至普及化阶段过渡时，精英教育虽仍存在并有所发展，但多样化的应用型、职业型高等教育将大规模发展，因此，必须持多样化的质量观点。

构建多样化的高等教育质量观是适应生产力发展和经济社会转型的必然要求。转型社会既需要一定数量的研究高深学问的科学家，更需要大量的工程师、管理人员和高水平的具有创新能力的技术人才。在转型时期，高等教

① 顾明远．教育大辞典［M］．上海：上海教育出版社，1999.

育所培养的人才需要“适销对路”，培养更多的“大国工匠”。而且，多样化的高等教育发展标准可有效改善目前中国高校趋同的现状，引导高校分类办学、合理定位和差异化发展，促进高等教育资源得以合理配置和有效利用。

（四）终身教育——促进全民享有终身学习机会

教育对个体成长和社会发展持续不断的作用，改变了人们只按年龄分期接受教育的观念。过去，我们习惯将人的一生大致分为儿童期、青年期、成年期和老年期四个阶段，接受正规学校教育的阶段基本限于儿童和青年期。成年期是从事职业的时期，而老年期则为退休时期。这种划分方式已难以适应现代社会的发展需求，更遑论以此适应未来社会。联合国教科文组织在其发布的《教育——财富蕴藏其中》的报告中曾言，“今天，谁都不能再希望在自己的青年时代就形成足够其一生享用的原始知识宝库，因为社会的迅速发展要求不断地更新知识”。① 终身教育超越了传统基础教育与继续教育之间的阻隔，它是21世纪推动人类社会进步的基本动力，也是不断适应瞬息万变的职业需求和努力契合个人生活需求的必要条件。

在高等教育普及化阶段，终身教育不再是遥远的梦想，而是在不断适应社会发展所进行的系列教育变革中渐趋形成的一种现实。随着高等教育普及化的不断发展，高等教育必然融入终身教育体系，成为终身教育体系的重要组成部分。正如《21世纪高等教育世界宣言：展望与行动》所指出的，“应致力于把高等教育纳入终身教育体系，并努力推动这一体系的完成”。高等教育不再是个人学习教育的终止，而是像初等教育和中等教育一样，作为终身教育过程的一个环节、一个阶段。终身教育是一个不断造就人、不断提升知识与才能，以及培养思维能力和行动能力的过程。

因此，为有效适应科技创新和社会进步所引发的生产过程的剧变，满足职业发展所需的知识与技能，以及满足人们“闲逸好奇”的心理，我们亟须将传统上各种被人为割裂的教学和学习形式加以整合，发挥各个教育阶段和各种教育环境的互补性，实现学历教育与非学历教育的有效融合，致力于构

---

① 联合国教科文组织. 教育：财富蕴藏其中［M］. 联合国教科文组织总部中文科，译. 北京：教育科学出版社，2016.

建一个学习型社会。当然，如何对各种形式的非学历教育进行有效认证，赋予其应有的“合法性”，以此打开教育理想的大门，需要高等教育理论研究者和实践工作者集思广益，群策群力。

三、推进2030高等教育发展的若干行动方略

将上述四个世界共识的理念作为可持续发展的教育价值观和2030年高等教育的愿景，适应不断变化的社会形势、劳动力市场影响，以及高等教育自身结构和学科的多样化，中国高等教育在发展过程中必将面临许多尚未解决或将要出现的难题，有必要集思广益，研究制定可行性的行动方略。下面只举若干高教界谈论较多的问题，谈谈我们的见解。

（一）推进“双一流”建设，进入世界高科技行列

2015年10月，国务院发布了《统筹推进世界一流大学和一流学科建设总体方案》。该方案明确提出，“坚持以一流为目标、以学科为基础、以绩效为杠杆、以改革为动力，推动一批高水平大学和学科进入世界一流行列或前列”。毋庸置疑，一流大学既是衡量一个国家高等教育发展水平的普遍标准，又是反映一个国家科学与文化发展实力的有效指标。关于什么是世界一流大学的标准尽管见仁见智，却不乏几个约定俗成的共性特征。概而言之，一是具有卓越的办学理念和办学实践，且能一以贯之，形成特色；二是教师水平高，并有一批大师级教师；三是学生整体素质高于一般大学，并培养出了一批有突出贡献的著名校友。

尽管世界一流大学存在共同的特性，但不同的世界一流大学却可能遵循不同的战略定位与发展路径。换言之，一流大学，既可以是具有卓越科研实力的研究型大学，也可以是特色鲜明的行业型院校；既可以是学科齐全的综合型大学，也可以是“小而精”而具有特色的学院；既可以是历史悠久、底蕴厚重的常春藤大学，也可以是锐意变革、勇于创新的后起之秀；既可以致力于培养世界领袖，也可以专注锻造工程巨匠。① 因此，一流大学既遵循普适

① 潘懋元. 大学的沉思［M］. 北京：商务印书馆，2017.

性规律，又不断探寻个性化发展道路。当前，我国正处于“双一流”建设的初始阶段，当以“双一流”建设的精神，合理、有序地引导各种各类高等教育朝着多元化的目标发展，寻求特色发展之路，构建一个多元、开放的高等教育生态系统。与此同时，我们还需审慎地防止“双一流”高校和学科成为天马行空的“独行侠”。

（二）以新时代社会主义建设的精神，推进应用型高等教育的发展

党的十九大以后，中国特色社会主义进入了新时代。新时代必将面临新的理论和实践问题，肩负新的责任和使命。同时，新时代也是一个经济社会逐步转型的时代。就高等教育而言，需要以新时代社会主义建设的精神为行动指南，在紧密对接社会需要、科技前沿和产业发展的过程中，大力推进应用型高等教育发展，为经济社会转型发展培养具有创新精神、创业能力的技术人才，推动经济社会转型发展。其实，许多地方高校在长期发展过程中，已在部分应用研究领域实现特色发展，具有重要的实践价值。他们或是解决了国民经济发展中重要技术和工程难题，或是以专业链服务产业链培养了大批应用型人才，抑或是在服务地方经济发展方面取得显著成效。当然，推动应用型高等教育发展需要多方面实现联动发展，包括开设应用型课程，开发实用性教学，落实产学研合作机制，以及培养、引进“双师型”的教师等。①

（三）通过“放、管、服”方略，推进高等教育制度建设，从管理机制进入治理机制

不久前，由教育部、中央编办等五部委联合发布的《关于深化高等教育领域简政放权放管结合优化服务改革的若干意见》（简称《意见》）在社会各界引起广泛关注。《意见》的出台，是为了转变和优化政府在高等教育领域的职能。长期以来，政府对高等教育重在管理，轻于服务，致使高等教育在发展过程中缺乏应有的自主能力和自治空间。当前，高等教育的内外部环境变了，但对应的政府管理职能却未能跟上。要解决这一问题，必须首先从政府着力，既要简政放权，又要有效管理，更要立足服务；既要提高政府的管理

① 潘懋元.“双一流”为高等教育强国建设注入强大动力［N］. 人民日报，2017-11-19（5）.

水平，又要尊重高校的自主办学；既要立足现实，又要着眼未来。就高校而言，应自觉履行应有责任，坚守自我规制意识，完善内部治理结构，提升自我管理水平，努力构建以大学章程为基准，依托利益相关者的多元治理机制。同时，高校要最大限度地实现信息公开，适时接受政府和社会的问责与监督。推行政府简政放权的核心在于减少无效管理，扩大政策支持，精细制度设计，提高政府对高校管理的适切性。政府与高校应在平等对话、相互协商的基础上加强互信与互律。

面向2030年，我们毫不讳言，高等教育还将面临包括传统与现代、普遍性与个性化、短期利益与长期利益、高科技与低素质、必要的竞争与机会的均等、知识的无限与能力的有限等许多紧张关系和对立矛盾。我们需要基于公平的原则，以一种更加包容的心态建设多元化的高等教育质量新标准，将终身教育置于社会发展的中心，努力构建一个基于学习型社会的人类命运共同体。当前，中国正在制定的是更长远的2035、2050的发展战略。预计到2035年，中国将基本实现高等教育治理体系和治理能力现代化，国家文化软实力显著增强。到2050年，中国将成为综合国力和国际影响力领先的国家，进入高等教育强国行列。

中国高等教育改革发展 70 周年：回顾与前瞻①

——潘懋元先生专访

2019 年是新中国诞辰 70 周年，《重庆高教研究》拟推出“新中国成立 70 周年第一代教育家学术脸谱”专题，对老一代教育家进行系列专访，系统展示新中国教育改革发展的成就与经验，也为中国教育学留下一份珍贵的史料。作为中国高等教育学的奠基人和开创者，潘懋元先生从教 80 余年，拥有丰富的高校教学与管理经验。可以说，潘先生既是中国高等教育改革发展 70 周年的见证者，又是中国高等教育改革发展 70 周年的实践者，对新中国高等教育发展的历史有独到的认识和体验。

一、中国高等教育改革发展的历史分期

蔡宗模：尊敬的潘先生，您好！获悉您刚刚结束两个博士生班级的第二轮授课，身体正在调理中，我们非常荣幸得到您的同意，接受我们的访谈。站在新的历史节点回头审视，您认为新中国高等教育 70 年可以划分为几个阶段？与以“文化大革命”和扩招两个节点的划分是否有所不同？为什么？

潘懋元：1941 年，我考入厦门大学。在 1949 年新中国成立之前，我就已经在大学里面当助教。我经历了新中国 70 年的变革与发展。学界一般将新中

① 原载《重庆高教研究》，2019 年第 1 期。访谈整理：蔡宗模，朱乐平，张海生。在访谈和材料整理过程中，得到厦门大学教育研究院博士生汤建与重庆文理学院本科生谭蓉两位同学的帮助与支持，特此鸣谢！

国成立以来的高等教育划分为几个阶段，划分依据不外乎以下几个：1949 年新中国建立、1966 年“文化大革命”、1978 年“改革开放”和 1999 年“高校扩招”。“文化大革命”确实是一个重要节点，以前的教育史就以此为界，将新中国高等教育分为 3 个阶段，即“文化大革命”前 17 年、“文化大革命”10 年和“文化大革命”后。按照这个划分，我们现在就属于“文化大革命”后时期。这有一定道理，但与中国高等教育改革发展的实际不尽吻合，容易忽视新中国成立之初模仿苏联建立新中国高等教育体制的 7 年，并与之后 10 年的“教育大革命”——其实是“文化大革命”的预演扯到一起。此外，1999 年高校大扩招是“文化大革命”结束以后新的历史阶段，即改革开放至今。与前面两个阶段不在一个层次上，不应该与前者并列。

蔡宗模：依据您的认识，中国高等教育改革发展的 70 年应该怎么划分呢?

潘懋元：从大的分界来说，我认为应该分为 3 个时期：第一个时期是新中国成立后 7 年，学苏联；第二个时期是从“教育大革命”到“文化大革命”，共 22 年；第三个时期是改革开放至今。第一个阶段是新中国成立后的前 7 年——社会主义过渡时期，是学习苏联、建设中国社会主义高等教育体制的 7 年。当然，学习苏联存在某些问题，学界也进行了很多批判。但是对当时来说，毕竟在这 7 年间，中国建立了社会主义制度。因为那个时候中国已经是共产党领导的国家，总是要建立与之相适应的社会主义教育体制的。所以，在这 7 年里面，跟新中国成立前不同，比如说设置专业，按专业培养专门人才，为中国第一个五年计划的实现，也为当时苏联援建的 57 个重大工业项目培养一批人才奠定了基础。尽管它存在一些缺点和问题，但是不得不指出的是，现在很多老一辈的人才还是那个时候培养的。第二个阶段，一般是以“文化大革命”为标志，划定为“文化大革命”中间 10 年，其实不对。新中国成立 7 年后，也就是从 1957 年“反右运动”开始，中国实际上已经进入了像“文化大革命”那样的破坏性时期，只不过那个时候不叫“文化大革命”，而叫“教育大革命”。在“三面红旗”之下[①]，高等教育界开始搞“教

① 总路线、“大跃进”和人民公社为“三面红旗”。

育大革命”。这个“教育大革命”就像“文化大革命”那样，大家都不读书了，都上山下乡，去炼钢铁。在我印象中，最少的一年我们只上了 40 多天课。所以，破坏性并不只是“文化大革命”10 年，应该是 20 多年，一直到“文化大革命”结束，即从 1957 年“反右运动”到“文化大革命”结束，前后大约持续了 22 年，整整耽误了一代人。第三个阶段是“改革开放”至今。改革开放以来，以 1999 年“扩招”作为一个时间节点，又可以分为改革发展初期和大众化时期两个阶段。这是我的主张，也是我的经历。因为我在这里（厦门大学）77 年，从新中国成立前到现在都在大学里面。后来，我被借调到北京教育科学研究所工作，又作为干部下放到干校劳动，但大体上都没有离开厦门大学。

二、中国高等教育改革发展的成就与经验

蔡宗模：作为新中国 70 年的亲历者和高等教育学的创建者，您认为新中国高等教育改革实践取得了哪些主要成就？

潘懋元：在新中国成立前，在校大学生规模最多的 1947 年是 15.5 万。15.5 万是一个什么概念？还不到我们现在在学博士生 36.2 万的一半！当前，我国高等教育即将迈入普及化阶段。从高等教育规模或量的发展上，新中国的 70 年，高等教育规模实现了大发展，超越美国，成为世界第一高等教育大国。所以第一个成就就是规模大发展。高等教育规模扩张也就为经济社会的发展提供了人才支撑。另一个成就是现在我们的人才培养也更加多元化，更加适应经济社会发展的需要。当时，我们培养的大学生大都是学术型人才，但是社会建设不仅需要科学家，更需要大批适应经济社会转型发展的应用型人才。经济社会发展没有大量的应用型人才行吗？1 个科学家要 10 个工程师，1 个工程师需要 10 个技师，就是技能型的人才。我们既要有科学家，还要有大国工匠，所以看问题要全面。在 1998 年开始准备大众化的时候，我提出一个观念——质量多样化，即不能用一个单一的标准来衡量质量。过去我们常常看不起那些培养应用型人才的高校，就是用单一的、用培养研究型大学毕业生的标准来评价他们。如果我们培养出来的都是研究型高校的毕业生，哪

来生产一线的技术人才？学术水平与动手操作能力孰优孰劣，不能用一个质量标准来评判。现在我们还常常听到这样一种观点：现在大学生的质量不如以前的高。我认为，这是一种“代沟”的看法。需要明确的是，我们那个时代学的什么东西？现在大学生学的什么东西？事实上，我们那一代还不如现在的大学生。在智能化时代，还能用过去的标准去衡量他们吗？历史上常常有这种思维：这一代人总是看不起下一代人，这是个世界性的问题。曾经，美国的老一辈把青年一代看作是“垮掉的一代”，有没有垮掉？没有垮掉，而且他们干得比你还好。所以，不应该站在当前阶段去看年轻人。如果要看的话，应该看到年轻人比我们更厉害之处——智能化时代和网络时代的年轻人确实比我们厉害。

蔡宗模：新中国高等教育改革实践走过哪些弯路？有什么值得汲取的经验和教训？

潘懋元：主要的经验就是要按照教育规律办教育，不能违背教育规律办教育。实际上，在高等教育改革发展的进程中，中国高等教育也走了弯路。高校大合并就是其中一个例子。当时的高校合并很严重。比如，地方高校的合并，是将几个学校合并在一起，变成了一个大学校。比较典型的就是，吉林大学由原吉林大学、吉林工业大学、白求恩医科大学、长春科技大学和长春邮电学院合并，变成全中国最大的一所大学。有人戏说，美丽的长春市坐落在吉林大学校园中。我不是很赞赏。世界知名的大学不一定都是规模很大的，比如美国的许多高校到现在也就两三千名学生，但是培养了大量的人才，不乏诺贝尔奖获得者、商界精英等。现在回过头来看，当初把一些行业特色的学校都改为学科齐全的大学，存在遗憾。现在，原来的行业特色型学校还在组织一个行业特色型高校协作会。但现在很多高校变成了综合性的院校，把它的优质资源分散了，很可惜。所以，他们现在考虑协作，考虑保留特色，农业院校就认真搞农，师范院校就认真培养教师。

三、中国高等教育发展的未来展望

蔡宗模：基于历史经验和高等教育的内外部关系规律，请您展望一下中国高等教育发展的愿景，并对当前的高等教育政策和实践提出您的意见和建议。

潘懋元：我们现在已经是世界高等教育第一大国。以前中国排第四、第五、第六，落后于印度、俄罗斯等国。20 世纪 90 年代，我们就已经把俄罗斯甩在了后头，把印度甩在了后头，现在连美国也被我们甩在了后头，但是现在还不是高等教育强国。要成为高等教育强国，有很多工作要做，下面着重谈四点。

第一，坚持依靠教师，深化内涵式发展。这些年来我们都是在制度上面完善，没有深入到真正培养人才的内涵上去。内涵包括哪些内容？第一是课程，第二是教学，第三是师资。因为课程与教学都要靠教师来做，所以最重要的就是教师。近些年，教育部要求各个大学都要搞教师发展中心，现在全国大多数高校都已经成立了教师发展中心。当然有的搞得好，有些搞得不太好。内涵式发展必须依靠广大教师。我们现在提出培养"双创型"人才，培养学生的创新创业能力，没有教师教育和教师的发展，这些都是空谈。

第二，激发各级各类高校的办学活力。2017 年 11 月，我在《人民日报》发表了一篇文章，主要的观点是把"双一流"的这种精神泛化到各级各类学校中去，不能把"双一流"建设停留于少数几所重点大学，或者说原"985 工程""211 工程"高校。更需要强调的是，各级各类学校都应该有它的"一流"，让大家都有积极性，不能用一个标准，要有各种标准来激发整个高等教育系统的活力。

第三，探索中国特色高等教育道路。中国高等教育的发展要尊重中国的传统，但是不能够只是按照中国的传统来办教育，应该广泛地吸取其他国家办教育的经验和优点，还要尊重联合国教科文组织所提出来的一些国际理念。具体来说，要传承和维护中国的传统，但是不能生搬硬套中国的传统文化。比如高考，中国的高考受科举制度的影响，科举制是把人的脑袋捆在一起，现在我们高考也是把人的脑袋捆在一起，所以现在高考要改革，困难很多。科举制度在一千多年前创建初期有其进步之处，通过科举考试而不是门阀，把有才能的人扩充进官僚队伍。但是科举制为什么从进步走向灭亡？因为它阻碍了中国的文化发展，阻碍了中国的科学发展，因为它把年轻人都赶到这条道上，而且考试范围越来越狭窄，仅限于朱熹注解的四书五经。所以，事物不改革，往往会走向毁灭。我们现在开始重视传统文化，但要取其精华，去其糟粕。比如，学习孔子思想之时，要很好地继承孔子的“时中”精神。孔子为什么是“时中之圣”？所谓“时中”，就是适应时代的发展，与时俱进。所以，尊重传统，不能够拘泥于传统。除了这个以外，我们还要重视联合国教科文组织所提出的教育发展愿景——可以说是全球达成的一个共识。联合国教科文组织提出四大发展理念：第一是全纳；第二是公平；第三是有质量；第四是终身学习。这些都是比较重要的世界性的教育理念，我们应该充分学习借鉴。这样，当我们的经济已经在世界上取得发言权的时候，我们的教育在世界上也应具备自己的鲜明特色和话语权。

第四，推进高等教育学一级学科建设。当前，教育部只承认一级学科，评什么东西都看一级学科，拨款也按照一级学科。教育学分化成 3 个一级学科，一个是普通教育学，一个是体育学，一个是心理学。高等教育研究和高等教育培养的人才跟普通教育不同。但高等教育学现在只是一个二级学科，当然在高等教育学还没有成为一个学科之前，能够得到二级学科也是好事。大家可能不知道，国外没有高等教育学这个学科，但不能说国外没有我们就不能有，国家不同，国情不同。高等教育学成为二级学科后，我们就可以招生、培养研究生、开展研究，现在全国有 20 几个博士点、100 多个硕士点。现在一些中国学者缺乏自信心，有学者问我：“中国高等教育研究何时能建立自己的学派？”我说中国高等教育研究已经有自己的学派，现阶段已经是如何去更好地国际化，在国际教育发展上有中国高等教育的话语权，把中国的教育学派做得更好、发展得更好的时候。现在就是考虑如何从现代学科建设方面去行动，它涉及一个建设标准问题。但现有标准是谁设立的，都是人家设立的，虽然并不是没有道理，但我们必须有自己的标准，自己特定的研究对象，要有跟其他学科不同的东西，有自己的特色，还要有自己的理论和方法。物理学有物理学的研究方法，化学有化学的研究方法，生物学有生物学的研究方法。社会科学也有自己的研究方法，比如经济学的研究方法、社会学的研究方法、管理学的研究方法，有些方法教育研究也可以使用。我认为，对于社会科学来说，要用多学科的研究方法。可以用量化研究，也可以用质性研究，可以用其他学科的研究方法，为什么要把自己圈在一种研究方法里面呢？

蔡宗模：谢谢潘先生接受我刊访谈！敬祝潘老身体健康，学术常青！

高等教育人才培养

潘懋元文集

PANMAOYUAN WENJI

访问日本（2006年）

对参加自学考试者的期望[①]

自学考试，是适应现代社会发展需要，具有中国特色的新的教育制度。

为什么说它是适应现代社会发展需要呢？现代化社会的生产与生活，需要大批具有一定科学技术水平的生产技术人才、管理人才以及文化科学人才，以满足社会发展的需要；科学技术的迅速发展，社会生活的不断变化，在职人员需要不断地增长知识、提高能力，才能与时代同步前进。为适应这种需要，世界上许多国家，尤其是工业发达的国家，提出了许多新的教育概念，如学会生存、未来教育、终身教育、继续教育，等等；创办了许多新的教育形式，如开放大学、广播电视大学、函授大学，等等。这些教育概念与教育形式，大多强调以自学为主，通过自学方式以完成一定的学业。

为什么说它具有中国的特色呢？我国人民素有自学成才的优良传统，囊萤映雪，悬梁刺股，是历代人民传颂的佳话。把自学与考试结合起来，是自古以来国家选拔人才的制度。当然，这一制度后来出现了严重的缺陷，主要是考试内容的空疏与考试形式的烦琐，而不是自学与考试结合的问题。今天，在社会主义现代化建设中，我国总结了历史经验，借鉴了外国做法，制定了自学考试制度，创造了适应社会主义现代化建设需要的“个人自学、社会助学、国家考试”相结合的办学形式。它调动了个人刻苦自学的自觉性，动员了社会各方面力量助学的积极性，坚持了国家选拔人才的严肃性。这个制度，既不同于西方某些只注册、收费、送学分、发文凭，不管读书、不严格考试、

① 原载《福建自学考试》，1984 年第 1 期。

放任自流的办学形式；也不同于中国古代只管考试，不管自学、助学的科举制度。它把自学与考试紧密结合起来，制订考试计划、考试大纲以指导群众自学，指定阅读书目、编写辅导材料以帮助群众自学，动员社会力量以辅助群众自学，通过严格考试以检查自学成绩。它体现了社会主义教育制度的优越性。

自学考试，从个人说，是自学成才的道路；从社会说，是培养人才，树立新风的途径；从国家说，是选拔人才的有效方式。这个制度，一经试行，就显示出强大的生命力。现在，全国已有成百万的青年和干部，在各个专业领域刻苦学习科学文化和专业知识，形成一股读书的热潮。福建省决定第一批开考三个专业的消息传出之后，全省新华书店有关教材几天之内被抢购一空；社会助学的活动也蓬勃开展，高等学校、机关、部队、群众团体，纷纷办起自修大学或自学辅导班。

领导支持，群众拥护，自学考试形势很好。但要使这一制度能够坚持下去，收到培养与选拔人才的实效，为社会所认可，还必须对参加自学考试者提出如下两点期望。

一、要有正确的认识

这里先提一个问题：自学考试，考试是目的还是手段？这个问题也可以换一个提法：文凭是目的还是手段？

从形式看，自学根据考试的要求来进行，自学要达到考试合格的标准，从而获得证明学历的文凭，似乎考试、文凭是目的，而自学是手段；但从实质看，考试是为了促进自学——“以考促学”，文凭是自学达到一定水平的标志。自学成才是目的，考试、文凭是手段。这个认识之所以重要是因为如果把考试、文凭作为目的，就会出现背教材、猜考题、图捷径、不踏实的学风，甚至还可出现某些不良现象，这种倾向既无益于智育，又有害于德育。只有把考试看作是督促与检查自学的手段，使文凭成为真才实学的合格证，以自学成才，为祖国“四化”建设做出更多贡献为目的，才能刻苦学习，克服困难，走又红又专的道路。

应当指出，自学者比在校生会遇到更多更大的困难。自学者没有教师讲解、启发、督促，缺乏学校的学习环境与条件，没有规章制度的约束；同时，干扰学习的因素也较多，尤其是在职干部的业余自学，困难就更多。如无正确的认识，就很难有百折不回、坚持学习的意志。但是，事物是一分为二的。自学者克服困难所取得的成绩，将比在校生所取得的同样成绩有更高的价值。因为他的成绩包含一般在校生较难获得的自学精神与自学能力，而自学精神与自学能力是成才的必要条件。古今中外，尤其在现代，真正成才都得靠自学，不善于自学就不能真正成才。在大学里，可以依靠教师学完教学计划规定的全部课程所包含的知识。但据统计，这些知识（主要是指业务知识方面）只占一个专门人才一生中所应掌握的专业知识的10%左右，其余的90%都得靠不断地自学来掌握。一个大学生，在校时以优秀成绩毕业，但如果缺乏自学精神与自学能力，不能随着科学技术的发展而增长新的知识，提高解决新问题的能力，即使文凭到手，也很难说真正成才。因此，大学教学改革的主要任务之一，就是如何培养学生的自学精神与自学习惯，提高学生的自学能力。就这个意义上说，自学者能取得同样的成绩，真正成才的可能性就更大些。困难可能使人气馁，也可以使人发愤，关键就在于有无正确的认识、顽强的意志。

二、要善于自学

如何自学，各门课程各有不同的学习方法。这篇短文不可能一一列举，只能提几点基本的要求。

（一）要制订自学计划

根据考试计划和考试大纲，结合自己的特点与时间，每个自学者都应当订一个计划，主要是安排学习内容和学习进度，也可对自己提出几条要求。制订自学计划，要注意：①自学计划，要体现循序渐进的原则。先学基本教材，再学指定或自选的参考书，不要急于求成。有些基本理论和知识，可能中学已学过或平时曾接触过，可以安排较少的时间，但不能跳过去。如果不把基本概念弄懂学透，继续学习就会碰到困难。②要根据课程内容的难易、习题的分量，结合自己的知识水平与能力，合理安排时间。③要留有余地，不要满打满算，赶进度。从容不迫，才能深入思考，能按时完成计划，会感到心情愉快；老是完不成计划，会感到焦躁烦恼。而心境对于学习的影响是很大的。此外，还要留下一定的休息与锻炼时间，以免影响身体健康。④计划制订之后，就要自我监督，认真执行。要善于安排整块的和零碎的自学时间。整块时间（如晚上或星期天）要用于系统阅读需要钻研的教材，或分量较重的作业；零碎时间（如早晨或上下班车上），可用于复习一两个主要内容，如背记外文单词、数理公式，复述大纲要点。在职同志自学，往往可能因临时任务中断学习，这就要设法挤时间自我补课。如果自学计划不切合实际，就要实事求是地及时加以调整。

（二）要着重理解，多思少背

按考试大纲，背教材，背题解，是不能获得真才实学的。只有着重理解，刻苦钻研，联系实际，深入思考，才能掌握科学理论知识，并在这个过程中发展自己的智力能力。

有许多青年有过参加普通大学全国招生统考的经验，以为备考就得背教材、猜考题，搞题海战术。这种想法是十分错误的。有许多考生在比较灵活的考题面前茫然失措。考试，是为了考出学生真正的知识水平与运用知识的能力。因此，以我个人的看法，与其把工夫用在猜考题上，不如好好地体会福建省自学考试文件中所提出的命题原则："命题要侧重于基础理论、基本知识和基本技能的考查，引导考生系统全面地掌握各科知识，并着重联系实际，培养运用能力；引导学生准确掌握概念原理，系统理解课程内容，养成良好的学习风气，防止死记硬背。"我希望这一命题原则能成为指导自学的原则，使大家学得扎实一点，灵活一点，并在自学过程中发展自己独立思考、运用知识的能力。

（三）要学会一些自学方法

自学方法很多，这里只举几项：①要学会做自学笔记。有些人自学，只读不写，这样往往不易深入。写，是把所学的知识，通过自己的头脑加工，分析综合，整理成文字，这就促使自己要深思钻研，弄通弄懂。读书笔记一般记提纲与概要。提纲：按照章节的基本结构，逐段写出大意。还可以用列表方式，把复杂的内容整理为条理清晰的大纲小目。这种笔记，对于全面系统地理解主要内容，掌握基本线索，并把书本知识变为自己的知识，有重要作用。概要：把一章一节或一篇文章的中心思想、基本内容，用自己的话写出来，并可提出问题，发表意见，有所发挥。这种笔记比较难，但理解也较深，对于自学能力的锻炼也更有效。对于理论性强的主要内容，可以试做。②要认真做习题。教材或辅导材料，一般都附有习题，引导学生复习主要内容和运用知识，解决实际问题。习题要认真做。所谓认真做，是指对教材内容理解消化了之后才动手做；做的时候要独立思考，尽可能不翻或少翻书本。不要照套公式，寻章摘句。那种作业，即使做得很完好，也不能在自己的脑里生根。③要学会应用工具书。不懂的，懂得不透的，要查阅工具书或参考书，自己弄懂。

除了个人自学之外，还可以适当参加辅导班学习和组织自学互助小组。辅导班的学习，可以得到教师指明要点，解答疑难，指导方法；自学互助小组可以相互启发，共同探讨。但是，这些都必须在自学的基础上才能收效。不要完全靠辅导教师讲一条，记一条，背一条；也不要过多地搞集体学习，以免占用太多学习时间，养成依赖思想。因为，学习归根结底是要自己开动脑筋的。

综上所述，自学者有了正确的认识、顽强的意志，又善于自学，那就不难通过考试的检验、社会的检验。考试的检验是必要的，但真正的检验还在于社会。要通过严格考试，保证质量，才比较容易通过社会的检验，为社会所认可。否则，一纸文凭虽可为个人增加一点工资，却未必能增加多少光彩。总之，自学者要立志成才，把自己培养成为具有真才实学、又红又专的专门人才。

高层次专门人才的培养与研究生制度的改革[①]

一

我国当前高层次专门人才的培养主要是通过研究生教育来实现的。而现行的研究生制度基本上是沿袭西方文理科大学培养研究生的传统模式来制定方案的，即学习若干门课程（包括基础课程、学位课程、选修课程），就其研究方向选定课题，写学位论文，通过课程考试和论文答辩，取得硕士或博士学位。这种培养制度的优点是，所培养的专门人才，有关学科的基础理论比较扎实，对于某一学科有所专攻，对于某一课题有比较深入的研究，学术水平、科研能力有一定保证。这种专门人才比较适合于当高等学校教师和科学研究人员。

传统的研究生培养模式，是西方在一定历史时期所形成的，并对当时培养高层次科学人才起了积极作用；今天，也仍然是许多国家培养高层次科学人才的基本方式。我国恢复和发展研究生教育之初，按照这种模式，也已培养出和正在培养一大批具有较好基础与较高水平的高等学校师资和科研人员的后继力量。这个成绩是应当充分肯定的。

但是，随着经济社会的发展，科学技术的进步，不仅高等学校和科研部门需要高层次专门人才，各个社会领域、各个技术部门以及企事业单位，也

① 原载《高等教育学报》，1986 年第 3 期。

越来越迫切地要求有一定数量的高层次专门人才作为骨干。传统的以培养高等学校教师和科研人员为主要任务的研究生培养模式，已不完全适应新时期复杂多样的需要。对于应用型高层次专门人才的培养，更是如此，如高级工程师、高级管理人员、高级临床医师，等等。他们所需要的知识和能力，不仅表现在理论水平与科研能力上，更重要的是表现在解决实际问题所具有的知识与能力上。高层次专门人才的知识结构与能力结构的多样化同传统的研究生培养模式的单一化产生了矛盾。为了解决这个矛盾，世界各国的研究生培养模式，逐渐由单一化发展为多样化，并且通过许多非研究生培养途径来培养应用型高层次专门人才。可以说，从单一化到多样化，是培养高层次专门人才的必然势趋。

1974 年日本大学设置审议会所发表的《关于改革研究生院及学位制度的报告》，明白地表述了这个由单一化到多样化的发展趋势。报告指出："随着科学技术的迅速发展和社会高度复杂化，各方面都越来越需要有高深知识和高级能力的人才。同时，社会成员受高一级教育的必要性也在增加。"

"有必要设立以进行高度——专门职业技术教育和对社会成员进行高一级教育等为重点的硕士课程。"

为了适应这一趋势，各国的研究生教育已出现多形式、多规格的局面，例如，法国的大学校（高等工程技术学校），本科生毕业后一般是继续学习工程技术课程，以取得"工程师"文凭，或参加工作，或再攻读"工程博士"学位。这种博士学位的获得者，比一般的博士在理论基础与技术能力上都较强，往往成为企业从事开发性研究与应用型研究的骨干力量。英国有些新型大学，与工程部门挂钩，直接为工程部门培养能掌握各种该部门最新技术的人才。他们的做法是：招收在职优秀青年工程技术人员，结合工程技术的实际需要，学员在两年或两年半时间内，修完 16 门必修和选修课程，每门课程集中学习 5 天，然后回工厂实践，过一段时间再到大学学习另一门课程，最后，根据工厂实际的研究课题，写出一篇论文，通过答辩，授予"科学硕士"（MSC）学位。美国的工科院校，则除设置"工学硕士""工学博士"学位之外，还设置"工程硕士"（M. Eng）和"工程博士"（D. Eng）学位。两者的培养方案不同，后者着重学习各种现代化设计方法，允许以结合工程课程的设计代替学位论文。即使同样的工程硕士或博士，由于社会职务不同，培养方式也不尽相同。美国麻省理工学院前名誉院长布朗认为，根据工程师在社会中的职业作用，可以把他们分为科学家类型、革新发明家类型、现场工程专家类型、管理规划工程师类型。这就是说，这些不同类型的工程师，是不可能用一个模式来培养的。苏联的研究生教育，虽然基本上仍沿袭传统的培养模式，强调修习课程和撰写论文，但对于应用型人才的培养，重视实践训练，实践性课程一般达20%以上。并由于对研究生采取预先分配的制度，能够根据用人部门的需要，力求对口培养。

至于通过非研究生途径来培养应用型高层次人才，则更是多种多样、灵活机动。例如，美国的大公司、大企业，大多自办各种训练班，接收大学本科毕业生进行培训，为本公司、本企业培养对口的专门人才。法国有许多国家、行业或私人企业资助和教育机构，为工程技术人员提供继续教育。如法国高等工业研究中心，有100多个企业单位参加，总部设在巴黎，分部遍布全国，办有多种类型的工程师培训班，有的是招收具有学士水平的实际工作者，培训时间为22个月；有的是为期几个月的现职工程师提高班，为他们提升准备条件；还有工程技术师资的培训班。德国不来梅海运学院，为已经毕业就职的人员开设进修课程，让他们能够及时获得海运方面的最新知识和技术，以适应实际工作需要和承担新的工作任务。各国为在职专业人员的提高而举办的短期课程、训练班、研讨会，以及大学课程向社会开放，更是名目繁多，举不胜举。这种多形式、多规格的高层次专门人才的继续教育，一般是在已经具有本科毕业水平，并有一定实践经验的在职专业人员中进行，有的则是已获得高级职务的专业技术人员的在职教育。如目前美国每年接受继续教育的工程师占总数的15%，德国有50%的工程师接受过继续教育，而苏联则于1977年用法令规定技术人员每五年要进修一次。这种非研究生途径的高层次专门人才培养方式，具有实用性、针对性、时间短、见效快等种种优点。

二

我国自1981年实行学位制度以来，截至1985年底，已招收硕士生和研究生班学生10多万人，有约35 000人已被授予硕士学位；招收博士生5 100多人，有近300人已被授予博士学位。根据各地关于研究生毕业后的流向调查，除出国留学或硕士生毕业后继续攻读博士学位者外，90%以上分配在高等学校和科研机构，尤以留校为多。分配到企事业单位和党政部门的凤毛麟角。前几年确定，招收研究生以培养高等学校师资和科研人员为主，优先充实高等学校师资和研究机构的科研队伍。这在一定历史条件下，是必要的。今后高等学校和科研机构，仍然应当作为毕业研究生的重要流向。但如果不全面考虑到各个社会领域、各个技术部门以及企事业单位对高层次专门人才的需要，显然是不利于社会主义现代化建设发展的。况且，今后研究生的数量会逐步增加，"七五"期间，各类毕业研究生预计可达到18万人，这就有可能让其中相当一部分人流向技术、管理部门。因此从需要与可能看，今后研究生教育的发展与改革，总的趋势也必将是从单一化的模式到多样化的规格。

但是，单靠研究生教育这一条途径来满足社会各方面对应用型高层次专门人才的需要，还是不够的，而且某些实践性强的高层次专门人才，只要具有大学本科生毕业水平，在实践中锻炼并通过专门的训练提高，可能比通过研究生教育这条途径更为合适。所以，还必须开辟非研究生的培养途径，亦即大学本科后在职继续教育的途径。如各种短训班、进修班、研讨班、在职进修学位课程，高等学位课程对社会开放，在职人员申请博士、硕士学位，以及自学成才经考核合格聘任高级技术职务，等等。现在，这些培养途径有的已经开辟或在试行中，但还缺乏全面规划与制度化。

综上所述，对于高层次专门人才多样化的培养途径，设想如下。第一，研究生教育途径。①传统的培养方式——以培养高等学校师资和研究机构科研人员为主要目标。②应用学科的培养方式——以培养技术、管理等高层次专门人才为主要目标。第二，非研究生教育途径（大学本科后继续教育）。①在职短期脱产进修、培训。②在职不脱产进修学位课程或自学申请学位。

由于高层次专门人才培养途径的多样化，培养目标、学习与研究内容、培养方法以及办学形式、招生与分配等，也要求相应的多样化。

关于培养目标：除培养高等学校师资和研究机构的科研人员外，硕士学位研究生应着重发展应用型高层次专门人才的培养。这类人才要求在特定的专业领域有高度的技能和解决实际问题的能力。大学本科后的继续教育，更应根据实际需要，突出某一专业的知识与能力的培养。

关于学习与研究内容：研究生教育，不论培养高等学校师资、科研人员或应用型专门人才，都应掌握比较宽厚的基本理论，但深度可以有所不同；外语的读、写、听、说、译的要求也可以有所侧重。至于学位课程，可以是学科性的，也可以是工程技术性的，还可以不按学科体系而以知识“模块”来组织某一专门技术领域的综合课程。授予博士、硕士学位，一般仍应有相关学术水平的论文，但应用型专门人才的学位，也可以特定课题的设计或研究成果取代学术论文。至于非研究生教育途径，则应当根据实际需要，选定学习的内容和研究的课题。

关于培养方法：一般说，读书、实践、科研，都应有所要求。针对目前研究生教育重理论轻实践的偏向，不论培养哪种类型的研究生，都应加强实践性教学。应用型的高层次专门人才的培养，尤应重视在实践中增长解决问题的实际能力。学位课程的学习，也应当采取在导师指导下以自学为主的方法。至于大学本科后的继续教育，一般应是在实践中边干边学。国外有的学校所采用的“夹心饼干”式的学习计划，即学习与实践交叉进行，是值得参考和借鉴的方法。

关于办学形式：应用型的研究生教育，要与实际部门紧密联系，也可采用教学—科研—生产联合体的办学形式。大学本科后的继续教育，较好的办学形式是大学与用人部门联合办学，或以用人部门为主，大学派教师参加教学，或以大学为主，用人部门派高级专业人员参加指导。

关于招生与分配：应用型高层次专门人才的培养，最好从具有大学本科毕业水平又有实践经验的优秀技术、管理人员中推荐选拔。实践证明，这样的生源，比较刚从大学本科毕业生中招收的，不但实践能力较强，由于有了一定的实际经验，对专业理论的理解也较深入。同时，对口招生，预先分配，也可加强针对性，使所培养的人才能学用对口。

三

高层次专门人才的培养方式，由单一化到多样化的发展趋势，是受经济社会的发展、科学技术的进步所制约的，同时，还要直接受劳动制度与人事制度的制约。为什么当前会出现大学本科毕业生千军万马争过研究生教育这一“独木桥”的现象呢？因为研究生教育与文凭、学位联系在一起，而文凭、学位又与职务晋升、工资待遇联系在一起。学问与学历，本来应该是一致的，但有时并不一致。通过短训班、进修班以及自学，可以获得学问，但无正式的文凭、学位，对当前青年人往往很难有吸引力。通过大学本科后的继续教育以培养高层次专门人才这条途径，如果没有相应的劳动制度与人事制度上的政策与措施来保证，恐怕很难实现；对于在实践中锻炼提高，具有高层次专门知识与能力的人才，更难脱颖而出。因此，开辟多样化的高层次专门人才的培养途径，必须为各种各样大学本科后的继续教育立法，使之制度化、正规化。但是，要在劳动制度、人事制度上得到保证，又必须有严格的考核制度与评选制度。对于各种各样的高层次专门人才的认可，要制定业务质量规格标准，有科学的考核办法，有秉公的考核机构，严格把关，择优评选。

高层次专门人才的培养，是具有战略意义的重要问题。一方面，要改革研究生教育制度；另一方面，要开辟大学本科后的继续教育途径。为此，就要统筹规划，并使之制度化，既要有利于高层次专门人才脱颖而出，又要保证取得高层次专门职务者确实具有真才实学。

引进竞争机制　重视能力培养①

在当前高等教育引进竞争机制的热潮中，研讨大学生能力培养问题，是否有现实意义？这是全国第二届大学生能力培养研讨会上所着重讨论的问题之一。

关于高等教育引进竞争机制，全国各高等学校，已提出许多方案、建议，正在推行或实验之中。如改革大学生毕业分配制度、改助学金为奖学金、实行中期筛选制，开展教育评估、实行教师职务聘任制，在教学领域引进承包责任制、试行工资定额包干、师生搞有偿社会服务活动以改善办学条件和生活福利，等等。这些做法，在打破“大锅饭”、平均主义，加强师生的竞争意识，搞活教育事业，深化教育改革方面，无疑能够不同程度地起激励作用。但是，引进竞争机制的目的是什么？深化教改的方向转向哪里？似乎议论不多。而如果这些目的性、方向性的问题不够明确，有的具体做法就可能走偏方向。

高等学校最基本的社会职能是培养人才。高等教育引进竞争机制的实质意义，是培养在社会主义初级阶段商品经济社会中具有竞争能力的专门人才。这种专门人才，应该在思想观念上、在知识结构与能力结构上，能够适应经济开放、改革、社会民主、法治的需要，从而推动社会主义现代化的发展。上述种种引进竞争机制的方案、建议，即使是正确、有效的，也多数属于管理体制的改革。管理体制的改革，是教育改革必要的前提与条件。但一切宏

① 原载《光明日报》，1988 年 6 月 8 日。

观的管理体制的改革，最终必须深化到微观的具体的教育工作的改革上，才能收到实效。深化教改，最终必须落实到培养人才的数量与质量上，才能收到长远的经济效益和社会效益。因此，引进竞争机制，还必须激励人们在培养目标、思想政治教育、教学内容、教学方法的改革上切切实实下功夫。举例来说，今后大学毕业生不包分配，自谋职业，用人部门选择人才，不是光凭学历，而是要看毕业生适应社会发展、岗位职务需要的能力如何。能力培养的问题，就更加重要了。

当前似乎有一种倾向，认为引进竞争机制就是引进市场机制，引进市场机制就是“创收”（即有偿社会服务）。在当前特定的情况下，“创收”是必要的，但不是市场机制的全部意义，更不是竞争机制的全部意义，恐怕也不是主要的意义。教育上所指的市场机制，主要是指“人力市场”的机制，而竞争机制的含义又比市场机制的含义更为丰富与广阔。高等教育引进竞争机制，主要的意义是在新科技革命浪潮中，在商品经济社会中，培养出为国为民发挥个人聪明才智而竞争的人才。因此，大学生能力培养问题的讨论，探讨如何更好地培养大学生的独立工作能力、创造能力、实践能力等等，正是引进竞争机制的根本性的核心问题。能力培养的问题，在教育史上，是一个古老的问题；而在当前深化教育改革中，又是一个紧迫的现实问题。

选才・培养・指引[①]

——我对博士生培养的一些看法和做法

厦门大学高等教育科学研究所从1981年开始招收高等教育学科硕士生，1986年成为我国第一个该学科的博士点。现有硕士生和研究生班学员各10名，博士生4名。硕士生已毕业了5届，在培养工作中积累了一些经验；博士生培养经验不多，尚不足以从中概括规律性的原则。这里只能谈谈一些不成熟的看法和试验性的做法。

一、"得天下英才而教育之"

对博士生的选拔，既不同于本科生，也不同于硕士生。因为中国目前博士生每年招生数只占高等学校招生数0.5%左右，因而祖国对他们的期望更大，选拔也就更要慎之又慎。一般来说，本科生的培养是以学习为主，通过课程学习和初步的科研训练，以培养某一专业的专门人才；硕士生的培养是课程学习与科研并重，通过自主学习和有指导的科研活动，使之具有从事科学研究或独立负担技术工作的能力，以培养某一学科的高层次专门人才；博士生的培养则是以科研为主，通过自主的科研活动，表明其具有独立从事科研的能力并能做出创造性的成果，以培养某一学科的学术带头人。并不是每个具有一般思想与业务水平的大学毕业生经过有限的几年努力就能达到这种

① 原载《研究生教育理论与实践》，1989年第3期。

要求的。因此，严格选拔人才，便显得格外重要。

关于博士生应当具有什么样的素质，已有许多博士生导师提出了他们对博士生的思想品格、理论基础、科研能力、外语水平的种种要求，我不想重复这些要求，只提出若干看法：①宽厚的理论基础和一定的业务知识是必要的，但更重要的是有深厚的思维能力、活跃的学术思想和敢于创新的科学精神。如果知识丰富而无自己的创见，看事物只停留在表面现象而不能深入其本质，分析问题一、二、三、四，罗列无遗而抓不住关键，就很难培养成博士之才。②要踏实苦干，实事求是，对繁荣社会主义祖国的科学事业有强烈的探求欲望和献身精神。如果只能夸夸其谈，急于自炫，则其所学必不牢靠，而将来的成就定然有限。③对本门学科已有一定的认识并有浓厚的兴趣，对本门学科的发展前途有信心，有理想，愿意终生为这一学科的发展做出贡献。如果只是把学习、科研作为猎取学位的手段，很可能碰到困难就动摇，尤其是高等教育是一门新学科，有许多难题有待探索，人们的看法也不一致，各种责难，时有所闻。如果认识不足，信心不定，很可能半途转行。而更为重要的是尽可能从多方面了解申请者的政治立场、思想品德、科学态度与科学道德。其中，最基本的是必须坚决拥护中国共产党的领导，愿意用自己的知识能力为社会主义祖国服务。

基于上述的认识，我对博士生的选拔，并不太重视考试成绩，更为重视的是在根本问题上的政治方向，以及理论与实践密切结合的论文、专著和学术报告。考试成绩当然是必须合格的，否则研究生院的电子计算机通不过。同时，从学科考试中，多少也可以看出学术水平与逻辑思维能力，当然不如看论文或专著那样全面地了解其思想倾向、政治态度以及理论基础、研究能力、科学态度与科学方法。考试成绩与论文、专著审查合格之后，我要求申请者做一次学术报告以代替复试。报告会邀请教师和研究生一起听讲、提问，然后参考大家的评论，做出最后的决定。

顺便说一下：博士生的选择，给予导师的自主权较多，导师才能做出综合的判断。至于硕士生的选拔，差不多只能根据考试成绩，尤其是外语分数。我的研究生是来自各种学科、专业的，历年来被录取最多的，除了教育系毕业生之外，就是外语系毕业生。我并不是认为外语不重要，而是觉得有些很好的苗子尤其是政治上比较成熟，又已有相当实践经验的在职申请者，往往由于外语成绩差一点只好割爱。其实录取之后，搞好外语补习班，集中强化训练，大多数是能够达到合格要求的。我最不满意的是研究生专业课程的考题，也要像高考考题那样附标准答案，作为评分依据。如果考生的答案完全符合标准答案，充其量只能考出他们的记忆能力与求同思维，恰恰不能考察对他们来说最为重要的求异思维。为此，我把标准答案“擅自”改为“基本要求”。要求：①思想政治观点正确；②基础知识基本正确但不要求罗列无遗；③有所发挥，虽不一定正确但能言之成理，持之有故。

二、提供条件，自学成才

对于博士生的培养，研究所和导师只能提供必要条件，成才靠自己。所谓必要条件，包括一个具有优良学术气氛的环境，必要的图书资料以及其他教师的某种帮助。

如何帮助博士生自学成才？

1．关于课程学习

先从硕士生的课程学习说起：我往往把一门课程的全部或一部分，分配给他们自己备课、自己讲课、自己主持课堂讨论。导师的工作是介绍一些（不是全部）参考书，课前检查他们备课的情况，讲课后帮助他们总结。总结着重于观点上的把关和方法论上的指导。这样，研究生对于所分配到的课题，除阅读导师指定的参考书外，还要自己搜集大量资料，进行研究，写出有一定质量的讲稿，并且获得讲课和主持课堂讨论的教学实践锻炼，把学习、研究和教学实践三者结合起来。研究生对这种方式比较满意，既系统地学习一门课程又能深入钻研某一课题。有的研究生对所讲课题，继续研究，写出论文；有的就以此作为学位论文的选题。

但是，对于博士生来说，这种课程学习方式就不够了。他们应该能开出一门有一定质量的课程。我尽可能让他们就其所长，承担一门课程的教学任务，先后把我开过的“高等教育发展史”和“比较高等教育”让给他们开。这比让他们听一门课或自学一门课，然后考一考或写篇学习报告，效果要好。

“教而后知困”，“知困然后能自强也”。为教而学，学习的广度与深度大不相同，既系统深入地学习一门课程，又可以从中考察他们的教学态度和教学能力。当然，有的课我也得讲。但只讲我的观点以及形成这些观点的过程，有争论的问题以及解决问题的思路，尚未解决的问题以及为什么难于解决，等等，也让他们写学习报告，写对教材的不同见解或修改、补充的意见。

2. 关于学术活动

在一定意义上，在博士生成长教育上学术活动比课程学习更为重要。为此，首先要创造一个有优良学术气氛的环境，让他们在这个环境中受到陶冶，激励竞争。除了每两周一次学术例会让他们做学术报告或参加学术讨论之外，还支持他们在校内开讲座，同校外学术团体联系，尽量让他们参加校外学术会议，但必须带一篇有一定质量的论文去参加。有时我还指定某一位博士生代表我去参加学术会议或同他们一起去参加，回来后要做传达报告。这对活跃学术思想，扩大学术视野，大有好处。只是近年来由于经费支绌，这些活动明显减少了。

加强博士生之间、博士生与硕士生之间的群体活动，也是至关重要的。每个博士生，各有其专攻的课题，在学术上往往只同导师“单线联系”，不能很好地发挥集体作用。而这种集体的激励、互助或者叫作“碰撞”，往往比导师的工作更为深入有效。曾经有一位硕士生，他的学位论文需要补充大量材料，才能进行充分的论证，文章也要做较大的修改，估计在时间上已经来不及了。我建议他或者延长学习时间半年，或者放弃学位只拿毕业证书，这对他无疑是一件苦恼的事。他的两位同届硕士生，放下了他们各自未完的论文工作，用了半个月的时间，帮助他搜集资料，设计修改方案。经过多少个不眠之夜，他终于如期交上了一篇质量较好的学位论文，不但顺利地通过专家评审与答辩，而且论文的一部分发表之后，为《新华文摘》所转载。一次国家教委召开的有关学术会议，还特邀他出席参加。这件事对我的触动很大。为了促进群体之间的激励与互助，我采取了一些措施。如研究生的论文开题报告，邀请其他研究生一起参加。我对某一位研究生的论文指导，也让其他研究生参加，发表意见。虽然参加者对论文内容所涉及的问题，事前不可能有充分的准备，但多少起到一些相互关心、切磋的作用。

3. 关于论文工作

写出一篇高质量、有创见的学位论文，是博士生的中心工作。有人认为博士论文选题，最好是导师的研究方向或系列研究课题的组成部分。这是对的，但不应排斥博士生选择非导师研究方向的课题，研究导师未研究过的或无力研究的课题。更重要的是根据博士生原有的研究基础和知识结构来确定研究方向与课题。我的 4 名博士生，两名论文课题是教学论与课程论，同我的研究方向比较一致；一名论文课题是高等教育体制与管理，对此我所知不多；还有一名尚未确定，我希望他在教育社会学或文化学领域选题，因为他原来是研究哲学、社会学的，而这个领域我是外行。这样，导师是不是就不起作用了？我想不会的。研究计划由他们自己制订，研究方法由他们选定，导师只从方法论上提供一些咨询，在具体内容上指导不多，干涉就可能较少，博士生的"自主权"也就较大，未必不是好事。当然，必要时还可以请校外专家帮助。

我认为：对于博士生，不仅要求其具有独立从事科学研究的能力，而且要使其成为未来的学术带头人。作为学术带头人，光有较高的学术水平和科研能力还不够，还要求其具有组织领导集体学术研究的能力。因此，不能满足于自己能够写出一篇高质量并有创造性成果的论文，还要让他做一些组织领导的工作。我的做法是：将一个科研项目，交给他们去主持，组织有关教师和研究生参加研究，培养他们搞集体科研的设计、管理、审查的能力。现在我的 4 名博士生中，已有 3 位承担有关部门委托科研项目的课题组组长或副组长的工作。

4. 关于思想修养

培养高层次的专门人才和学术带头人，不仅要求其具有学术水平、研究能力与组织领导能力，还必须具有较好的思想修养。博士生的思想教育应当围绕成才教育这一中心任务来进行。对他们思想修养的要求应有三个层次：第一个层次就是《国务院学位委员会关于做好博士研究生学位授予工作的通知》中所规定的政治标准。第二个层次是任何科学家都必须具有的事业心、责任感和科学态度、科学道德，在今天应该特别重视这一层次的修养。一个缺乏事业心的人，是难以担当科学事业的开拓重任的；一个责任感不强、敷衍草率的人，是难以树立带头人应有的威信的；一个科学态度不严肃、治学不严谨的人，是难以攀登科学高峰的。第三个层次是对本门学科的发展的理想、信心、意志与热情，这些是作为本门学科有成就的专家和学术带头人必要的非智力因素。尤其是对一门正在发展中，尚不受社会普遍理解与重视的新兴学科，从事这种学科研究的科学家更要有明确的理想、坚定的信心、坚强的意志与高度的热情。

成才教育，不能离开一定的时代特点与社会背景。二三十岁的研究生，一般来说，他们的世界观、价值观、人生观已经基本定型。但是，随着改革、开放的进展，在西方思想大量传入和商品经济浪潮的冲击下，他们往往仍处于动荡、矛盾、不平衡的心理状态中。一方面，他们很重视作为高层次专门人才的社会价值，有强烈的社会责任感与参与意识；另一方面，自我价值、自我实现的意识强烈，甚至发展为“自我中心”。由此，他们往往处于无产阶级的文化道德观念与西方思想、社会价值与自我价值、理想目标与客观现实、献身科学事业与就业、待遇、婚恋、家庭种种生活问题的矛盾之间。如何解决这些矛盾，取得心理平衡？我认为研究生已有一定的自我心理调节能力，不必过多地干预他们的内心生活，但是导师也还必须经常注意在尊重他们的判断与选择的前提下，同他们坦诚地交换意见，适当点拨、引导，鼓励他们辩证地对待传统观念与西方思想，在追求社会价值中实现自我价值，把理想目标立足于客观现实之上，在献身科学事业中正确处理生活问题，对于重大的政治立场问题，尤其要注意正确指导。

三、“闻道有先后”

不论是硕士生或博士生入学，我的第一次报告，总要提韩愈的《师说》：“弟子不必不如师，师不必贤于弟子，闻道有先后，术业有专攻，如是而已。”事实也是如此：①高等教育学是一门新学科，并无多少成熟的理论可学。②近年来，不论中国或外国，有关高等教育问题的理论、专著，车载斗量；分支学科、交叉学科、邻近学科的研究成果就更多。导师读新书的时间有限，所接触的新知识、新信息不多，而研究生的时间集中，精力旺盛，新知识、新消息比导师丰富。③研究生思维敏捷，比导师可能更容易发现新问题，提出新见解。

“师不必贤于弟子”，但“闻道有先后”，师之先于生者。首先，在术业专攻上，导师尝过一些甜头，也尝过一些苦头，积累了一些成功的经验与失败的教训，可能在治学方法上能够给研究生包括博士生某些有益的劝告、点拨、引导；其次，高等教育学是一门应用型学科，导师的教育实践和教育管理实践比研究生多，在理论联系实践上，能够提供有益的指导；再次，在人生的道路上，导师所经历风风雨雨较多，为人处世的经验也较多。我认为“师不必贤于弟子”，但“闻道有先后”，导师是能起指导作用的。

对于社会科学来说，导师对博士生的指导，专业的具体帮助不是最重要的，重要的是方向上的指引、方法上的点拨以及人格上的影响。例如，当前不少研究生重“洋”轻“土”，崇拜西方教育成就与西方教育理论，而不重视中国教育的发展与中国教育理论的成就，如果由导师做几次报告，未必能起作用。要研究为什么产生这种思想？可能由于对社会现状持批判态度的心理倾向，也可能由于观察社会现象时，对西方用的是“望远镜”，对中国用的是“显微镜”。为使他们对中西方教育有一个比较公正的评价，只能引导他们深入了解历史和现状，让他们自己得出结论。西方发达国家的教育实际与理论，的确有许多值得我们学习的东西，但远不是完美的。中国教育的确有许多问题，非改革不可，但也不是一无是处的。更重要的是要立足国情，即使西方某些先进的东西，也不是照搬就能生效的。忧思可以使人发愤，自卑却使人丧志。“临渊羡鱼，不如退而结网。”正因为中国教育问题很多，更需要青年一代投身于教育改革事业中。

对于博士生的学术观点与学术见解，只要言之成理，持之有故，不一定要强求与导师一致，以免压抑他们的创新精神。但是，对于社会科学研究中容易产生的一些偏向，如照搬洋教条、理论脱离中国实际、忽视应用科学理论的可行性、思维逻辑不严密等，就要从方法论上加以指点、引导。即使是某些显然错误的观点，也不要简单地划禁区、扣帽子。凡错误的观点，总有它的理论错误或逻辑错误之处，最好从方法论上找出它的错误所在，引导他们自己去重新审查自己的结论，自己去修正自己的结论。有一位博士生在一次报告中，提出了一个显然有错误的观点，不少听者赞扬他的观点“有新意”，也有的研究生感到不对头。“有新意”的赞扬使他感到满意，感到不对头的又说不出所以然。如果导师只是告诫或谴责他不该持此观点，可能起禁锢作用而难于使之心服。为此我把他的报告稿索来仔细研究，发现这篇报告不论论据或论证都有逻辑错误，为昭慎重，我还查对了原著，然后向他指出。他承认了逻辑上的错误，从而重新审查他所得的结论。

导师的指导，不一定在课堂上或论文指导中进行，更多是在平时师生交谈中起潜移默化作用。为此，我同研究生建立了一种家庭访谈制。周末晚上，是我接待研究生的时间，自由参加，从天下大事到个人生活，从学术争论到工作方法，清茶一杯，无所不谈。一般没有预定的谈话中心，发表意见没有什么拘束。这样，谈出了许多真实思想，也密切了师生感情。研究生对此很感兴趣，感到从中颇有得益；其实，导师也可以从中得到许多有价值的知识。

四、困惑与苦恼

在研究生的培养工作上，存在许多令人困惑与苦恼的问题。有些是指导中的问题，有些是条件上的问题。择要谈谈。

（1）高等教育学是应用性学科，研究工作，要面向实际问题；研究方法，要用调查、观察、实验、总结等多种方法以掌握第一手材料，不能光从书本到书本。但许多研究生宁愿根据书本知识、书面资料，坐而论道，不愿多花时间到实际中去。当然，受时间、经费等条件限制，但这不是主要的。更为重要的是如何扭转理论脱离实际的学风。我虽采取了一些措施，如组织他们利用“短学期”搞调查，改教学实践为教学管理实践，但收效不大。

（2）经费支出。这是当前研究生教育中的严重问题。每个博士生每年国家所拨的经费是6 000元，数年一贯，与物价脱节。这6 000元中，学校扣去80%，研究生院扣去6%，给研究所是14%，只剩840元。博士生参加学术会议，搜集资料，印刷讲义、论文，购置专用书籍，聘请校外专家，论文评审与答辩所需经费，包干使用。如果说，前几年还可勉强应付，现在则“巧妇难为无米之炊”。更有甚者，由于学校入不敷出，还从中扣去39%，只剩510

元，只好“一切从简”了。

（3）有些规定不合理。关于招生办法不利于选拔人才，上面已有所述。近来又有新规定，学习年限一刀切，毕业班超过 7 月份不发助学金。世界各国研究生培养，虽有基本年限的规定，似无如此严限；中国的实际情况，也很难一刀切完成任务。这显然是违反研究生这一层次的教育规律的。教育规律屈从于财政规定，质量如何保证？另外，规定博士生必须学习第二外语。如果原来并无第二外语的基础，很难在有限修业期间，使一门外语达到阅读专业书刊的能力。因为 30 岁左右的博士生，他们的外语学习能力并不比中学生强，而中学生是很难在 6 年中就学好一门外语达到阅读书刊的能力的。还有许多貌似严格、实为束缚导师与博士生手脚的框框条条，就不一一罗列了。我呼吁：多给导师一点自主权，多留一点博士生成才的余地，多些支持，少点限制，让导师能按教育规律培养人才。

得天下英才而教育之①

高等教育学是1984年被正式列为教育学的二级学科，并批准成立第一个硕士授予点的。按说，高等教育学的研究生培养工作应始于1984年后。但由于当时的规定是先招收培养，后报批学位授予点，所以实际上厦门大学招收第一个高等教育学硕士研究生是1981年，招收第一个高等教育学博士研究生是1986年。20多年来，经我指导的硕、博士毕业生已逾百人。他们中或已声名鹊起，独当一面；或后生可畏，崭露头角。看到他们的成长进步，身为人师，我深感欣慰，因为“得天下英才而教育之”，是为师者最大的乐事和至高的回报。为此，我不揣浅陋，主要以博士生培养为例，谈谈自己在研究生培养中的一些做法和想法。

一、成功与否，端赖选才

选好才是成功的一半。招生选才的优劣对博士生培养质量的影响，就如同农民播下去的种子的好坏对收成的影响一样。因此，如何把好博士生培养的入口关，以什么样的标准来衡量考生，这是关涉博士生教育全局的关键问题之一。我认为，对博士生的选拔，既不同于本科生，也不同于硕士生，在选拔中要重视其发展的潜质。一般来说，本科生的培养是以学习为主，通过课程学习和初步的科研训练，以培养某一专业的专门人才；硕士生的培养是

① 原载《医学教育探索》，2006年第10期。

课程学习与科研并重，通过自主学习和有指导的科研活动，使之具有从事科学研究或独立负担技术工作的能力，以培养某一学科的高层次专门人才；博士生的培养则是以科研为主，通过自主的科研活动，表明其具有独立从事科研的能力并能够做出创造性的成果，以培养某一学科的学术带头人。换句话说，博士生培养质量不仅涉及国家人才培养的整体质量，而且还影响到国家的科研能力与学术水平的提升，以及与之相关的学术声誉。并不是每一个具有一般思想和业务水平的大学毕业生经过有限的几年努力就能达到这种要求的。因此，严格选拔人才，显得格外重要。

人才选拔中最关键的是能准确判断考生的报考动机，看其是文凭取向还是兴趣取向，是为学位而来还是为学问而来。所以，选拔的考生必须对本门学科有浓厚的兴趣，对科学研究要有强烈的探求欲望和献身精神，愿意终生为这一学科的发展做出贡献。如果只是把学习、科研作为猎取学位的手段，就很可能碰到困难就动摇，尤其是高等教育学是一门新的学科，有很多的难题有待探索，人们的看法也不一致，各种责难，时有所闻。如果认识不足，信心不定，很可能半途转行。即使勉强留下，也可能急于自炫，则其所学必定不牢靠，而将来的成就也定然有限。为什么这样强调兴趣在选拔中的意义呢？一位著名的历史学家这么说："板凳甘坐十年冷，文章不写一句空。"我把前一句改为"板凳敢坐十年冷"，想强调的是，坐冷板凳是要有勇气的。

所以，在选拔过程中，不能光看笔试的成绩，高分未必代表较高的学术能力和学术兴趣。笔试成绩好的博士生中研究兴趣不大、创新意识缺乏、学术潜质不足的大有人在。基于以上认识，我对博士生的选拔，并不太注重考试成绩，更为重视的是在根本问题上的政治方向，以及理论与实际密切结合的论文、专著和学术报告。当然，从学科考试中，多少也可以看出学术水平与逻辑思维能力，但不如看论文或专著那样全面地了解其思想倾向、政治态度以及理论基础、研究能力、科学态度和科学方法。考试成绩与论文、专著审查合格之后，复试时我要求申请者做一次学术报告。报告会邀请教师和研究生一起听讲、提问，然后参考大家的评价，做出最后的决定。

顺便说一下：博士生的选择，给予导师的自主权应当多些，导师才能做出综合的判断。至于硕士生的选拔，差不多只能根据考试成绩，尤其是外语分数。我的研究生是来自各种学科、专业的，历年来被录取最多的，除了教育系毕业生之外，就是外语系毕业生。我并不是认为外语不重要，而是觉得有些很好的苗子尤其是思想上比较成熟，又已有相当实践经验的在职申请者，往往由于外语成绩差一点而只好忍痛割爱。其实录取之后，抓紧抓好一年的公共英语学习，或集中强化训练，大多数是能够达到合格要求的。另外，我最不满意的是研究生专业课程的考题，也要像高考考题那样随附标准答案，作为评分依据。如果考生的答案完全符合标准答案，充其量只能考出他们的记忆能力与求同思维，恰恰不能考察对他们来说最为重要的求异思维。为此，我把标准答案“擅自”改为“基本要求”。要求：思想政治观点正确；基础知识基本正确但不要求罗列无遗；有所发挥，虽不一定正确但能言之成理，持之有故。

我所说的选拔博士生应当重视其发展的潜质，综合考核其学术水平与思维能力，其实现在是无能为力的。20 世纪 80 年代，生源较少，招生制度还不十分“规范”时，博士生导师还有一定的自主选择权。现在制度越来越“规范”了，导师完全丧失自主选择权，而所谓“规范”，又是照搬非人性化的统一高考招生制度。例如，划分数线（不仅划分数线，还划单科分数线），笔试上线后，才从高到低，以 1：1.2 的比例与导师见面，进行复试。复试成绩又只能以 30% 的比例与笔试成绩合计，最后从高分到低分录取。作为导师，只能眼睁睁地看着潜质优异、学有所长的考生落选。“失英才而不得教育之”，是作为导师者最痛心的事。

二、深入浅出，由博返约

对博士生而言，治学上要追求“深入浅出”和“由博返约”。深要深在思想上，深在理论上，要深入到事物的本质特征和基本规律。而真正能揭示本质和基本规律的理论总是具有简明的表达形式。这就是我们常说的一种科学美。自然科学是如此，社会科学也是如此。因此，只有真正深入到了本质，把握了基本规律，才能浅出，浅出就是要用简明的方式表达出来，做到明白易懂。很多研究者以把简单的东西讲得深奥难懂作为“学问高深”。这种故作高深，往往是自己并没有完全弄懂，没有消化。只有把高深学术问题弄懂了，消化了，才能深入浅出。做学问，要做到深入浅出，既有下功夫的问题，也有端正学风的问题。

先说端正学风。为什么很多人写文章，往往用晦涩的语言来表达，旁征博引许多无关宏旨的理论，无非是为了炫耀自己博学。在他们看来，讲得明白易懂，语不晦涩，似乎就没有学问。这使许多人尚未真正深入就自认为学问已经做得很深了。“文贵约而指通，言尚省而趋明。”其实最高深的学问，可以用最简明的语言来表达，也应该用简明的语言来表达，寻找简明的表达方式的过程往往也是深入研究的过程。所以，只有端正了思想，才能进一步把学问做得深透。

除了端正学风外，还要下功夫。要在由约到博的基础上，再由博返约。由约到博是充分占有材料的过程，这相对来说比较容易做到。而由博返约是对材料进行深入的思考，探究其中蕴藏的本质特征和基本规律。这是一个需要高度创造力和艰苦求索的过程。要把材料融会贯通，化为己有，形成自己的见解。思考很久的观点，当要写出来、讲出来的时候，须再重新审视材料，果敢地根据需要取舍材料。要敢于割爱。同时，尽量用自己的语言，简明地说明自己的观点。这样就能做到深入浅出和由博返约。

三、提供条件，自我成才

对于博士生的培养，研究所和导师只能提供必要条件，成才靠自己。所谓必要条件，包括优良的学术气氛，必要的图书资料以及其他教师和研究生的种种帮助。

如何帮助博士生自我成才？

一是课程学习。先从硕士生的课程学习说起：我往往把一门课程的全部或一部分，分配给他们自己备课、自己讲课、自己主持课堂讨论。导师工作是介绍一些参考书目，课前检查他们备课的情况，课后帮助他们总结。总结着重于观点上的把关和方法论上的指导。这样，研究生对于所分配到的课题，除阅读导师指定的参考书外，还要自己搜索大量资料，进行研究，写出有一定质量的讲稿，并且获得讲课和主持课堂讨论的教学实践经验，把学习、研究和教学实践三者结合起来。研究生对这种方式比较满意，既系统地学习一门课程又能深入钻研某一课题。有的研究生对所讲的课题，继续研究，写出论文；有的就以此作为学位论文的选题。

但是，对于博士生来说，这种课程学习方式就不够了。他们应该开出一门有一定质量的课程。我尽可能让他们就其所长，承担一门课程的教学任务，先后把我开过的“高等教育发展史”“比较高等教育”“高等教育政策法规”让给他们开。这比他们听一门课或自学一门课，然后考一考或写篇学习报告，效果要好。“教而后知困”，“知困然后能自强也”。为教而学，学习的广度和深度大不相同，既系统深入地学习一门课程，又可以从中考查他们的教学态度和教学能力。

现在博士生多了，没有这么多的课程让他们开。我就在所开的“高等教育专题研究”和“中国高等教育问题研究”两门课，各提出30～40个研究课题。每门课每人各自选2～3个课题，进行研究，写出研究报告，对全班博士生讲课，常常还吸引访问学者和高年级硕士生前来听课。我的任务只是：①担任课程的总策划。②对每个课题研究做简要的引导，包括：课题的意义，对本课题已有的争论，对研究本课题的要求，等等。我自己也讲几个课题。③指定本门课程基本必需的参考书，对个别课题介绍可供参考的论著或论文。④在博士生课题研究过程中随时提供咨询。⑤在博士生讲课和答辩后点评。点评包括讲课内容和教学能力。⑥评阅作业（包括读书报告、讲课讲稿和小论文）。⑦评定成绩。

我所摸索出来的这套办法，叫作“学习—研究—教学实践”相结合的研究生课程教学法，是适合于研究生培养的。现在高教所其他教师开课，基本上也采用这种教学方法，而各有自己的创新。许多博士生毕业后，也在自己的教学中采用这一教学方法。以这一教学方法为中心的，连同其他的教学成果，2001年获得了国家级优秀教学成果一等奖。

二是学术活动。在一定意义上，在博士生成长教育上，学术活动比课程学习更为重要。为此，首先要创造一个有优良学术气氛的环境，让他们在这个环境中受到陶冶，激励竞争。除了每两周一次学术例会让他们做学术报告或参加学术讨论之外，还支持他们在校内开讲座，同校外学术团体联系，尽量让他们参加校外学术会议，但必须带一篇有一定质量的论文去参加。有时我还指定某一位博士生代表我去参加学术会议或同他们一起去参加，回来后要做传达报告。这对活跃学术思想，扩大学术视野大有好处。值得一提的是，自周远清同志任中国高等教育学会会长后，学会每年都举办一次高等教育国际论坛。该论坛自2003年开始设立高等教育学博士生分论坛，让所有设有高等教育学博士点的单位选派部分博士生代表参加，既检阅了博士生们的学术水平，又加深了各培养单位之间的相互了解，还增进了博士生之间的情谊，达到了以文会友、切磋学问、砥砺思想、激励创新的目的。

加强博士生之间、博士生与硕士生之间的群体活动，也是至关重要的。每个博士生，各有其专攻的课题，在学术上往往只同导师"单线联系"，不能很好地发挥集体作用。而这种集体的激励、互助或者叫作"碰撞"，往往比导师的工作更为深入有效。曾经有一位硕士生，他的学位论文需要补充大量材料，才能进行充分的论证，文章也要做较大的修改，估计在时间上已经来不及了。我建议他或者延长学习时间半年，或者放弃学位只拿毕业证书，这对他无疑是一件苦恼的事。他的两位同届硕士生，放下他们各自未完的论文工作，用了半个月的时间，帮助他搜集资料，设计修改方案。经过多少个不眠之夜，他终于如期交上了一篇质量较好的学位论文，不但顺利地通过专家评审与答辩，而且论文的一部分发表之后，为《新华文摘》所转载。一次教育部召开的有关学术会议，还特邀他出席参加。这件事对我的触动很大。为了促进群体之间的激励与互助，我采取了一些措施。如研究生的论文开题报告，邀请其他研究生一起参加；我对某一位研究生的论文指导，也让其他研究生参加，发表意见。虽然参加者对论文内容所涉及的问题，事前不可能有充分的准备，但却能起到相互关心、切磋的作用。

三是论文指导。写出一篇高质量、有创见的学位论文，是博士生的中心工作。有人认为博士生论文选题，最好是导师研究方向或系列研究课题的组成部分。这是对的，但不排斥博士生选择非导师研究方向的课题，研究导师未研究过的或无力研究的课题。更重要的是根据博士生原有的研究基础和知识结构来确定研究方向与课题。例如，我早期指导的4个博士生，两个论文课题是教学论与课程论，同我的研究方向比较一致；一个论文课题是高等教育体制与管理，对此我所知不多；还有一个论文选题为教育社会学，这个领域我是外行。最近，还有一位博士生的论文课题是关于信息技术与网络教学方面，我更是知之甚少，就请华南师大的丁新教授共同指导。这样，导师是不是就不起作用了？我想不会的。研究计划由他们自己制订，研究方法由他们选定，导师只从方法论上提供一些咨询，在具体内容上指导不多，干涉就可能较少，博士生的“自主权”也就较大，未必不是好事。当然，必要时还可以请校外专家帮助。

我认为，对于博士生，不仅要求其具有独立从事科学研究的能力，而且要使其成为未来的学术带头人。作为学术带头人，光有较高的学术水平和科研能力还不够，还要求其具有组织领导集体学术研究的能力。因此，不能满足于自己能够写出一篇高质量并有创造性成果的论文，还要让他们去支持、组织有关教师和研究生参加研究，培养他们搞集体科研的设计、管理、审查的能力。我培养的博士生在读期间，就有不少承担“211 工程”或“985 工程”等科研项目的子课题组织工作，更多的是承担有关部门委托科研项目的课题组组长或副组长工作。

四是思想修养。培养高层次的专门人才和学术带头人，不仅要求其具有学术水平、研究能力与组织领导能力，还必须具有较好的思想修养。博士生的思想教育应当围绕成才教育这一中心任务来进行。对他们思想修养的要求应有三个层次：第一个层次是国务院学位委员会相关文件规定中的政治标准。第二个层次是任何科学家都必须具有的事业心、责任感和科学态度、科学道德，在今天应该特别重视这一层次的修养。一个缺乏事业心的人，是难以担当科学事业的开拓重任的；一个责任感不强、敷衍草率的人，是难以树立带头人应有的威信的；一个科学态度不严肃、治学不严谨的人，是难以攀登科学高峰的。第三个层次是对本学科的发展的理想、信心、意志和热情，这些是作为本门学科有成就的专家和学术带头人必要的非智力因素，尤其是对一门正在发展中，尚不受社会普遍理解与重视的新兴学科，从事这种学科研究的科学家更要有明确的理想、坚定的信心、坚强的意志和高度的热情。

五是实践锻炼。高等教育学是应用性学科，研究工作，要面向实际问题；

研究方法，要用调查、观察、实验、总结等多种方法以掌握第一手材料，不能光从书本到书本。但许多研究生宁愿根据书本知识、书面材料，坐而论道，不愿多花时间到实际中去。当然，有实际的困难，如受时间、经费等条件限制，但这不是主要的原因。更为重要的是如何扭转理论脱离实际的学风。为此，我曾多次结合自己的亲身经历告诫博士生们：我的理论研究很得益于长期积累的实践经验。实践经验的积累使我在研究教育理论时，心中有个“实际”；在写文章、做报告时，心中有读者、听众，力求使抽象的理论成为简单、明白、可接受、可操作的知识，更重要的是养成了从教育实践中发现理论问题，以教育实践检验教育理论的习惯，而不满足于只引用西方的观点和理论来支持自己的论点，论证自己的理论。理论中的“洋”“大”“空”的倾向值得注意。“大”就是题目大、口气大，认为别人的研究一无是处，只有自己的理论是“填补空白”的；“空”即空对空，研究的结论纯粹是理论推导出来的，空话连篇；“洋”就是喜欢搬洋人的话，以壮大自己的声势。很多青年理论工作者颇有才气，但如果不联系实际，光说空话，这样的才气是难有生命力的。理论还必须由实践来检验，通过历史分析、比较研究所获得的经验、理论，必须结合当前的实际，通过实践检验，才能被确认并得到应用，从而体现它们的社会价值。为此，我积极给学生提供联系实际的机会。近几年来，在为博士生开设的“中国高等教育问题研究”课程期间，我每年都要带全班博士生到各地高校搞实地调研。虽然这算不上实践锻炼，但在科研工作结合实际上有一定的效果。

六是课外陶冶。我觉得，导师的指导，不一定在课堂上或论文指导中进行，更多是在平时师生交谈中起潜移默化的作用。为此，20 年前，我同研究生建立了一种家庭访谈制度，后来被称作“周末学术沙龙”。每逢周六晚上，是我接待研究生的时间，自由参加，没有课堂上的正襟危坐与刻板拘谨，清茶一杯，点心几样，可以畅所欲言，往往无所不谈。从天下事到个人生活，从学术论争到工作方法，既谈学问中的人生，也谈人生中的学问，话题有时事先确定，有时即兴而谈，可以是学术思想上的理性探讨，也可以是生活情感上的轻松交流，大家“各言尔志”，相互切磋琢磨。研究生对此很感兴趣，感到从中颇有得益。其实，导师也可以从中得到许多有价值的东西和启发。

沙龙上，除了我和研究生们之间的相互交流外，我还借机引入“活水”，让沙龙慢慢变成研究生接触外界的一个窗口。因为经常有些教育界的学者朋友、高校的领导，甚至一些企业家、社会知名人士等来看望我，我就把来访的这些客人在沙龙上介绍给研究生们，让他们之间进行一些交流。一些外国学者，如日本著名高等教育研究专家有本章教授、大塚丰教授，加拿大著名比较教育学家许美德（Ruth Hayhoe）教授，挪威学者阿里·谢沃教授，德国学者罗兰德·舍恩教授等国际友人来厦门大学高教所访问时，都曾来到沙龙上与学生们见面。其中，许美德教授和阿里·谢沃教授还在他们的著作中提到他们参加沙龙的感受和看法。后来，我的年轻同事们，如刘海峰教授、邬大光教授、谢作栩教授、史秋衡教授等也纷纷开起了自己的周末学术沙龙，且各有各的风格，相映成趣，蔚然成风，成为高教所的一种宝贵传统。

四、师生互敬，教学相长

不论是硕士生或博士生入学，我的第一次报告，总要提韩愈的《师说》：“弟子不必不如师，师不必贤于弟子，闻道有先后，术业有专攻，如是而已。”事实也是这样：第一，高等教育学是一门新学科，并无多少成熟的理论可学。第二，近年来，不论中国或外国，有关高等教育问题的理论、专著，车载斗量；分支学科、交叉学科、邻近学科的研究成果就更多。导师读新书的时间有限，所接触到的新知识、新信息不多，而研究生的时间集中，精力旺盛，新知识、新信息比导师丰富。第三，研究生思维敏捷，比导师可能更容易发现新问题，提出新见解。

“师不必贤于弟子”，但“闻道有先后”，师之先于生者。首先，在术业专攻上，导师尝过一些甜头，也尝过一些苦头，积累了一些成功的经验与失败的教训，可能在治学方法上能够给研究生包括博士生某些有益的劝告、点拨、引导；其次，高等教育学是一门应用性学科，我的教育实践和教育管理实践比研究生多，在理论联系实际上，能够提供有益的指导；再次，在人生的道路上，我所经历的风风雨雨也较多，为人处世的经验也较多。我认为“师不必贤于弟子”，但“闻道有先后”，故导师是能起指导作用的。

对于社会科学来说，导师对博士生的指导，专业的具体帮助不是最重要的，重要的是方向上的指引、方法上的点拨以及人格上的影响。例如，当前不少研究生重“洋”轻“土”，崇拜西方成就与西方教育理论，而不重视中国教育的发展与中国教育理论的成就，如果由导师做几次报告，未必能起到什么作用。要研究为什么产生这种思想？可能由于对社会现状持批判态度的心理倾向，也可能由于观察社会现象时，对西方用的是“望远镜”，对中国用的是“显微镜”。为使他们对中西教育有一个比较公正的评价，只能引导他们深入了解历史和现状，让他们自己得出结论。为此，我在2003年组织博士生讨论对中国高等教育研究有一定影响的“依附理论”，写了一批论文，分别在清华、北大、复旦的几种高等教育刊物上发表；现在正和香港中文大学教育学院前院长、现在在美国密歇根大学执教的杜祖贻教授合作，研究中国的教育国际化问题，以“借鉴与超越”为主题，设几个子课题，分别由10位博士生承担。近日，加拿大学者许美德正在研究“中国高等教育对世界的影响”，我正在积极争取她前来讲学。我认为，西方发达国家的教育实践与理论，的确有很多值得我们学习的东西，但远非完美；中国教育的确有许多问题，非改革不可，但也不是一无是处。更重要的是要立足国情，即使西方某些先进的东西，也不是照办照抄就能生效的。忧思可以使人发愤，自卑却使人丧志。“临渊羡鱼，不如退而结网。”正因为中国教育问题很多，更需要青年一代投身于教育改革事业中。

对于博士生的学术观点和学术见解，只要言之成理，持之有故，不一定要求与导师一致，以免压抑他们的创新精神。但是，对于社会科学研究中容易产生的一些偏向，如照搬洋教条、理论脱离中国实际、忽视应用科学理论的可行性、思维逻辑不严密等，就要从方法论上加以指点、引导。即使是某些显然错误的观点，也不要简单地划禁区、扣帽子。凡是错误的观点，总有它的理论错误或逻辑错误的地方。最好从方法论上找出它的错误所在，引导他们自己去重新审查自己的结论，自己去修正自己的结论。有一位博士生在一次报告中，提出了一个明显有错误的观点，不少听者赞扬他的观点“有新意”，也有的研究生感到不对头。“有新意”的赞扬使他感到满意，感到不对头的又说不出所以然。如果导师只是告诫或谴责他不该持此观点，可能起禁锢作用而难以使之心服。为此我把他的报告稿索来仔细研究，发现这篇报告不论论据或论证都有逻辑错误，为了慎重起见，我还查对了原著，然后向他指出。他承认了逻辑上的错误，从而重新审查了他所得的结论。

另外，我也积极向年轻人学习，这是防止思想落后于时代的有效方法。与年轻人一起探讨问题，总能感觉到新思想、新观念的碰撞和冲击。我很注意发现和把握青年人思想的闪光点，并加以提炼和系统化。如运用可持续发展观研究高等教育发展问题，就是在与博士生讨论的时候受到启发后，我组织他们写了一组笔谈，并形成了我自己的高等教育可持续发展观。

如要谈到作为一位老教师的感受，我认为，“师者，传道受业解惑也”，教师最大的心愿无非是倾尽所学传授给学生，而学生们能够勤奋治学，学知识，学做人，并学有所成。学生们的成功对为师者而言是莫大的欣慰。“青出于蓝而胜于蓝”是为师者最大的期盼。我一生最为欣慰的是，我的名字排在教师的行列里；假如我有第二次生命，那我选择的职业还是教师。

研究生教育如何看[①]

一、怎么认识导师带研究生过多问题——不能完全责怪导师

西安交通大学出现一位导师带20多位研究生而无法顾及的问题，不能完全责怪老师。近年来，研究生招生的增长速度太快，主要原因之一是社会对学历的要求高了。一位教师带多少研究生，并不是教师们自己决定的，他们按照学校的分配数字带学生，而学校是按照有关主管部门的计划分配给院系的，教师并没有太多的自主权。教师带的学生过多是研究生招生计划不顾及实际的师资力量的结果。有的学校为了能够招更多的硕士生，将一些并不够格的教师提升为硕士生导师，客观上也让研究生的培养质量有所下降。

当然，研究生阶段应当更加注重学生的自学能力，导师的指导固然是一个方面，但更重要的是自己钻研。导师更多地起着一种督促前进的作用，而不是牵着学生前进。导师对学生的指导不能以在学生身上花了多少时间为唯一评价指标，而应该重在如何指导。同时，我的经验是组织、引导学生之间的互相启发、互相切磋非常重要，这种切磋、讨论可能比导师的单向指导带来的进步更大。

① 原载《人民日报》，2006年8月17日。

二、关于研究生培养年限的问题——“一刀切”不可取

按照联合国教科文组织 1997 年修改的《国际教育标准分类》，将相当于硕士阶段视为本科生培养的高级阶段，这样，两年的时间是足够的。有的国家，大学学习年限较长，前一阶段是普通高等教育，结束后继续学习专门化理论，毕业之后就是硕士。在我国，硕士是作为一个完整的独立培养阶段，硕士生入学后，第一学年的很多时间会花在英语和政治的学习上，同时毕业论文也要花费半年到一年的时间，学生真正用来深入专门课程的学习的时间不多，两年或者两年半时间完成学业非常困难。厦门大学一些试行两年或两年半教育的学科专业目前只好又回到三年。

现在博士生培养年限一般院校为三年，在职攻博为四年，国家的培养经费按三年拨，学校为学生提供的宿舍也只有三年。这就使一些尚未合格的博士生只好如期毕业，他们的培养质量成了问题。博士生的成长有快有慢，研究的课题有长有短，“一刀切”的培养模式并不符合博士生培养的规律。北大的博士生培养年限为四年，我认为比较合适，但以社科类与非社科类划分年限长短的做法，并不合适。

现在提倡硕博连读，对于这种做法，我有些疑惑。博士生需要的是一种创造性思维，而一个学生是否具有创造性思维，是否能够成为博士生的培养对象，在本科学习时是很难判断的。本科阶段学业成绩优秀的学生并不一定能够成为博士生培养的对象。

三、发表论文与学位能否画等号——防止弄虚作假之风

现在的规定是，教师晋级、研究生毕业都需要在学术核心期刊上发表论文，目前出版的核心期刊有限，如果 20 多万名副教授和 20 多万名在学博士生都要在核心期刊发表论文若干篇，刊物不够。为能达到晋级或者毕业条件，就会助长不正之风。同时，一些期刊借故征收版面费，有些刊物为了满足日益增长的需求，从双月刊变成月刊，再变成半月刊，刊物越来越厚，文章的

质量也就无法保证。我认为，研究生授予学位，应当严格审查其学位论文；教师晋级，应该严格审查其代表作；不必刚性规定多少篇论文，在什么刊物上发表。

敢为天下先[①]

——在广东省博士后工作20周年纪念大会上的讲话

有机会参加广东省博士后工作20周年纪念大会，感到非常荣幸。能够在会上与各位博士后见面并交流体会，感到非常高兴。为什么呢？因为看到这么多朝气蓬勃、年轻有为的青年才俊，我看到了中国科学研究的灿烂明天和中华民族的美好未来！

下面，我以“敢为天下先”为题，谈谈自己在科学研究工作中的一些体验，与在座的各位年青博士后共勉，并寄希望于博士后们。

一、敢为天下先

我们知道，博士后的工作，不论是从事理论研究还是从事应用研究，都是处于科学前沿的创新性研究工作，这种研究工作最需要的是勇气与自信心，用一句话来概括，就是“敢为天下先”。

当回忆起自己在创建我国高等教育学新学科的经历时，我有更加深切的体验。20世纪50年代，我在厦门大学当教师。当时，厦门大学作为综合性大学，负有培养大学师资的任务。同时，上级也要求大学干部学点教育学，变外行为内行。但是，那时没有一本面向大学教师和干部使用的教育学教材，结果教学效果不理想。正当我为此而苦恼的时候，一个偶然机会，我读到了

① 原载《集美大学学报》，2006年第2期。本文由厦门大学教育研究院博士生陈厚丰根据潘懋元先生的PPT报告稿整理而成，并经作者本人审阅。

捷克教育家昂德列伊·帕符利克在一次教育科学会议上的发言。他指出，现在教育科学理论研究只停留在普通学校教育工作问题上，很少注意到专业学校的教育工作问题。受这个发言启发，我撰写了一篇题为《高等专业教育问题在教育学上的重要地位》的论文，并发表在厦门大学《学术论坛》上。另外，我与教研室几位同事一道，于1956年试编了一本《高等学校教育学讲义》，用这本讲义给当时接受培训的大学教师和干部授课，反响还不错。1957年，这本讲义作为校际交流讲义发送到全国综合性大学和师范院校交流，成为我国最早的一本系统论述高等教育理论的讲义。在教学实践中，我觉得编写讲义还不够，应该建立一门研究高等教育学的新学科。因为高等教育有许多问题不同于普通教育，它有自己的特点和特殊的规律，需要对此进行系统的研究和艰苦的探索。我的这一想法，得到了当时厦门大学校长、著名经济学家王亚南教授的支持。但是，由于遇到了“文化大革命”，研究工作不得不停下来，但我始终相信建立一门高等教育新学科的选择是正确的。70年代末，教育和科学的春天终于来临，我觉得这是创建中国高等教育学科的机遇，于是1978年在《光明日报》上发表了《必须开展高等教育的理论研究》，接着在《厦门大学学报》发表了《建立高等教育学科刍议》的论文。经过多方努力，在领导和同行的支持和鼓励下，我于1978年在厦门大学建立了我国第一个以高等教育为研究对象的专门研究机构——高等教育科学研究室，1981年开始招收我国第一位高等教育学硕士研究生，1984年主编了中国第一部《高等教育学》，1986年开始招收我国第一位高等教育学博士研究生，1988年厦门大学高等教育科学研究所高等教育学被评为国家重点学科。应该说，这些成绩的取得，主要是我们走在了别人的前面，得益于“敢为天下先”。

二、敢于失败

博士后从事的科学研究工作是一项创新事业。创新事业，既可能成功，也可能失败。一战告捷易，屡败屡战难。因此，要在科学研究中开创新的领域和创造新的业绩，就要敢于面对失败，失败才能成为“成功之母”；不敢面对失败，遇到挫折就灰心丧气，就不可能产生成功。

我的一生，经历过许多次的失败，其中有两次失败记忆犹新，既使我难以忘记，又使我从中受益无穷。记得当小学教师时，我第一次上课，经过精心准备的教案，讲了不到半个小时就没话可说了，站在讲台上面对乱哄哄的孩子，我不知所措。当小学教师第一次上课失败的经历，激发我下决心学习怎样教学生的教育学，并立下了一个终身的理想——当一个好教师。

第二次失败，如上所述，是20世纪50年代在厦门大学面对大学教师和干部上教育学课。那时的教育学都是以中小学为研究对象的普通教育学，国外也不重视高等教育理论研究，因此开始时我们只能使用普通教育学教材。由于教材脱离大学实际，教学效果并不理想，学生、干部和我本人都不满意。这次面向大学教师和干部讲普通教育学的失败，刺激了我下决心研究高等教育理论，下决心编写一本适合于大学教师和干部培训用的教育学教材，也由此萌发了建立高等教育新学科的理想。

要做到“敢于失败”，先要有理想。兴趣当然是重要的，但兴趣与理想并不是一回事。兴趣是克服困难的支柱，但只有理想才是战胜困难、敢于面对失败的永恒动力。记得少年时期，我就对文学有着浓厚的兴趣，中学和大学时写过几十篇小说、散文发表在地方报纸上，为此在同学中还得了一个“文学家”的雅称，但我自知自己的形象思维不行，从来没有产生过当作家的念头，因为文学虽然是我感兴趣的，但并不是我的理想所在。所以，在师资养成所读了一年国文后，我知难而退，毫不犹豫地放弃了文学创作的爱好，重新考进了厦门大学教育系，主攻教育理论，辅修经济学。虽然我放弃了文学创作，相对于自己的兴趣而言不无遗憾，但我庆幸自己凭借理想战胜了兴趣，理性地选择了教育学。我个人体会，虽然理想要以兴趣做支柱，但兴趣所在不一定就是理想所在，理想的形成也不一定从兴趣开始；有价值的理想，往往与困难相始终。因此，干一件事乃至树立人生理想，不能光凭兴趣，还要有“明知山有虎，偏向虎山行”的胆识，百折不挠、知难而进的进取精神，“我偏要干出成绩来”的韧劲和耐性。

三、敢坐冷板凳

博士后所从事的科学研究是一项艰辛的事业。一个人要想在科学研究工作中有所创新，在知识创新上有所建树，在理论建构上有所发展，就必须耐得住寂寞、坐得住“冷板凳”。

一位历史学家“板凳甘坐十年冷，文章不写一句空”的名言，形象地表达了其甘于寂寞、潜心学问的精神。但是，我将这句名言改为“板凳敢坐十年冷，文章不写半句空”，并以此作为自己的座右铭。为什么要将“甘”改为“敢”，将“一”改为“半”呢？因为“甘”是消极、被动、无可奈何的，“敢”是积极、主动、充满勇气与自信心的；“一句”是很高的要求，“半句”是更严的要求，科学研究不仅要高要求也要严要求，这是有志于做学问的人应有的理想追求。回顾自己的经历，前一句话我基本做到了，为了创建高等教育学这门新学科，我坐了22年的冷板凳；后一句话不敢说自己做到了，只能说是自己始终不渝的目标，因为我现在仍然是“空话连篇”。

四、机遇偏爱有准备的头脑

人们常说，机遇与挑战并存，困难与希望同在。在机遇面前，要善于发现机遇、抓住机遇。可见，机遇对国家、团体、组织而言很重要，对个人的事业同样重要。但是，“机遇只偏爱那种有准备的头脑”。虽然机遇很重要，但在机遇未到时就要敢于坐冷板凳；机遇虽然经常有，但不可侥幸得到。因此，要做到善于发现机遇并抓住机遇，在事先就要有充分的准备，没有充分的准备，即使面对机遇也只能坐视它从身边溜过。同时，当机遇来临时，还要敢于“该出手时就出手”，在你没有做好准备时，与其“临渊羡鱼，不如退而结网”。

回顾自己创建高等教育学的历程，我更加深深地感受到“充分准备”的重要性。20世纪70年代末“科学的春天”来临，我国高等教育界渴望按规律办教育时，创建高等教育学这个“机遇”给了我“偏爱”。这个“偏爱”，主要在于我坐了22年的冷板凳，我已经结好高等教育学框架这张“网”，尽管它“粗糙”，但是能打“鱼”。

五、讲究创新方法

博士后从事的科学研究工作是一项创新的事业。创新意味着要敢于走前人没有走过的路，说前人没有说过的话，干前人没有干过的事业。但是从事知识创新、科技创新，光凭主观愿望，敢想敢干是不够的，必须有科学知识与能力的准备。如果用公式来表述“创新”，那就是：创新＝科学＋想象力＋

实践检验（或求同思维+求异思维+实践检验）。

具体说，创新，首先要尊重科学，按科学规律办事。其次，要有丰富的想象力（求异思维）。经验证明，任何创新都是“踩在巨人的肩膀上”才能向上攀登，并通过求异思维来超越前人的研究结论。再次，要经过实践检验。著名的诺贝尔奖，往往是在科研成果问世之后若干年才能评定的。可见，科学、想象力、实践检验三者，“一个都不能少”。应当明确，科学家不是歌星、明星，尽管科学家也可能靠直觉、顿悟或灵机一动，涌现思想的火花而“一夜成名”，但科学研究毕竟是原始性创新，如果整天幻想灵机一动，就很难在科学研究领域持续发展。因此，学术上的浮躁之风不利于科学创新，这股风气不可长。

六、敢于持恒

博士后从事的科学研究是一项需要恒心、韧性的事业。现代科学在持续发展，科学研究与科学实践也要持续发展。要使自己的科学研究持续发展，就要敢于持恒；要敢于持恒，就要克服怠惰与自满情绪。

在持恒的过程中，我们不仅要做到埋头苦干，更要借助于多样化的学术活动来坚守。善于在多样化的学术活动中相互学习、相互碰撞，通过学习、碰撞所发出的火花，是科学研究持续发展的动力。

我的体验是，多样化的学术活动既包括正式的学术报告会，也包括非正式的学术讨论（沙龙）。这些正式、非正式的学术活动，不仅能够通过同行之间的相互学习，激励我们更加热爱科学研究事业，也能够通过同行之间的观点碰撞，产生创新思想的火花，从而实现科学研究的重大突破。

各位博士后！

你们所处的时代，是中华民族走向“和平崛起”的伟大时代，是党和国家大力倡导自主创新、建设创新型国家的伟大时代，是全面建设小康社会和社会主义和谐社会的伟大时代。作为处于科学研究最前沿，以发展科学和创新知识为使命的年轻博士后，我深信，只要敢为天下先、敢于失败、敢坐冷板凳、敢抓机遇、敢于持恒，你们就一定能够开创出我国科学之花鲜艳灿烂的春天！

谢谢！

应用型人才培养呼唤知行体系教材①

当前，培养应用型人才的重要性，已经获得上自国家政策层面下至应用型高校的认可。然而，获得认可是一回事，落实又是另一回事。在实践中，应用型人才培养涉及诸多环节，落实起来面临重重困难。

在培养人才的教学过程中，课程是核心，教材是主要的载体，是人才培养过程的关键性环节。我们正在进行的“应用型本科教育研究”课题，通过对许多应用型本科高校的调查，了解到这些高校的教师为缺乏适切的教材而苦恼。因此，如何引导应用型高校编写适切的教材，是应用型人才培养亟待解决的问题。

一、现行两种体系教材难以满足应用型人才培养需要

教材作为知识与技能的载体，具有一定的体系结构。按照不同类型的人才培养目标，可以把教材分为理论体系和工作体系（或经验体系）。教材的理论体系按照学科知识的内在逻辑来组织教材内容，将本学科涉及的基本概念、基础理论、基本方法与典型事例按照认识规律进行编写，强调内容的系统性和内在逻辑性。教材的工作体系以职业或行业所需的知识、技术或技能为中心来设计和组织教材内容，注重从问题引出概念、原理等理论知识，强调内容的可操作性。

① 原载《中国教育报》，2010年4月19日。作者：潘懋元，周群英。

两种体系教材各有优缺点。理论体系教材重视理论完整性、结构系统性、逻辑严密性、学术高深性，有助于学生掌握基本的理论、概念、原理、原则，但其缺点是往往忽视理论的应用，因而难以很好地培养学生将理论知识运用于实践的能力。工作体系教材从实践出发，重视培养学生的动手能力，理论知识以“够用”为原则，但是由于内容以问题为中心展开，致使某些概念、原理缺乏内在的有机联系，章节之间往往不能很好地衔接。一般来讲，理论体系教材适合于培养学术型人才，因此，研究型大学一般采用理论体系教材；工作体系教材适合于培养职业技能型人才，所以高职高专院校一般采用工作体系教材。

那么，应用型人才培养需要具有什么特点的教材体系？由于应用型人才既要有坚实的具备一定宽度的理论基础，又要有较强的运用理论于实践的能力，因此教材体系既要考虑为学生搭建可塑性的知识框架，又要从实践知识出发，建立理论知识与实践知识的双向、互动关系。这种理论知识与实践知识双向互动的教材，属于“理论—工作体系”，可简称为“知行体系教材”。知行体系教材并不是按照从理论到实践或者从实践到理论的单向方式进行组织的，也不是把理论单元与实践单元割裂开来，各说各的，而是将理论知识与实践知识有机融合起来，在理论知识与实践知识的循环往复中促进理论知识的掌握和培养运用理论于实践的能力。

二、知行体系教材的编写面临四大困难

改革开放以来，我国各类高校主编、出版的教材逐年增加。1998 年累计出版教材 8 000 种，2003 年增至 13 000 种，2007 年更达 18 000 种。教材数量丰富，品种繁多。然而，深入分析这些教材的内容与体系时，可以发现这些教材绝大部分为理论体系教材和工作体系教材，适用于培养应用型人才的知行体系教材非常缺乏。因此，很多以培养应用型人才为主的地方本科高校仍然沿用培养学术型人才的理论体系教材，这样，应用型人才培养目标难以实现。在这种情况下，应加强应用型本科高校教材编写工作。然而，地方本科高校在编写知行体系教材过程中，面临诸多困难。

其一，来自政策层面的知行体系教材规划起步滞后。在高等教育精英阶段，我国高校教材以理论体系为主导。随着高等教育进入大众化，高职教育的迅猛发展要求编写工作体系教材以适应人才培养目标要求。为此，教育部门以政策、项目的形式推动工作体系教材建设。目前，工作体系教材建设在精品课程建设、万种新教材建设等项目的推动下已经取得一定的成果。但是，适用于应用型本科教学的知行体系教材，由于特征和要求不明，成了被遗忘的角落，在精品课程建设、万种新教材建设、国家规划教材等项目中都没有作为单独一类列出加以重视，只有某些地方本科高校的若干专业教师在自发地进行探索。

其二，地方高校教材编写意识不强。长期以来，教材编写工作主要由教育主管部门组织重点大学的有关教师承担，将编好的教材出版并介绍推广，很多地方高校习惯选用国家或省级的获奖教材、规划教材、精品教材。虽然许多地方高校的教师为这些教材对应用型人才培养目标缺乏适切性而苦恼，但自主编写教材的意识并不强。再加上各种评估、检查对选用获奖教材的强调，使很多高校更不敢自主编写教材。在调研中，我们就发现一些地方高校已经在应用型人才培养实践中积累了丰富的经验，但以编写或出版教材的方式将这些经验加以推广的意识并不强。

其三，编写主体力量薄弱。知行体系教材所具有的理论知识与实践知识的有机融合的特点要求参与教材编写的教师不仅要有宽厚的专业理论知识基础和丰富的教育教学经验，更要通晓理论在实践中的应用，具有将理论与具体事例结合或结合理论设计实践性活动等能力。然而，长期以来，我国高校引进的教师多是从研究型大学毕业的博士、硕士，他们具有较高的学术水平而缺乏实践经验或经验不足，这些教师的学习经历导致其知识、能力结构难以胜任既强调理论又突出应用的知行体系教材的编写任务。

其四，编写实践环节所需教材的经验不足。当前教材出版一般偏重讲授环节所需的教科书，而对实践环节所需教材，如实验教材、习题、教学参考书等的编写重视不够。长期忽视实践教材的编写，导致实践教材编写经验不足，水平不高，进而影响到知行体系教材中实践部分的内容或者与之配套的实践教材的编写，难以满足培养学生实践能力的需求。

三、开辟知行体系教材建设的有效途径

随着高等教育毛入学率不断提高，地方高校招收的学生中，基础知识薄弱的越来越多，如果仍然沿用理论体系教材，许多学生自学有困难，教师教起来也十分困难，学生考试难以通过，造成师生关系紧张。在这种形势下，建设知行体系教材，落实应用型人才培养的目标，提高人才培养质量，显得尤为必要。根据前述存在问题的分析，以下一些途径值得探讨。

（1）建立分类指导的教材规划制度。鉴于以往教育部门在推动高校教材建设中所发挥的促进作用，教育部门应通过立项、评奖等措施建立奖励机制，鼓励地方高校积极编写知行体系教材，并筛选出具有应用特色的优秀教材，搭建信息平台，便于教师选用。对于地方高校来讲，应以此为契机，推动教材编制从理论体系向知行系转变，构建适合学生发展需要的教材体系，落实应用型人才的培养目标。

（2）联合编写教材。教材编写是一项系统工程，必须集众人之所学。随着学科发展的相互交叉和渗透，有必要将以往教材编写的个体户模式转变为优质教学资源的团队研发模式。与国家重点院校相比较，地方高校的人力、物力资源等条件本身就存在“先天不足”，发挥团队作用显得更加重要。编写团队的成员不局限于本校的教师，还可扩展到与其他地方高校的教师合作编写，特别是在凭一所高校的力量难以完成编写知行体系教材任务的情况下，联合多所高校共同完成编写任务是明智之举。

在这方面，皖西学院数学系已经迈出了探索的步伐。针对难以找到适用于应用型人才培养的数学教材的现状，皖西学院数学系依托安徽省地方高校联盟这个平台，在省教育主管部门的支持下，联合安徽省13所地方高校数学系骨干教师，共同开展调研、交流。并于2009年8月召开应用型本科数学类课程教材建设研讨会，商讨如何编写适用于地方高校人才培养类型的教材。这种做法值得提倡、推广。

（3）与业界合作编写实践教材。知行体系教材中的实践内容或与之配套的实践教材在应用型人才培养过程中占有重要地位。由于只有将实践性比较

强的内容与现代生产实践、职业工作实践相结合才能编出适切的教材，所以，应该采取措施鼓励高校教师与有关工厂的工程技术人员、企业的高层管理人员合作编写实践教材。

教材本身具有商品特性，这为校企合作编写实践教材奠定了互惠互利的良好基础。例如，北京联合大学出版的几本业内很有影响的实践教材，就是由该校教师与北京全聚德集团有限公司、黎昌餐饮集团、北京饭店和香港丰琪食品有限公司等饮食企业的高级技师共同合作编写的。这种校企合作编写的教材，图文并茂，生动具体，及时反映了业界最新技术动态，满足了应用型人才培养的需求。

以上所列，只是举例。在知行体系教材建设过程中，还可能开辟更多有效的途径以供选择。总之，知行体系教材建设是培养应用型人才亟待开发的一个领域。

从“回归大学的根本”谈起①

中山大学原校长黄达人教授离开领导岗位之后，近10年来走遍全国各地，采取深度访谈研究方法，访谈了近百位高等学校的校长、院长，以叙事研究方式，陆续出版了《大学的声音》《高职的前途》《大学的治理》三本访谈录，即将出版第四本访谈录《大学的根本》，呼吁中国的高等教育界，“回归大学的根本”。

什么是大学的根本？

大学（高等学校）具有三个重要的职能：通过教育与教学培养人才；通过科研工作发展科学；利用院校的优质教育资源为当时当地社会服务。这是国际的共识。其中，培养专门人才是基本职能。大学之所以称为大学，就在于培养各种类型、层次的专门人才，否则就不称为大学而称为科研机构或其他文化机构。所以，培养人才是大学的根本。一般认为从19世纪初，洪堡创办柏林大学，提出教学与研究统一原则，将科学研究引进大学之中，大学就有了第二个职能。实则洪堡所提倡的研究，只是作为大学的教学原则，有利于更好地培养人才，使学生不仅是传承知识，而且具有创新、发展知识的能力，并非作为与教学并列的另一种职能。其后，由于大学承担了大量与教学无直接关系的科研课题，通过研究工作为发展科学做出重大贡献，科研才成为与培养人才并列的大学第二个职能。即使如此，大学仍不同于科研机构。虽然科研机构的研究人员在研究过程中也能够不断地提高自己的学术水平与

① 原载《清华大学教育研究》，2015年第4期。

能力，有的科研机构还承担了培养研究生的任务，但是科研机构的第一职能是通过科研发展科学，培养人才只是其衍生的职能。简单说，大学是“出人才，出成果”；科研机构是“出成果，出人才”。前者是基本职能，后者是衍生职能。但是，由于种种原因，研究型大学甚至一般高等院校普遍存在“重科研，轻教学”的现象，将基本职能同衍生职能倒置。教育主管部门主要以科研成果的数量与奖项和课题经费的多寡来评估一所高校；高校的领导管理部门以论文的数量和所发表的刊物级别来考核教师的业绩，并将之作为晋升、加薪、评奖的主要依据；各种各样的“排行榜”更助长了这种风气，导致教师有关科研的工作负担过重，教学的时间、精力投入不足，质量得不到保证。

大学的基本职能是培养人才，教学是学校的中心工作。虽然大家都在口头上承认这一道理。教育主管部门也不断地出台一些有关“质量工程”的文件和不少奖励精品课程、精品教材、教学名师的措施，但未能扭转“重科研，轻教学”的偏向，大学教师自愿或不自愿地把过多的时间和主要的精力忙于科学研究以及申报课题、填写报表、报销经费等事务性工作，挤占了用于教学工作、教育学生的时间和精力；学校对教学设备与经费的投入也不如对科研的投入，对提高教学的鼓励远不如对科研成果奖励的力度。教师在提高教育教学质量上的动力不足，质量建设难以推行。因此，进行高等教育质量建设的前提条件，是采取有力措施，促使大学回归培养人才的根本。而要回归大学的根本，必须探索形成“重科研，轻教学”，即重视科研成果，轻忽人才培养的深层次原因。

探究这一深层次原因，要从教育基本规律说起。教育的外部关系规律是“教育的发展要与社会的经济、政治、文化相适应”。中国的经济制度从计划经济转型为市场经济，教育，尤其是高等教育，要面向市场经济、与市场经济相适应。市场经济对高等教育的发展是一把双刃剑，它的积极面，也是主要方面是引进竞争机制，无论学校或个人都要在竞争中求发展。如果能在思想认识和政策制定上加以正确的引导，就能很好地促进高等教育事业的改革、创新、发展。但是，市场经济对高等教育也存在消极面，就是片面追求个人利益、单位利益，受市场经济短期行为、人才市场短期信息的影响，急功近利。众所周知，人才成长的周期很长，往往要在毕业若干年之后才能显示出来；而科学研究，尤其是当前大量的是应用性科研，获得一定成果之后，就可以显示出来；同时，科研成果可以用论文数量、发表的刊物等级、项目经费、成果采用等进行计量，从而对教师的科研业绩可以制定许多合理与不合理的硬性规定，逼使教师将大量的时间与精力投在与科学研究有关的工作上；而培养人才的业绩，除教学工作量外，只能提出若干条要求，做出软性的规定。因此，如何改变“重科研，轻教学”的偏向，一方面，要提倡回归大学的根本，采取适当减轻科研负担的做法，取消不合理的硬性规定。即使是合理的要求，也应有所软化，以保证完成教育、教学任务为前提。另一方面，对于教育教学的要求应有一定的制度保障。例如，加强教学质量评估，尤其是重视作为最重要的利益相关者的学生所反映的意见；也要重视教师有理有据的自评。要把教学的评优与科研的评奖摆在同等重要的地位。

当然，回归大学培养人才的根本，并不一定要贬低大学从事科研工作的重要性。不但学术性研究型的大学教师应当承担一定的科研任务，应用型技术性高校以及高职院校的教师也应参加一定的科研工作。因为教学与科研存在内在的本质联系，教师从事适量的科学研究有利于了解科学前沿、提高学术水平和思维能力，从而有助于提高教学质量。因此，对大学教师的业绩考核，除了教育教学业绩之外，要求其有一定的科研成果是合理的。回归大学的根本，所要求的是回到培养人才的根本上来，摆正教学与科研的关系，有针对性地从思想认识上、政策制定上、制度设计上，改变不利于提高高等教育质量的“重科研，轻教学”的偏向，而高等教育质量建设内在地包含科学研究工作。

高等教育质量建设的理论设计①

任何重大、庞杂的工程，首先考虑的不是具体方案，而是理论设计。高等教育质量建设是一项非常庞杂的系统工程，需要群策群力、协同创新。因此，启动“我国高等教育质量建设协同创新”课题首先需要一个基本的理论设计。在理论设计取得共识基础上，才能逐步进行方案设计→组织（分工）设计→程序设计。

理论设计主要涉及两个问题：一是为什么要实施这项工程？二是如何实施这项工程？分别简述如下。

一、高等教育质量问题的重要性和质量建设的紧迫性

随着经济社会发展和国家现代化建设的推进，与此相适应的高等教育大众化、普及化对人才培养提出了新要求，使高等教育质量问题受到世界范围的广泛关注；而21世纪以来，中国经济社会和高等教育大众化发展速度更快，质量问题更为突出，质量建设任务也就更为紧迫。

1. 高等教育质量问题是一个世界性问题

联合国教科文组织在世纪之交提出高等教育应对世界新变化的三个指导

① 原载《高等教育研究》，2016年第3期。作者：潘懋元，陈春梅。本文根据第一作者在海峡两岸“山海论坛”上的报告录音整理，并经第二作者补充整理。

性目标：针对性、质量、国际化。[①] 针对性指高等教育应当针对实际需要，为社会发展服务进行建设；国际化指从国际交流上不断发展高等教育。不管是针对性还是国际化，核心问题都是质量问题，都是围绕提高质量，指引质量建设。

为什么高等教育质量是世界关注的问题？主要有两个原因：第一，高等教育现代化是国家现代化的前提。现在许多国家都提出了现代化的发展目标，如何实现现代化？世界共同面临科技高效化、信息网络化、经济全球化等问题，面临着第三次工业革命，进入知识经济时代、网络时代。国家的现代化需要高等教育培养能适应、推动现代化的专门人才来引领社会生产与生活的现代化建设。没有这样的人才，现代化的目标难以实现。为此，高等教育必须首先实现现代化，将传统的质量观和质量标准变为现代化的质量观和质量标准。现在，有的学者仍留恋传统的精英教育质量观，提倡为学术而学术，不能与时俱进，从而影响现代化人才的培养。

第二，高等教育大众化、普及化是高等教育现代化的必然趋势，也是适应社会现代化的必然要求。发达国家从20世纪中叶开始陆续进入大众化乃至普及化阶段；许多发展中国家也于20世纪末至21世纪初陆续进入大众化阶段。为什么发达国家、发展中国家都要走高等教育大众化、普及化之路？归根到底是为世界现代化或是第三次工业革命的需要培养人才。因此，二战之后，20世纪50年代开始，世界大学生数激增，特别是2000年到2010年的十年间将近翻了一番，如表1所示。

表1　1950—2010年世界大学生数

年份	1950	1960	1970	1980	1990	2000	2010
生数/万人	650	1 210	3 236	4 946	6 714	9 930	18 121
增量/万人		560	2 026	1 710	1 768	3 216	8 191

注：1950年、1960年数据根据联合国教科文组织《世界教育报告》（1998）；1970年及以后数据来源：http://data. uis. unesco. org/index. aspx? queryid = 142&lang = en.

① 联合国教科文组织. 关于高等教育的变革与发展的政策性文件［EB/OL］.［2016 - 01 - 12］. http://www. moe. edu. cn/publicfiles/business/htmlfiles/moe/moe _ 236/200409/975. html.

在大众化、普及化阶段，高等教育面临两大变化。首先，大学生数量增长太快，优质教育资源相对不足，势必降低质量。高等教育资源指什么？人、财、物。“财”和“物”没那么快增长，但相对于“人”来说比较好办；而“人”的增长就困难得多，尤其是优秀师资的增长不可能在十年里翻一番。数量与质量的矛盾产生了“质量危机”，为此，要解决高等教育发展中数量与质量的矛盾。

其次，社会对专门人才的需求多样化引发单一化与多样化的矛盾。在精英教育阶段，大学所能培养的高级专门人才不多，只集中于培养学术型或高层次生产与管理型人才，也就是为大学与科研机构培养学术人才，为政府部门和企事业单位培养高层次生产与管理人才。到了大众化、普及化阶段，人才培养必须适应不同行业、不同层次的专门人才需求，尤其是应当培养数量庞大、不同层次的应用型人才。因此产生了多元化的质量观。多元化的质量观是正确的，而现在我们头脑中的质量往往还停留在单一的精英型质量观上，不能适应大众化的现实。这种质量观必须以多元化的质量观取代，不能要求所有的大学向研究型大学人才培养模式看齐，那样无法培养出适应各行业、层次需求的应用型人才。要使高等教育发展观念从单一化的学术型人才观转变为多样化的学术与应用并重的人才观，“985 工程”院校有自己的质量标准，而应用型大学、高职院校也应有各自的质量标准。

2. 中国高等教育质量问题更加突出

如上所述，高等教育质量是世界关注的问题，而这一问题在我国更为突出。20 世纪末以来，中国大学生数量的增长率远高于世界各国。如果说，世界大学生数增加幅度大，在 21 世纪初的 10 年将近翻一番。而在中国，从 1998 年到 2008 年的 10 年间，数量增长不是翻了一番而是翻了两番多；1998 年到 2013 年的 15 年间更是翻了三番。或者说，10 年间增长达 6.4 倍，15 年间增长达 7.9 倍。从而数量与质量的矛盾更加突出，质量建设的任务更为紧迫。这就是为什么《国家中长期教育改革和发展规划纲要（2010—2020 年）》

提出“把提高质量作为教育改革发展的核心任务”。[①] 这也可以从近些年的教育规划对各级各类教育发展政策不同的提法看出来：对义务教育的政策是均衡发展；对高中的政策是大力发展；对职业教育的政策是加快发展；而对高等教育则是要求提高教育质量，把提高质量作为核心任务。

当然，中国的高等教育质量建设不仅是为了解决数量与质量的矛盾，其积极的意义还在于适应现代化建设的需要。一方面，中国正在进行经济与社会现代化建设，急需高质量的现代化建设人才。如果没有高质量的现代化人才，我国经济、社会现代化的建设可能陷入所谓“中等收入陷阱”。中国现在正处于中等收入这个水平，人均年收入约 7 800 美元。世界许多国家到了这个阶段就上不去了。为什么上不去？就因为缺乏现代化建设所需要的专门人才，国家不能及时转型发展。中国的经济社会正在转型发展中，“中国制造 2025”“一带一路”“互联网 +”……都需要数量庞大的应用工程技术人才。另一方面，中国正从人力资源大国进入人力资源强国行列，相应地要求从高等教育大国发展为高等教育强国。高等教育所培养的人才是国家的核心竞争力，国家要成为强国，首先要成为高等教育强国。

二、高等教育质量建设是一个庞大的系统工程

联合国教科文组织在《21 世纪的高等教育：展望和行动世界宣言》中指出：“高等教育的质量是一个多层面的概念，应包括高等教育的所有功能和活动：各种教学和学术计划、研究与学术成就、教学人员、学生、楼房、设施、设备、社会服务和学术环境等。”[②] 所以，高等教育质量不是一个简单的概念，而是内涵复杂的概念。对于多层面的质量建设，如何进行？根据中国高等教育 30 多年来改革与发展的实践经验，可以提出这样的基本框架：转变思想是

① 国家中长期教育改革和发展规划纲要（2010—2020 年）[EB/OL].［2016－01－12］. http://www.china.com.cn/policy/txt/2010－03/01/content_19492625_3.htm.

② World declaration on higher education for the twenty-first century: vision and action [EB/OL]. [2016－01－12]. http://www.unesco.org/education/educprog/wche/declaration_eng.htm.

前提；体制改革是关键；课程与教学改革是核心；优化生源、教师队伍建设和增加投入是保证；评估体系建构是准绳。

1．转变思想是前提

如何转变思想？要厘清大众化阶段的高等教育质量观。一是改变精英教育阶段学术型质量一枝独秀的质量观为学术型与应用型并重，百花齐放、各具特色的多样化质量观。二是在全面发展的教育方针下，树立知识、能力、立德树人的人才观：素质教育与专业教育并重，通才教育与专才教育结合，建立符合国情的专门人才培养体系。三是各级各类高等教育都要着重培养大学生的创新精神、创业意识和能力。但是不能赋予学校太多的责任，因为真正的创业能力只能在创业实践的摸爬滚打中才能形成。

2．体制改革是关键

在高等教育现代化发展进程中，体制改革起关键性作用。体制改革要从“管理”向“治理”转变，逐步建立高等教育治理体系，实现治理体系和治理能力的现代化。为什么要从“管理”到“治理”？因为“管理”是自上而下的，体现了权力，而“治理”包含了所有利益相关者的利益权衡的。现在高等教育治理现代化的难点是“去行政化”。只有实事求是地“去行政化”，才能建立真正符合相关者利益的治理机制；只有建立治理机制，才能健全学术体制，尊重教师群体的学术自主权。同时，要摆正教学与科研的关系，回归“大学的根本”，重建教学研究组织。“大学的根本”是培养人才。现在我国的大学，尤其是综合性大学和若干理工大学，追求的是科研成果，不把人才培养摆在第一位，因此需要回归“大学的根本”。大学搞科学研究本来是为了更好地提高教育质量、培养人才。一般说，不同层次、类型的高等学校，都应搞相应的科学研究，但是现在许多科学研究与教学无关，而且过重的科研工作和繁杂的事务负担往往影响了教师对人才培养的时间、精力投入。

3．课程与教学改革是核心

在质量建设中体制改革之所以是关键，是为了保证核心任务的完成。课程与教学的改革才是提高人才培养质量的核心任务，要把核心任务落实到人才培养全过程。首先是编制多样化（通识性、学术性、应用性、实践性……）的高质量课程与教材。现在我们的课程与教材往往是研究型大学教授们编的，学术质量很高，但不一定都具备应用性或者实践性。教师的教学要根据课程大纲以及教材，如果提供给教师的都是培养研究型人才的课程与教材，就不利于培养应用型人才。当然，这个问题已经引起了一些省份的重视，比如安徽省就很重视如何编制应用型本科教材。其次，要研究、采用主动性学习的教学方式、方法，推进课堂教学与网络课程相融合，促进学生的主动性学习。比如翻转课堂就是个实例，学生的学习主要在课外进行，作业、讨论才是在课堂上进行的。当然，现在不能说有了慕课就不要课堂教学了，应该提倡慕课和课堂相结合。即使是备受责难的课堂讲授，仍然有其重要价值，要改进而不能废弃。再次，推进产学研结合的研究与实践，建立并健全产教融合、校企合作的基地。近年来，许多应用技术本科和高职院校在产学结合、建立基地上有了很好的进展，还要进一步加强。除此之外，还需要营造优良的校园文化，培育积极向上的校风。有人认为，推广网络教学后，学生可以各自在家里学习，不需要到学校上课了，恐怕不行。因为校园的隐性熏陶非常重要，“润物细无声”。只可惜现在许多高校把校园文化仅理解为校舍建筑，而不关注校园隐性文化的建设。

4. 优化生源、教师队伍建设和增加投入是保证

优化生源首先要转变观念。进入大众化、普及化阶段，“生源优化”的观念要转变：不只是选择少量“英才”，而是双向选择、相互适应。每个人都应该成为人才，“天生我才必有用”。因此，精英阶段以分数高低作为唯一尺度的选拔性考试，现在只能暂时存在于某些学术性研究型大学，其他高等院校应逐步改变为双向选择的适应性考核。什么是双向选择？高校的专业要根据不同的层次、类型来选择学生。学生则根据自己的知识、能力、个性、兴趣来选择适合的高校，尤其是适合的专业（如图 1 所示）。并不是所有高分的学生都要进入所谓一本高校、专业，更不是应用本科、高职院校只能录取低分学生。

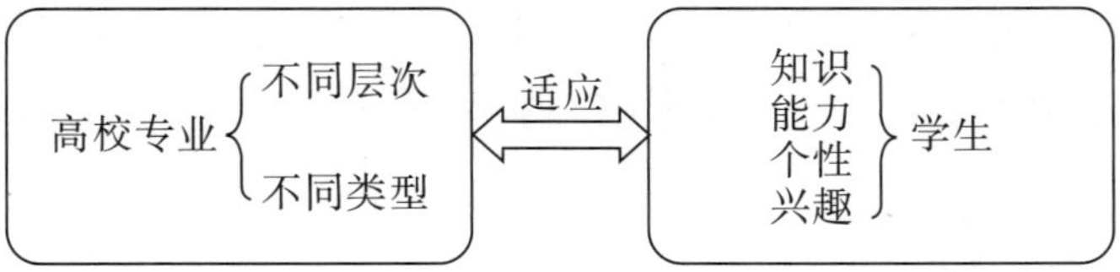

图 1　高校专业与学生的双向选择

此外，优化生源不只是高校招生考核问题，更重要的是提高高中阶段教育质量，为高等教育提供多样化好苗子。应加强高等教育同中等教育的衔接。现在有几所高校采用“6＋3＋1”的高考招生办法，既有利于高校专业与学生的双向选择，又开始考虑到与中学的衔接。同理，中职学校也应当为高职院校提供对口的好苗子。

质量建设的任务最终落在150万大学教师肩上。只有优化教师队伍，才能提高教育质量；只有做好教师队伍建设，才能做好教育质量建设。因此，要加强已在全国开展的大学教师发展的工作。从2012年开始，许多高校已经建立了大学教师发展中心来促进大学教师的自我发展，改变了以往教师的被动培养方式。为什么叫发展中心而不是沿用过去的培训机构？培训是将教师作为被培训的客体，而发展是将教师作为自我发展的主体。同时，职前、职后都要提高教师的学科知识水平，教育与教学水平与能力；还需要提高他们的专业实践能力，在各类应用型高校强调培育“双师型”人才。过去只在高职提出要培养“双师型”人才，现在应用型本科也需要这样的人才。最后，应当指出，教师队伍建设最重要的是提高师德。现在许多新教师知识水平比过去高了，因为过去只有本科生到大学当助教，如今一般的大学教师都需要有硕士、博士学位，有的还要有国外一流大学学历。教师的学术水平提高了，但教学能力却不一定提高。尤其是师德方面，就是当一个好老师的心理准备不足，敬业、乐业的精神不够。有了敬业、乐业精神，才能不断地自我发展、提高。

当然，增加经费、设备的投入也是必不可少的保证。现在需要继续增加高等教育经费，包括政府财政拨款和社会投入，尤其是要重视社会投入。因为缺乏有效的激励机制，现在社会投入很低，以致民办高校的增长与提高迟缓。与此同时，还要有够用的校舍、图书、仪器及其他设备，尤其是先进的电子技术设备。这里不提“充足的”“丰富的”，只提“够用的”，为什么？按现在的硬性标准，一个学生一分地，十个学生一亩地；一个学生120本纸质书，两万个学生要240万本纸质书。够用就可以了，有无必要做如此硬性规定？

5. 评估体系建构是准绳

最后，还要建构可以作为质量建设准绳的评估体系。一方面，评估体系应该是能起积极引导质量建设作用的，而不是消极限制质量建设的体系；另一方面，应当是与多样化质量观相适应的多元化体系。联合国教科文组织在《关于高等教育的变革与发展的政策性文件》中指出，“质量评估对于寻求提高高等教育质量的办法是非常重要的。必须注意的是在进行质量评估时，不应只想到财政问题，或者主要涉及高等院校的全面工作中那些较适合于用数量来表示的质量指标。应当充分注意遵守学术自由和学校自治的原则的问题”。[①] 这是值得我们思考的。

三、结语：高等教育质量建设是一项协作创新工程

高等教育质量建设这一项庞大的系统工程，需要集合科学研究、人才培养、社会服务、文化传承于一体的理论与实践结合的平台；需要科研人员、大学教师、技术人才以及设计、管理人员的合作。因此，必须有计划地成立协作创新中心，多方协作，共同承担“质量建设”的理论研究和实践推行任务。现在，这一中心平台正在积极组建、培育中。

① 联合国教科文组织. 关于高等教育的变革与发展的政策性文件［EB/OL］.［2016－01－12］. http://www.moe.edu.cn/publicfiles/business/htmlfiles/moe/moe_236/200409/975.html.

建设一流本科　全面统筹推进①

这次高峰论坛，最大的收获是明确在“双一流”建设中，最重要的是一流本科建设。正如林蕙青副部长在会上所说的，本科是高等教育的基础，也是高等教育的基本。从历史的发展看，最早的高等教育是本科教学，后来才从纵向上长出研究生教学，从横向上伸出专科教学。（当然，这是指西方的情况。中国近代教育制度，是西学东渐时从西方引进的，因而先引进当时迫切需要的教育，即应用性的专科学校，如船政学堂、电报学堂、蚕桑学堂以及武备学堂等，然后才有研究西学的本科教学，如天津中西学堂的头等学堂、南洋公学的上院以及京师大学堂等。）而时至今日，本科教学却不受重视甚至迷失方向。当然，这是世界性的问题，美国就因为一流大学重科研、重研究生教育，轻本科教育而呼吁要“重建本科教育”。中国也存在这个问题。而在研究型的一流大学，问题更为严重：许多一流大学，科学研究摆在第一位、研究生教学摆在第二位，行有余力才应对本科教学。为纠正这一偏向，这些年教育部出台了许多重视本科、加强本科教学的政策和措施，如评选精品课程、教学名师，以及要求教授必须为本科生上课，等等。没有本科生的厦门大学教育研究院，每位教授也得为本科生开一门以上的选修课、通识课。这些政策措施都很好。但落实一要靠认识，二要有平台。首先，这次高峰论坛最大的收获就是提高了认识，明确了本科教学在“双一流”建设中的基础性

① 原载《中国大学教学》，2016 年第 6 期。本文根据潘懋元先生 2016 年 5 月 7 日在“一流本科教学高峰论坛”（厦门大学）闭幕式上的讲话录音整理，经作者审阅。

与基本性，要像中山大学原校长黄达人教授所提倡的回到“大学的根本”以及美国所提出的“重建本科教育”。其次，许多大学介绍了他们的本科教学改革的平台，可供相互交流与借鉴。例如，中国政法大学设置虚拟教学的第三学期、开通法院庭审直播屏幕让学生亲临观摩；中国石油大学（北京）在石油基地的荒漠上盖了29幢大楼作为产学研合作基地，把企业与学校融为一体；哈尔滨工业大学介绍了本科生参加科研的成果和经验；青岛大学从只重视教师的教学到以本科生的学习为主，实施了五项改革方案；四川大学本科生考试可发表自己的不同见解，不设标准答案，并着重平时多样化的学习评估；厦门大学已经将本科生的学费100%用作本科生教学经费；中国地质大学（武汉）建立本科生跨学科课程体系，设置国际跨学科学习平台；中国石油大学（华东）实施特色型本科教育，将“补短教育”改为“扬长教育”，调动本科学生创新研究的积极性；华侨大学树立了建立世界一流本科的雄心；如此等等。这些成果和经验，对于加强本科教学，提高本科教学质量，都是很可贵的。当然，加强本科教学、提高本科教学质量，是一项长期任务，要依靠新老教师，提高对本科教学的积极性。因此，要逐步改变当前流行的重科研轻教学、重论文轻实践的教师业绩评估办法和晋升、奖励条例。据了解，许多大学正在考虑如何改变中。

这次高峰论坛，是在“双一流”主题中讨论一流本科教学。对于“双一流”建设，我有两点自己的见解，提出来向大家请教。

第一，我认为在“双一流”建设中，应当着重一流学科的建设，把学科建设摆在第一位。因为在一流大学中，并不是所有学科都能够成为一流的，而作为非一流的大学，有一些学科力量很强，有很好的发展前途。不久前，在开展“2011计划”申报项目中，许多有重大价值、发展前景的协同创新项目，出自非“985工程”大学。如果只着重一流大学建设，只对一流大学加大投入，一般学科很容易坐上顺风车；而非一流大学中有发展前景的学科，怎么努力也上不去。打一个不恰当的比喻：有博士授予权、硕士授予权的学科专业，只要评上教授、副教授，大都可以成为博导或硕导；而在没有授予权的学科专业中的教授们，无论学术水平如何高，研究能力如何强，也同博导、硕导无缘。当然，这个比喻并不是很恰当。更为重要的是，大学教师是学者，学者的事业认同感、归属感主要是所从事的学科。一位教师可以从一所大学转到另一所大学，但学科却是他一生事业之所在，是他一生的热爱与追求。哪怕是退休之后，也还是他所关注的学科，并志愿为之做出贡献。大学是教师的工作单位，而学科则是大学教师一辈子的归属。无疑地，建设一流学科，更能调动大学教师全力以赴。

第二，一流大学、一流学科应统筹推进。当前所指的“一流”，是排行榜居于前若干名的大学，主要是研究型的综合大学。这些大学及其学科，以培养学术型人才为主。对于一个国家来说，学术人才很重要，但应用型高校和学科也很重要。进入高等教育大众化阶段，高等教育发展的主力是应用型高校。中国现在已是世界高等教育第一大国，要从高教大国建成高教强国，要推进中国的转型发展，要超越“中等收入陷阱”，都有必要加大发展地方性应用型高等教育，培养大量创新性技术人才。因此，各个层次、各种类型的高等教育，都应有其一流大学、一流学科，达到统筹推进。

我注意到这次高峰论坛，出席人员并不限于“985 工程”“211 工程”院校的校长们、处长们，也有许多并非“985 工程”“211 工程”院校的地方高校以及民办高校的校长们和教师，他们也在大会或分会上做了很好的报告，提出了有价值的见解与经验，足见这次高峰会议的组织体现了统筹推进的精神。

对于一流大学、一流学科，国家将加大经费的投入。这是很重要的。但现在一流大学与非一流大学之间的差距太大。有的一流大学，每年投入达百亿元以上，而许多发展形势很好的地方应用型大学却捉襟见肘。地方性应用型高校也应当适当增加投入。最近，广东省准备对 4 所地方高水平理工学院投入 80 亿元，这是令人鼓舞的事。

当然，一流大学、一流学科的建设不仅是增加经费投入，更应增加办学的自主权。管理部门要给学校办学自主权，学校也应适当给院系、教师教育教学的自主权。要形成政府、学校、院系、教师都在争创一流中前进的良好氛围。

“互联网+教育”是高校教学改革的必然趋势①

1946年，世界上第一台电子计算机问世。在人类文明史的长河中，仅用了70年时间，计算机就从重达30吨、占地10间房子的庞然大物发展到如今的掌上电脑，且在软硬件方面还在持续变革。电脑的诞生，不仅使人的思维得以扩展，而且在现实世界之外创造了另一个世界。以信息技术为核心的技术革命方兴未艾，人类社会实现了从工业社会向信息社会的转变。移动互联、人工智能、云计算、大数据等互联网技术取得突破性进展，而虚拟网络世界与现实世界深度融合的物联网更是催生了日新月异的“互联网+”时代。技术更新速度之快、应用范围之广、影响程度之深，令人难以置信，亦难以预测。

如今，互联网已冲击到社会的各个领域，教育更是首当其冲。2015年3月，李克强总理在《政府工作报告》中提出了“互联网+”行动，旨在推动新的信息技术与各行业实现深度融合，以此创新发展生态。同年，联合国教科文组织和中国教育部在青岛联合举办了首届国际教育信息化大会，以“信息技术与未来教育变革”为主题，探讨了教育与信息技术的深度融合，并发布了《青岛宣言》。可见，“互联网+教育”引发了教育的历史性变革，这场变革至今仍在如火如荼地开展。

---

① 原载《重庆高教研究》，2017年第1期。作者：潘懋元，陈斌。

一、从教育关系规律看“互联网+教育”的必然性

作为苹果公司的灵魂人物，乔布斯在逝世前内心一直深藏着一个巨大的困惑与遗憾——教育如何走出工业文明、步入信息化时代？有学者将其称为“乔布斯之问”[①]。信息技术逐步取代工业文明，人的肢体得以解放、能力得到发展，与此同时，由于生产效率的提高和社会节奏的加快，人的大脑超负荷运转，超越生理极限。为解决该问题，人类创造了计算机和互联网，以便帮助自己存储和处理信息。这一以解放人脑为旨归的智力革命开始辐射诸多领域。近年来，互联网的深远影响已被越来越多的教育战略家、教育管理者和教育工作者所认知和接受，并逐步转化成冲破工业文明桎梏的时代潮流。

从教育外部关系规律来看，教育同社会存在必然性关系，必然性关系就是规律。对整个社会系统来说，这种关系存在于社会系统内部；对于教育系统而言，它所指的是教育与社会其他子系统之间的关系，即“教育必须受一定社会的经济、政治、文化所制约，并为一定社会的经济、政治、文化的发展服务”[②]。教育要受哪些社会因素制约？首要因素是生产力和科学技术的发展水平，两者直接影响教育发展的规模与速度、培养目标和规格、专业设置和课程，以及教学技术和方法等。教育技术历经了从竹简到造纸、从造纸到印刷、从刻版到活字排版、从活字排版到打字机、从打字机到互联网等的变革发展。这一系列技术变革推动了教学方法的改革，促进了教育效率的提高。

教育系统通过培养德、智、体、美全面发展的人才为社会发展服务。也就是说，教育外部关系规律必须通过教育内部关系规律起作用。“互联网+教育”必须有利于人的全面发展。

就互联网进入高等教育领域而言，高校师生必须创造性地利用互联网的优势，主动变革传统教学模式，提升大学师生学习生活质量，着力实现从传

---

① 桑新民，李曙华，谢阳斌．“乔布斯之问”的文化战略解读：在线课程新潮流的深层思考［J］．开放教育研究，2013，19（3）：30－41．

② 潘懋元．理论自觉与实践建构：高等教育的历史、现实与未来［M］．北京：北京师范大学出版社，2014：151－161．

统灌输式课堂向互动式课堂转变。在“互联网+”大背景下，各国高校教师、教育管理者、企业和个人依托互联网在教育领域不断进行尝试，包括慕课（MOOCs）、可汗学院（Khan Academy）和翻转课堂（Flipped Classroom）等。在信息技术时代，如何利用信息技术改革教学方式、提高教学效率、扩大教学规模、实现学生自主学习等，是高等教育教学改革发展的必然趋势。

二、准确把握“互联网+教育”的本质内涵

基于“互联网+教育”的在线学习无疑对大学生学习产生了深远影响，打破了高校的传统制度藩篱，使人才培养模式更加灵活、个性和多样。大学生可随时、随地、随意获取信息，更重要的是，互联网技术推动了高等教育生态格局的变革，让更多非高等教育机构的社会力量参与在线课程的制作与运营，并由此推进高等教育民主化进程。

1. “互联网+教育”是一个秉承开放理念的教育新模式

在线网络课程之所以能获得广泛的社会认可和较高的价值，关键在于秉持开放的理念。它打破了地域、学校、专业和课程的限制，让世界一流大学的课程资源变得触手可及，优质教育资源不再为一流大学所独有。学习者可依据个人兴趣和需要，自主选择学习内容。开放理念让教育资源尤其是优质教育资源实现共享成为可能。不少高校通过网络平台，实现了大数据和海量信息的即时共享，让学习者足不出户便可知晓最前沿讯息。互联网资源只有突破高等教育制度障碍和高校区隔，才能实现教育资源在世界范围内的共建、共享，从而推动信息时代高等教育全方位、深层次的变革。

2. “互联网+教育”是一种对师生能力要求更高的教学模式

互联网对大学教学的影响随处可见，无孔不入。这不仅仅体现在时兴的网络在线课程，还包括教师利用互联网在线指导学生学习、学生借助互联网检索文献以及基于互联网大平台的实验展示和互动讨论等。在互联网时代，学生的学习不再受限于既定的物理时间与空间，除正规的学校教育之外，还广泛涉及非正规、非正式的教育，学生的学习方式更灵活、自主和多元。如今，越来越多的大学生使用博客、维基、播客和其他工具进行学习，斯坦福

大学和麻省理工学院的教师更是将游戏和视频整合到课程设计中，以此模拟真实世界的活动，这些技术逐步成为深化学生学习的媒介。然而，无论何种学习方式，都需要借助“个性化脚手架”，即教师适时提供个性化、灵活性的指导。因此，在互联网时代，大学教师需具备包括网络课程设计、学习效果评价、信息技术支持、人工智能开发等诸多技能。

与此同时，“互联网+教育”不啻为一次学习革命。美国学者阿兰·柯林斯（Allan Collins）和理查德·哈尔弗森（Richard Halverson）认为，信息技术时代教育的重心正在“从教学转移到学习，从说教转向创造性探究”①。大数据时代，学习者不再仅仅对信息进行存储，而是透过海量数据有效甄选、分析和运用，以此解决现实问题。更重要的是，学习者能够根据自我需要进行自主学习。随着新兴技术的变革，学习者的信息素养也必须与时俱进。美国纽约州立大学的米歇尔·佛特（Forte M.）针对社交媒体的特征，提出了“元素养”（Metaliteracy）概念模型，包括批判地评价信息内容、理解环境中的道德规范、参与信息共享与协同合作和发展终身学习能力②。当然，强调学习者的自主学习并不意味着否认教师的重要性。尽管教育者不能代替学习者，但教育者同样必须在场，“如果没有他者的参与，学习者也是无法学习的”③。《学记》中所讲的“不愤不启，不悱不发”，即是强调学生的学习需要教师实时引导和启发。

3.“互联网+教育”有利于实现智慧教育目标

2009年，IBM公司首次提出智慧教育理念，认为智慧教育涵盖5大元素，包括学习者的技术沉浸、个性化和多元化的学习路径、服务型经济的知识技能、系统与文化和资源的全球整合以及21世纪经济发展的关键作用④。由此可见，智慧教育的根本在于借助信息技术构建学习环境，推动教师教学变革，

---

① 柯林斯，哈尔弗森．技术时代重新思考教育［M］．陈家刚，程佳铭，译．上海：华东师范大学出版社，2012：9.

② Goals and learning objectives［EB/OL］．［2016－11－05］．https://metaliteracy.org/learning－objectives/.

③ 焦尔当．学习的本质［M］．杭零，译．上海：华东师范大学出版社，2015：152.

④ 祝智庭．智慧教育新发展：从翻转课堂到智慧课堂及智慧学习空间［J］．开放教育研究，2016，22（1）：18－26，49.

满足学生个性化学习需求，以此培养学生良好的价值取向、较强的行动能力、较好的思维品质和较高的创造潜能。联合国教科文组织2015年发布题为《反思教育：向“全球共同利益”的理念转变?》的报告，对“学习”做了进一步解读，指出“学习是由环境决定的多方面的现实存在。获取何种知识以及为什么，在何时、何地、如何使用这些知识，是个人成长和社会发展的基本问题”①。智慧教育旨在将学习者所需的物理环境与网络环境有机结合，更好地适应学习者个性化特征和满足学习需求，有效实现学习者自主、轻松、有效和持续地学习。

4. “互联网+教育”有利于推进教育民主化进程

当前，各国高等教育相继步入大众化乃至普及化阶段，接受高等教育将从最初的一种特殊权利变成基本义务。然而，优质高等教育资源仍属于稀缺资源，这些稀缺资源往往集中于少数世界知名大学，这些大学大多具有高被选择性，入学门槛之高让多数学生望而却步。“互联网+教育”打破了传统以纸质为单一媒介的思维习惯，使教育由单线平面结构向立体网络结构转变。知识的呈现方式已不再局限于文字符号，图形和影像因其直观、方便、可读性强而广受欢迎。受惠于“互联网+”，教育资源实现了数字化，打破了教育的时空限制，让优质教育资源广泛共享成为可能。同时，越来越多的高校管理者意识到跨院校协作的重要性。由此，院校间以整合资源或调整战略为目的开展协作，大学合作与联合行动随之与日俱增，而信息技术基础设施和IT服务的配套升级是集体行动可持续发展的基础。高校管理者基于互联网的协作有利于推动全球高等教育的高入学率、高质量和低成本发展。

三、理性审视“互联网+教育”对大学生学习的挑战

基于互联网的教育伴随着网络课程的勃兴，出现了许多质疑乃至反对的声音：有的认为基于互联网的在线学习存在着难以克服的弊端，不应盲目乐观；

① 反思教育：向“全球共同利益”的理念转变?[EB/OL].(2015-11-04)[2016-11-05]. http://101.96.8.164/unesdoc.unesco.org/images/0023/002325/232555e.pdf.

有的认为碎片化的学习方式导致学生学习不系统，学生最终会沦为信息的搜索者；有的认为学生学习网络课程时，自主学习和自我控制能力较差，加上缺乏必要的师生互动和有效的监督、管理机制，导致学习完成率低，学习效果不佳。概言之，“互联网＋教育”将对大学生的学习带来4个方面的挑战。

1. 个性化学习质量难以保障

个性化学习是学习者根据个人学习的兴趣、需求和意愿自主决定学习策略和进度的一种学习方式。尽管个性化学习理念备受推崇，但基于互联网的个性化学习要求教育者在设计和提供个性化的学习场景之前，必须准确把握学习者的既有水平和个性特征，以保障学习的灵活与高效。显然，这需要教师投入更多的时间和精力。不仅如此，目前针对大学生个性化学习的评估标准和模式亦尚未建立，个性化教学的实际效果如何殊难定论。

2. 复杂性思维教学难以实现

当前，面对愈加复杂的现实世界，我们迫切需要具备能够识别、理解和解决复杂现实问题的能力。尽管互联网作为一种技术可以有效解决不少现实问题，但是计算机自身作为一种复杂性系统，存在多样性和复杂性。操作计算机需要一种高阶思维技能，作为使用者的个体必须具备复杂的、跨学科的思维能力。同时，大多数学科在人才培养方案中要求学生习得复杂性思维，包括抽象概括能力、系统性思维和批判思维，只依托互联网平台尚难以实现预期目标。

3. 在线学习成果认证依旧艰难

尽管基于互联网的非正式学习有效弥补了传统教育的不足，但非正式学习自身也备受争议。其中，最大的问题就是非正式学习的学习成果如何认证。例如，作为高度分权的国家，美国同样要对高等教育实施有效监管，但是，在诸如在线学习认证、各州远程学习授权规定和联邦财政援助资格等方面仍偏向于传统高校，因为未建立或未完善基于网络的非正式学习的监管和认可机制。在我国，如何将网络课程有效融入高校人才培养体系，实现网络课程与高校课程“等价交换”，还需要解决一连串的实际问题。

4. 网络资源可能沦为“数字废墟”

21世纪以来，我国政府和高校围绕教育信息化进行了有效探索，动员大量的人力和财力，以项目或工程的形式，建设了大量的网络课程资源，包括学习专题网站、网络课程、精品课程、教学视频库、开放在线课程等。然而，由于既有的网络课程建设遵循“自上而下”的逻辑，缺乏对学习者真实需求的认知，缺乏科学、系统的设计，致使利用效率低下、使用效果不佳，网络资源难免沦为“数字废墟”。

此外，在“互联网+教育”时代，我们要谨防大学生在信息超载时代陷入信息迷航的困局。信息超载（Information Overload）最早可追溯到20世纪70年代托夫勒（Toffler）的《未来震撼》一书。嗣后，沃曼（Wolman）在《信息焦虑》中进行了系统论述。他认为，信息焦虑源于我们既有的学习内容与预期的目标之间存在一定的差异。再加上面对海量信息，由于缺乏及时反思与理性甄别，学习者最终只能成为信息检索者。毋庸置疑，信息超载会对大学生在线学习带来负面影响，引发学习者信息焦虑和信息迷航，甚至对大学生的心理和生理产生负面影响。

四、大学生在线学习的未来趋势及其保障机制

新的信息无孔不入，作为与互联网朝夕相处的新一代大学生，他们的学习生活已无法规避互联网带来的影响，他们也在信息时代的裹挟下成长，这是不可逆的趋势。我们必须直面这一新的形势，探索和实施“互联网+教育”战略。这是个极其复杂的教育创新工程，更是复杂的社会变革工程。针对大学生在线学习的未来趋势来构建相应的保障机制，应从以下几个方面着手。

1. 注重虚实结合

从慕课以及其他网络教学的实践经验看，网络上的学习必须同学校里的教学，特别是课堂教学相结合，才能收到较好的效果。广播电视大学的经验就是如此。如果学生的学习只是收视、收听，很难达到预期的学习效果。因此，各地的广播电视站，都要求学生在一定的时间到站上课，有的干脆像全日制高校一样，为学生提供宿舍、图书馆、实验室等。慕课要能让学生坚持学习、收到实效，也要同课堂教学相结合。要让学生走进校园，还要有一定的制度保障，让“学生”遵守一定的课堂秩序，才能切实收效而不至于“虎头蛇尾”。翻转课堂之所以从慕课中脱颖而出，并成为一种广泛接受的教学方

式，就在于能把课堂外的学习和课堂上的师生互动、生生互动结合起来。

2．加强制度保障

设计网络课程不仅要关注学习者的参与性和积极性，还应提升其保持率和完成率。巴特查里亚（Bhattacherjee）在研究信息用户体验时发现，信息技术能否成功的关键仰赖于用户的持续使用，并据此提出了信息系统持续使用理论——期望确认模型（Expectation-Confirmation Model）①。巴氏在此后的研究中发现，感知有用性和满意度是影响信息系统用户持续使用意愿的关键。目前，各国在推行学习成果认证制度上对每个资格类型都进行了学习量的规定，如获取一个学习证书按要求至少要修习 50 学分，一个学分至少需要 10 个学时，那么获得该学习证书就必须修满 500 个学时，等等。当然，依据“成效为本”的学习理念，学习者为获取学习证书所投入的学习时间，既包括由教师指导的学习时间，也包括学习者自主学习和独立完成作业的时间，还包括学业考试的时间。要实现学分互认和转化还需借助学分银行。

3．倡导人际互动

无论未来教学以何种形态呈现，教学活动中的人始终是主体。正如马克思所言，作为个体的人，在其根本上是社会关系的总和。因此，在教学活动中，无论是先教后学，还是先学后教；无论是教师主导，还是学生主体；无论是主动学习，还是被动学习；无论是工业社会的班级授课制，还是信息社会的混合式学习，究其根本，都是基于人与人之间互动（师生互动、生生互动）的结果。从孔子的“不愤不启，不悱不发”、苏格拉底的“产婆术”，到夸美纽斯的“大教学论”、杜威的“在做中学”，无论教学形态如何变迁，人与人的互动始终存在，也始终需要。同时，互联网时代，应当更加注重对学生情商的培养，包括团体协作、善于倾听、尊重他人等。

“互联网 + 教育”是高校改革的必然趋势，符合教育发展规律。我们不讳言它在实施中的困难与问题，但有信心在改革实践中逐步解决问题，在不断克服困难中前进。

---

① BHATTACHERJEE A. An empirical analysis of the antecedents of electronic commerce service continuance［J］. Decision support systems，2001，32（2）：201－214.

百岁感言

我即将进入百岁高龄，但仍耳聪目明，思维清晰，可以授课、指导研究生、作报告、写文章。许多人问我有什么长寿秘诀。

说是遗传：我的祖父母在我出生之前，均已辞世；我的父亲虽高寿达八十一岁，但我的母亲五十岁就去世了；我有兄弟姐妹共十人，除大姐、四弟和我高寿外，余均夭折；对我影响最大的二兄潘载和，也只活到二十一岁就染肺病去世。

说是健康：我一生身体多病。我的最早记忆（约三岁或四岁），就是在病榻上母亲的擦摩；其后的记忆是少年时经常得感冒和胃病，青年期经常患恶性疟疾（打摆子）。一生还生过几场大病：十七岁时患伤寒；五十二岁时患急性黄疸肝炎；六十四岁时胆结石急性发炎，两次手术，切除了胆囊；如今是肝癌经放疗在养病中。疾病的磨难使我后半生腰弯背驼。

说是运动：身体运动，有利于健康，的确如此。但我只在青年时喜欢翻双杠，其后坚持做掌上压，现在只是每天做十五分钟的简式太极拳而已。

我的理解：身体的运动很重要，大脑的运动更重要。大脑是全身的“司令部”，指挥全身活动。“心之官则思，思则得之，不思则不得也。”人应当保持大脑有足够的运动量。例证：选择做官员，在位时忙于开会、作报告、处理种种复杂问题，精神焕发，身体健康。退休之后，“门庭冷落车马稀”，很快显得老态龙钟；选择做生意人，在谈生意时，跑市场、陪客户，酒酣茶热，满面红光，生意做完，“人一走，茶就凉”，也容易催人衰老；而从事教学与科研工作的人，可以退而不休，继续从事脑力活动。如果说有什么长寿秘诀的话，这就是我所体会的秘诀——大脑的运动比身体的运动更有利于长寿！因此，身体从职位上退下，但大脑不要“退休”。人要退而不休，发挥余热。西方有一种更有意义的说法：“迎接人生的第二个青春！”

潘懋元

2019 年 10 月 28 日于厦门

编 后 记

传承是根，创新是魂。

编纂整理《潘懋元文集》具有极其重要的理论意义、历史意义和现实意义。在潘先生百岁华诞暨从教85周年来临之际，编纂整理《潘懋元文集》（第二版），其意义更为重要。

世纪老人潘懋元先生是中国高等教育学科的奠基者和创始人，是学术上的“老人与海”。潘先生人生经历丰富，内蕴深刻，富于传奇。他的学术成果丰硕，富有创见。早年作品涵盖诗歌、散文、杂文和小说等，很有文学功力，如果在这条路上走下去，说不定会成为文学大家。然而，潘先生志向不在于成为文学家，而是矢志从教和教育研究，他甚至说：“如果有来生，我还愿意当教师！”他不是一般的教师，而是具有学术创见和学术生命力的教师。作为我国高等教育学的创始人，他创造了一种存在！他的学术生涯开创和见证了我国高等教育研究的发展历程，他的学术成果反映了我国高等教育学科建设和高等教育研究的理论创新。他的学术事业不仅为我国高等教育事业的发展做出了重大贡献，而且对世界高等教育研究做出了创造性贡献。这些贡献体现了中国学者的文化自信、责任担当、精神风貌和卓越成就。

编纂整理《潘懋元文集》（以下简称“文集”）是一项宏大的工程，聚集了不少人的智慧和努力。这里有必要简介文集的构想和编辑过程，同时表达最真诚的谢意。

首先，需要说明的是，《潘懋元文集》（第二版）是在2010年出版的第一版文集的基础上重新整理而成的，主要是加进2010年以后的内容，也有少量2009年以前的内容。

最初提出编纂文集设想的，是广东高等教育出版社原社长张耀荣先生。2008年5月，厦门大学教育研究院在院庆30周年之际举办“大学教育质量的理论与实践研究”国际学术研讨会，参加会议的张耀荣先生向潘先生提出，希望出版《潘懋元文集》，以及出版厦门大学教育研究院承担的“国家985工程中国特色高等教育体系研究”系列成果。这一想法得到潘先生的同意和厦门大学教育研究院的支持。潘先生便将整理文集的任务交给了我。我想一个重要原因是，在跟随潘先生做博士后期间，我整理过《潘懋元教育口述史》，以及协助潘先生在广东高等教育出版社出版“高等教育大众化研究丛书”（如《现代高等教育思想的演变——从20世纪到21世纪初期》《中国高等教育大众化的理论与政策》《中国高等教育大众化的结构与体系》等），任务完成得还不错。我深感责任重大，使命光荣，欣然受命。很快，我们组织了一支精干的团队：除我之外，还包括韩延明教授（临沂大学，当时是校长）、李均教授（深圳大学）、向春博士（深圳大学）、刘志文教授（华南师范大学）、李枭鹰教授（广西民族大学，现大连理工大学）等。经过两年多认认真真、踏踏实实的埋头苦干，文集终于在2010年庆祝“潘懋元先生九十华诞暨从教七十五周年”研讨会之际首发，受到高度评价。

光阴似箭，一晃又是十年。青山不老，绿水长流，潘先生的学术生命力依旧生机勃勃。潘先生虽已百岁高龄，仍耳聪目明，思维清晰，继续指导研究生、讲课、做报告、写文章，活跃在教学第一线，而且是老当益壮，益见其高远的智慧。

2018年底，广东高等教育出版社领导提出进一步修订出版《潘懋元文集》。广东高等教育出版社副社长钟凌翊女士与我通电话讲到修订文集事宜，我立即打电话向潘先生汇报此事，潘先生欣然同意。而且，潘先生电话中的反应敏锐让人惊叹不已。听我讲了重新修订文集的事宜后，潘先生接口就说：“好啊，辛苦你出力、出版社出钱，辛苦啦，谢谢哈！”我一听也笑了，老爷子青松不老，太厉害了！跟着潘先生干活，再辛苦也是幸福的，何况我能借此机会再次认真而系统地品读潘先生的作品，从中受益。

广东高等教育出版社的领导真是能干事的人，其出版眼光和务实精神让人很生敬佩。通过电话不久，钟凌翊副社长从广州来到深圳，与我面谈修订文集的具体设想和准备工作，虽然在电话中我一再说这事我一定会重新干起来，不用亲自过来，电话沟通就好。总编辑黄红丽女士更是积极，她当时正在福州组稿，又电话约请钟凌翊副社长立即奔赴厦门，她们一起登门拜访潘先生，商谈再版文集事宜。其诚可鉴！

不久之后，黄红丽总编辑、钟凌翊副社长和我一起去厦门拜访潘先生，讨论文集修订方案。印象深刻的是，黄总编、钟副社长一行先从广州到深圳，在深圳高铁站与我会合，一起去厦门。我一到深圳高铁站，大吃一惊，这么多人！我原以为只是我和黄总编、钟副社长三人行，结果发现她们几乎整个编辑团队都出动了。有些是我认识的，她们原来就参与过文集（第一版）或“高等教育大众化研究丛书”的编辑工作；也有新面孔，她们都是认真干事的人。

在修订文集的方案中，我们确立了“框架不变，分类整理，依照时序，加进新鲜”的原则，以及“人员到位，统筹兼顾，分工合作，各负其责”的原则。接下来，我们立即全身心投入，认认真真干起来。具体分工情况及体系如下：

肖海涛：卷一·高等教育学讲座

肖海涛：卷二·理论研究（上、下）

李　均：卷三·问题研究（上、下）

肖海涛：卷四·历史与比较研究

刘志文：卷五·序文

朱乐平：卷六·讲课录

向　春：卷七·昔年作品及其他

韩延明：卷八·潘懋元教授纪事年表

肖海涛：卷九·潘懋元教育口述史

这里特别要对编辑工作做些说明。

卷一，在保持原貌的基础上，少量地方由于时代发展加进了注释。卷二、卷三、卷四，包括潘先生有关高等教育理论研究、问题研究、历史研究、比较研究等内容，分别由我和李均教授负责。这部分内容繁多，工作量大，搜集资料，按主题进行分类和进一步再分类，是一件很细致的工作。好在我和李均教授是同事，同事合作的好处是非常便利和默契。在文章分类上，我们根据材料，逐一整理，共同协商，分工合作。在这个过程中，包括在平时的工作中，李均教授都给了我很多帮助。

卷五，由华南师范大学的刘志文教授负责整理。当初人手不够，我打电话给刘教授，请他负责序文卷，他毫不犹豫，满口答应，工作认真，高效负责。而每当我给他打电话道谢时，他总说是应该的。

卷六，是潘先生最新版的讲课内容，由厦门大学的博士生、潘先生的学术助手朱乐平负责。我们都知道，潘先生虽已百岁高龄，但仍活跃在教学第一线，而且一讲课就是整个上午。这卷讲课录就是潘先生给2019级博士生讲授“高等教育学专题研究”课程内容的讲课实录。

卷七，包括潘先生早年的学士学位论文、文学作品、人物回忆、杂文、散论等，由向春博士负责整理。这卷新加进了一些有趣的篇章。韩延明教授在整理纪事年表及诸位院友在查阅资料的过程中，一旦发现潘先生早期的作品，就在院友微信群中发布，我们如获至宝，赶紧收录在文集中。潘先生15岁开始从教，实际上他在15岁之前的中学时代就开始了创作和发表，文集收录的最早作品是从他16岁时开始的。这里也特别要感谢刘海峰教授，他在浩如烟海的厦门大学图书馆馆藏中查到了潘先生1945年的本科毕业论文；还要特别感谢刘志文教授，10年前他带领学生去广东省图书馆查阅潘先生1949年以前的作品，搜集到不少珍贵史料，其中不少作品是潘先生自己并没有保存的。

卷八，包括潘先生各个时期个人生活、学术活动等内容的照片和教学、科研及学术活动纪事，由韩延明教授负责。这部分涉及日常生活，时间跨度大，内容细致而繁多，韩延明教授作为校长亲力亲为，真是了不起，他以极大的兴致和求真务实的精神，很早就开始做这些耗时耗力的细致工作。在编纂文集过程中，我们多次通电话，相互讨论，相互鼓励。

卷九，由潘先生口述，我和殷小平博士整理，2007 年北京师范大学出版社出版。在潘先生温馨的家中，听着潘先生口述其丰富的教育人生经历，是我们珍贵而难忘的回忆。这次将《潘懋元教育口述史》补充进文集之中，稍加修改，并加进一些新的照片，生动地反映潘先生的教育人生，有助于加深对潘先生作品的理解，也使得文集更为完整。遗憾的是，潘先生的另一本侧重谈高等教育改革的口述史《实践—理论—应用：潘懋元口述史》（2019 年华中科技大学出版社出版），由于未满合同期，不能收入文集中。

再者，要特别感谢潘先生的家人、厦门大学教育研究院的领导及师生、众多院友对文集的支持。虽然在工作过程中我们一直踏踏实实地埋头苦干，没做刻意宣传，但仍收到不少关心和问候。厦门大学教育研究院院长别敦荣教授、华中科技大学教育科学研究院原院长张应强教授等多次表达关心和问候。还要感谢为文集搜集资料的潘先生的博士生朱乐平、刘明维等，以及为第一版文集搜集资料的葛喜艳博士、冯晓玲博士等。

当然，最需要特别真诚感谢潘先生对我们的信任，将出版文集这一重大事情交予我们，能够参与其中是我们的荣幸。

有时候，对一个人，你越走近他，就越崇敬他。我们对潘先生的感觉就是这样的。在研究潘先生的过程中，我常情不自禁地感叹："我越来越崇拜潘先生了！""高山仰止！"于我而言，能做潘先生的学生是幸福的，能整理潘先生的教育口述史是幸福的，能一再整理潘先生文集更是幸福中的幸福！

潘懋元先生是一个传奇。研究潘先生丰富而传奇的教育人生，可以发现，他的学术人格、生命意蕴和人生哲学有两个鲜明的特征：一曰“诚”，二曰“闯”。

“诚”是中国文化的核心概念，是潘先生立身处世的生命哲学。他赤诚向学，忠诚教育，精诚开拓，如《中庸》所言：“诚之者，择善而固执之者也”，“诚则明矣，明则诚矣”，“唯天下至诚为能化”。

“闯”是潘先生的英雄本色，是他大丈夫立德、立功、立言的本体功夫。他性格乐观坚强，敢闯，善闯，能闯，敢于创新，敢为天下先，闯出了一条建设和发展中国特色高等教育学之路。

两者合起来，潘先生是诚中有闯，闯中有诚；因诚而闯，由闯见诚；二者的和谐统一，成就了他的教育事业，也为国家的教育事业做出了贡献。

概言之，潘先生是一名优秀的教师，他忠诚国家和人民的教育事业，真诚地热爱教师职业；潘先生是爱国的人民教育家，他“板凳敢坐十年冷，文章不写半句空”，“精诚所至，金石为开”，开创出高等教育学这门“中国创造”的新兴学科。

今天，我们无限自豪、满怀欣喜地看到，中国高等教育学学科体系日益成熟，研究队伍日益壮大，科研成就硕果累累，对不同层面的教育政策和实践产生了积极而有效的影响……这一切，潘先生功不可没，真可谓：

由诚而成懋业，

敢闯而创新元。

最后还需要说明的是，文集涉及的研究成果内容丰富，时间跨度大，编辑加工难度大，难免有不当、错漏之处，敬请批评指正。

肖海涛

2019年10月30日初稿

2020年4月23日修改于深圳半塘斋